JH38.
Sza.1.

11608

VOYAGE
DU
JEUNE ANACHARSIS
EN GRÈCE.

I.

PARIS, IMPRIMÉ PAR BÉTHUNE ET PLON.

VOYAGE

DU JEUNE

ANACHARSIS

EN GRÈCE

VERS LE MILIEU DU IVe SIÈCLE AVANT L'ÈRE VULGAIRE

PAR

J.-J. BARTHÉLEMY.

TOME PREMIER.

PARIS.

DIDIER, LIBRAIRE-EDITEUR,

35, QUAI DES AUGUSTINS.

1843.

NOTICE

sur

J.-J. BARTHÉLEMY.

Barthélemy (Jean-Jacques), né à Cassis, près Aubagne, en Provence, le 20 janvier 1716, commença ses études chez les oratoriens de Marseille, et les continua chez les jésuites de la même ville : les uns et les autres distinguèrent en lui un élève aussi intelligent que laborieux. Les deux langues anciennes enseignées dans les colléges ne suffisaient point à son avidité d'instruction. Il apprit aussi l'hébreu, le chaldéen, le syriaque, et acquit une connaissance approfondie des mœurs et des usages de l'antiquité. Cet excès de travail fut la source d'une grave maladie. Lorsque le jeune Barthélemy fut rétabli, ses parents, qui le destinaient à l'état ecclésiastique, le firent entrer au séminaire de Marseille, dirigé par les lazaristes. Il paraît que l'étude aride de la théologie fut loin de lui offrir le même attrait que les précédentes; peut-être aussi cette âme si consciencieuse s'effraya-t-elle des obligations imposées par le sacerdoce. En partant du séminaire, il déclara qu'il renonçait à exercer les fonctions du ministère sacré; toutefois, il en garda l'habit, pour satisfaire en quelque chose au vœu de sa famille; il le conserva même toute sa vie et fut dès lors connu sous le nom de l'abbé Barthélemy. Ses goûts, ses talents, son désir ardent d'ajouter à ses connaissances, tout l'appelait dans la capitale ; il y vint en 1744. Gros de Boze, l'un de ces savants qui ne feraient point faire un pas à la science, mais qui en conservent dans leur tête le dépôt intact, était alors garde du cabinet des médailles à la Bibliothèque du roi. L'érudition précoce du jeune Provençal trouva grâce pour sa vive imagination auprès de cet homme positif. Boze se plut à lui apprendre la numismatique, et bientôt son élève fut en état de partager ses fonctions et ses travaux. « Il n'est pas malheureux pour moi, disait gaiement l'abbé Barthélemy, d'avoir gagné l'affection d'un homme qui met les points sur les i, mais qui ne met pas toujours les i sous les points. » Gros de Boze mourut en 1753. Le choix qu'il avait fait de Barthélemy pour son associé le désignait au gouvernement pour son successeur : en effet, l'abbé le remplaça avec un grand avantage pour la science, puisqu'en quelques années ses recherches et ses soins éclairés augmentèrent de plus du double la précieuse collection des antiques. Un voyage qu'il entreprit en Italie lui fit surtout découvrir un grand nombre de ces trésors. Le sort lui en réservait un autre dans ce pays : là commença pour lui la vive et constante attention de madame de Stainville et de son mari, depuis duc de Choiseul, alors ambassadeur de France à Rome, devenu ministre, et ministre tout-puissant, peu après leur retour en France. Le duc s'empressa de prodiguer les places lucratives à l'abbé Barthélemy, auquel son propre mérite avait déjà procuré d'honorables distinctions : depuis plusieurs années, l'Académie des inscriptions et belles-lettres, la Société royale de Londres et celle des antiquités de la même ville le comptaient parmi leurs membres. Des mémoires, des dissertations, remarquables également par le fond et le style, avaient été ses titres d'admission. Jamais faveurs ministérielles ne furent mieux justifiées sous tous les rapports que celles dont le duc de Choiseul voulut, suivant son expression empruntée à Corneille, *accabler* le savant homme de lettres. Cette aisance, créée autour de Barthélemy, fut en grande partie répandue par lui sur sa famille; elle servit surtout à l'éducation de trois neveux, dont l'un fut plus tard jugé digne de lui succéder à la Bibliothèque, dont l'autre montra de grands talents dans la diplomatie et occupa avec distinction les premiers postes de l'état. De plus, débarrassé de tout souci pécuniaire, l'abbé Barthélemy put se livrer entièrement à la composition du grand ouvrage, du monument qu'il devait laisser à sa patrie. Trente années furent employées à l'élever, et ce fut seulement en 1788 que parut le *Voyage d'Anacharsis*, dont Barthélemy vendit la propriété aux frères Debure, libraires, pour la modique somme de 3000 fr. Les préoccupations politiques n'empêchèrent point de rendre justice à ce chef-d'œuvre, où l'érudition se cache sous tant de grâce. Au milieu de cette foule d'événements éclos ou pressentis, l'apparition de ce livre fut aussi un événement :

un cri d'admiration s'éleva de la France entière, et fut répété par toute l'Europe; chez nous les éditions, chez elle les traductions de cet ouvrage, se succédèrent coup sur coup, et le temps, ce grand appréciateur des hommes et des écrits, n'a fait que confirmer cet immense succès. Un pareil livre nommait d'avance Barthélemy à l'Académie française; mais il fallait une vacance; elle eut lieu l'année suivante, et le froid grammairien Beauzée fut remplacé par l'auteur d'*Anacharsis*. Là devaient s'arrêter les justes prospérités de l'illustre écrivain. Non-seulement les décrets et réformes de l'Assemblée constituante et de celles qui la suivirent lui enlevaient les places et pensions qui formaient son aisance dans l'âge où elle devient le plus nécessaire, mais, devenu suspect par son titre d'abbé, il fut arrêté dans un jour de funeste mémoire, le 2 septembre 1792, et conduit aux Madelonnettes. Heureusement l'ordre fut promptement révoqué; Barthélemy fut rendu à la liberté un peu avant l'heure des assassinats, et cette mesure sauva sans doute à cette sanglante journée un crime et un opprobre de plus. Ces atteintes successives à sa fortune et à son repos firent naître dans l'âme de l'abbé Barthélemy, non la misanthropie, que son cœur bienveillant et généreux ne connut jamais, mais une profonde mélancolie, qui se révéla plus d'une fois par des mots aussi ingénieux qu'expressifs. Lorsqu'en 1795 il reçut une noble réparation des injustices du gouvernement révolutionnaire, lorsque le ministre de l'intérieur, Paré, vint lui-même apporter au modeste savant la lettre par laquelle il lui annonçait sa nomination à la place de conservateur principal de la Bibliothèque, assurément Barthélemy fut sensible à un procédé qui devait lui rappeler ces beaux jours de la Grèce, si bien dépeints par lui, où le talent était une dignité et allait de pair avec le pouvoir. Il refusa néanmoins, alléguant son âge, ses infirmités, et reprit seulement son ancienne place de garde du cabinet des médailles. Cet homme célèbre mourut peu de temps après, le 30 avril 1795, en lisant une épître d'Horace : digne fin d'un littérateur philosophe! Quelques ouvrages de l'auteur d'*Anacharsis* ont été publiés après sa mort; le plus remarquable est son *Voyage en Italie*, où l'on retrouve dans beaucoup de passages le savant aimable, l'habile critique et l'homme de goût.

MÉMOIRE SUR ANACHARSIS,

PAR J.-J. BARTHÉLEMY.

Le hasard m'inspira l'idée du *Voyage d'Anacharsis*. J'étais en Italie en 1755 ; moins attentif à l'état actuel des villes que je parcourais qu'à leur ancienne splendeur, je remontais naturellement au siècle où elles se disputaient la gloire de fixer dans leur sein les sciences et les arts ; et je pensais que la relation d'un voyage entrepris dans ce pays vers le temps de Léon X, et prolongé pendant un certain nombre d'années, présenterait un des plus intéressants et des plus utiles spectacles pour l'histoire de l'esprit humain. On peut s'en convaincre par cette esquisse légère.

Un Français passe par les Alpes : il voit à Pavie Jérôme Cardan, qui a écrit sur presque tous les sujets, et dont les ouvrages contiennent dix volumes in-folio ; à Parme, il voit le Corrège, peignant à fresque le dôme de la cathédrale ; à Mantoue, le comte Balthazar Castillon, auteur de l'excellent ouvrage intitulé le Courtisan, *il Cortigiano* ; à Vérone, Fracastor, médecin, philosophe, astronome, mathématicien, littérateur, cosmographe, célèbre sous tous les rapports, mais surtout comme poète ; car la plupart des écrivains cherchaient alors à se distinguer dans tous les genres, et c'est ce qui doit arriver lorsque les lettres s'introduisent dans un pays. A Padoue, il assiste aux leçons de Philippe Dèce, professeur en droit, renommé par la supériorité de ses talents et de ses lumières. Cette ville était dans la dépendance de Venise. Louis XII, s'étant emparé du Milanais, voulut en illustrer la capitale en y établissant Dèce. Il le fit demander à la république, qui le refusa long-temps ; les négociations continuèrent, et l'on vit le moment où ces deux puissances allaient en venir aux mains pour la possession d'un jurisconsulte.

Notre voyageur voit à Venise Daniel Barbaro, héritier d'un nom très-heureux pour les lettres, et dont il a soutenu l'éclat par des commentaires sur la Rhétorique d'Aristote, par une traduction de Vitruve, par un traité sur la Perspective ; Paul Manuce, qui exerça l'imprimerie et qui cultiva les lettres avec le même succès que son père Alde Manuce. Il trouve chez Paul toutes les éditions des anciens auteurs grecs et latins, nouvellement sorties des plus fameuses presses d'Italie, entre autres celle de Cicéron en quatre volumes in-folio, publiée à Milan en 1499, et le Psautier en quatre langues, hébreu, grec, chaldéen et arabe, imprimé à Gênes en 1516.

Il voit à Ferrare l'Arioste ; à Bologne, six cents écoliers assidus aux leçons de jurisprudence que donnait le professeur Ricini, et de ce nombre Alciat, qui bientôt après en rassembla huit cents, et qui effaça la gloire de Barthole et d'Accurse ; à Florence, Machiavel, les historiens Guichardin et Paul Jove, une université florissante, et cette maison de Médicis, auparavant bornée aux opérations du commerce, alors souveraine et alliée à plusieurs maisons royales, qui montra de grandes vertus dans son premier état, de grands vices dans le second, et qui fut toujours célèbre parce qu'elle s'intéressa toujours aux lettres et aux arts; à Sienne, Mathiole travaillant à son commentaire sur Dioscoride; à Rome, Michel-Ange élevant la coupole de Saint-Pierre, Raphaël peignant les galeries du Vatican, Sadolet et Bembe, depuis cardinaux, remplissant alors auprès de Léon X la place de secrétaires; le Trissin donnant la première représentation de sa Sophonisbe, première tragédie composée par un moderne; Béroald, bibliothécaire du Vatican, s'occupant à publier les Annales de Tacite, qu'on venait de découvrir en Westphalie, et que Léon X avait acquises pour la somme de cinq cents ducats d'or; le même pape proposant des places aux savants de toutes les nations qui viendraient résider dans ses états, et des récompenses distinguées à ceux qui lui apporteroient des manuscrits inconnus.

A Naples, il trouve Talésio travaillant à reproduire le système de Parménide, et qui, suivant Bacon, fut le premier restaurateur de la philosophie: il trouve aussi ce Jordan Bruno, que la nature semblait avoir choisi pour son interprète, mais à qui, en lui donnant un très-beau génie, elle refusa le talent de se gouverner.

Jusqu'ici notre voyageur s'est borné à traverser rapidement l'Italie d'une extrémité à l'autre, marchant toujours entre des prodiges, je veux dire entre de grands monuments et de grands hommes, toujours saisi d'une admiration qui croissait à chaque instant. De semblables objets frapperont partout ses regards lorsqu'il multipliera ses courses. De là quelle moisson de découvertes, et quelle source de réflexions sur l'origine des lumières qui ont éclairé l'Europe! Je me contente d'indiquer ces recherches; cependant mon sujet m'entraîne et exige encore quelques développements.

Dans les cinquième et sixième siècles de l'ère chrétienne, l'Italie fut subjuguée par les Hérules, les Goths, les Ostrogoths et d'autres peuples jusqu'alors inconnus; dans le quinzième elle le fut, sous des auspices plus favorables, par le génie et par les talents. Ils y furent appelés, ou du moins accueillis par les maisons de Médicis, d'Est, d'Urbin, de Gonzague, par les plus petits souverains, par les diverses républiques. Partout de grands hommes, les uns nés dans le pays même, les autres attirés des pays étrangers, moins par un vil intérêt que par des distinctions flatteuses; d'autres appelés chez les nations voisines pour y propager les lumières, pour y veiller sur l'éducation de la jeunesse ou sur la santé des souverains. Partout s'organisaient des universités, des colléges, des imprimeries pour toutes sortes de langues et de sciences, des bibliothèques sans cesse enrichies des ouvrages qu'on y publiait, et des manuscrits nouvellement apportés des pays où l'ignorance avait conservé son empire. Les académies se multiplièrent tellement qu'à Ferrare on en comptait dix à douze, à Bologne environ quatorze, à Sienne seize. Elles avaient pour objet les sciences, les belles-lettres, les langues, l'histoire, les arts. Dans deux de ces académies, dont l'une était spécialement dévouée à Platon et l'autre à son disciple Aristote, étaient discutées les opinions de l'ancienne philosophie, et pressenties celles de la philosophie moderne. A Bologne, ainsi qu'à Venise, une de ces sociétés veillait sur l'imprimerie, sur la beauté du papier, la fonte des caractères, la correction des épreuves, et sur tout ce qui pouvait contribuer à la perfection des éditions nouvelles.

L'Italie était alors le pays où les lettres avaient fait et faisaient tous les jours le plus de progrès. Ces progrès étaient l'effet de l'émulation entre les divers gouvernements qui la partageaient et de la nature du climat. Dans chaque état les capitales, et même des villes moins considérables, étaient extrêmement avides d'instruction et de gloire; elles offraient presque toutes aux astronomes des observatoires, aux anatomistes des amphithéâtres, aux naturalistes des jardins de plantes, à tous les gens de lettres des collections de livres, de médailles et de monuments antiques; à tous les genres de connaissances des marques éclatantes de considération, de reconnaissance et de respect.

Quant au climat, il n'est pas rare de trouver dans cette contrée des imaginations actives et fécondes, des esprits justes, profonds, propres à concevoir de grandes entreprises, capables de les méditer long-temps, et incapables de les abandonner quand ils les ont bien conçues. C'est à ces avantages et à ces qualités réunies que l'Italie dut cette masse de lumières et de talents qui, en quelques années, l'éleva si fort au-dessus des autres contrées de l'Europe.

J'ai placé l'Arioste sous le pontificat de Léon X; j'aurais pu mettre parmi les contemporains de ce poète Pétrarque, quoiqu'il ait vécu environ cent cinquante ans avant lui, et le Tasse, qui naquit onze ans après; le premier, parce que ce ne fut que sous Léon X que ses poésies italiennes, oubliées presque dès leur naissance, furent goûtées et obtinrent quantité d'éditions et de commentaires; le Tasse, parce qu'il s'était formé en grande partie sur l'Arioste. C'est ainsi qu'on donne le nom du Nil aux sources et aux embouchures de ce fleuve. Tous les genres de poésies furent alors cultivés, et laissèrent des modèles. Outre l'Arioste, on peut citer pour la poésie italienne Bernard Tasse, père du célèbre Torquat, Hercule Bentivoglio, Annibal Caro, Berni; pour la poésie latine Sannazar, Politien, Vida, Béroald; et parmi ceux qui, sans être décidément poètes, faisaient des vers, on peut compter Léon X, Machiavel, Michel-Ange, Benvenuto Cellini, qui excella dans la sculpture, l'orfèvrerie et la gravure.

Les progrès de l'architecture dans ce siècle sont attestés, d'un côté, par les ouvrages de Serlio, de Vignole et de Pallade, ainsi que par cette foule de commentaires qui parurent sur le traité de Vitruve; d'un autre côté, par les édifices publics et particuliers construits alors et qui subsistent encore.

A l'égard de la peinture, j'ai fait mention de Michel-Ange, de Raphaël, du Corrége; il faut leur joindre Jules Romain, le Titien, André del Sarte, qui vivaient dans le même temps, et cette quantité de génies formés par leurs leçons ou par leurs ouvrages.

Tous les jours il paraissait de nouveaux écrits sur les systèmes de Platon, d'Aristote et des anciens philosophes. Des critiques obstinés, tels que Giraldus, Panvinius, Sigonius, travaillaient sur les antiquités romaines, et presque toutes les villes rassemblaient leurs annales.

Tandis que, pour connaître dans toute son étendue l'histoire de l'homme, quelques écrivains remontaient aux nations les plus anciennes, des voyageurs intrépides s'exposaient aux plus grands dangers pour découvrir les nations éloignées et inconnues dont on ne faisait que soupçonner l'existence. Les noms de Christophe Colomb, Génois; d'Améric Vespuce, de Florence; de Sébastien Cabot, de Venise, décorent cette dernière liste, bientôt grossie par les noms de plusieurs autres Italiens, dont les relations furent insérées peu de temps après dans la collection de Ramusio, leur compatriote.

La prise de Constantinople par les Turcs, en 1453, et les libéralités de Léon X, firent refluer en Italie quantité de Grecs, qui apportèrent avec eux tous les livres élémentaires relatifs aux mathématiques. On s'empressa d'étudier leur langue; leurs livres furent imprimés, traduits, expliqués, et le goût de la géométrie devint général. Plusieurs lui consacrèrent tous leurs momens; tels furent Commandin, Tartaglia: d'autres s'associaient à leurs premiers travaux; tel fut Maurolico de Messine, qui publia différens ouvrages sur l'arithmétique, les mécaniques, l'astronomie, l'optique, la musique, l'histoire de Sicile, la grammaire, la vie de quelques saints, le martyrologe romain, sans négliger la poésie italienne. Tel fut aussi Augustin Nifo, professeur de philosophie à Rome sous Léon X, qui écrivit sur l'astronomie, la médecine, la politique, la morale, la rhétorique, et sur plusieurs autres sujets.

L'anatomie fut enrichie par les observations de Fallope, de Modène, d'Aquapendente, son disciple, de Bolognini, de Padoue, de Vigo, de Gênes, etc.

Aldrovandi, de Bologne, après avoir, pendant quarante-huit ans, professé la botanique et la philosophie dans l'université de cette ville, laissa un cours d'histoire naturelle en dix-sept volumes in-folio.

Parmi cette immense quantité d'ouvrages qui parurent alors, je n'ai pas fait mention des écrits qui avaient spécialement pour objet la théologie ou la jurisprudence, parce qu'ils sont connus de ceux qui cultivent ces sciences, et qu'ils intéressent peu ceux à qui elles sont étrangères. A l'égard des autres classes, je n'ai cité que quelques exemples pris, pour ainsi dire, au hasard. Ils suffiront pour montrer les différens genres de littérature dont on aimait à s'occuper et les différens moyens qu'on employait pour étendre et multiplier nos connaissances.

Les progrès des arts favorisaient le goût des spectacles et de la magnificence. L'étude de l'histoire et des monumens des Grecs et des Romains inspirait des idées de décence, d'ensemble et de perfection qu'on n'avait point eues jusqu'alors. Julien de Médicis, frère de Léon X, ayant été proclamé citoyen romain, cette proclamation fut accompagnée de jeux publics, et, sur un vaste théâtre construit exprès dans la place du Capitole, on représenta pendant deux jours une comédie de Plaute, dont la musique et l'appareil extraordinaire excitèrent l'admiration générale. Le pape, qui crut en cette occasion devoir convertir en un acte de bienfaisance ce qui n'était qu'un acte de justice, diminua quelques-uns des impôts; et le peuple, qui prit cet acte de justice pour un acte de bienfaisance, lui éleva une statue.

Un observateur qui verrait tout à coup la nature laisser échapper tant de secrets, la philosophie tant de vérités, l'industrie tant de nouvelles pratiques, dans le temps même qu'on ajoutait à l'ancien monde un monde nouveau, croirait assister à la naissance d'un nouveau genre humain; mais la surprise que lui causeraient toutes ces merveilles diminuerait aussitôt qu'il verrait le mérite et les talents luttant avec avantage contre les titres les plus respectés, les savants et les gens de lettres admis à la pourpre romaine, au conseil des rois, aux places les plus importantes du gouvernement, à tous les honneurs, à toutes les dignités.

Pour jeter un nouvel intérêt sur le voyage que je me proposais de décrire, il suffirait d'ajouter à cette émulation de gloire qui éclatait de toutes parts, toutes les idées nouvelles que faisait éclore cette étonnante révolution, et tous ces mouvements qui agitaient alors les nations de l'Europe, et tous ces rapports avec l'ancienne Rome, qui reviennent sans cesse à l'esprit, et tout ce que le présent annonçait pour l'avenir, car enfin le siècle de Léon X fut l'aurore de ceux qui le suivirent, et plusieurs génies qui ont brillé dans les XVIIe et XVIIIe siècles chez les différentes nations, doivent une grande partie de leur gloire à ceux que l'Italie produisit dans les deux siècles précédents.

Ce sujet me présentait des tableaux si riches, si variés et si instructifs, que j'eus d'abord l'ambition de le traiter ; mais je m'aperçus ensuite qu'il exigerait de ma part un nouveau genre d'étude ; et, me rappelant qu'un voyage en Grèce vers le temps de Philippe, père d'Alexandre, sans me détourner de mes travaux ordinaires, me fournirait le moyen de renfermer dans un espace circonscrit ce que l'histoire grecque nous offre de plus intéressant, et une infinité de détails concernant les sciences, les arts, la religion, les mœurs, les usages, etc., dont l'histoire ne se charge point, je saisis cette idée ; et, après l'avoir long-temps médité, je commençai à l'exécuter en 1757, à mon retour d'Italie.

On ferait une bibliothèque nombreuse de tous les ouvrages publiés sur les Grecs. Gronovius en a rassemblé une petite partie de son recueil en douze volumes in-folio. Là se trouvent, entre autres, les traités d'Ubbo Emmius, de Cragius et de Meursius. Ce dernier a dépouillé tout ce que les anciens nous ont laissé à l'égard des Athéniens, et a rangé tous ces passages en différents chapitres relatifs à différents sujets. Quoiqu'il lui en soit échappé quelques-uns, qu'il se soit quelquefois trompé dans ses interprétations, qu'il ait souvent négligé de concilier ceux qui se contredisent, et qu'il ait rarement indiqué le livre ou le chapitre des éditions dont il se servait, on ne peut trop admirer et louer ses immenses travaux.

J'ose avancer que les miens n'ont pas été moindres pour m'assurer de la vérité des faits. Voici mon procédé.

J'avais lu les anciens auteurs ; je les relus la plume à la main, marquant sur des cartes tous les traits qui pouvaient éclaircir la nature des gouvernements, les mœurs et les lois des peuples, les opinions des philosophes, etc. Avant de traiter une matière, je vérifiais mes extraits sur les originaux ; je consultais ensuite les critiques modernes qui avaient travaillé sur le même sujet, soit dans toute son étendue, soit particulièrement. S'ils rapportaient des passages qui se fussent dérobés à mes recherches et qui pussent me servir, j'avais soin de les recueillir après les avoir comparés aux originaux ; quand leur explication différait de la mienne, je remontais de nouveau aux sources : enfin, s'ils me présentaient des idées heureuses, j'en profitais, et je me faisais un devoir de citer ces auteurs.

Avec de grands avantages, mon plan m'offrait de grands inconvénients.

1° L'histoire grecque, dont il ne nous est parvenu qu'une partie des monuments, présente des difficultés sans nombre, soit pour les faits, soit pour les opinions. L'écrivain qui n'a d'autre objet que de les discuter peut rapprocher et balancer l'autorité des témoins qu'il interroge; plus il hésite, plus il donne une idée avantageuse de ses lumières et de sa critique. Mais, en plaçant Anacharsis sur la scène, je lui ôte presque toujours la ressource du doute : il ne doit parler qu'affirmativement, puisqu'il ne raconte que ce qu'il a vu ou ce qu'il tient de personnes instruites. Ce n'est pas tout encore : dans l'époque que j'ai choisie, on avait tant écrit sur l'histoire et sur les sciences, que le voyageur ne devait pas se borner à nous apprendre ce qu'il pouvait présumer que nous savions déjà. Ces difficultés toujours présentes à mes yeux, j'ai tâché, quand je n'ai pu les vaincre, de m'en débarrasser, tantôt par des aveux qui en affaiblissent le poids, tantôt par des sacrifices qui les écartent absolument.

Dans le chapitre Ier, Anacharsis observe que ce ne fut qu'à son retour en Scythie qu'il mit en ordre la relation de son voyage, et il ajoute : « Peut-être serait-elle plus exacte, si le vaisseau où j'avais fait embarquer mes livres n'avait pas péri dans le Pont-Euxin. » D'où il suit que, dans la révision de son ouvrage, privé des mêmes secours que nous, il n'a pas pu étendre ou vérifier certains articles dont il n'avait que conservé qu'un léger souvenir.

Dans le chapitre XX, il aurait voulu donner quelques détails sur le prix des denrées, et en conséquence sur celui des différentes propriétés des Athéniens; ne pouvant le faire, il dit qu'il avait pris une note exacte de la valeur des denrées, mais que, l'ayant perdue, il se souvenait seulement que le blé valait ordinairement cinq drachmes le médimne; un bœuf de première qualité, environ quatre-vingts drachmes ou soixante-douze livres, etc.

Dans le XLVIe chapitre, il rapporte la loi de Lycurgue qui établissait l'égalité des fortunes entre les citoyens. Suivant le cours ordinaire des choses, une pareille loi ne peut subsister long-temps : par quelles précautions Lycurgue comptait-il en assurer la durée? La question était assez importante, et, faute de monuments, nous ne sommes plus en état de la résoudre. Je fais dire à Anacharsis : « Pendant que j'étois à Sparte, l'ordre des fortunes avait été dérangé par un décret de l'éphore Épitadès, qui voulait se venger de son fils; et comme je négligeai de m'instruire de leur ancien état, je ne pourrai développer les vues du législateur qu'en remontant à ses principes. » Ici viennent quelques réflexions que mon voyageur propose comme de simples conjectures.

Quand de pareilles modifications ne m'ont pas suffi, j'ai gardé le silence, tantôt sur des usages qui n'étaient attestés que par un écrivain trop postérieur au siècle où je suppose que vivait Anacharsis, tantôt sur des faits qui, malgré mes efforts, me laissaient encore des incertitudes. Ces sacrifices ont passé auprès de quelques personnes pour des omissions, et on m'a demandé pourquoi je ne m'étais pas expliqué sur certains objets; pourquoi, par exemple, n'avoir pas fait mention de la prétendue loi des Crétois qui permettait l'insurrection du peuple quand il se croyait opprimé? Montesquieu l'a citée d'après Aristote, mais Montesquieu s'est trompé. Aristote parle en effet de cette insurrection, mais comme d'un abus qui n'était nullement autorisé par les lois. En général, il était important pour moi de tout discuter et encore plus de ne pas toujours prononcer.

2° J'avais un autre inconvénient à redouter : le jugement d'une classe de littérateurs très-estimables, mais très-difficiles. Je ne pouvais transporter Anacharsis à Délos, à Tempé, au milieu des fêtes de la Grèce, sans le rendre sensible à la beauté de ces spectacles. Je ne pouvais employer le dialogue, si propre à éviter la monotonie du style, sans rapprocher mon voyageur des grands hommes qui vivaient alors, et même de quelques personnages inconnus qui pouvaient lui donner des lumières. C'est ainsi que mon Scythe est instruit de la littérature grecque, par un Athénien nommé Euclide ; des différents systèmes sur les causes premières, par le grand-prêtre de Cérès ; de l'institut de Pythagore, par un pythagoricien qu'il trouve à Samos, patrie de ce philosophe.

Pausanias a raconté fort au long les événements des trois guerres de Messénie. Elles sont si instructives, qu'il ne m'était pas permis de les omettre ; et si connues, que pour les rendre plus intéressantes j'en ai renfermé les principales circonstances dans trois élégies. Je me suis cru d'autant plus autorisé à donner cette forme à mon récit, que Pausanias a pris presque tous ses matériaux dans les poëmes de Tyrtée et de Rhianus, qui avaient l'un et l'autre chanté ces guerres si célèbres. J'ai averti en même temps le lecteur de la liberté que je me suis donnée dans une des notes sur le XL° chapitre.

Or, parmi les littérateurs dont je parle, il en est qui, accoutumés à des discussions sèches et rigoureuses, ne devaient pas me pardonner d'avoir osé mêler dans mes récits des images qui leur donnent plus de mouvement. Ce que j'avais prévu est arrivé : plusieurs d'entre eux ont traité mon ouvrage de roman, et m'en ont presque fait un crime ; d'autres, moins sévères, ont eu la bonne foi de distinguer le fond de la forme. Le fond leur a présenté une exactitude suffisamment attestée, à ce que je crois, par la multitude de citations qui accompagnent le récit. A l'égard de la forme, ils auraient dû sentir que les ornements dont j'ai tâché quelquefois d'embellir mon sujet étaient assez conformes à l'esprit des Grecs, et que des fictions sagement ménagées peuvent être aussi utiles à l'histoire qu'elles le sont à la vérité.

Je ne parle point de quelques critiques légères que j'ai trouvées dans des feuilles périodiques. L'un me reprochait de n'avoir pas éclairci l'origine des fables : il ignorait, sans doute, que de très-habiles critiques ont tenté vainement de la découvrir et qu'il est à présumer qu'elle restera toujours inconnue. Un autre aurait désiré que j'eusse donné l'histoire circonstanciée des Athéniens pour les siècles antérieurs à celui de Solon ; mais cette histoire n'existe pas dans les auteurs anciens, et j'ai dû me borner à recueillir le petit nombre de faits dont ils ont conservé le souvenir. Enfin un savant anglais, dans un recueil de dissertations critiques, après avoir attaqué l'authenticité d'une inscription grecque que M. Fourmont avait apportée de son voyage du Levant, et que j'avais tâché d'expliquer, a cru devoir porter un jugement sur le *Voyage d'Anacharsis* ; il le trouve agréable, mais très-superficiel.

Rien n'est plus embarrassant pour un auteur que ces accusations vagues qu'il est si facile d'avancer et si difficile de repousser, parce qu'elles n'ont pas un objet déterminé. Je me contenterai de dire que je n'ai traité aucun sujet sans l'avoir long-temps médité ; sans avoir rapproché, au milieu des contradictions qu'il présentait, les témoignages des auteurs anciens et les opinions des commentateurs et des critiques modernes ; sans avoir donné, quand il l'a fallu, le résultat qui m'a paru le plus approchant de la vérité. J'ai caché mon travail pour le rendre plus utile ; j'ai renoncé au mérite, si c'en est un, d'étaler dans le texte une grande érudition ; quand certains points m'ont paru assez importans pour exiger des discussions, je les ai examinés dans les notes à la fin de chaque volume. Toutes ces notes m'ont paru nécessaires, et il y en a quelques-unes qui me semblent à l'abri du reproche d'être superficielles.

J'ai mieux aimé être exact que de paraître profond ; supprimer certains faits que de ne les établir que sur des conjectures ; me dispenser de remonter aux causes toutes les fois que mes recherches, comme celles des plus habiles critiques, ne servaient qu'à les obscurcir ; mettre le lecteur à portée de faire des réflexions, que d'en hasarder moi même. J'ai souvent admiré les philosophes qui, d'après leurs lumières particulières, nous ont donné des observations sur le génie, le caractère et la politique des Grecs et des Romains : il faut que chaque auteur suive son plan ; il n'entrait pas dans le mien d'envoyer un voyageur chez les Grecs pour leur porter mes pensées, mais pour m'apporter les leurs, autant qu'il lui serait possible. Au reste, si je me suis trompé en quelques points, si mon ouvrage n'est pas sans défauts, je n'en rougirai point ; on ne peut exiger de moi plus d'intelligence que ne m'en a donné la nature : je regrette seulement, après y avoir employé plus de trente ans, de ne l'avoir pas commencé dix ans plus tôt et de n'avoir pu le finir dix ans plus tard.

Lorsqu'il fut achevé, j'hésitai long-temps sur sa destination. Je l'aurais laissé manuscrit si, vu le nombre des citations, des notes et des tables, je ne me fusse convaincu que l'auteur seul pouvait en diriger l'impression. Elle fut terminée au mois de décembre 1788. Quelques amis me conseillaient de la tenir en réserve jusqu'à la fin des états-généraux qu'on venait de convoquer, et qui agitaient déjà tous les esprits. Leurs raisons, au lieu de me persuader, m'engagèrent à publier l'ouvrage aussitôt. Je voulais qu'il se glissât en silence dans le monde : si, malgré la circonstance, il attirait quelque attention, j'en serais plus flatté ; si sa chute était prompte et rapide, je ménageais une excuse à mon amour-propre.

Le succès surpassa mon espérance : le public l'accueillit avec une extrême bonté ; les journaux français et étrangers en parlèrent avec éloge. Il en parut entre autres un extrait assez détaillé dans un journal anglais intitulé : *Mounthly Review, or literary Journal*, vol. 81. Les auteurs m'y traitent d'une manière qui leur donne des droits à ma reconnaissance ; mais ils finissent par une réflexion qui exige de ma part un éclaircissement. Il est possible, disent-ils, que le plan de cet ouvrage ait été conçu d'après celui des *Lettres athéniennes*.

Ces lettres furent composées dans les années 1739 et 1740, par une société d'amis qui achevaient leurs cours d'études dans l'université de Cambridge. En 1741, ils les firent imprimer in-8°, et n'en tirèrent que douze exemplaires : dans une seconde édition, faite en 1781, en un volume in-4°, ils en tirèrent un plus grand nombre. Ces deux éditions n'ont jamais servi qu'à l'usage de leurs auteurs; c'est ce qui fait dire aux journalistes anglais qu'à proprement parler les *Lettres athéniennes* n'ont jamais paru; mais comme ils ajoutent qu'on les avait communiquées à plusieurs personnes, on pourrait croire que le secret m'en avait été découvert; et ce soupçon prendrait une nouvelle force, si l'on considérait que les deux ouvrages semblent être la suite l'un de l'autre.

Tous deux placent dans la Grèce, à deux époques voisines, un témoin occupé à recueillir tout ce qui lui paraît digne d'attention. Dans les *Lettres athéniennes*, Cléander, agent du roi de Perse, résidant à Athènes pendant la guerre du Péloponèse, entretient une correspondance suivie avec les ministres de ce prince et avec différents particuliers. Il leur rend compte des événements de cette guerre, des mouvements qu'il se donne pour la perpétuer, et des divisions qui règnent parmi les peuples de la Grèce. Il décrit leurs forces de terre et de mer : discipline militaire, politique, gouvernement, lois, mœurs, fêtes, monuments, rien n'échappe au profond observateur. Il converse avec Phidias, Aspasie, Alcibiade, Socrate, Cléon, Thucydide : il s'occupe de la philosophie des Grecs, tantôt avec Smerdis, qui réside en Perse, et qui dans ses réponses lui parle de la philosophie des mages; tantôt avec Orsame, qui voyage en Égypte, et qui dans les siennes lui parle des lois et des antiquités de ce pays. Ainsi se trouvent heureusement rapprochés les principaux traits de l'histoire des Grecs, des Perses et des Égyptiens; et ces traits, puisés dans les auteurs anciens, donnent lieu à des parallèles aussi instructifs qu'intéressants. Une parfaite exécution répond à cette belle ordonnance.

Si j'avais eu ce modèle devant les yeux, ou je n'aurais pas commencé mon ouvrage, ou je ne l'aurais pas achevé; c'est ce que je protestai à un de mes amis résidant à Londres, M. Dutens, membre de la Société royale, associé étranger de l'Académie des Belles-Lettres, connu par plusieurs bons ouvrages. Il communiqua ma lettre aux auteurs du *Monnthly Review*, qui eurent la complaisance d'en insérer une partie dans un de leurs journaux (avril 1790, page 477).

Dans l'intervalle j'avais reçu d'Angleterre un superbe exemplaire in-4° des *Lettres athéniennes*, à la tête duquel je trouvai cette note écrite à la main :

« Mylord Dover, de la famille de Yorke, saisit avec empressement l'occasion qui se présente d'offrir, par le canal de M. Barthélemy, ministre plénipotentiaire de Sa Majesté très-chrétienne à la cour de Londres, à M. l'abbé Barthélemy, son oncle, l'hommage si justement dû au savant et élégant auteur du *Voyage du jeune Anacharsis en Grèce*, en lui faisant parvenir le volume ci-joint des *Lettres athéniennes*.

« L'origine de cette production est expliquée dans la seconde préface, à la tête de l'ouvrage. Les lettres signées P. sont de Philippe Yorke, comte de Hardwicke, fils aîné du grand-chancelier de ce nom; celles signées C. sont de son frère, M. Charles Yorke, qui est parvenu lui-même au poste important de grand-chancelier, mais qui est mort trop tôt pour sa famille et pour sa patrie. Les autres lettres sont écrites ou par leurs parents ou par leurs amis.

« En priant M. l'abbé Barthélemy d'agréer ce petit présent littéraire, on n'a pas la présomption de comparer cet ouvrage au charmant *Voyage d'Anacharsis*, mais uniquement de donner un témoignage d'estime à son illustre auteur, et de marquer combien on a été flatté de trouver qu'une idée qui a pris son origine ici, il y a cinquante ans, a été perfectionnée long-temps après, avec tant d'élégance, sans aucune communication, par un auteur digne du sujet.

» Dover.

» Londres, 21 décembre 1789. »

En transcrivant la note si flatteuse de mylord Dover, je cède à mon amour-propre ; et je le sacrifie en désirant que l'on traduise en français les *Lettres athéniennes*.

NOTE DES ÉDITEURS. Depuis la mort de Barthélemy, les *Lettres athéniennes* ont été réimprimées et rendues publiques en Angleterre, sous ce titre : *Athenian Letters, or the epistolary Correspondance of an Agent of the King of Persia, residing at Athens during the Peloponnesian war ; a new edition in two volumes ; illustrated with Engravings, and a Map of ancient Greece. London, 1798.* C'est dans cette nouvelle édition anglaise que nous avons trouvé la réponse suivante à la note de mylord Dover.

« MYLORD,

« J'ai l'honneur de vous remercier du bel exemplaire des *Lettres athéniennes* que vous avez eu la bonté de m'envoyer, et surtout de la note trop flatteuse que vous avez daigné y tracer de votre main. J'entendis, l'été dernier, parler pour la première fois de cet ouvrage ; et ce fut par M. Jenkinson. Je n'ai pu jusqu'à présent le parcourir qu'à la hâte. Si je l'avais connu plus tôt, ou je n'aurais pas commencé le mien, ou j'aurais tâché d'approcher de ce beau modèle. Pourquoi ne l'a-t-on pas communiqué au public? pourquoi n'a-t-il pas été traduit dans toutes les langues [1] ? Je sacrifierais volontiers mes derniers jours au plaisir d'en enrichir notre littérature, si je connaissais mieux les finesses de la langue anglaise; mais je n'entreprendrai pas de l'achever, de peur qu'il ne m'arrivât la même chose qu'à ceux qui ont voulu continuer le Discours de Bossuet sur l'histoire universelle.

« Daignez agréer l'hommage de la reconnaissance et du respect avec lesquels, etc.

» BARTHÉLEMY,

» Paris, 1er janvier 1790. »

---

[1] On en possède maintenant deux traductions en français, l'une par Villeterque, qui a eu deux éditions; l'autre par M. Christophe.

AVERTISSEMENT.

Je suppose qu'un Scythe, nommé Anacharsis, vient en Grèce quelques années avant la naissance d'Alexandre, et que d'Athènes, son séjour ordinaire, il fait plusieurs voyages dans les provinces voisines, observant partout les mœurs et les usages des peuples, assistant à leurs fêtes, étudiant la nature de leurs gouvernements; quelquefois consacrant ses loisirs à des recherches sur les progrès de l'esprit humain; d'autres, conversant avec les grands hommes qui florissaient alors, tels qu'Epaminondas, Phocion, Xénophon, Platon, Aristote, Démosthène, etc. Dès qu'il voit la Grèce asservie à Philippe, père d'Alexandre, il retourne en Scythie, il y met en ordre la suite de ses voyages; et, pour n'être pas forcé d'interrompre sa narration, il rend compte, dans une introduction, des faits mémorables qui s'étaient passés en Grèce avant qu'il eût quitté la Scythie.

L'époque que j'ai choisie, une des plus intéressantes que nous offre l'histoire des nations, peut être envisagée sous deux aspects. Du côté des lettres et des arts, elle lie le siècle de Périclès à celui d'Alexandre. Mon Scythe a fréquenté quantité d'Athéniens qui avaient vécu avec Sophocle, Euripide, Aristophane, Thucydide, Socrate, Zeuxis et Parrhasius. Je viens de citer quelques-uns des écrivains célèbres qu'il a connus; il a vu paraître les chefs-d'œuvre de Praxitèle, d'Euphranor et de Pamphile, ainsi que les premiers essais d'Apelle et de Protogène; et dans une des dernières années de son séjour en Grèce, naquirent Epicure et Ménandre.

Sous le second aspect, cette époque n'est pas moins remarquable. Anacharsis fut témoin de la révolution qui changea la face de la Grèce, et qui, quelque temps après, détruisit l'empire des Perses. A son arrivée, il trouva le jeune Philippe auprès d'Epaminondas; et il le vit monter sur le trône de Macédoine, déployer pendant vingt-deux ans contre les Grecs toutes les ressources de son génie, et obliger enfin ces fiers républicains à se jeter entre ses bras.

J'ai composé un voyage plutôt qu'une histoire, parce que tout est en action dans un voyage, et qu'on y permet des détails interdits à l'historien. Ces détails, quand ils ont rapport à des usages, ne sont souvent qu'indiqués dans les auteurs anciens; souvent ils ont partagé les critiques modernes. Je les ai tous discutés avant que d'en faire usage. J'en ai même, dans une révision, supprimé une grande partie; et peut-être n'ai-je pas poussé le sacrifice assez loin.

Je commençai cet ouvrage en 1757; je n'ai cessé d'y travailler depuis. Je ne l'aurais pas entrepris si, moins ébloui de la beauté du sujet, j'avais plus consulté mes forces que mon courage.

ORDRE CHRONOLOGIQUE

DU VOYAGE D'ANACHARSIS.

Avant Jésus-Christ.

Chapitres
- I. Il part de Scythie . . . . en avril de l'an 363.
- VI. Après avoir fait quelque séjour à Byzance, à Lesbos et à Thèbes, il arrive à Athènes. . . . . 13 mars 362
- IX. Il va à Corinthe et revient à Athènes . . 1er avril même année.
- XII et suiv. Il revient à Athènes, et après avoir rapporté quelques événements qui s'étaient passés depuis l'an 361 jusqu'en 357, il traite de plusieurs matières relatives aux usages des Athéniens, à l'histoire des sciences, etc. . . . .
- XXXIV et suiv. Il part pour la Béotie et pour les provinces septentrionales de la Grèce. 357
- XXXVII. Il passe l'hiver de 357 à 356 à Athènes, d'où il se rend aux provinces méridionales de la Grèce. . . . . mars 356
- XXXVIII. Il assiste aux jeux olympiques . . . . juillet même année.
- LIV et suiv. Il revient à Athènes, où il continue ses recherches.
- LX. Il rapporte les événements remarquables arrivés en Grèce et en Sicile, depuis l'an 357 jusqu'à l'an 354.
- LXI. Il part pour l'Égypte et pour la Perse. . . . . 354. Pendant son absence, qui dure onze ans, il reçoit d'Athènes plusieurs lettres qui l'instruisent des mouvements de la Grèce, des entreprises de Philippe, et de plusieurs faits intéressants. . . . .
- LXII. À son retour de Perse, il trouve à Mitylène Aristote, qui lui communique son traité des gouvernements. Anacharsis en fait un extrait 343
- LXIII et suiv. Il revient à Athènes, où il s'occupe de ses travaux ordinaires . . . . même année.
- LXXII et suiv. Il entreprend un voyage sur les côtes de l'Asie mineure et dans plusieurs îles de l'Archipel. 342
- LXXVI. Il assiste aux fêtes de Délos. 341
- LXXX. Il revient à Athènes et continue ses recherches. . . . . même année.
- LXXXII. Après la bataille de Chéronée, il retourne en Scythie. . . . .

INTRODUCTION
AU VOYAGE DE LA GRÈCE.

S'il faut s'en rapporter aux traditions anciennes, les premiers habitants de la Grèce n'avaient pour demeures que des antres profonds, et n'en sortaient que pour disputer aux animaux des aliments grossiers et quelquefois nuisibles. Réunis dans la suite sous des chefs audacieux, ils augmentèrent leurs lumières, leurs besoins et leurs maux. Le sentiment de leur foiblesse les avait rendus malheureux; ils le devinrent par le sentiment de leurs forces. La guerre commença, de grandes passions s'allumèrent; les suites en furent effroyables. Il fallait des torrents de sang pour s'assurer de la possession d'un pays. Les vainqueurs dévoraient les vaincus; la mort était sur toutes les têtes, et la vengeance dans tous les cœurs.

Mais, soit que l'homme se lasse enfin de sa férocité, soit que le climat de la Grèce adoucisse tôt ou tard le caractère de ceux qui l'habitent, plusieurs hordes de sauvages coururent au-devant des législateurs qui entreprirent de les policer. Ces législateurs étaient des Égyptiens qui venaient d'aborder sur les côtes de l'Argolide. Ils y cherchaient un asile, ils y fondèrent un empire; et ce fut sans doute un beau spectacle de voir des peuples agrestes et cruels s'approcher en tremblant de la colonie étrangère, en admirer les travaux paisibles, abattre leurs forêts aussi anciennes que le monde, découvrir sous leurs pas mêmes une terre inconnue et la rendre fertile, se répandre avec leurs troupeaux dans la plaine, et parvenir enfin à couler dans l'innocence ces jours tranquilles et sereins qui font donner le nom d'âge d'or à ces siècles reculés.

Cette révolution commença sous Inachus[1], qui avait conduit la première colonie égyptienne; elle continua sous Phoronée son fils. Dans un court espace de temps, l'Argolide, l'Arcadie et les régions voisines changèrent de face.

[1] En 1970 avant J.-C.

Environ trois siècles après, Cécrops, Cadmus et Danaüs[1] parurent, l'un dans l'Attique, l'autre dans la Béotie, et le troisième dans l'Argolide. Ils amenèrent avec eux de nouvelles colonies d'Égyptiens et de Phéniciens. L'industrie et les arts franchirent les bornes du Péloponnèse, et leurs progrès ajoutèrent pour ainsi dire de nouveaux peuples au genre humain.

Cependant une partie des sauvages s'était retirée dans les montagnes, ou vers les régions septentrionales de la Grèce. Ils attaquèrent les sociétés naissantes, qui, opposant la valeur à la férocité, les forcèrent d'obéir à des lois, ou d'aller en d'autres climats jouir d'une funeste indépendance.

Le règne de Phoronée est la plus ancienne époque de l'histoire des Grecs; celui de Cécrops, de l'histoire des Athéniens. Depuis ce dernier prince jusqu'à la fin de la guerre du Péloponnèse, il s'est écoulé environ 1560 ans. Je les partage en deux intervalles; l'un finit à la première des Olympiades, l'autre à la prise d'Athènes par les Lacédémoniens[2]. Je vais rapporter les principaux événements qui se sont passés dans l'un et dans l'autre: je m'attacherai surtout à ceux qui regardent les Athéniens; et j'avertis que, sous la première de ces périodes, les faits véritables, les traits fabuleux, également nécessaires à connaître pour l'intelligence de la religion, des usages et des monuments de la Grèce, seront confondus dans ma narration, comme ils le sont dans les traditions anciennes. Peut-être même que mon style se ressentira de la lecture des auteurs que j'ai consultés. Quand on est dans le pays des fictions, il est difficile de n'en pas emprunter quelquefois le langage.

PREMIÈRE PARTIE.

La colonie de Cécrops tirait son origine de la ville de Saïs en Égypte. Elle avait quitté les bords fortunés du Nil pour se soustraire à la loi d'un vainqueur inexorable, et, après une longue navigation, elle était parvenue aux rivages de l'Attique, habités de tout temps par un peuple que les nations farouches de la Grèce avaient dédaigné d'asservir. Ses campagnes stériles n'offraient point de butin, et sa faiblesse ne pouvait inspirer de crainte. Accoutumé aux douceurs de la paix, libre sans connaître le prix de la liberté, plutôt grossier que barbare, il devait s'unir sans effort à des étrangers que le malheur avait instruits. Bientôt les Égyptiens et les ha-

[1] Cécrops, en 1657 avant J.-C.; Cadmus, en 1594; Danaüs, en 1586.
[2] Première olympiade, en 776 avant J.-C.; prise d'Athènes, en 404.

bitants de l'Attique ne formèrent qu'un seul peuple ; mais les premiers prirent sur les seconds cet ascendant qu'on accorde tôt ou tard à la supériorité des lumières ; et Cécrops, placé à la tête des uns et des autres, conçut le projet de faire le bonheur de la patrie qu'il venait d'adopter.

Les anciens habitants de cette contrée voyaient renaître tous les ans les fruits sauvages du chêne, et se reposaient sur la nature d'une production qui assurait leur subsistance. Cécrops leur présenta une nourriture plus douce, et leur apprit à la perpétuer. Différentes espèces de grains furent confiés à la terre ; l'olivier fut transporté de l'Égypte dans l'Attique ; des arbres, auparavant inconnus, étendirent sur de riches moissons leurs branches chargées de fruits. L'habitant de l'Attique, entraîné par l'exemple des Égyptiens experts dans l'agriculture, redoublait ses efforts, et s'endurcissait à la fatigue ; mais il n'était pas encore remué par des intérêts assez puissants pour adoucir ses peines et l'animer dans ses travaux.

Le mariage fut soumis à des lois ; et ces règlements, sources d'un nouvel ordre de vertus et de plaisirs, firent connaître les avantages de la décence, les attraits de la pudeur, le désir de plaire, le bonheur d'aimer, la nécessité d'aimer toujours. Le père entendit, au fond de son cœur, la voix secrète de la nature ; il l'entendit dans le cœur de son épouse et de ses enfants. Il se surprit versant des larmes que ne lui arrachait plus la douleur, et apprit à s'estimer en devenant sensible. Bientôt les familles se rapprochèrent par des alliances ou par des besoins mutuels ; des chaînes sans nombre embrassèrent tous les membres de la société. Les biens dont ils jouissaient ne leur furent plus personnels, et les maux qu'ils n'éprouvaient pas ne leur furent plus étrangers.

D'autres motifs facilitèrent la pratique des devoirs. Les premiers Grecs offraient leurs hommages à des dieux dont ils ignoraient les noms, et qui, trop éloignés des mortels, et réservant toute leur puissance pour régler la marche de l'univers, manifestaient à peine quelques-unes de leurs volontés dans le petit canton de Dodone en Épire. Les colonies étrangères donnèrent à ces divinités les noms qu'elles avaient en Égypte, en Libye, en Phénicie, et leur attribuèrent à chacune un empire limité et des fonctions particulières. La ville d'Argos fut spécialement consacrée à Junon, celle d'Athènes à Minerve, celle de Thèbes à Bacchus. Par cette légère addition au culte religieux, les dieux parurent se rapprocher de la Grèce, et partager entre eux ses provinces. Le peuple les crut plus accessibles, en les croyant moins puissants et moins occupés. Il les trouva partout autour de lui; et, assuré de fixer désormais leurs regards, il conçut une plus haute idée de la nature de l'homme.

Cécrops multiplia les objets de la vénération publique, il invoqua le souverain des dieux sous le titre de Très-Haut : il éleva de toutes parts des temples et des autels; mais il défendit d'y verser le sang des victimes, soit pour conserver les animaux destinés à l'agriculture, soit pour inspirer à ses sujets l'horreur d'une scène barbare qui s'était passée en Arcadie. Un homme, un roi, le farouche Lycaon, venait d'y sacrifier un enfant à ces dieux qu'on outrage toutes les fois qu'on outrage la nature. L'hommage que leur offrit Cécrops était plus digne de leur bonté : c'étaient des épis et des grains, prémices des moissons dont ils enrichissaient l'Attique, et des gâteaux, tribut de l'industrie que ses habitants commençaient à connaître.

Tous les règlements de Cécrops respiraient la sagesse et l'humanité. Il en fit pour procurer à ses sujets une vie tranquille, et leur attirer des respects au delà même du trépas. Il voulut qu'on déposât leurs dépouilles mortelles dans le sein de la mère commune des hommes, et qu'on ensemençât aussitôt la terre qui les couvrait, afin que cette portion de terrain ne fût point enlevée au cultivateur. Les parents, la tête ornée d'une couronne, donnaient un repas funèbre; et c'est là que, sans écouter la voix de la flatterie ou de l'amitié, on honorait la mémoire de l'homme vertueux, on flétrissait celle du méchant. Par ces pratiques touchantes, les peuples entrevirent que l'homme, peu jaloux de conserver après sa mort une seconde vie dans l'estime publique, doit au moins laisser une réputation dont ses enfants n'aient point à rougir.

La même sagesse brillait dans l'établissement d'un tribunal qui paraît s'être formé vers les dernières années de ce prince, ou au commencement du règne de son successeur : c'est celui de l'Aréopage, qui, depuis son origine, n'a jamais prononcé un jugement dont on ait pu se plaindre, et qui contribua le plus à donner aux Grecs les premières notions de la justice.

Si Cécrops avait été l'auteur de ces mémorables institutions et de tant d'autres qu'il employa pour éclairer les Athéniens, il aurait été le premier des législateurs et le plus grand des mortels; mais elles étaient l'ouvrage de toute une nation attentive à les perfectionner pendant une longue suite de siècles. Il les avait apportées d'Égypte; et l'effet qu'elles produisirent fut si prompt, que l'Attique se trouva bientôt peuplée de vingt mille habitants, qui furent divisés en quatre tribus.

Des progrès si rapides attirèrent l'attention des peuples qui ne vivaient que de rapines. Des corsaires descendirent sur les côtes de l'Attique, des Béotiens en ravagèrent les frontières ; ils répandirent la terreur de tous côtés. Cécrops en profita pour persuader à ses sujets de rapprocher leurs demeures alors éparses dans la campagne, et de les garantir, par une enceinte, des insultes qu'ils venaient d'éprouver. Les fondements d'Athènes furent jetés sur la colline où l'on voit aujourd'hui la citadelle. Onze autres villes s'élevèrent en différents endroits; et les habitants, saisis de frayeur, firent sans peine le sacrifice qui devait leur coûter le plus : ils renoncèrent à la liberté de la vie champêtre, et se renfermèrent dans des murs qu'ils auraient regardés comme le séjour de l'esclavage s'il n'avait fallu les regarder comme l'asile de la faiblesse. A l'abri de leurs remparts, ils furent les premiers des Grecs à déposer, pendant la paix, ces armes meurtrières, qu'auparavant ils ne quittaient jamais.

Cécrops mourut après un règne de cinquante ans. Il avait épousé la fille d'un des principaux habitants de l'Attique. Il en eut un fils dont il vit finir les jours, et trois filles à qui les Athéniens décernèrent les honneurs divins. Ils conservent encore son tombeau dans le temple de Minerve ; et son souvenir est gravé, en caractères ineffaçables, dans la constellation du Verseau, qu'ils lui ont consacrée.

Après Cécrops, régnèrent, pendant l'espace d'environ cinq cent soixante-cinq ans, dix-sept princes, dont Codrus fut le dernier.

Les regards de la postérité ne doivent point s'arrêter sur la plupart d'entre eux. Et qu'importe, en effet, que quelques-uns aient été dépouillés par leurs successeurs du rang qu'ils avaient usurpé, et que les noms des autres se soient par hasard sauvés de l'oubli ? Cherchons, dans la suite de leurs règnes, les traits qui ont influé sur le caractère de la nation, ou qui devaient contribuer à son bonheur.

Sous les règnes de Cécrops et de Cranaüs son successeur, les habitants de l'Attique jouirent d'une paix assez constante. Accoutumés aux douceurs et à la servitude de la société, ils étudiaient leurs devoirs dans leurs besoins, et les mœurs se formaient d'après les exemples.

Leurs connaissances, accrues par des liaisons si intimes, s'augmentèrent encore par le commerce des nations voisines. Quelques années après Cécrops, les lumières de l'Orient pénétrèrent en Béotie. Cadmus, à la tête d'une colonie de Phéniciens, y porta le plus sublime de tous les arts, celui de retenir par de simples traits les sons fugitifs de la parole et les plus fines opérations de l'esprit. Le secret de l'écriture, introduite en Attique, y fut destiné, quelque temps après, à conserver le souvenir des événements remarquables.

Nous ne pouvons fixer d'une manière précise le temps où les autres arts furent connus, et nous n'avons à cet égard que des traditions à rapporter. Sous le règne d'Erichthonius, la colonie de Cécrops accoutuma les chevaux, déjà dociles au frein, à traîner péniblement un chariot, et profita du travail des abeilles, dont elle perpétua la race sur le mont Hymète. Sous Pandion, elle fit de nouveaux progrès dans l'agriculture ; mais une longue sécheresse ayant détruit les espérances du laboureur, les moissons de l'Égypte suppléèrent aux besoins de la colonie, et l'on prit une légère teinture du commerce. Érechthée, son successeur, illustra son règne par des établissements utiles, et les Athéniens lui consacrèrent un temple après sa mort.

Ces découvertes successives redoublaient l'activité du peuple, et, en lui procurant l'abondance, le préparaient à la corruption : car, dès qu'on eut compris qu'il est dans la vie des biens que l'art ajoute à ceux de la nature, les passions réveillées se portèrent vers cette nouvelle image du bonheur. L'imitation aveugle, ce mobile puissant de la plupart des actions des hommes, et qui d'abord n'avait excité qu'une émulation douce et bienfaisante, produisit bientôt l'amour des distinctions, le désir des préférences, la jalousie et la haine. Les principaux citoyens, faisant mouvoir à leur gré ces différents ressorts, remplirent la société de troubles, et portèrent leurs regards sur le trône. Amphictyon obligea Cranaüs d'en descendre ; lui-même fut contraint de le céder à Érichthonius.

A mesure que le royaume d'Athènes prenait de nouvelles forces, on voyait ceux d'Argos, d'Arcadie, de Lacédémone, de Corinthe, de Sicyone, de Thèbes, de Thessalie et d'Épire, s'accroître par degrés, et continuer leur révolution sur la scène du monde.

Cependant l'ancienne barbarie reparaissait ; au mépris des lois et des mœurs, il s'élevait par intervalles des hommes robustes qui se tenaient sur les chemins pour attaquer les passants, ou des princes dont la cruauté froide infligeait à des innocents des supplices lents et douloureux. Mais la nature, qui balance sans cesse le mal par le bien, fit naître, pour les détruire, des hommes plus robustes que les premiers, aussi puissants que les seconds, plus justes que les uns et les autres. Ils parcoururent la Grèce, ils la purgeaient du brigandage de rois et des particuliers : ils paraissaient au milieu des Grecs comme des mortels d'un ordre supérieur; et ce peuple enfant, aussi extrême dans sa reconnaissance que dans ses alarmes, répandait tant de gloire sur leurs moindres exploits, que l'honneur de le protéger était devenu l'ambition des âmes fortes.

Cette espèce d'héroïsme, inconnu aux siècles suivants, ignoré des autres nations, le plus propre néanmoins à concilier les intérêts de l'orgueil avec ceux de l'humanité, germait de toutes parts, et s'exerçait sur toutes sortes d'objets. Si un animal féroce, sorti du fond des bois, semait la terreur dans les campagnes, le héros de la contrée se faisait un devoir d'en triompher aux yeux d'un peuple qui regardait encore la force comme la première des qualités, et le courage comme la première des vertus. Les souverains eux-mêmes, flattés de joindre à leurs titres la prééminence du mérite le plus estimé dans leur siècle, s'engageaient dans des combats qui, en manifestant leur bravoure, semblaient légitimer encore leur puissance. Mais bientôt ils aimèrent des dangers qu'ils se contentaient auparavant de ne pas craindre. Ils allèrent les mendier au loin, ou les firent naître autour d'eux; et comme les vertus exposées aux louanges se flétrissent aisément, leur bravoure, dégénérée en témérité, ne changea pas moins d'objet que de caractère. Le salut des peuples ne dirigeait plus leurs entreprises; tout était sacrifié à des passions violentes, dont l'impunité redoublait la licence. La main qui venait de renverser un tyran de son trône dépouillait un prince juste des richesses qu'il avait reçues de ses pères, ou lui ravissait une épouse distinguée par sa beauté. La vie des anciens héros est souillée de ces taches honteuses.

Plusieurs d'entre eux, sous le nom d'Argonautes [1], formèrent le projet de se rendre dans un climat lointain, pour s'emparer des trésors d'Æétès, roi de Colchos. Il leur fallut traverser des mers inconnues et braver sans cesse de nouveaux dangers; mais ils s'étaient déjà séparément signalés par tant d'exploits, qu'en se réunissant ils se crurent invincibles, et le furent en effet. Parmi ces héros on vit Jason, qui séduisit et enleva Médée, fille d'Æétès, mais qui perdit pendant son absence le trône de Thessalie, où sa naissance l'appelait; Castor et Pollux, fils de Tyndare, roi de Sparte, célèbres par leur valeur, plus célèbres par une union qui leur a mérité des autels; Pélée, roi de la Phthiotide, qui passerait pour un grand homme si son fils Achille n'avait pas été plus grand que lui; le poëte Orphée, qui partageait des travaux qu'il adon-

[1] Vers l'an 1360 avant J.-C.

eissait par ses chants; Hercule enfin, le plus illustre des mortels, et le premier des demi-dieux.

Toute la terre est pleine du bruit de son nom et des monuments de sa gloire. Il descendait des rois d'Argos : on dit qu'il était fils de Jupiter et d'Alcmène, épouse d'Amphitryon; qu'il fit tomber sous ses coups et le lion de Némée, et le taureau de Crète, et le sanglier d'Érymanthe, et l'hydre de Lerne, et des monstres plus féroces encore : un Busiris, roi d'Égypte, qui trempait lâchement ses mains dans le sang des étrangers; un Antée de Libye, qui ne les dévouait à la mort qu'après les avoir vaincus à la lutte; et les géants de Sicile, et les centaures de Thessalie, et tous les brigands de la terre, dont il avait fixé les limites à l'occident, comme Bacchus les avait fixées à l'orient. On ajoute qu'il ouvrit les montagnes pour rapprocher les nations, qu'il creusa des détroits pour confondre les mers, qu'il triompha des enfers, et qu'il fit triompher les dieux dans les combats qu'ils livrèrent aux géants.

Son histoire est un tissu de prodiges, ou plutôt c'est l'histoire de tous ceux qui ont porté le même nom et subi les mêmes travaux que lui. On a exagéré leurs exploits : en les réunissant sur un seul homme, et en lui attribuant toutes les grandes entreprises dont on ignorait les auteurs, on l'a couvert d'un éclat qui semble rejaillir sur l'espèce humaine; car l'Hercule qu'on adore est un fantôme de grandeur élevé entre le ciel et la terre, comme pour combler l'intervalle. Le véritable Hercule ne différait des autres hommes que par sa force, et ne ressemblait aux dieux des Grecs que par ses faiblesses : les biens et les maux qu'il fit dans ses expéditions fréquentes lui attirèrent pendant sa vie une célébrité qui valut à la Grèce un nouveau défenseur en la personne de Thésée.

Ce prince était fils d'Égée, roi d'Athènes, et d'Éthra, fille du sage Pitthée, qui gouvernait Trézène. Il était élevé dans cette ville, où le bruit des actions d'Hercule l'agitait sans cesse : il en écoutait le récit avec une ardeur d'autant plus inquiète que les liens du sang l'unissaient à ce héros; et son âme impatiente frémissait autour des barrières qui la tenaient renfermée, car il s'ouvrait un vaste champ à ses espérances. Les brigands commençaient à reparaître; les monstres sortaient de leurs forêts, Hercule était en Lydie.

Pour contenter ce courage bouillant, Éthra découvre à son fils le secret de sa naissance; elle le conduit vers un rocher énorme et lui ordonne de le soulever; il y trouve une épée et d'autres signes auxquels son père devait le reconnaître un jour. Muni de ce dépôt, il prend la route d'Athènes. En vain sa mère et son aïeul le pressent de monter sur un vaisseau; les conseils prudents l'offensent, ainsi que les conseils timides; il préfère le chemin du péril et de la gloire, et bientôt il se trouve en présence de Sinnis. Cet homme cruel attachait les vaincus à des branches d'arbres qu'il courbait avec efforts, et qui se relevaient chargées des membres sanglants de ces malheureux. Plus loin, Scirron occupait un sentier étroit sur une montagne, d'où il précipitait les passants dans la mer. Plus loin encore, Procuste les étendait sur un lit dont la longueur devait être la juste mesure de leurs corps, qu'il réduisait ou prolongeait par d'affreux tourments. Thésée attaque ces brigands, et les fait périr par les supplices qu'ils avaient inventés.

Après des combats et des succès multipliés, il arrive à la cour de son père, violemment agitée par des dissensions qui menaçaient le souverain. Les Pallantides, famille puissante d'Athènes, voyaient à regret le sceptre entre les mains d'un vieillard qui, suivant eux, n'avait ni le droit ni la force de le porter; ils laissaient éclater, avec leur mépris, l'espoir de sa mort prochaine et le désir de partager sa dépouille. La présence de Thésée déconcerte leurs projets; et, dans la crainte qu'Égée, en adoptant cet étranger, ne trouve un vengeur et un héritier légitime, ils le remplissent de toutes les défiances dont une âme faible est susceptible; mais, sur le point d'immoler son fils, Égée le reconnaît et le fait reconnaître à son peuple. Les Pallantides se révoltent: Thésée les dissipe, et vole soudain aux champs de Marathon, qu'un taureau furieux ravageait depuis quelques années: il l'attaque, le saisit, et l'expose, chargé de chaînes, aux yeux des Athéniens, non moins étonnés de la victoire qu'effrayés du combat.

Un autre trait épuisa bientôt leur admiration. Minos, roi de Crète, les accusait d'avoir fait périr son fils Androgée, et les avait contraints, par la force des armes, à lui livrer, à des intervalles marqués [1], un certain nombre de jeunes garçons et de jeunes filles. Le sort devait les choisir, l'esclavage ou la mort devenir leur partage. C'était pour la troisième fois qu'on venait arracher à de malheureux parents les gages de leur tendresse. Athènes était en pleurs, mais Thésée la rassure; il se propose de l'affranchir de ce tribut odieux; et, pour remplir un si noble projet, il se met lui-même au nombre des victimes, et s'embarque pour la Crète.

Les Athéniens disent qu'en arrivant dans cette île leurs enfants étaient renfermés dans un labyrinthe, et bientôt dévorés par le

---

[1] Tous les ans, suivant Apollodore, lib. III, p. 253; tous les sept ans, suivant Diodore, lib. IV, p. 263; tous les neuf ans, suivant Plutarque in *Thes.*, t. I, p. 6.

Minotaure, monstre moitié homme, moitié taureau, issu des amours infâmes de Pasiphaé, reine de Crète. Ils ajoutent que Thésée, ayant tué le Minotaure, ramena les jeunes Athéniens, et fut accompagné à son retour par Ariadne, fille de Minos, qui l'avait aidé à sortir du labyrinthe, et qu'il abandonna sur les rives de Naxos. Les Crétois disent, au contraire, que les otages athéniens étaient destinés aux vainqueurs dans les jeux célébrés en l'honneur d'Androgée ; que Thésée, ayant obtenu la permission d'entrer en lice, vainquit Taurus, général des troupes de Minos, et que ce prince fut assez généreux pour rendre justice à sa valeur et pardonner aux Athéniens.

Le témoignage des Crétois est plus conforme au caractère d'un prince renommé pour sa justice et sa sagesse ; celui des Athéniens n'est peut-être que l'effet de leur haine éternelle pour les vainqueurs qui les ont humiliés ; mais de ces deux opinions il résulte également que Thésée délivra sa nation d'une servitude honteuse, et qu'en exposant ses jours il acheva de mériter le trône qui restait vacant par la mort d'Égée.

A peine y fut-il assis, qu'il voulut mettre des bornes à son autorité, et donner au gouvernement une forme plus stable et plus régulière. Les douze villes de l'Attique, fondées par Cécrops, étaient devenues autant de républiques qui toutes avaient des magistrats particuliers et des chefs presque indépendants ; leurs intérêts se croisaient sans cesse, et produisaient entre elles des guerres fréquentes. Si des périls pressants les obligeaient quelquefois de recourir à la protection du souverain, le calme, qui succédait à l'orage, réveillait bientôt les anciennes jalousies : l'autorité royale, flottant entre le despotisme et l'avilissement, inspirait la terreur ou le mépris ; et le peuple, par le vice d'une constitution dont la nature n'était exactement connue ni du prince ni des sujets, n'avait aucun moyen pour se défendre contre l'extrême servitude ou contre l'extrême liberté.

Thésée forma son plan ; et, supérieur même aux petits obstacles, il se chargea des détails de l'exécution, parcourut les divers cantons de l'Attique, et chercha partout à s'insinuer dans les esprits. Le peuple reçut avec ardeur un projet qui semblait le ramener à sa liberté primitive ; mais les plus riches, consternés de perdre la portion d'autorité qu'ils avaient usurpée et de voir s'établir une espèce d'égalité entre tous les citoyens, murmuraient d'une innovation qui diminuait la prérogative royale : cependant ils n'osèrent s'opposer ouvertement aux volontés d'un prince qui tâchait d'obtenir par la persuasion ce qu'il pouvait exiger par la force, et donnèrent un consentement contre lequel ils se promirent de protester dans des circonstances plus favorables.

Alors il fut réglé qu'Athènes deviendrait la métropole et le centre de l'empire; que les sénats des villes seraient abolis; que la puissance législative résiderait dans l'assemblée générale de la nation, distribuée en trois classes, celle des notables, celle des agriculteurs et celle des artisans; que les principaux magistrats, choisis dans la première, seraient chargés du dépôt des choses saintes et de l'interprétation des lois; que les différents ordres de citoyens se balanceraient mutuellement, parce que le premier aurait pour lui l'éclat des dignités, le second l'importance des services, le troisième la supériorité du nombre; il fut réglé enfin que Thésée, placé à la tête de la république, serait le défenseur des lois qu'elle promulguerait, et le général des troupes destinées à la défendre.

Par ces dispositions, le gouvernement d'Athènes devint essentiellement démocratique; et, comme il se trouvait assorti au génie des Athéniens, il s'est soutenu dans cet état, malgré les altérations qu'il éprouva du temps de Pisistrate. Thésée institua une fête solennelle, dont les cérémonies rappellent encore aujourd'hui la réunion des différents peuples de l'Attique; il fit construire des tribunaux pour les magistrats; il agrandit la capitale, et l'embellit autant que l'imperfection des arts pouvait le permettre. Les étrangers, invités à s'y rendre, y accoururent de toutes parts, et furent confondus avec les anciens habitants; il ajouta le territoire de Mégare à l'empire; il plaça sur l'isthme de Corinthe une colonne qui séparait l'Attique du Péloponnèse, et renouvela, près de ce monument, les jeux isthmiques, à l'imitation de ceux d'Olympie, qu'Hercule venait d'établir.

Tout semblait alors favoriser ses vœux. Il commandait à des peuples libres que sa modération et ses bienfaits retenaient dans la dépendance. Il dictait des lois de paix et d'humanité aux peuples voisins, et jouissait d'avance de cette vénération profonde que les siècles attachent par degrés à la mémoire des grands hommes.

Cependant il ne le fut pas assez lui-même pour achever l'ouvrage de sa gloire. Il se lassa des hommages paisibles qu'il recevait, et des vertus faciles qui en étaient la source. Deux circonstances fomentèrent encore ce dégoût. Son âme, qui veillait sans cesse sur les démarches d'Hercule, était importunée des nouveaux exploits dont ce prince marquait son retour dans la Grèce. D'un autre côté, soit pour éprouver le courage de Thésée, soit pour l'arracher au repos, Pirithoüs, fils d'Ixion et roi d'une partie de la Thessalie, conçut un projet conforme au génie des anciens héros. Il vint enlever, dans les champs de Marathon, les troupeaux du roi d'Athènes ; et, quand Thésée se présenta pour venger cet affront, Pirithoüs parut saisi d'une admiration secrète, et lui tendant la main en signe de paix : « Soyez mon juge, lui dit-il ; quelle satisfaction exigez-vous ? — Celle, lui répondit Thésée, de vous unir à moi par la confraternité des armes. » A ces mots ils se jurent une alliance indissoluble, et méditent ensemble de grandes entreprises.

Hercule, Thésée, Pirithoüs, amis et rivaux généreux, déchaînés tous trois dans la carrière, ne respirant que les dangers et la victoire, faisant pâlir le crime et trembler l'innocence, fixaient alors les regards de la Grèce entière. Tantôt à la suite du premier, tantôt suivi du troisième, quelquefois se mêlant dans la foule des héros, Thésée était appelé à toutes les expéditions éclatantes. Il triompha, dit-on, des Amazones, et sur les bords du Thermodon en Asie, et dans les plaines de l'Attique ; il parut à la chasse de cet énorme sanglier de Calydon, contre lequel Méléagre, fils du roi de cette ville, rassembla les princes les plus courageux de son temps ; il se signala contre les centaures de Thessalie, ces hommes audacieux qui, s'étant exercés les premiers à combattre à cheval, avaient plus de moyens pour donner la mort et pour l'éviter.

Au milieu de tant d'actions glorieuses, mais inutiles au bonheur de son peuple, il résolut, avec Pirithoüs, d'enlever la princesse de Sparte et celle d'Épire, distinguées toutes deux par une beauté qui les rendit célèbres et malheureuses. L'une était cette Hélène, dont les charmes firent depuis couler tant de sang et de pleurs ; l'autre était Proserpine, fille d'Aïdonée, roi des Molosses en Épire.

Ils trouvèrent Hélène exécutant une danse dans le temple de Diane, et, l'ayant arrachée du milieu de ses compagnes, ils se dérobèrent par la fuite au châtiment qui les menaçait à Lacédémone, et qui les attendait en Épire ; car Aïdonée, instruit de leurs desseins, livra Pirithoüs à des dogues affreux qui le dévorèrent, et précipita Thésée dans les horreurs d'une prison dont il ne fut délivré que par les soins officieux d'Hercule.

De retour dans ses états, il trouva sa famille couverte d'opprobres, et la ville déchirée par des factions. La reine, cette Phèdre dont le nom retentit souvent sur le théâtre d'Athènes, avait conçu pour Hippolyte, qu'il avait eu d'Antiope, reine des Amazones, un amour qu'elle condamnait, dont le jeune prince avait horreur, et qui causa bientôt la perte de l'un et de l'autre. Dans le même temps les Pallantides, à la tête des principaux citoyens, cherchaient à s'emparer du pouvoir souverain, qu'ils l'accusaient d'avoir affaibli : le peuple avait perdu, dans l'exercice de l'autorité, l'amour de l'ordre et le sentiment de la reconnaissance. Il venait d'être aigri par la présence et par les plaintes de Castor et de Pollux, frères d'Hélène, qui, avant de la retirer des mains auxquelles Thésée l'avait confiée, avaient ravagé l'Attique, et excité des murmures contre un roi qui sacrifiait tout à ses passions et abandonnait le soin de son empire, pour aller au loin tenter des aventures ignominieuses et en expier la honte dans les fers.

Thésée chercha vainement à dissiper de si funestes impressions. On lui faisait un crime de son absence, de ses exploits, de ses malheurs; et, quand il voulut employer la force, il apprit que rien n'est si faible qu'un souverain avili aux yeux de ses sujets.

Dans cette extrémité, ayant prononcé des imprécations contre les Athéniens, il se réfugia auprès du roi Lycomède, dans l'île de Scyros. il y périt quelque temps après[1], ou par les suites d'un accident, ou par la trahison de Lycomède, attentif à ménager l'amitié de Mnesthée, successeur de Thésée.

Ses actions, et l'impression qu'elles firent sur les esprits, pendant sa jeunesse, au commencement de son règne et à la fin de ses jours, nous l'offrent successivement sous l'image d'un héros, d'un roi, d'un aventurier; et, suivant ces rapports différents, il mérita l'admiration, l'amour et le mépris des Athéniens.

Ils ont depuis oublié ses égarements et rougi de leur révolte. Cimon, fils de Miltiade, transporta par ordre de l'oracle ses ossements dans les murs d'Athènes. On construisit sur son tombeau un temple embelli par les arts, et devenu l'asile des malheureux. Divers monuments le retracent à nos yeux, ou rappellent le souvenir de son règne. C'est un des génies qui président aux jours de chaque mois, un des héros qui sont honorés par des fêtes et par des sacrifices. Athènes enfin le regarde comme le premier auteur de sa puissance, et se nomme avec orgueil la ville de Thésée.

La colère des dieux, qui l'avait banni de ses états, s'appesantissait depuis long-temps sur le royaume de Thèbes. Cadmus chassé du trône qu'il avait élevé, Polydore déchiré par des bacchantes, Labdacus enlevé par une mort prématurée, et ne laissant qu'un fils au berceau et entouré d'ennemis; tel avait été depuis son origine le sort de la famille royale, lorsque Laïus, fils et successeur de Labdacus, après avoir perdu et recouvré deux fois la couronne, épousa Épicaste ou Jocaste, fille de Ménoecée. C'est à cet hymen qu'étaient réservées les plus affreuses calamités. L'enfant qui en naîtra, disait un oracle, sera le meurtrier de son père et l'époux de sa mère. Ce fils naquit, et les auteurs de ses jours le condamnè-

[1] Vers l'an 1305 avant J.-C.

rent à devenir la proie des bêtes féroces. Ses cris, ou le hasard, le firent découvrir dans un endroit solitaire. Il fut présenté à la reine de Corinthe, qui l'éleva dans sa cour sous le nom d'Œdipe, et comme son fils adoptif.

Au sortir de l'enfance, instruit des dangers qu'il avait courus, il consulta les dieux ; et, leurs ministres ayant confirmé par leur réponse l'oracle qui avait précédé sa naissance, il fut entraîné dans le malheur qu'il voulait éviter. Résolu de ne plus retourner à Corinthe, qu'il regardait comme sa patrie, il prit le chemin de la Phocide, et rencontra dans un sentier un vieillard qui lui prescrivit avec hauteur de laisser le passage libre, et voulut l'y contraindre par la force. C'était Laïus : Œdipe se précipita sur lui, et le fit périr sous ses coups.

Après ce funeste accident, le royaume de Thèbes et la main de Jocaste furent promis à celui qui délivrerait les Thébains des maux dont ils étaient affligés. Sphinge, fille naturelle de Laïus, s'étant associée à des brigands, ravageait la plaine, arrêtait les voyageurs par des questions captieuses, et les égarait dans les détours du mont Phinée pour les livrer à ses perfides compagnons. Œdipe démêla ses piéges, dissipa les complices de ses crimes ; et, en recueillant le fruit de sa victoire, il remplit l'oracle dans toute son étendue.

L'inceste triomphait sur la terre ; mais le ciel se hâta d'en arrêter le cours. Des lumières odieuses vinrent effrayer les deux époux. Jocaste termina ses infortunes par une mort violente. Œdipe, à ce que rapportent quelques auteurs, s'arracha les yeux, et mourut dans l'Attique, où Thésée lui avait accordé un asile. Mais, suivant d'autres traditions, il fut condamné à supporter la lumière du jour, pour voir encore des lieux témoins de ses forfaits ; et la vie, pour la donner à des enfants plus coupables et aussi malheureux que lui. C'étaient Étéocle, Polynice, Antigone et Ismène, qu'il eut d'Euriganée, sa seconde femme.

Les deux princes ne furent pas plutôt en âge de régner, qu'ils reléguèrent Œdipe au fond de son palais, et convinrent ensemble de tenir chacun à son tour les rênes du gouvernement pendant une année entière. Étéocle monta le premier sur ce trône, sous lequel l'abîme restait toujours ouvert, et refusa d'en descendre. Polynice se rendit auprès d'Adraste, roi d'Argos, qui lui donna sa fille en mariage, et lui promit de puissants secours.

Telle fut l'occasion de la première expédition [1] où les Grecs mon-

---

[1] En 1329 avant J.-C.

trèrent quelques connaissances de l'art militaire. Jusqu'alors on avait vu des troupes sans ordre inonder tout à coup un pays voisin, et se retirer après des hostilités et des cruautés passagères. Dans la guerre de Thèbes on vit des projets concertés avec prudence et suivis avec fermeté; des peuples différents, renfermés dans un même camp et soumis à la même autorité, opposant un courage égal aux rigueurs des saisons, aux lenteurs d'un siége et aux dangers des combats journaliers.

Adraste partagea le commandement de l'armée avec Polynice, qu'il voulait établir sur le trône de Thèbes; le brave Tydée, fils d'Œnée, roi d'Étolie; l'impétueux Capanée; le devin Amphiaraüs; Hippomédon et Parthénopée. A la suite de ces guerriers, tous distingués par leur naissance et par leur valeur, parurent, dans un ordre inférieur de mérite et de dignités, les principaux habitants de la Messénie, de l'Arcadie et de l'Argolide.

L'armée s'étant mise en marche entra dans la forêt de Némée, où ses généraux instituèrent des jeux qu'on célèbre encore aujourd'hui avec la plus grande solennité. Après avoir passé l'isthme de Corinthe, elle se rendit en Béotie, et força les troupes d'Étéocle à se renfermer dans les murs de Thèbes.

Les Grecs ne connaissaient pas encore l'art de s'emparer d'une place défendue par une forte garnison. Tous les efforts des assiégeants se dirigeaient vers les portes; toute l'espérance des assiégés consistait dans leurs fréquentes sorties. Les actions qu'elles occasionnaient avaient déjà fait périr beaucoup de monde de part et d'autre; déjà le vaillant Capanée venait d'être précipité du haut d'une échelle qu'il avait appliquée contre le mur, lorsque Étéocle et Polynice résolurent de terminer entre eux leurs différends. Le jour pris, le lieu fixé, les peuples en pleurs, les armées en silence, les deux princes fondirent l'un sur l'autre; et, après s'être percés de coups, ils rendirent le dernier soupir sans pouvoir assouvir leur rage. On les porta sur le même bûcher; et dans la vue d'exprimer, par une image effrayante, les sentiments qui les avaient animés pendant leur vie, on supposa que la flamme, pénétrée de leur haine, s'était divisée pour ne pas confondre leurs cendres.

Créon, frère de Jocaste, fut chargé, pendant la minorité de Laodamas, fils d'Étéocle, de continuer une guerre qui devenait de jour en jour plus funeste aux assiégeants, et qui finit par une vigoureuse sortie que firent les Thébains. Le combat fut très-meurtrier; Tydée et la plupart des généraux argiens y périrent. Adraste, contraint de lever le siége, ne put honorer par des funérailles ceux qui étaient restés sur le champ de bataille; il fallut que Thésée interposât son autorité pour obliger Créon à se soumettre au droit des gens qui commençait à s'introduire.

La victoire des Thébains ne fit que suspendre leur perte. Les chefs des Argiens avaient laissé des fils dignes de les venger. Dès que les temps furent arrivés[1], ces jeunes princes, connus sous le nom d'ÉPIGONES, c'est-à-dire SUCCESSEURS, et parmi lesquels on voyait Diomède, fils de Tydée, et Sthénélus, fils de Capanée, entrèrent, à la tête d'une armée formidable, sur les terres de leurs ennemis.

On en vint bientôt aux mains, et les Thébains, ayant perdu la bataille, abandonnèrent la ville, qui fut livrée au pillage. Thersander, fils et successeur de Polynice, fut tué, quelques années après, en allant au siège de Troie. Après sa mort deux princes de la même famille régnèrent à Thèbes ; mais le second fut tout à coup saisi d'une noire frénésie, et les Thébains, persuadés que les Furies s'attacheraient au sang d'Œdipe tant qu'il en resterait une goutte sur la terre, mirent une autre famille sur le trône. Ils choisirent, trois générations après, le gouvernement républicain, qui subsiste encore parmi eux.

Le repos dont jouit la Grèce après la seconde guerre de Thèbes ne pouvait être durable. Les chefs de cette expédition revenaient couverts de gloire, les soldats chargés de butin. Les uns et les autres se montraient avec cette fierté que donne la victoire ; et, racontant à leurs enfants, à leurs amis empressés autour d'eux, la suite de leurs travaux, de leurs exploits, ils ébranlaient puissamment les imaginations, et allumaient dans tous les cœurs la soif ardente des combats. Un événement subit développa ces impressions funestes.

Sur la côte de l'Asie, à l'opposite de la Grèce, vivait paisiblement un prince qui ne comptait que des souverains pour aïeux, et qui se trouvait à la tête d'une nombreuse famille, presque toute composée de jeunes héros : Priam régnait à Troie, et son royaume, autant par l'opulence et par le courage des peuples soumis à ses lois que par ses liaisons avec les rois d'Assyrie, répandait en ce canton de l'Asie le même éclat que le royaume de Mycènes dans la Grèce.

La maison d'Argos, établie en cette dernière ville, reconnaissait pour chef Agamemnon, fils d'Atrée. Il avait joint à ses états ceux de Corinthe, de Sicyone et de plusieurs villes voisines. Sa puissance, augmentée de celle de Ménélas, son frère, qui venait d'épouser Hélène, héritière du royaume de Sparte, lui donnait une

---

[1] En 1819 avant J.-C.

grande influence sur cette partie de la Grèce qui, de Pélops, son aïeul, a pris le nom de Péloponnèse.

Tantale, son bisaïeul, régna d'abord en Lydie, et, contre les droits les plus sacrés, retint dans les fers un prince troyen nommé Ganymède. Plus récemment encore, Hercule, issu des rois d'Argos, avait détruit la ville de Troie, fait mourir Laomédon, et enlevé Hésione sa fille.

Le souvenir de ces outrages, restés impunis, entretenait dans les maisons de Priam et d'Agamemnon une haine héréditaire et implacable, aigrie de jour en jour par la rivalité de puissance, la plus terrible des passions meurtrières. Pâris, fils de Priam, fut destiné à faire éclore ces semences de division.—.

Pâris vint en Grèce, et se rendit à la cour de Ménélas, où la beauté d'Hélène fixait tous les regards. Aux avantages de la figure le prince troyen réunissait le désir de plaire et l'heureux concours des talents agréables. Ces qualités, animées par l'espoir du succès, firent une telle impression sur la reine de Sparte, qu'elle abandonna tout pour le suivre. Les Atrides voulurent en vain obtenir par la douceur une satisfaction proportionnée à l'offense; Priam ne vit dans son fils que le réparateur des torts que sa maison et l'Asie entière avaient éprouvés de la part des Grecs, et rejeta les voies de conciliation qu'on lui proposait.

A cette étrange nouvelle, ces cris tumultueux et sanguinaires, ces bruits avant-coureurs des combats et de la mort, éclatent et se répandent de toutes parts. Les nations de la Grèce s'agitent comme une forêt battue par la tempête. Les rois dont le pouvoir est renfermé dans une seule ville, ceux dont l'autorité s'étend sur plusieurs peuples, possédés également de l'esprit d'héroïsme, s'assemblent à Mycènes. Ils jurent de reconnaître Agamemnon pour chef de l'entreprise, de venger Ménélas, de réduire Ilium en cendres. Si des princes refusent d'abord d'entrer dans la confédération, ils sont bientôt entraînés par l'éloquence persuasive du vieux Nestor, roi de Pylos; par les discours insidieux d'Ulysse, roi d'Ithaque; par l'exemple d'Ajax, de Salamine; de Diomède, d'Argos; d'Idoménée, de Crète; d'Achille, fils de Pélée, qui régnait dans un canton de la Thessalie, et d'une foule de jeunes guerriers, ivres d'avance des succès qu'ils se promettent.

Après de longs préparatifs, l'armée, forte d'environ cent mille hommes, se rassembla au port d'Aulide; et près de douze cents voiles la transportèrent sur les rives de la Troade.

La ville de Troie, défendue par des remparts et des tours, était encore protégée par une armée nombreuse que commandait Hector, fils de Priam : il avait sous lui quantité de princes alliés, qui avaient joint leurs troupes à celles des Troyens. Assemblées sur le rivage, elles présentaient un front redoutable à l'armée des Grecs, qui, après les avoir repoussées, se renfermèrent dans un camp, avec la plus grande partie de leurs vaisseaux.

Les deux armées essayèrent de nouveau leurs forces, et le succès douteux de plusieurs combats fit entrevoir que le siége traînerait en longueur.

Avec de frêles bâtiments et de faibles lumières sur l'art de la navigation, les Grecs n'avaient pu établir une communication suivie entre la Grèce et l'Asie. Les subsistances commencèrent à manquer. Une partie de la flotte fut chargée de ravager ou d'ensemencer les îles et les côtes voisines, tandis que divers partis, dispersés dans la campagne, enlevaient les récoltes et les troupeaux. Un autre motif rendait ces détachements indispensables. La ville n'était point investie; et, comme les troupes de Priam la mettaient à l'abri d'un coup de main, on résolut d'attaquer les alliés de ce prince, soit pour profiter de leurs dépouilles, soit pour le priver de leurs secours. Achille portait de tous côtés le fer et la flamme : après s'être débordé comme un torrent destructeur, il revenait avec un butin immense qu'on distribuait à l'armée, avec des esclaves sans nombre que les généraux partageaient entre eux.

Troie était située au pied du mont Ida, à quelque distance de la mer; les tentes et les vaisseaux des Grecs occupaient le rivage; l'espace du milieu était le théâtre de la bravoure et de la férocité. Les Troyens et les Grecs, armés de piques, de massues, d'épées, de flèches et de javelots; couverts de casques, de cuirasses, de cuissarts et de boucliers; les rangs pressés, les généraux à leur tête, s'avançaient les uns contre les autres, les premiers avec de grands cris, les seconds dans un silence plus effrayant : aussitôt les chefs, devenus soldats, plus jaloux de donner de grands exemples que de sages conseils, se précipitaient dans le danger, et laissaient presque toujours au hasard le soin d'un succès qu'ils ne savaient ni préparer ni suivre; les troupes se heurtaient et se brisaient avec confusion, comme les flots que le vent pousse et repousse dans le détroit de l'Eubée. La nuit séparait les combattants; la ville ou les retranchements servaient d'asile aux vaincus; la victoire coûtait du sang et ne produisait rien.

Les jours suivants, la flamme du bûcher dévorait ceux que la mort avait moissonnés; on honorait leur mémoire par des larmes et par des jeux funèbres. La trêve expirait, et l'on en venait encore aux mains.

Souvent, au plus fort de la mêlée, un guerrier élevait sa voix, et défiait au combat un guerrier du parti contraire. Les troupes en silence les voyaient tantôt se lancer des traits ou d'énormes quartiers de pierre, tantôt se joindre l'épée à la main, et presque toujours s'insulter mutuellement pour aigrir leur fureur. La haine du vainqueur survivait à son triomphe : s'il ne pouvait outrager le corps de son ennemi et le priver de la sépulture, il tâchait du moins de le dépouiller de ses armes. Mais, dans l'instant, les troupes s'avançaient de part et d'autre, soit pour lui ravir sa proie, soit pour la lui assurer, et l'action devenait générale.

Elle le devenait aussi lorsqu'une des armées avait trop à craindre pour les jours de son guerrier, ou lorsque lui-même cherchait à les prolonger par la fuite. Les circonstances pouvaient justifier ce dernier parti : l'insulte et le mépris flétrissaient à jamais celui qui fuyait sans combattre, parce qu'il faut, dans tous les temps, savoir affronter la mort pour mériter de vivre. On réservait l'indulgence pour celui qui ne se dérobait à la supériorité de son adversaire qu'après l'avoir éprouvée ; car, la valeur de ces temps-là consistant moins dans le courage d'esprit que dans le sentiment de ses forces, ce n'était pas une honte de fuir lorsqu'on ne cédait qu'à la nécessité ; mais c'était une gloire d'atteindre l'ennemi dans sa retraite, et de joindre à la force qui préparait la victoire la légèreté qui servait à la décider.

Les associations d'armes et de sentiments entre deux guerriers ne furent jamais si communes que pendant la guerre de Troie. Achille et Patrocle, Ajax et Teucer, Diomède et Sthénélus, Idoménée et Mérion, tant d'autres héros dignes de suivre leurs traces, combattaient souvent l'un près de l'autre ; et, se jetant dans la mêlée, ils partageaient entre eux les périls et la gloire : d'autres fois, montés sur un même char, l'un guidait les coursiers, tandis que l'autre écartait la mort et la renvoyait à l'ennemi. La perte d'un guerrier exigeait une prompte satisfaction de la part de son compagnon d'armes : le sang versé demandait du sang.

Cette idée, fortement imprimée dans les esprits, endurcissait les Grecs et les Troyens contre les maux sans nombre qu'ils éprouvaient. Les premiers avaient été plusieurs fois sur le point de prendre la ville ; plus d'une fois les seconds avaient forcé le camp, malgré les palissades, les fossés, les murs qui le défendaient. On voyait les armées se détruire et les guerriers disparaître : Hector, Sarpédon, Ajax, Achille lui-même, avaient mordu la poussière. A l'aspect de ces revers, les Troyens soupiraient après le renvoi d'Hélène ; les Grecs, après leur patrie : mais les uns et les autres étaient bientôt retenus par la honte et par la malheureuse facilité qu'ont les hommes de s'accoutumer à tout, excepté au repos et au bonheur.

Toute la terre avait les yeux fixés sur les campagnes de Troie, sur ces lieux où la gloire appelait à grands cris les princes qui n'avaient pas été du commencement de l'expédition. Impatients de se signaler dans cette carrière ouverte aux nations, ils venaient successivement joindre leurs troupes à celles de leurs alliés, et périssaient quelquefois dans un premier combat.

Enfin, après dix ans de résistance et de travaux, après avoir perdu l'élite de sa jeunesse et de ses héros, la ville tomba sous les efforts des Grecs, et sa chute fit un si grand bruit dans la Grèce qu'elle sert encore de principale époque aux annales des nations[1]. Ses murs, ses maisons, ses temples réduits en poudre; Priam expirant aux pieds des autels, ses fils égorgés autour de lui; Hécube, son épouse; Cassandre, sa fille; Andromaque, veuve d'Hector; plusieurs autres princesses chargées de fers, et traînées, comme des esclaves, à travers le sang qui ruisselait dans les rues, au milieu d'un peuple entier dévoré par la flamme ou détruit par le fer vengeur : tel fut le dénoûment de cette fatale guerre. Les Grecs assouvirent leur fureur; mais ce plaisir cruel fut le terme de leur prospérité et le commencement de leurs désastres.

Leur retour fut marqué par les plus sinistres revers. Mnesthée, roi d'Athènes, finit ses jours dans l'île de Mélos; Ajax, roi des Locriens, périt avec sa flotte; Ulysse, plus malheureux, eut souvent à craindre le même sort pendant les dix ans entiers qu'il erra sur les flots; d'autres, encore plus à plaindre, furent reçus dans leur famille comme des étrangers revêtus de titres qu'une longue absence avait fait oublier, qu'un retour imprévu rendait odieux. Au lieu des transports que devait exciter leur présence, ils n'entendirent autour d'eux que les cris révoltants de l'ambition, de l'adultère et du plus sordide intérêt : trahis par leurs parents et leurs amis, la plupart allèrent, sous la conduite d'Idoménée, de Philoctète, de Diomède et de Teucer, en chercher de nouveaux en des pays inconnus.

La maison d'Argos se couvrit de forfaits, et déchira ses entrailles de ses propres mains : Agamemnon trouva son trône et son lit profanés par un indigne usurpateur; il mourut assassiné par Clytemnestre, son épouse, qui, quelque temps après, fut massacrée par Oreste, son fils.

Ces horreurs, multipliées alors dans presque tous les cantons de

[1] L'an 1282 avant J.-C.

la Grèce, retracées encore aujourd'hui sur le théâtre d'Athènes, devraient instruire les rois et les peuples, et leur faire redouter jusqu'à la victoire même. Celle des Grecs leur fut aussi funeste qu'aux Troyens : affaiblis par leurs efforts et par leurs succès, ils ne purent plus résister à leurs divisions, et s'accoutumèrent à cette funeste idée, que la guerre était aussi nécessaire aux états que la paix. Dans l'espace de quelques générations, on vit tomber et s'éteindre la plupart des maisons souveraines qui avaient détruit celle de Priam; et, quatre-vingts ans après la ruine de Troie, une partie du Péloponnèse passa entre les mains des Héraclides, ou descendants d'Hercule.

La révolution produite par le retour de ces princes fut éclatante, et fondée sur les plus spécieux prétextes[1]. Parmi les familles qui, dans les plus anciens temps, possédèrent l'empire d'Argos et de Mycènes, les plus distinguées furent celles de Danaüs et de Pélops. Du premier de ces princes étaient issus Prœtus, Acrisius, Persée, Hercule; du second, Atrée, Agamemnon, Oreste et ses fils.

Hercule, asservi tant qu'il vécut aux volontés d'Eurysthée, que des circonstances particulières avaient revêtu du pouvoir suprême, ne put faire valoir ses droits; mais il les transmit à ses fils, qui furent ensuite bannis du Péloponnèse. Ils tentèrent plus d'une fois d'y rentrer; leurs efforts étaient toujours réprimés par la maison de Pélops, qui, après la mort d'Eurysthée, avait usurpé la couronne : leurs titres furent des crimes tant qu'elle put leur opposer la force; dès qu'elle cessa d'être si redoutable, on vit se réveiller, en faveur des Héraclides, l'attachement des peuples pour leurs anciens maîtres, et la jalousie des puissances voisines contre la maison de Pélops. Celle d'Hercule avait alors à sa tête trois frères, Témène, Cresphonte et Aristodème, qui, s'étant associés avec les Doriens, entrèrent avec eux dans le Péloponnèse, où la plupart des villes furent obligées de les reconnaître pour leurs souverains.

Les descendants d'Agamemnon forcés dans Argos, et ceux de Nestor dans la Messénie, se réfugièrent, les premiers en Thrace, les seconds en Attique; Argos échut en partage à Témène, et la Messénie à Cresphonte. Eurysthène et Proclès, fils d'Aristodème, morts au commencement de l'expédition, régnèrent à Lacédémone.

Peu de temps après, les vainqueurs attaquèrent Codrus, roi d'Athènes, qui avait donné un asile à leurs ennemis. Ce prince, ayant appris que l'oracle promettait la victoire à celle des deux armées qui perdrait son général dans la bataille, s'exposa volon-

[1] En 1202 avant J.-C.

tairement à la mort; et ce sacrifice enflamma tellement ses troupes qu'elles mirent les Héraclides en fuite.

C'est là que finissent les siècles nommés héroïques, et qu'il faut se placer pour en saisir l'esprit, et pour entrer dans des détails que le cours rapide des événements permettait à peine d'indiquer.

On ne voyait anciennement que des monarchies dans la Grèce; on n'y voit presque partout aujourd'hui que des républiques. Les premiers rois ne possédaient qu'une ville ou qu'un canton; quelques-uns étendirent leur puissance aux dépens de leurs voisins, et se formèrent de grands états; leurs successeurs voulurent augmenter leur autorité au préjudice de leurs sujets, et la perdirent.

S'il n'était pas venu dans la Grèce d'autres colonies que celles de Cécrops, les Athéniens, plus éclairés, et par conséquent plus puissants que les autres sauvages, les auraient assujettis par degrés; et la Grèce n'eût formé qu'un grand royaume qui subsisterait aujourd'hui comme ceux d'Égypte et de Perse. Mais les diverses peuplades venues de l'Orient la divisèrent en plusieurs états; et les Grecs adoptèrent partout le gouvernement monarchique, parce que ceux qui les policèrent n'en connaissaient pas d'autres; parce qu'il est plus aisé de suivre les volontés d'un seul homme que celles de plusieurs chefs, et que l'idée d'obéir et de commander tout à la fois, d'être en même temps sujet et souverain, suppose trop de lumières et de combinaisons pour être aperçue dans l'enfance des peuples.

Les rois exerçaient les fonctions de pontife, de général et de juge; leur puissance, qu'ils transmettaient à leurs descendants, était très-étendue, et néanmoins tempérée par un conseil dont ils prenaient les avis, et dont ils communiquaient les décisions à l'assemblée générale de la nation.

Quelquefois, après une longue guerre, les deux prétendants au trône, ou les deux guerriers qu'ils avaient choisis, se présentaient les armes à la main, et le droit de gouverner les hommes dépendait de la force et de l'adresse du vainqueur.

Pour soutenir l'éclat du rang, le souverain, outre les tributs imposés sur le peuple, possédait un domaine qu'il avait reçu de ses ancêtres, qu'il augmentait par ses conquêtes, et quelquefois par la générosité de ses amis. Thésée, banni d'Athènes, eut pour unique ressource les biens que son père lui avait laissés dans l'île de Scyros. Les Étoliens, pressés par un ennemi puissant, promirent à Méléagre, fils d'Œnée leur roi, un terrain considérable s'il voulait combattre à leur tête. La multiplicité des exemples ne permet pas de citer les princes qui durent une partie de leurs trésors à la victoire ou à la reconnaissance : mais ce qu'on doit remarquer, c'est qu'ils se glorifiaient des présents qu'ils avaient obtenus, parce que les présents étant regardés comme le prix d'un bienfait ou le symbole de l'amitié, il était honorable de les recevoir et honteux de ne pas les mériter.

Rien ne donnait plus d'éclat au rang suprême et d'essor au courage que l'esprit d'héroïsme ; rien ne s'assortissait plus aux mœurs de la nation, qui étaient presque partout les mêmes : le caractère des hommes était alors composé d'un petit nombre de traits simples, mais expressifs et fortement prononcés ; l'art n'avait point encore ajouté ses couleurs à l'ouvrage de la nature. Ainsi les particuliers devaient différer entre eux, et les peuples se ressembler.

Les corps, naturellement robustes, le devenaient encore plus par l'éducation ; les âmes, sans souplesse et sans apprêt, étaient actives, entreprenantes, aimant ou haïssant à l'excès, toujours entraînées par les sens, toujours prêtes à s'échapper : la nature, moins contrainte dans ceux qui étaient revêtus du pouvoir, se développait chez eux avec plus d'énergie que chez le peuple ; ils repoussaient une offense par l'outrage ou par la force ; et, plus faibles dans la douleur que dans les revers, si c'est pourtant une faiblesse de paraître sensible, ils pleuraient sur un affront dont ils ne pouvaient se venger : doux et faciles dès qu'on les prévenait par des égards, impétueux et terribles quand on y manquait, ils passaient de la plus grande violence aux plus grands remords, et réparaient leur faute avec la même simplicité qu'ils en faisaient l'aveu. Enfin, comme les vices et les vertus étaient sans voile et sans détour, les princes et les héros étaient ouvertement avides de gain, de gloire, de préférences et de plaisirs.

Ces cœurs mâles et altiers ne pouvaient éprouver des émotions languissantes. Deux grands sentiments les agitaient à la fois, l'amour et l'amitié ; avec cette différence que l'amour était pour eux une flamme dévorante et passagère, l'amitié une chaleur vive et continue. L'amitié produisait des actions regardées aujourd'hui comme des prodiges, autrefois comme des devoirs. Oreste et Pylade, voulant mourir l'un pour l'autre, ne faisaient que ce qu'avaient fait avant eux d'autres héros. L'amour, violent dans ses transports, cruel dans sa jalousie, avait souvent des suites funestes : sur des cœurs plus sensibles que tendres, la beauté avait plus d'empire que les qualités qui l'embellissent. Elle faisait l'ornement de ces fêtes superbes que donnaient les princes lorsqu'ils contractaient une alliance ; là se rassemblaient, avec les rois et les guerriers, les princesses dont la présence et la jalousie étaient une source de divisions et de malheurs.

Aux noces d'un roi de Larisse, de jeunes Thessaliens, connus sous le nom de Centaures, insultèrent les compagnes de la jeune reine, et périrent sous les coups de Thésée et de plusieurs héros qui, dans cette occasion, prirent la défense d'un sexe qu'ils avaient outragé plus d'une fois.

Les noces de Thétis et de Pélée furent troublées par les prétentions de quelques princesses qui, déguisées, suivant l'usage, sous les noms de Junon, de Minerve et des autres déesses, aspiraient toutes au prix de la beauté.

Un autre genre de spectacle réunissait les princes et les héros : ils accouraient aux funérailles d'un souverain, et déployaient leur magnificence et leur adresse dans les jeux qu'on célébrait pour honorer sa mémoire. On donnait des jeux sur un tombeau, parce que la douleur n'avait pas besoin de bienséance. Cette délicatesse qui rejette toute consolation est dans le sentiment un excès ou une perfection qu'on ne connaissait pas encore; mais ce qu'on savait, c'était de verser des larmes sincères, de les suspendre quand la nature l'ordonnait, et d'en verser encore quand le cœur se ressouvenait de ses pertes. « Je m'enferme quelquefois dans mon palais, dit Ménélas dans Homère, pour pleurer ceux de mes amis qui ont péri sous les murs de Troie. » Dix ans s'étaient écoulés depuis leur mort.

Les héros étaient injustes et religieux en même temps. Lorsque, par l'effet du hasard, d'une haine personnelle ou d'une défense légitime, ils avaient donné la mort à quelqu'un, ils frémissaient du sang qu'ils venaient de faire couler; et, quittant leur trône ou leur patrie, ils allaient au loin mendier le secours de l'expiation. Après les sacrifices qu'elle exige, on répandait sur la main coupable l'eau destinée à la purifier; et dès ce moment ils rentraient dans la société, et se préparaient à de nouveaux combats.

Le peuple, frappé de cette cérémonie, ne l'était pas moins de l'extérieur menaçant que des héros ne quittaient jamais : les uns jetaient sur leurs épaules la dépouille des tigres et des lions dont ils avaient triomphé; les autres paraissaient avec de lourdes massues, ou des armes de différentes espèces enlevées aux brigands dont ils avaient délivré la Grèce.

C'est dans cet appareil qu'ils se présentaient pour jouir des droits de l'hospitalité : droits circonscrits aujourd'hui entre certaines familles, alors communs à toutes. A la voix d'un étranger toutes les portes s'ouvraient, tous les soins étaient prodigués, et, pour rendre à l'humanité le plus beau des hommages, on ne s'informait de son état et de sa naissance qu'après avoir prévenu ses besoins. Ce n'était pas à leurs législateurs que les Grecs étaient redevables de cette institution sublime; ils la devaient à la nature, dont les lumières vives et profondes remplissaient le cœur de l'homme, et n'y sont pas encore éteintes, puisque notre premier mouvement est un mouvement d'estime et de confiance pour nos semblables, et que la défiance serait regardée comme un vice énorme si l'expérience de tant de perfidies n'en avait presque fait une vertu.

Toutefois, dans les siècles où brillaient de si beaux exemples d'humanité, on vit éclore des crimes atroces et inouïs. Quelques-uns de ces forfaits ont existé, sans doute; ils étaient des fruits de l'ambition et de la vengeance, passions effrénées qui, suivant la différence des conditions et des temps, emploient, pour venir à leurs fins, tantôt des manœuvres sourdes et tantôt la force ouverte. Les autres ne durent leur origine qu'à la poésie, qui, dans ses tableaux, altère les faits de l'histoire comme ceux de la nature. Les poètes, maîtres de nos cœurs, esclaves de leur imagination, remettent sur la scène les principaux personnages de l'antiquité, et, sur quelques traits échappés aux outrages du temps, établissent des caractères qu'ils varient ou contrastent suivant leurs besoins; et, les chargeant quelquefois de couleurs effrayantes, ils transforment les faiblesses en crimes, et les crimes en forfaits. Nous détestons cette Médée que Jason emmena de la Colchide, et dont la vie ne fut, dit-on, qu'un tissu d'horreurs. Peut-être n'eut-elle d'autre magie que ses charmes, d'autre crime que son amour; et peut-être aussi la plupart de ces princes dont la mémoire est aujourd'hui couverte d'opprobres, n'étaient pas plus coupables que Médée.

Ce n'était pas la barbarie qui régnait le plus dans ces siècles reculés; c'était une certaine violence de caractère, qui souvent, à force d'agir à découvert, se trahissait elle-même. On pouvait du moins se prémunir contre une haine qui s'annonçait par la colère, et contre des passions qui avertissaient de leurs projets; mais comment se garantir aujourd'hui de ces cruautés réfléchies, de ces haines froides et assez patientes pour attendre le moment de la vengeance? Le siècle véritablement barbare n'est pas celui où il y a le plus d'impétuosité dans les désirs, mais celui où on trouve le plus de fausseté dans les sentiments.

Ni le rang ni le sexe ne dispensaient des soins domestiques, qui cessent d'être vils dès qu'ils sont communs à tous les états. On les associait quelquefois avec des talents agréables, tels que la musique et la danse, et plus souvent encore avec des plaisirs tumultueux, tels que la chasse et les exercices qui entretiennent la force du corps ou la développent.

Les lois étaient en petit nombre et fort simples, parce qu'il fallait moins statuer sur l'injustice que sur l'insulte, et plutôt réprimer les passions dans leur fougue que poursuivre les vices dans leurs détours.

Les grandes vérités de la morale, d'abord découvertes par cet instinct admirable qui porte l'homme au bien, furent bientôt confirmées à ses yeux par l'utilité qu'il retirait de leur pratique. Alors on proposa pour motif et pour récompense à la vertu moins la satisfaction de l'âme que la faveur des dieux, l'estime du public, et les regards de la postérité. La raison ne se repliait pas encore sur elle-même pour sonder la nature des devoirs, et les soumettre à ces analyses qui servent tantôt à les confirmer, tantôt à les détruire. On savait seulement que, dans toutes les circonstances de la vie, il est avantageux de rendre à chacun ce qui lui appartient ; et, d'après cette réponse du cœur, les âmes honnêtes s'abandonnaient à la vertu, sans s'apercevoir des sacrifices qu'elle exige.

Deux sortes de connaissances éclairaient les hommes : la tradition, dont les poètes étaient les interprètes, et l'expérience que les vieillards avaient acquise. La tradition conservait quelques traces de l'histoire des dieux et de celle des hommes. De là les égards qu'on avait pour les poètes, chargés de rappeler ces faits intéressants dans les festins et dans les occasions d'éclat, de les orner des charmes de la musique, et de les embellir par des fictions qui flattaient la vanité des peuples et des rois.

L'expérience des vieillards suppléait à l'expérience lente des siècles ; et, réduisant les exemples en principes, elle faisait connaître les effets des passions, et les moyens de les réprimer. De là naissait pour la vieillesse cette estime qui lui assignait les premiers rangs dans les assemblées de la nation, et qui accordait à peine aux jeunes gens la permission de l'interroger.

L'extrême vivacité des passions donnait un prix infini à la prudence, et le besoin d'être instruit au talent de la parole.

De toutes les qualités de l'esprit l'imagination fut cultivée la première, parce que c'est celle qui se manifeste le plus tôt dans l'enfance des hommes et des peuples, et que, chez les Grecs en particulier, le climat qu'ils habitaient et les liaisons qu'ils contractèrent avec les Orientaux contribuèrent à la développer.

En Égypte, où le soleil est toujours ardent, où les vents, les accroissements du Nil et les autres phénomènes sont assujettis à un ordre constant, où la stabilité et l'uniformité de la nature semblent prouver son éternité, l'imagination agrandissait tout; et, s'élançant de tous côtés dans l'infini, elle remplissait le peuple d'étonnement et de respect.

Dans la Grèce, où le ciel, quelquefois troublé par des orages, étincelle presque toujours d'une lumière pure, où la diversité des aspects et des saisons offre sans cesse des contrastes frappants; où, à chaque pas, à chaque instant, la nature paraît en action, parce qu'elle diffère toujours d'elle-même, l'imagination, plus riche, plus active qu'en Égypte, embellissait tout, et répandait une chaleur aussi douce que féconde dans les opérations de l'esprit.

Ainsi les Grecs, sortis de leurs forêts, ne virent plus les objets sous un voile effrayant et sombre; ainsi les Égyptiens, transportés en Grèce, adoucirent peu à peu les traits sévères et fiers de leurs tableaux : les uns et les autres, ne faisant plus qu'un même peuple, se formèrent un langage qui brillait d'expressions figurées; ils revêtirent leurs anciennes opinions de couleurs qui en altéraient la simplicité, mais qui les rendaient plus séduisantes; et comme les êtres qui avaient du mouvement leur parurent pleins de vie, et qu'ils rapportaient à autant de causes particulières les phénomènes dont ils ne connaissaient pas la liaison, l'univers fut à leurs yeux une superbe décoration, dont les ressorts se mouvaient au gré d'un nombre infini d'agents invisibles.

Alors se forma cette philosophie ou plutôt cette religion qui subsiste encore parmi le peuple : mélanges confus de vérités et de mensonges, de traditions respectables et de fictions riantes; système qui flatte les sens et révolte l'esprit, qui respire le plaisir en préconisant la vertu, et dont il faut tracer une légère esquisse, parce qu'il porte l'empreinte du siècle qui l'a vu naître.

Quelle puissance a tiré l'univers du chaos? L'être infini, la lumière pure, la source de la vie : donnons-lui le plus beau de ses titres, c'est l'amour même, cet amour dont la présence rétablit partout l'harmonie, et à qui les hommes et les dieux rapportent leur origine.

Ces êtres intelligents se disputèrent l'empire du monde; mais, terrassés dans ces combats terribles, les hommes furent pour toujours soumis à leurs vainqueurs.

La race des immortels s'est multipliée, ainsi que celle des hommes. Saturne, issu du commerce du Ciel et de la Terre, eut trois fils, qui se sont partagé le domaine de l'univers : Jupiter régna dans le ciel, Neptune sur la mer, Pluton dans les enfers, et tous trois sur la terre ; tous trois sont environnés d'une foule de divinités chargées d'exécuter leurs ordres.

Jupiter est le plus puissant des dieux, car il lance la foudre : sa cour est la plus brillante de toutes ; c'est le séjour de la lumière éternelle ; et ce doit être celui du bonheur, puisque tous les biens de la terre viennent du ciel.

On implore les divinités des mers et des enfers en certains lieux et en certaines circonstances ; les dieux célestes, partout et dans tous les moments de la vie : ils surpassent les autres en pouvoir, puisqu'ils sont au-dessus de nos têtes, tandis que les autres sont à nos côtés ou sous nos pieds.

Les dieux distribuent aux hommes la vie, la santé, les richesses, la sagesse et la valeur. Nous les accusons d'être les auteurs de nos maux ; ils nous reprochent d'être malheureux par notre faute. Pluton est odieux aux mortels parce qu'il est inflexible. Les autres dieux se laissent toucher par nos prières, et surtout par nos sacrifices, dont l'odeur est pour eux un parfum délicieux.

S'ils ont des sens comme nous, ils doivent avoir les mêmes passions. La beauté fait sur leur cœur l'impression qu'elle fait sur le nôtre. On les a vus souvent chercher, sur la terre, des plaisirs devenus plus vifs par l'oubli de la grandeur et l'ombre du mystère.

Les Grecs, par ce bizarre assortiment d'idées, n'avaient pas voulu dégrader la divinité. Accoutumés à juger d'après eux-mêmes de tous les êtres vivants, ils prêtaient leurs faiblesses aux dieux, et leurs sentiments aux animaux, sans prétendre abaisser les premiers ni élever les seconds.

Quand ils voulurent se former une idée du bonheur du ciel et des soins qu'on y prenait du gouvernement de l'univers, ils jetèrent leurs regards autour d'eux, et dirent :

Sur la terre un peuple est heureux lorsqu'il passe ses jours dans les fêtes ; un souverain, lorsqu'il rassemble à sa table les princes et princesses qui règnent dans les contrées voisines ; lorsque de jeunes esclaves, parfumées d'essences, y versent le vin à pleines coupes, et que des chantres habiles y marient leurs voix au son de la lyre : ainsi, dans les repas fréquents qui réunissent les habitants du ciel, la jeunesse et la beauté, sous les traits d'Hébé, distribuent le nectar et l'ambroisie ; les chants d'Apollon et des Muses font retentir les voûtes de l'Olympe, et la joie brille dans tous les yeux.

Quelquefois Jupiter assemble les immortels auprès de son trône : il agite avec eux les intérêts de la terre, et de la même manière qu'un souverain discute, avec les grands de son royaume, les intérêts de ses états. Les dieux proposent des avis différents, et, pendant qu'ils les soutiennent avec chaleur, Jupiter prononce, et tout rentre dans le silence.

Les dieux, revêtus de son autorité, impriment le mouvement à l'univers, et sont les auteurs des phénomènes qui nous étonnent.

Tous les matins une jeune déesse ouvre les portes de l'orient, et répand la fraîcheur dans les airs, les fleurs dans la campagne, les rubis sur la route du soleil. A cette annonce la terre se réveille et s'apprête à recevoir le dieu qui lui donne tous les jours une nouvelle vie : il paraît, il se montre avec la magnificence qui convient au souverain des cieux ; son char, conduit par les Heures, vole et s'enfonce dans l'espace immense qu'il remplit de flammes et de lumière. Dès qu'il parvient au palais de la souveraine des mers, la Nuit, qui marche éternellement sur ses traces, étend ses voiles sombres, et attache des feux sans nombre à la voûte céleste. Alors s'élève un autre char dont la clarté douce et consolante porte les cœurs sensibles à la rêverie ; une déesse le conduit : elle vient en silence recevoir les tendres hommages d'Endymion. Cet arc qui brille de si riches couleurs, et qui se courbe d'un point de l'horizon à l'autre, ce sont les traces lumineuses du passage d'Iris, qui porte à la terre les ordres de Junon. Ces vents agréables, ces tempêtes horribles, ce sont des génies qui tantôt se jouent dans les airs, tantôt luttent les uns contre les autres pour soulever les flots. Au pied de ce coteau est une grotte, asile de la fraîcheur et de la paix ; c'est là qu'une nymphe bienfaisante verse, de son urne intarissable, le ruisseau qui fertilise la plaine voisine ; c'est de là qu'elle écoute les vœux de la jeune beauté qui vient contempler ses attraits dans l'onde fugitive. Entrez dans ce bois sombre ; ce n'est ni le silence ni la solitude qui occupe votre esprit : vous êtes dans la demeure des Dryades et des Sylvains, et le secret effroi que vous éprouvez est l'effet de la majesté divine.

De quelque côté que nous tournions nos pas, nous sommes en présence des dieux ; nous les trouvons au dehors, au dedans de nous ; ils se sont partagé l'empire des âmes, et dirigent nos penchants : les uns président à la guerre ou aux arts de la paix ; les autres nous inspirent l'amour de la sagesse ou celui des plaisirs ; tous chérissent la justice et protégent la vertu : trente mille divinités, dispersées au milieu de nous, veillent continuellement sur nos pensées et sur nos actions. Quand nous faisons le bien, le ciel augmente nos jours et notre bonheur ; il nous punit quand nous faisons le mal. A la voix du crime, Némésis et les noires Furies sortent en mugissant du fond des enfers ; elles se glissent dans le cœur du coupable, et le tourmentent jour et nuit par des cris funèbres et perçants. Ces cris sont les remords. Si le scélérat néglige, avant sa mort, de les apaiser par des cérémonies saintes, les Furies, attachées à son âme comme à leur proie, la traînent dans les gouffres du Tartare : car les anciens Grecs étaient généralement persuadés que l'âme est immortelle.

Et telle était l'idée que, d'après les Égyptiens, ils se faisaient de cette substance si peu connue. L'âme spirituelle, c'est-à-dire l'esprit ou l'entendement, est enveloppée d'une âme sensitive, qui n'est autre chose qu'une matière lumineuse et subtile, image fidèle de notre corps, sur lequel elle s'est moulée et dont elle conserve à jamais la ressemblance et les dimensions. Ces deux âmes sont étroitement unies pendant que nous vivons : la mort les sépare ; et tandis que l'âme spirituelle monte dans les cieux, l'autre âme s'envole, sous la conduite de Mercure, aux extrémités de la terre, où sont les enfers, le trône de Pluton et le tribunal de Minos. Abandonnée de tout l'univers, et n'ayant pour elle que ses actions, l'âme comparaît devant ce tribunal redoutable, elle entend son arrêt, et se rend dans les Champs-Élysées ou dans le Tartare.

Les Grecs, qui n'avaient fondé le bonheur des dieux que sur les plaisirs des sens, ne purent imaginer d'autres avantages, pour les Champs-Élysées, qu'un climat délicieux, et une tranquillité profonde, mais uniforme : faibles avantages qui n'empêchaient pas les âmes vertueuses de soupirer après la lumière du jour, et de regretter leurs passions et leurs plaisirs.

Le Tartare est le séjour des pleurs et du désespoir : les coupables y sont livrés à des tourments épouvantables ; des vautours cruels leur déchirent les entrailles ; des roues brûlantes les entraînent autour de leur axe. C'est là que Tantale expire à tout moment de faim et de soif, au milieu d'une onde pure et sous des arbres chargés de fruits ; que les filles de Danaüs sont condamnées à remplir un tonneau dont l'eau s'échappe à l'instant ; et Sisyphe à fixer sur le haut d'une montagne un rocher qu'il soulève avec effort, et qui, sur le point de parvenir au terme, retombe aussitôt de lui-même. Des besoins insupportables et toujours aigris par la présence des objets propres à les satisfaire ; des travaux toujours les mêmes, et éternellement infructueux ; quels supplices ! l'imagination qui les inventa avait épuisé tous les raffinements de la barbarie pour préparer des châtiments au crime, tandis qu'elle n'accordait pour récompense à la vertu qu'une félicité imparfaite, et empoisonnée par des regrets. Serait-ce qu'on eût jugé plus utile de conduire les hommes par la crainte des peines que par l'attrait du plaisir, ou plutôt qu'il est plus aisé de multiplier les images du malheur que celles du bonheur?

Ce système informe de religion enseignait un petit nombre de dogmes essentiels au repos des sociétés ; l'existence des dieux, l'immortalité de l'âme, des récompenses pour la vertu, des châtiments pour le crime : il prescrivait des pratiques qui pouvaient contribuer au maintien de ces vérités, les fêtes et les mystères : il présentait à la politique des moyens puissants pour mettre à profit l'ignorance et la crédulité du peuple, les oracles, l'art des augures et des devins : il laissait enfin à chacun la liberté de choisir parmi les traditions anciennes, et de charger sans cesse de nouveaux détails l'histoire et la généalogie des dieux ; de sorte que l'imagination, ayant la liberté de créer des faits et d'altérer par des prodiges ceux qui étaient déjà connus, répandait sans cesse dans ses tableaux l'intérêt du merveilleux, cet intérêt si froid aux yeux de la raison, mais si plein de charmes pour les enfants et pour les nations qui commencent à naître. Les récits d'un voyageur au milieu de ses hôtes, d'un père de famille au milieu de ses enfants, d'un chantre admis aux amusements des rois, s'intriguaient ou se dénouaient par l'intervention des dieux, et le système de la religion devenait insensiblement un système de fictions et de poésie.

Dans le même temps les fausses idées qu'on avait sur la physique enrichissaient la langue d'une foule d'images. L'habitude de confondre le mouvement avec la vie et la vie avec le sentiment, la facilité de rapprocher certains rapports que les objets ont entre eux, faisaient que les êtres les plus insensibles prenaient, dans le discours, une âme ou des propriétés qui leur étaient étrangères : l'épée était altérée du sang de l'ennemi ; le trait, qui vole impatient de le répandre : on donnait des ailes à tout ce qui fendait les airs, à la foudre, aux vents, aux flèches, au son de la voix ; l'Aurore avait des doigts de rose, le Soleil des tresses d'or, Thétis des pieds d'argent. Ces sortes de métaphores furent admirées, surtout dans leur nouveauté, et la langue devint poétique comme toutes les langues le sont dans leur origine.

Tels étaient à peu près les progrès de l'esprit chez les Grecs lorsque Codrus sacrifia ses jours pour le salut de sa patrie. Les Athéniens, frappés de ce trait de grandeur, abolirent le titre de roi ; ils dirent que Codrus l'avait élevé si haut qu'il serait désormais impossible d'y atteindre : en conséquence ils reconnurent Jupiter pour leur souverain, et, ayant placé Médon, fils de Codrus, à côté du trône, ils le nommèrent archonte ou chef perpétuel [1],

---

[1] En 1092 avant J.-C.

en l'obligeant néanmoins de rendre compte de son administration au peuple.

Les frères de ce prince s'étaient opposés à son élection ; mais quand ils la virent confirmée par l'oracle, plutôt que d'entretenir dans leur patrie un principe de divisions intestines, ils allèrent au loin chercher une meilleure destinée.

L'Attique et les pays qui l'entourent étaient alors surchargés d'habitants : les conquêtes des Héraclides avaient fait refluer dans cette partie de la Grèce la nation entière des Ioniens, qui occupaient auparavant douze villes dans le Péloponnèse. Ces étrangers, onéreux aux lieux qui leur servaient d'asiles, et trop voisins des lieux qu'ils avaient quittés, soupiraient après un changement qui leur fît oublier leurs infortunes. Les fils de Codrus leur indiquèrent au delà des mers les riches campagnes qui terminent l'Asie, à l'opposite de l'Europe, et dont une partie était déjà occupée par ces Éoliens que les Héraclides avaient chassés autrefois du Péloponnèse. Sur les confins de l'Éolide était un pays fertile, situé dans un climat admirable, et habité par des barbares que les Grecs commençaient à mépriser. Les fils de Codrus s'étant proposé d'en faire la conquête, ils furent suivis d'un grand nombre d'hommes de tout âge et de tout pays. Les barbares ne firent qu'une faible résistance ; la colonie se trouva bientôt en possession d'autant de villes qu'elle en avait dans le Péloponnèse ; et ces villes, parmi lesquelles on distinguait Milet et Éphèse, composèrent, par leur union, le corps ionique.

Médon transmit à ses descendants la dignité d'archonte ; mais comme elle donnait de l'ombrage aux Athéniens, ils en bornèrent dans la suite l'exercice à l'espace de dix ans [1] ; et, leurs alarmes croissant avec leurs précautions, ils la partagèrent enfin entre neuf magistrats annuels [2] qui portent encore le titre d'archontes.

Ce sont là tous les mouvements que nous présente l'histoire d'Athènes depuis la mort de Codrus jusqu'à la première olympiade, pendant l'espace de trois cent seize ans. Ces siècles furent, suivant les apparences, des siècles de bonheur ; car les désastres des peuples se conservent pour toujours dans leurs traditions. On ne peut trop insister sur une réflexion si affligeante pour l'humanité. Dans ce long intervalle de paix dont jouit l'Attique, elle produisit sans doute des cœurs nobles et généreux qui se dévouèrent au bien de la patrie, des hommes sages dont les lumières entretenaient l'harmonie dans tous les ordres de l'état ; ils sont oubliés parce qu'ils n'eurent que des vertus. S'ils avaient fait couler des

---

[1] L'an 752 avant J.-C. — [2] L'an 684 avant J.-C.

torrents de larmes et de sang, leurs noms auraient triomphé du temps, et, au défaut des historiens, les monuments qu'on leur aurait consacrés élèveraient encore leurs voix au milieu des places publiques. Faut-il donc écraser les hommes pour mériter des autels!

Pendant que le calme régnait dans l'Attique, les autres états n'éprouvaient que des secousses légères et momentanées ; les siècles s'écoulaient dans le silence, ou plutôt ils furent remplis par trois des plus grands hommes qui aient jamais existé, Homère, Lycurgue et Aristomène. C'est à Lacédémone et en Messénie qu'on apprend à connaître les deux derniers ; c'est dans tous les temps et dans tous les lieux qu'on peut s'occuper du génie d'Homère.

Homère florissait environ quatre siècles après la guerre de Troie [1]. De son temps la poésie était fort cultivée parmi les Grecs; la source des fictions, qui font son essence ou sa parure, devenait de jour en jour plus abondante ; la langue brillait d'images et se prêtait d'autant plus aux besoins du poète qu'elle était plus irrégulière [2]. Deux événements remarquables, la guerre de Thèbes

[1] Vers l'an 900 avant J.-C.

[2] Homère emploie souvent les divers dialectes de la Grèce. On lui en fait un crime. C'est, dit-on, comme si un de nos écrivains mettait à contribution le languedocien, le picard, et d'autres idiomes particuliers. Le reproche paraît bien fondé ; mais comment imaginer qu'avec l'esprit le plus facile et le plus fécond, Homère, se permettant des licences que n'oserait prendre le moindre des poètes, eût osé se former, pour construire ses vers, une langue bizarre et capable de révolter non-seulement la postérité, mais son siècle même, quelque ignorant qu'on le suppose? Il est donc plus naturel de penser qu'il s'est servi de la langue vulgaire de son temps.

Chez les anciens peuples de la Grèce, les mêmes lettres firent d'abord entendre des sons plus ou moins âpres, plus ou moins ouverts ; les mêmes mots eurent plusieurs terminaisons, et se modifièrent de plusieurs manières. C'étaient des irrégularités, sans doute, mais assez ordinaires dans l'enfance des langues, et qu'avaient pu maintenir pendant plus long-temps parmi les Grecs les fréquentes émigrations des peuples. Quand ces peuplades se furent irrévocablement fixées, certaines façons de parler devinrent particulières à certains cantons, et ce fut alors qu'on divisa la langue en des dialectes qui eux-mêmes étaient susceptibles de subdivisions. Les variations fréquentes que subissent les mots dans les plus anciens monuments de notre langue nous font présumer que la même chose est arrivée dans la langue grecque.

A cette raison générale il faut en ajouter une qui est relative au pays où Homère écrivait. La colonie ionienne qui, deux siècles avant ce poète, alla s'établir sur les côtes de l'Asie mineure, sous la conduite de Nélée, fils de Codrus, était composée en grande partie des Ioniens du Péloponnèse ; mais il s'y joignit aussi des habitants de Thèbes, de la Phocide et de quelques autres pays de la Grèce.

Je pense que de leurs idiomes mêlés entre eux, et avec ceux des Éoliens et des autres colonies grecques voisines de l'Ionie, se forma la langue dont Homère se servit. Mais dans la suite, par les mouvements progressifs qu'éprouvent toutes les langues, quelques dialectes furent circonscrits en certaines villes, prirent des caractères plus distincts, et conservèrent néanmoins des variétés qui attestaient l'ancienne confusion. En effet, Hérodote, postérieur à Homère de quatre cents ans, reconnaît quatre subdivisions dans le dialecte qu'on parlait en Ionie.

et celle de Troie, exerçaient les talents : de toutes parts des chantres, la lyre à la main, annonçaient aux Grecs les exploits de leurs anciens guerriers.

On avait déjà vu paraître Orphée, Linus, Musée et quantité d'autres poètes dont les ouvrages sont perdus, et qui n'en sont peut-être que plus célèbres; déjà venait d'entrer dans la carrière cet Hésiode qui fut, dit-on, le rival d'Homère, et qui, dans un style plein de douceur et d'harmonie, décrivit les généalogies des dieux, les travaux de la campagne, et d'autres objets qu'il sut rendre intéressants.

Homère trouva donc un art qui, depuis quelque temps, était sorti de l'enfance, et dont l'émulation hâtait sans cesse les progrès; il le prit dans son développement, et le porta si loin qu'il paraît en être le créateur.

Il chanta, dit-on, la guerre de Thèbes; il composa plusieurs ouvrages qui l'auraient égalé aux premiers poètes de son temps; mais l'Iliade et l'Odyssée le mettent au-dessus de tous les poètes qui ont écrit avant et après lui.

Dans le premier de ces poèmes, il a décrit quelques circonstances de la guerre de Troie, et dans le second le retour d'Ulysse dans ses états.

Il s'était passé, pendant le siége de Troie, un événement qui avait fixé l'attention d'Homère. Achille, insulté par Agamemnon, se retira dans son camp; son absence affaiblit l'armée des Grecs et ranima le courage des Troyens, qui sortirent de leurs murailles, et livrèrent plusieurs combats où ils furent presque toujours vainqueurs : ils portaient déjà la flamme sur les vaisseaux ennemis, lorsque Patrocle parut revêtu des armes d'Achille. Hector l'attaque et lui fait mordre la poussière. Achille, que n'avaient pu fléchir les prières des chefs de l'armée, revole au combat, venge la mort de Patrocle par celle du général des Troyens, ordonne les funérailles de son ami, et livre pour une rançon au malheureux Priam le corps de son fils Hector.

Ces faits, arrivés dans l'espace d'un très-petit nombre de jours, étaient une suite de la colère d'Achille contre Agamemnon, et formaient, dans le cours du siége, un épisode qu'on pouvait en détacher aisément, et qu'Homère choisit pour le sujet de l'Iliade : en le traitant, il s'assujettit à l'ordre historique; mais, pour donner plus d'éclat à son sujet, il supposa, suivant le système reçu de son temps, que depuis le commencement de la guerre les dieux s'étaient partagés entre les Grecs et les Troyens; et pour le rendre plus intéressant, il mit les personnes en action; artifice peut-être inconnu jusqu'à lui, qui a donné naissance au genre dramatique, et qu'Homère employa dans l'Odyssée avec le même succès.

On trouve plus d'art et de savoir dans ce dernier poëme. Dix ans s'étaient écoulés depuis qu'Ulysse avait quitté les rivages d'Ilium. D'injustes ravisseurs dissipaient ses biens ; ils voulaient contraindre son épouse désolée à contracter un second hymen, et à faire un choix qu'elle ne pouvait plus différer. C'est à ce moment que s'ouvre la scène de l'Odyssée. Télémaque, fils d'Ulysse, va, dans le continent de la Grèce, interroger Nestor et Ménélas sur le sort de son père. Pendant qu'il est à Lacédémone, Ulysse part de l'île de Calypso, et, après une navigation pénible, il est jeté par la tempête dans l'île des Phéaciens, voisine d'Ithaque. Dans un temps où le commerce n'avait pas encore rapproché les peuples, on s'assemblait autour d'un étranger pour entendre le récit de ses aventures. Ulysse, pressé de satisfaire une cour où l'ignorance et le goût du merveilleux régnaient à l'excès, lui raconte les prodiges qu'il a vus, l'attendrit par la peinture des maux qu'il a soufferts, et en obtient du secours pour retourner dans ses états. Il arrive, il se fait reconnaître à son fils, et prend avec lui des mesures efficaces pour se venger de leurs ennemis communs.

L'action de l'Odyssée ne dure que quarante jours ; mais, à la faveur du plan qu'il a choisi, Homère a trouvé le secret de décrire toutes les circonstances du retour d'Ulysse, de rappeler plusieurs détails de la guerre de Troie, et de déployer les connaissances qu'il avait lui-même acquises dans ses voyages. Il paraît avoir composé cet ouvrage dans un âge avancé ; on croit le reconnaître à la multiplicité des récits, ainsi qu'au caractère paisible des personnages, et à une certaine chaleur douce, comme celle du soleil à son couchant.

Quoique Homère se soit proposé surtout de plaire à son siècle, il résulte clairement de l'Iliade que les peuples sont toujours la victime de la division des chefs ; et de l'Odyssée, que la prudence, jointe au courage, triomphe tôt ou tard des plus grands obstacles.

L'Iliade et l'Odyssée étaient à peine connues dans la Grèce lorsque Lycurgue parut en Ionie : le génie du poëte parla aussitôt au génie du législateur. Lycurgue découvrit des leçons de sagesse où le commun des hommes ne voyait que des fictions agréables ; il copia les deux poëmes, et en enrichit sa patrie. De là ils passèrent chez tous les Grecs : on vit des acteurs, connus sous le nom de rhapsodes, en détacher des fragments et parcourir la Grèce, ravie de les entendre. Les uns chantaient la valeur de Diomède ;

les autres, les adieux d'Andromaque; d'autres, la mort de Patrocle, celle d'Hector, etc.

La réputation d'Homère semblait s'accroître par la répartition des rôles; mais le tissu de ses poèmes se détruisait insensiblement; et, comme leurs parties trop séparées risquaient de ne pouvoir plus se réunir à leur tout, Solon défendit à plusieurs rhapsodes, lorsqu'ils seraient rassemblés, de prendre au hasard, dans les écrits d'Homère, des faits isolés, et leur prescrivit de suivre dans leurs récits l'ordre qu'avait observé l'auteur, de manière que l'un reprendrait où l'autre aurait fini.

Ce règlement prévenait un danger et en laissait subsister un autre encore plus pressant. Les poèmes d'Homère, livrés à l'enthousiasme et à l'ignorance de ceux qui les chantaient ou les interprétaient publiquement, s'altéraient tous les jours dans leur bouche; ils y faisaient des pertes considérables, et se chargeaient de vers étrangers à l'auteur. Pisistrate et Hipparque son fils entreprirent de rétablir le texte dans sa pureté : ils consultèrent des grammairiens habiles; ils promirent des récompenses à ceux qui rapporteraient des fragments authentiques de l'Iliade et de l'Odyssée, et, après un travail long et pénible, ils exposèrent ces deux magnifiques tableaux aux yeux des Grecs, également étonnés de la beauté des plans et de la richesse des détails. Hipparque ordonna de plus que les vers d'Homère seraient chantés à la fête des Panathénées, dans l'ordre fixé par la loi de Solon.

La postérité, qui ne peut mesurer la gloire des rois et des héros sur leurs actions, croit entendre de loin le bruit qu'ils ont fait dans le monde, et l'annonce avec plus d'éclat aux siècles suivants; mais la réputation d'un auteur dont les écrits subsistent est, à chaque génération, à chaque moment, comparée avec les titres qui l'ont établie, et sa gloire doit être le résultat des jugements successifs que les âges prononcent en sa faveur. Celle d'Homère s'est d'autant plus accrue qu'on a mieux connu ses ouvrages, et qu'on s'est trouvé plus en état de les apprécier. Les Grecs n'ont jamais été aussi instruits qu'ils le sont aujourd'hui; jamais leur admiration pour lui ne fut si profonde : son nom est dans toutes les bouches, et son portrait devant tous les yeux : plusieurs villes se disputent l'honneur de lui avoir donné le jour; d'autres lui ont consacré des temples. Les Argiens, qui l'invoquent dans leurs cérémonies saintes, envoient tous les ans, dans l'île de Chio, offrir un sacrifice en son honneur. Ses vers retentissent dans toute la Grèce, et font l'ornement de ses brillantes fêtes. C'est là que la jeunesse trouve ses premières instructions; qu'Eschyle, Sophocle, Archiloque, Hérodote, Démosthène, Platon et les meilleurs auteurs ont puisé la plus grande partie des beautés qu'ils ont semées dans leurs écrits ; que le sculpteur Phidias et le peintre Euphranor ont appris à représenter dignement le maître des dieux.

Quel est donc cet homme qui donne des leçons de politique aux législateurs ; qui apprend aux philosophes et aux historiens l'art d'écrire, aux poètes et aux orateurs l'art d'émouvoir ; qui fait germer tous les talents, et dont la supériorité est tellement reconnue qu'on n'est pas plus jaloux de lui que du soleil qui nous éclaire ?

Je sais qu'Homère doit intéresser spécialement sa nation. Les principales maisons de la Grèce croient découvrir dans ses ouvrages les titres de leur origine, et les différents états l'époque de leur grandeur. Souvent même son témoignage a suffi pour fixer les anciennes limites de deux peuples voisins. Mais ce mérite, qui pouvait lui être commun avec quantité d'auteurs oubliés aujourd'hui, ne saurait produire l'enthousiasme qu'excitent ses poèmes, et il fallait bien d'autres ressorts pour obtenir parmi les Grecs l'empire de l'esprit.

Je ne suis qu'un Scythe, et l'harmonie des vers d'Homère, cette harmonie qui transporte les Grecs, échappe souvent à mes organes trop grossiers ; mais je ne suis plus maître de mon admiration quand je le vois s'élever et planer, pour ainsi dire, sur l'univers ; lançant de toutes parts ses regards embrasés, recueillant les feux et les couleurs dont les objets étincellent à sa vue, assistant au conseil des dieux, sondant les replis du cœur humain ; et bientôt riche de ses découvertes, ivre des beautés de la nature, et ne pouvant plus supporter l'ardeur qui le dévore, la répandre avec profusion dans ses tableaux et dans ses expressions, mettre aux prises le ciel et la terre, et les passions avec elles-mêmes ; nous éblouir par ces traits de lumière qui n'appartiennent qu'au génie, nous entraîner par ces saillies de sentiment qui sont le vrai sublime, et toujours laisser dans notre âme une impression profonde qui semble l'étendre et l'agrandir. Car ce qui distingue surtout Homère, c'est de tout animer et de nous pénétrer sans cesse des mouvements qui l'agitent ; c'est de tout subordonner à la passion principale, de la suivre dans ses fougues, dans ses écarts, dans ses inconséquences ; de la porter jusqu'aux nues, et de la faire tomber, quand il le faut, par la force du sentiment et de la vertu, comme la flamme de l'Etna, que le vent repousse au fond de l'abîme ; c'est d'avoir saisi de grands caractères, d'avoir différencié la puissance, la bravoure et les autres qualités de ses personnages, non par des descriptions froides et fastidieuses, mais par des coups de pinceau rapides et vigoureux, ou par des fictions neuves et semées presque au hasard dans ses ouvrages.

Je monte avec lui dans les cieux; je reconnais Vénus tout entière à cette ceinture d'où s'échappent sans cesse les feux de l'amour, les désirs impatients, les grâces séduisantes, et les charmes inexplicables du langage et des yeux; je reconnais Pallas et ses fureurs à cette égide où sont suspendues la terreur, la discorde, la violence, et la tête épouvantable de l'horrible Gorgone. Jupiter et Neptune sont les plus puissants des dieux; mais il faut à Neptune un trident pour secouer la terre, à Jupiter un clin d'œil pour ébranler l'Olympe. Je descends sur la terre : Achille, Ajax et Diomède sont les plus redoutables des Grecs; mais Diomède se retire à l'aspect de l'armée troyenne, Ajax ne cède qu'après l'avoir repoussée plusieurs fois, Achille se montre et elle disparaît.

Ces différences ne sont pas rapprochées dans les livres sacrés des Grecs; car c'est ainsi qu'on peut nommer l'Iliade et l'Odyssée. Le poète avait posé solidement ses modèles; il en détachait au besoin les nuances qui servaient à les distinguer, et les avait présentes à l'esprit, lors même qu'il donnait à ses caractères des variations momentanées; parce qu'en effet l'art seul prête aux caractères une constante unité, et que la nature n'en produit point qui ne se démente jamais dans les différentes circonstances de la vie.

Platon ne trouvait point assez de dignité dans la douleur d'Achille, ni dans celle de Priam, lorsque le premier se roule dans la poussière après la mort de Patrocle, lorsque le second hasarde une démarche humiliante pour obtenir le corps de son fils. Mais quelle étrange dignité que celle qui étouffe le sentiment! Pour moi, je loue Homère d'avoir, comme la nature, placé la faiblesse à côté de la force et l'abîme à côté de l'élévation; je le loue encore plus de m'avoir montré le meilleur des pères dans le plus puissant des rois, et le plus tendre des amis dans le plus fougueux des héros.

J'ai vu blâmer les discours outrageants que le poète fait tenir à ses héros, soit dans leurs assemblées, soit au milieu des combats; alors j'ai jeté les yeux sur les enfants, qui tiennent de plus près à la nature que nous; sur le peuple, qui est toujours enfant; sur les sauvages, qui sont toujours peuple; et j'ai observé que chez eux tous, avant que de s'exprimer par des effets, la colère s'annonce par l'ostentation, par l'insolence et l'outrage.

J'ai vu reprocher à Homère d'avoir peint dans leur simplicité les mœurs des temps qui l'avaient précédé : j'ai ri de la critique, et j'ai gardé le silence.

Mais, quand on lui fait un crime d'avoir dégradé les dieux, je me contente de rapporter la réponse que me fit un jour un Athénien éclairé. Homère, me disait-il, suivant le système poétique de son temps, avait prêté nos faiblesses aux dieux. Aristophane les a depuis joués sur notre théâtre, et nos pères ont applaudi à cette licence : les plus anciens théologiens ont dit que les hommes et les dieux avaient une commune origine; et Pindare, presque de nos jours, a tenu le même langage. On n'a donc jamais pensé que ces dieux pussent remplir l'idée que nous avons de la divinité; et en effet, la vraie philosophie admet au-dessus d'eux un être suprême qui leur a confié sa puissance. Les gens instruits l'adorent en secret; les autres adressent leurs vœux et quelquefois leurs plaintes à ceux qui le représentent; et la plupart des poètes sont comme les sujets du roi de Perse, qui se prosternent devant le souverain et se déchaînent contre ses ministres.

Que ceux qui peuvent résister aux beautés d'Homère s'appesantissent sur ses défauts. Car, pourquoi le dissimuler? il se repose souvent, et quelquefois il sommeille; mais son repos est comme celui de l'aigle, qui, après avoir parcouru dans les airs ses vastes domaines, tombe, accablé de fatigue, sur une haute montagne; et son sommeil ressemble à celui de Jupiter, qui, suivant Homère lui-même, se réveille en lançant le tonnerre.

Quand on voudra juger Homère, non par discussion, mais par sentiment, non sur des règles souvent arbitraires, mais d'après les lois immuables de la nature, on se convaincra sans doute qu'il mérite le rang que les Grecs lui ont assigné, et qu'il fut le principal ornement des siècles dont je viens d'abréger l'histoire.

SECONDE PARTIE.

Ce n'est qu'environ cent cinquante ans après la première olympiade que commence, à proprement parler, l'histoire des Athéniens. Aussi ne renferme-t-elle que trois cents ans si on la conduit jusqu'à nos jours; qu'environ deux cent vingt si on la termine à la prise d'Athènes. On y voit, en des intervalles assez marqués, les commencements, les progrès et la décadence de leur empire. Qu'il me soit permis de désigner ces intervalles par des caractères particuliers. Je nommerai le premier le siècle de Solon, ou des lois; le second le siècle de Thémistocle et d'Aristide, c'est celui de la gloire; le troisième le siècle de Périclès, c'est celui du luxe et des arts.

SECTION PREMIÈRE.

SIÈCLE DE SOLON[1].

La forme de gouvernement établie par Thésée avait éprouvé des altérations sensibles : le peuple avait encore le droit de s'assembler; mais le pouvoir souverain était entre les mains des riches : la république était dirigée par neuf archontes ou magistrats annuels, qui ne jouissaient pas assez long-temps de l'autorité pour en abuser, qui n'en avaient pas assez pour maintenir la tranquillité de l'état.

Les habitants de l'Attique se trouvaient partagés en trois fractions, qui avaient chacune à leur tête une des plus anciennes familles d'Athènes. Toutes trois, divisées d'intérêt par la diversité de leur caractère et de leur position, ne pouvaient s'accorder sur le choix d'un gouvernement. Les plus pauvres et les plus indépendants, relégués sur les montagnes voisines, tenaient pour la démocratie; les plus riches, distribués dans la plaine, pour l'oligarchie; ceux des côtes, appliqués à la marine et au commerce, pour un gouvernement mixte, qui assurât leurs possessions sans nuire à la liberté publique.

A cette cause de division se joignait, dans chaque parti, la haine invétérée des pauvres contre les riches : les citoyens obscurs, accablés de dettes, n'avaient d'autre ressource que de vendre leur liberté ou celle de leurs enfants à des créanciers impitoyables, et la plupart abandonnaient une terre qui n'offrait aux uns que des travaux infructueux, aux autres qu'un éternel esclavage et le sacrifice des sentiments de la nature.

Un très-petit nombre de lois, presque aussi anciennes que l'empire, et connues, pour la plupart, sous le nom de lois royales, ne suffisaient pas depuis que, les connaissances ayant augmenté, de nouvelles sources d'industrie, de besoins et de vices s'étaient répandues dans la société. La licence restait sans punition, ou ne recevait que des peines arbitraires : la vie et la fortune des particuliers étaient confiées à des magistrats qui, n'ayant aucune règle fixe, n'étaient que trop disposés à écouter leurs préventions ou leurs intérêts.

Dans cette confusion, qui menaçait l'état d'une ruine prochaine, Dracon fut choisi pour embrasser la législation dans son ensem-

[1] Depuis l'an 630 jusqu'à l'an 490 avant J.-C.

ble, et l'étendre jusqu'aux petits détails. Les particularités de sa vie privée nous sont peu connues; mais il a laissé la réputation d'un homme de bien, plein de lumières, et sincèrement attaché à sa patrie. D'autres traits pourraient embellir son éloge, et ne sont pas nécessaires à sa mémoire. Ainsi que les législateurs qui l'ont précédé et suivi, il fit un code de lois et de morale; il prit le citoyen au moment de sa naissance, prescrivit la manière dont on devait le nourrir et l'élever, le suivit dans les différentes époques de la vie; et, liant ces vues particulières à l'objet principal, il se flatta de pouvoir former des hommes libres et des citoyens vertueux : mais il ne fit que des mécontents; et ses règlements excitèrent tant de murmures, qu'il fut obligé de se retirer dans l'île d'Égine, où il mourut bientôt après.

Il avait mis dans ses lois l'empreinte de son caractère : elles sont aussi sévères que ses mœurs l'avaient toujours été. La mort est le châtiment dont il punit l'oisiveté, et le seul qu'il destine aux crimes les plus légers ainsi qu'aux forfaits les plus atroces : il disait qu'il n'en connaissait pas de plus doux pour les premiers; qu'il n'en connaissait pas d'autre pour les seconds. Il semble que son âme, forte et vertueuse à l'excès, n'était capable d'aucune indulgence pour des vices dont elle était révoltée, ni pour des faiblesses dont elle triomphait sans peine. Peut-être aussi pensa-t-il que, dans la carrière du crime, les premiers pas conduisent infailliblement aux plus grands précipices.

Comme il n'avait pas touché à la forme du gouvernement, les divisions intestines augmentèrent de jour en jour. Un des principaux citoyens, nommé Cylon, forma le projet de s'emparer de l'autorité : on l'assiégea dans la citadelle; il s'y défendit longtemps; et, se voyant à la fin sans vivres et sans espérance de secours, il évita par la fuite le supplice qu'on lui destinait. Ceux qui l'avaient suivi se réfugièrent dans le temple de Minerve : on les tira de cet asile en leur promettant la vie, et on les massacra aussitôt [1]. Quelques-uns même de ces infortunés furent égorgés sur les autels des redoutables Euménides.

Des cris d'indignation s'élevèrent de toutes parts. On détestait la perfidie des vainqueurs; on frémissait de leur impiété : toute la ville était dans l'attente des maux que méditait la vengeance céleste. Au milieu de la consternation générale, on apprit que la ville de Nisée et l'île de Salamine étaient tombées sous les armes des Mégariens.

A cette triste nouvelle succéda bientôt une maladie épidémi-

---

[1] L'an 612 avant. J.-C.

que. Les imaginations déjà ébranlées étaient soudainement saisies de terreurs paniques, et livrées à l'illusion de mille spectres effrayants. Les devins, les oracles consultés, déclarèrent que la ville, souillée par la profanation des lieux saints, devait être purifiée par les cérémonies de l'expiation.

On fit venir de Crète Épiménide, regardé de son temps comme un homme qui avait un commerce avec les dieux et qui lisait dans l'avenir; de notre temps, comme un homme éclairé, fanatique, capable de séduire par ses talents, d'en imposer par la sévérité de ses mœurs; habile surtout à expliquer les songes et les présages les plus obscurs, à prévoir les événements futurs dans les causes qui devaient les produire. Les Crétois ont dit que, jeune encore, il fut saisi, dans une caverne, d'un sommeil profond, qui dura quarante ans suivant les uns, beaucoup plus suivant d'autres; ils ajoutent qu'à son réveil, étonné des changements qui s'offraient à lui, rejeté de la maison paternelle comme un imposteur, ce ne fut qu'après les indices les plus frappants qu'il parvint à se faire reconnaître. Il résulte seulement de ce récit qu'Épiménide passa les premières années de sa jeunesse dans des lieux solitaires, livré à l'étude de la nature, formant son imagination à l'enthousiasme par les jeûnes, le silence et la méditation, et n'ayant d'autre ambition que de connaître les volontés des dieux pour dominer sur celles des hommes. Le succès surpassa son attente : il parvint à une telle réputation de sagesse et de sainteté, que, dans les calamités publiques, les peuples mendiaient auprès de lui le bonheur d'être purifiés, suivant les rites que ses mains, disait-on, rendaient plus agréables à la divinité.

Athènes le reçut avec les transports de l'espérance et de la crainte [1]. Il ordonna de construire de nouveaux temples et de nouveaux autels, d'immoler des victimes qu'il avait choisies, d'accompagner ces sacrifices de certains cantiques. Comme, en parlant, il paraissait agité d'une fureur divine, tout était entraîné par son éloquence impétueuse : il profita de son ascendant pour

---

[1] Vers l'an 597 avant J.-C.

Tout ce qui regarde Epiménide est plein d'obscurités. Quelques auteurs anciens le font venir à Athènes vers l'an 600 avant J.-C. Platon est le seul qui fixe la date de ce voyage à l'an 500 avant la même ère. Cette difficulté a tourmenté les critiques modernes. On a dit que le texte de Platon était altéré; et il paraît qu'il ne l'est pas. On a dit qu'il fallait admettre deux Epiménides; et cette supposition est sans vraisemblance. Enfin, d'après quelques anciens auteurs, qui donnent à Epiménide cent cinquante-quatre, cent cinquante-sept, et même deux cent quatre-vingt dix-neuf années de vie, on n'a pas craint de dire qu'il avait fait deux voyages à Athènes, l'un à l'âge de quarante ans, l'autre à l'âge de cent cinquante. Il est absolument possible que ce double voyage ait eu lieu; mais il l'est encore plus que Platon se soit trompé. Au reste, on peut voir Fabricius.

faire des changements dans les cérémonies religieuses ; et l'on peut, à cet égard, le regarder comme un des législateurs d'Athènes : il rendit ses cérémonies moins dispendieuses ; il abolit l'usage barbare où les femmes étaient de se meurtrir le visage en accompagnant les morts au tombeau, et, par une foule de règlements utiles, il tâcha de ramener les Athéniens à des principes d'union et d'équité.

La confiance qu'il avait inspirée, et le temps qu'il fallut pour exécuter ses ordres, calmèrent insensiblement les esprits ; les fantômes disparurent. Épiménide partit, couvert de gloire, honoré des regrets d'un peuple entier ; il refusa des présents considérables, et ne demanda pour lui qu'un rameau de l'olivier consacré à Minerve, et pour Cnosse, sa patrie, que l'amitié des Athéniens.

Peu de temps après son départ les factions se réveillèrent avec une nouvelle fureur ; et leurs excès furent portés si loin, qu'on se vit bientôt réduit à cette extrémité où il ne reste d'autre alternative à un état que de périr ou de s'abandonner au génie d'un seul homme.

Solon fut, d'une voix unanime, élevé à la dignité de premier magistrat, de législateur et d'arbitre souverain [1]. On le pressa de monter sur le trône ; mais, comme il ne vit pas s'il lui serait aisé d'en descendre, il résista aux reproches de ses amis, et aux instances des chefs des factions et de la plus saine partie des citoyens.

Solon descendait des anciens rois d'Athènes. Il s'appliqua dès sa jeunesse au commerce, soit pour réparer le tort que les libéralités de son père avaient fait à la fortune de sa maison, soit pour s'instruire des mœurs et des lois des nations. Après avoir acquis dans cette profession assez de bien pour se mettre à l'abri du besoin ainsi que des offres généreuses de ses amis, il ne voyagea plus que pour augmenter ses connaissances.

Le dépôt de lumières était alors entre les mains de quelques hommes vertueux, connus sous le nom de sages, et distribués en différents cantons de la Grèce. Leur unique étude avait pour objet l'homme, ce qu'il est, ce qu'il doit être, comment il faut l'instruire et le gouverner.

Ils recueillaient le petit nombre de vérités de la morale et de la politique, et les renfermaient dans des maximes assez claires pour être saisies au premier aspect, assez précises pour être ou pour paraître profondes. Chacun d'eux en choisissait une de préférence, qui était comme sa devise et la règle de sa conduite. « Rien de trop, » disait l'un. « Connaissez-vous vous-même, » disait un autre.

[1] Vers l'an 594 avant J.-C.

Cette précision, que les Spartiates ont conservée dans leur style, se trouvait dans les réponses que faisaient autrefois les sages aux questions fréquentes des rois et des particuliers. Liés d'une amitié qui ne fut jamais altérée par leur célébrité, ils se réunissaient quelquefois dans un même lieu pour se communiquer leurs lumières et s'occuper des intérêts de l'humanité.

Dans ces assemblées augustes paraissaient Thalès de Milet, qui, dans ce temps-là, jetait les fondements d'une philosophie plus générale, et peut-être moins utile; Pittacus de Mitylène, Bias de Priène, Cléobule de Lindus, Myson de Chen, Chilon de Lacédémone, et Solon d'Athènes, le plus illustre de tous. Les liens du sang et le souvenir des lieux qui m'ont vu naître ne me permettent pas d'oublier Anacharsis, que le bruit de leur réputation attira du fond de la Scythie, et que la Grèce, quoique jalouse du mérite des étrangers, place quelquefois au nombre des sages dont elle s'honore.

Aux connaissances que Solon puisa dans leur commerce, il joignait les talents distingués : il avait reçu en naissant celui de la poésie, et il le cultiva jusqu'à son extrême vieillesse, mais toujours sans effort et sans prétention. Ses premiers essais ne furent que des ouvrages d'agrément. On trouve dans ses autres écrits des hymnes en l'honneur des dieux, différents traits propres à justifier sa législation, des avis ou des reproches adressés aux Athéniens; presque partout une morale pure, et des beautés qui décèlent le génie. Dans les derniers temps de sa vie, instruit des traditions des Égyptiens, il avait entrepris de décrire dans un poème les révolutions arrivées sur notre globe, et les guerres des Athéniens contre les habitants de l'île Atlantique, située au delà des Colonnes d'Hercule, et depuis engloutie dans les flots. Si, libre de tout autre soin, il eût, dans un âge moins avancé, traité ce sujet si propre à donner l'essor à son imagination, il eût peut-être partagé la gloire d'Homère et d'Hésiode.

On peut lui reprocher de n'avoir pas été assez ennemi des richesses, quoiqu'il ne fût pas jaloux d'en acquérir; d'avoir quelquefois hasardé sur la volupté des maximes peu dignes d'un philosophe, et de n'avoir pas montré dans sa conduite cette austérité de mœurs si digne d'un homme qui réforme une nation. Il semble que son caractère doux et facile ne le destinait qu'à mener une vie paisible dans le sein des arts et des plaisirs honnêtes.

Il faut avouer néanmoins qu'en certaines occasions il ne manqua ni de vigueur ni de constance. Ce fut lui qui engagea les

Athéniens à reprendre l'île de Salamine, malgré la défense rigoureuse qu'ils avaient faite à leurs orateurs d'en proposer la conquête; et ce qui parut surtout caractériser un courage supérieur, ce fut le premier acte d'autorité qu'il exerça lorsqu'il fut à la tête de la république.

Les pauvres, résolus de tout entreprendre pour sortir de l'oppression, demandaient à grands cris un nouveau partage des terres, précédé de l'abolition des dettes. Les riches s'opposaient avec la même chaleur à des prétentions qui les auraient confondus avec la multitude, et qui, suivant eux, ne pouvaient manquer de bouleverser l'état. Dans cette extrémité, Solon abolit les dettes des particuliers, annula tous les actes qui engageaient la liberté du citoyen, et refusa la répartition des terres. Les riches et les pauvres crurent avoir tout perdu, parce qu'ils n'avaient pas tout obtenu; mais quand les premiers se virent paisibles possesseurs de biens qu'ils avaient reçus de leurs pères, ou qu'ils avaient acquis eux-mêmes; quand les seconds, délivrés pour toujours de la crainte de l'esclavage, virent leurs faibles héritages affranchis de toute servitude; enfin, quand on vit l'industrie renaître, la confiance se rétablir, et revenir tant de citoyens malheureux que la dureté de leurs créanciers avait éloignés de leur patrie, alors les murmures furent remplacés par des sentiments de reconnaissance; et le peuple, frappé de la sagesse de son législateur, ajouta de nouveaux pouvoirs à ceux dont il l'avait déjà revêtu.

Solon en profita pour revoir les lois de Dracon, dont les Athéniens demandaient l'abolition. Celles qui regardent l'homicide furent conservées en entier. On les suit encore dans les tribunaux, où le nom de Dracon n'est prononcé qu'avec la vénération que l'on doit aux bienfaiteurs des hommes.

Enhardi par le succès, Solon acheva l'ouvrage de sa législation. Il y règle d'abord la forme du gouvernement; il expose ensuite les lois qui doivent assurer la tranquillité du citoyen. Dans la première partie, il eut pour principe d'établir la seule égalité qui, dans une république, doit subsister entre les divers ordres de l'état; dans la seconde, il fut dirigé par cet autre principe, que le meilleur gouvernement est celui où se trouve une sage distribution des peines et des récompenses.

Solon, préférant le gouvernement populaire à tout autre, s'occupa d'abord de trois objets essentiels : de l'assemblée de la nation, du choix des magistrats et des tribunaux de justice.

Il fut réglé que la puissance suprême résiderait dans des assemblées où tous les citoyens auraient droit d'assister, et qu'on y statuerait sur la paix, sur la guerre, sur les alliances, sur les lois, sur les impositions, sur tous les grands intérêts de l'état.

Mais que deviendront ces intérêts entre les mains d'une multitude légère, ignorante, qui oublie ce qu'elle doit vouloir pendant qu'on délibère, et ce qu'elle a voulu après qu'on a délibéré? Pour la diriger dans ses jugements, Solon établit un sénat composé de quatre cents personnes, tirées des quatre tribus qui comprenaient alors tous les citoyens de l'Attique. Ces quatre cents personnes furent comme les députés et les représentants de la nation. Il fut statué qu'on leur proposerait d'abord les affaires sur lesquelles le peuple aurait à prononcer, et qu'après les avoir examinées et discutées à loisir, ils les rapporteraient eux-mêmes à l'assemblée générale; et de là cette loi fondamentale : Toute décision du peuple sera précédée par un décret du sénat.

Puisque tous les citoyens ont le droit d'assister à l'assemblée, ils doivent avoir celui de donner leurs suffrages; mais il serait à craindre qu'après le rapport du sénat des gens sans expérience s'emparassent tout à coup de la tribune, et n'entraînassent la multitude. Il fallait donc préparer les premières impressions qu'elle recevrait : il fut réglé que les premiers opinants seraient âgés de plus de cinquante ans.

Dans certaines républiques il s'élevait des hommes qui se dévouaient au ministère de la parole; et l'expérience avait appris que leurs voix avaient souvent plus de pouvoir dans les assemblées publiques que celles des lois. Il était nécessaire de se mettre à couvert de leur éloquence. On crut que leur probité suffirait pour répondre de l'usage de leurs talents : il fut ordonné que nul orateur ne pourrait se mêler des affaires publiques sans avoir subi un examen qui roulerait sur sa conduite; et l'on permit à tout citoyen de poursuivre en justice l'orateur qui aurait trouvé le secret de dérober l'irrégularité de ses mœurs à la sévérité de cet examen.

Après avoir pourvu à la manière dont la puissance suprême doit annoncer ses volontés, il fallait choisir les magistrats destinés à les exécuter. En qui réside le pouvoir de conférer les magistratures? à quelles personnes, comment, pour combien de temps, avec quelles restrictions doit-on les conférer? Sur tous ces points les règlements de Solon paraissent conformes à l'esprit d'une sage démocratie.

Les magistratures, dans ce gouvernement, ont des fonctions si importantes qu'elles ne peuvent émaner que du souverain. Si la multitude n'avait autant qu'il est en elle le droit d'en disposer et de veiller à la manière dont elles sont exercées, elle serait esclave et deviendrait par conséquent ennemie de l'état. Ce fut à l'assemblée générale que Solon laissa le pouvoir de choisir les magistrats et celui de faire rendre compte de leur administration.

Dans la plupart des démocraties de la Grèce, tous les citoyens, même les plus pauvres, peuvent aspirer aux magistratures. Solon jugea plus convenable de laisser ce dépôt entre les mains des riches, qui en avaient joui jusqu'alors. Il distribua les citoyens de l'Attique en quatre classes. On était inscrit dans la première, dans la seconde, dans la troisième, suivant qu'on percevait, de son héritage, cinq cents, trois cents, deux cents mesures de blé ou d'huile. Les autres citoyens, la plupart pauvres et ignorants, furent compris dans la quatrième, et éloignés des emplois. S'ils avaient eu l'espérance d'y parvenir, ils les auraient moins respectés; s'ils y étaient parvenus en effet, qu'aurait-on pu en attendre?

Il est essentiel à la démocratie que les magistratures ne soient accordées que pour un temps, et que celles du moins qui ne demandent pas un certain degré de lumières soient données par la voie du sort. Solon ordonna qu'on les conférerait tous les ans, que les principales seraient électives comme elles l'avaient toujours été, et que les autres seraient tirées au sort.

Enfin les neuf principaux magistrats présidant, en qualité d'archontes, à des tribunaux où se portaient les causes des particuliers, il était à craindre que leur pouvoir ne leur donnât trop d'influence sur la multitude. Solon voulut qu'on pût appeler de leurs sentences au jugement des cours supérieures.

Il restait à remplir ces cours de justice. Nous avons vu que la dernière et la plus nombreuse classe des citoyens ne pouvait participer aux magistratures. Une telle exclusion, toujours avilissante dans un état populaire, eût été infiniment dangereuse si les citoyens qui l'éprouvaient n'avaient pas reçu quelque dédommagement, et s'ils avaient vu le dépôt de leurs intérêts et de leurs droits entre les mains des gens riches. Solon ordonna que tous, sans distinction, se présenteraient pour remplir les places de juges, et que le sort déciderait entre eux.

Ces règlements nécessaires pour établir une sorte d'équilibre entre les différentes classes de citoyens, il fallait, pour les rendre durables, en confier la conservation à un corps dont les places fussent à vie, qui n'eût aucune part à l'administration, et qui pût imprimer dans les esprits une haute opinion de sa sagesse. Athènes avait dans l'aréopage un tribunal qui s'attirait la confiance et l'amour des peuples par ses lumières et par son intégrité. Solon, l'ayant chargé de veiller au maintien des lois et des mœurs, l'établit comme une puissance supérieure qui devait ramener sans cesse le peuple aux principes de la constitution et les particuliers aux règles de la bienséance et du devoir. Pour lui concilier plus de respect et l'instruire à fond des intérêts de la république, il voulut que les archontes en sortant de place fussent, après un sévère examen, inscrits au nombre des sénateurs.

Ainsi le sénat de l'aréopage et celui des quatre cents devenaient deux contre-poids assez puissants pour garantir la république des orages qui menacent les états : le premier, en réprimant, par sa censure générale, les entreprises des riches ; le second, en arrêtant, par ses décrets et par sa présence, les excès de la multitude.

De nouvelles lois vinrent à l'appui de ces dispositions. La constitution pouvait être attaquée ou par les factions générales qui depuis si long-temps agitaient les différents ordres de l'état, ou par l'ambition et les intrigues de quelques particuliers.

Pour prévenir ces dangers, Solon décerna des peines contre les citoyens qui, dans un temps de troubles, ne se déclareraient pas ouvertement pour un des partis. Son objet, dans ce règlement admirable, était de tirer les gens de bien d'une inaction funeste, de les jeter au milieu des factieux, et de sauver la république par le courage et l'ascendant de la vertu.

Une seconde loi condamne à la mort le citoyen convaincu d'avoir voulu s'emparer de l'autorité souveraine.

Enfin, dans le cas où un autre gouvernement s'élèverait sur les ruines du gouvernement populaire, il ne voit qu'un moyen pour réveiller la nation : c'est d'obliger les magistrats à se démettre de leurs emplois ; et de là ce décret foudroyant : Il sera permis à chaque citoyen d'arracher la vie non-seulement à un tyran et à ses complices, mais encore au magistrat qui continuera ses fonctions après la destruction de la démocratie.

Telle est en abrégé la république de Solon. Je vais parcourir ses lois civiles et criminelles avec la même rapidité.

J'ai déjà dit que celles de Dracon sur l'homicide furent conservées sans le moindre changement. Solon abolit les autres, ou plutôt se contenta d'en adoucir la rigueur, de les refondre avec les siennes, et de les assortir au caractère des Athéniens. Dans toutes il s'est proposé le bien général de la république plutôt que celui des particuliers. Ainsi, suivant ses principes, conformes à ceux des philosophes les plus éclairés, le citoyen doit être considéré : 1° dans sa personne, comme faisant partie de l'état ; 2° dans la plupart des obligations qu'il contracte, comme appartenant à une famille qui appartient elle-même à l'état ; 3° dans sa conduite, comme membre d'une société dont les mœurs constituent la force d'un état.

1° Sous le premier de ces aspects, un citoyen peut demander une réparation authentique de l'outrage qu'il a reçu dans sa personne. Mais, s'il est extrêmement pauvre, comment pourra-t-il déposer la somme qu'on exige d'avance de l'accusateur? Il en est dispensé par les lois. Mais, s'il est né dans une condition obscure, qui le garantira des attentats d'un homme riche et puissant? Tous les partisans de la démocratie, tous ceux que la probité, l'intérêt, la jalousie et la vengeance rendent ennemis de l'agresseur, tous sont autorisés par cette loi excellente : Si quelqu'un insulte un enfant, une femme, un homme libre ou esclave, qu'il soit permis à tout Athénien de l'attaquer en justice. De cette manière l'accusation deviendra publique, et l'offense faite au moindre citoyen sera punie comme un crime contre l'état ; et cela est fondé sur ce principe : La force est le partage de quelques-uns, et la loi le soutien de tous. Cela est encore fondé sur cette maxime de Solon : Il n'y aurait point d'injustices dans une ville, si tous les citoyens en étaient aussi révoltés que ceux qui les éprouvent.

La liberté du citoyen est si précieuse, que les lois seules peuvent en suspendre l'exercice ; que lui-même ne peut l'engager ni pour dettes, ni sous quelque prétexte que ce soit, et qu'il n'a pas le droit de disposer de celle de ses fils. Le législateur lui permet de vendre sa fille ou sa sœur, mais seulement dans le cas où, chargé de leur conduite, il aurait été témoin de leur déshonneur [1].

Lorsqu'un Athénien attente à ses jours, il est coupable envers l'état, qu'il prive d'un citoyen. On enterre séparément sa main ; et cette circonstance est une flétrissure. Mais, s'il attente à la vie de son père, quel sera le châtiment prescrit par les lois ? Elles gardent le silence sur ce forfait : pour en inspirer plus d'horreur, Solon a supposé qu'il n'était pas dans l'ordre des choses possibles.

Un citoyen n'aurait qu'une liberté imparfaite si son honneur pouvait être impunément attaqué. De là les peines prononcées contre les calomniateurs, et la permission de les poursuivre en justice ; de là encore la défense de flétrir la mémoire d'un homme qui

[1] Quand on voit Solon ôter aux pères le pouvoir de vendre leurs enfants, comme ils faisaient auparavant, on a de la peine à se persuader qu'il leur ait attribué celui de leur donner la mort, comme l'ont annoncé d'anciens écrivains postérieurs à ce législateur. J'aime mieux m'en rapporter au témoignage de Denys d'Halicarnasse, qui, dans ses *Antiquités romaines*, observe que, suivant les lois de Solon, de Pittacus et de Charondas, les Grecs ne permettaient aux pères que de déshériter leurs enfants, ou de les chasser de leurs maisons, sans qu'ils pussent leur infliger des peines plus graves. Si dans la suite les Grecs ont donné plus d'extension au pouvoir paternel, il est à présumer qu'ils en ont puisé l'idée dans les lois romaines.

n'est plus. Outre qu'il est d'une sage politique de ne pas éterniser la haine entre les familles, il n'est pas juste qu'on soit exposé, après sa mort, à des insultes qu'on aurait repoussées pendant sa vie.

Un citoyen n'est pas le maître de son honneur, puisqu'il ne l'est pas de sa vie. De là ces lois qui, dans diverses circonstances, privent celui qui se déshonore des priviléges qui appartiennent au citoyen.

Dans les autres pays, les citoyens des dernières classes sont tellement effrayés de l'obscurité de leur état, du crédit de leurs adversaires, et de la longueur des procédures, et des dangers qu'elles entraînent, qu'il leur est souvent plus avantageux de supporter l'oppression que de chercher à s'en garantir. Les lois de Solon offrent plusieurs moyens de se défendre contre la violence ou l'injustice. S'agit-il, par exemple, d'un vol: vous pouvez vous-même traîner le coupable devant les onze magistrats préposés à la garde des prisons; ils le mettront aux fers, et le traduiront ensuite au tribunal, qui vous condamnera à une amende si le crime n'est pas prouvé. N'êtes-vous pas assez fort pour saisir le coupable, adressez-vous aux archontes, qui le feront traîner de prison en prison par leurs licteurs. Voulez-vous une autre voie, accusez-le publiquement. Craignez-vous de succomber dans cette accusation, et de payer l'amende de mille drachmes: dénoncez-le au tribunal des arbitres; la cause deviendra civile, et vous n'aurez rien à risquer. C'est ainsi que Solon a multiplié les forces de chaque particulier, et qu'il n'est presque point de vexations dont il ne soit facile de triompher.

La plupart des crimes qui attaquent la sûreté du citoyen peuvent être poursuivis par une accusation privée ou publique. Dans le premier cas, l'offensé ne se regarde que comme un simple particulier, et ne demande qu'une réparation proportionnée aux délits particuliers : dans le second, il se présente en qualité de citoyen, et le crime devient plus grave. Solon a facilité les accusations publiques, parce qu'elles sont plus nécessaires dans une démocratie que partout ailleurs. Sans ce frein redoutable, la liberté générale serait sans cesse menacée par la liberté de chaque particulier.

2º Voyons à présent quels sont les devoirs du citoyen dans la plupart des obligations qu'il contracte.

Dans une république sagement réglée, il ne faut pas que le nombre des habitants soit trop grand ni trop petit. L'expérience a fait voir que le nombre des hommes en état de porter les armes ne doit être ici ni fort au-dessus ni fort au-dessous de vingt mille.

Pour conserver la proportion requise, Solon, entre autres moyens, ne permet de naturaliser les étrangers que sous des conditions difficiles à remplir. Pour éviter, d'un autre côté, l'extinction des familles, il veut que leurs chefs, après leur mort, soient représentés par des enfants légitimes ou adoptifs; et dans le cas où un particulier meurt sans postérité, il ordonne qu'on substitue juridiquement au citoyen décédé un de ses héritiers naturels, qui prendra son nom et perpétuera sa famille.

Le magistrat chargé d'empêcher que les maisons ne restent désertes, c'est-à-dire sans chefs, doit étendre ses soins et la protection des lois sur les orphelins; sur les femmes qui déclarent leur grossesse après la mort de leurs époux; sur les filles qui, n'ayant point de frères, sont en droit de recueillir la succession de leurs pères.

Un citoyen adopte-t-il un enfant, ce dernier pourra quelque jour retourner dans la maison de ses pères; mais il doit laisser, dans celle qui l'avait adopté, un fils qui remplisse les vues de la première adoption; et ce fils, à son tour, pourra quitter cette maison, après y avoir laissé un fils naturel ou adoptif qui le remplace.

Ces précautions ne suffisaient pas. Le fil des générations peut s'interrompre par des divisions et des haines survenues entre les deux époux. Le divorce sera permis, mais à des conditions qui en restreindront l'usage. Si c'est le mari qui demande la séparation, il s'expose à rendre la dot à sa femme, ou du moins à lui payer une pension alimentaire fixée par la loi; si c'est la femme, il faut qu'elle comparaisse elle-même devant les juges, et qu'elle leur présente sa requête.

Il est essentiel dans la démocratie, non-seulement que les familles soient conservées, mais que les biens ne soient pas entre les mains d'un petit nombre de particuliers. Quand ils sont répartis dans une certaine proportion, le peuple, possesseur de quelques légères portions de terrain, en est plus occupé que des dissensions de la place publique. De là les défenses faites par quelques législateurs de vendre ses possessions hors le cas d'une extrême nécessité, ou de les engager pour se procurer des ressources contre le besoin. La violation de ce principe a suffi quelquefois pour détruire la constitution.

Solon ne s'en est point écarté : il prescrit des bornes aux acquisitions qu'un particulier peut faire; il enlève une partie de ses droits au citoyen qui a follement consumé l'héritage de ses pères.

Un Athénien qui a des enfants ne peut disposer de ses biens qu'en leur faveur : s'il n'en a point et qu'il meure sans testament, la succession va de droit à ceux à qui le sang l'unissait de plus près : s'il laisse une fille unique héritière de son bien, c'est au plus proche parent de l'épouser ; mais il doit la demander en justice, afin que, dans la suite, personne ne puisse lui en disputer la possession. Les droits du plus proche parent sont tellement reconnus, que, si l'une de ses parentes, légitimement unie avec un Athénien, venait à recueillir la succession de son père mort sans enfants mâles, il serait en droit de faire casser ce mariage et de la forcer à l'épouser.

Mais, si cet époux n'est pas en état d'avoir des enfants, il transgressera la loi qui veille au maintien des familles ; il abusera de la loi qui conserve les biens des familles. Pour le punir de cette double infraction, Solon permet à la femme de se livrer au plus proche parent de l'époux.

C'est dans la même vue qu'une orpheline, fille unique ou aînée de ses sœurs, peut, si elle n'a pas de bien, forcer son plus proche parent à l'épouser ou à lui constituer une dot : s'il s'y refuse, l'archonte doit l'y contraindre, sous peine de payer lui-même mille drachmes[1]. C'est encore par une suite de ces principes que d'un côté l'héritier naturel ne peut pas être tuteur, et le tuteur ne peut pas épouser la mère de ses pupilles ; que, d'un autre côté, un frère peut épouser sa sœur consanguine, et non sa sœur utérine. En effet, il serait à craindre qu'un tuteur intéressé, qu'une mère dénaturée, ne détournassent à leur profit le bien des pupilles ; il serait à craindre qu'un frère, en s'unissant avec sa sœur utérine, n'accumulât sur sa tête et l'hérédité de son père et celle du premier mari de sa mère.

Tous les règlements de Solon sur les successions, sur les testaments, sur les donations, sont dirigés par le même esprit. Cependant nous devons nous arrêter sur celui par lequel il permet au citoyen qui meurt sans enfants de disposer de son bien à sa volonté. Des philosophes se sont élevés, et s'élèveront peut-être encore, contre une loi qui paraît si contraire aux principes du législateur ; d'autres le justifient, et par les restrictions qu'il mit à la loi, et par l'objet qu'il s'était proposé. Il exige, en effet, que le testateur ne soit accablé ni par la vieillesse ni par la maladie, qu'il n'ait point cédé aux séductions d'une épouse, qu'il ne soit point détenu dans les fers, que son esprit n'ait donné aucune marque d'aliénation. Quelle apparence que dans cet état il choisisse un héritier dans une autre famille, s'il n'a pas à se plaindre de la sienne ? Ce fut donc pour exciter les soins et les attentions parmi les parents que Solon accorda aux citoyens un pouvoir qu'ils n'avaient pas eu jusqu'alors, qu'ils reçurent avec applaudissement, et dont il n'est

[1] Neuf cents livres.

pas naturel d'abuser. Il faut ajouter qu'un Athénien qui appelle un étranger à sa succession est en même temps obligé de l'adopter.

Les Égyptiens ont une loi par laquelle chaque particulier doit rendre compte de sa fortune et de ses ressources. Cette loi est encore plus utile dans une démocratie, où le peuple ne doit ni être désœuvré, ni gagner sa vie par des moyens illicites ; elle est encore plus nécessaire dans un pays où la stérilité du sol ne peut être compensée que par le travail et par l'industrie.

De là les règlements par lesquels Solon assigne l'infamie à l'oisiveté ; ordonne à l'aréopage de rechercher de quelle manière les particuliers pourvoient à leur subsistance ; leur permet à tous d'exercer des arts mécaniques, et prive celui qui a négligé de donner un métier à son fils des secours qu'il doit en attendre dans sa vieillesse.

3° Il ne reste plus qu'à citer quelques-unes des dispositions plus particulièrement relatives aux mœurs.

Solon, à l'exemple de Dracon, a publié quantité de lois sur les devoirs des citoyens, et en particulier sur l'éducation de la jeunesse. Il prévoit tout, il y règle tout, et l'âge précis où les enfants doivent recevoir des leçons publiques, et les qualités des maîtres chargés de les instruire, et celles des précepteurs destinés à les accompagner, et l'heure où les écoles doivent s'ouvrir et se fermer. Comme il faut que ces lieux ne respirent que l'innocence : Qu'on punisse de mort, ajoute-t-il, tout homme qui, sans nécessité, oserait s'introduire dans le sanctuaire où les enfants sont rassemblés, et qu'une des cours de justice veille à l'observation de ces règlements.

Au sortir de l'enfance, ils passeront dans le gymnase. Là se perpétueront des lois destinées à conserver la pureté de leurs mœurs, à les préserver de la contagion de l'exemple et des dangers de la séduction.

Dans les diverses périodes de leur vie, de nouvelles passions se succéderont rapidement dans leurs cœurs. Le législateur a multiplié les menaces et les peines ; il assigne des récompenses aux vertus et le déshonneur aux vices.

Ainsi les enfants de ceux qui mourront les armes à la main seront élevés aux dépens du public ; ainsi des couronnes seront solennellement décernées à ceux qui auront rendu des services à l'état.

D'un autre côté, le citoyen devenu fameux par la dépravation de ses mœurs, de quelque état qu'il soit, quelque talent qu'il possède, sera exclu des sacerdoces, des magistratures, du sénat, de l'assemblée générale : il ne pourra ni parler en public, ni se charger d'une ambassade, ni siéger dans les tribunaux de justice; et s'il exerce quelqu'une de ces fonctions, il sera poursuivi criminellement, et subira les peines rigoureuses prescrites par la loi.

La lâcheté, sous quelque forme qu'elle se produise, soit qu'elle refuse le service militaire, soit qu'elle le trahisse par une action indigne, ne peut être excusée par le rang du coupable, ni sous aucun autre prétexte : elle sera punie, non-seulement par le mépris général, mais par une accusation publique qui apprendra au citoyen à redouter encore plus la honte infligée par la loi que le fer de l'ennemi.

C'est par les lois que toute espèce de recherche et de délicatesse est interdite aux hommes; que les femmes, qui ont tant d'influence sur les mœurs, sont contenues dans les bornes de la modestie; qu'un fils est obligé de nourrir dans leur vieillesse ceux dont il a reçu le jour. Mais les enfants qui sont nés d'une courtisane sont dispensés de cette obligation à l'égard de leur père : car, après tout, ils ne lui sont redevables que de l'opprobre de leur naissance.

Pour soutenir les mœurs, il faut des exemples, et ces exemples doivent émaner de ceux qui sont à la tête du gouvernement. Plus ils tombent de haut, plus ils font une impression profonde. La corruption des derniers citoyens est facilement réprimée, et ne s'étend que dans l'obscurité; car la corruption ne remonte jamais d'une classe à l'autre : mais, quand elle ose s'emparer des lieux où réside le pouvoir, elle se précipite de là avec plus de force que les lois elles-mêmes : aussi n'a-t-on pas craint d'avancer que les mœurs d'une nation dépendent uniquement de celles du souverain.

Solon était persuadé qu'il ne faut pas moins de décence et de sainteté pour l'administration d'une démocratie que pour le ministère des autels. De là ces examens, ces serments, ces comptes rendus qu'il exige de ceux qui sont ou qui ont été revêtus de quelque pouvoir : de là sa maxime, que la justice doit s'exercer avec lenteur sur les fautes des particuliers, à l'instant même sur celles des gens en place; de là cette loi terrible par laquelle on condamne à la mort l'archonte qui, après avoir perdu sa raison dans les plaisirs de la table, ose paraître en public avec les marques de sa dignité.

Enfin, si l'on considère que la censure des mœurs fut confiée à un tribunal dont la conduite austère était la plus forte des censures, on concevra sans peine que Solon regardait les mœurs comme le plus ferme appui de sa législation.

Tel fut le système général de Solon. Ses lois civiles et criminelles ont toujours été regardées comme des oracles par les Athéniens, comme des modèles par les autres peuples. Plusieurs états de la Grèce se sont fait un devoir de les adopter ; et, du fond de l'Italie, les Romains, fatigués de leurs divisions, les ont appelées à leur secours. Comme les circonstances peuvent obliger un état à modifier quelques-unes de ses lois, je parlerai ailleurs des précautions que prit Solon pour introduire les changements nécessaires, pour éviter les changements dangereux.

La forme du gouvernement qu'il établit diffère essentiellement de celle que l'on suit à présent. Faut-il attribuer ce prodigieux changement à des vices inhérents à la constitution même? doit-on le rapporter à des événements qu'il était impossible de prévoir ? J'oserai, d'après les lumières puisées dans le commerce de plusieurs Athéniens éclairés, hasarder quelques réflexions sur un sujet si important ; mais cette légère discussion doit être précédée par l'histoire des révolutions arrivées dans l'état, depuis Solon jusqu'à l'invasion des Perses.

Les lois de Solon ne devaient conserver leur force que pendant un siècle. Il avait fixé ce terme pour ne pas révolter les Athéniens par la perspective d'un joug éternel. Après que les sénateurs, les archontes, le peuple, se furent par serment engagés à les maintenir, on les inscrivit sur les diverses faces de plusieurs rouleaux de bois, que l'on plaça d'abord dans la citadelle. Ils s'élevaient du sol jusqu'au toit de l'édifice qui les renfermait ; et, tournant au moindre effort sur eux-mêmes, ils présentaient successivement le code entier des lois aux yeux des spectateurs. On les a depuis transportés dans le Prytanée et dans d'autres lieux, où il est permis et facile aux particuliers de consulter ces titres précieux de leur liberté.

Quand on les eut méditées à loisir, Solon fut assiégé d'une foule d'importuns qui l'accablaient de questions, de conseils, de louanges ou de reproches. Les uns le pressaient de s'expliquer sur quelques lois, susceptibles, suivant eux, de différentes interprétations; les autres lui présentaient des articles qu'il fallait ajouter, modifier ou supprimer. Solon, ayant épuisé les voies de la douceur et de la patience, comprit que le temps seul pouvait consolider son ouvrage: il partit après avoir demandé la permission de s'absenter pour dix ans, et engagé les Athéniens, par un serment solennel, à ne point toucher à ses lois jusqu'à son retour.

En Égypte, il fréquenta ces prêtres qui croient avoir entre leurs mains les annales du monde; et comme un jour il étalait à leurs yeux les anciennes traditions de la Grèce: «Solon! Solon! dit gravement un de ces prêtres, vous autres Grecs, vous êtes bien jeunes : le temps n'a pas encore blanchi vos connaissances. » En Crète, il eut l'honneur d'instruire dans l'art de régner le souverain d'un petit canton, et de donner son nom à une ville dont il procura le bonheur.

A son retour, il trouva les Athéniens près de retomber dans l'anarchie. Les trois partis qui depuis si long-temps déchiraient la république semblaient n'avoir suspendu leur haine pendant sa législation que pour l'exhaler avec plus de force pendant son absence : ils ne se réunissaient que dans un point, c'était à désirer un changement dans la constitution, sans autre motif qu'une inquiétude secrète, sans autre objet que des espérances incertaines.

Solon, accueilli avec les honneurs les plus distingués, voulut profiter de ces dispositions favorables pour calmer des dissensions trop souvent renaissantes. Il se crut d'abord puissamment secondé par Pisistrate, qui se trouvait à la tête de la faction du peuple, et qui, jaloux en apparence de maintenir l'égalité parmi les citoyens, s'élevait hautement contre les innovations capables de la détruire; mais il ne tarda pas à s'apercevoir que ce profond politique cachait sous une feinte modération une ambition démesurée.

Jamais homme ne réunit plus de qualités pour captiver les esprits. Une naissance illustre, des richesses considérables, une valeur brillante et souvent éprouvée, une figure imposante, une éloquence persuasive à laquelle le son de sa voix prêtait de nouveaux charmes, un esprit enrichi des agréments que la nature donne et des connaissances que procure l'étude : jamais homme d'ailleurs ne fut plus maître de ses passions, et ne sut mieux faire valoir les vertus qu'il possédait en effet et celles dont il n'avait que les apparences. Ses succès ont prouvé que, dans les projets d'une exécution lente, rien ne donne plus de supériorité que la douceur et la flexibilité du caractère.

Avec de si grands avantages, Pisistrate, accessible aux moindres citoyens, leur prodiguait les consolations et les secours qui tarissent la source des maux, ou qui en corrigent l'amertume. Solon, attentif à ses démarches, pénétra ses intentions; mais tandis qu'il s'occupait du soin d'en prévenir les suites, Pisistrate parut dans la place publique, couvert de blessures qu'il s'était adroitement ménagées, implorant la protection de ce peuple qu'il avait si souvent protégé lui-même. On convoque l'assemblée : il accuse le sénat et les chefs des autres factions d'avoir attenté à ses jours; et montrant ses plaies encore sanglantes : « Voilà, s'écrie-t-il, le prix de mon amour pour la démocratie, et du zèle avec lequel j'ai défendu vos droits. »

A ces mots, des cris menaçants éclatent de toutes parts ; les principaux citoyens, étonnés, gardent le silence ou prennent la fuite. Solon, indigné de leur lâcheté et de l'aveuglement du peuple, tâche vainement de ranimer le courage des uns, de dissiper l'illusion des autres : sa voix, que les années ont affaiblie, est facilement étouffée par les clameurs qu'excitent la pitié, la fureur et la crainte. L'assemblée se termine par accorder à Pisistrate un corps redoutable de satellites chargé d'accompagner ses pas et de veiller à sa conservation. Dès ce moment tous ses projets furent remplis : il employa bientôt ses forces à s'emparer de la citadelle ; et, après avoir désarmé la multitude, il se revêtit de l'autorité suprême [1].

Solon ne survécut pas long-temps à l'asservissement de sa patrie. Il s'était opposé, autant qu'il l'avait pu, aux nouvelles entreprises de Pisistrate. On l'avait vu, les armes à la main, se rendre à la place publique et chercher à soulever le peuple ; mais son exemple et ses discours ne faisaient plus aucune impression : ses amis seuls, effrayés de son courage, lui représentaient que le tyran avait résolu sa perte. « Et, après tout, ajoutaient-ils, qui peut vous inspirer une telle fermeté ?... — Ma vieillesse, » répondit-il.

Pisistrate était bien éloigné de souiller son triomphe par un semblable forfait. Pénétré de la plus haute considération pour Solon, il sentait que le suffrage de ce législateur pouvait seul justifier, en quelque manière, sa puissance : il le prévint par des marques distinguées de déférence et de respect ; il lui demanda des conseils ; et Solon, cédant à la séduction en croyant céder à la nécessité, ne tarda pas à lui en donner ; il se flattait sans doute d'engager Pisistrate à maintenir les lois et à donner moins d'atteinte à la constitution établie.

Trente-trois années s'écoulèrent depuis la révolution jusqu'à la mort de Pisistrate [2] ; mais il ne fut à la tête des affaires que pendant dix-sept ans. Accablé par le crédit de ses adversaires, deux fois obligé de quitter l'Attique, deux fois il reprit son autorité ; et il eut la consolation, avant que de mourir, de l'affermir dans sa famille.

Tant qu'il fut à la tête de l'administration, ses jours, consacrés à l'utilité publique, furent marqués, ou par de nouveaux bienfaits, ou par de nouvelles vertus.

[1] L'an 560 avant J.-C.
[2] L'an 528 avant J.-C.

Ses lois, en bannissant l'oisiveté, encouragèrent l'agriculture et l'industrie : il distribua dans la campagne cette foule de citoyens obscurs que la chaleur des factions avait fixés dans la capitale; il ranima la valeur des troupes, en assignant aux soldats invalides une subsistance assurée pour le reste de leurs jours. Aux champs, dans la place publique, dans ses jardins ouverts à tout le monde, il paraissait comme un père au milieu de ses enfants, toujours prêt à écouter les plaintes des malheureux, faisant des remises aux uns, des avances aux autres, des offres à tous.

En même temps, dans la vue de concilier son goût pour la magnificence avec la nécessité d'occuper un peuple indocile et désœuvré, il embellissait la ville par des temples, des gymnases, des fontaines; et, comme il ne craignait pas les progrès des lumières, il publiait une nouvelle édition des ouvrages d'Homère, et formait pour l'usage des Athéniens une bibliothèque composée des meilleurs livres que l'on connaissait alors.

Ajoutons ici quelques traits qui manifestent plus particulièrement l'élévation de son âme. Jamais il n'eut la faiblesse de se venger des insultes qu'il pouvait facilement punir. Sa fille assistait à une cérémonie religieuse : un jeune homme qui l'aimait éperdument courut l'embrasser, et quelque temps après entreprit de l'enlever. Pisistrate répondit à sa famille, qui l'exhortait à la vengeance : « Si nous haïssons ceux qui nous aiment, que ferons-nous à ceux qui nous haïssent ? » Et, sans différer davantage, il choisit ce jeune homme pour l'époux de sa fille.

Des gens ivres insultèrent publiquement sa femme : le lendemain ils vinrent, fondant en larmes, solliciter un pardon qu'ils n'osaient espérer. « Vous vous trompez, leur dit Pisistrate; ma femme ne sortit point hier de toute la journée. »

Enfin quelques-uns de ses amis, résolus de se soustraire à son obéissance, se retirèrent dans une place forte. Il les suivit aussitôt avec des esclaves qui portaient son bagage; et comme ces conjurés lui demandèrent quel était son dessein : « Il faut, leur dit-il, que vous me persuadiez de rester avec vous, ou que je vous persuade de revenir avec moi. »

Ces actes de modération et de clémence, multipliés pendant sa vie, et rehaussés encore par l'éclat de son administration, adoucissaient insensiblement l'humeur intraitable des Athéniens, et faisaient que plusieurs d'entre eux préféraient une servitude si douce à leur ancienne et tumultueuse liberté.

Cependant il faut l'avouer, quoique dans une monarchie Pisistrate eût été le modèle du meilleur des rois; dans la république d'Athènes on fut, en général, plus frappé du vice de son usurpation que des avantages qui en résultaient pour l'état.

Après sa mort, Hippias et Hipparque, ses fils, lui succédèrent : avec moins de talents ils gouvernèrent avec la même sagesse. Hipparque, en particulier, aimait les lettres. Anacréon et Simonide, attirés auprès de lui, en reçurent l'accueil qui devait le plus les flatter : il combla d'honneurs le premier, et de présents le second. Il doit partager avec son père la gloire d'avoir étendu la réputation d'Homère. On peut lui reprocher, ainsi qu'à son frère, de s'être trop livré aux plaisirs, et d'en avoir inspiré le goût aux Athéniens. Heureux néanmoins si, au milieu de ces excès, il n'eût pas commis une injustice dont il fut la première victime !

Deux jeunes Athéniens, Harmodius et Aristogiton, liés entre eux de l'amitié la plus tendre, ayant essuyé, de la part de ce prince, un affront qu'il était impossible d'oublier, conjurèrent sa perte et celle de son frère. Quelques-uns de leurs amis entrèrent dans ce complot, et l'exécution en fut remise à la solennité des Panathénées : ils espéraient que cette foule d'Athéniens qui, pendant les cérémonies de cette fête, avaient la permission de porter les armes, seconderait leurs efforts, ou du moins les garantirait de la fureur des gardes qui entouraient les fils de Pisistrate.

Dans cette vue, après avoir couvert leurs poignards de branches de myrte, ils se rendent aux lieux où les princes mettaient en ordre une procession qu'ils devaient conduire au temple de Minerve. Ils arrivent ; ils voient un des conjurés s'entretenir familièrement avec Hippias : ils se croient trahis ; et, résolus de vendre chèrement leur vie, ils s'écartent un moment, trouvent Hipparque, et lui plongent le poignard dans le cœur [1]. Harmodius tombe aussitôt sous les coups redoublés des satellites du prince. Aristogiton, arrêté presque au même instant, fut présenté à la question ; mais, loin de nommer ses complices, il accusa les plus fidèles partisans d'Hippias, qui sur-le-champ les fit traîner au supplice. « As-tu d'autres scélérats à dénoncer ? » s'écrie le tyran transporté de fureur. « Il ne reste plus que toi, répond l'Athénien ; je meurs, et j'emporte en mourant la satisfaction de t'avoir privé de tes meilleurs amis. »

Dès lors Hippias ne se signala plus que par des injustices ; mais le joug qui appesantissait sur les Athéniens fut brisé trois ans après [2]. Clisthène, chef des Alcméonides, maison puissante d'Athènes, de tout temps ennemie des Pisistratides, rassembla tous

---

[1] L'an 514 avant J.-C.
[2] L'an 510 avant J.-C.

les mécontents auprès de lui; et, ayant obtenu le secours des Lacédémoniens, par le moyen de la pythie de Delphes qu'il avait mise dans ses intérêts, il marcha contre Hippias, et le força d'abdiquer la tyrannie. Ce prince, après avoir erré quelque temps avec sa famille, se rendit auprès de Darius, roi de Perse, et périt enfin à la bataille de Marathon.

Les Athéniens n'eurent pas plutôt recouvré leur liberté, qu'ils rendirent les plus grands honneurs à la mémoire d'Harmodius et d'Aristogiton. On leur éleva des statues dans la place publique : il fut réglé que leurs noms seraient célébrés à perpétuité dans la fête des Panathénées, et ne seraient sous aucun prétexte donnés à des esclaves. Les poètes éternisèrent leur gloire par des pièces de poésie [1] que l'on chante encore dans les repas, et l'on accorda pour toujours à leurs descendants des priviléges très-étendus.

Clisthène, qui avait si fort contribué à l'expulsion des Pisistratides, eut encore à lutter, pendant quelques années, contre une faction puissante; mais ayant enfin obtenu dans l'état le crédit que méritaient ses talents, il raffermit la constitution que Solon avait établie, et que les Pisistratides ne songèrent jamais à détruire.

Jamais, en effet, ces princes ne prirent le titre de roi, quoiqu'ils se crussent issus des anciens souverains d'Athènes. Si Pisistrate préleva le dixième du produit des terres, cette unique imposition que ses fils réduisirent au vingtième, ils parurent tous trois l'exiger moins encore pour leur entretien que pour les besoins de l'état. Ils maintinrent les lois de Solon, autant par leur exemple que par leur autorité. Pisistrate, accusé d'un meurtre, vint, comme le moindre citoyen, se justifier devant l'aréopage. Enfin ils conservèrent les parties essentielles de l'ancienne constitution, le sénat, les assemblées du peuple et les magistratures, dont ils eurent soin de se revêtir eux-mêmes et d'étendre les prérogatives. C'était donc comme premiers magistrats, comme chefs perpétuels d'un état démocratique, qu'ils agissaient et qu'ils avaient tant d'in-

[1] Athénée a rapporté une des chansons composées en l'honneur d'Harmodius et d'Aristogiton, et M. de la Nauze l'a traduite de cette manière :

« Je porterai mon épée couverte de feuilles de myrte, comme firent Harmodius et Aristogiton quand ils tuèrent le tyran, et qu'ils établirent dans Athènes l'égalité des lois.

» Cher Harmodius, vous n'êtes point encore mort : on dit que vous êtes dans les îles des bienheureux, où sont Achille aux pieds légers, et Diomède, ce vaillant fils de Tydée.

» Je porterai mon épée couverte de feuilles de myrte, comme firent Harmodius et Aristogiton lorsqu'ils tuèrent le tyran Hipparque, dans le temps des Panathénées.

» Que votre gloire soit éternelle, cher Harmodius, cher Aristogiton, parce que vous avez tué le tyran et établi dans Athènes l'égalité des lois. »

fluence sur les délibérations publiques. Le pouvoir le plus absolu s'exerça sous des formes légales en apparence, et le peuple asservi eut toujours devant les yeux l'image de la liberté. Aussi le vit-on, après l'expulsion des Pisistratides, sans opposition et sans efforts, rentrer dans ses droits plutôt suspendus que détruits. Les changements que Clisthène fit alors au gouvernement ne le ramenèrent pas tout à fait à ses premiers principes, comme je le montrerai bientôt.

Le récit des faits m'a conduit aux temps où les Athéniens signalèrent leur valeur contre les Perses. Avant que de les décrire, je dois exposer les réflexions que j'ai promises sur le système politique de Solon.

Il ne fallait pas attendre de Solon une législation semblable à celle de Lycurgue. Ils se trouvaient l'un et l'autre dans des circonstances trop différentes.

Les Lacédémoniens occupaient un pays qui produisait tout ce qui était nécessaire à leurs besoins. Il suffisait au législateur de les y tenir renfermés pour empêcher que des vices étrangers ne corrompissent l'esprit et la pureté de ses institutions. Athènes, située auprès de la mer, entourée d'un terrain ingrat, était forcée d'échanger continuellement ses denrées, son industrie, ses idées et ses mœurs contre celles de toutes les nations.

La réforme de Lycurgue précéda celle de Solon d'environ deux siècles et demi. Les Spartiates, bornés dans leurs arts, dans leurs connaissances, dans leurs passions même, étaient moins avancés dans le bien et dans le mal que ne le furent les Athéniens du temps de Solon. Ces derniers, après avoir éprouvé toutes les espèces de gouvernements, s'étaient dégoûtés de la servitude et de la liberté, sans pouvoir se passer de l'une et de l'autre. Industrieux, éclairés, vains et difficiles à conduire, tous, jusqu'aux moindres particuliers, s'étaient familiarisés avec l'intrigue, l'ambition et toutes les grandes passions qui s'élèvent dans les fréquentes secousses d'un état : ils avaient déjà les vices qu'on trouve dans les nations formées ; ils avaient de plus cette activité inquiète et cette légèreté d'esprit qu'on ne trouve chez aucune autre nation.

La maison de Lycurgue occupait depuis long-temps le trône de Lacédémone : les deux rois qui le partageaient alors ne jouissant d'aucune considération, Lycurgue était, aux yeux des Spartiates, le premier et le plus grand personnage de l'état. Comme il pouvait compter sur son crédit et sur celui de ses amis, il fut moins arrêté par ces considérations qui refroidissent le génie et rétrécissent les vues d'un législateur. Solon, simple particulier, revêtu d'une autorité passagère qu'il fallait employer avec adresse pour l'employer avec fruit ; entouré de factions puissantes qu'il fallait ménager pour conserver leur confiance ; averti, par l'exemple récent de Dracon, que les voies de sévérité ne convenaient point aux Athéniens, ne pouvait hasarder de grandes innovations sans en occasionner de plus grandes encore, et sans replonger l'état dans des malheurs peut-être irréparables.

Je ne parle point des qualités personnelles des deux législateurs. Rien ne ressemble moins au génie de Lycurgue que les talents de Solon, ni à l'âme vigoureuse du premier que le caractère de douceur et de circonspection du second. Ils n'eurent de commun que d'avoir travaillé avec la même ardeur, mais par des voies différentes, au bonheur des peuples. Mis à la place l'un de l'autre, Solon n'aurait pas fait de si grandes choses que Lycurgue : on peut douter que Lycurgue en eût fait de plus belles que Solon.

Ce dernier sentit le poids dont il s'était chargé ; et lorsque, interrogé s'il avait donné aux Athéniens les meilleures de toutes les lois, il répondit : « Les meilleures qu'ils pouvaient supporter, » il peignit d'un seul trait le caractère indisciplinable des Athéniens, et la funeste contrainte où il s'était trouvé.

Solon fut obligé de préférer le gouvernement populaire, parce que le peuple, qui se souvenait d'en avoir joui pendant plusieurs siècles, ne pouvait plus supporter la tyrannie des riches, parce qu'une nation qui se destine à la marine penche toujours fortement vers la démocratie.

En choisissant cette forme de gouvernement, il la tempéra de manière qu'on croyait y retrouver l'oligarchie dans le corps des aréopagites, l'aristocratie dans la manière d'élire les magistrats, la pure démocratie dans la liberté, accordée aux moindres citoyens, de siéger dans les tribunaux de justice.

Cette constitution, qui tenait des gouvernements mixtes, s'est détruite par l'excès du pouvoir dans le peuple, comme celle des Perses par l'excès du pouvoir dans le prince.

On reproche à Solon d'avoir hâté cette corruption par la loi qui attribue indistinctement à tous les citoyens le soin de rendre la justice, et de les avoir appelés à cette importante fonction par la voie du sort. On ne s'aperçut pas d'abord des effets que pouvait produire une pareille prérogative ; mais, dans la suite, on fut obligé de ménager ou d'implorer la protection du peuple, qui, remplissant les tribunaux, était le maître d'interpréter les lois, et de disposer à son gré de la vie et de la fortune des citoyens.

En traçant le tableau du système de Solon, j'ai rapporté les motifs qui l'engagèrent à porter la loi dont on se plaint. J'ajoute

1° qu'elle est non-seulement adoptée, mais encore très-utile dans les démocraties les mieux organisées; 2° que Solon ne dut jamais présumer que le peuple abandonnerait ses travaux pour le stérile plaisir de juger les différends des particuliers. Si, depuis, il s'est emparé des tribunaux, si son autorité s'en est accrue, il faut en accuser Périclès, qui, en assignant un droit de présence aux juges, fournissait aux pauvres citoyens un moyen plus facile de subsister.

Ce n'est point dans les lois de Solon qu'il faut chercher le germe des vices qui ont défiguré son ouvrage; c'est dans une suite d'innovations qui, pour la plupart, n'étaient point nécessaires, et qu'il était aussi impossible de prévoir qu'il le serait aujourd'hui de les justifier.

Après l'expulsion des Pisistratides, Clisthène, pour se concilier le peuple, partagea en dix tribus les quatre qui, depuis Cécrops, comprenaient les habitants de l'Attique; et tous les ans on tira de chacune cinquante sénateurs : ce qui porta le nombre de ces magistrats à cinq cents.

Ces tribus, comme autant de petites républiques, avaient chacune leurs présidents, leurs officiers de police, leurs tribunaux, leurs assemblées, et leurs intérêts. Les multiplier et leur donner plus d'activité, c'était engager tous les citoyens sans distinction à se mêler des affaires publiques; c'était favoriser le peuple, qui, outre le droit de nommer ses officiers, avait la plus grande influence dans chaque tribu.

Il arriva, de plus, que les diverses compagnies chargées du recouvrement et de l'emploi des finances furent composées de dix officiers nommés par les dix tribus; ce qui, présentant de nouveaux objets à l'ambition du peuple, servit encore à l'introduire dans les différentes parties de l'administration.

Mais c'est principalement aux victoires que les Athéniens remportèrent sur les Perses qu'on doit attribuer la ruine de l'ancienne constitution. Après la bataille de Platée, on ordonna que les citoyens des dernières classes, exclus par Solon des principales magistratures, auraient désormais le droit d'y parvenir. Le sage Aristide, qui présenta ce décret, donna le plus funeste des exemples à ceux qui lui succédèrent dans le commandement. Il leur fallut d'abord flatter la multitude, et ensuite ramper devant elle.

Auparavant elle dédaignait de venir aux assemblées générales; mais dès que le gouvernement eut accordé une gratification de trois oboles à chaque assistant, elle s'y rendit en foule, on éloigna les riches par sa présence autant que par ses fureurs, et substitua insolemment ses caprices aux lois.

Périclès, le plus dangereux de ses courtisans, la dégoûta du travail et d'un reste de vertu, par des libéralités qui épuisaient le trésor public, et qui, entre autres avantages, lui facilitaient l'entrée des spectacles; et, comme s'il eût conjuré la ruine des mœurs pour accélérer celle de la constitution, il réduisit l'aréopage au silence, en le dépouillant de presque tous ses priviléges.

Alors disparurent ou restèrent sans effet ces précautions si sagement imaginées par Solon pour soustraire les grands intérêts de l'état aux inconséquences d'une populace ignorante et forcenée. Qu'on se rappelle que le sénat devait préparer les affaires avant que de les exposer à l'assemblée nationale; qu'elles devaient être discutées par des orateurs d'une probité reconnue; que les premiers suffrages devaient être donnés par des vieillards qu'éclairait l'expérience. Ces freins, si capables d'arrêter l'impétuosité du peuple, il les brisa tous; il ne voulut plus obéir qu'à des chefs qui l'égarèrent, et recula si loin les bornes de son autorité, que, cessant de les apercevoir lui-même, il crut qu'elles avaient cessé d'exister.

Certaines magistratures, qu'une élection libre n'accordait autrefois qu'à des hommes intègres, sont maintenant conférées, par la voie du sort, à toute espèce de citoyens : souvent même, sans recourir à cette voie ni à celle de l'élection, des particuliers, à force d'argent et d'intrigues, trouvent le moyen d'obtenir des emplois et de se glisser jusque dans l'ordre des sénateurs. Enfin le peuple prononce en dernier ressort sur plusieurs délits dont la connaissance lui est réservée par des décrets postérieurs à Solon, ou qu'il évoque lui-même à son tribunal, au mépris du cours ordinaire de la justice. Par là se trouvent confondus les pouvoirs qui avaient été si sagement distribués; et la puissance législative, exécutant ses propres lois, fait sentir ou craindre à tous moments le poids terrible de l'oppression.

Ces vices destructeurs ne se seraient pas glissés dans la constitution, si elle n'avait pas eu des obstacles insurmontables à vaincre; mais, dès l'origine même, l'usurpation des Pisistratides en arrêta les progrès, et bientôt après les victoires sur les Perses en corrompirent les principes. Pour qu'elle pût se défendre contre de pareils événements, il aurait fallu qu'une longue paix, qu'une entière liberté, lui eussent permis d'agir puissamment sur les mœurs des Athéniens. Sans cela, tous les dons du génie réunis dans un législateur ne pouvaient empêcher Pisistrate d'être le plus séducteur des hommes, et les Athéniens le peuple le plus facile à séduire : ils ne pouvaient pas faire que les brillants succès des journées de Marathon, de Salamine et de Platée ne remplissent d'une folle présomption le peuple de la terre qui en était le plus susceptible.

Par les effets que produisirent les institutions de Solon, on peut juger de ceux qu'elles auraient produits en des circonstances plus heureuses. Contraintes sous la domination des Pisistratides, elles opéraient lentement sur les esprits, soit par les avantages d'une éducation qui était alors commune, et qui ne l'est plus aujourd'hui; soit par l'influence des formes républicaines, qui entretenaient sans cesse l'illusion et l'espérance de la liberté. A peine eut-on banni ces princes, que la démocratie se rétablit d'elle-même, et que les Athéniens déployèrent un caractère qu'on ne leur avait pas soupçonné jusqu'alors. Depuis cette époque jusqu'à celle de leur corruption, il ne s'est écoulé qu'environ un demi-siècle; mais, dans ce temps heureux, on respectait encore les lois et les vertus : les plus sages n'en parlent aujourd'hui qu'avec des éloges accompagnés de regrets, et ne trouvent d'autre remède aux maux de l'état que de rétablir le gouvernement de Solon.

SECTION SECONDE.

SIÈCLE DE THÉMISTOCLE ET D'ARISTIDE[1].

C'est avec peine que je me détermine à décrire des combats : il devait suffire de savoir que les guerres commencent par l'ambition des princes, et finissent par le malheur des peuples; mais l'exemple d'une nation qui préfère la mort à la servitude est trop grand et trop instructif pour être passé sous silence.

Cyrus venait d'élever la puissance des Perses sur les débris des empires de Babylone et de Lydie; il avait reçu l'hommage de l'Arabie, de l'Égypte et des peuples les plus éloignés; Cambyse son fils, celui de la Cyrénaïque et de plusieurs nations de l'Afrique.

Après la mort de ce dernier, des seigneurs persans, au nombre de sept, ayant fait tomber sous leurs coups un mage qui avait usurpé le trône, s'assemblèrent pour régler la destinée de tant de vastes états. Othanès proposa de leur rendre la liberté, et d'établir partout la démocratie; Mégabyse releva les avantages de l'aristocratie; Darius, fils d'Hystaspe, opina pour la constitution qui jusqu'alors avait fait le bonheur et la gloire des Perses : son avis prévalut, et le sort, auquel on avait confié le choix du souverain, s'étant, par ses artifices, déclaré en sa faveur, il se vit paisible possesseur du plus puissant empire du monde, et prit, à

[1] Depuis l'an 490 jusque vers l'an 444 avant J.-C.

l'exemple des anciens monarques des Assyriens, le titre de grand roi, et celui de roi des rois [1].

Dans ce rang élevé, il sut respecter les lois, discerner le mérite, recevoir des conseils, et se faire des amis. Zopyre, fils de Mégabyse, fut celui qu'il aima le plus tendrement. Un jour quelqu'un osa proposer cette question à Darius, qui tenait une grenade à sa main : « Quel est le bien que vous voudriez multiplier autant de fois que ce fruit contient de grains? — Zopyre, » répondit le roi sans hésiter. Cette réponse jeta Zopyre dans un de ces égarements de zèle qui ne peuvent être justifiés que par le sentiment qui les produit [2].

Depuis dix-neuf mois Darius assiégeait Babylone, qui s'était révoltée; il était sur le point de renoncer à son entreprise, lorsque Zopyre parut en sa présence, sans nez, sans oreilles, toutes les parties du corps mutilées et couvertes de blessures. « Et quelle main barbare vous a réduit en cet état? » s'écrie le roi en courant à lui. « C'est moi-même, répondit Zopyre. Je vais à Babylone, où l'on connaît assez mon nom et le rang que je tiens dans votre cour; je vous accuserai d'avoir puni, par la plus indigne des cruautés, le conseil que je vous avais donné de vous retirer. On me confiera un corps de troupes; vous en exposerez quelques-unes des vôtres, et vous me faciliterez des succès qui m'attireront de plus en plus la confiance de l'ennemi; je parviendrai à me rendre maître des portes, et Babylone est à vous. » Darius fut pénétré de douleur et d'admiration. Le projet de Zopyre réussit. Son ami l'accabla de caresses et de bienfaits; mais il disait souvent : « J'eusse donné cent Babylones pour épargner à Zopyre un traitement si barbare. »

De cette sensibilité si touchante dans un particulier, si précieuse dans un souverain, résultaient cette clémence que les vaincus éprouvèrent souvent de la part de ce prince, et cette reconnaissance avec laquelle il récompensait en roi les services qu'il avait reçus comme particulier. De là naissait encore cette modération qu'il laissait éclater dans les actes les plus rigoureux de son autorité. Auparavant, les revenus de la couronne ne consistaient que dans les offrandes volontaires des peuples; offrandes que Cyrus recevait avec la tendresse d'un père, que Cambyse exigeait avec la hauteur d'un maître, et que, dans la suite, le souverain aurait pu multiplier au gré de ses caprices. Darius divisa son royaume en vingt

---

[1] L'an 521 avant J.-C.
[2] Suivant Hérodote (lib. iv, cap. 143), ce ne fut pas Zopyre que Darius nomma; ce fut Mégabyse, père de ce jeune Perse.

gouvernements ou satrapies, et soumit à l'examen de ceux qu'il avait placés à leur tête le rôle des contributions qu'il se proposait de retirer de chaque province. Tous se récrièrent sur la modicité de l'imposition ; mais le roi, se défiant de leurs suffrages, eut l'attention de la réduire à la moitié.

Des lois sages réglèrent les différentes parties de l'administration : elles entretinrent parmi les Perses l'harmonie et la paix qui soutiennent un état ; et les particuliers trouvèrent, dans la conservation de leurs droits et de leurs possessions, la seule égalité dont ils peuvent jouir dans une monarchie.

Darius illustra son règne par des établissements utiles, et le ternit par des conquêtes. Né avec des talents militaires, adoré de ses troupes, bouillonnant de courage dans une action, mais tranquille et de sang-froid dans le danger, il soumit presque autant de nations que Cyrus lui-même.

Ses forces, ses victoires, et cette flatterie qui serpente autour des trônes, lui persuadèrent qu'un mot de sa part devait forcer l'hommage des nations : et, comme il était aussi capable d'exécuter de grands projets que de les former, il pouvait les suspendre, mais il ne les abandonnait jamais.

Ayant à parler des ressources immenses qu'il avait pour ajouter la Grèce à ses conquêtes, j'ai dû rappeler quelques traits de son caractère ; car un souverain est encore plus redoutable par ses qualités personnelles que par sa puissance.

La sienne n'avait presque point de bornes. Son empire, dont l'étendue, en certains endroits, est d'environ vingt-un mille cent soixante-quatre stades [1] de l'est à l'ouest, et d'environ sept mille neuf cent trente-six [2] du midi au nord, peut contenir en superficie cent quinze millions six cent dix-huit mille stades carrés [3] ; tandis que la surface de la Grèce, n'étant au plus que d'un million trois cent soixante-six mille stades carrés [4], n'est que la cent quinzième partie de celle de la Perse. Il renferme quantité de provinces situées sous le plus heureux climat, fertilisées par de grandes rivières, embellies par des villes florissantes, riches par la nature du sol, par l'industrie des habitants, par l'activité du commerce, et par une population que favorisent à la fois la religion, les lois, et les récompenses accordées à la fécondité.

---

[1] Huit cents de nos lieues de deux mille cinq cents toises chacune.
[2] Trois cents lieues.
[3] Cent soixante-cinq mille deux cents lieues carrées.
[4] Mille neuf cent cinquante-deux lieues carrées. (*Note manuscrite de M. d'Anville.*)

Les impositions en argent se montaient à un peu plus de quatorze mille cinq cent soixante talents euboïques [1]. On ne les destinait point aux dépenses courantes [2] : réduites en lingots, on les réservait pour les dépenses extraordinaires. Les provinces étaient chargées de l'entretien de la maison du roi et de la subsistance des armées : les unes fournissaient du blé, les autres des chevaux; l'Arménie seule envoyait tous les ans vingt mille poulains. On tirait des autres satrapies des troupeaux, de la laine, de l'ébène, des dents d'éléphant, et différentes sortes de productions.

Des troupes réparties dans les provinces les retenaient dans l'obéissance, ou les garantissaient d'une invasion. Une autre armée, composée des meilleurs soldats, veillait à la conservation du prince: l'on y distinguait surtout dix mille hommes qu'on nomme les Immortels, parce que le nombre doit en être toujours complet; aucun autre corps n'oserait leur disputer l'honneur du rang ni le prix de la valeur.

Cyrus avait introduit dans les armées une discipline que ses premiers successeurs eurent soin d'entretenir. Tous les ans le souverain ordonnait une revue générale : il s'instruisait par lui-même de l'état des troupes qu'il avait auprès de lui; des inspecteurs éclairés et fidèles allaient au loin exercer les mêmes fonctions; les officiers qui remplissaient leurs devoirs obtenaient des récompenses, les autres perdaient leurs places.

La nation particulière des Perses, la première de l'Orient depuis qu'elle avait produit Cyrus, regardait la valeur comme la plus éminente des qualités, et l'estimait en conséquence dans ses ennemis. Braver les rigueurs des saisons, fournir des courses longues et pénibles, lancer des traits, passer les torrents à la nage, étaient chez elle les jeux de l'enfance; on y joignait, dans un âge plus avancé, la chasse et les autres exercices qui entretiennent les forces du corps : on paraissait pendant la paix avec une partie des armes que l'on porte à la guerre, et, pour ne pas perdre l'habitude de monter à cheval, on n'allait presque jamais à pied. Ces mœurs étaient devenues insensiblement celles de tout l'empire.

La cavalerie est la principale force des armées persanes. Dans sa fuite même elle lance des flèches qui arrêtent la furie du vainqueur. Le cavalier et le cheval sont également couverts de fer et

---

[1] Environ quatre-vingt-dix millions de notre monnaie.
[2] On voit par ce qui est dit dans le texte pourquoi Alexandre trouva de si grandes sommes accumulées dans les trésors de Persépolis, de Suze, de Pasagarda, etc. Je ne sais pourtant s'il faut s'en rapporter à Justin, lorsqu'il dit qu'après la conquête de la Perse Alexandre tirait tous les ans de ses nouveaux sujets trois cent mille talents, ce qui ferait environ seize cent vingt millions de notre monnaie.

d'airain : la Médie fournit des chevaux renommés pour leur taille, leur vigueur et leur légèreté.

A l'âge de vingt ans on est obligé de donner son nom à la milice : on cesse de servir à cinquante. Au premier ordre du souverain, tous ceux qui sont destinés à faire la campagne doivent, dans un terme prescrit, se trouver au rendez-vous. Les lois à cet égard sont d'une sévérité effrayante. Des pères malheureux ont quelquefois demandé, pour prix de leurs services, de garder auprès d'eux des enfants, appui de leur vieillesse. « Ils seront dispensés de m'accompagner, » répondait le prince ; et il les faisait mettre à mort.

Les rois de l'Orient ne marchent jamais pour une expédition sans traîner à leur suite une immense quantité de combattants : ils croient qu'il est de leur dignité de se montrer dans ces occasions avec tout l'appareil de la puissance ; ils croient que c'est le nombre des soldats qui décide de la victoire, et qu'en réunissant auprès de leur personne la plus grande partie de leurs forces, ils préviendront les troubles qui pourraient s'élever pendant leur absence. Mais si ces armées n'entraînent pas tout avec elles par la soudaine terreur qu'elles inspirent, ou par la première impulsion qu'elles donnent, elles sont bientôt forcées de se retirer, soit par le défaut de subsistances, soit par le découragement des troupes. Aussi voit-on souvent les guerres de l'Asie se terminer dans une campagne, et le destin d'un empire dépendre du succès d'une bataille.

Les rois de Perse jouissent d'une autorité absolue, et cimentée par le respect des peuples, accoutumés à les vénérer comme les images vivantes de la divinité. Leur naissance est un jour de fête. A leur mort, pour annoncer qu'on a perdu le principe de la lumière et des lois, on a soin d'éteindre le feu sacré et de fermer les tribunaux de justice. Pendant leur règne les particuliers n'offrent point de sacrifices sans adresser des vœux au ciel pour le souverain, ainsi que pour la nation. Tous, sans excepter les princes tributaires, les gouverneurs des provinces et les grands qui résident à la Porte [1], se disent les esclaves du roi ; expression qui marque aujourd'hui une extrême servitude, mais qui, du temps de Cyrus et de Darius, n'était qu'un témoignage de sentiment et de zèle.

Jusqu'au règne du dernier de ces princes les Perses n'avaient point eu d'intérêt à démêler avec les peuples du continent de la Grèce. On savait à peine à la cour de Suze qu'il existait une Lacédémone et une Athènes, lorsque Darius résolut d'asservir ces ré-

---

[1] Par ce mot on désignait en Perse la cour du roi ou celle des gouverneurs de province. (Xén. *Cyrop.* lib. VIII, p. 201, 203, etc. Plat. *in Pelop.* t. 1, p. 294; id. *in Lysand.* p. 436.)

gions éloignées. Atossa, fille de Cyrus, qu'il venait d'épouser, lui en donna la première idée : elle la reçut d'un médecin grec, nommé Démocède, qui l'avait guérie d'une maladie dangereuse. Démocède, ne pouvant se procurer la liberté par d'autres voies, forma le projet d'une invasion dans la Grèce : il le fit goûter à la reine, et se flatta d'obtenir une commission qui lui faciliterait le moyen de revoir Crotone, sa patrie.

Atossa profita d'un moment où Darius lui exprimait sa tendresse. « Il est temps, lui dit-elle, de signaler votre avènement à la couronne par une entreprise qui vous attire l'estime de vos sujets. Il faut aux Perses un conquérant pour souverain. Détournez leur courage sur quelque nation, si vous ne voulez pas qu'ils le dirigent contre vous. » Darius ayant répondu qu'il se proposait de déclarer la guerre aux Scythes : « Ils seront à vous, ces Scythes, répliqua la reine, dès que vous le voudrez. Je désire que vous portiez vos armes contre la Grèce, et que vous m'ameniez, pour les attacher à mon service, des femmes de Lacédémone, d'Argos, de Corinthe et d'Athènes. » Dès cet instant Darius suspendit son projet contre les Scythes, et fit partir Démocède avec cinq Perses chargés de lui rendre un compte exact des lieux dont il méditait la conquête.

Démocède ne fut pas plutôt sorti des états de Darius, qu'il s'enfuit en Italie. Les Perses qu'il devait conduire essuyèrent bien des infortunes : lorsqu'ils furent de retour à Suze, la reine s'était refroidie sur le désir d'avoir des esclaves grecques à son service, et Darius s'occupait de soins plus importants.

Ce prince, ayant remis sous son obéissance la ville de Babylone, résolut de marcher contre les nations scythiques [1] qui campent avec leurs troupeaux entre l'Ister [2] et le Tanaïs [3], le long des côtes du Pont-Euxin.

Il vint, à la tête de sept cent mille soldats, offrir la servitude à des peuples qui, pour ruiner son armée, n'eurent qu'à l'attirer dans des pays incultes et déserts. Darius s'obstinait à suivre leurs traces ; il parcourait en vainqueur des solitudes profondes. « Et pourquoi fuis-tu ma présence? manda-t-il un jour au roi des Scythes. Si tu peux me résister, arrête et songe à combattre ; si tu ne l'oses pas, reconnais ton maître. » Le roi des Scythes répondit : « Je ne fuis ni ne crains personne. Notre usage est d'errer tranquillement dans nos vastes domaines pendant la guerre ainsi que pendant la paix ; nous ne connaissons d'autre bien que la liberté,

---

[1] L'an 508 avant J.-C.
[2] Le Danube.
[3] Le Don.

d'autres maîtres que les dieux. Si tu veux éprouver notre valeur, suis-nous, et viens insulter les tombeaux de nos pères. »

Cependant l'armée s'affaiblissait par les maladies, par le défaut de subsistances et par la difficulté des marches. Il fallut se résoudre à regagner le pont que Darius avait laissé sur l'Ister : il en avait confié la garde aux Grecs de l'Ionie, en leur permettant de se retirer chez eux s'ils ne le voyaient pas revenir avant deux mois. Ce terme expiré, des corps de Scythes parurent plus d'une fois sur les bords du fleuve : ils voulurent, d'abord par des prières, ensuite par des menaces, engager les officiers de la flotte à la ramener dans l'Ionie. Miltiade l'Athénien appuya fortement cet avis ; mais Histiée de Milet ayant représenté aux autres chefs qu'établis par Darius gouverneurs des différentes villes de l'Ionie, ils seraient réduits à l'état de simples particuliers s'ils laissaient périr le roi, on promit aux Scythes de rompre le pont, et on prit le parti de rester. Cette résolution sauva Darius et son armée.

La honte de l'expédition de Scythie fut bientôt effacée par une conquête importante. Il se fit reconnaître par les peuples qui habitent auprès de l'Indus, et ce fleuve fixa les limites de son empire à l'orient.

Il se terminait, à l'occident, par une suite de colonies grecques établies sur les bords de la mer Égée. Là se trouvent Éphèse, Milet, Smyrne, et plusieurs autres villes florissantes réunies en différentes confédérations : elles sont séparées du continent de la Grèce par la mer et quantité d'îles, dont les unes obéissaient aux Athéniens, dont les autres étaient indépendantes. Les villes grecques de l'Asie aspiraient à secouer le joug des Perses. Les habitants des îles et de la Grèce proprement dite craignaient le voisinage d'une puissance qui menaçait les nations d'une servitude générale.

Ces alarmes redoublèrent lorsqu'on vit Darius, à son retour de Scythie, laisser dans la Thrace une armée de quatre-vingt mille hommes, qui soumit ce royaume, obligea le roi de Macédoine de faire hommage de sa couronne à Darius, et s'empara des îles de Lemnos et d'Imbros.

Elles augmentèrent encore lorsqu'on vit les Perses faire une tentative sur l'île de Naxos, et menacer l'île d'Eubée, si voisine de l'Attique; lorsque les îles de l'Ionie, résolues de recouvrer leur ancienne liberté, chassèrent leurs gouverneurs, brûlèrent la ville de Sardes, capitale de l'ancien royaume de Lydie, et entraînèrent les peuples de Carie et de l'île de Chypre dans la ligue qu'elles formèrent contre Darius. Cette révolte fut en effet le principe des guerres qui pensèrent détruire toutes les puissances de la Grèce [1], et qui, cent cinquante ans après, renversèrent l'empire des Perses.

Les Lacédémoniens prirent le parti de ne point accéder à la ligue ; les Athéniens, sans se déclarer ouvertement, celui de la favoriser. Le roi de Perse ne dissimulait plus le désir qu'il avait de reculer vers la Grèce les frontières de son empire. Les Athéniens devaient à la plupart des villes qui venaient de se soustraire à son obéissance les secours que les métropoles doivent à leurs colonies ; ils se plaignaient depuis long-temps de la protection que les Perses accordaient à Hippias, fils de Pisistrate, qui les avait opprimés, et qu'ils avaient banni. Artapherne, frère de Darius et satrape de Lydie, leur avait déclaré que l'unique moyen de pourvoir à leur sûreté était de rappeler Hippias ; et l'on savait que ce dernier, depuis son arrivée à la cour de Suze, entretenait dans l'esprit de Darius les préventions qu'on ne cessait de lui inspirer contre les peuples de la Grèce, et contre les Athéniens en particulier. Animés par ces motifs, les Athéniens envoyèrent en Ionie des troupes qui contribuèrent à la prise de Sardes. Les Érétriens de l'Eubée suivirent leur exemple.

Le principal auteur du soulèvement de l'Ionie fut cet Histiée de Milet qui, lors de l'expédition de Scythie, s'était obstiné à garder le pont de l'Ister. Darius n'oublia jamais ce service important, et s'en souvint encore après l'avoir récompensé. Mais Histiée, exilé à la cour de Suze, impatient de revoir sa patrie, excita sous main les troubles de l'Ionie, et s'en servit pour obtenir la permission de venir dans cette province, où bientôt il fut pris les armes à la main. Les généraux se hâtèrent de le faire mourir, parce qu'ils connaissaient la générosité de leur maître. En effet, ce prince, moins touché de sa trahison que des obligations qu'il lui avait, honora sa mémoire par des funérailles et par les reproches qu'il fit à ses généraux.

Vers le même temps, des vaisseaux phéniciens s'étant rendus maîtres d'une galère athénienne y trouvèrent Métiochus, fils de ce Miltiade qui avait conseillé de rompre le pont de l'Ister et de livrer Darius à la fureur des Scythes. Ils l'envoyèrent au roi, qui le reçut avec distinction, et l'engagea, par ses bienfaits, à s'établir en Perse.

Ce n'est pas que Darius fût insensible à la révolte des Ioniens et à la conduite des Athéniens. En apprenant l'incendie de Sardes, il jura de tirer une vengeance éclatante de ces derniers, et chargea un de ses officiers de lui rappeler tous les jours l'outrage qu'il en avait reçu : mais il fallait auparavant terminer la guerre que

[1] Vers l'an 504 avant J.-C.

les premiers lui avaient suscitée : elle dura quelques années, et lui procura de grands avantages. L'Ionie rentra sous son obéissance : plusieurs îles de la mer Égée et toutes les villes de l'Hellespont furent rangées sous ses lois.

Alors Mardonius, son gendre, partit à la tête d'une puissante armée, acheva de pacifier l'Ionie, se rendit en Macédoine, et là, soit qu'il prévînt les ordres de Darius, soit qu'il se bornât à les suivre, il fit embarquer ses troupes. Son prétexte était de punir les Athéniens et les Érétriens ; son véritable objet, de rendre la Grèce tributaire ; mais une violente tempête ayant écrasé une partie de ses vaisseaux et de ses soldats contre les rochers du mont Athos, il reprit le chemin de la Macédoine, et bientôt après celui de Suze.

Ce désastre n'était pas capable de détourner l'orage qui menaçait la Grèce. Darius, avant que d'en venir à une rupture ouverte, envoya partout des hérauts pour demander en son nom la terre et l'eau : c'est la formule que les Perses emploient pour exiger l'hommage des nations. La plupart des îles et des peuples du continent le rendirent sans hésiter : les Athéniens et les Lacédémoniens non-seulement le refusèrent ; mais, par une violation manifeste du droit des gens, ils jetèrent dans une fosse profonde les ambassadeurs du roi. Les premiers poussèrent leur indignation encore plus loin : ils condamnèrent à mort l'interprète qui avait souillé la langue grecque en expliquant les ordres d'un barbare.

A cette nouvelle Darius mit à la tête de ses troupes un Mède, nommé Datis, qui avait plus d'expérience que Mardonius ; il lui ordonna de détruire les villes d'Athènes et d'Érétrie, et de lui en amener les habitants chargés de chaînes.

L'armée s'assembla aussitôt dans une plaine de Cilicie. Six cents vaisseaux la transportèrent dans l'île d'Eubée. La ville d'Érétrie, après s'être vigoureusement défendue pendant six jours, fut prise par la trahison de quelques citoyens qui avaient du crédit sur le peuple. Les temples furent rasés, les habitants mis aux fers ; et la flotte, ayant sur-le-champ abordé sur les côtes de l'Attique, mit à terre, auprès du bourg de Marathon, éloigné d'Athènes d'environ cent quarante stades [1], cent mille hommes d'infanterie et dix mille de cavalerie : ils campèrent dans une plaine bordée à l'est par la mer, entourée de montagnes de tous les autres côtés, ayant environ deux cents stades de circonférence [2].

Cependant Athènes était dans la consternation et dans l'effroi. Elle avait imploré le secours des autres peuples de la Grèce. Les

[1] Près de six lieues.
[2] Environ sept lieues et demie.

uns s'étaient soumis à Darius ; les autres tremblaient au seul nom des Mèdes ou des Perses : les Lacédémoniens seuls promirent des troupes ; mais divers obstacles ne leur permettaient pas de les joindre sur-le-champ à celles d'Athènes.

Cette ville restait donc abandonnée à ses propres forces. Et comment, avec quelques soldats levés à la hâte, oserait-elle résister à une puissance qui, dans l'espace d'un demi-siècle, avait renversé les plus grands empires du monde ? Quand même, par la perte de ses plus illustres citoyens, de ses plus braves guerriers, elle aspirerait à l'honneur de disputer pendant quelque temps la victoire, ne verrait-on pas sortir, des côtes de l'Asie et du fond de la Perse, des armées plus redoutables que la première ? Les Grecs ont irrité Darius, et, en ajoutant l'outrage à l'offense, ils ne lui ont laissé que le choix de la vengeance, du déshonneur ou du pardon. L'hommage qu'il demande entraîne-t-il une servitude humiliante ? Les colonies grecques établies dans ses états n'ont-elles pas conservé leurs lois, leur culte, leurs possessions ? Après leur révolte, ne les a-t-il pas forcées, par les plus sages dispositions, à s'unir entre elles, à être heureuses malgré elles ? et Mardonius lui-même n'a-t-il pas dernièrement établi la démocratie dans les villes de l'Ionie ?

Ces réflexions, qui engagèrent la plupart des peuples de la Grèce à se déclarer pour les Perses, étaient balancées, dans l'esprit des Athéniens, par des craintes qui n'étaient pas moins fondées. Le général de Darius leur présentait d'une main les fers dont il devait les enchaîner, de l'autre cet Hippias, dont les sollicitations et les intrigues avaient enfin amené les Perses dans les champs de Marathon. Il fallait donc subir l'affreux malheur d'être traînés aux pieds de Darius comme de vils esclaves, ou le malheur plus effroyable encore de gémir de nouveau sous les cruautés d'un tyran qui ne respirait que la vengeance. Dans cette alternative ils délibérèrent à peine, et résolurent de périr les armes à la main.

Heureusement il parut alors trois hommes destinés à donner un nouvel essor aux sentiments de la nation. C'étaient Miltiade, Aristide et Thémistocle. Leur caractère se développera de lui-même dans le récit de leurs actions. Miltiade avait fait long-temps la guerre en Thrace, et s'était acquis une réputation brillante ; Aristide et Thémistocle, plus jeunes que lui, avaient laissé éclater depuis leur enfance une rivalité qui eût perdu l'état si, dans les occasions essentielles, ils ne l'eussent sacrifiée au bien public. Il ne faut qu'un trait pour peindre Aristide : il fut le plus juste et le plus vertueux des Athéniens. Il en faudrait plusieurs pour exprimer les talents, les ressources et les vues de Thémistocle : il aima sa patrie ; mais il aima la gloire encore plus que sa patrie.

L'exemple et les discours de ces trois illustres citoyens achevèrent d'enflammer les esprits. On fit des levées. Les dix tribus fournirent chacune mille hommes de pied avec un général à leur tête. Il fallut enrôler des esclaves pour compléter ce nombre. Dès que ces troupes furent rassemblées, elles sortirent de la ville et descendirent dans la plaine de Marathon, où ceux de Platée en Béotie leur envoyèrent un renfort de mille hommes de pied.

A peine furent-elles en présence de l'ennemi que Miltiade proposa de l'attaquer. Aristide et quelques-uns des chefs appuyèrent vivement cette proposition ; les autres, effrayés de l'extrême disproportion des armées, voulaient qu'on attendît le secours des Lacédémoniens. Les avis étant partagés, il restait à prendre celui du polémarque ou chef de la milice : on le consulte dans ces occasions pour ôter l'égalité des suffrages. Miltiade s'adresse à lui, et avec l'ardeur d'une âme fortement pénétrée : « Athènes, lui dit-il, est sur le point d'éprouver la plus grande des vicissitudes. Elle va devenir la première puissance de la Grèce ou le théâtre des fureurs d'Hippias ; c'est de vous seul, Callimaque, qu'elle attend sa destinée. Si nous laissons refroidir l'ardeur des troupes, elles se courberont honteusement sous le joug des Perses ; si nous les menons au combat, nous aurons pour nous les dieux et la victoire. Un mot de votre bouche va précipiter votre patrie dans la servitude ou lui conserver sa liberté. »

Callimaque donna son suffrage, et la bataille fut résolue. Pour en assurer le succès, Aristide, et les autres généraux à son exemple, cédèrent à Miltiade l'honneur du commandement, qu'ils avaient chacun à leur tour ; mais pour les mettre eux-mêmes à l'abri des événements, il attendit le jour qui le plaçait de droit à la tête de l'armée.

Dès qu'il parut, Miltiade rangea ses troupes au pied d'une montagne, dans un lieu parsemé d'arbres qui devaient arrêter la cavalerie persane. Les Platéens furent placés à l'aile gauche ; Callimaque commandait la droite ; Aristide et Thémistocle étaient au corps de bataille, et Miltiade partout. Un intervalle de huit stades[1] séparait l'armée grecque de celle des Perses.

Au premier signal, les Grecs franchirent en courant cet espace. Les Perses, étonnés d'un genre d'attaque si nouveau pour les deux nations, restèrent un moment immobiles ; mais bientôt ils opposèrent à la fureur impétueuse des ennemis une fureur plus tran-

[1] Environ sept cent soixante toises.

quille et non moins redoutable. Après quelques heures d'un combat opiniâtre, les deux ailes de l'armée grecque commencent à fixer la victoire. La droite disperse les ennemis dans la plaine; la gauche les replie dans un marais qui offre l'aspect d'une prairie, et dans lequel ils s'engagent et restent ensevelis. Toutes deux volent au secours d'Aristide et de Thémistocle, près de succomber sous les meilleures troupes que Datis avait placées dans son corps de bataille. Dès ce moment la déroute devient générale. Les Perses, repoussés de tous côtés, ne trouvent d'asile que dans leur flotte, qui s'était rapprochée du rivage. Le vainqueur les poursuit le fer et la flamme à la main : il prend, brûle ou coule à fond plusieurs de leurs vaisseaux ; les autres se sauvent à force de rames.

L'armée persane perdit environ six mille quatre cents hommes ; celle des Athéniens, cent quatre-vingt-douze héros : car il n'y en eut pas un qui, dans cette occasion, ne méritât ce titre. Miltiade y fut blessé ; Hippias y périt, ainsi que Stésilée et Callimaque, deux des généraux des Athéniens.

Le combat finissait à peine ; un soldat excédé de fatigue forme le projet de porter la première nouvelle d'un si grand succès aux magistrats d'Athènes, et, sans quitter ses armes, il court, vole, arrive, annonce la victoire, et tombe mort à leurs pieds.

Cependant cette victoire eût été funeste aux Grecs sans l'activité de Miltiade. Datis, en se retirant, conçut l'espoir de surprendre Athènes, qu'il croyait sans défense ; et déjà sa flotte doublait le cap de Sunium. Miltiade n'en fut pas plutôt instruit qu'il se mit en marche, arriva le même jour sous les murs de la ville, déconcerta par sa présence les projets de l'ennemi, et l'obligea de se retirer sur les côtes de l'Asie.

La bataille se donna le 6 de boédromion, dans la troisième année de la soixante-douzième olympiade[1]. Le lendemain arrivèrent deux mille Spartiates. Ils avaient fait, en trois jours et trois nuits, douze cents stades de chemin[2]. Quoique instruits de la fuite des Perses, ils continuèrent leur route jusqu'à Marathon, et ne craignirent point d'affronter l'aspect des lieux où une nation rivale s'était signalée par de si grands exploits: ils y virent les tentes des Perses encore dressées, la plaine jonchée de morts et couverte de riches dépouilles ; ils y trouvèrent Aristide qui veillait, avec sa tribu, à la conservation des prisonniers et du butin, et ne se retirèrent qu'après avoir donné de justes éloges aux vainqueurs.

---

[1] Le 29 septembre de l'an 490 avant J.-C.
[2] Environ quarante-six lieues et demie.

Les Athéniens n'oublièrent rien pour éterniser le souvenir de ceux qui étaient morts dans le combat. On leur fit des funérailles honorables : leurs noms furent gravés sur des demi-colonnes élevées dans la plaine de Marathon. Ces monuments, sans en excepter ceux des généraux Callimaque et Stésilée, sont d'une extrême simplicité. Tout auprès on plaça un trophée chargé des armes des Perses. Un habile artiste peignit les détails de la bataille dans un des portiques les plus fréquentés de la ville : il y représenta Miltiade à la tête des généraux, et au moment qu'il exhortait les troupes au combat.

Darius n'apprit qu'avec indignation la défaite de son armée. On tremblait sur le sort des Érétriens que Datis amenait à ses pieds. Cependant, dès qu'il les vit, la pitié étouffa dans son cœur tous les autres sentiments : il leur distribua des terres à quelque distance de Suze ; et, pour se venger des Grecs d'une manière plus noble et plus digne de lui, il ordonna de nouvelles levées, et fit des préparatifs immenses.

Les Athéniens ne tardèrent pas eux-mêmes à le venger. Ils avaient élevé Miltiade si haut, qu'ils commencèrent à le craindre. La jalousie représentait que, pendant qu'il commandait en Thrace, il avait exercé tous les droits de la souveraineté ; qu'étant redouté des nations étrangères, et adoré du peuple d'Athènes, il était temps de veiller sur ses vertus, ainsi que sur sa gloire. Le mauvais succès d'une expédition qu'il entreprit contre l'île de Paros fournit un nouveau prétexte à la haine de ses ennemis. On l'accusa de s'être laissé corrompre par l'argent des Perses ; et malgré les sollicitations et les cris des citoyens les plus honnêtes, il fut condamné à être jeté dans la fosse où l'on fait périr les malfaiteurs. Le magistrat s'étant opposé à l'exécution de cet infâme décret, la peine fut commuée en une amende de cinquante talents[1] ; et comme il n'était pas en état de la payer, on vit le vainqueur de Darius expirer, dans les fers, des blessures qu'il avait reçues au service de l'état.

Ces terribles exemples d'injustice et d'ingratitude de la part d'un souverain ou d'une nation ne découragent ni l'ambition ni la vertu. Ce sont des écueils dans la carrière des honneurs, comme il y en a au milieu de la mer. Thémistocle et Aristide prenaient sur les Athéniens la supériorité que l'un méritait par la diversité de ses talents, l'autre par l'uniformité d'une conduite entièrement consacrée au bien public. Le premier, tourmenté jour et nuit par le souvenir des trophées de Miltiade, flattait sans cesse par de nou-

[1] Deux cent soixante-dix mille livres.

veaux décrets l'orgueil d'un peuple enivré de sa victoire ; le second ne s'occupait qu'à maintenir les lois et les mœurs qui l'avaient préparée : tous deux, opposés dans leurs principes et dans leurs projets, remplissaient tellement la place publique de leurs divisions, qu'un jour Aristide, après avoir, contre toute raison, remporté un avantage sur son adversaire, ne put s'empêcher de dire que c'en était fait de la république, si on ne les jetait, lui et Thémistocle, dans une fosse profonde.

À la fin les talents et l'intrigue triomphèrent de la vertu. Comme Aristide se portait pour arbitre dans les différends des particuliers, la réputation de son équité faisait déserter les tribunaux de justice. La faction de Thémistocle l'accusa de s'établir une royauté d'autant plus redoutable qu'elle était fondée sur l'amour du peuple, et conclut à la peine de l'exil. Les tribus étaient assemblées et devaient donner leurs suffrages par écrit. Aristide assistait au jugement. Un citoyen obscur, assis à ses côtés, le pria d'inscrire le nom de l'accusé sur une petite coquille qu'il lui présenta. « Vous a-t-il fait quelque tort ? répondit Aristide. — Non, dit cet inconnu; mais je suis ennuyé de l'entendre partout nommer le Juste. » Aristide écrivit son nom, fut condamné, et sortit de la ville en formant des vœux pour sa patrie.

Son exil suivit de près la mort de Darius. Ce prince menaçait à la fois, et la Grèce qui avait refusé de subir le joug des Perses, et l'Égypte qui venait de le secouer. Son fils Xerxès fut l'héritier de son trône[1], sans l'être d'aucune de ses grandes qualités. Élevé dans une haute opinion de sa puissance, juste et bienfaisant par saillies, injuste et cruel par faiblesse, presque toujours incapable de supporter les succès et les revers, on ne distingua constamment dans son caractère qu'une extrême violence et une excessive pusillanimité.

Après avoir puni les Égyptiens de leur révolte et follement aggravé le poids de leurs chaînes, il eût peut-être joui tranquillement de sa vengeance, sans un de ces lâches courtisans qui sacrifient sans remords des milliers d'hommes à leurs intérêts. Mardonius, à qui l'honneur d'avoir épousé la sœur de son maître inspirait les plus vastes prétentions, voulait commander les armées, laver la honte dont il s'était couvert dans sa première expédition, assujétir la Grèce pour en obtenir le gouvernement et y exercer ses rapines; il persuada facilement à Xerxès de réunir ce pays et l'Europe entière à l'empire des Perses. La guerre fut résolue, et toute l'Asie fut ébranlée.

[1] L'an 485 avant J.-C.

Aux préparatifs énormes qu'avait faits Darius, on ajouta des préparatifs encore plus effrayants. Quatre années furent employées à lever des troupes, à établir des magasins sur la route, à transporter sur les bords de la mer des provisions de guerre et de bouche, à construire dans tous les ports des galères et des vaisseaux de charge.

Le roi partit enfin de Suze, persuadé qu'il allait reculer les frontières de son empire jusqu'aux lieux où le soleil finit sa carrière. Dès qu'il fut à Sardes en Lydie, il envoya ses hérauts dans toute la Grèce, excepté chez les Lacédémoniens et chez les Athéniens. Ils devaient recevoir l'hommage des îles et des nations du continent: plusieurs d'entre elles se soumirent aux Perses.

Au printemps de la quatrième année de la soixante-quatorzième olympiade [1], Xerxès se rendit sur les bords de l'Hellespont avec la plus nombreuse armée qui ait jamais dévasté la terre: il y voulut contempler à loisir le spectacle de sa puissance; et, d'un trône élevé, il vit la mer couverte de ses vaisseaux, et la campagne de ses troupes.

Dans cet endroit la côte de l'Asie n'est séparée de celle de l'Europe que par un bras de mer de sept stades de largeur. Deux ponts de bâteaux, affermis sur leurs ancres, rapprochèrent les rivages opposés [2]. Des Égyptiens et des Phéniciens avaient d'abord été chargés de les construire. Une tempête violente ayant détruit leur ouvrage, Xerxès fit couper la tête aux ouvriers; et, voulant traiter la mer en esclave révoltée, ordonna de la frapper à grands coups de fouet, de la marquer d'un fer chaud, et de jeter dans son sein une paire de chaînes. Et cependant ce prince était suivi de plusieurs millions d'hommes!

Ses troupes employèrent sept jours et sept nuits à passer le détroit, ses bagages un mois entier: de là, prenant sa route par la Thrace et côtoyant la mer, il arriva dans la plaine de Doriscus, arrosée par l'Hèbre, propre non-seulement à procurer du repos et des rafraîchissements aux soldats, mais encore à faciliter la revue et le dénombrement de l'armée.

Elle était forte de dix-sept cent mille hommes de pied, et de quatre-vingt mille chevaux: vingt mille Arabes et Libyens conduisaient les chameaux et les chariots. Xerxès, monté sur un char,

---

[1] Au printemps de l'année 480 avant J.-C.
[2] Ces deux ponts commençaient à Abydos, et se terminaient un peu au-dessous de Sestos. On a reconnu, dans ces derniers temps, que ce trajet, le plus resserré de tout le détroit, n'est que d'environ trois cent soixante-quinze toises et demie. Les ponts ayant sept stades de longueur, M. d'Anville en a conclu que ces stades n'étaient que de cinquante-une toises.

en parcourut les rangs; il passa ensuite sur sa flotte, qui s'était approchée du rivage, et qui était composée de douze cent sept galères à trois rangs de rames. Chacune pouvait contenir deux cents hommes, et toutes ensemble deux cent quarante-un mille quatre cents hommes. Elles étaient accompagnées de trois mille vaisseaux de charge, dans lesquels on présume qu'il y avait deux cent quarante mille hommes.

Telles étaient les forces qu'il avait amenées de l'Asie: elles furent bientôt augmentées de trois cent mille combattants tirés de la Thrace, de la Macédoine, de la Pæonia, et de plusieurs autres régions européennes soumises à Xerxès. Les îles voisines fournirent de plus cent vingt galères, sur lesquelles étaient vingt-quatre mille hommes. Si l'on joint à cette multitude immense un nombre presque égal de gens nécessaires ou inutiles qui marchaient à la suite de l'armée, on trouvera que cinq millions d'hommes avaient été arrachés à leur patrie, et allaient détruire des nations entières pour satisfaire l'ambition d'un particulier nommé Mardonius.

Après la revue de l'armée et de la flotte, Xerxès fit venir le roi Démarate, qui, exilé de Lacédémone quelques années auparavant, avait trouvé un asile à la cour de Suze.

« Pensez-vous, lui dit-il, que les Grecs osent me résister? » Démarate ayant obtenu la permission de lui dire la vérité: « Les Grecs, répondit-il, sont à craindre, parce qu'ils sont pauvres et vertueux. Sans faire l'éloge des autres, je ne vous parlerai que des Lacédémoniens. L'idée de l'esclavage les révoltera. Quand toute la Grèce se soumettrait à vos armes, ils n'en seraient que plus ardents à défendre leur liberté. Ne vous informez pas du nombre de leurs troupes: ne fussent-ils que mille, fussent-ils moins encore, ils se présenteront au combat. »

Le roi se mit à rire, et, après avoir comparé ses forces à celles des Lacédémoniens: « Ne voyez-vous pas, ajouta-t-il, que la plupart de mes soldats prendraient la fuite s'ils n'étaient retenus par les menaces et les coups? Comme une pareille crainte ne saurait agir sur ces Spartiates qu'on nous peint si libres et si indépendants, il est visible qu'ils n'affronteront point gratuitement une mort certaine. Et qui pourrait les y contraindre?—La loi, répliqua Démarate, cette loi qui a plus de pouvoir sur eux que vous n'en avez sur vos sujets; cette loi qui leur dit: Voilà vos ennemis; il ne s'agit pas de les compter, il faut les vaincre ou périr. »

Les rires de Xerxès redoublèrent à ces mots: il donna ses ordres, et l'armée partit divisée en trois corps. L'un suivait les rivages de la mer; les deux autres marchaient à certaines distances, dans l'intérieur des terres. Les mesures qu'on avait prises leur procuraient des moyens de subsistance assurés. Les trois mille vaisseaux chargés de vivres longeaient la côte et réglaient leurs mouvements sur ceux de l'armée. Auparavant les Égyptiens et les Phéniciens avaient approvisionné plusieurs places maritimes de la Thrace et de la Macédoine. Enfin, à chaque station, les Perses étaient nourris et défrayés par les habitants des pays voisins, qui, prévenus depuis long-temps de leur arrivée, s'étaient préparés à les recevoir.

Tandis que l'armée continuait sa route vers la Thessalie, ravageant les campagnes, consumant dans un jour les récoltes de plusieurs années, entraînant au combat les nations qu'elle avait réduites à l'indigence, la flotte de Xerxès traversait le mont Athos au lieu de le doubler.

Ce mont se prolonge dans une presqu'île qui n'est attachée au continent que par un isthme de douze stades de large [1]. La flotte des Perses avait éprouvé quelques années auparavant combien ce parage est dangereux. On aurait pu cette fois-ci la transporter à force de bras par-dessus l'isthme; mais Xerxès avait ordonné de le percer, et quantité d'ouvriers furent pendant long-temps occupés à creuser un canal où deux galères pouvaient passer de front. Xerxès le vit, et crut qu'après avoir jeté un pont sur la mer et s'être ouvert un chemin à travers les montagnes, rien ne résisterait plus à sa puissance.

La Grèce touchait alors au dénoûment des craintes qui l'avaient agitée pendant plusieurs années. Depuis la bataille de Marathon, les nouvelles qui venaient de l'Asie n'annonçaient, de la part du grand roi, que des projets de vengeance et des préparatifs suspendus par la mort de Darius, repris avec plus de vigueur par son fils Xerxès.

Pendant que ce dernier en était le plus occupé, on avait vu tout à coup à Suze deux Spartiates qui furent admis à l'audience du roi, mais qui refusèrent constamment de se prosterner devant lui comme faisaient les Orientaux. « Roi des Mèdes, lui dirent-ils, les Lacédémoniens mirent à mort, il y a quelques années, les ambassadeurs de Darius. Ils doivent une satisfaction à la Perse, nous venons vous offrir nos têtes. » Ces deux Spartiates, nommés Spertias et Bulis, apprenant que les dieux, irrités du meurtre des ambassadeurs perses, rejetaient les sacrifices des Lacédémoniens, s'étaient dévoués d'eux-mêmes pour le salut de leur patrie. Xerxès, étonné de leur fermeté, ne les étonna pas moins par sa réponse : « Allez dire à Lacédémone que, si elle est capable de violer le droit des gens, je ne le suis pas de suivre son exemple, et que

[1] Environ une demi-lieue.

je n'expierai point, en vous ôtant la vie, le crime dont elle s'est souillée. »

Quelque temps après, Xerxès était à Sardes, on découvrit trois espions athéniens qui s'étaient glissés dans l'armée des Perses. Le roi, loin de les condamner au supplice, leur permit de prendre à loisir un état exact de ses forces : il se flattait qu'à leur retour les Grecs ne tarderaient pas à se ranger sous son obéissance. Mais leur récit ne servit qu'à confirmer les Lacédémoniens et les Athéniens dans la résolution qu'ils avaient prise de former une ligue générale des peuples de la Grèce. Ils assemblèrent une diète à l'isthme de Corinthe ; leurs députés couraient de ville en ville, et tâchaient de répandre l'ardeur dont ils étaient animés. La pythie de Delphes, sans cesse interrogée, sans cesse entourée de présents, cherchant à concilier l'honneur de son ministère avec les vues intéressées des prêtres, avec les vues secrètes de ceux qui la consultaient, tantôt exhortait les peuples à rester dans l'inaction, tantôt augmentait leurs alarmes par les malheurs qu'elle annonçait, et leur incertitude par l'impénétrabilité de ses réponses.

On pressa les Argiens d'entrer dans la confédération. Six mille de leurs soldats, parmi lesquels se trouvait l'élite de leur jeunesse, venaient de périr dans une expédition que Cléomène, roi de Lacédémone, avait faite en Argolide. Épuisés par cette perte, ils avaient obtenu un oracle qui leur défendait de prendre les armes : ils demandèrent ensuite de commander une partie de l'armée des Grecs ; et, s'étant plaints d'un refus auquel ils s'attendaient, ils restèrent tranquilles, et finirent par entretenir des intelligences secrètes avec Xerxès.

On avait fondé de plus justes espérances sur le secours de Gélon, roi de Syracuse. Ce prince, par ses victoires et par ses talents, venait de soumettre plusieurs colonies grecques, qui devaient naturellement concourir à la défense de leur métropole. Les députés de Lacédémone et d'Athènes, admis en sa présence, le Spartiate Syagrus porta la parole ; et, après avoir dit un mot des forces et des projets de Xerxès, il se contenta de représenter à Gélon que la ruine de la Grèce entraînerait celle de la Sicile.

Le roi répondit avec émotion que dans ses guerres contre les Carthaginois, et dans d'autres occasions, il avait imploré l'assistance des puissances alliées, sans l'obtenir ; que le danger seul les forçait maintenant à recourir à lui ; qu'oubliant néanmoins ces justes sujets de plainte, il était prêt à fournir deux cents galères, vingt mille hommes pesamment armés, quatre mille cavaliers, deux mille archers, et autant de frondeurs. « Je m'engage de plus, ajouta-t-il, à procurer les vivres nécessaires à toute l'armée pendant le temps de la guerre; mais j'exige une condition, c'est d'être nommé généralissime des troupes de terre et de mer. »

« Oh! combien gémirait l'ombre d'Agamemnon, reprit vivement Syagrus, si elle apprenait que les Lacédémoniens ont été dépouillés, par Gélon et par les Syracusains, de l'honneur de commander les armées! Non, jamais Sparte ne vous cédera cette prérogative. Si vous voulez secourir la Grèce, c'est de nous que vous prendrez l'ordre; si vous prétendez le donner, gardez vos soldats. — Syagrus, répondit tranquillement le roi, je me souviens que les liens de l'hospitalité nous unissent; souvenez-vous, de votre côté, que les paroles outrageantes ne servent qu'à aigrir les esprits. La fierté de votre réponse ne me fera pas sortir des bornes de la modération; et quoique, par ma puissance, j'aie plus de droit que vous au commandement général, je vous propose de le partager. Choisissez, ou celui de l'armée de terre, ou celui de la flotte : je prendrai l'autre. »

« Ce n'est pas un général, reprit aussitôt l'ambassadeur athénien, ce sont des troupes que les Grecs demandent. J'ai gardé le silence sur vos premières prétentions; c'était à Syagrus de les détruire : mais je déclare que si les Lacédémoniens cèdent une partie du commandement, elle nous est dévolue de droit. »

A ces mots Gélon congédia les ambassadeurs, et ne tarda pas à faire partir pour Delphes un nommé Cadmus, avec ordre d'attendre dans ce lieu l'événement du combat : de se retirer si les Grecs étaient vainqueurs; et, s'ils étaient vaincus, d'offrir à Xerxès l'hommage de sa couronne, accompagné de riches présents.

La plupart des négociations qu'entamèrent les villes confédérées n'eurent pas un succès plus heureux. Les habitants de Crète consultèrent l'oracle, qui leur ordonna de ne pas se mêler des affaires de la Grèce. Ceux de Corcyre armèrent soixante galères, leur enjoignirent de rester paisiblement sur les côtes méridionales du Péloponnèse, et de se déclarer ensuite pour les vainqueurs.

Enfin les Thessaliens, que le crédit de plusieurs de leurs chefs avait jusqu'alors engagés dans le parti des Mèdes, signifièrent à la diète qu'ils étaient prêts à garder le passage du mont Olympe qui conduit de la Macédoine inférieure en Thessalie, si les autres Grecs voulaient seconder leurs efforts. On fit aussitôt partir dix mille hommes, sous la conduite d'Événète de Lacédémone et de Thémistocle d'Athènes : ils arrivèrent sur les bords du Pénée, et campèrent avec la cavalerie thessalienne à l'entrée de la vallée de

Tempé ; mais quelques jours après, ayant appris que l'armée persane pouvait pénétrer en Thessalie par un chemin plus facile, et des députés d'Alexandre, roi de Macédoine, les ayant avertis du danger de leur position, ils se retirèrent vers l'isthme de Corinthe, et les Thessaliens résolurent de faire leur accommodement avec les Perses.

Il ne restait donc plus pour la défense de la Grèce qu'un petit nombre de peuples et de villes. Thémistocle était l'âme de leurs conseils, et relevait leurs espérances ; employant tour à tour la persuasion et l'adresse, la prudence et l'activité ; entraînant tous les esprits, moins par la force de son éloquence que par celle de son caractère ; toujours entraîné lui-même par un génie que l'art n'avait point cultivé, et que la nature avait destiné à gouverner les hommes et les événements ; espèce d'instinct dont les inspirations subites lui dévoilaient, dans l'avenir et dans le présent, ce qu'il devait espérer ou craindre.

Depuis quelques années il prévoyait que la bataille de Marathon n'était que le prélude des guerres dont les Grecs étaient menacés ; qu'ils n'avaient jamais été plus en danger que depuis leur victoire ; que, pour leur conserver la supériorité qu'ils avaient acquise, il fallait abandonner les voies qui l'avaient procurée ; qu'ils seraient toujours maîtres du continent s'ils pouvaient l'être de la mer ; qu'enfin viendrait un temps où leur salut dépendrait de celui d'Athènes, et celui d'Athènes du nombre de ses vaisseaux.

D'après ces réflexions, aussi neuves qu'importantes, il avait entrepris de changer les idées des Athéniens, et de tourner leurs vues du côté de la marine. Deux circonstances le mirent en état d'exécuter son plan. Les Athéniens faisaient la guerre aux habitants de l'île d'Égine ; ils devaient se partager des sommes considérables qui provenaient de leurs mines d'argent. Il leur persuada de renoncer à cette distribution, et de construire deux cents galères, soit pour attaquer actuellement les Éginètes, soit pour se défendre un jour contre les Perses : elles étaient dans les ports de l'Attique lors de l'invasion de Xerxès.

Pendant que ce prince continuait sa marche, il fut résolu dans la diète de l'isthme qu'un corps de troupes, sous la conduite de Léonidas, roi de Sparte, s'emparerait du passage des Thermopyles, situé entre la Thessalie et la Locride ; que l'armée navale des Grecs attendrait celle des Perses aux parages voisins, dans un détroit formé par les côtes de la Thessalie et par celles de l'Eubée.

Les Athéniens, qui devaient armer cent vingt-sept galères, prétendaient avoir plus de droit au commandement de la flotte que les Lacédémoniens, qui n'en fournissaient que dix. Mais voyant que les alliés menaçaient de se retirer s'ils n'obéissaient pas à un Spartiate, ils se désistèrent de leur prétention. Eurybiade fut élu général; il eut sous lui Thémistocle et les chefs des autres nations.

Les deux cent quatre-vingts vaisseaux qui devaient composer la flotte se réunirent sur la côte septentrionale de l'Eubée, auprès d'un endroit nommé Artémisium.

Léonidas, en apprenant le choix de la diète, prévit sa destinée, et s'y soumit avec cette grandeur d'âme qui caractérisait alors sa nation; il ne prit pour l'accompagner que trois cents Spartiates qui l'égalaient en courage, et dont il connaissait les sentiments. Les éphores lui ayant représenté qu'un si petit nombre de soldats ne pouvaient lui suffire : « Ils sont bien peu, répondit-il, pour arrêter l'ennemi; mais ils ne sont que trop pour l'objet qu'ils se proposent. — Et quel est donc cet objet? demandèrent les éphores. — Notre devoir, répliqua-t-il, est de défendre le passage; notre résolution, d'y périr. Trois cents victimes suffisent à l'honneur de Sparte. Elle serait perdue sans ressource si elle me confiait tous ses guerriers; car je ne présume pas qu'un seul d'entre eux osât prendre la fuite. »

Quelques jours après on vit à Lacédémone un spectacle qu'on ne peut se rappeler sans émotion. Les compagnons de Léonidas honorèrent d'avance son trépas et le leur par un combat funèbre auquel leurs pères et leurs mères assistèrent. Cette cérémonie achevée, ils sortirent de la ville, suivis de leurs parents et de leurs amis, dont ils reçurent les adieux éternels; et ce fut là que la femme de Léonidas lui ayant demandé ses dernières volontés : « Je vous souhaite, lui dit-il, un époux digne de vous, et des enfants qui lui ressemblent. »

Léonidas pressait sa marche; il voulait par son exemple retenir dans le devoir plusieurs villes prêtes à se déclarer pour les Perses : il passa par les terres des Thébains, dont la foi était suspecte, et qui lui donnèrent néanmoins quatre cents hommes, avec lesquels il alla se camper aux Thermopyles.

Bientôt arrivèrent successivement mille soldats de Tégée et de Mantinée, cent vingt d'Orchomène, mille des autres villes de l'Arcadie, quatre cents de Corinthe, deux cents de Phlionte, quatre-vingts de Mycènes, sept cents de Thespie, mille de la Phocide. La petite nation des Locriens se rendit au camp avec toutes ses forces.

Ce détachement, qui montait à sept mille hommes environ[1], de-

---

[1] Je vais mettre sous les yeux du lecteur les calculs d'Hérodote, liv. VII, chap. 202; de Pausanias, liv. X, chap. 20, p. 845; de Diodore, liv. XI, p. 4.

vait être suivi de l'armée des Grecs. Les Lacédémoniens étaient retenus chez eux par une fête; les autres alliés se préparaient à

TROUPES DU PÉLOPONNÈSE.

Suivant Hérodote.

Spartiates	300
Tégéates	500
Mantinéens	500
Orchoméniens	120
Arcadiens	1000
Corinthiens	400
Phliontiens	200
Mycéniens	80
TOTAL	3100

Suivant Pausanias.

Spartiates	300
Tégéates	500
Mantinéens	500
Orchoméniens	120
Arcadiens	1000
Corinthiens	400
Phliontiens	200
Mycéniens	80
TOTAL	3100

Suivant Diodore.

Spartiates	300
Lacédémoniens	700
Autres nations du Péloponnèse	3000
TOTAL	4000

AUTRES NATIONS DE LA GRÈCE.

Suivant Hérodote.

Thespiens	700
Thébains	400
Phocéens	1000
Locriens-Opontiens	
TOTAL	2100

Suivant Pausanias.

Thespiens	700
Thébains	400
Phocéens	1000
Locriens	
TOTAL	2100

Suivant Diodore.

Milésiens	1000
Thébains	400
Phocéens	1000
Locriens	1000
TOTAL	3400

la solennité des jeux olympiques : les uns et les autres croyaient que Xerxès était encore loin des Thermopyles.

Ainsi, selon Hérodote, les villes du Péloponnèse fournirent trois mille cent soldats, les Thespiens sept cents, les Thébains quatre cents, les Phocéens mille ; total, cinq mille deux cents, sans compter les Locriens-Opontiens, qui marchèrent en corps.

Pausanias suit, pour les autres nations, le calcul d'Hérodote, et conjecture que les Locriens étaient au nombre de six mille ; ce qui donne pour le total onze mille deux cents hommes.

Suivant Diodore, Léonidas se rendit aux Thermopyles à la tête de quatre mille hommes, parmi lesquels étaient trois cents Spartiates et sept cents Lacédémoniens. Il ajoute que ce corps fut bientôt renforcé de mille Milésiens, de quatre cents Thébains, de mille Locriens, et d'un nombre presque égal de Phocéens ; total, sept mille quatre cents hommes. D'un autre côté Justin et d'autres auteurs disent que Léonidas n'avait que quatre mille hommes.

Ces incertitudes disparaîtraient peut-être si nous avions toutes les inscriptions qui furent gravées après la bataille sur cinq colonnes placées aux Thermopyles. Nous avons encore celle du devin Mégistias ; mais elle ne fournit aucune lumière. On avait consacré les autres aux soldats de différentes nations. Sur celle des Spartiates, il est dit qu'ils étaient trois cents ; sur une autre, on annonce que quatre mille soldats du Péloponnèse avaient combattu contre trois millions de Perses. Celle des Locriens est citée par Strabon, qui ne la rapporte point ; le nombre de leurs soldats devait s'y trouver. Nous n'avons pas la dernière qui sans doute était pour les Thespiens ; car elle ne pouvait regarder ni les Phocéens, qui ne combattirent pas, ni les Thébains, qui s'étaient rangés du parti de Xerxès lorsqu'on dressa ces monuments.

Voici maintenant quelques réflexions pour concilier les calculs précédents :

1° Il est clair que Justin s'en est rapporté uniquement à l'inscription dressée en l'honneur des peuples du Péloponnèse, lorsqu'il n'a donné que quatre mille hommes à Léonidas ;

2° Hérodote ne fixe pas le nombre des Locriens. Ce n'est que par une légère conjecture que Pausanias le porte à six mille. On peut lui opposer d'abord Strabon, qui dit positivement que Léonidas n'avait reçu des peuples voisins qu'une petite quantité de soldats ; ensuite Diodore de Sicile, qui, dans son calcul, n'admet que mille Locriens ;

3° Dans l'énumération de ces troupes, Diodore a omis les Thespiens, quoiqu'il en fasse mention dans le cours de sa narration. Au lieu des Thespiens, il a compté mille Milésiens. On ne connaît dans le continent de la Grèce aucun peuple qui ait porté ce nom. Paulmier a pensé qu'il fallait substituer le nom de Maliens à celui de Milésiens. Ces Maliens s'étaient d'abord soumis à Xerxès ; et, comme on serait étonné de les voir réunis avec les Grecs, Paulmier suppose, d'après un passage d'Hérodote, qu'ils ne se déclarèrent ouvertement pour les Perses qu'après le combat des Thermopyles. Cependant est-il à présumer qu'habitant un pays ouvert ils eussent osé prendre les armes contre une nation puissante à laquelle ils avaient fait serment d'obéir ! Il est beaucoup plus vraisemblable que, dans l'affaire des Thermopyles, ils ne fournirent des secours ni aux Grecs ni aux Perses ; et qu'après le combat ils joignirent quelques vaisseaux à la flotte de ces derniers. De quelque manière que l'erreur se soit glissée dans le texte de Diodore, je suis porté à croire qu'au lieu de mille Milésiens il faut lire sept cents Thespiens ;

4° Diodore joint sept cents Lacédémoniens aux trois cents Spartiates ; et son témoignage est clairement confirmé par celui d'Isocrate. Hérodote n'en parle pas, peut-être parce qu'ils ne partirent qu'après Léonidas. Je crois devoir les admettre. Outre l'autorité de Diodore et d'Isocrate, les Spartiates ne sortaient guère sans être accompagnés d'un corps de Lacédémoniens. De plus, il est certain que ceux du Péloponnèse fournirent quatre mille hommes : ce nombre était clairement exprimé dans l'inscription placée sur leur tombeau ; et cependant Hérodote n'en compte que trois mille cent, parce qu'il n'a pas cru devoir faire mention des sept cents Lacédémoniens qui, suivant les apparences, vinrent joindre Léonidas aux Thermopyles.

D'après ces remarques, donnons un résultat. Hérodote porte le nombre des com-

Ce pas est l'unique voie par laquelle une armée puisse pénétrer de la Thessalie dans la Locride, la Phocide, la Béotie, l'Attique et les régions voisines. Il faut en donner ici une description succincte.

En partant de la Phocide pour se rendre en Thessalie on passe par le petit pays des Locriens, et l'on arrive au bourg d'Alpénus, situé sur la mer. Comme il est à la tête du détroit, on l'a fortifié dans ces derniers temps.

Le chemin n'offre d'abord que la largeur nécessaire pour le passage d'un chariot; il se prolonge ensuite entre des marais que forment les eaux de la mer, et des rochers presque inaccessibles qui terminent la chaîne des montagnes connues sous le nom d'Œta.

A peine est-on sorti d'Alpénus, que l'on trouve à gauche une pierre consacrée à Hercule Mélampyge, et c'est là qu'aboutit un sentier qui conduit au haut de la montagne. J'en parlerai bientôt.

Plus loin, on traverse un courant d'eaux chaudes, qui ont fait donner à cet endroit le nom de Thermopyles.

Tout auprès est le bourg d'Anthéla; on distingue, dans la plaine qui l'entoure, une petite colline et un temple de Cérès, où les Amphictyons tiennent tous les ans une de leurs assemblées.

Au sortir de la plaine on trouve un chemin, ou plutôt une chaussée, qui n'a que sept à huit pieds de large. Ce point est à remarquer. Les Phocéens y construisirent autrefois un mur pour se garantir des incursions des Thessaliens.

Après avoir passé le Phœnix, dont les eaux finissent par se mêler avec celles de l'Asopus, qui sort d'une vallée voisine, on rencontre un dernier défilé, dont la largeur est d'un demi-plèthre [1].

---

battants à cinq mille deux cents. Ajoutons, d'une part, sept cents Lacédémoniens, et de l'autre les Locriens, dont il n'a pas spécifié le nombre, et que Diodore ne fait monter qu'à mille, nous aurons six mille neuf cents hommes.

Pausanias compte onze mille deux cents hommes. Ajoutons les sept cents Lacédémoniens qu'il a omis à l'exemple d'Hérodote, et nous aurons onze mille neuf cents hommes. Réduisons, avec Diodore, les six mille Locriens à mille, et nous aurons pour le total six mille neuf cents hommes.

Le calcul de Diodore nous donne sept mille quatre cents hommes. Si nous changeons les mille Miléiens en sept cents Thespiens, nous aurons sept mille cent hommes. Ainsi on peut dire, en général, que Léonidas avait avec lui environ sept mille hommes.

Il paraît, par Hérodote, que les Spartiates étaient, suivant l'usage, accompagnés d'Hilotes. Les anciens auteurs ne les ont pas compris dans leurs calculs; peut-être ne passaient-ils pas le nombre de trois cents.

Quand Léonidas apprit qu'il allait être tourné, il renvoya la plus grande partie de ses troupes, il ne garda que les Spartiates, les Thespiens et les Thébains, ce qui faisait un fonds de quatorze cents hommes, mais la plupart avaient péri dans les premières attaques; et, si nous en croyons Diodore, Léonidas n'avait plus que cinq cents soldats quand il prit le parti d'attaquer le camp des Perses.

[1]. Sept à huit toises.

La voie s'élargit ensuite jusqu'à la Trachinie, qui tire son nom de la ville de Trachis, et qui est habitée par les Maliens. Ce pays présente de grandes plaines arrosées par le Sperchius et par d'autres rivières. A l'est de Trachis est maintenant la ville d'Héraclée, qui n'existait pas du temps de Xerxès.

Tout le détroit, depuis le défilé qui est en avant d'Alpénus jusqu'à celui qui est au delà du Phœnix, peut avoir quarante-huit stades de long[1]. Sa largeur varie presque à chaque pas; mais partout on a d'un côté des montagnes escarpées, et de l'autre la mer ou des marais impénétrables; le chemin est souvent détruit par des torrents ou par des eaux stagnantes.

Léonidas plaça son armée auprès d'Anthéla, rétablit le mur des Phocéens, et jeta en avant quelques troupes pour en défendre les approches. Mais il ne suffisait pas de garder le passage qui est au pied de la montagne; il existait, sur la montagne même, un sentier qui commençait à la plaine de Trachis et qui, après différents détours, aboutissait auprès du bourg d'Alpénus. Léonidas en confia la défense aux mille Phocéens qu'il avait avec lui, et qui allèrent se placer sur les hauteurs du mont Œta.

Ces dispositions étaient à peine achevées que l'on vit l'armée de Xerxès se répandre dans la Trachinie, et couvrir la plaine d'un nombre infini de tentes. A cet aspect, les Grecs délibérèrent sur le parti qu'ils avaient à prendre. La plupart des chefs proposaient de se retirer à l'isthme; mais Léonidas ayant rejeté cet avis, on se contenta de faire partir des courriers pour presser le secours des villes alliées.

Alors parut un cavalier perse, envoyé par Xerxès pour reconnaître les ennemis. Le poste avancé des Grecs était, ce jour-là, composé des Spartiates : les uns s'exerçaient à la lutte, les autres peignaient leur chevelure; car leur premier soin, dans ces sortes de dangers, est de parer leurs têtes. Le cavalier eut le loisir d'en approcher, de les compter, de se retirer, sans qu'on daignât prendre garde à lui. Comme le mur lui dérobait la vue du reste de l'armée, il ne rendit compte à Xerxès que des trois cents hommes qu'il avait vus à l'entrée du défilé.

Le roi, étonné de la tranquillité des Lacédémoniens, attendit quelques jours pour leur laisser le temps de la réflexion. Le cinquième, il écrivit à Léonidas : « Si tu veux te soumettre, je te donnerai l'empire de la Grèce. » Léonidas répondit : « J'aime mieux mourir pour ma patrie que de l'asservir. » Une seconde lettre du

[1] Environ deux lieues.

roi ne contenait que ces mots : « Rends-moi tes armes. » Léonidas écrivit au-dessous : « Viens les prendre. »

Xerxès, outré de colère, fait marcher les Mèdes et les Cissiens, avec ordre de prendre ces hommes en vie, et de les lui amener sur-le-champ. Quelques soldats courent à Léonidas, et lui disent: « Les Perses sont près de nous. » Il répondit froidement : « Dites plutôt que nous sommes près d'eux. » Aussitôt il sort du retranchement avec l'élite de ses troupes, et donne le signal du combat. Les Mèdes s'avancent en fureur : leurs premiers rangs tombent percés de coups ; ceux qui les remplacent éprouvent le même sort. Les Grecs, pressés les uns contre les autres, et couverts de grands boucliers, présentent un front hérissé de longues piques. De nouvelles troupes se succèdent vainement pour les rompre. Après plusieurs attaques infructueuses, la terreur s'empare des Mèdes ; ils fuient, et sont relevés par le corps de dix mille Immortels que commandait Hydarnès. L'action devint alors plus meurtrière. La valeur était peut-être égale de part et d'autre ; mais les Grecs avaient pour eux l'avantage des lieux et la supériorité des armes. Les piques des Perses étaient trop courtes, et leurs boucliers trop petits; ils perdirent beaucoup de monde ; et Xerxès, témoin de leur fuite, s'élança, dit-on, plus d'une fois de son trône, et craignit pour son armée.

Le lendemain le combat recommença, mais avec si peu de succès de la part des Perses, que Xerxès désespérait de forcer le passage. L'inquiétude et la honte agitaient son âme orgueilleuse et pusillanime, lorsqu'un habitant de ces cantons, nommé Épialtès, vint lui découvrir le sentier fatal par lequel on pouvait tourner les Grecs. Xerxès, transporté de joie, détacha aussitôt Hydarnès avec le corps des Immortels. Épialtès leur sert de guide : ils partent au commencement de la nuit; ils pénètrent le bois de chênes dont les flancs de ces montagnes sont couverts, et parviennent vers les lieux où Léonidas avait placé un détachement de son armée.

Hydarnès le prit pour un corps de Spartiates; mais, rassuré par Épialtès, qui reconnut les Phocéens, il se préparait au combat, lorsqu'il vit ces derniers, après une légère défense, se réfugier sur les hauteurs voisines. Les Perses continuèrent leur route.

Pendant la nuit Léonidas avait été instruit de leur projet par des transfuges échappés du camp de Xerxès; et le lendemain matin il le fut de leurs succès par des sentinelles accourues du haut de la montagne. A cette terrible nouvelle les chefs des Grecs s'assemblèrent. Comme les uns étaient d'avis de s'éloigner des Thermopyles, les autres d'y rester, Léonidas les conjura de se réserver pour des temps plus heureux, et déclara que, quant à lui et à ses compagnons, il ne leur était pas permis de quitter un poste que Sparte leur avait confié. Les Thespiens protestèrent qu'ils n'abandonneraient point les Spartiates; les quatre cents Thébains, soit de gré, soit de force, prirent le même parti; le reste de l'armée eut le temps de sortir du défilé.

Cependant Léonidas se disposait à la plus hardie des entreprises : « Ce n'est point ici, dit-il à ses compagnons, que nous devons combattre : il faut marcher à la tente de Xerxès, l'immoler, ou périr au milieu de son camp. » Ses soldats ne répondirent que par un cri de joie. Il leur fait prendre un repas frugal en ajoutant : « Nous en prendrons bientôt un autre chez Pluton. » Toutes ses paroles laissaient une impression profonde dans les esprits. Près d'attaquer l'ennemi, il est ému sur le sort de deux Spartiates qui lui étaient unis par le sang et par l'amitié : il donne au premier une lettre, au second une commission secrète pour les magistrats de Lacédémone. « Nous ne sommes pas ici, lui disent-ils, pour porter des ordres, mais pour combattre : » et, sans attendre sa réponse, ils vont se placer dans les rangs qu'on leur avait assignés

Au milieu de la nuit les Grecs, Léonidas à leur tête, sortent du défilé, avancent à pas redoublés dans la plaine, renversent les postes avancés, et pénètrent dans la tente de Xerxès, qui avait déjà pris la fuite : ils entrent dans les tentes voisines, se répandent dans le camp, et se rassasient de carnage. La terreur qu'ils inspirent se reproduit à chaque pas, à chaque instant, avec des circonstances plus effrayantes. Des bruits sourds, des cris affreux annoncent que les troupes d'Hydarnès sont détruites; que toute l'armée le sera bientôt par les forces réunies de la Grèce. Les plus courageux des Perses, ne pouvant entendre la voix de leurs généraux, ne sachant où porter leurs pas, où diriger leurs coups, se jetaient au hasard dans la mêlée, et périssaient par les mains les uns des autres, lorsque les premiers rayons du soleil offrirent à leurs yeux le petit nombre des vainqueurs. Ils se forment aussitôt, et attaquent les Grecs de toutes parts. Léonidas tombe sous une grêle de traits. L'honneur d'enlever son corps engage un combat terrible entre ses compagnons et les troupes les plus aguerries de l'armée persane. Deux frères de Xerxès, quantité de Perses, plusieurs Spartiates y perdirent la vie. A la fin, les Grecs, quoique épuisés et affaiblis par leurs pertes, enlèvent leur général, repoussent quatre fois l'ennemi dans leur retraite; et, après avoir gagné le défilé, franchissent le retranchement, et vont se placer sur la petite colline qui est auprès d'Anthéla ; ils s'y défendirent encore quelques moments, et contre les troupes qui les suivaient, et contre celles qu'Hydarnès amenait de l'autre côté du détroit.

Pardonnez, ombres généreuses, à la faiblesse de mes expressions. Je vous offrais un plus digne hommage lorsque je visitais cette colline où vous rendîtes les derniers soupirs; lorsque, appuyé sur un de vos tombeaux, j'arrosais de mes larmes les lieux teints de votre sang. Après tout, que pourrait ajouter l'éloquence à ce sacrifice si grand et si extraordinaire? Votre mémoire subsistera plus longtemps que l'empire des Perses, auquel vous avez résisté ; et, jusqu'à la fin des siècles, votre exemple produira dans les cœurs qui chérissent leur patrie le recueillement ou l'enthousiasme de l'admiration.

Avant que l'action fût terminée, quelques Thébains, à ce qu'on prétend, se rendirent aux Perses. Les Thespiens partagèrent les exploits et la destinée des Spartiates; et cependant la gloire des Spartiates a presque éclipsé celle des Thespiens. Parmi les causes qui ont influé sur l'opinion publique, on doit observer que la résolution de périr aux Thermopyles fut dans les premiers un projet conçu, arrêté et suivi avec autant de sang-froid que de constance; au lieu que dans les seconds ce ne fut qu'une saillie de bravoure et de vertu excitée par l'exemple. Les Thespiens ne s'élevèrent au-dessus des autres hommes que parce que les Spartiates s'étaient élevés au-dessus d'eux-mêmes.

Lacédémone s'enorgueillit de la perte de ses guerriers. Tout ce qui les concerne inspire de l'intérêt. Pendant qu'ils étaient aux Thermopyles, un Trachinien, voulant leur donner une haute idée de l'armée de Xerxès, leur disait que le nombre de leurs traits suffirait pour obscurcir le soleil. « Tant mieux, répondit le Spartiate Diénécès, nous combattrons à l'ombre. » Un autre, envoyé par Léonidas à Lacédémone, était détenu au bourg d'Alpénus par une fluxion sur les yeux. On vint lui dire que le détachement d'Hydarnès était descendu de la montagne et pénétrait dans le défilé : il prend aussitôt ses armes, ordonne à son esclave de le conduire à l'ennemi, l'attaque au hasard, et reçoit la mort qu'il en attendait.

Deux autres, également absents par ordre du général, furent soupçonnés, à leur retour, de n'avoir pas fait tous leurs efforts pour se trouver au combat. Ce doute les couvrit d'infamie. L'un s'arracha la vie ; l'autre n'eut d'autre ressource que de la perdre quelque temps après à la bataille de Platée.

Le dévouement de Léonidas et de ses compagnons produisit plus d'effet que la victoire la plus brillante : il apprit aux Grecs le secret de leurs forces, aux Perses celui de leur faiblesse. Xerxès, effrayé d'avoir une si grande quantité d'hommes et si peu de soldats, ne le fut pas moins d'apprendre que la Grèce renfermait dans son sein une multitude de défenseurs aussi intrépides que les Thespiens, et huit mille Spartiates semblables à ceux qui venaient de périr. D'un autre côté, l'étonnement dont ces derniers remplirent les Grecs se changea bientôt en un désir violent de les imiter. L'ambition de la gloire, l'amour de la patrie, toutes les vertus furent portées au plus haut degré, et les âmes à une élévation jusqu'alors inconnue. C'est là le temps des grandes choses; et ce n'est pas celui qu'il faut choisir pour donner des fers à des peuples animés de si nobles sentiments.

Pendant que Xerxès était aux Thermopyles, son armée navale, après avoir essuyé, sur les côtes de la Magnésie, une tempête qui fit périr quatre cents galères et quantité de vaisseaux de charge, avait continué sa route, et mouillait auprès de la ville d'Aphètes, en présence et seulement à quatre-vingts stades de celle des Grecs, chargée de défendre le passage qui est entre l'Eubée et la terre ferme. Ici, quoique avec quelques différences dans le succès, se renouvelèrent, dans l'attaque et dans la défense, plusieurs des circonstances qui précédèrent et accompagnèrent le combat des Thermopyles.

Les Grecs, à l'approche de la flotte ennemie, résolurent d'abandonner le détroit; mais Thémistocle les y retint. Deux cents vaisseaux perses tournèrent l'île d'Eubée, et allaient envelopper les Grecs, lorsqu'une nouvelle tempête les brisa contre des écueils. Pendant trois jours, il se donna plusieurs combats où les Grecs eurent presque toujours l'avantage. Ils apprirent enfin que le pas des Thermopyles était forcé; et, dès ce moment, ils se retirèrent à l'île de Salamine.

Dans cette retraite, Thémistocle parcourut les rivages où des sources d'eau pouvaient attirer l'équipage des vaisseaux ennemis; il y laissa des inscriptions, adressées aux Ioniens qui étaient dans l'armée de Xerxès : il leur rappelait qu'ils descendaient de ces Grecs contre lesquels ils portaient actuellement les armes. Son projet était de les engager à quitter le parti de ce prince, ou du moins de les lui rendre suspects.

Cependant l'armée des Grecs s'était placée à l'isthme de Corinthe, et ne songeait plus qu'à disputer l'entrée du Péloponnèse. Ce projet déconcertait les vues des Athéniens, qui, jusqu'alors, s'étaient flattés que la Béotie et non l'Attique serait le théâtre de la guerre. Abandonnés de leurs alliés, ils se seraient peut-être abandonnés eux-mêmes: mais Thémistocle, qui prévoyait tout sans rien craindre, comme il prévenait tout sans rien hasarder, avait pris de si justes mesures, que cet événement même ne servit qu'à justifier le système de défense qu'il avait conçu dès le commencement de la guerre Médique.

En public, en particulier, il représentait aux Athéniens qu'il était temps de quitter des lieux que la colère céleste livrait à la fureur des Perses; que la flotte leur offrait un asile assuré; qu'ils trouveraient une nouvelle patrie partout où ils pourraient conserver leur liberté; il appuyait ces discours par des oracles qu'il avait obtenus de la pythie, et lorsque le peuple fut assemblé un incident ménagé par Thémistocle acheva de le déterminer. Des prêtres annoncèrent que le serpent sacré que l'on nourrissait dans le temple de Minerve venait de disparaître. « La déesse abandonne ce séjour, s'écrièrent-ils, que tardons-nous à la suivre? » Aussitôt le peuple confirma ce décret proposé par Thémistocle : « Que la ville serait mise sous la protection de Minerve; que tous les habitants en état de porter les armes passeraient sur les vaisseaux; que chaque particulier pourvoirait à la sûreté de sa femme, de ses enfants et de ses esclaves. » Le peuple était si animé, qu'au sortir de l'assemblée il lapida Cyrsilus qui avait osé proposer de se soumettre aux Perses, et fit subir le même supplice à la femme de cet orateur.

L'exécution de ce décret offrit un spectacle attendrissant. Les habitants de l'Attique, obligés de quitter leurs foyers, leurs campagnes, les temples de leurs dieux, les tombeaux de leurs pères, faisaient retentir les plaines de cris lugubres. Les vieillards que leurs infirmités ne permettaient pas de transporter ne pouvaient s'arracher des bras de leur famille désolée; les hommes en état de servir la république recevaient, sur les rivages de la mer, les adieux et les pleurs de leurs femmes, de leurs enfants, et de ceux dont ils avaient reçu le jour; ils les faisaient embarquer à la hâte sur des vaisseaux qui devaient les conduire à Égine, à Trézène, à Salamine, et ils se rendaient tout de suite sur la flotte, portant en eux-mêmes le poids d'une douleur qui n'attendait que le moment de la vengeance.

Xerxès se disposait alors à sortir des Thermopyles : la fuite de l'armée navale des Grecs lui avait rendu tout son orgueil; il espérait de trouver chez eux la terreur et le découragement que le moindre revers excitait dans son âme. Dans ces circonstances, quelques transfuges d'Arcadie se rendirent à son armée, et furent amenés en sa présence. On leur demanda ce que faisaient les peuples du Péloponnèse. « Ils célèbrent les jeux olympiques, répondirent-ils, et sont occupés à distribuer des couronnes aux vainqueurs. » Un des chefs de l'armée s'étant écrié aussitôt : « On nous mène donc contre des hommes qui ne combattent que pour la gloire ? » Xerxès lui reprocha sa lâcheté ; et, regardant la sécurité des Grecs comme une insulte, il précipita son départ.

Il entra dans la Phocide. Les habitants résolurent de tout sacrifier plutôt que de trahir la cause commune : les uns se réfugièrent sur le mont Parnasse, les autres chez une nation voisine ; leurs campagnes furent ravagées, et leurs villes détruites par le fer et par la flamme. La Béotie se soumit, à l'exception de Platée et de Thespie, qui furent ruinées de fond en comble.

Après avoir dévasté l'Attique, Xerxès entra dans Athènes : il y trouva quelques malheureux vieillards qui attendaient la mort et un petit nombre de citoyens qui, sur la foi de quelques oracles mal interprétés, avaient résolu de défendre la citadelle. Ils repoussèrent pendant plusieurs jours les attaques redoublées des assiégeants ; mais à la fin les uns se précipitèrent du haut des murs, les autres furent massacrés dans les lieux saints où ils avaient vainement cherché un asile. La ville fut livrée au pillage et consumée par la flamme.

L'armée navale des Perses mouillait dans la rade de Phalère, à vingt stades d'Athènes [1] ; celle des Grecs, sur les côtes de Salamine. Cette île, placée en face d'Éleusis, forme une assez grande baie où l'on pénètre par deux détroits : l'un est à l'est, du côté de l'Attique ; l'autre à l'ouest, du côté de Mégare. Le premier, à l'entrée duquel est la petite île de Psyttalie, peut avoir, en certains endroits, sept à huit stades de large [2], beaucoup plus en d'autres ; le second plus étroit.

L'incendie d'Athènes fit une si vive impression sur l'armée navale des Grecs, que la plupart résolurent de se rapprocher de l'isthme de Corinthe, où les troupes de terre s'étaient retranchées. Le départ fut fixé au lendemain.

Pendant la nuit [3] Thémistocle se rendit auprès d'Eurybiade, généralissime de la flotte : il lui représenta vivement que si, dans la consternation qui s'était emparée des soldats, il les conduisait dans des lieux propres à favoriser leur désertion, son autorité ne pouvant plus les retenir dans les vaisseaux, il se trouverait bientôt sans armée et la Grèce sans défense.

Eurybiade, frappé de cette réflexion, appela les généraux au conseil. Tous se soulevèrent contre la proposition de Thémistocle ;

---

[1] Une petite lieue.
[2] Sept à huit cents toises.
[3] La nuit du 18 au 19 octobre de l'an 480 avant J.-C.

tous, irrités de son obstination, en viennent à des propos offensants, à des menaces outrageantes. Il repoussait avec fureur ces attaques indécentes et tumultueuses, lorsqu'il vit le général lacédémonien venir à lui la canne levée. Il s'arrête, et lui dit sans s'émouvoir : « Frappe, mais écoute. » Ce trait de grandeur étonne le Spartiate, fait régner le silence, et Thémistocle reprenant sa supériorité, mais évitant de jeter le moindre soupçon sur la fidélité des chefs et des troupes, peint vivement les avantages du poste qu'ils occupaient, les dangers de celui qu'ils veulent prendre. « Ici, dit-il, resserrés dans un détroit, nous opposerons un front égal à celui de l'ennemi. Plus loin, la flotte innombrable des Perses, ayant assez d'espace pour se déployer, nous enveloppera de toutes parts. En combattant à Salamine, nous conserverons cette île où nous avons déposé nos femmes et nos enfants ; nous conserverons l'île d'Égine et la ville de Mégare, dont les habitants sont entrés dans la confédération : si nous nous retirons à l'isthme, nous perdrons ces places importantes, et vous aurez à vous reprocher, Eurybiade, d'avoir attiré l'ennemi sur les côtes du Péloponnèse. »

A ces mots, Adimante, chef des Corinthiens, partisan déclaré de l'avis contraire, a de nouveau recours à l'insulte. « Est-ce à un homme, dit-il, qui n'a ni feu ni lieu, qu'il convient de donner des lois à la Grèce ? Que Thémistocle réserve ses conseils pour le temps où il pourra se flatter d'avoir une patrie. — Eh quoi ! s'écrie Thémistocle, on oserait, en présence des Grecs, nous faire un crime d'avoir abandonné un vain amas de pierres pour éviter l'esclavage ! Malheureux Adimante ! Athènes est détruite, mais les Athéniens existent ; ils ont une patrie mille fois plus florissante que la vôtre. Ce sont ces deux cents vaisseaux qui leur appartiennent et que je commande : je les offre encore ; mais ils resteront en ces lieux. Si on refuse leur secours, tel Grec qui m'écoute apprendra bientôt que les Athéniens possèdent une ville plus opulente et des campagnes plus fertiles que celles qu'ils ont perdues. » Et s'adressant tout de suite à Eurybiade : « C'est à vous maintenant de choisir entre l'honneur d'avoir sauvé la Grèce, et la honte d'avoir causé sa ruine. Je vous déclare seulement qu'après votre départ nous embarquerons nos femmes et nos enfants, et que nous irons en Italie fonder une puissance qui nous fut annoncée autrefois par les oracles. Quand vous aurez perdu des alliés tels que les Athéniens, vous vous souviendrez peut-être des discours de Thémistocle. »

La fermeté du général athénien en imposa tellement, qu'Eurybiade ordonna que l'armée ne quitterait point les rivages de Salamine.

Les mêmes intérêts s'agitaient en même temps sur les deux flottes. Xerxès avait convoqué sur un de ses vaisseaux les chefs des divisions particulières dont son armée navale était composée. C'étaient les rois de Sidon, de Tyr, de Cilicie, de Chypre, et quantité d'autres petits souverains ou despotes, dépendants et tributaires de la Perse. Dans cette assemblée auguste parut aussi Artémise, reine d'Halicarnasse et de quelques îles voisines; princesse qu'aucun des autres généraux ne surpassait en courage et n'égalait en prudence, qui avait suivi Xerxès sans y être forcée, et lui disait la vérité sans lui déplaire. On mit en délibération si l'on attaquerait de nouveau la flotte des Grecs. Mardonius se leva pour recueillir les suffrages.

Le roi de Sidon et la plupart de ceux qui opinèrent avec lui, instruits des intentions du grand roi, se déclarèrent pour la bataille. Mais Artémise dit à Mardonius : « Rapportez en propres termes à Xerxès ce que je vais vous dire : seigneur, après ce qui s'est passé au dernier combat naval, on ne me soupçonnera point de faiblesse et de lâcheté. Mon zèle m'oblige aujourd'hui à vous donner un conseil salutaire. Ne hasardez pas une bataille dont les suites seraient inutiles ou funestes à votre gloire. Le principal objet de votre expédition n'est-il pas rempli? Vous êtes maître d'Athènes; vous le serez bientôt du reste de la Grèce. En tenant votre flotte dans l'inaction, celle de vos ennemis, qui n'a de subsistance que pour quelques jours, se dissipera d'elle-même. Voulez-vous hâter ce moment, envoyez vos vaisseaux sur les côtes du Péloponnèse; conduisez vos troupes de terre vers l'isthme de Corinthe, et vous verrez celles des Grecs courir au secours de leur patrie. Je crains une bataille, parce que, loin de procurer ces avantages, elle exposerait vos deux armées; je la crains, parce que je connais la supériorité de la marine des Grecs. Vous êtes, seigneur, le meilleur des maîtres; mais vous avez de fort mauvais serviteurs. Et quelle confiance, après tout, pourrait vous inspirer cette foule d'Égyptiens, de Cypriotes, de Ciliciens et de Pamphyliens qui remplissent la plus grande partie de vos vaisseaux? »

Mardonius, ayant achevé de prendre les voix, en fit son rapport à Xerxès, qui, après avoir comblé d'éloges la reine d'Halicarnasse, tâcha de concilier l'avis de cette princesse avec celui du plus grand nombre. Sa flotte eut ordre de s'avancer vers l'île de Salamine, et son armée de marcher vers l'isthme de Corinthe.

Cette marche produisit l'effet qu'Artémise avait prévu. La plupart des généraux de la flotte grecque s'écrièrent qu'il était temps d'aller au secours du Péloponnèse. L'opposition des Éginètes, des Mégariens et des Athéniens fit traîner la délibération en longueur; mais à la fin Thémistocle, s'apercevant que l'avis contraire prévalait dans le conseil, fit un dernier effort pour en prévenir les suites.

Un homme alla pendant la nuit[1] annoncer de sa part aux chefs de la flotte ennemie qu'une partie des Grecs, le général des Athéniens à leur tête, étaient disposés à se déclarer pour le roi; que les autres, saisis d'épouvante, méditaient une prompte retraite; qu'affaiblis par leurs divisions, s'ils se voyaient tout à coup entourés par l'armée persane, ils seraient forcés de rendre leurs armes ou de les tourner contre eux-mêmes.

Aussitôt les Perses s'avancèrent à la faveur des ténèbres, et, après avoir bloqué les issues par où les Grecs auraient pu s'échapper, ils mirent quatre cents hommes dans l'île de Psyttalie, placée entre le continent et la pointe orientale de Salamine. Le combat devait se donner en cet endroit.

Dans ce moment Aristide, que Thémistocle avait, quelque temps auparavant, rendu aux vœux des Athéniens, passait de l'île d'Égine à l'armée des Grecs. Il s'aperçut du mouvement des Perses; et, dès qu'il fut à Salamine, il se rendit aux lieux où les chefs étaient assemblés, fit appeler Thémistocle, et lui dit : « Il est temps de renoncer à nos vaines et puériles dissensions. Un seul intérêt doit nous animer aujourd'hui, celui de sauver la Grèce, vous en donnant des ordres, moi en les exécutant. Dites aux Grecs qu'il n'est plus question de délibérer, et que l'ennemi vient de se rendre maître des passages qui pouvaient favoriser leur fuite. » Thémistocle, touché du procédé d'Aristide, lui découvrit le stratagème qu'il avait employé pour attirer les Perses, et le pria d'entrer au conseil. Le récit d'Aristide, confirmé par d'autres témoins qui arrivaient successivement, rompit l'assemblée, et les Grecs se préparèrent au combat.

Par les nouveaux renforts que les deux flottes avaient reçus, celle des Perses montait à douze cent sept vaisseaux, celle des Grecs à trois cent quatre-vingts. A la pointe du jour Thémistocle fit embarquer ses soldats. La flotte des Grecs se forma dans le détroit de l'est : les Athéniens étaient à la droite, et se trouvaient opposés aux Phéniciens; leur gauche, composée des Lacédémoniens, des Éginètes et des Mégariens, avait en tête des Ioniens.

Xerxès, voulant animer son armée, vint se placer sur une hau-

[1] Dans la nuit du 19 au 20 octobre de l'an 480 avant J.-C.

teur voisine, entouré de secrétaires qui devaient décrire toutes les circonstances du combat. Dès qu'il parut, les deux ailes des Perses se mirent en mouvement, et s'avancèrent jusqu'au delà de l'île de Payttalie. Elles conservèrent leurs rangs tant qu'elles purent s'étendre ; mais elles étaient forcées de les rompre à mesure qu'elles approchaient de l'île et du continent. Outre ce désavantage, elles avaient à lutter contre le vent, qui leur était contraire ; contre la pesanteur de leurs vaisseaux, qui se prêtaient difficilement à la manœuvre et qui, loin de se soutenir mutuellement, s'embarrassaient et s'entre-heurtaient sans cesse.

Le sort de la bataille dépendait de ce qui se ferait à l'aile droite des Grecs, à l'aile gauche des Perses : c'était là que se trouvait l'élite des deux armées. Les Phéniciens et les Athéniens se poussaient et se repoussaient dans le défilé. Ariabignès, un des frères de Xerxès, conduisait les premiers au combat comme s'il les eût menés à la victoire. Thémistocle était présent à tous les lieux, à tous les dangers. Pendant qu'il ranimait ou modérait l'ardeur des siens, Ariabignès s'avançait et faisait déjà pleuvoir sur lui, comme du haut d'un rempart, une grêle de flèches et de traits. Dans l'instant même une galère athénienne fondit avec impétuosité sur l'amiral phénicien ; et le jeune prince indigné s'étant élancé sur cette galère fut aussitôt percé de coups.

La mort du général répandit la consternation parmi les Phéniciens ; et la multiplicité des chefs y mit une confusion qui accéléra leur perte : leurs gros vaisseaux, portés sur les rochers des côtes voisines, brisés les uns contre les autres, entr'ouverts dans leurs flancs par les éperons des galères athéniennes, couvraient la mer de leurs débris ; les secours mêmes qu'on leur envoyait ne servaient qu'à augmenter le désordre. Vainement les Cypriotes et les autres nations de l'Orient voulurent rétablir le combat : après une assez longue résistance ils se dispersèrent, à l'exemple des Phéniciens.

Peu content de cet avantage, Thémistocle mena son aile victorieuse au secours des Lacédémoniens et des autres alliés, qui se défendaient contre les Ioniens. Comme ces derniers avaient lu, sur les rivages de l'Eubée, les inscriptions où Thémistocle les exhortait à quitter le parti des Perses, on prétend que quelques-uns d'entre eux se réunirent aux Grecs pendant la bataille, ou ne furent attentifs qu'à les épargner. Il est certain pourtant que la plupart combattirent avec beaucoup de valeur, et ne songèrent à la retraite que lorsqu'ils eurent sur les bras toute l'armée des Grecs. Ce fut alors qu'Artémise, entourée d'ennemis et sur le point de tomber au pouvoir d'un Athénien qui la suivait de près, n'hésita point à couler à fond un vaisseau de l'armée persane. L'Athénien, convaincu par cette manœuvre que la reine avait quitté le parti des Perses, cesse de la poursuivre; et Xerxès, persuadé que le vaisseau submergé faisait partie de la flotte grecque, ne put s'empêcher de dire que dans cette journée les hommes s'étaient conduits comme des femmes, et les femmes comme des hommes.

L'armée des Perses se retira au port de Phalère. Deux cents de leurs vaisseaux avaient péri; quantité d'autres étaient pris : les Grecs n'avaient perdu que quarante galères. Le combat fut donné le 20 de boédromion, la première année de la soixante-quinzième olympiade [1].

On a conservé le souvenir des peuples et des particuliers qui s'y distinguèrent le plus. Parmi les premiers, ce furent les Éginètes et les Athéniens; parmi les seconds, Polycrite d'Égine, et deux Athéniens, Eumène et Aminias.

Tant que dura le combat, Xerxès fut agité par la joie, la crainte et le désespoir; tour à tour prodiguant des promesses, et dictant des ordres sanguinaires; faisant enregistrer par ses secrétaires les noms de ceux qui se signalaient dans l'action, faisant exécuter par ses esclaves les officiers qui venaient auprès de lui justifier leur conduite. Quand il ne fut plus soutenu par l'espérance ou par la fureur, il tomba dans un abattement profond; et quoiqu'il eût encore assez de force pour soumettre l'univers, il vit sa flotte prête à se révolter, et les Grecs prêts à brûler le pont de bateaux qu'il avait sur l'Hellespont. La fuite la plus prompte aurait pu le délivrer de ces vaines terreurs; mais un reste de décence ou de fierté ne lui permettant pas d'exposer tant de faiblesse aux yeux de ses ennemis et de ses courtisans, il ordonna de faire les préparatifs d'une nouvelle attaque, et de joindre, par une chaussée, l'île de Salamine au continent.

Il envoya ensuite un courrier à Suze, comme il en avait dépêché un après la prise d'Athènes. A l'arrivée du premier, les habitants de cette grande ville coururent aux temples et brûlèrent des parfums dans les rues jonchées de branches de myrte : à l'arrivée du second, ils déchirèrent leurs habits; et tout retentit de cris et de gémissements, d'expressions d'intérêt pour le roi, d'imprécations contre Mardonius, le premier auteur de cette guerre.

Les Perses et les Grecs s'attendaient à une nouvelle bataille; mais Mardonius ne se rassurait pas sur les ordres que Xerxès avait donnés : il lisait dans l'âme de ce prince, et n'y voyait que les sentiments les plus vils, joints à des projets de vengeance dont il serait

[1] Le 20 octobre de l'an 480 avant J.-C. (Dodwel, *in Annal. Thucyd.*, p. 49.)

lui-même la victime. « Seigneur, lui dit-il en s'approchant, daignez rappeler votre courage. Vous n'aviez pas fondé vos espérances sur votre flotte, mais sur cette armée redoutable que vous m'avez confiée. Les Grecs ne sont pas plus en état de vous résister qu'auparavant : rien ne peut les dérober à la punition que méritent leurs anciennes offenses et le stérile avantage qu'ils viennent de remporter. Si nous prenions le parti de la retraite, nous serions à jamais l'objet de leur dérision, et vous feriez rejaillir sur vos fidèles Perses l'opprobre dont viennent de se couvrir les Phéniciens, les Égyptiens et les autres peuples qui combattaient sur vos vaisseaux. Je conçois un autre moyen de sauver leur gloire et la vôtre; c'est de ramener le plus grand nombre de vos troupes en Perse, et de me laisser trois cent mille hommes, avec lesquels je réduirai toute la Grèce en servitude. »

Xerxès, intérieurement pénétré de joie, assembla son conseil, y fit entrer Artémise, et voulut qu'elle s'expliquât sur le projet de Mardonius. La reine, sans doute dégoûtée de servir un tel prince, et persuadée qu'il est des occasions où délibérer c'est avoir pris son parti, lui conseilla de retourner au plus tôt dans ses états. Je dois rapporter une partie de sa réponse, pour faire connaître le langage de la cour de Suze. « Laissez à Mardonius le soin d'achever votre ouvrage. S'il réussit, vous en aurez toute la gloire; s'il périt ou s'il est défait, votre empire n'en sera point ébranlé, et la Perse ne regardera pas comme un grand malheur la perte d'une bataille, dès que vous aurez mis votre personne en sûreté. »

Xerxès ne différa plus. Sa flotte eut ordre de se rendre incessamment à l'Hellespont, et de veiller à la conservation du pont de bateaux : celle des Grecs la poursuivit jusqu'à l'île d'Andros. Thémistocle et les Athéniens voulaient l'atteindre et brûler ensuite le pont; mais Eurybiade ayant fortement représenté que, loin d'enfermer les Perses dans la Grèce, il faudrait, s'il était possible, leur procurer de nouvelles issues pour en sortir, l'armée des alliés s'arrêta, et se rendit bientôt au port de Pagase, où elle passa l'hiver.

Thémistocle fit tenir alors un avis secret à Xerxès. Les uns disent que, voulant, en cas de disgrâce, se ménager un asile auprès de ce prince, il se félicitait d'avoir détourné les Grecs du projet qu'ils avaient eu de brûler le pont. Suivant d'autres, il prévenait le roi que, s'il ne hâtait son départ, les Grecs lui fermeraient le chemin de l'Asie. Quoi qu'il en soit, quelques jours après le combat de Salamine, le roi prit le chemin de la Thessalie, où Mardonius mit en quartier d'hiver les trois cent mille hommes qu'il avait demandés et choisis dans toute l'armée ; de là continuant sa route, il arriva sur les bords de l'Hellespont avec un très-petit nombre de troupes ; le reste, faute de vivres, avait péri par les maladies ou s'était dispersé dans la Macédoine et dans la Thrace. Pour comble d'infortune, le pont ne subsistait plus ; la tempête l'avait détruit. Le roi se jeta dans un bateau, passa la mer en fugitif[1], environ six mois après l'avoir traversée en conquérant, et se rendit en Phrygie, pour y bâtir des palais superbes, qu'il eut l'attention de fortifier.

Après la bataille, le premier soin des vainqueurs fut d'envoyer à Delphes les prémices des dépouilles qu'ils se partagèrent ; ensuite les généraux allèrent à l'isthme de Corinthe ; et, suivant un usage respectable par son ancienneté, plus respectable encore par l'émulation qu'il inspire, ils s'assemblèrent auprès de l'autel de Neptune pour décerner des couronnes à ceux d'entre eux qui avaient le plus contribué à la victoire. Le jugement ne fut pas prononcé ; chacun des chefs s'était adjugé le premier prix, en même temps que la plupart avaient accordé le second à Thémistocle.

Quoiqu'on ne pût en conséquence lui disputer le premier dans l'opinion publique, il voulut en obtenir un effectif de la part des Spartiates : ils le reçurent à Lacédémone avec cette haute considération qu'ils méritaient eux-mêmes, et l'associèrent aux honneurs qu'ils décernaient à Eurybiade. Une couronne d'olivier fut la récompense de l'un et de l'autre. A son départ on le combla de nouveaux éloges ; on lui fit présent du plus beau char qu'on put trouver à Lacédémone ; et, par une distinction aussi nouvelle qu'éclatante, trois cents jeunes cavaliers, tirés des premières familles de Sparte, eurent ordre de l'accompagner jusqu'aux frontières de la Laconie.

Cependant Mardonius se disposait à terminer une guerre si honteuse pour la Perse : il ajoutait de nouvelles troupes à celles que Xerxès lui avait laissées, sans s'apercevoir que c'était les affaiblir que de les augmenter ; il sollicitait tour à tour les oracles de la Grèce ; il envoyait des défis aux peuples alliés, et leur proposait pour champ de bataille les plaines de la Béotie ou celles de la Thessalie : enfin, il résolut de détacher les Athéniens de la ligue, et fit partir pour Athènes Alexandre, roi de Macédoine, qui leur était uni par les liens de l'hospitalité.

Ce prince, admis à l'assemblée du peuple en même temps que les ambassadeurs de Lacédémone chargés de rompre cette négociation, parla de cette manière : « Voici ce que dit Mardonius : J'ai

---

[1] Le 4 décembre de l'an 480 avant J.-C. (Dodwel, *in Annal. Thucyd.*, p. 50.)

reçu un ordre du roi conçu en ces termes : J'oublie les offenses des Athéniens; Mardonius, exécutez mes volontés ; rendez à ce peuple ses terres ; donnez-lui-en d'autres, s'il en désire; conservez-lui ses lois, et rétablissez les temples que j'ai brûlés. J'ai cru devoir vous instruire des intentions de son maître ; et j'ajoute : C'est une folie de votre part de vouloir résister aux Perses ; c'en est une plus grande de prétendre leur résister long-temps. Quand même, contre toute espérance, vous remporteriez la victoire, une autre armée vous l'arracherait bientôt des mains. Ne courez donc point à votre perte, et qu'un traité de paix, dicté par la bonne foi, mette à couvert votre honneur et votre liberté. » Alexandre, après avoir rapporté ces paroles, tâcha de convaincre les Athéniens qu'ils n'étaient pas en état de lutter contre la puissance des Perses, et les conjura de préférer l'amitié de Xerxès à tout autre intérêt.

« N'écoutez pas les perfides conseils d'Alexandre, s'écrièrent alors les députés de Lacédémone. C'est un tyran qui sert un autre tyran ; il a, par un indigne artifice, altéré les instructions de Mardonius. Les offres qu'il vous fait de sa part sont trop séduisantes pour n'être pas suspectes. Vous ne pouvez les accepter sans fouler aux pieds les lois de la justice et de l'honneur. N'est-ce pas vous qui avez allumé cette guerre ? et faudra-t-il que ces Athéniens qui dans tous les temps ont été les plus zélés défenseurs de la liberté, soient les premiers auteurs de notre servitude? Lacédémone, qui vous fait ces représentations par notre bouche, est touchée du funeste état où vous réduisent vos maisons détruites et vos campagnes ravagées : elle vous propose, en son nom et au nom de ses alliés, de garder en dépôt, pendant le reste de la guerre, vos femmes, vos enfants et vos esclaves. »

Les Athéniens mirent l'affaire en délibération ; et, suivant l'avis d'Aristide, il fut résolu de répondre au roi de Macédoine, qu'il aurait pu se dispenser de les avertir que leurs forces étaient inférieures à celles de l'ennemi ; qu'ils n'en étaient pas moins disposés à opposer la plus vigoureuse résistance à ces barbares ; qu'ils lui conseillaient, s'il avait à l'avenir de pareilles lâchetés à leur proposer, de ne pas paraître en leur présence, et ne pas les exposer à violer en sa personne les droits de l'hospitalité et de l'amitié.

Il fut décidé qu'on répondrait aux Lacédémoniens, que si Sparte avait mieux connu les Athéniens, elle ne les aurait pas crus capables d'une trahison, ni tâché de les retenir dans son alliance par des vues d'intérêt; qu'ils pourvoiraient comme ils pourraient aux besoins de leurs familles, et qu'ils remerciaient les alliés de leurs offres généreuses ; qu'ils étaient attachés à la ligue par des liens sacrés et indissolubles; que l'unique grâce qu'ils demandaient aux alliés, c'était de leur envoyer au plus tôt du secours, parce qu'il était temps de marcher en Béotie, et d'empêcher les Perses de pénétrer une seconde fois dans l'Attique.

Les ambassadeurs étant rentrés, Aristide fit lire les décrets en leur présence; et soudain élevant la voix : « Députés lacédémoniens, dit-il, apprenez à Sparte que tout l'or qui circule sur la terre, ou qui est encore caché dans ses entrailles, n'est rien à nos yeux, au prix de notre liberté.... Et vous, Alexandre, » en s'adressant à ce prince, en lui montrant le soleil, « dites à Mardonius que tant que cet astre suivra la route qui lui est prescrite, les Athéniens poursuivront sur le roi de Perse la vengeance qu'exigent leurs campagnes désolées et leurs temples réduits en cendres. » Pour rendre cet engagement encore plus solennel, il fit sur-le-champ passer un décret par lequel les prêtres dévoueraient aux dieux infernaux tous ceux qui auraient des intelligences avec les Perses, et qui se détacheraient de la confédération des Grecs.

Mardonius, instruit de la résolution des Athéniens, fit marcher aussitôt ses troupes en Béotie, et de là fondit sur l'Attique, dont les habitants s'étaient une seconde fois réfugiés dans l'île de Salamine. Il fut si flatté de s'être emparé d'un pays désert, que, par des signaux placés de distance en distance, soit dans les îles, soit dans le continent, il en avertit Xerxès, qui était encore à Sardes en Lydie. Il en voulut profiter aussi pour entamer une nouvelle négociation avec les Athéniens; mais il reçut la même réponse; et Lydias, un des sénateurs, qui avait proposé d'écouter les offres du général persan, fut lapidé avec ses enfants et sa femme.

Cependant les alliés, au lieu d'envoyer une armée dans l'Attique, comme ils en étaient convenus, se fortifiaient à l'isthme de Corinthe, et ne paraissaient attentifs qu'à la défense du Péloponnèse. Les Athéniens, alarmés de ce projet, envoyèrent des ambassadeurs à Lacédémone, où l'on célébrait des fêtes qui devaient durer plusieurs jours : ils firent entendre leurs plaintes. On différait de jour en jour d'y répondre. Offensés enfin d'une inaction et d'un silence qui ne les mettaient que trop en droit de soupçonner une perfidie, ils se présentèrent pour la dernière fois aux éphores, et leur déclarèrent qu'Athènes, trahie par les Lacédémoniens et abandonnée des autres alliés, était résolue de tourner ses armes contre eux, en faisant sa paix avec les Perses.

Les éphores répondirent que la nuit précédente ils avaient fait partir, sous la conduite de Pausanias, tuteur du jeune roi Plistarque, cinq mille Spartiates et trente-cinq mille esclaves ou Hilotes armés à la légère. Ces troupes, bientôt augmentées de cinq mille Lacédémoniens, s'étant jointes avec celles des villes confédérées, partirent d'Éleusis, et se rendirent en Béotie, où Mardonius venait de ramener son armée.

Il avait sagement évité de combattre dans l'Attique. Comme ce pays est entrecoupé de hauteurs et de défilés, il n'aurait pu ni développer sa cavalerie dans le combat, ni assurer sa retraite dans un revers. La Béotie, au contraire, offrait de grandes plaines, un pays fertile, quantité de villes prêtes à recueillir les débris de son armée ; car, à l'exception de ceux de Platée et de Thespie, tous les peuples de ces cantons s'étaient déclarés pour les Perses.

Mardonius établit son camp dans la plaine de Thèbes, le long du fleuve Asopus, dont il occupait la rive gauche, jusqu'aux frontières du pays des Platéens. Pour renfermer ses bagages et pour se ménager un asile, il faisait entourer d'un fossé profond, ainsi que de murailles et de tours construites en bois, un espace de dix stades en tous sens [1].

Les Grecs étaient en face, au pied et sur le penchant du mont Cithéron. Aristide commandait les Athéniens, Pausanias toute l'armée [2]. Ce fut là que les généraux dressèrent la formule d'un serment que les soldats se hâtèrent de prononcer. Le voici : « Je ne préférerai point la vie à la liberté ; je n'abandonnerai mes chefs, ni pendant leur vie, ni après leur mort ; je donnerai les honneurs de la sépulture à ceux des alliés qui périront dans la bataille ; après la victoire je ne renverserai aucune des villes qui auront combattu pour la Grèce, et je décimerai toutes celles qui se seront jointes à l'ennemi ; loin de rétablir les temples qu'il a brûlés ou détruits, je veux que leurs ruines subsistent pour rappeler sans cesse à nos neveux la fureur impie des Barbares. »

Une anecdote rapportée par un auteur presque contemporain nous met en état de juger de l'idée que la plupart des Perses avaient de leur général. Mardonius soupait chez un particulier de Thèbes avec cinquante de ses officiers généraux, autant de Thébains, et Thersandre, un des principaux citoyens d'Orchomène. A la fin du repas la confiance se trouvant établie entre les convives des deux nations, un Perse placé auprès de Thersandre lui dit : « Cette table, garante de notre foi, ces libations que nous avons faites ensemble en l'honneur des dieux, m'inspirent un secret intérêt pour vous. Il est temps de songer à votre sûreté. Vous voyez ces

[1] Environ neuf cent quarante-cinq toises.
[2] Les deux armées se trouvèrent en présence le 10 septembre de l'an 479 avant J.-C. (Dodwel, in *Annal. Thucyd.*, p. 52.)

Perses qui se livrent à leurs transports; vous avez vu cette armée que nous avons laissée sur les bords du fleuve; hélas! vous n'en verrez bientôt que les faibles restes. » Il pleurait en disant ces mots. Thersandre surpris lui demanda s'il avait communiqué ses craintes à Mardonius ou à ceux qu'il honorait de sa confiance. « Mon cher hôte, répondit l'étranger, l'homme ne peut éviter sa destinée. Quantité de Perses ont prévu comme moi celle dont ils sont menacés, et nous nous laissons tous ensemble entraîner par la fatalité. Le plus grand malheur des hommes, c'est que les plus sages d'entre eux sont toujours ceux qui ont moins de crédit. » L'auteur que j'ai cité tenait ce fait de Thersandre lui-même.

Mardonius, voyant que les Grecs s'obstinaient à garder leurs hauteurs, envoya contre eux toute sa cavalerie, commandée par Masistius, qui jouissait de la plus haute faveur auprès de Xerxès et de la plus grande considération à l'armée. Les Perses, après avoir insulté les Grecs par des reproches de lâcheté, tombèrent sur les Mégariens, qui campaient dans un terrain plus uni, et qui, avec le secours de trois cents Athéniens, firent une assez longue résistance. La mort de Masistius les sauva d'une défaite entière, et termina le combat. Cette perte fut un sujet de deuil pour l'armée persane, un sujet de triomphe pour les Grecs, qui virent passer dans tous les rangs le corps de Masistius, qu'ils avaient enlevé à l'ennemi.

Malgré cet avantage, la difficulté de se procurer de l'eau en présence d'un ennemi qui écartait à force de traits tous ceux qui voulaient s'approcher du fleuve, les obligea de changer de position; ils défilèrent le long du mont Cithéron, et entrèrent dans le pays des Platéens.

Les Lacédémoniens s'établirent auprès d'une source abondante qu'on nomme Gargaphie, et qui devait suffire aux besoins de l'armée; les autres alliés furent placés, la plupart sur des collines qui sont au pied de la montagne, quelques-uns dans la plaine, tous en face de l'Asopus.

Pendant cette distribution de postes, il s'éleva une dispute assez vive entre les Athéniens et les Tégéates qui prétendaient également commander l'aile gauche : les uns et les autres rapportaient leurs titres et les exploits de leurs ancêtres. Mais Aristide termina ce différend. « Nous ne sommes pas ici, dit-il, pour contester avec nos alliés, mais pour combattre nos ennemis. Nous déclarons que ce n'est pas le poste qui donne ou qui ôte la valeur. C'est à vous, Lacédémoniens, que nous nous en rapportons. Quelque rang que vous nous assigniez, nous l'élèverons si haut qu'il deviendra peut-être le plus honorable de tous. » Les Lacédémoniens opinèrent par acclamation en faveur des Athéniens.

Un danger plus imminent mit la prudence d'Aristide à une plus rude épreuve : il apprit que quelques officiers de ses troupes, appartenant aux premières familles d'Athènes, méditaient une trahison en faveur des Perses, et que la conjuration faisait tous les jours des progrès. Loin de la rendre plus redoutable par des recherches qui l'auraient instruite de ses forces, il se contenta de faire arrêter huit des complices. Les deux plus coupables prirent la fuite. Il dit aux autres, en leur montrant les ennemis : « C'est leur sang qui peut seul expier votre faute. »

Mardonius n'eut pas plutôt appris que les Grecs s'étaient retirés dans le territoire de Platée, que, faisant remonter son armée le long du fleuve, il la plaça une seconde fois en présence de l'ennemi. Elle était composée de trois cent mille hommes tirés des nations de l'Asie, et d'environ cinquante mille Béotiens, Thessaliens et autres Grecs auxiliaires. Celle des confédérés était forte d'environ cent dix mille hommes, dont soixante-neuf mille cinq cents n'étaient armés qu'à la légère. On y voyait dix mille Spartiates et Lacédémoniens, huit mille Athéniens, cinq mille Corinthiens, trois mille Mégariens, et différents petits corps fournis par plusieurs autres peuples ou villes de la Grèce. Il en venait tous les jours de nouveaux. Les Mantinéens et les Éléens n'arrivèrent qu'après la bataille.

Les armées étaient en présence depuis huit jours, lorsqu'un détachement de la cavalerie persane, ayant passé l'Asopus pendant la nuit, s'empara d'un convoi qui venait du Péloponnèse et qui descendait du Cithéron. Les Perses se rendirent maîtres de ce passage [1], et les Grecs ne reçurent plus de provisions.

Les deux jours suivants le camp des derniers fut souvent insulté par la cavalerie ennemie. Les deux armées n'osaient passer le fleuve : de part et d'autre le devin, soit de lui-même, soit par des impressions étrangères, promettait la victoire à son parti s'il se tenait sur la défensive.

Le onzième jour Mardonius assembla son conseil [2]. Artabaze, un des premiers officiers de l'armée, proposa de se retirer sous les murs de Thèbes, de ne pas risquer une bataille, mais de corrompre, à force d'argent, les principaux citoyens des villes alliées. Cet avis, qui fut embrassé des Thébains, eût insensiblement détaché de la confédération la plupart des peuples dont elle était composée.

[1] Le 17 septembre de l'an 479 avant J.-C. (Dodwell, *in Annal. Thucyd.*, p. 52.)
[2] Le 20 septembre. (Dodwell, *in Annal. Thucyd.*, p. 52.)

D'ailleurs l'armée grecque, qui manquait de vivres, aurait été contrainte, dans quelques jours, de se disperser ou de combattre dans une plaine ; ce qu'elle avait évité jusqu'alors. Mardonius rejeta cette proposition avec mépris.

La nuit suivante [1] un cavalier échappé du camp des Perses, s'étant avancé du côté des Athéniens, fit annoncer à leur général qu'il avait un secret important à lui révéler ; et dès qu'Aristide fut arrivé, cet inconnu lui dit : « Mardonius fatigue inutilement les dieux pour avoir des auspices favorables. Leur silence a retardé jusqu'ici le combat ; mais les devins ne font plus que de vains efforts pour le retenir. Il vous attaquera demain à la pointe du jour. J'espère qu'après votre victoire vous vous souviendrez que j'ai risqué ma vie pour vous garantir d'une surprise : je suis Alexandre, roi de Macédoine. » Ayant achevé ces mots, il reprit à toute bride le chemin du camp.

Aristide se rendit aussitôt au quartier des Lacédémoniens. On y concerta les mesures les plus sages pour repousser l'ennemi, et Pausanias ouvrit un avis qu'Aristide n'osait proposer lui-même : c'était d'opposer les Athéniens aux Perses, et les Lacédémoniens aux Grecs auxiliaires de Xerxès. « Par là, disait-il, nous aurons les uns et les autres à combattre des troupes qui ont déjà éprouvé notre valeur. » Cette résolution prise, les Athéniens, dès la pointe du jour, passèrent à l'aile droite, et les Lacédémoniens à la gauche. Mardonius, pénétrant leurs desseins, fit passer les Perses à sa droite, et ne prit le parti de les ramener à leur ancien poste que lorsqu'il vit les ennemis rétablir leur premier ordre de bataille.

Ce général ne regardait les mouvements des Lacédémoniens que comme un aveu de leur lâcheté. Dans l'ivresse de son orgueil, il leur reprochait leur réputation et leur faisait des défis insultants. Un héraut, envoyé de sa part à Pausanias, lui proposa de terminer le différend de la Perse et de la Grèce par un combat entre un certain nombre de Spartiates et de Persans. Comme il ne reçut aucune réponse, il fit marcher toute sa cavalerie. Elle inquiéta l'armée des Grecs pendant tout le reste du jour, et parvint même à combler la fontaine de Gargaphie.

Privés de cette unique ressource, les Grecs résolurent de transporter leur camp un peu plus loin, et dans une île formée par deux branches de l'Asopus, dont l'une s'appelle Péroé ; de là ils devaient envoyer au passage du mont Cithéron la moitié de leurs troupes pour en chasser les Perses qui interceptaient les convois.

Le camp fut levé pendant la nuit [2] avec la confusion qu'on de-

---

[1] La nuit du 20 au 21 septembre. — [2] La nuit du 21 au 22 septembre.

vait attendre de tant de nations indépendantes refroidies par leur inaction, alarmées ensuite de leurs fréquentes retraites ainsi que de la disette des vivres. Quelques-unes se rendirent dans l'endroit désigné; d'autres, égarées par leurs guides ou par une terreur panique, se réfugièrent auprès de la ville de Platée.

Le départ des Lacédémoniens et des Athéniens fut retardé jusqu'au lever de l'aurore. Ces derniers prirent le chemin de la plaine; les Lacédémoniens, suivis de trois mille Tégéates, défilèrent au pied du Cithéron. Parvenus au temple de Cérès, éloigné de dix stades tant de leur première position que de la ville de Platée, ils s'arrêtèrent pour attendre un de leurs corps qui avait longtemps refusé d'abandonner son poste; et ce fut là que les atteignit la cavalerie persane, détachée par Mardonius pour suspendre leur marche. « Les voilà, s'écriait alors ce général au milieu de ses officiers; les voilà, ces Lacédémoniens intrépides, qui, disait-on, ne se retirent jamais en présence de l'ennemi! nation vile, qui ne se distingue des autres Grecs que par un excès de lâcheté, et qui va bientôt subir la juste peine qu'elle mérite. »

Il se met ensuite à la tête de la nation guerrière des Perses et de ses meilleures troupes; il passe le fleuve, et s'avance à grands pas dans la plaine. Les autres peuples de l'Orient le suivent en tumulte et en poussant des cris : dans le même instant son aile droite, composée de Grecs auxiliaires, attaque les Athéniens, et les empêche de donner du secours aux Lacédémoniens.

Pausanias, ayant rangé ses troupes dans un terrain en pente et inégal, auprès d'un petit ruisseau et de l'enceinte consacrée à Cérès, les laissa long-temps exposées aux traits et aux flèches sans qu'elles osassent se défendre. Les entrailles des victimes n'annonçaient que des événements sinistres. Cette malheureuse superstition fit périr quantité de leurs soldats, qui regrettaient moins la vie qu'une mort inutile à la Grèce. A la fin les Tégéates, ne pouvant plus contenir l'ardeur qui les animait, se mirent en mouvement, et furent bientôt soutenus par les Spartiates, qui venaient d'obtenir ou de se ménager des auspices favorables.

A leur approche les Perses jettent leurs arcs, serrent leurs rangs, se couvrent de leurs boucliers, et forment une masse dont la pesanteur et l'impulsion arrêtent et repoussent la fureur de l'ennemi. En vain leurs boucliers, construits d'une matière fragile, volent en éclats; ils brisent les lances dont on veut les percer, et suppléent par un courage féroce au défaut de leurs armes. Mardonius, à la tête de mille soldats d'élite, balança long-temps la victoire; mais bientôt il tombe atteint d'un coup mortel. Ceux qui l'entourent veulent venger sa mort, et sont immolés autour de lui. Dès ce moment les Perses sont ébranlés, renversés, réduits à prendre la fuite. La cavalerie persane arrêta pendant quelque temps le vainqueur, mais ne l'empêcha pas d'arriver au pied du retranchement que les Perses avaient élevé auprès de l'Asopus, et qui reçut les débris de leur armée.

Les Athéniens avaient obtenu le même succès à l'aile gauche : ils avaient éprouvé une résistance très-forte de la part des Béotiens, très-faible de la part des autres alliés de Xerxès, blessés sans doute des hauteurs de Mardonius et de son obstination à donner la bataille dans un lieu si désavantageux. Les Béotiens, dans leur fuite, entraînèrent toute la droite des Perses.

Aristide, loin de les poursuivre, vint aussitôt rejoindre les Lacédémoniens, qui, peu versés encore dans l'art de conduire des siéges, attaquaient vainement l'enceinte où les Perses étaient renfermés. L'arrivée des Athéniens et des autres troupes confédérées n'épouvanta point les assiégés : ils repoussaient avec fureur tous ceux qui se présentaient à l'assaut ; mais, à la fin, les Athéniens ayant forcé le retranchement et détruit une partie du mur, les Grecs se précipitèrent dans le camp, et les Perses se laissèrent égorger comme des victimes.

Dès le commencement de la bataille, Artabaze, qui avait à ses ordres un corps de quarante mille hommes, mais qui depuis longtemps était secrètement aigri du choix que Xerxès avait fait de Mardonius pour commander l'armée, s'était avancé, plutôt pour être spectateur du combat que pour en assurer le succès : dès qu'il vit plier le corps de Mardonius, il enjoignit à ses troupes de le suivre ; il prit en fuyant le chemin de la Phocide, traversa la mer à Byzance, et se rendit en Asie, où on lui fit peut-être un mérite d'avoir sauvé une partie de l'armée. Tout le reste, à l'exception d'environ trois mille hommes, périt dans le retranchement ou dans la bataille.

Les nations qui se distinguèrent dans cette journée furent d'un côté les Perses et les Saces, de l'autre les Lacédémoniens, les Athéniens et ceux de Tégée. Les vainqueurs donnèrent des éloges à la valeur de Mardonius, à celle de l'Athénien Sophanès, à celle de quatre Spartiates, à la tête desquels on doit placer Aristodème, qui voulut en cette occasion effacer la honte de n'avoir pas péri au pas des Thermopyles. Les Lacédémoniens ne rendirent aucun honneur à sa cendre : ils disaient que, résolu de mourir plutôt que de vaincre, il avait abandonné son rang pendant le combat, et montré un courage de désespoir et non de vertu.

Cependant les Lacédémoniens et les Athéniens aspiraient également au prix de la valeur: les premiers, parce qu'ils avaient battu les meilleures troupes de Mardonius ; les seconds, parce qu'ils les avaient forcées dans leurs retranchements : les uns et les autres soutenaient leurs prétentions avec une hauteur qui ne leur permettait plus d'y renoncer. Les esprits s'aigrissaient, les deux camps retentissaient de menaces, et l'on en serait venu aux mains sans la prudence d'Aristide, qui fit consentir les Athéniens à s'en rapporter au jugement des alliés. Alors Théogiton de Mégare proposa aux deux nations rivales de renoncer au prix, et de l'adjuger à quelque autre peuple. Cléocrite de Corinthe nomma les Platéens, et tous les suffrages se réunirent en leur faveur.

La terre était couverte des riches dépouilles des Perses : l'or et l'argent brillaient dans leurs tentes. Pausanias fit garder le butin par les Hilotes : on en réserva la dixième partie pour le temple de Delphes, une grande partie encore pour des monuments en l'honneur des dieux. Les vainqueurs se partagèrent le reste, et portèrent chez eux le premier germe de la corruption.

Tous les genres d'honneur furent accordés à ceux qui étaient morts les armes à la main. Chaque nation éleva un tombeau à ses guerriers ; et, dans une assemblée des généraux, Aristide fit passer ce décret, que « tous les ans les peuples de la Grèce enverraient des députés à Platée, pour y renouveler, par des sacrifices augustes, la mémoire de ceux qui avaient perdu la vie dans le combat ; que, de cinq en cinq ans, on y célébrerait des jeux solennels, qui seraient nommés les fêtes de la Liberté ; et que les Platéens, n'ayant désormais d'autres soins que de faire des vœux pour le salut de la Grèce, seraient regardés comme une nation inviolable et consacrée à la divinité. »

Onze jours après la bataille[1], les vainqueurs marchèrent à Thèbes, et demandèrent aux habitants de leur livrer ceux des citoyens qui les avaient engagés à se soumettre aux Mèdes. Sur le refus des Thébains, la ville fut assiégée ; elle courait risque d'être détruite, si l'un des principaux coupables n'eût été d'avis de se remettre, avec ceux de sa faction, entre les mains des alliés. Ils se flattaient de pouvoir racheter leur vie par le sacrifice des sommes qu'ils avaient reçues de Mardonius ; mais Pausanias, insensible à leurs offres, les fit condamner au supplice.

La bataille de Platée fut donnée le 3 du mois de boédromion, dans la seconde année de la soixante-quinzième olympiade[2]. Le

---
[1] Le 3 octobre de l'an 479.
[2] Le 22 septembre de l'an 479 avant J.-C. (Dodwell, *in Annal. Thucyd.*, p. 52.)

même jour la flotte des Grecs, commandée par Leutychidas, roi de Lacédémone, et par Xanthippe l'Athénien, remporta une victoire signalée sur les Perses auprès du promontoire de Mycale en Ionie. Les peuples de ce canton, qui l'avaient appelée à leur secours, s'engagèrent, après le combat, dans la confédération générale.

Telle fut la fin de la guerre de Xerxès, plus connue sous le nom de guerre médique : elle avait duré deux ans ; et jamais peut-être, dans un si court intervalle de temps, il ne s'est passé de si grandes choses ; et jamais aussi de tels événements n'ont opéré de si grandes révolutions dans les idées, dans les intérêts et dans les gouvernements des peuples. Ils produisirent sur les Lacédémoniens et sur les Athéniens des effets différents, suivant la diversité de leurs caractères et de leurs institutions. Les premiers ne cherchèrent qu'à se reposer de leurs succès, et laissèrent à peine échapper quelques traits de jalousie contre les Athéniens. Ces derniers se livrèrent tout à coup à l'ambition la plus effrénée, et proposèrent à la fois de dépouiller les Lacédémoniens de la prééminence qu'ils avaient dans la Grèce, et de protéger contre les Perses les Ioniens, qui venaient de recouvrer leur liberté.

Les peuples respiraient enfin : les Athéniens se rétablissaient au milieu des débris de leur ville infortunée ; ils en relevaient les murailles, malgré les plaintes des alliés, qui commençaient à redouter la gloire de ce peuple ; malgré les représentations des Lacédémoniens, dont l'avis était de démanteler les places de la Grèce situées hors du Péloponnèse, afin que, dans une nouvelle invasion, elles ne servissent pas de retraite aux Perses. Thémistocle avait su détourner adroitement l'orage qui, dans cette occasion, menaçait les Athéniens. Il les avait engagés de plus à former au Pirée un port entouré d'une enceinte redoutable, à construire tous les ans un certain nombre de galères, à promettre des immunités aux étrangers, et surtout aux ouvriers qui viendraient s'établir dans leur ville.

Dans le même temps les alliés se préparaient à délivrer les villes grecques où les Perses avaient laissé des garnisons. Une flotte nombreuse, sous les ordres de Pausanias et d'Aristide, obligea l'ennemi d'abandonner l'île de Chypre et la ville de Byzance, située sur l'Hellespont. Ces succès achevèrent de perdre Pausanias, désormais incapable de soutenir le poids de sa gloire.

Ce n'était plus ce Spartiate rigide qui, dans les champs de Platée, insultait au faste et à la servitude des Mèdes ; c'était un satrape entièrement subjugué par les mœurs des peuples vaincus, et sans cesse entouré de satellites étrangers qui le rendaient inaccessible. Les alliés, qui n'en obtenaient que des ordres impérieux et sanguinaires, se révoltèrent enfin contre une tyrannie devenue encore plus odieuse par la conduite d'Aristide. Ce dernier employait, pour se concilier les esprits, les armes les plus fortes : la douceur et la justice. Aussi vit-on les peuples confédérés proposer aux Athéniens de combattre sous leurs ordres.

Les Lacédémoniens, instruits de cette défection, rappelèrent aussitôt Pausanias, accusé de vexations envers les alliés, soupçonné d'intelligences avec les Perses. On eut alors des preuves de ses vexations, et on lui ôta le commandement de l'armée ; on en eut, quelque temps après, de sa trahison, et on lui ôta la vie. Quelque éclatante que fût cette punition, elle ne ramena point les alliés ; ils refusèrent d'obéir au Spartiate Dorcis, qui remplaça Pausanias ; et ce général s'étant retiré, les Lacédémoniens délibérèrent sur le parti qu'ils devaient prendre.

Le droit qu'ils avaient de commander les armées combinées des Grecs était fondé sur les titres les plus respectables. Tous les peuples de la Grèce, sans en excepter les Athéniens, l'avaient reconnu jusqu'alors. Sparte en avait fait usage, non pour augmenter ses domaines, mais pour détruire partout la tyrannie. La sagesse de ses lois la rendait souvent l'arbitre des peuples de la Grèce, et l'équité de ses décisions en avait rangé plusieurs au nombre de ses alliés. Et quel moment encore choisissait-on pour la dépouiller de sa prérogative ? celui où, sous la conduite de ses généraux, les Grecs avaient remporté les plus brillantes victoires.

Ces raisons, discutées parmi les Spartiates, les remplissaient d'indignation et de fureur. On menaçait les alliés ; on méditait une invasion dans l'Attique, lorsqu'un sénateur, nommé Hétœmaridas, osa représenter aux guerriers dont il était entouré que les généraux, après les plus glorieux succès, ne rapportaient dans leur patrie que des germes de corruption ; que l'exemple de Pausanias devait les faire trembler sur le choix de ses successeurs, et qu'il était avantageux à la république de céder aux Athéniens l'empire de la mer et le soin de continuer la guerre contre les Perses.

Ce discours surprit et calma soudain les esprits. On vit la nation la plus valeureuse de l'univers préférer ses vertus à sa vengeance, et déposer sa jalousie à la voix de la raison. Le génie de Lycurgue dominait encore à Sparte. Jamais peut-être elle ne montra plus de courage et de grandeur.

Les Athéniens, qui, loin de s'attendre à ce sacrifice, s'étaient préparés à l'obtenir par la voie des armes, admirèrent une modération qu'ils étaient incapables d'imiter ; et tandis qu'une nation rivale se dépouillait d'une partie de sa puissance, ils n'en étaient que plus empressés à se faire assurer par les alliés le droit honorable de commander les armées navales de la Grèce.

Ce nouveau système de confédération devait être justifié par de nouvelles entreprises, et fit éclore de nouveaux projets. On commença par régler les contributions nécessaires pour continuer la guerre contre les Perses. Toutes les nations mirent leurs intérêts entre les mains d'Aristide : il parcourut le continent et les îles, s'instruisit du produit des terres, et fit voir dans ses opérations tant d'intelligence et d'équité que les contribuables mêmes le regardèrent comme leur bienfaiteur. Dès qu'elles furent terminées, on résolut d'attaquer les Perses.

Les Lacédémoniens ne participèrent point à cette délibération ; ils ne respiraient alors que la paix, les Athéniens que la guerre. Cette opposition de vues avait éclaté plus d'une fois. Après la bataille de Mycale, ceux du Péloponnèse, ayant les Lacédémoniens à leur tête, voulaient transporter les peuples de l'Ionie dans le continent de la Grèce, et leur donner les places maritimes que possédaient les nations qui s'étaient alliées aux Perses. Par ces transmigrations la Grèce eût été délivrée du soin de protéger les Ioniens, et l'on éloignait une rupture certaine entre l'Asie et l'Europe. Mais les Athéniens rejetèrent cet avis, sous prétexte que le sort de leurs colonies ne devait pas dépendre des alliés. Il fallait du moins imprimer une sorte de flétrissure sur les peuples grecs qui avaient joint leurs troupes à celles de Xerxès, ou qui étaient restés dans l'inaction. Les Lacédémoniens proposèrent de les exclure de l'assemblée des amphictyons ; mais Thémistocle, qui voulait ménager à sa patrie l'alliance des Argiens, des Thébains et des Thessaliens, représenta qu'en écartant de cette assemblée les nations coupables, deux ou trois villes puissantes y disposeraient à leur gré de tous les suffrages ; il fit tomber la proposition des Lacédémoniens, et s'attira leur haine.

Il avait mérité celle des alliés par les exactions et les violences qu'il exerçait dans les îles de la mer Égée. Une foule de particuliers se plaignaient de ses injustices ; d'autres, des richesses qu'il avait acquises ; tous, du désir extrême qu'il avait de dominer. L'envie, qui recueillait les moindres de ses actions et de ses paroles, goûtait le cruel plaisir de répandre des nuages sur sa gloire. Lui-même la voyait se flétrir de jour en jour ; et pour en soutenir l'éclat il s'abaissait à fatiguer le peuple du récit de ses exploits, sans s'apercevoir qu'il est aussi dangereux qu'inutile de rappeler des services oubliés. Il fit construire auprès de sa maison un temple consacré à DIANE AUTEUR DES BONS CONSEILS. Cette inscription, monument de ceux qu'il avait donnés aux Athéniens pendant la guerre médique, parut un reproche, et par conséquent un outrage fait à la nation. Ses ennemis prévalurent : il fut banni[1], et se retira dans le Péloponnèse; mais bientôt, accusé d'entretenir une correspondance criminelle avec Artaxerxès, successeur de Xerxès, il fut poursuivi de ville en ville, et contraint de se réfugier chez les Perses. Ils honorèrent dans leur vainqueur suppliant des talents qui les avaient humiliés, mais qui n'étaient plus à craindre. Il mourut plusieurs années après[2].

Les Athéniens s'aperçurent à peine de cette perte; ils possédaient Aristide, et Cimon, fils de Miltiade. Cimon réunissait à la valeur de son père la prudence de Thémistocle et presque toutes les vertus d'Aristide, dont il avait étudié les exemples et écouté les leçons. On lui confia le commandement de la flotte grecque : il fit voile vers la Thrace, s'empara d'une ville où les Perses avaient une garnison, détruisit les pirates qui infestaient les mers voisines, et porta la terreur dans quelques îles qui s'étaient séparées de la ligue.

Bientôt il sort du Pirée avec deux cents galères, auxquelles les alliés en joignent cent autres : il oblige, par sa présence ou par ses armes, les villes de Carie et de Lycie à se déclarer contre les Perses; et ayant rencontré à la hauteur de l'île de Chypre la flotte de ces derniers, composée de deux cents vaisseaux, il en coule à fond une partie et s'empare du reste : le soir même il arrive sur les côtes de Pamphylie, où les Perses avaient rassemblé une forte armée; il débarque ses troupes, attaque l'ennemi, le disperse, et revient avec un nombre prodigieux de prisonniers et quantité de riches dépouilles destinées à l'embellissement d'Athènes.

La conquête de la presqu'île de Thrace suivit de près cette double victoire; et d'autres avantages remportés pendant plusieurs années accrurent successivement la gloire des Athéniens et la confiance qu'ils avaient en leurs forces.

Celles de leurs alliés s'affaiblissaient dans la même proportion. Épuisés par une guerre qui, de jour en jour, leur devenait plus étrangère, la plupart refusaient d'envoyer leur contingent de troupes et de vaisseaux. Les Athéniens employèrent d'abord, pour les y contraindre, les menaces et la violence; mais Cimon, par des vues plus profondes, leur proposa de garder leurs soldats et

[1] Vers l'an 471 avant J.-C. — [2] Vers l'an 449 avant J.-C.

leurs matelots, d'augmenter leurs contributions en argent, et d'envoyer leurs galères, qu'il ferait monter par des Athéniens. Par cette politique adroite il les priva de leur marine ; et, les ayant plongés dans un funeste repos, il donna tant de supériorité à sa patrie qu'elle cessa d'avoir des égards pour les alliés. Aristide et Cimon en retinrent quelques-uns par des attentions suivies. Athènes, par ses hauteurs, força les autres à se séparer de son alliance, et les punit de leur défection en les asservissant.

C'est ainsi qu'elle s'empara des îles de Scyros et de Naxos, et que l'île de Thasos, après un long siége, fut obligée d'abattre les murs de sa capitale et de livrer aux vainqueurs ses vaisseaux, ses mines d'or et le pays qu'elle possédait dans le continent.

Ces infractions étaient manifestement contraires au traité qu'Aristide avait fait avec les alliés, et dont les plus horribles serments devaient garantir l'exécution ; mais Aristide lui-même exhorta les Athéniens à détourner sur lui les peines que méritait leur parjure. Il semble que l'ambition commençait à corrompre la vertu même.

Athènes était alors dans un état de guerre continuel, et cette guerre avait deux objets : l'un, qu'on publiait à haute voix, consistait à maintenir la liberté des villes de l'Ionie ; l'autre, qu'on craignait d'avouer, consistait à la ravir aux peuples de la Grèce.

Les Lacédémoniens, réveillés enfin par les plaintes des alliés, avaient résolu, pendant le siége de Thasos, de faire une diversion dans l'Attique ; mais, dans le moment de l'exécution, d'affreux tremblements de terre détruisent Sparte, et font périr sous ses ruines un nombre considérable d'habitants. Les esclaves se révoltent ; quelques villes de Laconie suivent leur exemple, et les Lacédémoniens sont contraints d'implorer le secours de ce peuple dont ils voulaient arrêter les progrès[1]. Un de ses orateurs lui conseillait de laisser périr la seule puissance qu'il eût à redouter dans la Grèce ; mais Cimon, convaincu que la rivalité de Sparte était plus avantageuse aux Athéniens que leurs conquêtes mêmes, sut leur inspirer des sentiments plus généreux. Ils joignirent à diverses reprises leurs troupes à celles des Lacédémoniens ; et ce service important, qui devait unir les deux nations, fit naître entre elles une haine qui produisit des guerres funestes. Les Lacédémoniens crurent s'apercevoir que les généraux d'Athènes entretenaient des intelligences avec les révoltés : ils les prièrent de se retirer sous des prétextes plausibles ; mais les Athéniens, irrités d'un pareil soupçon, rompirent le traité qui les liait aux Lacédémoniens depuis le commencement de la guerre médique, et se

---

[1] Vers l'an 464 avant J.-C.

hâtèrent d'en conclure un autre avec ceux d'Argos, depuis longtemps ennemis des Lacédémoniens.

Sur ces entrefaites, Inarus, fils de Psammétique, ayant fait soulever l'Égypte contre Artaxerxès, roi de Perse, sollicita la protection des Athéniens[1]. Le désir d'affaiblir les Perses et de se ménager l'alliance des Égyptiens détermina la république encore plus que les offres d'Inarus. Cimon conduisit en Égypte la flotte des alliés, composée de deux cents vaisseaux : elle remonta le Nil et se joignit à celle des Égyptiens, qui défirent les Perses et s'emparèrent de Memphis, à l'exception d'un quartier de la ville où s'étaient réfugiés les débris de l'armée persane. La révolte des Égyptiens ne fut étouffée que six ans après : la valeur seule des Athéniens et des autres Grecs en prolongea la durée. Après la perte d'une bataille ils se défendirent pendant seize mois dans une île formée par deux bras du Nil, et la plupart périrent les armes à la main. Il faut observer qu'Artaxerxès, pour obliger les troupes à quitter l'Égypte, avait vainement tenté d'engager, à force de présents, les Lacédémoniens à faire une irruption dans l'Attique.

Tandis que les Athéniens combattaient au loin pour donner un roi à l'Égypte, ils attaquaient en Europe ceux de Corinthe et d'Épidaure; ils triomphaient des Béotiens et des Sicyoniens; ils dispersaient la flotte du Péloponnèse, forçaient les habitants d'Égine à livrer leurs vaisseaux, à payer un tribut, à démolir leurs murailles; ils envoyaient des troupes en Thessalie pour rétablir Oreste sur le trône de ses pères; ils remuaient sans cesse les peuples de la Grèce par des intrigues sourdes ou par des entreprises audacieuses, donnant des secours aux uns, forçant les autres à leur en fournir, réunissant à leur domaine les pays qui étaient à leur bienséance, formant des établissements dans les pays où le commerce les attirait, toujours les armes à la main, toujours entraînés à de nouvelles expéditions par une succession rapide de revers et de succès.

Des colonies composées quelquefois de dix mille hommes allaient au loin cultiver les terres des vaincus : elles auraient, ainsi que la multiplicité des guerres, dépeuplé l'Attique. Mais les étrangers abordaient en foule dans ce petit pays, attirés par le décret de Thémistocle qui leur accordait un asile, et encore plus par le désir de partager la gloire et le fruit de tant de conquêtes.

Des généraux habiles et entreprenants ne secondaient que trop l'ambition effrénée de la république. Tels étaient Myronidès, qui,

---

[1] Vers l'an 462 avant J.-C.

dans une seule campagne, s'empara de la Phocide et de presque toute la Béotie; Tolmidès, qui, vers le même temps, ravagea les côtes du Péloponnèse; Périclès, qui commençait à jeter les fondements de sa gloire, et profitait des fréquentes absences de Cimon pour se rendre maître de l'esprit du peuple.

Les Athéniens ne faisaient pas alors directement la guerre à Lacédémone, mais ils exerçaient fréquemment des hostilités contre elle et contre ses alliés. Un jour ils voulurent, de concert avec les Argiens, s'opposer au retour d'un corps de troupes lacédémoniennes que des intérêts particuliers avaient attiré du Péloponnèse en Béotie. La bataille se donna auprès de la ville de Tanagra[1]. Les Athéniens furent battus; les Lacédémoniens continuèrent tranquillement leur marche. Les premiers craignirent alors une rupture ouverte. Dans ces occasions la république rougissait de ses injustices, et ceux qui la gouvernaient déposaient leur rivalité. Tous les yeux se tournèrent vers Cimon, qu'ils avaient exilé quelques années auparavant. Périclès, qui l'avait fait bannir, se chargea de proposer le décret qui ordonnait son rappel.

Ce grand homme, honoré de l'estime des Spartiates et assuré de la confiance des Athéniens, employa tous ses soins pour les ramener à des vues pacifiques, et les engagea du moins à signer une trêve de cinq ans[2]. Mais, comme les Athéniens ne pouvaient plus supporter le repos, il se hâta de les mener en Chypre; il y remporta de si grands avantages sur les Perses, qu'il contraignit Artaxerxès à demander la paix en suppliant[3]. Les conditions en furent humiliantes pour le grand roi : lui-même n'en eût pas dicté d'autres à une peuplade de brigands qui aurait infesté les frontières de son royaume. Il reconnut l'indépendance des villes grecques de l'Ionie; on stipula que ses vaisseaux de guerre ne pourraient entrer dans les mers de la Grèce, ni ses troupes de terre approcher des côtes qu'à une distance de trois jours de marche. Les Athéniens, de leur côté, jurèrent de respecter les états d'Artaxerxès.

Telles furent les lois qu'une ville de la Grèce imposait au plus grand empire du monde. Trente ans auparavant, la résolution qu'elle prit de résister à cette puissance fut regardée comme un coup de désespoir, et le succès comme un prodige. Cimon ne jouit pas long-temps de sa gloire : il finit ses jours en Chypre. Sa mort fut le terme des prospérités des Athéniens : elle le serait de cette

---

[1] Vers l'an 456 avant J.-C.
[2] L'an 450 avant J.-C.
[3] L'an 449 avant J.-C.

partie de leur histoire, si je n'avais à recueillir quelques traits qui servent à caractériser le siècle où il a vécu.

Lorsque les Perses parurent dans la Grèce, deux sortes de craintes engagèrent les Athéniens à leur opposer une vigoureuse résistance : la crainte de l'esclavage, qui, dans une nation libre, a toujours produit plus de vertus que les principes de l'institution; et la crainte de l'opinion publique, qui, chez toutes les nations, supplée souvent aux vertus. La première agissait d'autant plus sur les Athéniens qu'ils commençaient à jouir de cette liberté qui leur avait coûté deux siècles de dissensions; ils devaient la seconde à leur éducation et à une longue habitude. Il régnait alors dans les âmes cette pudeur qui rougit de la licence, ainsi que de la lâcheté; qui fait que chaque citoyen se renferme dans les bornes de son état ou de ses talents; qui fait aussi que la loi devient un frein pour l'homme puissant, la pratique des devoirs une ressource pour l'homme faible, et l'estime de ses semblables un besoin pour tous.

On fuyait les emplois parce qu'on en était digne; on n'osait aspirer aux distinctions parce que la considération publique suffisait pour payer les services rendus à l'état. Jamais on n'a fait de si grandes choses que dans ce siècle; jamais on n'a été plus éloigné de penser que la gloire dût en rejaillir sur quelques citoyens. On éleva des statues en l'honneur de Solon, d'Harmodius et d'Aristogiton; mais ce ne fut qu'après leur mort. Aristide et Thémistocle sauvèrent la république, qui ne leur décerna pas même une couronne de laurier. Miltiade, après la bataille de Marathon, sollicita cet honneur dans l'assemblée du peuple; un homme se leva, et lui dit : « Miltiade, quand vous repousserez tout seul les barbares, vous aurez tout seul une couronne. » Peu de temps après des troupes athéniennes, sous la conduite de Cimon, remportèrent de grands avantages dans la Thrace; à leur retour elles demandèrent une récompense : dans les inscriptions qui furent gravées, on fit l'éloge des troupes, et l'on ne cita personne en particulier.

Comme chaque citoyen pouvait être utile et n'était pas à chaque instant humilié par des préférences injustes, ils savaient tous qu'ils pourraient acquérir une considération personnelle; et comme les mœurs étaient simples et pures, ils avaient en général cette indépendance et cette dignité qu'on ne perd que par la multiplicité des besoins et des intérêts.

Je ne citerai point, à l'avantage de ce siècle, l'hommage éclatant que les Athéniens rendirent à la probité d'Aristide : ce fut à la représentation d'une pièce d'Eschyle. L'acteur ayant dit qu'Amphiarniis était moins jaloux de paraître homme de bien que de l'être en effet, tous les yeux se tournèrent rapidement vers Aristide. Une nation corrompue pourrait faire une pareille application; mais les Athéniens eurent toujours plus de déférence pour les avis d'Aristide que pour ceux de Thémistocle, et c'est ce qu'on ne verrait pas dans une nation corrompue.

Après leur succès contre les Perses, l'orgueil que donne la victoire se joignit dans leurs cœurs aux vertus qui l'avaient procurée; et cet orgueil était d'autant plus légitime que jamais on ne combattit pour une cause plus juste et plus importante.

Lorsqu'une nation pauvre et vertueuse parvient tout à coup à une certaine élévation, il arrive de deux choses l'une : ou que, pour conserver sa constitution, elle renonce à toute idée d'agrandissement, et alors elle jouit en paix de sa propre estime et du respect des autres peuples, c'est ce qui arriva aux Lacédémoniens: ou qu'elle veut, à quelque prix que ce soit, accroître sa puissance, et alors elle devient injuste et oppressive, c'est ce qu'éprouvèrent les Athéniens.

Thémistocle les égara dans la route où il les conduisit. Les autres chefs, loin de modérer leur ardeur, ne parurent attentifs qu'à l'enflammer.

Lors de la seconde invasion des Perses, Miltiade proposa de les combattre en rase campagne. Ce projet était digne du vainqueur de Marathon. Celui de Thémistocle fut plus hardi peut-être : il osa conseiller aux Athéniens de confier leur destinée au hasard d'une bataille navale. De puissantes raisons s'élevaient contre ce plan de défense. Les Athéniens savaient à peine alors gouverner leurs faibles navires, ils n'étaient point exercés aux combats de mer. On ne pouvait pas prévoir que Xerxès attaquerait les Grecs dans un détroit. Enfin, Thémistocle devait-il se flatter, comme il l'assurait, qu'à tout événement il s'ouvrirait un passage à travers la flotte ennemie et transporterait le peuple d'Athènes dans un pays éloigné? Quoi qu'il en soit, le succès justifia ses vues.

Mais si l'établissement de la marine fut le salut d'Athènes, elle devint bientôt l'instrument de son ambition et de sa perte. Thémistocle, qui voulait rendre sa nation la plus puissante de la Grèce, pour en être le premier citoyen, fit creuser un nouveau port, construire un plus grand nombre de galères, descendre sur ses flottes les soldats, les ouvriers, les laboureurs, et cette multitude d'étrangers qu'il avait attirés de tous côtés. Après avoir conseillé d'épargner les peuples du continent qui s'étaient unis à Xerxès, il attaqua sans ménagement les îles qui avaient été forcées de céder aux Perses : il ravissait leurs trésors ; et, de retour dans sa patrie, il en achetait des partisans qu'il retenait et révoltait par son faste. Cimon et les autres généraux, enrichis par la même voie, étalèrent une magnificence inconnue jusqu'alors : ils n'avaient plus d'autre objet, à l'exemple de Thémistocle, que de concourir à l'agrandissement de la république. Cette idée dominait dans tous les esprits.

Le peuple, enorgueilli de voir ses généraux mettre à ses pieds les dépouilles et les soumissions volontaires ou forcées des villes réunies à son domaine, se répandait avec impétuosité sur toutes les mers et paraissait sur tous les rivages ; il multipliait des conquêtes qui altéraient insensiblement le caractère de la valeur nationale. En effet, ces braves soldats qui avaient affronté la mort dans les champs de Marathon et de Platée, servilement employés aux opérations de la manœuvre, ne s'exerçaient le plus souvent qu'à tenter des descentes avec précaution, qu'à surprendre des villes sans défense, qu'à ravager des terres abandonnées : espèce de guerre qui apprend à calculer ses forces, à n'approcher de l'ennemi qu'en tremblant, à prendre la fuite sans en rougir.

Les mœurs reçurent l'atteinte funeste que le commerce des étrangers, la rivalité de puissance ou de crédit, l'esprit des conquêtes et l'espoir du gain portent à un gouvernement fondé sur la vertu. Cette foule de citoyens obscurs qui servaient sur les flottes, et auxquels la république devait des égards, puisqu'elle leur devait sa gloire, contractèrent dans leur course les vices des pirates ; et, devenant tous les jours plus entreprenants, ils dominèrent dans la place publique et firent passer l'autorité entre les mains du peuple ; ce qui arrive presque toujours dans un état où la marine est florissante. Deux ou trois traits montrent avec quelle rapidité les principes de droiture et d'équité s'affaiblirent dans la nation.

Après la bataille de Platée, Thémistocle annonça publiquement qu'il avait formé un projet important, et dont le succès ne pouvait être assuré que par le secret le plus impénétrable. Le peuple répondit : « Qu'Aristide en soit le dépositaire ; nous nous en rapportons à lui. » Thémistocle tira ce dernier à l'écart et lui dit : « La flotte de nos alliés séjourne sans défiance dans le port de Pagases ; je propose de la brûler, et nous sommes les maîtres de la Grèce. » « Athéniens, dit alors Aristide, rien de si utile que le projet de Thémistocle, mais rien de si injuste. » « Nous n'en voulons point, » s'écria tout d'une voix l'assemblée.

Quelques années après les Samiens proposèrent aux Athéniens de violer un article du traité qu'on avait fait avec les alliés. Le peuple demanda l'avis d'Aristide. « Celui des Samiens est injuste, répondit-il, mais il est utile. » Le peuple approuva le projet des Samiens.

Enfin, après un court intervalle de temps, et sous Périclès, les Athéniens, dans plus d'une occasion, eurent l'insolence d'avouer qu'ils ne connaissaient plus d'autre droit des gens que la force.

SECTION TROISIÈME.
SIÈCLE DE PÉRICLÈS [1].

Périclès s'aperçut de bonne heure que sa naissance et ses richesses lui donnaient des droits et le rendaient suspect. Un autre motif augmentait ses alarmes. Des vieillards qui avaient connu Pisistrate croyaient le trouver dans le jeune Périclès; c'étaient, avec les mêmes traits, le même son de voix et le même talent de la parole. Il fallait se faire pardonner cette ressemblance et les avantages dont elle était accompagnée. Périclès consacra ses premières années à l'étude de la philosophie, sans se mêler des affaires publiques, et ne paraissant ambitionner d'autre distinction que celle de la valeur.

Après la mort d'Aristide et l'exil de Thémistocle, Cimon prit les rênes du gouvernement; mais, souvent occupé d'expéditions lointaines, il laissait la confiance des Athéniens flotter entre plusieurs concurrents incapables de la fixer. On vit alors Périclès se retirer de la société, renoncer aux plaisirs, attirer l'attention de la multitude par une démarche lente, un maintien décent, un extérieur modeste et des mœurs irréprochables. Il parut enfin à la tribune, et ses premiers essais étonnèrent les Athéniens. Il devait à la nature d'être le plus éloquent des hommes, et au travail d'être le premier des orateurs de la Grèce.

Les maîtres célèbres qui avaient élevé son enfance, continuant à l'éclairer de leurs conseils, remontaient avec lui aux principes de la morale et de la politique : son génie s'appropriait leurs connaissances ; et de là cette profondeur, cette plénitude de lumières, cette force de style qu'il savait adoucir au besoin; ces grâces qu'il ne négligeait point, qu'il n'affecta jamais; tant d'autres qualités qui le mirent en état de persuader ceux qu'il ne pouvait convaincre, et d'entraîner ceux mêmes qu'il ne pouvait ni convaincre ni persuader.

On trouvait dans ses discours une majesté imposante sous laquelle les esprits restaient accablés: c'était le fruit de ses conversations

---

[1] Depuis l'an 444 jusqu'à l'an 404 avant J.-C.

avec le philosophe Anaxagore, qui, en lui développant le principe des êtres et les phénomènes de la nature, semblait avoir agrandi son âme naturellement élevée.

On n'était pas moins frappé de la dextérité avec laquelle il pressait ses adversaires et se dérobait à leurs poursuites : il la devait au philosophe Zénon d'Élée, qui l'avait plus d'une fois conduit dans les détours d'une dialectique captieuse pour lui en découvrir les issues secrètes. Aussi l'un des plus grands antagonistes de Périclès disait souvent : « Quand je l'ai terrassé et que je le tiens sous moi, il s'écrie qu'il n'est point vaincu, et le persuade à tout le monde. »

Périclès connaissait trop bien sa nation pour ne pas fonder ses espérances sur le talent de la parole, et l'excellence de ce talent pour n'être pas le premier à le respecter. Avant que de paraître en public il s'avertissait en secret qu'il allait parler à des hommes libres, à des Grecs, à des Athéniens.

Cependant il s'éloignait le plus qu'il pouvait de la tribune, parce que, toujours ardent à suivre avec lenteur le projet de son élévation, il craignait d'effacer par de nouveaux succès l'impression des premiers, et de porter trop tôt l'admiration du peuple à ce point d'où elle ne peut que descendre. On jugea qu'un orateur qui dédaignait les applaudissements dont il était assuré méritait la confiance qu'il ne cherchait pas ; et que les affaires dont il faisait le rapport devaient être bien importantes, puisqu'elles le forçaient à rompre le silence.

On conçut une haute idée du pouvoir qu'il avait sur son âme, lorsqu'un jour que l'assemblée se prolongea jusqu'à la nuit on vit un simple particulier ne cesser de l'interrompre et de l'outrager, le suivre avec des injures jusque dans sa maison, et Périclès ordonner froidement à un de ses esclaves de prendre un flambeau et de conduire cet homme chez lui.

Quand on vit enfin que partout il montrait non-seulement le talent, mais encore la vertu propre à la circonstance : dans son intérieur, la modestie et la frugalité des temps anciens ; dans les emplois de l'administration, un désintéressement et une probité inaltérables ; dans le commandement des armées, l'attention à ne rien donner au hasard, et à risquer plutôt sa réputation que le salut de l'état ; on pensa qu'une âme qui savait mépriser les louanges et l'insulte, les richesses, les superfluités et la gloire elle-même, devait avoir pour le bien public cette chaleur dévorante qui étouffe les autres passions, ou qui du moins les réunit dans un sentiment unique.

Ce fut surtout cette illusion qui éleva Périclès; et il sut l'entretenir pendant près de quarante ans dans une nation éclairée, jalouse de son autorité, et qui se lassait aussi facilement de son admiration que de son obéissance.

Il partagea d'abord sa faveur avant que de l'obtenir tout entière. Cimon était à la tête des nobles et des riches. Périclès se déclara pour la multitude qu'il méprisait, et qui lui donna un parti considérable. Cimon, par des voies légitimes, avait acquis dans ses expéditions une fortune immense; il l'employait à décorer la ville et à soulager les malheureux.

Périclès, par la force de son ascendant, disposa du trésor public des Athéniens et de celui des alliés, remplit Athènes de chefs-d'œuvre de l'art, assigna des pensions aux citoyens pauvres, leur distribua une partie des terres conquises, multiplia les fêtes, accorda un droit de présence aux juges, à ceux qui assisteraient aux spectacles et à l'assemblée générale. Le peuple, ne voyant que la main qui donnait, fermait les yeux sur la source où elle puisait. Il s'unissait de plus en plus avec Périclès, qui, pour se l'attacher plus fortement encore, le rendit complice de ses injustices, et se servit de lui pour frapper ces grands coups qui augmentent le crédit en le manifestant. Il fit bannir Cimon, faussement accusé d'entretenir des liaisons suspectes avec les Lacédémoniens; et, sous de frivoles prétextes, détruisit l'autorité de l'aréopage, qui s'opposait avec vigueur à la licence des mœurs et des innovations.

Après la mort de Cimon, Thucydide, son beau-frère, tâcha de ranimer le parti chancelant des principaux citoyens. Il n'avait pas les talents militaires de Périclès; mais, aussi habile que lui à manier les esprits, il maintint pendant quelque temps l'équilibre, et finit par éprouver les rigueurs de l'ostracisme ou de l'exil.

Dès ce moment Périclès changea de système: il avait subjugué le parti des riches en flattant la multitude; il subjugua la multitude en réprimant ses caprices, tantôt par une opposition invincible, tantôt par la sagesse de ses conseils ou par les charmes de son éloquence. Tout s'opérait par ses volontés; tout se faisait, en apparence, suivant les règles établies; et la liberté, rassurée par le maintien des formes républicaines, expirait sans qu'on s'en aperçût sous le poids du génie.

Plus la puissance de Périclès augmentait, moins il prodiguait son crédit et sa présence. Renfermé dans un petit cercle de parents et d'amis, il veillait du fond de sa retraite sur toutes les parties du gouvernement, tandis qu'on ne le croyait occupé qu'à pacifier ou bouleverser la Grèce. Les Athéniens, dociles au mouvement qui les entraînait, en respectaient l'auteur, parce qu'ils le voyaient rarement implorer leurs suffrages ; et, aussi excessifs dans leurs expressions que dans leurs sentiments, ils ne représentaient Périclès que sous les traits du plus puissant des dieux. Faisait-il entendre sa voix dans les occasions essentielles, on disait que Jupiter lui avait confié les éclairs et la foudre ; n'agissait-il dans les autres que par le ministère de ses créatures, on se rappelait que le souverain des cieux laissait à des génies subalternes les détails du gouvernement de l'univers.

Périclès étendit par des victoires éclatantes les domaines de la république ; mais, quand il vit la puissance des Athéniens à une certaine élévation, il crut que ce serait une honte de la laisser s'affaiblir, et un malheur de l'augmenter encore. Cette vue dirigea toutes ses opérations ; et le triomphe de sa politique fut d'avoir pendant si long-temps retenu les Athéniens dans l'inaction, leurs alliés dans la dépendance, et ceux de Lacédémone dans le respect.

Les Athéniens, pénétrés du sentiment de leurs forces, de ce sentiment qui, dans les rangs élevés, produit la hauteur et l'orgueil, dans la multitude l'insolence et la férocité, ne se bornaient plus à dominer sur la Grèce ; ils méditaient la conquête de l'Égypte, de Carthage, de la Sicile et de l'Étrurie. Périclès leur laissait exhaler ces vastes projets, et n'en était que plus attentif aux démarches des alliés d'Athènes.

La république brisait successivement les liens de l'égalité qui avaient formé leur confédération : elle appesantissait sur eux un joug plus humiliant que celui des barbares, parce qu'en effet on s'accoutume plus aisément à la violence qu'à l'injustice. Entre autres sujets de plainte, les alliés reprochèrent aux Athéniens d'avoir employé à l'embellissement de leur ville les sommes d'argent qu'ils accordaient tous les ans pour faire la guerre aux Perses.

Périclès répondit que les flottes de la république mettaient ses alliés à l'abri des insultes des barbares, et qu'elle n'avait point d'autre engagement à remplir. A cette réponse, l'Eubée, Samos et Byzance se soulevèrent ; mais, bientôt après, l'Eubée rentra sous l'obéissance des Athéniens ; Byzance leur apporta le tribut ordinaire ; Samos, après une vigoureuse résistance, les indemnisa des frais de la guerre, livra ses vaisseaux, démolit ses murailles, et donna des otages.

La ligue du Péloponnèse vit dans cet exemple de vigueur une nouvelle preuve du despotisme que les Athéniens exerçaient sur leurs alliés, et qu'ils feraient un jour éprouver à leurs ennemis.

Depuis long-temps alarmée de leurs progrès rapides, nullement rassurée par les traités qu'elle avait faits avec eux et qu'on avait confirmés par une trêve de trente ans [1], elle aurait plus d'une fois arrêté le cours de leurs victoires, si elle avait pu vaincre l'extrême répugnance des Lacédémoniens pour toute espèce de guerre.

Telle était la disposition des esprits parmi les nations de la Grèce. Périclès était odieux aux unes, redoutable à toutes. Son règne, car c'est le nom qu'on peut donner à son administration, n'avait point été ébranlé par les cris de l'envie, et encore moins par les satires ou les plaisanteries qu'on se permettait contre lui sur le théâtre ou dans la société. Mais à cette espèce de vengeance qui console le peuple de sa faiblesse, succédèrent à la fin des murmures sourds et mêlés d'une inquiétude sombre, qui présageaient une révolution prochaine. Ses ennemis, n'osant l'attaquer directement, essayèrent leurs armes contre ceux qui avaient mérité sa protection ou son amitié.

Phidias, chargé de la direction des superbes monuments qui décorent Athènes, fut dénoncé pour avoir soustrait une partie de l'or dont il devait enrichir la statue de Minerve : il se justifia, et ne périt pas moins dans les fers. Anaxagore, le plus religieux peut-être des philosophes, fut traduit en justice pour crime d'impiété, et obligé de prendre la fuite. L'épouse, la tendre amie de Périclès, la célèbre Aspasie, accusée d'avoir outragé la religion par ses discours, et les mœurs par sa conduite, plaida sa cause elle-même; et les larmes de son époux la dérobèrent à peine à la sévérité des juges.

Ces attaques n'étaient que le prélude de celles qu'il aurait essuyées, lorsqu'un événement imprévu releva ses espérances et raffermit son autorité.

Corcyre faisait depuis quelques années la guerre à Corinthe, dont elle tire son origine. Suivant le droit public de la Grèce, une puissance étrangère ne doit point se mêler des différends élevés entre une métropole et sa colonie ; mais il était de l'intérêt des Athéniens de s'attacher un peuple dont la marine était florissante, et qui pouvait par sa position favoriser le passage de leurs flottes en Sicile et en Italie. Ils le reçurent dans leur alliance, et lui envoyèrent des secours. Les Corinthiens publièrent que les Athéniens avaient rompu la trêve.

Potidée, autre colonie des Corinthiens, avait embrassé le parti des Athéniens. Ces derniers, soupçonnant sa fidélité, lui ordonnèrent non-seulement de leur donner des otages, mais encore de

---

[1] L'an 445 avant J.-C. (Dodwell, *in Annal. Thucyd.*, p. 104.)

démolir ses murailles, et de chasser les magistrats que, suivant l'usage, elle recevait tous les ans de sa métropole. Potidée se joignit à la ligue du Péloponnèse, et les Athéniens l'assiégèrent.

Quelque temps auparavant les Athéniens avaient, sous quelques légers prétextes, interdit l'entrée de leurs ports et de leurs marchés à ceux de Mégare, alliés de Lacédémone. D'autres villes gémissaient sur la perte de leurs lois et de leur liberté.

Corinthe, qui voulait susciter une guerre générale, épousa leurs querelles et sut les engager à demander une satisfaction éclatante aux Lacédémoniens, chefs de la ligue du Péloponnèse. Les députés de ces différentes villes arrivèrent à Lacédémone : on les assemble ; ils exposent leurs griefs avec autant d'aigreur que de véhémence ; ils disent ce qu'ils ont souffert, ce qu'ils ont à craindre, tout ce que prescrit une juste vengeance, tout ce qu'inspirent la jalousie et la haine. Quand les esprits sont disposés à recevoir de plus fortes impressions, un des ambassadeurs de Corinthe prend la parole, et reproche aux Lacédémoniens cette bonne foi qui ne leur permet pas de soupçonner la mauvaise foi des autres, cette modération dont on leur fait un mérite et qui les rend si indifférents aux intérêts des puissances voisines. « Combien de fois vous avons-nous avertis des projets des Athéniens ? et qu'est-il nécessaire de vous les rappeler encore ? Corcyre, dont la marine pouvait, dans l'occasion, si bien seconder nos efforts, est entrée dans leur alliance ; Potidée, cette place qui assurait nos possessions dans la Thrace, va tomber entre leurs mains. Nous n'accusons que vous de nos pertes ; vous qui après la guerre des Mèdes avez permis à nos ennemis de fortifier leur ville et d'étendre leurs conquêtes ; vous qui êtes les protecteurs de la liberté, et qui, par votre silence, favorisez l'esclavage ; vous qui délibérez quant il faut agir, et qui ne songez à votre défense que quand l'ennemi tombe sur vous avec toutes ses forces. Nous nous en souvenons encore : les Mèdes, sortis du fond de l'Asie, avaient traversé la Grèce et pénétré jusqu'au Péloponnèse, que vous étiez tranquilles dans vos foyers. Ce n'est pas contre une nation éloignée que vous aurez à combattre, mais contre un peuple qui est à votre porte ; contre ces Athéniens, dont vous n'avez jamais connu, dont vous ne connaissez pas encore les ressources et le caractère. Esprits ardents à former des projets, habiles à les varier dans les occasions ; si prompts à les exécuter que posséder et désirer est pour eux la même chose, si présomptueux qu'ils se croient dépouillés des conquêtes qu'ils n'ont pu faire, si avides qu'ils ne se bornent jamais à celles qu'ils ont faites : nation courageuse et turbulente, dont l'audace s'accroît par le danger, et l'espérance par le malheur; qui regarde l'oisiveté comme un tourment, et que les dieux irrités ont jetée sur la terre pour n'être jamais en repos et n'y jamais laisser les autres.

» Qu'opposez-vous à tant d'avantages? des projets au-dessous de vos forces, la méfiance dans les résolutions les plus sages, la lenteur dans les opérations, le découragement aux moindres revers, la crainte d'étendre vos domaines, la négligence à les conserver. Tout, jusqu'à vos principes, est aussi nuisible au repos de la Grèce qu'à votre sûreté. N'attaquer personne, se mettre en état de n'être jamais attaqué, ces moyens ne vous paraissent pas toujours suffisants pour assurer le bonheur d'un peuple; vous voulez qu'on ne repousse l'insulte que lorsqu'il n'en résulte absolument aucun préjudice pour la patrie. Maxime funeste, et qui, adoptée des nations voisines, vous garantirait à peine de leurs invasions.

» O Lacédémoniens! votre conduite se ressent trop de la simplicité des premiers siècles. Autre temps, autres mœurs, autre système. L'immobilité des principes ne conviendrait qu'à une ville qui jouirait d'une paix éternelle; mais dès que, par ses rapports avec les autres nations, ses intérêts deviennent plus compliqués, il lui faut une politique plus raffinée. Abjurez donc, à l'exemple des Athéniens, cette droiture qui ne sait pas se prêter aux événements; sortez de cette indolence qui vous tient renfermés dans l'enceinte de vos murs; faites une irruption dans l'Attique; ne forcez pas des alliés, des amis fidèles, à se précipiter entre les bras de vos ennemis; et, placés à la tête des nations du Péloponnèse, montrez-vous dignes de l'empire que nos pères déférèrent à vos vertus. »

Des députés athéniens, que d'autres affaires avaient amenés à Lacédémone, demandèrent à parler, non pour répondre aux accusations qu'ils venaient d'entendre, les Lacédémoniens n'étaient pas leurs juges; ils voulaient seulement engager l'assemblée à suspendre une décision qui pouvait avoir des suites cruelles.

Ils rappelèrent avec complaisance les batailles de Marathon et de Salamine. C'étaient des Athéniens qui les avaient gagnées, qui avaient chassé les barbares, qui avaient sauvé la Grèce. Un peuple capable de si grandes choses méritait sans doute des égards. L'envie lui fait un crime aujourd'hui de l'autorité qu'il exerce sur une partie des nations grecques; mais c'est Lacédémone qui la lui a cédée: il la conserve parce qu'il ne pourrait l'abandonner sans danger; cependant il préfère, en l'exerçant, la douceur à la sévérité; et s'il est obligé d'employer quelquefois la rigueur, c'est que le plus faible ne peut être retenu dans la dépendance que par la force. « Que Lacédémone cesse d'écouter les plaintes injustes des alliés d'Athènes et la jalouse fureur de ses propres alliés ; qu'avant de prendre un parti elle réfléchisse sur l'importance des intérêts qu'on va discuter, sur l'incertitude des événements auxquels on va se soumettre. Loin cette ivresse qui ne permet aux peuples d'écouter la voix de la raison que lorsqu'ils sont parvenus au comble de leurs maux, qui fait que toute guerre finit par où elle devrait commencer ! Il en est temps encore, nous pouvons terminer nos différends à l'amiable, ainsi que le prescrivent les traités ; mais si, au mépris de vos serments, vous rompez la trêve, nous prendrons à témoin les dieux vengeurs du parjure, et nous nous préparerons à la plus vigoureuse défense. »

Ce discours fini, les ambassadeurs sortirent de l'assemblée ; et le roi Archidamus, qui joignait une longue expérience à une profonde sagesse, s'apercevant, à l'agitation des esprits, que la guerre était inévitable, voulut du moins en retarder le moment.

« Peuple de Lacédémone, dit-il, j'ai été témoin de beaucoup de guerres, ainsi que plusieurs d'entre vous ; et je n'en suis que plus porté à craindre celle que vous allez entreprendre. Sans préparatifs et sans ressources, vous voulez attaquer une nation exercée dans la marine, redoutable par le nombre de ses soldats et de ses vaisseaux, riche des productions de son sol et des tributs de ses alliés. Qui peut vous inspirer cette confiance ? Est-ce votre flotte ? mais quel temps ne faudrait-il pas pour la rétablir ! Est-ce l'état de vos finances ? mais nous n'avons point de trésor public, et les particuliers sont pauvres. Est-ce l'espérance de détacher les alliés d'Athènes ? mais, comme la plupart sont des insulaires, il faudrait être maître de la mer pour exciter et entretenir leur défection. Est-ce le projet de ravager les plaines de l'Attique, et de terminer cette grande querelle dans une campagne ? eh ! pensez-vous que la perte d'une moisson, si facile à réparer dans un pays où le commerce est florissant, engagera les Athéniens à vous demander la paix ? Ah ! que je crains plutôt que nous ne laissions cette guerre à nos enfants comme un malheureux héritage ! Les hostilités des villes et des particuliers sont passagères ; mais quand la guerre s'allume entre deux puissants états, il est aussi difficile d'en prévoir les suites que d'en sortir avec honneur.

» Je ne suis pas d'avis de laisser nos alliés dans l'oppression ; je dis seulement qu'avant de prendre les armes nous devons envoyer des ambassadeurs aux Athéniens et entamer une négociation. Ils viennent de nous proposer cette voie, et ce serait une injustice de la refuser. Dans l'intervalle nous nous adresserons aux nations de la Grèce, et, puisque la nécessité l'exige, aux barbares eux-mêmes, pour avoir des secours en argent et en vaisseaux; si les Athéniens rejettent nos plaintes, nous les réitérerons après deux ou trois ans de préparatifs, et peut-être les trouverons-nous alors plus dociles.

» La lenteur qu'on nous attribue a toujours fait notre sûreté; jamais les éloges ni les reproches ne nous ont portés à des entreprises téméraires. Nous ne sommes pas assez habiles pour rabaisser par des discours éloquents la puissance de nos ennemis; mais nous savons que pour nous mettre à portée de les vaincre il faut les estimer, juger de leur conduite par la nôtre, nous prémunir contre leur prudence ainsi que contre leur valeur, et moins compter sur leurs fautes que sur la sagesse de nos précautions. Nous croyons qu'un homme ne diffère pas d'un autre homme; mais que le plus redoutable est celui qui, dans les occasions critiques, se conduit avec le plus de prudence et de lumières.

» Ne nous départons jamais des maximes que nous avons reçues de nos pères, et qui ont conservé cet état. Délibérez à loisir : qu'un instant ne décide pas de vos biens, de votre gloire, du sang de tant de citoyens, de la destinée de tant de peuples; laissez entrevoir la guerre, et ne la déclarez pas; faites vos préparatifs comme si vous n'attendiez rien de vos négociations, et pensez que ces mesures sont les plus utiles à votre patrie et les plus propres à intimider les Athéniens. »

Les réflexions d'Archidamus auraient peut-être arrêté les Lacédémoniens, si, pour en détourner l'effet, Sthénélaïdas, un des éphores, ne se fût écrié sur-le-champ :

« Je ne comprends rien à l'éloquence verbeuse des Athéniens; ils ne tarissent pas sur leur éloge et ne disent pas un mot pour leur défense. Plus leur conduite fut irréprochable dans la guerre des Mèdes, plus elle est honteuse aujourd'hui; et je les déclare doublement punissables, puisqu'ils étaient vertueux et qu'ils ont cessé de l'être. Pour nous, toujours les mêmes, nous ne trahirons point nos alliés, et nous les défendrons avec la même ardeur qu'on les attaque. Au reste, il ne s'agit pas ici de discours et de discussions; ce n'est point par des paroles que nos alliés ont été outragés. La vengeance la plus prompte, voilà ce qui convient à la dignité de Sparte. Et qu'on ne dise pas que nous devons délibérer après avoir reçu une insulte : c'était aux autres à délibérer long-temps avant que de nous insulter. Opinez donc pour la guerre, ô Lacédémoniens! et, pour mettre enfin des bornes aux injustices de l'ambition des Athéniens, marchons, avec la protection des dieux, contre ces oppresseurs de la liberté. »

Il dit, et sur-le-champ il appela le peuple aux suffrages. Plusieurs des assistants furent de l'avis du roi : le plus grand nombre décida que les Athéniens avaient rompu la trêve; et il fut résolu de convoquer une diète générale pour prendre une dernière résolution.

Tous les députés étant arrivés, on mit de nouveau l'affaire en délibération, et la guerre fut décidée à la pluralité des voix. Cependant, comme rien n'était prêt encore, on chargea les Lacédémoniens d'envoyer des députés aux Athéniens, et de leur déférer les plaintes de la ligue du Péloponnèse.

La première ambassade n'eut pour objet que d'obtenir l'éloignement de Périclès ou de le rendre odieux à la multitude. Les ambassadeurs prétextèrent des raisons étrangères aux différends dont il s'agissait, et qui ne firent aucune impression sur les Athéniens.

De nouveaux députés offrirent de continuer la trêve : ils proposèrent quelques conditions, et se bornèrent enfin à demander la révocation du décret qui interdisait le commerce de l'Attique aux habitants de Mégare. Périclès répondit que les lois ne leur permettaient pas d'ôter le tableau sur lequel on avait inscrit ce décret. « Si vous ne le pouvez ôter, dit un des ambassadeurs, tournez-le seulement; vos lois ne vous le défendent pas. »

Enfin, dans une troisième ambassade, les députés se contentèrent de dire : « Les Lacédémoniens désirent la paix et ne la font dépendre que d'un seul point. Permettez aux villes de la Grèce de se gouverner suivant leurs lois. » Cette dernière proposition fut discutée, ainsi que les précédentes, dans l'assemblée du peuple. Comme les avis étaient partagés, Périclès se hâta de monter à la tribune. Il représenta que, suivant les traités, les différends élevés entre les villes contractantes devaient être discutés par des voies pacifiques, et qu'en attendant chacune devait jouir de ce qu'elle possédait. « Au mépris de cette décision formelle, dit Périclès, les Lacédémoniens nous signifient impérieusement leurs volontés; et, ne nous laissant que le choix de la guerre ou de la soumission, ils nous ordonnent de renoncer aux avantages que nous avons remportés sur leurs alliés. Ne publient-ils pas que la paix dépend uniquement du décret porté contre Mégare? et plusieurs d'entre vous ne s'écrient-ils pas qu'un si faible sujet ne doit pas nous engager à prendre les armes? Athéniens, de telles offres ne sont qu'un piége grossier; il faut les rejeter jusqu'à ce qu'on traite avec nous d'égal à égal. Toute nation qui prétend dicter des lois à une nation rivale lui propose des fers. Si vous cédiez sur un seul point, on croirait vous avoir fait trembler, et dès ce moment on vous imposerait des conditions plus humiliantes.

» Et que pouvez-vous craindre aujourd'hui de cette foule de nations qui diffèrent autant d'origine que de principes? Quelle lenteur dans la convocation de leurs diètes! quelle confusion dans la discussion de leurs intérêts! Elles s'occupent un moment du bien général, et le reste du temps de leurs avantages particuliers. Celles-ci ne songent qu'à leur vengeance, celles-là qu'à leur sûreté, et presque toutes, se reposant les unes sur les autres du soin de leur conservation, courent, sans s'en apercevoir, à leur perte commune. »

Périclès montrait ensuite que, les alliés du Péloponnèse n'étant pas en état de faire plusieurs campagnes, le meilleur moyen de les réduire était de les lasser, et d'opposer une guerre de mer à une guerre de terre. « Ils feront des invasions dans l'Attique, nos flottes ravageront leurs côtes : ils ne pourront réparer leurs pertes, tandis que nous aurons des campagnes à cultiver, soit dans les îles, soit dans le continent. L'empire de la mer donne tant de supériorité que, si vous étiez dans une île, aucune puissance n'oserait vous attaquer. Ne considérez plus Athènes que comme une place forte, et séparée, en quelque façon, de la terre; remplissez de soldats les murs qui la défendent et les vaisseaux qui sont dans ses ports. Que le territoire qui l'entoure vous soit étranger et devienne sous vos yeux la proie de l'ennemi. Ne cédez point à l'ardeur insensée d'opposer votre valeur à la supériorité du nombre. Une victoire attirerait bientôt sur vos bras de plus grandes armées : une défaite porterait à la révolte ces alliés que nous ne contenons que par la force. Ce n'est pas sur la perte de vos biens qu'il faudrait pleurer; c'est sur celle des soldats que vous exposeriez dans une bataille. Ah! si je pouvais vous persuader, vous porteriez à l'instant même le fer et la flamme dans nos campagnes et dans les maisons dont elles sont couvertes, et les Lacédémoniens apprendraient à ne plus les regarder comme les gages de notre servitude.

» J'aurais d'autres garants de la victoire à vous présenter, si j'étais assuré que, dans la crainte d'ajouter de nouveaux dangers à ceux de la guerre, vous ne chercherez point à combattre pour conquérir; car j'appréhende plus vos fautes que les projets de l'ennemi.

» Il faut maintenant répondre aux députés : 1° que les Mégariens pourront commercer dans l'Attique, si les Lacédémoniens ne nous interdisent plus, ainsi qu'à nos alliés, l'entrée de leur ville; 2° que les Athéniens rendront aux peuples qu'ils ont soumis la liberté dont ils jouissaient auparavant, si les Lacédémoniens en usent de même à l'égard des villes de leur dépendance ; 3° que la ligue d'Athènes offre encore à celle du Péloponnèse de terminer à l'amiable les différends qui les divisent actuellement. »

Après cette réponse, les ambassadeurs de Lacédémone se retirèrent, et de part et d'autre on s'occupa des préparatifs de la guerre la plus longue et la plus funeste qui ait jamais désolé la Grèce[1]. Elle dura vingt-sept ans. Elle eut pour principe l'ambition des Athéniens et la juste crainte qu'ils inspirèrent aux Lacédémoniens et à leurs alliés. Les ennemis de Périclès l'accusèrent de l'avoir suscitée. Ce qui paraît certain, c'est qu'elle fut utile au rétablissement de son autorité.

Les Lacédémoniens avaient pour eux les Béotiens, les Phocéens, les Locriens, ceux de Mégare, d'Ambracie, de Leucade, d'Anactorium, et tout le Péloponnèse, excepté les Argiens, qui observèrent la neutralité.

Du côté des Athéniens étaient les villes grecques situées sur les côtes de l'Asie, celles de la Thrace et de l'Hellespont, presque toute l'Acarnanie, quelques autres petits peuples, et tous les insulaires, excepté ceux de Mélos et de Théra. Outre ces secours, ils pouvaient eux-mêmes fournir à la ligue treize mille soldats pesamment armés, douze cents hommes de cheval, seize cents archers à pied, et trois cents galères ; seize mille hommes choisis parmi les citoyens trop jeunes ou trop vieux et parmi les étrangers établis dans Athènes, furent chargés de défendre les murs de la ville et les forteresses de l'Attique.

Six mille talents[2] étaient déposés dans la citadelle. On pouvait, en cas de besoin, s'en ménager plus de cinq cents encore[3], par la fonte des vases sacrés, et par d'autres ressources que Périclès faisait envisager au peuple.

Telles étaient les forces des Athéniens lorsqu'Archidamus, roi de Lacédémone, s'étant arrêté à l'isthme de Corinthe, reçut de chaque ville confédérée du Péloponnèse les deux tiers des habitants en état de porter les armes, et s'avança lentement vers l'Attique, à la tête de soixante mille hommes. Il voulut renouer la négociation ; et, dans cette vue, il envoya un ambassadeur aux Athéniens, qui refusèrent de l'entendre, et le firent sortir à l'instant même des terres de la république. Alors Archidamus ayant continué sa marche se répandit, au temps de la moisson, dans les plaines de

---

[1] Au printemps de l'an 431 avant J.-C.
[2] Trente-deux millions quatre cent mille livres.
[3] Deux millions sept cent mille livres.

l'Attique. Les malheureux habitants s'en étaient retirés à son approche ; ils avaient transporté leurs effets à Athènes, où la plupart n'avaient trouvé d'autre asile que les temples, les tombeaux, les tours des remparts, les cabanes les plus obscures, les lieux les plus déserts. Aux regrets d'avoir quitté leurs anciennes et paisibles demeures se joignait la douleur de voir au loin leurs maisons consumées par les flammes et leurs récoltes abandonnées au fer de l'ennemi.

Les Athéniens, contraints de supporter des outrages qu'aggravait le souvenir de tant de glorieux exploits, se consumaient en cris d'indignation et de fureur contre Périclès, qui tenait leur valeur enchaînée. Pour lui, n'opposant que le silence aux prières et aux menaces, il faisait partir une flotte de cent voiles pour le Péloponnèse, et réprimait les clameurs publiques par la seule force de son caractère.

Archidamus, ne trouvant plus de subsistances dans l'Attique, ramena ses troupes, chargées de butin, dans le Péloponnèse ; elles se retirèrent chez elles, et ne reparurent plus pendant le reste de l'année. Après leur retraite, Périclès envoya contre les Locriens une escadre qui obtint quelques avantages. La grande flotte, après avoir porté la désolation sur les côtes du Péloponnèse, prit à son retour l'île d'Égine ; et, bientôt après, les Athéniens marchèrent en corps de nation contre ceux de Mégare, dont ils ravagèrent le territoire. L'hiver suivant, ils honorèrent par des funérailles publiques ceux qui avaient péri les armes à la main, et Périclès releva leur gloire dans un discours éloquent. Les Corinthiens armèrent quarante galères, firent une descente en Acarnanie, et se retirèrent avec perte. Ainsi se termina la première campagne.

Celles qui la suivirent n'offrent de même qu'une continuité d'actions particulières, de courses rapides, d'entreprises qui semblent étrangères à l'objet qu'on se proposait de part et d'autre. Comment des peuples si guerriers et si voisins, animés par une ancienne jalousie et des haines récentes, ne songeaient-ils qu'à se surprendre, à s'éviter, à partager leurs forces, et, par une foule de diversions sans éclat ou sans danger, à multiplier et prolonger les malheurs de la guerre ? C'est parce que cette guerre ne devait pas se conduire sur le même plan que les autres.

La ligue du Péloponnèse était si supérieure en troupes de terre, que les Athéniens ne pouvaient risquer une action générale sans s'exposer à une perte certaine. Mais les peuples qui formaient cette ligue ignoraient l'art d'attaquer les places : ils venaient d'échouer devant une petite forteresse de l'Attique, et ils ne s'emparèrent ensuite de la ville de Platée en Béotie, défendue par une faible garnison, qu'après un blocus qui dura près de deux ans et qui força les habitants à se rendre, faute de vivres. Comment se seraient-ils flattés de prendre d'assaut ou de réduire à la famine une ville telle qu'Athènes, qui pouvait être défendue par trente mille hommes, et qui, maîtresse de la mer, en tirait aisément les subsistances dont elle avait besoin?

Ainsi les ennemis n'avaient d'autre parti à prendre que de venir détruire les moissons de l'Attique, et c'est ce qu'ils pratiquèrent dans les premières années; mais ces incursions devaient être passagères, parce qu'étant très-pauvres et uniquement occupés des travaux de la campagne, ils ne pouvaient rester long-temps les armes à la main et dans un pays éloigné. Dans la suite ils résolurent d'augmenter le nombre de leurs vaisseaux; mais il leur fallut bien des années pour apprendre à manœuvrer et acquérir cette expérience que cinquante ans d'exercice avaient à peine procurée aux Athéniens. L'habileté de ces derniers était si reconnue au commencement de la guerre, que leurs moindres escadres ne craignaient pas d'attaquer les plus grandes flottes du Péloponnèse.

Dans la septième année de la guerre [1], les Lacédémoniens, pour sauver quatre cent vingt de leurs soldats que les Athéniens tenaient assiégés dans une île, demandèrent la paix, et livrèrent environ soixante galères qu'on devait leur rendre si les prisonniers n'étaient pas délivrés. Ils ne le furent point; et les Athéniens ayant gardé les vaisseaux, la marine du Péloponnèse fut détruite. Divers incidents en retardèrent le rétablissement jusqu'à la vingtième année de la guerre, que le roi de Perse s'obligea, par des promesses et par des traités, de pourvoir à son entretien. Alors la ligue de Lacédémone couvrit la mer de ses vaisseaux. Les deux nations rivales s'attaquèrent plus directement; et, après une alternative de succès et de revers, la puissance de l'une succomba sous celle de l'autre.

De leur côté, les Athéniens n'étaient pas plus en état, par le nombre de leurs vaisseaux, de donner la loi à la Grèce, que leurs ennemis ne l'étaient par le nombre de leurs troupes. S'ils paraissaient avec leurs flottes dans les lieux où ceux du Péloponnèse avaient des possessions, leurs efforts se bornaient à dévaster un canton, à s'emparer de la ville sans défense, à lever des contributions sans oser pénétrer dans les terres. Fallait-il assiéger une place forte dans un pays éloigné; quoiqu'ils eussent plus de ressources que les Lacédémoniens, la lenteur des opérations épuisait

[1] Vers l'an 424 avant J.-C.

leurs finances et le petit nombre de troupes qu'ils pouvaient employer. La prise de Potidée leur coûta beaucoup de soldats, deux ans et demi de travaux, et deux mille talents [1].

Ainsi, par l'extrême diversité des forces et leur extrême disproportion, la guerre devait traîner en longueur. C'est ce qu'avaient prévu les deux plus habiles politiques de la Grèce, Archidamus et Périclès ; avec cette différence que le premier en concluait que les Lacédémoniens devaient la craindre, et le second que les Athéniens devaient la désirer.

Il était aisé de prévoir aussi que l'incendie éclaterait, s'éteindrait, se rallumerait par intervalles chez tous les peuples. Comme des intérêts contraires séparaient des villes voisines ; que les unes, au moindre prétexte, se détachaient de leur confédération ; que les autres restaient abandonnées à des factions que fomentaient sans cesse Athènes et Lacédémone, il arriva que la guerre se fit de nation à nation dans une même province, de ville à ville dans une même nation, de parti à parti dans une même ville.

Thucydide, Xénophon et d'autres auteurs célèbres ont décrit les malheurs que causèrent ces longues et funestes dissensions. Sans les suivre dans des détails qui n'intéressent aujourd'hui que les peuples de la Grèce, je rapporterai quelques-uns des événements qui regardent plus particulièrement les Athéniens.

Au commencement de la seconde année, les ennemis revinrent dans l'Attique, et la peste se déclara dans Athènes. Jamais ce fléau terrible ne ravagea tant de climats. Sorti de l'Éthiopie, il avait parcouru l'Égypte, la Libye, une partie de la Perse, l'île de Lemnos, et d'autres lieux encore. Un vaisseau marchand l'introduisit sans doute au Pirée, où il se manifesta d'abord ; de là il se répandit avec fureur dans la ville, et surtout dans ces demeures obscures et malsaines où les habitants de la campagne se trouvaient entassés.

Le mal attaquait successivement toutes les parties du corps : les symptômes en étaient effrayants, les progrès rapides, les suites presque toujours mortelles. Dès les premières atteintes l'âme perdait ses forces, le corps semblait en acquérir de nouvelles ; et c'était un cruel supplice de résister à la maladie sans pouvoir résister à la douleur. Les insomnies, les terreurs, des sanglots continuels, des convulsions violentes, n'étaient pas les seuls tourments réservés aux malades ; une chaleur insupportable les dévorait intérieurement. Couverts d'ulcères et de taches livides, les yeux enflammés, la poitrine oppressée, les entrailles déchirées, exhalant

---

[1] Dix millions huit cent mille livres.

une odeur fétide de leur bouche souillée d'un sang impur, on les voyait se traîner dans les rues pour respirer plus librement, et, ne pouvant éteindre la soif brûlante dont ils étaient consumés, se précipiter dans les rivières couvertes de glaçons.

La plupart périssaient au septième ou au neuvième jour. S'ils prolongeaient leur vie au delà de ces termes, ce n'était que pour éprouver une mort plus douloureuse et plus lente.

Ceux qui ne succombaient pas à la maladie n'en étaient presque jamais atteints une seconde fois. Faible consolation! car ils n'offraient plus aux yeux que les restes infortunés d'eux-mêmes. Les uns avaient perdu l'usage de plusieurs de leurs membres; les autres ne concevaient aucune idée du passé : heureux sans doute d'ignorer leur état! mais ils ne pouvaient reconnaître leurs amis.

Le même traitement produisait des effets tour à tour salutaires et nuisibles : la maladie semblait braver les règles de l'expérience. Comme elle infectait aussi plusieurs provinces de la Perse, le roi Artaxerxès résolut d'appeler à leur secours le célèbre Hippocrate, qui était alors dans l'île de Cos. Il fit vainement briller à ses yeux l'éclat de l'or et des dignités; le grand homme répondit au grand roi qu'il n'avait ni besoins ni désirs, et qu'il se devait aux Grecs plutôt qu'à leurs ennemis. Il vint en effet offrir ses services aux Athéniens, qui le reçurent avec d'autant plus de reconnaissance que la plupart de leurs médecins étaient morts victimes de leur zèle. Il épuisa les ressources de son art, et exposa plusieurs fois sa vie. S'il n'obtint pas tout le succès que méritaient de si beaux sacrifices et de si grands talents, il donna du moins des consolations et des espérances. On dit que, pour purifier l'air, il fit allumer des feux dans les rues d'Athènes; d'autres prétendent que ce moyen fut utilement employé par un médecin d'Agrigente, nommé Acron.

On vit, dans les commencements, de grands exemples de piété filiale, d'amitié généreuse; mais comme ils furent presque toujours funestes à leurs auteurs, ils ne se renouvelèrent que rarement dans la suite. Alors les liens les plus respectables furent brisés; les yeux, près de se fermer, ne virent de toutes parts qu'une solitude profonde, et la mort ne fit plus couler de larmes.

Cet endurcissement produisit une licence effrénée. La perte de tant de gens de bien, confondus dans un même tombeau avec les scélérats, le renversement de tant de fortunes devenues tout à coup le partage ou la proie des citoyens les plus obscurs, frappèrent vivement ceux qui n'avaient d'autre principe que la crainte : persuadés que les dieux ne prenaient plus d'intérêt à la vertu et que la vengeance des lois ne serait pas aussi prompte que la mort dont ils étaient menacés, ils crurent que la fragilité des choses humaines leur indiquait l'usage qu'ils devaient en faire, et que, n'ayant plus que des moments à vivre, ils devaient du moins les passer dans le sein des plaisirs.

Au bout de deux ans la peste parut se calmer. Pendant ce repos, on s'aperçut plus d'une fois que le germe de la contagion n'était pas détruit : il se développa dix-huit mois après ; et, dans le cours d'une année entière, il ramena les mêmes scènes de deuil et d'horreur. Sous l'une et sous l'autre époque il périt un très-grand nombre de citoyens, parmi lesquels il faut compter près de cinq mille hommes en état de porter les armes.

La perte la plus irréparable fut celle de Périclès, qui, dans la troisième année de la guerre [1], mourut des suites de la maladie. Quelque temps auparavant, les Athéniens, aigris par l'excès de leurs maux, l'avaient dépouillé de son autorité, et condamné à une amende : ils venaient de reconnaître leur injustice, et Périclès la leur avait pardonnée, quoique dégoûté du commandement par la légèreté du peuple, et par la perte de sa famille et de la plupart de ses amis que la peste avait enlevés. Près de rendre le dernier soupir, et ne donnant plus aucun signe de vie, les principaux d'Athènes, assemblés autour de son lit, soulageaient leur douleur en racontant ses victoires et le nombre de ses trophées. « Ces exploits, leur dit-il en se soulevant avec effort, sont l'ouvrage de la fortune, et me sont communs avec d'autres généraux. Le seul éloge que je mérite est de n'avoir fait prendre le deuil à aucun citoyen. »

Si, conformément au plan de Périclès, les Athéniens avaient continué une guerre offensive du côté de la mer, défensive du côté de la terre ; si, renonçant à toute idée de conquête, ils n'avaient pas risqué le salut de l'état par des entreprises téméraires, ils auraient tôt ou tard triomphé de leurs ennemis, parce qu'ils leur faisaient en détail plus de mal qu'ils n'en recevaient ; parce que la ligue dont ils étaient les chefs leur était presque entièrement subordonnée ; tandis que celle du Péloponnèse, composée de nations indépendantes, pouvait à tout moment se dissoudre : mais Périclès mourut, et fut remplacé par Cléon.

C'était un homme sans naissance, sans véritable talent, mais vain, audacieux, emporté, et par là même agréable à la multitude. Il se l'était attachée par ses largesses ; il la retenait en lui inspirant une grande idée de la puissance d'Athènes, un souverain mépris pour celle de Lacédémone. Ce fut lui qui rassembla un jour ses

---

[1] L'an 429 avant J.-C., vers l'automne.

amis, et leur déclara qu'étant sur le point d'administrer les affaires publiques, il renonçait à des liaisons qui l'engageraient peut-être à commettre quelque injustice. Il n'en fut pas moins le plus avide et le plus injuste des hommes.

Les citoyens honnêtes lui opposèrent Nicias, un des premiers et des plus riches particuliers d'Athènes, qui avait commandé les armées et remporté plusieurs avantages. Il intéressa la multitude par des fêtes et par des libéralités; mais comme il se méfiait de lui-même et des événements, et que ses succès n'avaient servi qu'à le rendre plus timide, il obtint de la considération et jamais la supériorité du crédit. La raison parlait froidement par sa bouche, tandis que le peuple avait besoin de fortes émotions, et que Cléon les excitait par ses déclamations, par ses cris et ses gestes forcenés.

Il réussit par hasard dans une entreprise que Nicias avait refusé d'exécuter: dès ce moment les Athéniens, qui s'étaient moqués de leur choix, se livrèrent à ses conseils avec plus de confiance. Ils rejetèrent les propositions de paix que faisaient les ennemis, et le mirent à la tête des troupes qu'ils envoyaient en Thrace pour arrêter les progrès de Brasidas, le plus habile général de Lacédémone. Il s'y attira le mépris des deux armées; et, s'étant approché de l'ennemi sans précaution, il se laissa surprendre, fut des premiers à prendre la fuite, et perdit la vie.

Après sa mort, Nicias, ne trouvant plus d'obstacle à la paix, entama des négociations, bientôt suivies d'une alliance offensive et défensive [1], qui devait pendant cinquante ans unir étroitement les Athéniens et les Lacédémoniens. Les conditions du traité les remettaient au même point où ils se trouvaient au commencement de la guerre. Il s'était cependant écoulé plus de dix ans depuis cette époque, et les deux nations s'étaient inutilement affaiblies.

Elles se flattaient de goûter enfin les douceurs du repos; mais leur alliance occasionna de nouvelles ligues et de nouvelles divisions. Plusieurs des alliés de Lacédémone se plaignirent de n'avoir pas été compris dans le traité; et s'étant unis avec les Argiens, qui jusqu'alors étaient restés neutres, ils se déclarèrent contre les Lacédémoniens. D'un autre côté, les Athéniens et les Lacédémoniens s'accusaient réciproquement de n'avoir pas rempli les articles du traité: de là les mésintelligences et les hostilités. Ce ne fut cependant qu'au bout de six ans et dix mois [2] qu'ils en vinrent à une rupture ouverte: rupture dont le prétexte fut très-frivole, et qu'on

---
[1] L'an 421 avant J.-C.
[2] L'an 414 avant J.-C.

aurait facilement prévenue si la guerre n'avait pas été nécessaire à l'élévation d'Alcibiade.

Des historiens ont flétri la mémoire de cet Athénien; d'autres l'ont relevé par des éloges, sans qu'on puisse les accuser d'injustice ou de partialité. Il semble que la nature avait essayé de réunir en lui tout ce qu'elle peut produire de plus fort en vices et en vertus. Nous le considérons ici par rapport à l'état, dont il accéléra la ruine; et, plus bas, dans ses relations avec la société, qu'il acheva de corrompre.

Une origine illustre, des richesses considérables, la figure la plus distinguée, les grâces les plus séduisantes, un esprit facile et étendu, l'honneur enfin d'appartenir à Périclès; tels furent les avantages qui éblouirent d'abord les Athéniens, et dont il fut ébloui le premier.

Dans un âge où l'on n'a besoin que d'indulgence et de conseils, il eut une cour et des flatteurs: il étonna ses maîtres par sa docilité, et les Athéniens par la licence de sa conduite. Socrate, qui prévit de bonne heure que ce jeune homme serait le plus dangereux des citoyens d'Athènes s'il n'en devenait le plus utile, rechercha son amitié, l'obtint à force de soins, et ne la perdit jamais: il entreprit de modérer cette vanité, qui ne pouvait souffrir dans le monde ni de supérieur ni d'égal; et tel était, dans ces occasions, le pouvoir de la raison ou de la vertu, que le disciple pleurait sur ses erreurs et se laissait humilier sans se plaindre.

Quand il entra dans la carrière des honneurs il voulut devoir ses succès, moins à l'éclat de sa magnificence et de ses libéralités qu'aux attraits de son éloquence; il parut à la tribune. Un léger défaut de prononciation prêtait à ses paroles les grâces naïves de l'enfance; et quoiqu'il hésitât quelquefois pour trouver le mot propre, il fut regardé comme un des plus grands orateurs d'Athènes. Il avait déjà donné des preuves de sa valeur; et, d'après ses premières campagnes, on augura qu'il serait un jour le plus habile général de la Grèce. Je ne parlerai point de sa douceur, de son affabilité, ni de tant d'autres qualités qui concoururent à le rendre le plus aimable des hommes.

Il ne fallait pas chercher dans son cœur l'élévation que produit la vertu, mais on y trouvait la hardiesse que donne l'instinct de la supériorité. Aucun obstacle, aucun malheur ne pouvait ni le surprendre ni le décourager. Il semblait persuadé que, lorsque les âmes d'un certain ordre ne font pas tout ce qu'elles veulent, c'est qu'elles n'osent pas tout ce qu'elles peuvent. Forcé, par les circonstances, de servir les ennemis de sa patrie, il lui fut aussi facile de gagner leur confiance par son ascendant que de les gouverner par la sagesse de ses conseils. Il eut cela de particulier qu'il fit toujours triompher le parti qu'il favorisait, et que ses nombreux exploits ne furent jamais ternis par aucun revers.

Dans les négociations, il employait tantôt les lumières de son esprit, qui étaient aussi vives que profondes; tantôt des ruses et des perfidies que des raisons d'état ne peuvent jamais autoriser; d'autres fois la facilité d'un caractère que le besoin de dominer ou le désir de plaire pliait sans effort aux conjonctures. Chez tous les peuples il s'attira les regards et maîtrisa l'opinion publique. Les Spartiates furent étonnés de sa frugalité; les Thraces, de son intempérance; les Béotiens, de son amour pour les exercices les plus violents; les Ioniens, de son goût pour la paresse et la volupté; les satrapes de l'Asie, d'un luxe qu'ils ne pouvaient égaler. Il se fût montré le plus vertueux des hommes s'il n'avait jamais eu l'exemple du vice, mais le vice l'entraînait sans l'asservir. Il semble que la profanation des lois et la corruption des mœurs n'étaient à ses yeux qu'une suite de victoires remportées sur les mœurs et sur les lois. On pourrait dire encore que ses défauts n'étaient que des écarts de sa vanité. Les traits de légèreté, de frivolité, d'imprudence, échappés à sa jeunesse ou à son oisiveté, disparaissaient dans les occasions qui demandaient de la réflexion et de la constance. Alors il joignait la prudence à l'activité; et les plaisirs ne lui dérobaient aucun des instants qu'il devait à sa gloire ou à ses intérêts.

Sa vanité aurait tôt ou tard dégénéré en ambition; car il était impossible qu'un homme si supérieur aux autres et si dévoré de l'envie de dominer n'eût pas fini par exiger l'obéissance après avoir épuisé l'admiration. Aussi fut-il toute sa vie suspect aux principaux citoyens, dont les uns redoutaient ses talents, les autres ses excès, et tour à tour adoré, craint et haï du peuple, qui ne pouvait se passer de lui; et comme les sentiments dont il était l'objet devenaient des passions violentes, ce fut avec des convulsions de joie ou de fureur que les Athéniens l'élevèrent aux honneurs, le condamnèrent à mort, le rappelèrent, et le proscrivirent une seconde fois.

Un jour qu'il avait, du haut de la tribune, enlevé les suffrages du public, et qu'il revenait chez lui escorté de toute l'assemblée, Timon, surnommé le misanthrope, le rencontra; et lui serrant la main: « Courage, mon fils! lui dit-il, continue de t'agrandir, et je te devrai la perte des Athéniens. »

Dans un autre moment d'ivresse, le petit peuple proposait de rétablir la royauté en sa faveur; mais comme il ne se serait pas contenté de n'être qu'un roi, ce n'était pas la petite souveraineté d'Athènes qui lui convenait, c'était un vaste empire qui le mit en état d'en conquérir d'autres.

Né dans une république, il devait l'élever au-dessus d'elle-même avant que de la mettre à ses pieds. C'est là sans doute le secret des brillantes entreprises dans lesquelles il entraîna les Athéniens. Avec leurs soldats il aurait soumis des peuples, et les Athéniens se seraient trouvés asservis sans s'en apercevoir.

Sa première disgrâce, en l'arrêtant presque au commencement de sa carrière, n'a laissé voir qu'une vérité : c'est que son génie et ses projets furent trop vastes pour le bonheur de sa patrie. On dit que la Grèce ne pouvait porter deux Alcibiades ; on doit ajouter qu'Athènes en eût un de trop. Ce fut lui qui fit résoudre la guerre contre la Sicile.

Depuis quelque temps les Athéniens méditaient la conquête de cette île riche et puissante. Leur ambition, réprimée par Périclès, fut puissamment secondée par Alcibiade. Toutes les nuits des songes flatteurs retraçaient à son esprit la gloire immense dont il allait se couronner : la Sicile ne devait être que le théâtre de ses premiers exploits ; il s'emparait de l'Afrique, de l'Italie, du Péloponnèse. Tous les jours il entretenait de ses grands desseins cette jeunesse bouillante qui s'attachait à ses pas, et dont il gouvernait les volontés.

Sur ces entrefaites la ville d'Égeste en Sicile, qui se disait opprimée par ceux de Sélinonte et de Syracuse, implora l'assistance des Athéniens, dont elle était alliée ; elle offrait de les indemniser de leurs frais, et leur représentait que, s'ils n'arrêtaient les progrès des Syracusains, ce peuple ne tarderait pas à joindre ses troupes à celles des Lacédémoniens. La république envoya des députés en Sicile : ils firent à leur retour un rapport infidèle de l'état des choses. L'expédition fut résolue, et l'on nomma pour généraux Alcibiade, Nicias et Lamachus. On se flattait tellement du succès que le sénat régla d'avance le sort des différents peuples de la Sicile.

Cependant les citoyens éclairés étaient d'autant plus effrayés qu'on n'avait alors qu'une faible idée de la grandeur, des forces et des richesses de cette île. Malgré la loi qui défend de revenir sur une décision de tous les ordres de l'état, Nicias remontrait à l'assemblée que, la république n'ayant pu terminer encore les différends suscités entre elle et les Lacédémoniens, la paix actuelle n'était qu'une suspension d'armes ; que ses véritables ennemis étaient dans le Péloponnèse, qu'ils n'attendaient que le départ de l'armée pour fondre sur l'Attique ; que les démêlés des villes de

Sicile n'avaient rien de commun avec les Athéniens; que le comble de l'extravagance était de sacrifier le salut de l'état à la vanité ou à l'intérêt d'un jeune homme jaloux d'étaler sa magnificence aux yeux de l'armée; que de tels citoyens n'étaient faits que pour ruiner l'état en se ruinant eux-mêmes, et qu'il leur convenait aussi peu de délibérer sur de si hautes entreprises que de les exécuter.

« Je vois avec frayeur, ajouta Nicias, cette nombreuse jeunesse qui l'entoure, et dont il dirige les suffrages. Respectables vieillards, je sollicite les vôtres au nom de la patrie. Et vous, magistrats, appelez de nouveau le peuple aux opinions; et, si les lois vous le défendent, songez que la première des lois est de sauver l'état. »

Alcibiade, prenant la parole, représenta que les Athéniens, en protégeant les nations opprimées, étaient parvenus à ce haut point de gloire et de grandeur, qu'il ne leur était plus permis de se livrer à un repos trop capable d'énerver le courage des troupes; qu'ils seraient un jour assujettis si dès à présent ils n'assujettissaient les autres; que plusieurs villes de Sicile n'étaient peuplées que de barbares ou d'étrangers insensibles à l'honneur de leur patrie, et toujours prêts à changer de maîtres; que d'autres, fatigués de leurs divisions, attendaient l'arrivée de la flotte pour se rendre aux Athéniens; que la conquête de cette île leur faciliterait celle de la Grèce entière; qu'au moindre revers ils trouveraient un asile dans leurs vaisseaux; que le seul éclat de cette expédition étonnerait les Lacédémoniens, et que, si ce peuple hasardait une irruption dans l'Attique, elle ne réussirait pas mieux que les précédentes.

Quant aux reproches qui le regardaient personnellement, il répondait que sa magnificence n'avait servi jusqu'à ce jour qu'à donner aux peuples de la Grèce une haute idée de la puissance des Athéniens, et qu'à lui procurer assez d'autorité à lui-même pour détacher des nations entières de la ligue du Péloponnèse. « Au surplus, disait-il, destiné à partager avec Nicias le commandement de l'armée, si ma jeunesse et mes folies vous donnent quelques alarmes, vous vous rassurerez sur le bonheur qui a toujours couronné ses entreprises. »

Cette réponse enflamma les Athéniens d'une nouvelle ardeur. Leur premier projet n'avait été que d'envoyer soixante galères en Sicile. Nicias, pour les en détourner par une voie indirecte, représenta qu'outre la flotte il fallait une armée de terre, et leur mit devant les yeux le tableau effrayant des préparatifs, des dépenses et du nombre de troupes qu'exigeait une telle expédition. Alors une voix s'éleva du milieu de l'assemblée : « Nicias, il ne s'agit plus de tous ces détours ; expliquez-vous nettement sur le nombre des soldats et des vaisseaux dont vous avez besoin. » Nicias ayant répondu qu'il en conférerait avec les autres généraux, l'assemblée leur donna plein pouvoir de disposer de toutes les forces de la république.

Elles étaient prêtes, lorsqu'Alcibiade fut dénoncé pour avoir, avec quelques compagnons de ses débauches, mutilé pendant la nuit les statues de Mercure placées dans les différents quartiers de la ville, et représenté, à l'issue d'un souper, les cérémonies des redoutables mystères d'Éleusis. Le peuple, capable de lui tout pardonner en toute autre occasion, ne respirait que la fureur et la vengeance. Alcibiade, d'abord effrayé du soulèvement des esprits, bientôt rassuré par les dispositions favorables de l'armée et de la flotte, se présente à l'assemblée ; il détruit les soupçons élevés contre lui, et demande la mort s'il est coupable, une satisfaction éclatante s'il ne l'est pas. Ses ennemis font différer le jugement jusqu'après son retour, et l'obligent de partir chargé d'une accusation qui tient le glaive suspendu sur sa tête.

Le rendez-vous général, tant pour les Athéniens que pour leurs alliés, était à Corcyre. C'est de là que la flotte partit, composée d'environ trois cents voiles, et se rendit à Rhégium, à l'extrémité de l'Italie [1]. Elle portait cinq mille cent hommes pesamment armés, parmi lesquels se trouvait l'élite des soldats athéniens. On y avait joint quatre cent quatre-vingts archers, sept cents frondeurs, quelques autres troupes légères et un petit nombre de cavaliers.

Les généraux n'avaient pas exigé de plus grandes forces : Nicias ne songeait point à se rendre maître de la Sicile ; Alcibiade croyait que pour la soumettre il suffirait d'y semer la division. L'un et l'autre manifestèrent leurs vues dans le premier conseil qu'ils tinrent avant que de commencer la campagne. Leurs instructions leur prescrivaient en général de régler les affaires de Sicile de la manière la plus avantageuse aux intérêts de la république ; elles leur ordonnaient, en particulier, de protéger les Égestins contre ceux de Sélinonte, et, si les circonstances le permettaient, d'engager les Syracusains à rendre aux Léontins les possessions dont ils les avaient privés.

Nicias s'en tenait à la lettre de ce décret, et voulait, après l'avoir exécuté, ramener la flotte au Pirée. Alcibiade soutenait que, de si grands efforts de la part des Athéniens devant être signalés par de grandes entreprises, il fallait envoyer des députés aux prin-

[1] L'an 415 avant J.-C.

cipales villes de la Sicile, les soulever contre les Syracusains, en tirer des vivres et des troupes, et, d'après l'effet de ces diverses négociations, se déterminer pour le siége de Sélinonte ou pour celui de Syracuse. Lamachus, le troisième des généraux, proposait de marcher à l'instant contre cette dernière ville, et de profiter de l'étonnement où l'avait jetée l'arrivée des Athéniens. Le port de Mégare, voisin de Syracuse, contiendrait leur flotte, et la victoire opérerait une révolution dans la Sicile.

Le succès aurait peut-être justifié l'avis de Lamachus. Les Syracusains n'avaient pris aucune précaution contre l'orage qui les menaçait ; ils avaient eu de la peine à se persuader que les Athéniens fussent assez insensés pour méditer la conquête d'une ville telle que Syracuse. « Ils devraient s'estimer heureux, s'écriait un de leurs orateurs, de ce que nous n'avons jamais songé à les ranger sous nos lois. »

Ce projet n'ayant pas été goûté des deux autres généraux, Lamachus se décida pour l'avis d'Alcibiade. Pendant que ce dernier prenait Catane par surprise, que Naxos lui ouvrait ses portes, que ses intrigues allaient forcer celles de Messine et que ses espérances commençaient à se réaliser, on faisait partir du Pirée la galère qui devait le ramener à Athènes. Ses ennemis avaient prévalu, et le sommaient de comparaître pour répondre à l'accusation dont ils avaient jusqu'alors suspendu la poursuite. On n'osa pas l'arrêter, parce qu'on craignit le soulèvement des soldats et la désertion des troupes alliées, qui la plupart n'étaient venues en Sicile qu'à sa prière. Il avait d'abord formé le dessein d'aller confondre ses accusateurs ; mais quand il fut à Thurium, ayant réfléchi sur les injustices des Athéniens, il trompa la vigilance de ses guides, et se retira dans le Péloponnèse.

Sa retraite répandit le découragement dans l'armée. Nicias, qui ne craignait rien quand il fallait exécuter, et tout quand il fallait entreprendre, laissait s'éteindre dans le repos ou dans des conquêtes faciles l'ardeur qu'Alcibiade avait excitée dans le cœur des soldats. Cependant il vit le moment où le plus brillant succès allait justifier une entreprise dont il avait toujours redouté les suites : il s'était enfin déterminé à mettre le siège devant Syracuse, et l'avait conduit avec tant d'intelligence que les habitants étaient disposés à se rendre. Déjà plusieurs peuples de Sicile et d'Italie se déclaraient en sa faveur, lorsqu'un général lacédémonien, nommé Gylippe, entra dans la place assiégée avec quelques troupes qu'il avait amenées du Péloponnèse ou ramassées en Sicile. Nicias aurait pu l'empêcher d'aborder dans cette île ; il négligea cette précaution, et cette faute irréparable fut la source de tous ses malheurs. Gylippe releva le courage des Syracusains, battit les Athéniens et les tint renfermés dans leurs retranchements.

Athènes fit partir, sous les ordres de Démosthène et d'Eurymédon, une nouvelle flotte composée d'environ soixante-treize galères, et une seconde armée forte de cinq mille hommes pesamment armés et de quelques troupes légères. Démosthène ayant perdu deux mille hommes à l'attaque d'un poste important, et considérant que bientôt la mer ne serait plus navigable, et que les troupes dépérissaient par les maladies, proposa d'abandonner l'entreprise, ou de transporter l'armée en des lieux plus sains. Sur le point de mettre à la voile, Nicias, effrayé d'une éclipse de lune qui sema la terreur dans le camp, consulta les devins, qui lui ordonnèrent d'attendre encore vingt-sept jours. Avant qu'ils fussent écoulés, les Athéniens vaincus par terre et par mer, ne pouvant rester sous les murs de Syracuse, faute de vivres, ni sortir du port, dont les Syracusains avaient fermé l'issue, prirent enfin le parti d'abandonner leur camp, leurs malades, leurs vaisseaux, et de se retirer par terre dans quelque ville de Sicile : ils partirent au nombre de quarante mille hommes, y compris non-seulement les troupes que leur avaient fournies les peuples de Sicile et d'Italie, mais encore les chiourmes des galères, les ouvriers et les esclaves.

Cependant ceux de Syracuse occupent les défilés des montagnes et les passages des rivières; ils détruisent les ponts, s'emparent des hauteurs, et répandent dans la plaine divers détachements de cavalerie et des troupes légères.

Les Athéniens, harcelés, arrêtés à chaque pas, sont sans cesse exposés aux traits d'un ennemi qu'ils trouvent partout, et qu'ils ne peuvent atteindre nulle part : ils étaient soutenus par l'exemple de leurs généraux et par les exhortations de Nicias, qui, malgré l'épuisement où l'avait réduit une longue maladie, montrait un courage supérieur au danger. Pendant huit jours entiers ils eurent à lutter contre des obstacles toujours renaissants; mais Démosthène, qui commandait l'arrière-garde, composée de six mille hommes, s'étant égaré dans sa marche, fut repoussé dans un lieu resserré; et après des prodiges de valeur il se rendit à condition qu'on accorderait la vie à ses soldats et qu'on leur épargnerait l'horreur de la prison.

Nicias, n'ayant pu réussir dans une négociation qu'il avait entamée, conduisit le reste de l'armée jusqu'au fleuve Asinarus. Parvenus en cet endroit, la plupart des soldats, tourmentés par une soif dévorante, s'élancent confusément dans le fleuve; les autres y sont précipités par l'ennemi : ceux qui veulent se sauver à la nage trouvent de l'autre côté des bords escarpés et garnis de gens de trait qui en font un massacre horrible. Huit mille hommes périrent dans cette attaque. Nicias adressant la parole à Gylippe. « Disposez de moi, lui dit-il, comme vous le jugerez à propos ; mais sauvez du moins ces malheureux soldats. » Gylippe fit aussitôt cesser le carnage.

Les Syracusains rentrèrent dans Syracuse, suivis de sept mille prisonniers qui furent jetés dans les carrières : ils y souffrirent pendant plusieurs mois des maux inexprimables ; beaucoup d'entre eux y périrent ; d'autres furent vendus comme esclaves. Un plus grand nombre de prisonniers était devenu la proie des officiers et des soldats : tous finirent leurs jours dans les fers, à l'exception de quelques Athéniens qui durent leur liberté aux pièces d'Euripide, que l'on connaissait alors à peine en Sicile, et dont ils récitaient les plus beaux endroits à leurs maîtres. Nicias et Démosthène furent mis à mort malgré les efforts que fit Gylippe pour leur sauver la vie.

Athènes, accablée d'un revers si inattendu, envisageait de plus grands malheurs encore. Ses alliés étaient prêts à secouer son joug ; les autres peuples conjuraient sa perte ; ceux du Péloponnèse s'étaient déjà crus autorisés, par son exemple, à rompre la trêve. On apercevait, dans leurs opérations mieux combinées, l'esprit de vengeance et le génie supérieur qui les dirigeaient. Alcibiade jouissait à Lacédémone du crédit qu'il obtenait partout. Ce fut par ses conseils que les Lacédémoniens prirent la résolution d'envoyer du secours aux Syracusains, de recommencer leurs incursions dans l'Attique, et de fortifier, à cent vingt stades d'Athènes, le poste de Décélie, qui tenait cette ville bloquée du côté de la terre.

Il fallait, pour anéantir sa puissance, favoriser la révolte de ses alliés et détruire sa marine. Alcibiade se rend sur les côtes de l'Asie mineure. Chio, Milet et d'autres villes florissantes se déclarent en faveur des Lacédémoniens ; il captive par ses agréments Tissapherne, gouverneur de Sardes, et le roi de Perse s'engage à payer la flotte du Péloponnèse.

Cette seconde guerre, conduite avec plus de régularité que la première, eût été bientôt terminée si Alcibiade, poursuivi par Agis, roi de Lacédémone, dont il avait séduit l'épouse, et par les autres chefs de la ligue, à qui sa gloire faisait ombrage, n'eût enfin compris qu'après s'être vengé de sa patrie il ne lui restait plus qu'à la garantir d'une perte certaine. Dans cette vue, il suspendit

13.

les efforts de Tissapherne et les secours de la Perse, sous prétexte qu'il était de l'intérêt du grand roi de laisser les peuples de la Grèce s'affaiblir mutuellement.

Les Athéniens ayant bientôt après révoqué le décret de son bannissement, il se met à leur tête, soumet les places de l'Hellespont, force un des gouverneurs du roi de Perse à signer un traité avantageux aux Athéniens, et Lacédémone à leur demander la paix. Cette demande fut rejetée, parce que, se croyant désormais invincibles sous la conduite d'Alcibiade, ils avaient passé rapidement de la consternation la plus profonde à la plus insolante présomption. A la haine dont ils étaient animés contre ce général avaient succédé aussi vite la reconnaissance la plus outrée, l'amour le plus effréné.

Quand il revint dans sa patrie, son arrivée, son séjour, le soin qu'il prit de justifier sa conduite, furent une suite de triomphes pour lui et de fêtes pour la multitude. Quand, aux acclamations de toute la ville, on le vit sortir du Pirée avec une flotte de cent vaisseaux, on ne douta plus que la célérité de ses exploits ne forçât bientôt les peuples du Péloponnèse à subir la loi du vainqueur : on attendait à tout moment l'arrivée du courrier chargé d'annoncer la destruction de l'armée ennemie et la conquête de l'Ionie.

Au milieu de ces espérances flatteuses, on apprit que quinze galères athéniennes étaient tombées au pouvoir des Lacédémoniens. Le combat s'était donné pendant l'absence et au mépris des ordres précis d'Alcibiade, que la nécessité de lever des contributions pour la subsistance des troupes avait obligé de passer en Ionie. A la première nouvelle de cet échec il revint sur ses pas, et alla présenter la bataille au vainqueur, qui n'osa pas l'accepter. Il avait réparé l'honneur d'Athènes : la perte était légère, mais elle suffisait à la jalousie de ses ennemis. Ils aigrirent le peuple, qui le dépouilla du commandement général des armées avec le même empressement qu'il l'en avait revêtu.

La guerre continua encore pendant quelques années; elle se fit toujours par mer, et finit par la bataille d'Ægos-Potamos, que ceux du Péloponnèse gagnèrent dans le détroit de l'Hellespont. Le Spartiate Lysander, qui les commandait, surprit la flotte des Athéniens, composée de cent quatre-vingts voiles, s'en rendit maître, et fit trois mille prisonniers [1].

Alcibiade, qui, depuis sa retraite, s'était établi dans la contrée voisine, avait averti les généraux athéniens du danger de leur

[1] L'an 405 avant J.-C.

position, et du peu de discipline qui régnait parmi les soldats et les matelots. Ils méprisèrent les conseils d'un homme tombé dans la disgrâce.

La perte de la bataille entraîna celle d'Athènes, qui, après un siége de quelques mois, se rendit, faute de vivres[1]. Plusieurs puissances alliées proposèrent de la détruire. Lacédémone, écoutant plus sa gloire que son intérêt, refusa de mettre aux fers une nation qui avait rendu de si grands services à la Grèce; mais elle condamna les Athéniens, non-seulement à démolir les fortifications du Pirée ainsi que la longue muraille qui joint le port à la ville, mais encore à livrer leurs galères à l'exception de douze; à rappeler leurs bannis; à retirer leurs garnisons des villes dont ils s'étaient emparés; à faire une ligue offensive et défensive avec les Lacédémoniens; à les suivre par terre et par mer dès qu'ils en auraient reçu l'ordre.

Les murailles furent abattues au son des instruments, comme si la Grèce avait recouvré sa liberté; et quelques mois après le vainqueur permit au peuple d'élire trente magistrats qui devaient établir une autre forme de gouvernement, et qui finirent par usurper l'autorité[2].

Ils sévirent d'abord contre quantité de délateurs odieux aux gens de bien, ensuite contre leurs ennemis particuliers, bientôt après contre ceux dont ils voulaient envahir les richesses. Des troupes lacédémoniennes qu'ils avaient obtenues de Lysander, trois mille citoyens qu'ils s'étaient associés pour affermir leur puissance, protégeaient ouvertement leurs injustices. La nation, désarmée, tomba tout à coup dans une extrême servitude; l'exil, les fers, la mort, étaient le partage de ceux qui se déclaraient contre la tyrannie, ou qui semblaient la condamner par leur silence. Elle ne subsista que pendant huit mois; et, dans ce court espace de temps, plus de quinze cents citoyens furent indignement massacrés et privés des honneurs funèbres; la plupart abandonnèrent une ville où les victimes et les témoins de l'oppression n'osaient faire entendre une plainte, car il fallait que la douleur fût muette et que la pitié parût indifférente.

Socrate fut le seul qui ne se laissa point ébranler par l'iniquité des temps; il osa consoler les malheureux et résister aux ordres des tyrans. Mais ce n'était point sa vertu qui les alarmait: ils redoutaient, à plus juste titre, le génie d'Alcibiade, dont ils épiaient les démarches.

---

[1] Vers la fin d'avril de l'an 404 avant J.-C.
[2] Vers l'été de l'an 404 avant J.-C.

Il était alors dans une bourgade de Phrygie, dans le gouvernement de Pharnabaze, dont il avait reçu des marques de distinction et d'amitié. Instruit des levées que le jeune Cyrus faisait dans l'Asie mineure, il en avait conclu que ce prince méditait une expédition contre Artaxerxès son frère ; il comptait, en conséquence, se rendre auprès du roi de Perse, l'avertir du danger qui le menaçait, et en obtenir des secours pour délivrer sa patrie ; mais tout à coup des assassins, envoyés par le satrape, entourent sa maison, et, n'ayant pas la hardiesse de l'attaquer, y mettent le feu. Alcibiade s'élance, l'épée à la main, à travers les flammes, écarte les barbares, et tombe sous une grêle de traits : il était alors âgé de quarante ans. Sa mort est une tache pour Lacédémone, s'il est vrai que les magistrats, partageant les craintes des tyrans d'Athènes, aient engagé Pharnabaze à commettre ce lâche attentat. Mais d'autres prétendent qu'il s'y porta de lui-même, et pour des intérêts particuliers.

La gloire de sauver Athènes était réservée à Thrasybule. Ce généreux citoyen, placé par son mérite à la tête de ceux qui avaient pris la fuite, et sourd aux propositions que lui firent les tyrans de l'associer à leur puissance, s'empara du Pirée, et appela le peuple à la liberté. Quelques-uns des tyrans périrent les armes à la main ; d'autres furent condamnés à perdre la vie. Une amnistie générale rapprocha les deux partis et ramena la tranquillité dans Athènes.

Quelques années après elle secoua le joug de Lacédémone, rétablit la démocratie, et accepta le traité de paix que le Spartiate Antalcidas conclut avec Artaxerxès [1]. Par ce traité, que les circonstances rendaient nécessaire, les colonies grecques de l'Asie mineure et quelques îles voisines furent abandonnées à la Perse : les autres peuples de la Grèce recouvrèrent leurs lois et leur indépendance ; mais ils sont restés dans un état de faiblesse dont ils ne se relèveront peut-être jamais. Ainsi furent terminés les différends qui avaient occasionné la guerre des Mèdes et celle du Péloponnèse.

L'essai historique que je viens de donner finit à la prise d'Athènes. Dans la relation de mon voyage je rapporterai les principaux événements qui se sont passés depuis cette époque jusqu'à mon départ de Scythie : je vais maintenant hasarder quelques remarques sur le siècle de Périclès.

Au commencement de la guerre du Péloponnèse les Athéniens durent être extrêmement surpris de se trouver si différents de leurs

[1] L'an 387 avant J.-C.

pères. Tout ce que, pour la conservation des mœurs, les siècles précédents avaient accumulé de lois, d'institutions, de maximes et d'exemples, quelques années avaient suffi pour en détruire l'autorité. Jamais il ne fut prouvé d'une manière plus terrible que les grands succès sont aussi dangereux pour les vainqueurs que pour les vaincus.

J'ai indiqué plus haut les funestes effets que produisirent sur les Athéniens leurs conquêtes et l'état florissant de leur marine et de leur commerce. On les vit tout à coup étendre les domaines de la république, et transporter dans son sein les dépouilles des nations alliées et soumises : de là les progrès successifs d'un luxe ruineux, et le désir insatiable des fêtes et des spectacles. Comme le gouvernement s'abandonnait au délire d'un orgueil qui se croyait tout permis parce qu'il pouvait tout oser, les particuliers, à son exemple, secouaient toutes les espèces de contrainte qu'imposent la nature et la société.

Bientôt le mérite n'obtint que l'estime ; la considération fut réservée pour le crédit ; toutes les passions se dirigèrent vers l'intérêt personnel, et toutes les sources de corruption se répandirent avec confusion dans l'état. L'amour, qui auparavant se couvrait des voiles de l'hymen et de la pudeur, brûla ouvertement de feux illégitimes. Les courtisanes se multiplièrent dans l'Attique et dans toute la Grèce. Il en vint de l'Ionie, de ce beau climat où l'art de la volupté a pris naissance. Les unes s'attachaient plusieurs adorateurs qu'elles aimaient tous sans préférence, qui tous les aimaient sans rivalité ; d'autres, se bornant à une seule conquête, parvinrent par une apparence de régularité à s'attirer des égards et des éloges de la part de ce public facile, qui leur faisait un mérite d'être fidèles à leurs engagements.

Périclès, témoin de l'abus, n'essaya point de le corriger. Plus il était sévère dans ses mœurs, plus il songeait à corrompre celles des Athéniens, qu'il amollissait par une succession rapide de fêtes et de jeux.

La célèbre Aspasie, née à Milet en Ionie, seconda les vues de Périclès, dont elle fut successivement la maîtresse et l'épouse. Elle eut sur lui un tel ascendant, qu'on l'accusa d'avoir plus d'une fois suscité la guerre pour venger ses injures personnelles. Elle osa former une société de courtisanes, dont les attraits et les faveurs devaient attacher les jeunes Athéniens aux intérêts de leur fondatrice. Quelques années auparavant, toute la ville se fût soulevée à la seule idée d'un pareil projet : lors de son exécution il excita quelques murmures. Les poètes comiques se déchaînèrent contre Aspasie ; mais elle n'en rassembla pas moins dans sa maison la meilleure compagnie d'Athènes.

Périclès autorisa la licence, Aspasie l'étendit, Alcibiade la rendit aimable : sa vie fut tachée de toutes les dissolutions ; mais elles étaient accompagnées de tant de qualités brillantes, et si souvent mêlées d'actions honnêtes, que la censure publique ne savait où se fixer. D'ailleurs, comment résister à l'attrait d'un poison que les Grâces elles-mêmes semblaient distribuer ? Comment condamner un homme à qui il ne manquait rien pour plaire, et qui ne manquait à rien pour séduire ; qui était le premier à se condamner, qui réparait les moindres offenses par des attentions si touchantes, et semblait moins commettre des fautes que les laisser échapper ? Aussi s'accoutuma-t-on à les placer au rang de ces jeux ou de ces écarts qui disparaissent avec la fougue de l'âge ; et comme l'indulgence pour le vice est une conspiration contre la vertu, il arriva qu'à l'exception d'un petit nombre de citoyens attachés aux anciennes maximes, la nation, entraînée par les charmes d'Alcibiade, fut complice de ses égarements, et qu'à force de les excuser elle finit par en prendre la défense.

Les jeunes Athéniens arrêtaient leurs yeux sur ce dangereux modèle ; et, n'en pouvant imiter les beautés, ils croyaient en approcher en copiant et surtout en chargeant ses défauts. Ils devinrent frivoles parce qu'il était léger, insolents parce qu'il était hardi, indépendants des lois parce qu'il l'était des mœurs. Quelques-uns, moins riches que lui, aussi prodigues, étalèrent un faste qui les couvrit de ridicule et qui ruina leurs familles : ils transmirent ces désordres à leurs descendants, et l'influence d'Alcibiade subsista long-temps après sa mort.

Un historien judicieux observe que la guerre modifie les mœurs d'un peuple, et les aigrit à proportion des maux qu'il éprouve. Celle du Péloponnèse fut si longue, les Athéniens essuyèrent tant de revers, que leur caractère en fut sensiblement altéré. Leur vengeance n'était pas satisfaite si elle ne surpassait l'offense. Plus d'une fois ils lancèrent des décrets de mort contre les insulaires qui abandonnaient leur alliance ; plus d'une fois leurs généraux firent souffrir des tourments horribles aux prisonniers qui tombaient entre leurs mains. Ils ne se souvenaient donc plus alors d'une ancienne institution suivant laquelle les Grecs célébraient par des chants d'allégresse les victoires remportées sur les barbares, par des pleurs et des lamentations les avantages obtenus sur les autres Grecs.

L'auteur que j'ai cité observe encore que, dans le cours de cette fatale guerre, il se fit un tel renversement dans les idées et dans les principes, que les mots les plus connus changèrent d'accepction; qu'on donna le nom de duperie à la bonne foi, d'adresse à la duplicité, de faiblesse et de pusillanimité à la prudence et à la modération, tandis que les traits d'audace et de violence passaient pour les saillies d'une âme forte et d'un zèle ardent pour la cause commune. Une telle confusion dans le langage est peut-être un des plus effrayants symptômes de la dépravation d'un peuple. Dans d'autres temps on porte des atteintes à la vertu, cependant c'est reconnaître encore son autorité que de lui assigner des limites; mais quand on va jusqu'à la dépouiller de son nom, elle n'a plus de droits au trône: le vice s'en empare, et s'y tient paisiblement assis.

Ces guerres si meurtrières que les Grecs eurent à soutenir éteignirent un grand nombre de familles accoutumées depuis plusieurs siècles à confondre leur gloire avec celle de la patrie. Les étrangers et les hommes nouveaux qui les remplacèrent firent tout à coup pencher du côté du peuple la balance du pouvoir. L'exemple suivant montrera jusqu'à quel excès il porta son insolence. Vers la fin de la guerre du Péloponnèse, on vit un joueur de lyre, autrefois esclave, depuis citoyen par ses intrigues, et adoré de la multitude pour ses libéralités, se présenter à l'assemblée générale avec une hache à la main, et menacer impunément le premier qui opinerait pour la paix. Quelques années après Athènes fut prise par les Lacédémoniens, et ne tarda pas à succomber sous les armes du roi de Macédoine.

Telle devait être la destinée d'un état fondé sur les mœurs. Des philosophes qui remontent aux causes des grands événements ont dit que chaque siècle porte en quelque manière dans son sein le siècle qui va le suivre. Cette métaphore hardie couvre une vérité importante et confirmée par l'histoire d'Athènes. Le siècle des lois et des vertus prépara celui de la valeur et de la gloire; ce dernier produisit celui des conquêtes et du luxe, qui a fini par la destruction de la république.

Détournons à présent nos regards de ces scènes affligeantes pour les porter sur des objets plus agréables et plus intéressants. Vers le temps de la guerre du Péloponnèse, la nature redoubla ses efforts et fit soudain éclore une foule de génies dans tous les genres. Athènes en produisit plusieurs, elle en vit un plus grand nombre venir chez elle briguer l'honneur de ses suffrages.

Sans parler d'un Gorgias, d'un Parménide, d'un Protagoras, et de tant d'autres sophistes éloquents qui, en semant leurs doutes dans la société, y multipliaient les idées; Sophocle, Euripide,

Aristophane, brillaient sur la scène, entourés de rivaux qui partageaient leur gloire ; l'astronome Méton calculait les mouvements des cieux et fixait les limites de l'année ; les orateurs Antiphon, Andocyde, Lysias, se distinguaient dans les différents genres de l'éloquence ; Thucydide, encore frappé des applaudissements qu'avait reçus Hérodote lorsqu'il lut son Histoire aux Athéniens, se préparait à en mériter de semblables ; Socrate transmettait une doctrine sublime à des disciples dont plusieurs ont fondé des écoles ; d'habiles généraux faisaient triompher les armes de la république ; les plus superbes édifices s'élevaient sur les dessins des plus savants architectes ; les pinceaux de Polygnote, de Parrhasius et de Zeuxis, les ciseaux de Phidias et d'Alcamède décoraient à l'envi les temples, les portiques et les places publiques. Tous ces grands hommes, tous ceux qui florissaient dans d'autres cantons de la Grèce, se reproduisaient dans des élèves dignes de les remplacer ; et il était aisé de voir que le siècle le plus corrompu serait bientôt le plus éclairé des siècles.

Ainsi, pendant que les différents peuples de cette contrée étaient menacés de perdre l'empire des mers et de la terre, une classe paisible de citoyens travaillait à lui assurer pour jamais l'empire de l'esprit : ils construisaient, en l'honneur de leur nation, un temple dont les fondements avaient été posés dans le siècle antérieur, et qui devait résister à l'effort des siècles suivants. Les sciences s'annonçaient tous les jours par de nouvelles lumières, et les arts par de nouveaux progrès. La poésie n'augmentait pas son éclat ; mais, en le conservant, elle l'employait, par préférence, à orner la tragédie et la comédie, portées tout à coup à leur perfection. L'histoire, assujettie aux lois de la critique, rejetait le merveilleux, discutait les faits, et devenait une leçon puissante que le passé donnait à l'avenir. A mesure que l'édifice s'élevait, on voyait au loin des champs à défricher, d'autres qui attendaient une meilleure culture. Les règles de la logique et de la rhétorique, les abstractions de la métaphysique, les maximes de la morale, furent développées dans des ouvrages qui réunissaient à la régularité des plans la justesse des idées et l'élégance du style.

La Grèce dut en partie ces avantages à l'influence de la philosophie, qui sortit de l'obscurité après les victoires remportées sur les Perses. Zénon y parut, et les Athéniens s'exercèrent aux subtilités de l'école d'Élée. Anaxagore leur apporta les lumières de celle de Thalès ; et quelques-uns furent persuadés que les éclipses, les monstres et les divers écarts de la nature ne devaient plus être mis au rang des prodiges : mais ils étaient obligés de se le dire en confidence ; car le peuple, accoutumé à regarder certains phénomènes comme des avertissements du ciel, sévissait contre les philosophes qui voulaient lui ôter des mains cette branche de superstition. Persécutés, bannis, ils apprirent que la vérité, pour être admise parmi les hommes, ne doit pas se présenter à visage découvert, mais se glisser furtivement à la suite de l'erreur.

Les arts, ne trouvant point de préjugés populaires à combattre, prirent tout à coup leur essor. Le temple de Jupiter, commencé sous Pisistrate, celui de Thésée, construit sous Cimon, offraient aux architectes des modèles à suivre ; mais les tableaux et les statues qui existaient ne présentaient aux peintres et aux sculpteurs que des essais à perfectionner.

Quelques années avant la guerre du Péloponnèse, Panénus, frère de Phidias, peignit dans un portique d'Athènes la bataille de Marathon, et la surprise des spectateurs fut extrême lorsqu'ils crurent reconnaître dans ces tableaux les chefs des deux armées. Il surpassa ceux qui l'avaient devancé, et fut presque dans l'instant même effacé par Polygnote de Thasos, Apollodore d'Athènes, Zeuxis d'Héraclée, et Parrhasius d'Éphèse.

Polygnote fut le premier qui varia les mouvements du visage, et s'écarta de la manière sèche et servile de ses prédécesseurs ; le premier encore qui embellit les figures de femmes, et les revêtit de robes brillantes et légères. Ses personnages portent l'empreinte de la beauté morale, dont l'idée était profondément gravée dans son âme. On ne doit pas le blâmer de n'avoir pas assez diversifié le ton de sa couleur : c'était le défaut de l'art, qui ne faisait pour ainsi dire que de naître.

Apollodore eut pour cette partie les ressources qui manquèrent à Polygnote : il fit un heureux mélange des ombres et des lumières. Zeuxis aussitôt perfectionna cette découverte ; et Apollodore, voulant constater sa gloire, releva celle de son rival : il dit dans une pièce de poésie qu'il publia : « J'avais trouvé, pour la distribution des ombres, des secrets inconnus jusqu'à nous ; on me les a ravis. L'art est entre les mains de Zeuxis. »

Ce dernier étudiait la nature avec le même soin qu'il terminait ses ouvrages, ils étincellent de beautés. Dans son tableau de Pénélope, il semble avoir peint les mœurs et le caractère de cette princesse ; mais en général il a moins réussi dans cette partie que Polygnote.

Zeuxis accéléra les progrès de l'art par la beauté de son coloris ; Parrhasius, son émule, par la pureté du trait et la correction du dessin. Il posséda la science des proportions ; celles qu'il donna aux dieux et aux héros parurent si convenables, que les artistes n'hésitèrent pas à les adopter, et lui décernèrent le nom de législateur. D'autres titres durent exciter leur admiration : il fit voir pour la première fois des airs de tête très-piquants, des bouches embellies par les grâces, et des cheveux traités avec légèreté.

A ces deux artistes succédèrent Timanthe, dont les ouvrages, faisant plus entendre qu'ils n'expriment, décèlent le grand artiste, et encore plus l'homme d'esprit ; Pamphile, qui s'acquit tant d'autorité par son mérite, qu'il fit établir dans plusieurs villes de la Grèce des écoles de dessin, interdites aux esclaves ; Euphranor, qui, toujours égal à lui-même, se distingua dans toutes les parties de la peinture. J'ai connu quelques-uns de ces artistes, et j'ai appris depuis qu'un élève que j'avais vu chez Pamphile, et qui se nomme Apelle, les avait tous surpassés.

Les succès de la sculpture ne furent pas moins surprenants que ceux de la peinture. Il suffit, pour le prouver, de citer en particulier les noms de Phidias, de Polyclète, d'Alcamène, de Scopas, de Praxitèle. Le premier vivait du temps de Périclès ; j'ai eu des liaisons avec le dernier. Ainsi, dans l'espace de moins d'un siècle, cet art est parvenu à un tel degré d'excellence, que les anciens auraient maintenant à rougir de leurs productions et de leur célébrité.

Si, à ces diverses générations de talents, nous ajoutons celles qui les précédèrent, en remontant depuis Périclès jusqu'à Thalès, le plus ancien des philosophes de la Grèce, nous trouverons que l'esprit humain a plus acquis dans l'espace d'environ deux cents ans que dans la longue suite des siècles antérieurs. Quelle main puissante lui imprima tout à coup et lui a conservé jusqu'à nos jours un mouvement si fécond et si rapide ?

Je pense que de temps en temps, peut-être même à chaque génération, la nature répand sur la terre un certain nombre de talents qui restent ensevelis lorsque rien ne contribue à les développer, et qui s'éveillent comme d'un profond sommeil lorsque l'un d'entre eux ouvre par hasard une nouvelle carrière. Ceux qui s'y précipitent les premiers se partagent, pour ainsi dire, les provinces de ce nouvel empire ; leurs successeurs ont le mérite de les cultiver et de leur donner des lois. Mais il est un terme aux lumières de l'esprit comme il en est un aux entreprises des conquérants et des voyageurs. Les grandes découvertes immortalisent ceux qui les ont faites et ceux qui les ont perfectionnées ; dans la suite, des hommes de génie, n'ayant plus les mêmes ressources, n'ont plus les mêmes succès, et sont presque relégués dans la classe des hommes ordinaires.

A cette cause générale il faut en joindre plusieurs particulières. Au commencement de la grande révolution dont je parle, le philosophe Phérécyde de Scyros, les historiens Cadmus et Hécatée de Milet, introduisirent dans leurs écrits l'usage de la prose, plus propre que celui de la poésie au commerce des idées. Vers le même temps, Thalès, Pythagore et d'autres Grecs rapportèrent d'Égypte et de quelques régions orientales des connaissances qu'ils transmirent à leurs disciples. Pendant qu'elles germaient en silence dans les écoles établies en Sicile, en Italie et sur les côtes de l'Asie, tout concourait au développement des arts.

Ceux qui dépendent de l'imagination sont spécialement destinés, parmi les Grecs, à l'embellissement des fêtes et des temples; ils le sont encore à célébrer les exploits des nations et les noms des vainqueurs aux jeux solennels de la Grèce. Dispensateurs de la gloire qu'ils partagent, ils trouvèrent dans les années qui suivirent la guerre des Perses plus d'occasions de s'exercer qu'auparavant.

La Grèce, après avoir joui pendant quelque temps d'une prospérité qui augmenta sa puissance, fut livrée à des dissensions qui donnèrent une activité surprenante à tous les esprits. On vit à la fois se multiplier dans son sein les guerres et les victoires, les richesses et le faste, les artistes et les monuments. Les fêtes devinrent plus brillantes, les spectacles plus communs; les temples se couvrirent de peintures, les environs de Delphes et d'Olympie de statues. Au moindre succès, la piété, ou plutôt la vanité nationale, payait un tribut à l'industrie, excitée d'ailleurs par une institution qui tournait à l'avantage des arts. Fallait-il décorer une place, un édifice public; plusieurs artistes traitaient le même sujet; ils exposaient leurs ouvrages ou leurs plans; et la préférence était accordée à celui qui réunissait en plus grand nombre les suffrages du public. Des concours plus solennels, en faveur de la peinture et de la musique, furent établis à Delphes, à Corinthe, à Athènes et en d'autres lieux. Les villes de la Grèce, qui n'avaient connu que la rivalité des armes, connurent celle des talents : la plupart prirent une nouvelle face, à l'exemple d'Athènes, qui les surpassa toutes en magnificence.

Périclès, voulant occuper un peuple redoutable à ses chefs dans le loisir de la paix, résolut de consacrer à l'embellissement de la ville une grande partie des contributions que fournissaient les alliés pour soutenir la guerre contre les Perses, et qu'on avait tenues jusqu'alors en réserve dans la citadelle. Il représenta qu'en faisant circuler ces richesses elles procureraient à la nation l'abondance dans le moment et une gloire éternelle pour l'avenir. Aussitôt les manufactures, les ateliers, les places publiques se remplirent d'une infinité d'ouvriers et de manœuvres, dont les travaux étaient dirigés par des artistes intelligents, d'après les dessins de Phidias. Ces ouvrages, qu'une grande puissance n'aurait osé entreprendre, et dont l'exécution semblait exiger un long espace de temps, furent achevés par une petite république dans l'espace de quelques années, sous l'administration d'un seul homme, sans qu'une si étonnante diligence nuisît à leur élégance ou à leur solidité. Ils coûtèrent environ trois mille talents [1].

Pendant qu'on y travaillait, les ennemis de Périclès lui reprochèrent de dissiper les finances de l'état. « Pensez-vous, dit-il un jour à l'assemblée générale, que la dépense soit trop forte ? — Beaucoup trop, répondit-on. — Eh ! bien reprit-il, elle roulera sur mon compte, et j'inscrirai mon nom sur ces monuments. — Non, non, s'écria le peuple : qu'ils soient construits aux dépens du trésor, et n'épargnez rien pour les achever. »

Le goût des arts commençait à s'introduire parmi un petit nombre de citoyens, celui des tableaux et des statues chez les gens riches. La multitude juge de la force d'un état par la magnificence qu'il étale. De là cette considération pour les artistes qui se distinguaient par d'heureuses hardiesses. On en vit qui travaillèrent gratuitement pour la république, et on leur décerna des honneurs; d'autres qui s'enrichirent soit en formant des élèves, soit en exigeant un tribut de ceux qui venaient dans leur atelier admirer les chefs-d'œuvre sortis de leurs mains. Quelques-uns, enorgueillis de l'approbation générale, trouvèrent une récompense plus flatteuse encore dans le sentiment de leur supériorité et dans l'hommage qu'ils rendaient eux-mêmes à leurs propres talents : ils ne rougissaient pas d'inscrire sur leurs tableaux : « Il sera plus aisé de le censurer que de l'imiter. » Zeuxis parvint à une si grande opulence que sur la fin de ses jours il faisait présent de ses tableaux, sous

[1] Thucydide fait entendre qu'ils avaient coûté trois mille sept cents talents, et comprend dans son calcul non-seulement la dépense des Propylées et des autres édifices construits par ordre de Périclès, mais encore celle du siége de Potidée. Ce siége, dit-il ailleurs, coûta deux mille talents. Il n'en resterait donc que mille sept cents pour les ouvrages ordonnés par Périclès; or, un auteur ancien rapporte que les Propylées seuls coûtèrent deux mille douze talents.
Pour résoudre cette difficulté, observons que Thucydide ne nous a donné l'état des finances d'Athènes que pour le moment précis où la guerre du Péloponnèse fut résolue ; qu'à cette époque le siége de Potidée commençait à peine; qu'il dura deux ans, et que l'historien, dans le premier passage, n'a parlé que des premières dépenses de ce siége. En supposant qu'elles se montassent alors à sept cents talents, nous destinerons les autres trois mille aux ouvrages dont Périclès embellit la ville: trois mille talents, à cinq mille quatre cents livres chaque talent, font, de notre monnaie, seize millions deux cent mille livres; mais comme, du temps de Périclès, le talent pouvait valoir trois cents livres de plus, nous aurons dix-sept millions cent mille livres.

prétexte que personne n'était en état de les payer. Parrhasius avait une telle opinion de lui-même, qu'il se donnait une origine céleste. A l'ivresse de leur orgueil se joignait celle de l'admiration publique.

Quoique les lettres aient été cultivées de meilleure heure et vec autant de succès que les arts, on peut avancer qu'à l'excepon de la poésie elles ont reçu moins d'encouragement parmi les Grecs. Ils ont montré de l'estime pour l'éloquence et pour l'histoire, parce que la première est nécessaire à la discussion de leurs intérêts, et la seconde à leur vanité ; mais les autres branches de la littérature doivent leur accroissement plutôt à la vigueur du sol qu'à la protection du gouvernement. On trouve en plusieurs villes des écoles d'athlètes entretenues aux dépens du public, nulle part des établissements durables pour les exercices de l'esprit. Ce n'est que depuis quelque temps que l'étude de l'arithmétique et de la géométrie fait partie de l'éducation, et que l'on commence à n'être plus effarouché des notions de la physique.

Sous Périclès les recherches philosophiques furent sévèrement proscrites par les Athéniens ; et tandis que les devins étaient quelquefois entretenus avec quelque distinction dans le Prytanée, les philosophes osaient à peine confier leurs dogmes à des disciples fidèles. Ils n'étaient pas mieux accueillis chez les autres peuples. Partout, objets de haine ou de mépris, ils n'échappaient aux fureurs du fanatisme qu'en tenant la vérité captive, et à celles de l'envie que par une pauvreté volontaire ou forcée. Plus tolérés aujourd'hui, ils sont encore surveillés de si près qu'à la moindre licence la philosophie éprouverait les mêmes outrages qu'autrefois.

On peut conclure de ces réflexions : 1° que les Grecs ont toujours plus honoré les talents qui servent à leurs plaisirs que ceux qui contribuent à leur instruction ; 2° que les causes physiques ont plus influé que les morales sur le progrès des lettres, les morales plus que les physiques sur celui des arts ; 3° que les Athéniens ne sont pas fondés à s'attribuer l'origine ou du moins la perfection des arts et des sciences. Vainement se flattent-ils d'ouvrir aux nations les routes brillantes de l'immortalité ; la nature ne paraît pas les avoir distingués des autres Grecs dans la distribution de ses faveurs. Ils ont créé le genre dramatique, ils ont eu de célèbres orateurs, deux ou trois historiens, un très-petit nombre de peintres, de sculpteurs et d'architectes habiles ; mais dans presque tous les genres le reste de la Grèce peut leur opposer une foule de noms illustres. Je ne sais même si le climat de l'Attique est aussi favorable aux productions de l'esprit que ceux de l'Ionie et de la Sicile.

Athènes est moins le berceau que le séjour des talents. Ses richesses la mettent en état de les employer, et ses lumières de les apprécier : l'éclat de ses fêtes, la douceur de ses lois, le nombre et le caractère facile de ses habitants, suffiraient pour fixer dans son enceinte des hommes avides de gloire, et auxquels il faut un théâtre, des rivaux et des juges.

Périclès se les attachait par la supériorité de son crédit, Aspasie par les charmes de sa conversation, l'un et l'autre par une estime éclairée. On ne pouvait comparer Aspasie qu'à elle-même. Les Grecs furent encore moins étonnés de sa beauté que de son éloquence, que de la profondeur et des agréments de son esprit. Socrate, Alcibiade, les gens de lettres et les artistes les plus renommés, les Athéniens et les Athéniennes les plus aimables, s'assemblaient auprès de cette femme singulière, qui parlait à tous leur langue, et qui s'attirait les regards de tous.

Cette société fut le modèle de celles qui se sont formées depuis. L'amour des lettres, des arts et des plaisirs, qui rapproche les hommes et confond les états, fit sentir le mérite du choix dans les expressions et dans les manières. Ceux qui avaient reçu de la nature le don de plaire voulurent plaire en effet, et le désir ajouta de nouvelles grâces au talent. Bientôt on distingua le ton de la bonne compagnie. Comme il est fondé en partie sur des convenances arbitraires et qu'il suppose de la finesse et de la tranquillité dans l'esprit, il fut long-temps à s'épurer et ne put jamais pénétrer dans toutes les conditions. Enfin la politesse, qui ne fut d'abord que l'expression de l'estime, le devint insensiblement de la dissimulation. On eut soin de prodiguer aux autres des attentions pour en obtenir de plus fortes, et de respecter leur amour-propre pour n'être pas inquiété dans le sien.

VOYAGE
DU JEUNE ANACHARSIS
EN GRÈCE.

CHAPITRE PREMIER.

Départ de Scythie. La Chersonèse taurique [1]. Le Pont-Euxin [2]. État de la Grèce (depuis la prise d'Athènes, l'an 405 avant Jésus-Christ, jusqu'au moment du Voyage). Le Bosphore de Thrace. Arrivée à Byzance [3].

Anacharsis, Scythe de nation, fils de Toxaris, est l'auteur de cet ouvrage, qu'il adresse à ses amis. Il commence par leur exposer les motifs qui l'engagèrent à voyager.

Vous savez que je descends du sage Anacharsis, si célèbre parmi les Grecs, et si indignement traité chez les Scythes. L'histoire de sa vie et de sa mort m'inspira, dès ma plus tendre enfance, de l'estime pour la nation qui avait honoré ses vertus, et de l'éloignement pour celle qui les avait méconnues.

Ce dégoût fut augmenté par l'arrivée d'un esclave grec dont je fis l'acquisition. Il était d'une des principales familles de Thèbes en Béotie. Environ trente-six ans [4] auparavant, il avait suivi le jeune Cyrus dans l'expédition que ce jeune prince entreprit contre son frère Artaxerxès, roi de Perse. Fait prisonnier dans un de ces combats que les Grecs furent obligés de livrer en se retirant, il changea souvent de maître, traîna ses fers chez différentes nations, et parvint aux lieux que j'habitais.

Plus je le connus, plus je sentis l'ascendant que les peuples éclairés ont sur les autres peuples. Timagène, c'était le nom du Thébain, m'attirait et m'humiliait par les charmes de sa conversation et par la supériorité de ses lumières. L'histoire des Grecs, leurs mœurs, leur gouvernement, leurs sciences, leurs arts, leurs fêtes, leurs spectacles, étaient le sujet intarissable de nos entre-

[1] La Crimée. — [2] La mer Noire. — [3] Constantinople. — [4] L'an 400 avant J.-C.

tiens. Je l'interrogeais, je l'écoutais avec transport. Je venais d'entrer dans ma dix-huitième année ; mon imagination ajoutait les plus vives couleurs à ses riches tableaux. Je n'avais vu jusqu'alors que des tentes, des troupeaux et des déserts. Incapable désormais de supporter la vie errante que j'avais menée et l'ignorance profonde à laquelle j'étais condamné, je résolus d'abandonner un climat où la nature se prêtait à peine aux besoins de l'homme, et une nation qui ne me paraissait avoir d'autre vertu que de ne pas connaître tous les vices.

J'ai passé les plus belles années de ma vie en Grèce, en Égypte et en Perse ; mais c'est dans le premier de ces pays que j'ai fait le plus long séjour. J'ai joui des derniers moments de sa gloire, et je ne l'ai quitté qu'après avoir vu sa liberté expirer dans la plaine de Chéronée. Pendant que je parcourais ses provinces, j'avais soin de recueillir tout ce qui méritait quelque attention. C'est d'après ce journal qu'à mon retour en Scythie j'ai mis en ordre la relation de mon voyage. Peut-être serait-elle plus exacte si le vaisseau sur lequel j'avais fait embarquer mes livres n'avait pas péri dans le Pont-Euxin.

Vous que j'eus l'avantage de connaître dans mon voyage de Perse, Arsame, Phédime, illustres époux, combien de fois vos noms ont été sur le point de se mêler à mes récits ! De quel éclat ils brillaient à ma vue lorsque j'avais à peindre quelque grande qualité du cœur et de l'esprit, lorsque j'avais à parler de bienfaits et de reconnaissance ! Vous avez des droits sur cet ouvrage. Je le composai en partie dans ce beau séjour dont vous faisiez le plus bel ornement ; je l'ai achevé loin de la Perse, et toujours sous vos yeux ; car le souvenir des moments passés auprès de vous ne s'efface jamais. Il sera le bonheur du reste de mes jours ; et tout ce que je désire après ma mort, c'est que, sur la pierre qui couvrira ma cendre, on grave profondément ces mots : IL OBTINT LES BONTÉS D'ARSAME ET DE PHÉDIME.

Vers la fin de la première année de la cent quatrième olympiade [1], je partis avec Timagène, à qui je venais de rendre la liberté. Après avoir traversé de vastes solitudes, nous arrivâmes sur les bords du Tanaïs [2], près de l'endroit où il se jette dans une espèce de mer connue sous le nom de Lac ou de Palus-Méotide. Là, nous étant embarqués, nous nous rendîmes à la ville de Panticapée, située sur une hauteur, vers l'entrée du détroit qu'on nomme le Bosphore cimmérien, et qui joint le lac au Pont-Euxin.

---

[1] Au mois d'avril de l'an 363 avant J.-C.
[2] Le Don.

CHAPITRE I.

Cette ville, où les Grecs établirent autrefois une colonie, est devenue la capitale d'un petit empire qui s'étend sur la côte orientale de la Chersonèse taurique. Leucon y régnait depuis environ trente ans. C'était un prince magnifique et généreux, qui plus d'une fois avait dissipé des conjurations et remporté des victoires par son courage et son habileté. Nous ne le vîmes point : il était à la tête de son armée. Quelque temps auparavant, ceux d'Héraclée en Bithynie s'étaient présentés avec une puissante flotte pour tenter une descente dans ses états. Leucon, s'apercevant que ses troupes s'opposaient faiblement aux projets de l'ennemi, plaça derrière elles un corps de Scythes, avec ordre de les charger si elles avaient la lâcheté de reculer.

On citait de lui un mot dont je frissonne encore. Ses favoris, par de fausses accusations, avaient écarté plusieurs de ses amis, et s'étaient emparés de leurs biens. Il s'en aperçut enfin, et l'un d'eux ayant hasardé une nouvelle délation : « Malheureux, lui dit-il, je te ferais mourir si des scélérats tels que toi n'étaient nécessaires aux despotes. »

La Chersonèse taurique produit du blé en abondance : la terre, à peine effleurée par le soc de la charrue, y rend trente pour un. Les Grecs y font un si grand commerce que le roi s'était vu forcé d'ouvrir à Théodosie[1], autre ville du Bosphore, un port capable de contenir cent vaisseaux. Les marchands athéniens abordaient en foule, soit dans cette place, soit à Panticapée. Ils n'y payaient aucun droit ni d'entrée ni de sortie; et la république, par reconnaissance, avait mis ce prince et ses enfants au nombre de ses citoyens[2].

Nous trouvâmes un vaisseau de Lesbos près de mettre à la voile. Cléomède, qui le commandait, consentit à nous prendre sur son bord. En attendant le jour du départ, j'allais, je venais : je ne pouvais me rassasier de revoir la citadelle, l'arsenal, le port, les vaisseaux, leurs agrès, leurs manœuvres; j'entrais au hasard dans les maisons des particuliers, dans les manufactures, dans les moindres boutiques; je sortais de la ville, et mes yeux restaient fixés sur des vergers couverts de fruits, sur des campagnes enrichies de moissons. Mes sensations étaient vives, mes récits animés. Je ne pouvais me plaindre de n'avoir pas de témoins de mon bonheur; j'en parlais à tout le monde. Tout ce qui me frappait,

---

[1] Aujourd'hui Caffa.
[2] Afin que ces priviléges fussent connus des commerçants, on les grava sur trois colonnes, dont la première fut placée au Pirée, la seconde au Bosphore de Thrace, la troisième au Bosphore cimmérien ; c'est-à-dire au commencement, au milieu et à la fin de la route que suivaient les vaisseaux marchands des deux nations.

je courais l'annoncer à Timagène, comme une découverte pour lui, ainsi que pour moi ; je lui demandais si le lac Méotide n'était pas la plus grande des mers, si Panticapée n'était pas la plus belle ville de l'univers.

Dans le cours de mes voyages, et surtout au commencement, j'éprouvais de pareilles émotions toutes les fois que la nature ou l'industrie m'offrait des objets nouveaux ; et lorsqu'ils étaient faits pour élever l'âme, mon admiration avait besoin de se soulager par des larmes que je ne pouvais retenir, ou par des excès de joie que Timagène ne pouvait modérer. Dans la suite, ma surprise, en s'affaiblissant, a fait évanouir les plaisirs dont elle était la source ; et j'ai vu avec peine que nous perdions du côté des sensations ce que nous gagnons du côté de l'expérience.

Je ne décrirai point les mouvements dont je fus agité lorsque, à la sortie du Bosphore cimmérien, la mer qu'on nomme Pont-Euxin se développa insensiblement à mes regards. C'est un immense bassin, presque partout entouré de montagnes plus ou moins éloignées du rivage, et dans lequel près de quarante fleuves versent les eaux d'une partie de l'Asie et de l'Europe. Sa longueur, dit-on, est de onze mille cent stades[1], sa plus grande largeur de trois mille trois cents[2]. Sur ses bords habitent des nations qui diffèrent entre elles d'origine, de mœurs et de langage. On y trouve par intervalles, et principalement sur les côtes méridionales, des villes grecques fondées par ceux de Milet, de Mégare et d'Athènes, la plupart construites dans des lieux fertiles et propres au commerce. A l'est est la Colchide, célèbre par le voyage des Argonautes, que les fables ont embelli, et qui fit mieux connaître aux Grecs ces pays éloignés.

Les fleuves qui se jettent dans le Pont le couvrent de glaçons dans les grands froids, adoucissent l'amertume de ses eaux, y portent une énorme quantité de limon et de substances végétales qui attirent et engraissent les poissons. Les thons, les turbots et presque toutes les espèces y vont déposer leur frai, et s'y multiplient d'autant plus que cette mer ne nourrit point de poissons voraces et destructeurs. Elle est souvent enveloppée de vapeurs sombres et agitée par des tempêtes violentes. On choisit, pour y voyager, la saison où les naufrages sont moins fréquents. Elle n'est pas profonde, excepté vers sa partie orientale, où la nature a creusé des abîmes dont la sonde ne peut trouver le fond.

Pendant que Cléomède nous instruisait de ces détails, il traçait

---

[1] Environ quatre cent dix-neuf lieues et demie.
[2] Environ cent vingt-quatre lieues trois quarts.

sur ses tablettes le circuit du Pont-Euxin. Quand il l'eut terminé : « Vous avez, lui dis-je, figuré, sans vous en apercevoir, l'arc dont nous nous servons en Scythie; telle est précisément sa forme. Mais je ne vois point d'issue à cette mer. — Elle ne communique aux autres, répondit-il, que par un canal à peu près semblable à celui d'où nous venons de sortir.

Au lieu de nous y rendre en droiture, Cléomède, craignant de s'éloigner des côtes, dirigea sa route vers l'ouest, et ensuite vers le sud. Nous nous entretenions, en les suivant, des nations qui les habitent; nous vîmes quelquefois les troupeaux s'approcher du rivage de la mer, parce qu'elle leur présente une boisson aussi agréable que salutaire. On nous dit qu'en hiver, quand la mer est prise, les pêcheurs de ces cantons dressent leurs tentes sur sa surface et jettent leurs lignes à travers des ouvertures pratiquées dans la glace. On nous montra de loin l'embouchure du Borysthène [1], celle de l'Ister [2] et de quelques autres fleuves. Nous passions souvent la nuit à terre, et quelquefois à l'ancre.

Un jour Cléomède nous dit qu'il avait lu autrefois l'histoire de l'expédition du jeune Cyrus. « La Grèce s'est donc occupée de nos malheurs? dit Timagène : ils sont moins amers pour ceux qui ont eu la fatalité d'y survivre. Et quelle est la main qui en traça le tableau? — Ce fut, répondit Cléomède, l'un des généraux qui ramenèrent les Grecs dans leur patrie, Xénophon d'Athènes. — Hélas! reprit Timagène, depuis environ trente-sept ans que le sort me sépara de lui, voici la première nouvelle que j'ai de son retour. Ah! qu'il m'eût été doux de le revoir après une si longue absence! mais je crains bien que la mort..... — Rassurez-vous, dit Cléomède, il vit encore. — Que les dieux soient bénis! reprit Timagène. Il vit, il recevra les embrassements d'un soldat, d'un ami dont il sauva plus d'une fois les jours. Sans doute que les Athéniens l'ont comblé d'honneurs? — Ils l'ont exilé, répondit Cléomède, parce qu'il paraissait trop attaché aux Lacédémoniens. — Mais du moins dans sa retraite il attire les regards de toute la Grèce? — Non; ils sont tous fixés sur Épaminondas de Thèbes. — Épaminondas! Son âge? le nom de son père? — Il a près de cinquante ans; il est fils de Polymnis et frère de Caphisias. — C'est lui, reprit Timagène avec émotion, c'est lui-même! Je l'ai connu dès son enfance. Ses traits sont encore présents à mes yeux : les liens du sang nous unirent de bonne heure. Je n'avais que quelques années de plus que lui : il fut élevé dans l'amour de la pauvreté, dans l'amour de la vertu. Jamais des progrès plus

[1] Aujourd'hui le Dniéper. — [2] Le Danube.

rapides dans les exercices du corps, dans ceux de l'esprit. Ses maîtres ne suffisaient pas au besoin qu'il avait de s'instruire. Je m'en souviens, nous ne pouvions l'arracher de la compagnie d'un pythagoricien triste et sévère, nommé Lysis. Épaminondas n'avait que douze à treize ans quand je me rendis à l'armée de Cyrus; il laissait quelquefois échapper des traits d'un grand caractère. On prévoyait l'ascendant qu'il aurait un jour sur les autres hommes. Excusez mon importunité : comment a-t-il rempli de si belles espérances? »

Cléomède répondit : « Il a élevé sa nation; et, par ses exploits, elle est devenue la première puissance de la Grèce. — O Thèbes! s'écria Timagène, ô ma patrie! heureux séjour de mon enfance! plus heureux Épaminondas!... » Un saisissement involontaire l'empêcha d'achever. Je m'écriai à mon tour : « Oh! que l'on mérite d'être aimé quand on est si sensible! » Et me jetant à son cou : « Mon cher Timagène, lui dis-je, puisque vous prenez tant d'intérêt aux lieux où le hasard vous a fait naître, quels doivent être vos sentiments pour les amis que vous choisissez vous-même! » Il me répondit en me serrant la main : « Je vous ai souvent parlé de cet amour inaltérable que les Grecs conservaient pour leur patrie. Vous aviez de la peine à le concevoir : vous voyez à mes pleurs s'il est profond et sincère. » Il pleurait en effet.

Après quelques moments de silence, il demanda comment s'était opérée une révolution si glorieuse aux Thébains. « Vous n'attendez pas de moi, dit Cléomède, le détail circonstancié de tout ce qui s'est passé depuis votre départ. Je m'attacherai aux principaux événements : ils suffiront pour vous instruire de l'état actuel de la Grèce.

» Vous aurez su que, par la prise d'Athènes[1], toutes nos républiques se trouvèrent en quelque manière asservies aux Lacédémoniens; que les unes furent forcées de solliciter leur alliance, et les autres de l'accepter. Les qualités brillantes et les exploits éclatants d'Agésilas, roi de Lacédémone, semblaient les menacer d'un long esclavage. Appelé en Asie au secours des Ioniens, qui, s'étant déclarés pour le jeune Cyrus, avaient à redouter la vengeance d'Artaxerxès, il battit plusieurs fois les généraux de ce prince ; et, ses vues s'étendant avec ses succès, il roulait déjà dans sa tête le projet de porter ses armes en Perse, et d'attaquer le grand roi jusque sur son trône.

» Artaxerxès détourna l'orage. Des sommes d'argent distribuées dans plusieurs villes de la Grèce les détachèrent des Lacédémo-

---

[1] L'an 404 avant J.-C.

niens, Thèbes, Corinthe, Argos et d'autres peuples formèrent une ligue puissante, et rassemblèrent leurs troupes dans les champs de Coronée en Béotie [1] : elles en vinrent bientôt aux mains avec celles d'Agésilas, qu'un ordre de Lacédémone avait obligé d'interrompre le cours de ses exploits. Xénophon, qui combattit auprès de ce prince, disait qu'il n'avait jamais vu une bataille si meurtrière. Les Lacédémoniens eurent l'honneur de la victoire, les Thébains celui de s'être retirés sans prendre la fuite.

» Cette victoire, en affermissant la puissance de Sparte, fit éclore de nouveaux troubles, de nouvelles ligues. Parmi les vainqueurs mêmes, les uns étaient fatigués de leurs succès, les autres de la gloire d'Agésilas. Ces derniers, ayant à leur tête le Spartiate Antalcidas, proposèrent au roi Artaxerxès de donner la paix aux nations de la Grèce. Leurs députés s'assemblèrent, et Téribaze, satrape d'Ionie, leur déclara les volontés de son maître, conçues en ces termes :

« Le roi Artaxerxès croit qu'il est de la justice : 1° que les villes grecques d'Asie, ainsi que les îles de Clazomène et de Chypre, demeurent réunies à son empire ; 2° que les autres villes grecques soient libres, à l'exception des îles de Lemnos, d'Imbros et de Scyros, qui appartiendront aux Athéniens. Il joindra ses forces à celles des peuples qui accepteront ces conditions, et les emploiera contre ceux qui refuseront d'y souscrire. »

» L'exécution d'un traité destiné à changer le système politique de la Grèce fut confiée aux Lacédémoniens, qui en avaient conçu l'idée et réglé les articles. Par le premier, ils ramenaient sous le joug des Perses les Grecs de l'Asie, dont la liberté avait fait répandre tant de sang depuis près d'un siècle ; par le second, en obligeant les Thébains à reconnaître l'indépendance des villes de la Béotie, ils affaiblissaient la seule puissance qui fût peut-être en état de s'opposer à leurs projets : aussi les Thébains, ainsi que les Argiens, n'accédèrent-ils au traité que lorsqu'ils y furent contraints par la force. Les autres républiques le reçurent sans opposition, et quelques-unes même avec empressement.

» Peu d'années après [2] le Spartiate Phébidas, passant dans la Béotie avec un corps de troupes, les fit camper auprès de Thèbes : La ville était divisée en deux factions, ayant chacune un des principaux magistrats à sa tête. Léonidas, chef du parti dévoué aux Lacédémoniens, engagea Phébidas à s'emparer de la citadelle, et lui en facilita les moyens ; c'était en pleine paix, et dans un moment où, sans crainte, sans soupçons, les Thébains célébraient la

[1] L'an 393 avant J.-C. — [2] L'an 387 avant J.-C. — [3] L'an 382 avant J.-C.

fête de Cérès. Une si étrange perfidie devint plus odieuse par les cruautés exercées sur les citoyens fortement attachés à leur patrie : quatre cents d'entre eux cherchèrent un asile auprès des Athéniens ; Isménias, chef de ce parti, avait été chargé de fers, et mis à mort sous de vains prétextes.

» Un cri général s'éleva dans la Grèce. Les Lacédémoniens frémissaient d'indignation, ils demandaient avec fureur si Phébidas avait reçu des ordres pour commettre un pareil attentat. Agésilas répond qu'il est permis à un général d'outre-passer ses pouvoirs quand le bien de l'état l'exige, et qu'on ne doit juger de l'action de Phébidas que d'après ce principe. Léonidas se trouvait alors à Lacédémone ; il calma les esprits en les aigrissant contre les Thébains. Il fut décidé qu'on garderait la citadelle de Thèbes, et que Phébidas serait condamné à une amende de cent mille drachmes¹. »

« Ainsi, dit Timagène en interrompant Cléomède, Lacédémone profita du crime et punit le coupable. Et quelle fut alors la conduite d'Agésilas ? — On l'accusa, répondit Cléomède, d'avoir été l'auteur secret de l'entreprise, et du décret qui en avait consommé l'iniquité. — Vous m'aviez inspiré de l'estime pour ce prince, reprit Tigamène ; mais après une pareille infamie....

» — Arrêtez, lui dit Cléomède ; apprenez que le vertueux Xénophon n'a cessé d'admirer, d'estimer et d'aimer Agésilas. J'ai moi-même fait plusieurs campagnes sous ce prince. Je ne vous parle pas de ses talents militaires, vous verrez ses trophées élevés dans plusieurs provinces de la Grèce et de l'Asie ; mais je puis vous protester qu'il était adoré des soldats, dont il partageait les travaux et les dangers ; que, dans son expédition d'Asie, il étonnait les barbares par la simplicité de son extérieur et par l'élévation de ses sentiments ; que dans tous les temps il nous étonnait par de nouveaux traits de désintéressement, de frugalité, de modération et de bonté ; qu'oubliant sa grandeur, sans craindre que les autres l'oubliassent, il était d'un accès facile, d'une familiarité touchante ; sans fiel, sans jalousie, toujours prêt à écouter nos plaintes ; enfin le Spartiate le plus rigide n'avait pas des mœurs plus austères, l'Athénien le plus aimable n'eut jamais plus d'agrément dans l'esprit. Je n'ajoute qu'un trait à cet éloge : dans ces conquêtes brillantes qu'il fit en Asie, son premier soin fut toujours d'adoucir le sort des prisonniers et de rendre la liberté aux esclaves.

» — Eh ! qu'importent toutes ces qualités, répliqua Timagène, s'il les a ternies en souscrivant à l'injustice exercée contre les

¹ Quatre vingt-dix mille livres.

Thébains? — Cependant, répondit Cléomède, il regardait la justice comme la première des vertus. J'avoue qu'il la violait quelquefois ; et, sans prétendre l'excuser, j'observe que ce n'était qu'en faveur de ses amis et jamais contre ses ennemis. Il changea de conduite à l'égard des Thébains, soit que toutes les voies lui parussent légitimes pour abattre une puissance rivale de Sparte, soit qu'il crût devoir saisir l'occasion de venger ses injures personnelles. Il s'était rendu maître de toutes les passions, à l'exception d'une seule qui le maîtrisait et qui, enrichie de la dépouille des autres, était devenue tyrannique, injuste, incapable de pardonner une offense. C'était un amour excessif de la gloire ; et ce sentiment, les Thébains l'avaient blessé plus d'une fois, surtout lorsqu'ils déconcertèrent le projet qu'il avait conçu de détrôner le roi de Perse.

» Le décret des Lacédémoniens fut l'époque de leur décadence : la plupart de leurs alliés les abandonnèrent, et trois ou quatre ans après [1] les Thébains brisèrent un joug odieux. Quelques citoyens intrépides détruisirent dans une nuit, dans un instant, les partisans de la tyrannie ; et le peuple ayant secondé leurs premiers efforts, les Spartiates évacuèrent la citadelle. L'un des bannis, le jeune Pélopidas, fut un des premiers auteurs de cette conjuration. Il était distingué par sa naissance et par ses richesses ; il le fut bientôt par des actions dont l'éclat rejaillit sur sa patrie.

» Toute voie de conciliation se trouvait désormais interdite aux deux nations. La haine des Thébains s'était prodigieusement accrue parce qu'ils avaient essuyé un outrage sanglant, celle des Lacédémoniens parce qu'ils l'avaient commis. Quoique ces derniers eussent plusieurs guerres à soutenir, ils firent quelques irruptions en Béotie. Agésilas y conduisit deux fois ses soldats accoutumés à vaincre sous ses ordres : il fut blessé dans une action peu décisive, et le Spartiate Antalcidas lui dit en lui montrant le sang qui coulait de sa plaie : « Voilà le fruit des leçons que vous avez données aux Thébains. » En effet, ceux-ci, après avoir d'abord laissé ravager leurs campagnes, essayèrent leurs forces dans de petits combats, qui bientôt se multiplièrent. Pélopidas les menait chaque jour à l'ennemi ; et, malgré l'impétuosité de son caractère, il les arrêtait dans leurs succès, les encourageait dans leurs défaites, et leur apprenait lentement à braver ces Spartiates dont ils redoutaient auparavant la valeur et encore plus la réputation. Lui-même, instruit par ses fautes et par les exemples d'Agésilas, s'appropriait l'expérience du plus habile général de la Grèce ; il

[1] L'an 379 ou 378 avant J.-C.

recueillit dans une des campagnes suivantes le fruit de ses travaux et de ses réflexions.

» Il était dans la Béotie, il s'avançait vers Thèbes[1] : un corps de Lacédémoniens, beaucoup plus nombreux que le sien, retournait par le même chemin. Un cavalier thébain qui s'était avancé, et qui les aperçut sortant d'un défilé, court à Pélopidas : « Nous sommes tombés, s'écria-t-il, entre les mains de l'ennemi. — Et pourquoi ne serait-il pas tombé entre les nôtres ? » répondit le général. Jusqu'alors aucune nation n'avait osé attaquer les Lacédémoniens avec des forces égales, encore moins avec des forces inférieures. La mêlée fut sanglante, la victoire long-temps indécise. Les Lacédémoniens, ayant perdu leurs deux généraux et l'élite de leurs guerriers, s'ouvrent sans perdre leurs rangs pour laisser passer l'ennemi ; mais Pélopidas, qui veut rester maître du champ de bataille, fond de nouveau sur eux, et goûte enfin le plaisir de les disperser dans la plaine.

» Ce succès inattendu étonna Lacédémone, Athènes et toutes les républiques de la Grèce. Fatiguées des malheurs de la guerre, elles résolurent de terminer leurs différends à l'amiable. La diète fut convoquée à Lacédémone ; Épaminondas y parut avec les autres députés de Thèbes.

» Il était alors dans sa quarantième année. Jusqu'à ce moment il avait, suivant le conseil des sages, caché sa vie ; il avait mieux fait encore, il s'était mis en état de la rendre utile aux autres. Au sortir de l'enfance il se chargea d'achever lui-même son éducation. Malgré la médiocrité de sa fortune, il retira chez lui le philosophe Lysis ; et, dans leurs fréquents entretiens, il se pénétra des idées sublimes que les pythagoriciens ont conçues de la vertu ; et cette vertu, qui brillait dans ses moindres actions, le rendit inaccessible à toutes les craintes. En même temps qu'il fortifiait sa santé par la course, la lutte, encore plus que par la tempérance, il étudiait les hommes, il consultait les plus éclairés, et méditait sur les devoirs du général et du magistrat. Dans les discours prononcés en public il ne dédaignait pas les ornements de l'art ; mais on y démêlait toujours l'éloquence des grandes âmes. Ses talents, qui l'ont placé au rang des orateurs célèbres, éclatèrent pour la première fois à la diète de Lacédémone, dont Agésilas dirigea les opérations.

» Les députés des différentes républiques y discutèrent leurs droits et leurs intérêts. J'ai vu par hasard les harangues des trois ambassadeurs d'Athènes. Le premier était un prêtre de Cérès, entêté

[1] L'an 375 avant J.-C.

de sa naissance, fier des éloges qu'il recevait ou qu'il se donnait lui-même. Il rappela les commissions importantes que les Athéniens avaient confiées à ceux de sa maison, parla des bienfaits que les peuples du Péloponnèse avaient reçus des divinités dont il était le ministre, et conclut en observant que la guerre ne pouvait commencer trop tard ni finir trop tôt. Callistrate, orateur renommé, au lieu de défendre l'intérêt général de la Grèce, eut l'indiscrétion d'insinuer, en présence de tous les alliés, que l'union particulière d'Athènes et de Lacédémone assurerait à ces deux puissances l'empire de la terre et de la mer. Enfin Autoclès, troisième député, s'étendit avec courage sur les injustices des Lacédémoniens, qui appelaient sans cesse les peuples à la liberté, et les tenaient réellement dans l'esclavage, sous le vain prétexte de leur garantie accordée au traité d'Antalcidas.

» Je vous ai dit que suivant ce traité, toutes les villes de la Grèce devaient être libres : or les Lacédémoniens, en tenant dans leur dépendance les villes de Laconie, exigeaient avec hauteur que celles de la Béotie ne fussent plus asservies aux Thébains. Comme ils se répandaient en plaintes amères contre ces derniers et ne s'exprimaient plus avec la même précision qu'auparavant, Épaminondas, ennuyé de leurs prolixes invectives, leur dit un jour : « Vous conviendrez du moins que nous vous avons forcés d'allonger vos monosyllabes. » Le discours qu'il prononça ensuite fit une si forte impression sur les députés, qu'Agésilas en fut alarmé. Le Thébain insistant avec force sur la nécessité d'un traité uniquement fondé sur la justice et sur la raison : « Et vous paraît-il juste et raisonnable, dit Agésilas, d'accorder l'indépendance aux villes de la Béotie? — Et vous, répondit Épaminondas, croyez-vous raisonnable et juste de reconnaître celle de la Laconie? — Expliquez-vous nettement, reprit Agésilas enflammé de colère; je vous demande si les villes de la Béotie seront libres? — Et moi, répondit fièrement Épaminondas, je vous demande si celles de la Laconie le seront? » A ces mots Agésilas effaça du traité le nom des Thébains, et l'assemblée se sépara.

» Telle fut, à ce qu'on prétend, l'issue de cette fameuse conférence. Quelques-uns la racontent diversement et plus à l'avantage d'Agésilas. Quoi qu'il en soit, les principaux articles du décret de la diète portaient qu'on licencierait les troupes, que tous les peuples jouiraient de la liberté, et qu'il serait permis à chacune des puissances confédérées de secourir les villes opprimées.

» On aurait encore pu recourir à la négociation; mais les Lacédémoniens, entraînés vers leur ruine par un esprit de vertige, donnèrent ordre au roi Cléombrote, qui commandait en Phocide l'armée des alliés, de la conduire en Béotie. Elle était forte de dix mille hommes de pied et de mille chevaux. Les Thébains ne pouvaient leur opposer que six mille hommes d'infanterie et un petit nombre de chevaux; mais Épaminondas était à leur tête, et il avait Pélopidas sous lui.

» On citait des augures sinistres : il répondit que le meilleur des présages était de défendre sa patrie. On rapportait des oracles favorables : il les accrédita tellement qu'on le soupçonnait d'en être l'auteur. Ses troupes étaient aguerries et pleines de son esprit. La cavalerie de l'ennemi, ramassée presque au hasard, n'avait ni expérience ni émulation. Les villes alliées n'avaient consenti à cette expédition qu'avec une extrême répugnance, et leurs soldats n'y marchaient qu'à regret. Le roi de Lacédémone s'aperçut de ce découragement; mais il avait des ennemis, et risqua tout plutôt que de fournir de nouveaux prétextes à leur haine.

» Les deux armées étaient dans un endroit de la Béotie nommé Leuctres. La veille de la bataille, pendant qu'Épaminondas faisait ses dispositions, inquiet d'un événement qui allait décider du sort de sa patrie, il apprit qu'un officier de distinction venait d'expirer tranquillement dans sa tente : « Eh bons dieux ! s'écria-t-il, comment a-t-on le temps de mourir dans une pareille circonstance? »

» Le lendemain[1] se donna cette bataille que les talents du général thébain rendront à jamais mémorable. Cléombrote s'était placé à la droite de son armée avec la phalange lacédémonienne, protégée par la cavalerie qui formait une première ligne. Épaminondas, assuré de la victoire s'il peut enfoncer cette aile si redoutable, prend le parti de refuser sa droite à l'ennemi et d'attaquer par sa gauche. Il y fait passer ses meilleures troupes, les range sur cinquante de hauteur, et met aussi sa cavalerie en première ligne. A cet aspect Cléombrote change sa première disposition; mais, au lieu de donner plus de profondeur à son aile, il la prolonge pour déborder Épaminondas. Pendant ce mouvement la cavalerie des Thébains fondit sur celle des Lacédémoniens et la renversa sur leur phalange, qui n'était plus qu'à douze de hauteur. Pélopidas, qui commandait le bataillon sacré[2], la prit en flanc; Épaminondas tomba sur elle avec tout le poids de sa colonne. Elle en soutint le choc avec un courage digne d'une meilleure cause et d'un plus heureux succès. Des prodiges de valeur ne purent sauver Cléombrote. Les guerriers qui l'entouraient sacrifièrent

[1] Le 8 juillet de l'année julienne proleptique, 371 avant J.-C.
[2] C'était un corps de trois cents jeunes Thébains renommés pour leur valeur.

leurs jours, ou pour sauver les siens, ou pour retirer son corps, que les Thébains n'eurent pas la gloire d'enlever.

» Après sa mort, l'armée du Péloponnèse se retira dans son camp placé sur une hauteur voisine. Quelques Lacédémoniens proposaient de retourner au combat; mais leurs généraux, effrayés de la perte que Sparte venait d'essuyer, et ne pouvant compter sur des alliés plus satisfaits qu'affligés de son humiliation, laissèrent les Thébains élever paisiblement un trophée sur le champ de bataille. La perte de ces derniers fut très-légère; celle de l'ennemi se montait à quatre mille hommes, parmi lesquels on comptait mille Lacédémoniens. De sept cents Spartiates, quatre cents perdirent la vie.

» Le premier bruit de cette victoire n'excita dans Athènes qu'une jalousie indécente contre les Thébains. A Sparte il réveilla ces sentiments extraordinaires que les lois de Lycurgue impriment dans tous les cœurs. Le peuple assistait à des jeux solennels où les hommes de tout âge disputaient le prix de la lutte et des autres exercices du gymnase. A l'arrivée du courrier, les magistrats prévirent que c'en était fait de Lacédémone; et, sans interrompre le spectacle, ils firent instruire chaque famille de la perte qu'elle venait d'essuyer, en exhortant les mères et les épouses à contenir leur douleur dans le silence. Le lendemain on vit ces familles, là joie peinte sur le visage, courir aux temples, à la place publique, remercier les dieux, et se féliciter mutuellement d'avoir donné à l'état des citoyens si courageux. Les autres n'osaient s'exposer aux regards du public, ou ne se montraient qu'avec l'appareil de la tristesse et du deuil. La douleur de la honte et l'amour de la patrie prévalurent tellement dans la plupart d'entre elles, que les époux ne pouvaient soutenir les regards de leurs épouses, et que les mères craignaient le retour de leurs fils.

» Les Thébains furent si enorgueillis de ce succès, que le philosophe Antisthène disait: « Je crois voir des écoliers tout fiers d'avoir battu leur maître. » D'un autre côté, les Lacédémoniens, ne voulant pas avouer leur défaite, demandèrent que les deux nations s'en rapportassent au jugement des Achéens.

» Deux ans après, Épaminondas et Pélopidas furent nommés béotarques, ou chefs de la ligue béotienne[1]. Le concours des circonstances, l'estime, l'amitié, l'uniformité des vues et des sentiments, formaient entre eux une union indissoluble. L'un avait sans doute plus de vertus et de talents; mais l'autre, en reconnaissant cette supériorité, la faisait presque disparaître. Ce fut avec ce fidèle

[1] L'an 369 avant J.-C.

compagnon de ses travaux et de sa gloire qu'Épaminondas entra dans le Péloponnèse, portant la terreur et la désolation chez les peuples attachés à Lacédémone, hâtant la défection des autres, brisant le joug sous lequel les Messéniens gémissaient depuis plusieurs siècles. Soixante et dix mille hommes de différentes nations marchaient sous ses ordres avec une égale confiance. Il les conduisit à Lacédémone, résolu d'attaquer ses habitants jusque dans leurs foyers, et d'élever un trophée au milieu de la ville.

» Sparte n'a point de murs, point de citadelle. On y trouve plusieurs éminences qu'Agésilas eut soin de garnir de troupes. Il plaça son armée sur le penchant de la plus haute de ces éminences. C'est de là qu'il vit Épaminondas s'approcher à la tête de son armée et faire ses dispositions pour passer l'Eurotas, grossi par la fonte des neiges. Après l'avoir long-temps suivi des yeux, il ne laissa échapper que ces mots : « Quel homme ! quel prodige ! »

» Cependant ce prince était agité de mortelles inquiétudes. Au dehors une armée formidable, au dedans un petit nombre de soldats qui ne se croyaient plus invincibles et un grand nombre de factieux qui se croyaient tout permis; les murmures et les plaintes des habitants qui voyaient leurs possessions dévastées et leurs jours en danger; le cri général, qui l'accusait d'être l'auteur de tous les maux de la Grèce; le cruel souvenir d'un règne autrefois si brillant, et déshonoré sur sa fin par un spectacle aussi nouveau qu'effrayant : car, depuis plus de cinq à six siècles, les ennemis avaient à peine osé tenter quelques incursions passagères sur les frontières de la Laconie : jamais les femmes de Sparte n'avaient vu la fumée de leur camp.

» Malgré de si justes sujets d'alarmes, Agésilas montrait un front serein et méprisait les injures de l'ennemi, qui, pour le forcer à quitter son poste, tantôt lui reprochait sa lâcheté, tantôt ravageait sous ses yeux les campagnes voisines. Sur ces entrefaites, environ deux cents conjurés s'étant emparés d'un poste avantageux et difficile à forcer, on proposait de faire marcher contre eux un corps de troupes. Agésilas rejeta ce conseil. Il se présenta lui-même aux rebelles, suivi d'un seul domestique. « Vous avez mal compris mes ordres, leur dit-il : ce n'est pas ici que vous deviez vous rendre, c'est dans tel et tel endroit. » Il leur montrait en même temps les lieux où il avait dessein de les disperser. Ils y allèrent aussitôt.

» Cependant Épaminondas désespérait d'attirer les Lacédémoniens dans la plaine. L'hiver était fort avancé. Déjà ceux d'Arcadie, d'Argos et d'Élée avaient abandonné le siége. Les Thébains perdaient journellement du monde, et commençaient à manquer de vivres. Les Athéniens et d'autres peuples faisaient des levées en faveur de Lacédémone. Ces raisons engagèrent Épaminondas à se retirer. Il fit le dégât dans le reste de la Laconie; et, après avoir évité l'armée des Athéniens, commandée par Iphicrate, il ramena paisiblement la sienne en Béotie.

» Les chefs de la ligue béotienne ne sont en exercice que pendant une année, au bout de laquelle ils doivent remettre le commandement à leurs successeurs. Épaminondas et Pélopidas l'avaient conservé quatre mois entiers au delà du terme prescrit par la loi. Ils furent accusés et traduits en justice. Le dernier se défendit sans dignité; il eut recours aux prières. Épaminondas parut devant ses juges avec la même tranquillité qu'à la tête de son armée. « La loi me condamne, leur dit-il, je mérite la mort. Je demande seulement qu'on grave cette inscription sur mon tombeau : « Les Thébains ont fait mourir Épaminondas parce qu'à Leuctres il les força d'attaquer et de vaincre ces Lacédémoniens qu'ils n'osaient pas auparavant regarder en face ; parce que sa victoire sauva sa patrie et rendit la liberté à la Grèce ; parce que sous sa conduite les Thébains assiégèrent Lacédémone, qui s'estima trop heureuse d'échapper à sa ruine; parce qu'il rétablit Messène et l'entoura de fortes murailles. » Les assistants applaudirent au discours d'Épaminondas, et les juges n'osèrent pas le condamner.

» L'envie, qui s'accroît par ses défaites, crut avoir trouvé l'occasion de l'humilier. Dans la distribution des emplois, le vainqueur de Leuctres fut chargé de veiller à la propreté des rues et à l'entretien des égouts de la ville. Il releva cette commission, et montra, comme il l'avait dit lui-même, qu'il ne faut pas juger des hommes par les places, mais des places par ceux qui les remplissent.

» Pendant les six années qui se sont écoulées depuis, nous avons vu plus d'une fois Épaminondas faire respecter les armes thébaines dans le Péloponnèse, et Pélopidas les faire triompher en Thessalie. Nous avons vu ce dernier, choisi pour arbitre entre deux frères qui se disputaient le trône de Macédoine, terminer leurs différends et rétablir la paix dans ce royaume; passer ensuite à la cour de Suze, où sa réputation, qui l'avait devancé, lui attira des distinctions brillantes [1]; déconcerter les mesures des députés d'Athènes et de Lacédémone, qui demandaient la protection du roi de Perse, obtenir pour sa patrie un traité qui l'unissait étroitement avec ce prince.

[1] L'an 367 avant J.-C. (Dodwell, *Annal.*).

» Il marcha l'année dernière [1] contre un tyran de Thessalie, nommé Alexandre, et périt dans le combat en poursuivant l'ennemi, qu'il avait réduit à une fuite honteuse. Thèbes et les puissances alliées pleurèrent sa mort : Thèbes a perdu un de ses soutiens, mais Épaminondas lui reste. Il se propose de porter les derniers coups à Lacédémone. Toutes les républiques de la Grèce se partagent, forment des ligues, font des préparatifs immenses. On prétend que les Athéniens se joindront aux Lacédémoniens, et que cette union n'arrêtera point Épaminondas. Le printemps prochain décidera cette grande querelle. » Tel fut le récit de Cléomède.

Après plusieurs jours de navigation heureuse nous arrivâmes au Bosphore de Thrace. C'est le nom que l'on donne au canal dont Cléomède nous avait parlé. L'abord en est dangereux ; les vents contraires y précipitent souvent les vaisseaux sur les côtes voisines, et les navigateurs n'y trouvent que la mort ou l'esclavage ; car les habitants de ces contrées sont de vrais barbares, puisqu'ils sont cruels.

En entrant dans le canal l'équipage adressa mille actions de grâces à Jupiter, surnommé Urius, dont nous avions le temple à gauche, sur la côte d'Asie, et qui nous avait préservés des dangers d'une mer si orageuse. Cependant je disais à Timagène : « Le Pont-Euxin reçoit, à ce qu'on prétend, près de quarante fleuves, dont quelques-uns sont très-considérables et ne pourraient s'échapper que par une si faible issue. Que devient donc le prodigieux volume d'eau qui tombe jour et nuit dans ce vaste réservoir ? — Vous en voyez couler ici une partie, répondit Timagène ; le reste, réduit en vapeur, doit être attiré par les rayons du soleil ; car les eaux de cette mer étant plus douces, et par conséquent plus légères que celles des autres, s'évaporent plus facilement. Que savons-nous ? peut-être que ces abîmes dont nous parlait tantôt Cléomède absorbent une partie des eaux du Pont, et les conduisent à des mers éloignées par des souterrains prolongés sous le continent. »

Le Bosphore de Thrace sépare l'Europe de l'Asie. Sa longueur, depuis le temple de Jupiter jusqu'à la ville de Byzance, où il finit, est de cent vingt stades [2]. Sa largeur varie : à l'entrée elle est de quatre stades [3] ; à l'extrémité opposée, de quatorze [4]. En certains

---

[1] L'an 364 avant J.-C.
[2] Quatre lieues treize cent quarante toises.
[3] Trois cent soixante-dix-huit toises.
[4] Treize cent vingt-trois toises. Les anciens diffèrent entre eux, et encore plus des modernes, sur ces mesures, ainsi que sur celles du Pont-Euxin, de la Propontide et de l'Hellespont. J'ai dû m'en tenir en général à celles d'Hérodote, qui étaient les plus connues à l'époque de ce voyage.

endroits les eaux forment de grands bassins et des baies profondes.

De chaque côté le terrain s'élève en amphithéâtre, et présente les aspects les plus agréables et les plus diversifiés : des collines couvertes de bois et des vallons fertiles y font, par intervalles, un contraste frappant avec les rochers, qui tout à coup changent la direction du canal. On voit sur les hauteurs des monuments de la piété des peuples ; sur le rivage des maisons riantes, des ports tranquilles, des villes et des bourgs enrichis par le commerce, des ruisseaux qui apportent le tribut de leurs eaux. En certaines saisons ces tableaux sont animés par quantité de bateaux destinés à la pêche, et de vaisseaux qui vont au Pont-Euxin ou qui en rapportent les dépouilles.

Vers le milieu du canal on nous montra l'endroit où Darius, roi de Perse, fit passer sur un pont de bateaux sept cent mille hommes qu'il conduisait contre les Scythes. Le détroit, qui n'a plus que cinq stades de large[1], s'y trouve resserré par un promontoire sur lequel est un temple de Mercure. Là deux hommes placés, l'un en Asie, l'autre en Europe, peuvent s'entendre facilement. Bientôt après nous aperçûmes la citadelle et les murs de Byzance ; et nous entrâmes dans son port, après avoir laissé à gauche la petite ville de Chrysopolis, et reconnu du même côté celle de Chalcédoine.

CHAPITRE II.

Description de Byzance. Colonies grecques. Le détroit de l'Hellespont. Voyage de Byzance à Lesbos.

Byzance, fondée autrefois par les Mégariens, successivement rétablie par les Milésiens et par d'autres peuples de la Grèce, est située sur un promontoire dont la forme est à peu près triangulaire. Jamais situation plus heureuse et plus imposante. La vue, en parcourant l'horizon, se repose à droite sur cette mer qu'on appelle Propontide ; en face, au delà d'un canal étroit, sur les villes de Chalcédoine et de Chrysopolis ; ensuite sur le détroit du Bosphore ; enfin sur des coteaux fertiles, et sur un golfe qui sert de port, et qui s'enfonce dans les terres jusqu'à la profondeur de soixante stades[2].

La citadelle occupe la pointe du promontoire ; les murs de la ville sont faits de grosses pierres carrées, tellement jointes qu'ils

[1] Quatre cent soixante-douze toises et demie.
[2] Deux lieues et un quart.

semblent ne former qu'un seul bloc ; ils sont très-élevés du côté de la terre, beaucoup moins des autres côtés, parce qu'ils sont naturellement défendus par la violence des flots, et en certains endroits par des rochers sur lesquels ils sont construits, et qui avancent dans la mer.

Outre un gymnase et plusieurs espèces d'édifices publics, on trouve dans cette ville toutes les commodités qu'un peuple riche et nombreux peut se procurer. Il s'assemble dans une place assez vaste pour y mettre une petite armée en bataille. Il y confirme ou rejette les décrets d'un sénat plus éclairé que lui. Cette inconséquence m'a frappé dans plusieurs villes de la Grèce ; et je me suis souvent rappelé le mot d'Anacharsis à Solon : « Parmi vous ce sont les sages qui discutent, et les fous qui décident. »

Le territoire de Byzance produit une grande abondance de grains et de fruits, trop souvent exposés aux incursions des Thraces qui habitent les villages voisins. On pêche, jusque dans le port même, une quantité surprenante de poissons: en automne, lorsqu'ils descendent du Pont-Euxin dans les mers inférieures ; au printemps, lorsqu'ils reviennent au Pont. Cette pêche et les salaisons grossissent les revenus de la ville, d'ailleurs remplie de négociants, et florissante par un commerce actif et soutenu. Son port, inaccessible aux tempêtes, attire les vaisseaux de tous les peuples de la Grèce ; sa position à la tête du détroit la met à portée d'arrêter ou de soumettre à de gros droits ceux qui trafiquent au Pont-Euxin, et d'affamer les nations qui en tirent leur subsistance. De là les efforts qu'ont faits les Athéniens et les Lacédémoniens pour l'engager dans leurs intérêts. Elle était alors alliée des premiers.

Cléomède avait pris de la saline à Panticapée ; mais comme celle de Byzance est plus estimée, il acheva de s'en approvisionner ; et après qu'il eut terminé ses affaires, nous sortîmes du port et nous entrâmes dans la Propontide. La largeur de cette mer est, à ce qu'on prétend, de cinq cents stades [1] ; sa longueur, de quatorze cents [2]. Sur ses bords s'élèvent plusieurs villes célèbres fondées ou conquises par les Grecs : d'un côté Selymbrie, Pérynthe, Bisanthe ; de l'autre Astacus en Bithynie, Cyzique en Mysie.

Les mers que nous avions parcourues offraient sur leurs rivages plusieurs établissements formés par les peuples de la Grèce. J'en devais trouver d'autres dans l'Hellespont, et sans doute dans des mers plus éloignées. Quels furent les motifs de ces émigrations ? De quel côté furent-elles dirigées ? Les colonies ont-elles conservé des relations avec leurs métropoles ? Cléomède étendit quelques

---

[1] Près de dix-neuf lieues. — [2] Près de cinquante-trois lieues.

cartes sous mes yeux, et Timagène s'empressa de répondre à mes questions.

La Grèce, me dit-il, est une presqu'île bornée à l'occident par la mer Ionienne, à l'orient par la mer Égée. Elle comprend aujourd'hui le Péloponnèse, l'Attique, la Phocide, la Béotie, la Thessalie, l'Étolie, l'Acarnanie, une partie de l'Épire, et quelques autres petites provinces. C'est là que, parmi plusieurs villes florissantes, on distingue Lacédémone, Corinthe, Athènes et Thèbes.

Ce pays est d'une très-médiocre étendue[1], en général stérile, et presque partout hérissé de montagnes. Les sauvages qui l'habitaient autrefois se réunirent par le besoin, et dans la suite des temps se répandirent en différentes contrées. Jetons un coup d'œil rapide sur l'état actuel de nos possessions.

A l'occident nous occupons les îles voisines, telles que Zacynthe, Céphalonie, Corcyre; nous avons même quelques établissements sur les côtes de l'Illyrie. Plus loin nous avons formé des sociétés nombreuses et puissantes dans la partie méridionale de l'Italie, et dans presque toute la Sicile. Plus loin encore, au pays des Celtes, vous trouverez Marseille fondée par les Phocéens, mère de plusieurs colonies établies sur les côtes voisines; Marseille, qui doit s'enorgueillir de s'être donné des lois sages, d'avoir vaincu les Carthaginois, et de faire fleurir dans une région barbare les sciences et les arts de la Grèce.

En Afrique l'opulente ville de Cyrène, capitale d'un royaume du même nom, et celle de Naucratis, située à l'une des embouchures du Nil, sont sous notre domination.

En revenant vers le nord vous nous trouverez en possession de presque toute l'île de Chypre, de celles de Rhodes et de Crète, de celles de la mer Égée, d'une grande partie des bords de l'Asie opposés à ces îles, de ceux de l'Hellespont, de plusieurs côtes de la Propontide et du Pont-Euxin.

Par une suite de leur position, les Athéniens portèrent leurs colonies à l'orient et les peuples du Péloponnèse à l'occident de la Grèce. Les habitants de l'Ionie et de plusieurs îles de la mer Égée sont Athéniens d'origine. Plusieurs villes ont été fondées par les Carthaginois en Sicile, et par les Lacédémoniens dans la grande Grèce.

L'excès de population dans un canton, l'ambition dans les chefs, l'amour de la liberté dans les particuliers, des maladies contagieuses et fréquentes, des oracles imposteurs, des vœux indiscrets donnèrent lieu à plusieurs émigrations; des vues de commerce et

[1] Environ dix-neuf cents lieues carrées.

de politique occasionnèrent les plus récentes. Les unes et les autres ont ajouté de nouveaux pays à la Grèce, et introduit dans le droit public les lois de la nature et du sentiment.

Les liens qui unissent des enfants à ceux dont ils tiennent le jour subsistent entre les colonies et les villes qui les ont fondées. Elles prennent, sous leurs différents rapports, les noms tendres et respectables de fille, de sœur, de mère, d'aïeule; et de ces divers titres naissent leurs engagements réciproques.

La métropole doit naturellement protéger ses colonies, qui, de leur côté, se font un devoir de voler à son secours quand elle est attaquée. C'est de sa main que souvent elles reçoivent leurs prêtres, leurs magistrats, leurs généraux; elles adoptent ou conservent ses lois, ses usages et le culte de ses dieux; elles envoient tous les ans dans ses temples les prémices de leurs moissons. Ses citoyens ont chez elles la première part dans la distribution des victimes, et les places les plus distinguées dans les jeux et dans les assemblées du peuple.

Tant de prérogatives accordées à la métropole ne rendent point son autorité odieuse. Les colonies sont libres dans leur dépendance, comme les enfants le sont dans les hommages qu'ils rendent à des parents dignes de leur tendresse. Tel est du moins l'esprit qui devrait animer la plupart des villes de la Grèce, et faire regarder Athènes, Lacédémone et Corinthe, comme les mères ou les tiges de trois nombreuses familles dispersées dans les trois parties du monde. Mais les mêmes causes qui, parmi les particuliers, éteignent les sentiments de la nature, jettent tous les jours le trouble dans ces familles de villes; et la violation apparente ou réelle de leurs devoirs mutuels n'est que trop souvent devenue le prétexte ou le motif des guerres qui ont déchiré la Grèce.

Les lois dont je viens de parler n'obligent que les colonies qui se sont expatriées par ordre ou de l'aveu de leur métropole : les autres, et surtout celles qui sont éloignées, se bornent à conserver un tendre souvenir pour les lieux de leur origine. Les premières ne sont, pour la plupart, que les entrepôts utiles ou nécessaires au commerce de la mère-patrie; trop heureuses lorsque les peuples qu'elles ont repoussés dans les terres les laissent tranquilles, ou consentent à l'échange de leurs marchandises! Ici, par exemple, les Grecs se sont établis sur les rivages de la mer; par delà, nous avons à droite les campagnes fertiles de la Thrace; à gauche, les limites du grand empire des Perses, occupées par les Bithyniens et par les Mysiens. Ces derniers s'étendent le long de l'Hellespont, où nous allons entrer.

Ce détroit était le troisième que je trouvais sur ma route depuis que j'avais quitté la Scythie. Sa longueur est de quatre cents stades[1]. Nous le parcourûmes en peu de temps. Le vent était favorable, le courant rapide : les bords de la rivière, car c'est le nom qu'on peut donner à ce bras de mer, sont entrecoupés de collines et couverts de villes et de hameaux. Nous aperçûmes d'un côté la ville de Lampsaque, dont le territoire est renommé pour ses vignobles, de l'autre l'embouchure d'une petite rivière nommée Ægos-Potamos, où Lysander remporta cette célèbre victoire qui termina la guerre du Péloponnèse. Plus loin sont les villes de Sestos et d'Abydos, presque en face l'une de l'autre. Près de la première est la tour de Héro. C'est là, me dit-on, qu'une jeune prêtresse de Vénus se précipita dans les flots. Ils venaient d'engloutir Léandre son amant, qui, pour se rendre auprès d'elle, était obligé de traverser le canal à la nage.

Ici, disait-on encore, le détroit n'a plus que sept stades de largeur. Xerxès, à la tête de la plus formidable des armées, y traversa la mer sur un double pont qu'il avait fait construire. Il y repassa peu de temps après dans un bateau de pêcheur. De ce côté-ci est le tombeau d'Hécube, de l'autre celui d'Ajax. Voici le port d'où la flotte d'Agamemnon se rendit en Asie, et voilà les côtes du royaume de Priam.

Nous étions alors à l'extrémité du détroit ; j'étais tout plein d'Homère et de ses passions : je demandai avec instance que l'on me mît à terre. Je m'élançai sur le rivage. Je vis Vulcain verser des torrents de flammes sur les vagues écumantes du Scamandre soulevé contre Achille. Je m'approchai des portes de la ville, et mon cœur fut déchiré des tendres adieux d'Andromaque et d'Hector. Je vis sur le mont Ida Pâris adjuger le prix de la beauté à la mère des Amours. J'y vis arriver Junon : la terre souriait en sa présence ; les fleurs naissaient sous ses pas ; elle avait la ceinture de Vénus ; jamais elle ne mérita mieux d'être appelée la reine des dieux.

Mais une si douce illusion ne tarda pas à se dissiper, et je ne pus reconnaître les lieux immortalisés par les poèmes d'Homère. Il ne resta aucun vestige de la ville de Troie ; ses ruines mêmes ont disparu. Des attérissements et des tremblements de terre ont changé toute la face de cette contrée.

Je remontai sur le vaisseau, et je tressaillis de joie en apprenant que notre voyage allait finir, que nous étions sur la mer

---

[1] Quinze lieues trois cents toises.

Égée, et que le lendemain nous serions à Mitylène, une des principales villes de Lesbos.

Nous laissâmes à droite les îles d'Imbros, de Samothrace, de Thasos; la dernière célèbre par ses mines d'or, la seconde par la sainteté de ses mystères. Sur le soir nous aperçûmes, du côté de Lemnos, que nous venions de reconnaître à l'ouest, des flammes qui s'élevaient par intervalles dans les airs. On me dit qu'elles s'échappaient du sommet d'une montagne, que l'île était pleine de feux souterrains, qu'on y trouvait des sources d'eaux chaudes, et que les anciens Grecs n'avaient pas rapporté ces effets à des causes naturelles. Vulcain, disaient-ils, a établi un de ses ateliers à Lemnos; les Cyclopes y forgent les foudres de Jupiter. Au bruit sourd qui accompagne quelquefois l'éruption des flammes, le peuple croit entendre les coups de marteau.

Vers le milieu de la nuit nous côtoyâmes l'île de Ténédos. Au point du jour nous entrâmes dans le canal qui sépare Lesbos du continent voisin. Bientôt après nous nous trouvâmes en face de Mitylène, et nous vîmes dans la campagne une procession qui s'avançait lentement vers un temple que nous distinguions dans le lointain. C'était celui d'Apollon, dont on célébrait la fête. Des voix éclatantes faisaient retentir les airs de leurs chants. Le jour était serein; un doux zéphyr se jouait dans nos voiles. Ravi de ce spectacle, je ne m'aperçus pas que nous étions dans le port. Cléomède trouva sur le rivage ses parents et ses amis, qui le reçurent avec des transports de joie. Avec eux s'était assemblé un peuple de matelots et d'ouvriers dont j'attirai les regards. On demandait avec une curiosité turbulente qui j'étais, d'où je venais, où j'allais. Nous logeâmes chez Cléomède, qui s'était chargé du soin de nous faire passer dans le continent de la Grèce.

CHAPITRE III.

Description de Lesbos. Pittacus, Arion, Terpandre, Alcée, Sapho.

Quelque impatience qu'eût Timagène de revoir sa patrie, nous attendîmes pendant plus d'un mois le départ d'un vaisseau qui devait nous transporter à Chalcis, capitale de l'Eubée; je profitai de ce temps pour m'instruire de tout ce qui concerne le pays que j'habitais.

On donne à Lesbos onze cents stades de tour [1]. L'intérieur de l'île, surtout dans les parties de l'est et de l'ouest, est coupé

---

[1] Quarante et une lieues, quatorze cent cinquante toises.

par des chaînes de montagnes et de collines ; les unes couvertes de vignes ; les autres, de hêtres, de cyprès et de pins ; d'autres, qui fournissent un marbre commun et peu estimé. Les plaines qu'elles laissent dans leurs intervalles produisent du blé en abondance. On trouve, en plusieurs endroits, des sources d'eaux chaudes, des agates et différentes pierres précieuses ; presque partout des myrtes, des oliviers, des figuiers ; mais la principale richesse des habitants consiste dans leurs vins, qu'en différents pays on préfère à tous ceux de la Grèce.

Le long des côtes, la nature a creusé des baies, autour desquelles se sont élevées des villes que l'art a fortifiées et que le commerce a rendues florissantes. Telles sont Mitylène, Pyrrha, Méthymne, Arisba, Éressus, Antissa. Leur histoire n'offre qu'une suite de révolutions. Après avoir pendant long-temps joui de la liberté, ou gémi dans la servitude, elles secouèrent le joug des Perses, du temps de Xerxès ; et, pendant la guerre du Péloponnèse, elles se détachèrent plus d'une fois de l'alliance des Athéniens ; mais elles furent toujours forcées d'y rentrer, et elles y sont encore aujourd'hui. Une de ces défections eut des suites aussi funestes que la cause en avait été légère.

Un des principaux citoyens de Mitylène, n'ayant pu obtenir pour ses fils deux riches héritières, sema la division parmi les habitants de cette ville, les accusa de vouloir se joindre aux Lacédémoniens, et fit si bien par ses intrigues qu'Athènes envoya une flotte à Lesbos pour prévenir ou punir cet outrage. Les villes voisines, à l'exception de Méthymne, s'armèrent vainement en faveur de leur alliée. Les Athéniens les soumirent en peu de temps, prirent Mitylène, rasèrent ses murailles, s'emparèrent de ses vaisseaux, et mirent à mort les principaux habitants, au nombre de mille. On ne respecta que le territoire de Méthymne ; le reste de l'île fut divisé en trois mille portions : on en consacra trois cents au culte des dieux ; les autres furent tirées au sort et distribuées à des Athéniens qui, ne pouvant les cultiver eux-mêmes, les affermèrent aux anciens propriétaires à deux mines par portion ; ce qui produisit, tous les ans, pour les nouveaux possesseurs, une somme de quatre-vingt-dix talents[1].

Depuis cette époque fatale, Mitylène, après avoir réparé ses pertes et relevé ses murailles, est parvenue au même degré de splendeur dont elle avait joui pendant plusieurs siècles. La grandeur de son enceinte, la beauté de ses édifices, le nombre et l'opulence de ses habitants, la font regarder comme la capitale

[1] Quatre cent quatre-vingt six mille livres.

de Lesbos. L'ancienne ville, construite dans une petite île, est séparée de la nouvelle par un bras de mer. Cette dernière se prolonge le long du rivage, dans une plaine bornée par des collines couvertes de vignes et d'oliviers, au delà desquelles s'étend un territoire très-fertile et très-peuplé. Mais, quelque heureuse que paraisse la position de Mitylène, il y règne des vents qui en rendent le séjour quelquefois insupportable. Ceux du midi et du nord-ouest y produisent différentes maladies ; et le vent du nord, qui les guérit, est si froid, qu'on a de la peine, quand il souffle, à se tenir dans les places ou dans les rues. Son commerce attire beaucoup de vaisseaux étrangers dans ses ports, situés l'un au nord, l'autre au midi de la ville. Le premier, plus grand et plus profond que le second, est garanti de la fureur des vents et des flots par un môle ou une jetée de gros rochers.

Lesbos est le séjour des plaisirs ou plutôt de la licence la plus effrénée. Les habitants ont sur la morale des principes qui se courbent à volonté, et se prêtent aux circonstances avec la même facilité que certaines règles de plomb dont se servent leurs architectes[1]. Rien peut-être ne m'a autant surpris dans le cours de mes voyages qu'une pareille dissolution, et les changements passagers qu'elle opéra dans mon âme. J'avais reçu sans examen les impressions de l'enfance ; et ma raison, formée sur la foi et sur l'exemple de celle des autres, se trouva tout à coup étrangère chez un peuple plus éclairé. Il régnait dans ce nouveau monde une liberté d'idées et de sentiments qui m'affligea d'abord ; mais insensiblement les hommes m'apprirent à rougir de ma sobriété, et les femmes de ma retenue. Mes progrès furent moins rapides dans la politesse des manières et du langage ; j'étais comme un arbre qu'on transporterait d'une forêt dans un jardin, et dont les branches ne pourraient qu'à la longue se plier au gré du jardinier.

Pendant le cours de cette éducation, je m'occupais des personnages célèbres que Lesbos a produits. Je placerai à la tête des noms les plus distingués celui de Pittacus, que la Grèce a mis au nombre de ses sages.

Plus de deux siècles écoulés depuis sa mort n'ont fait qu'ajouter un nouvel éclat à sa gloire. Par sa valeur et par sa prudence, il délivra Mitylène, sa patrie, des tyrans qui l'opprimaient, de la guerre qu'elle soutenait contre les Athéniens, et des divisions intestines dont elle était déchirée. Quand le pouvoir qu'elle exerçait sur elle-même et sur toute l'île fut déposé entre ses mains, il ne l'accepta que pour rétablir la paix dans son sein, et lui donner les

---

[1] Ces règles servaient à mesurer toutes les espèces de surfaces planes et courbes.

lois dont elle avait besoin. Il en est une qui a mérité l'attention des philosophes, c'est celle qui inflige une double peine aux fautes commises dans l'ivresse. Elle ne paraissait pas proportionnée au délit, mais il était nécessaire d'ôter le prétexte de l'ignorance aux excès où l'amour du vin précipitait les Lesbiens. L'ouvrage de sa législation étant achevé, il résolut de consacrer le reste de ses jours à l'étude de la sagesse, et abdiqua sans faste le pouvoir souverain. On lui en demanda la raison. Il répondit : « J'ai été effrayé de voir Périandre devenir le tyran de ses sujets après en avoir été le père; il est trop difficile d'être toujours vertueux. »

La musique et la poésie ont fait de si grands progrès à Lesbos, que, bien qu'on y parle une langue moins pure qu'à Athènes, les Grecs disent encore tous les jours qu'aux funérailles des Lesbiens les Muses en deuil font retentir les airs de leurs gémissements. Cette île possède une école de musique qui remonterait aux siècles les plus reculés, s'il en fallait croire une tradition dont je fus instruit à Méthymne. J'ai quelque honte de la rapporter. Cependant, pour connaître parfaitement les Grecs, il est bon d'envisager quelquefois les fictions dont leurs annales sont embellies ou défigurées. On retrouve en effet dans l'histoire de ce peuple le caractère de ses passions, et dans ses fables celui de son esprit.

Orphée, dont les chants opéraient tant de prodiges, ayant été mis en pièces par les Bacchantes, sa tête et sa lyre furent jetées dans l'Hèbre, fleuve de Thrace, et transportées par les flots de la mer jusqu'aux rivages de Méthymne. Pendant le trajet la voix d'Orphée faisait entendre des sons touchants et soutenus par ceux de sa lyre dont le vent agitait doucement les cordes. Les habitants de Méthymne ensevelirent cette tête dans un endroit qu'on me montra, et suspendirent la lyre au temple d'Apollon.

Le dieu pour les récompenser leur inspira le goût de la musique, et fit éclore parmi eux une foule de talents. Pendant que le prêtre d'Apollon nous faisait ce récit, un citoyen de Méthymne observa que les Muses avaient enterré le corps d'Orphée dans un canton de la Thrace, et qu'aux environs de son tombeau les rossignols avaient une voix plus mélodieuse que partout ailleurs.

Lesbos a produit une succession d'hommes à talents qui se sont transmis l'honneur de surpasser les autres musiciens de la Grèce dans l'art de jouer de la cithare. Les noms d'Arion de Méthymne et de Terpandre d'Antissa décorent cette liste nombreuse.

Le premier, qui vivait il y a environ trois cents ans, a laissé un recueil de poésies qu'il chantait au son de sa lyre, comme faisaient alors tous les poètes. Après avoir inventé ou du moins perfectionné les dithyrambes, espèce de poésie dont je parlerai dans la suite, il les accompagna de danses en rond, usage qui s'est conservé jusqu'à nos jours. Périandre, tyran de Corinthe, l'arrêta long-temps dans cette ville. Il en partit pour se rendre en Sicile, où il remporta le prix dans un combat de musique.

S'étant ensuite embarqué à Tarente sur un vaisseau corinthien, les matelots résolurent de le jeter à la mer pour profiter de ses dépouilles. Il s'y précipita lui-même, après avoir vainement tenté de les fléchir par la beauté de sa voix. Un dauphin plus sensible le transporta, dit-on, au promontoire de Ténare; espèce de prodige dont on a voulu me prouver la possibilité par des raisons et par des exemples. Le fait, attesté par Arion dans un de ses hymnes, conservé dans la tradition des Lesbiens, me fut confirmé à Corinthe, où l'on dit que Périandre avait fait mettre à mort les matelots. J'ai vu moi-même à Ténare, sur l'Hélicon, et en d'autres endroits, la statue de ce poète, toujours représenté sur un dauphin. Ajoutons que non-seulement les dauphins paraissent être sensibles à la musique, capables de reconnaissance, amis de l'homme, mais qu'ils ont encore renouvelé plus d'une fois la scène touchante dont je viens de parler. Ils garantirent du naufrage Taras, fondateur de Tarente; et Aristote me fit remarquer un jour que les habitants de cette ville avaient consigné ce fait sur leur monnaie [1].

Terpandre vivait à peu près dans le même temps qu'Arion. Il remporta plus d'une fois le prix dans les jeux publics de la Grèce; mais ses véritables victoires furent ses découvertes. Il ajouta trois cordes à la lyre, qui auparavant n'en avait que quatre; composa pour divers instruments des airs qui servirent de modèles; introduisit de nouveaux rhythmes dans la poésie, et mit une action, et par conséquent un intérêt, dans les hymnes qui concouraient aux combats de musique. On lui doit savoir gré d'avoir fixé par des notes le chant qui convenait aux poésies d'Homère. Les Lacédémoniens l'appellent par excellence le chantre de Lesbos, et les autres Grecs conservent pour lui l'estime profonde dont ils honorent les talents qui contribuent à leurs plaisirs.

Environ cinquante ans après Terpandre, florissaient à Mitylène Alcée et Sapho, tous deux placés au premier rang des poètes lyriques. Alcée était né avec un esprit inquiet et turbulent. Il parut d'abord se destiner à la profession des armes, qu'il préférait à toutes les autres. Sa maison était remplie d'épées, de casques, de boucliers, de cuirasses; mais, à la première occasion, il prit hon-

---

[1] Les médailles de Tarente représentent en effet un homme sur un dauphin, tenant une lyre dans ses mains.

teusement la fuite; et les Athéniens, après leur victoire, le couvrirent d'opprobre en suspendant ses armes au temple de Minerve à Sigée. Il professait hautement l'amour de la liberté, et fut soupçonné de nourrir en secret le désir de la détruire. Il se joignit, avec ses frères, à Pittacus, pour chasser Mélanchrus, tyran de Mitylène; et aux mécontents, pour s'élever contre l'administration de Pittacus. L'excès et la grossièreté des injures qu'il vomit contre ce prince n'attestèrent que sa jalousie. Il fut banni de Mitylène; il revint quelque temps après à la tête des exilés, et tomba entre les mains de son rival, qui se vengea d'une manière éclatante en lui pardonnant.

La poésie, l'amour et le vin le consolèrent de ses disgrâces. Il avait dans ses premiers écrits exhalé sa haine contre la tyrannie : il chanta, depuis, les dieux, et surtout ceux qui président aux plaisirs; il chanta ses amours, ses travaux guerriers, ses voyages et les malheurs de l'exil. Son génie avait besoin d'être excité par l'intempérance : et c'était dans une sorte d'ivresse qu'il composait ses ouvrages, qui ont fait l'admiration de la postérité. Son style, toujours assorti aux matières qu'il traite, n'a d'autres défauts que ceux de la langue qu'on parle à Lesbos; il réunit la douceur à la force, la richesse à la précision et à la clarté; il s'élève presque à la hauteur d'Homère lorsqu'il s'agit de décrire des combats et d'épouvanter un tyran.

Alcée avait conçu de l'amour pour Sapho. Il lui écrivit un jour : « Je voudrais m'expliquer, mais la honte me retient. — Votre front n'aurait pas à rougir, lui répondit-elle, si votre cœur n'était pas coupable. » Sapho disait : « J'ai reçu en partage l'amour des plaisirs et de la vertu; sans elle, rien de si dangereux que la richesse; et le bonheur consiste dans la réunion de l'une et de l'autre. » Elle disait encore : « Cette personne est distinguée par sa figure, celle-ci par ses vertus. L'une paraît belle au premier coup d'œil, l'autre ne le paraît pas moins au second. »

Je rapportais un jour ces expressions et beaucoup d'autres à un citoyen de Mitylène, et j'ajoutai : L'image de Sapho est empreinte sur vos monnaies; vous êtes remplis de vénération pour sa mémoire. Comment concilier les sentiments qu'elle a déposés dans ses écrits et les honneurs que vous lui décernez en public avec les mœurs infâmes qu'on lui attribue sourdement? Il me répondit : Nous ne connaissons pas assez les détails de sa vie pour en juger [1]. A parler exactement, on ne pourrait rien conclure en sa faveur de

---

[1] Il faut observer que tout ce qu'on raconte des mœurs dissolues de Sapho ne se trouve que dans des écrivains fort postérieurs au temps où elle vivait.

la justice qu'elle rend à la vertu et de celle que nous rendons à ses talents. Quand je lis quelques-uns de ses ouvrages, je n'ose pas l'absoudre; mais elle eut du mérite et des ennemis, je n'ose pas la condamner.

Après la mort de son époux elle consacra son loisir aux lettres, dont elle entreprit d'inspirer le goût aux femmes de Lesbos. Plusieurs d'entre elles se mirent sous sa conduite; des étrangères grossirent le nombre de ses disciples. Elle les aima avec excès, parce qu'elle ne pouvait rien aimer autrement; elle leur exprimait sa tendresse avec la violence de la passion. Vous n'en serez pas surpris quand vous connaîtrez l'extrême sensibilité des Grecs; quand vous saurez que parmi eux les liaisons les plus innocentes empruntent souvent le langage de l'amour. Lisez les dialogues de Platon; voyez en quels termes Socrate y parle de la beauté de ses élèves. Cependant Platon sait mieux que personne combien les intentions de son maître étaient pures. Celles de Sapho ne l'étaient pas moins peut-être; mais une certaine facilité de mœurs et la chaleur de ses expressions n'étaient que trop propres à servir la haine de quelques femmes puissantes qui étaient humiliées de sa supériorité, et de quelques-unes de ses disciples qui n'étaient pas l'objet de ses préférences. Cette haine éclata. Elle y répondit par des vérités et des ironies qui achevèrent de les irriter. Elle se plaignit ensuite de leurs persécutions, et ce fut un nouveau crime. Contrainte de prendre la fuite [1], elle alla chercher un asile en Sicile, où l'on projette, à ce que j'entends dire, de lui élever une statue [2]. Si les bruits dont vous me parlez ne sont pas fondés, comme je le pense, son exemple a prouvé que de grandes indiscrétions suffisent pour flétrir la réputation d'une personne exposée aux regards du public et de la postérité.

Sapho était extrêmement sensible. — Elle était donc extrêmement malheureuse? lui dis-je. — Elle le fut sans doute, reprit-il. Elle aima Phaon, dont elle fut abandonnée; elle fit de vains efforts pour le ramener; et désespérant d'être désormais heureuse avec lui et sans lui, elle tenta le saut de Leucade et périt dans les flots. La mort n'a pas encore effacé la tache imprimée sur sa conduite; et peut-être, ajouta-t-il en finissant, ne sera-t-elle jamais effacée,

---

[1] L'endroit où la chronique de Paros parle de Sapho est presque entièrement effacé sur le marbre; mais on y lit distinctement qu'elle prit la fuite, et s'embarqua pour la Sicile. Ce ne fut donc pas, comme on l'a dit, pour suivre Phaon qu'elle alla dans cette île. Il est à présumer qu'Alcée l'engagea dans la conspiration contre Pittacus, et qu'elle fut bannie de Mitylène en même temps que lui et ses partisans.

[2] Cette statue fut élevée quelques années après; elle fut faite par Silanion, un des plus célèbres sculpteurs de son temps (Cicer. Tatian. ad Græc. cap. 52, p. 113).

car l'envie qui s'attache aux noms illustres meurt, à la vérité, mais laisse après elle la calomnie qui ne meurt jamais.

Sapho a fait des hymnes, des odes, des élégies et quantité d'autres pièces, la plupart sur des rhythmes qu'elle avait introduits elle-même, toutes brillantes d'heureuses expressions dont elle enrichit la langue.

Plusieurs femmes de la Grèce ont cultivé la poésie avec succès; aucune n'a pu jusqu'à présent égaler Sapho; et parmi les autres poètes il en est très-peu qui méritent de lui être préférés. Quelle attention dans le choix des sujets et des mots! Elle a peint tout ce que la nature offre de plus riant; elle l'a peint avec les couleurs les mieux assorties; et ces couleurs, elle sait au besoin tellement les nuancer, qu'il en résulte toujours un heureux mélange d'ombres et de lumières. Son goût brille jusque dans le mécanisme de son style. Là, par un artifice qui ne sent jamais le travail, point de heurtements pénibles, point de chocs violents entre les éléments du langage; et l'oreille la plus délicate trouverait à peine dans une pièce entière quelques sons qu'elle voulût supprimer. Cette harmonie ravissante fait que, dans la plupart de ses ouvrages, ses vers coulent avec plus de grâce et de mollesse que ceux d'Anacréon et de Simonide.

Mais avec quelle force de génie nous entraîne-t-elle lorsqu'elle décrit les charmes, les transports et l'ivresse de l'amour! Quels tableaux! quelle chaleur! Dominée, comme la Pythie, par le dieu qui l'agite, elle jette sur le papier des expressions enflammées. Ses sentiments y tombent comme une grêle de traits, comme une pluie de feu qui va tout consumer. Tous les symptômes de cette passion s'animent et se personnifient pour exciter les plus fortes émotions dans nos âmes.

C'était à Mitylène que, d'après le jugement de plusieurs personnes éclairées, je traçais cette faible esquisse des talents de Sapho; c'était dans le silence de la réflexion, dans une de ces brillantes nuits si communes dans la Grèce, lorsque j'entendis, sous mes fenêtres, une voix touchante qui s'accompagnait de la lyre, et chantait une ode où c*** illustre Lesbienne s'abandonne sans réserve à l'impression que faisait la beauté sur son cœur trop sensible. Je la voyais, faible, tremblante, frappée comme d'un coup de tonnerre qui la privait de l'usage de son esprit et de ses sens, rougir, pâlir, respirer à peine, et céder tour à tour aux mouvements divers et tumultueux de sa passion, ou plutôt de toutes les passions qui s'entre-choquaient dans son âme.

Telle est l'éloquence du sentiment. Jamais elle ne produit des tableaux si sublimes et d'un si grand effet que lorsqu'elle choisit et lie ensemble les principales circonstances d'une situation intéressante ; et voilà ce qu'elle opère dans ce petit poëme, dont je me contente de rapporter les premières strophes.

> Heureux celui qui près de toi soupire,
> Qui sur lui seul attire ces beaux yeux,
> Ce doux accent et ce tendre sourire !
>   Il est égal aux dieux.
>
> De veine en veine une subtile flamme
> Court dans mon sein sitôt que je te vois ;
> Et dans le trouble où s'égare mon âme,
>   Je demeure sans voix.
>
> Je n'entends plus ; un voile est sur ma vue ;
> Je rêve, et tombe en de douces langueurs ;
> Et sans haleine, interdite, éperdue,
>   Je tremble, je me meurs [1].

CHAPITRE IV.

Départ de Mitylène. Description de l'Eubée. Chalcis. Arrivée à Thèbes.

Le lendemain on nous pressa de nous embarquer. On venait d'attacher la chaloupe au vaisseau, et les deux gouvernails aux deux côtés de la poupe. On avait élevé le mât, hissé la vergue, disposé la voile : tout était prêt. Vingt rameurs, dix de chaque côté, tenaient déjà leurs bras appliqués sur les rames. Nous quittâmes Mitylène avec regret. En sortant du port l'équipage chantait des hymnes en l'honneur des dieux, et leur adressait à grands cris des vœux pour en obtenir un vent favorable.

Quand nous eûmes doublé le cap Malée, situé à l'extrémité méridionale de l'île, on déploya la voile. Les rameurs firent de nouveaux efforts ; nous volions sur la surface des eaux. Notre navire, presque tout construit en bois de sapin, était de l'espèce de ceux qui font soixante-dix mille orgyes [2] dans un jour d'été, et soixante mille [3] dans une nuit. On en a vu qui, dans l'espace de vingt-quatre jours, ont passé rapidement des régions les plus froides aux climats les plus chauds, en se rendant du Palus-Méotide en Éthiopie.

---

[1] En lisant cette traduction libre, que je dois à l'amitié de M. l'abbé Delille, on s'apercevra aisément qu'il a cru devoir profiter de celle de Boileau, et qu'il ne s'est proposé autre chose que de donner une idée de l'espèce de rhythme que Sapho avait inventé, ou du moins fréquemment employé. Dans la plupart de ses ouvrages chaque strophe était composée de trois vers hendécasyllabes, c'est-à-dire de onze syllabes, et se terminait par un vers de cinq syllabes.

[2] Environ vingt-six lieues et demie.

[3] Environ vingt-deux lieues trois quarts.

CHAPITRE IV.

Notre trajet fut heureux et sans événements. Nos tentes étaient dressées auprès de celle du capitaine, qui s'appelait Phanès. Tantôt j'avais la complaisance d'écouter le récit de ses voyages ; tantôt je reprenais Homère et j'y trouvais de nouvelles beautés ; car c'est dans les lieux où il a écrit q on peut juger de l'exactitude de ses descriptions et de la vérité d   es couleurs. Je me faisais un plaisir de rapprocher ses tableaux de ceux de la nature, sans que l'original fît tort à la copie.

Cependant nous commencions à découvrir le sommet d'une montagne qui se nomme Ocha, et qui domine sur toutes celles de l'Eubée. Plus nous avancions, plus l'île me paraissait se prolonger du midi au nord. Elle s'étend, me dit Phanès, le long de l'Attique, de la Béotie, du pays des Locriens et d'une partie de la Thessalie ; mais sa largeur n'est pas proportionnée à sa longueur. Le pays est fertile et produit beaucoup de blé, de vin, d'huile et de fruits. Il produit aussi du cuivre et du fer. Nos ouvriers sont très-habiles à mettre ces métaux en œuvre, et nous nous glorifions d'avoir découvert l'usage du premier. Nous avons, en plusieurs endroits, des eaux chaudes propres à diverses maladies. Ces avantages sont balancés par des tremblements de terre qui ont englouti quelquefois des villes entières, et fait refluer la mer sur des côtes auparavant couvertes d'habitants.

Des ports excellents, des villes opulentes, des places fortes, de riches moissons, qui servent souvent à l'approvisionnement d'Athènes : tout cela, joint à la position de l'île, donne lieu de présumer que, si elle tombait entre les mains d'un souverain, elle tiendrait aisément dans ses entraves les nations voisines. N   divisions, en les garantissant de ce danger, leur ont souvent   é le désir et procuré les moyens de nous soumettre ; mais leur jalousie nous a rendu la liberté. Moins sujets qu'alliés des Athéniens, nous pouvons, à la faveur d'un tribut que nous leur payons, jouir en paix de nos lois et des avantages de la démocratie. Nous pouvons convoquer des assemblées générales à Chalcis ; et c'est là que se discutent les intérêts et les prétentions de nos villes.

Sur le vaisseau étaient quelques habitants de l'Eubée, que des vues de commerce avaient conduits à Mitylène et ramenaient dans leur patrie. L'un était d'Orée, l'autre de Caryste, le troisième d'Érétrie. Si le vent, me disait le premier, nous permet d'entrer du côté du nord dans le canal qui est entre l'île et le continent, nous pourrons nous arrêter à la première ville que nous trouverons à gauche : c'est celle d'Orée, presque toute peuplée d'Athéniens. Vous verrez une place très-forte par sa position et par les ouvrages qui la défendent. Vous verrez un territoire dont les vignobles étaient déjà renommés du temps d'Homère. Si vous pénétrez dans le canal par le côté opposé, me disait le second, je vous inviterai à descendre au port de Caryste, que nous trouverons à droite. Votre vue s'étendra sur des campagnes couvertes de pâturages et de troupeaux. Je vous mènerai aux carrières du mont Ocha. Le marbre qu'on en tire est d'un vert grisâtre et entremêlé de teintes de différentes couleurs. Il est très-propre à faire des colonnes. Vous verrez aussi une espèce de pierre que l'on file, et dont on fait une toile qui, loin d'être consumée par le feu, s'y dépouille de ses taches.

Venez à Érétrie, disait le troisième, je vous montrerai des tableaux et des statues sans nombre : vous verrez un monument plus respectable, les fondements de nos anciennes murailles détruites par les Perses, à qui nous avions osé résister. Une colonne placée dans un de nos temples vous prouvera que, dans une fête célébrée tous les ans en l'honneur de Diane, nous fîmes paraître autrefois trois mille fantassins, six cents cavaliers et soixante chariots. Il releva ensuite avec tant de chaleur l'ancienne puissance de cette ville, et le rang qu'elle occupe encore dans la Grèce, que Phanos se hâta d'entamer l'éloge de Chalcis. La dispute s'échauffa bientôt sur la prééminence des deux villes.

Surpris de leur acharnement, je dis à Timagène : Ces gens-ci confondent leurs possessions avec leurs qualités personnelles. Avez-vous ailleurs beaucoup d'exemples d'une pareille rivalité? Elle subsiste, me répondit-il, entre les nations les plus puissantes, entre les plus petits hameaux ; elle est fondée sur la nature qui, pour mettre tout en mouvement sur la terre, s'est contentée d'imprimer dans nos cœurs des attraits qui sont la source de tous nos biens et de tous nos maux : l'un est l'amour des plaisirs, qui tend à la conservation de notre espèce; l'autre est l'amour de la supériorité, qui produit l'ambition et l'injustice, l'émulation et l'industrie, sans lequel on n'aurait ni taillé les colonnes de Caryste, ni peint les tableaux d'Érétrie, ni peut-être planté les vignes d'Orée.

Dans ce moment le Chalcidéen disait à son adversaire : Souvenez-vous que vous êtes joués sur le théâtre d'Athènes, et qu'on s'y moque de cette prononciation barbare que vous avez apportée de l'Élide. Et rappelez-vous, disait l'Érétrien, que, sur le même théâtre, on se permet des plaisanteries un peu plus sanglantes sur l'avarice des Chalcidéens et sur la dépravation de leurs mœurs. Mais enfin, disait le premier, Chalcis est une des plus anciennes villes de la Grèce ; Homère en a parlé. Il parle d'Érétrie dans le

CHAPITRE IV.

même endroit, répliquait le second. — Nous nous enorgueillissons des colonies que nous avons autrefois envoyées en Thrace, en Italie et en Sicile. — Et nous, de celles que nous établîmes auprès du mont Athos. — Nos pères gémirent pendant quelque temps sous la tyrannie des riches, et ensuite sous celle d'un tyran nommé Phoxus; mais ils eurent le courage de la secouer et d'établir la démocratie. — Nos pères ont de même substitué le gouvernement populaire à l'aristocratique. — Vous ne devriez pas vous vanter de ce changement, dit le Carystien; jamais vos villes ne furent si florissantes que sous l'administration d'un petit nombre de citoyens; ce fut alors en effet que vous fîtes partir ces nombreuses colonies dont vous venez de parler. — Ils ont d'autant plus tort, reprit l'habitant d'Orée, qu'aujourd'hui même les Chalcidéens ont la lâcheté de supporter la tyrannie de Mnésarque, et les Érétriens celle de Thémison. — Ce n'est pas le courage qui leur manque, dit Timagène; les deux peuples sont braves, ils l'ont toujours été. Une fois, avant que d'en venir aux mains, ils réglèrent les conditions du combat, et convinrent de se battre corps à corps et sans se servir de ces armes qui portent la mort au loin. Cette convention extraordinaire est gravée sur une colonne que j'ai vue autrefois dans le temple de Diane à Érétrie. Elle dut faire couler bien du sang, mais elle dut terminer la guerre.

Parmi les avantages dont vous vous parez, dis-je alors, il en est un que vous avez passé sous silence. L'Eubée n'aurait-elle produit aucun philosophe, aucun poëte célèbre? Par quel hasard vos relations avec les Athéniens ne vous ont-elles pas inspiré le goût des lettres? Ils restèrent immobiles. Le capitaine donna des ordres à l'équipage. Nous doublâmes le cap méridional de l'île, et nous entrâmes dans un détroit dont les rivages nous offraient de chaque côté des villes de différentes grandeurs: nous passâmes auprès des murs de Caryste et d'Érétrie, et nous arrivâmes à Chalcis.

Elle est située dans un endroit où, à la faveur de deux promontoires qui s'avancent de part et d'autre, les côtes de l'île touchent presque à celles de la Béotie. Ce léger intervalle, qu'on appelle Euripe, est en partie comblé par une digue que Timagène se souvenait d'avoir vu construire dans sa jeunesse. A chacune de ses extrémités est une tour pour la défendre, et un pont-levis pour laisser passer un vaisseau. C'est là qu'on voit d'une manière plus sensible un phénomène dont on n'a pas encore pénétré la cause. Plusieurs fois, pendant le jour et pendant la nuit, les eaux de la mer se portent alternativement au nord et au midi, et emploient le même temps à monter et à descendre. Dans certains jours le flux et le reflux paraît assujetti à des lois constantes, comme celles du grand Océan. Bientôt il ne suit plus aucune règle, et vous voyez d'un moment à l'autre le courant changer de direction.

Chalcis est bâtie sur le penchant d'une montagne du même nom. Quelque considérable que soit son enceinte, on se propose de l'augmenter encore. De grands arbres qui s'élèvent dans les places et dans les jardins garantissent les habitants des ardeurs du soleil ; et une source abondante, nommée la fontaine d'Aréthuse, suffit à leurs besoins. La ville est embellie par un théâtre, par des gymnases, des portiques, des temples, des statues et des peintures. Son heureuse situation, ses fabriques de cuivre, son territoire, arrosé par la rivière de Lélantus et couvert d'oliviers, attirent dans son port les vaisseaux des nations commerçantes. Les habitants sont ignorants et curieux à l'excès : ils exercent l'hospitalité envers les étrangers ; et, quoique jaloux de la liberté, ils se plient aisément à la servitude.

Nous couchâmes à Chalcis, et le lendemain, à la pointe du jour, nous arrivâmes sur le côté opposé, à Aulis, petit bourg auprès duquel est une grande baie, où la flotte d'Agamemnon fut si longtemps retenue par les vents contraires.

D'Aulis, nous passâmes par Salganée, et nous nous rendîmes à Anthédon, par un chemin assez doux, dirigé en partie sur le rivage de la mer, et en partie sur une colline couverte de bois, de laquelle jaillissent quantité de sources. Anthédon est une petite ville, avec une place ombragée par de beaux arbres et entourée de portiques. La plupart des habitants s'occupent uniquement de la pêche. Quelques-uns cultivent des terres légères qui produisent beaucoup de vin et très-peu de blé.

Nous avions fait soixante-dix stades[1]. Il n'en fallait plus que cent soixante[2] pour nous rendre à Thèbes.

Comme nous étions sur un chariot, nous prîmes le chemin de la plaine, quoiqu'il soit long et tortueux. Nous approchâmes bientôt de cette grande ville. A l'aspect de la citadelle, que nous aperçûmes de loin, Timagène ne pouvait plus retenir ses sanglots. L'espérance et la crainte se peignaient tour à tour sur son visage. Voici ma patrie, dit-il ; voilà où je laissai un père, une mère qui m'aimaient si tendrement. Je ne puis pas me flatter de les retrouver. Mais j'avais un frère et une sœur : la mort les aura-t-elle épargnés ? Ces réflexions, auxquelles nous revenions sans cesse, déchiraient

---

[1] Deux lieues seize cent quinze toises.
[2] Six lieues cent vingt toises.

son âme et la mienne. Ah! combien il m'intéressait dans ce moment! combien il me parut à plaindre le moment d'après! Nous arrivâmes à Thèbes, et les premiers éclaircissements plongèrent le poignard dans le sein de mon ami. Les regrets de son absence avaient précipité dans le tombeau les auteurs de ses jours : son frère avait péri dans un combat : sa sœur avait été mariée à Athènes ; elle n'était plus, et n'avait laissé qu'un fils et une fille. La douleur fut amère ; mais les marques d'attention et de tendresse qu'il reçut des citoyens de tous les états, de quelques parents éloignés¹, et surtout d'Épaminondas, adoucirent ses peines, et le dédommagèrent en quelque façon de ses pertes.

CHAPITRE V.

Séjour à Thèbes. Épaminondas. Philippe de Macédoine.

Dans la relation d'un second voyage que je fis en Béotie, je parlerai de l'affaire de Thèbes, et des mœurs des Thébains. Dans mon premier voyage je ne m'occuperai que d'Épaminondas.

Je lui fus présenté par Timagène. Il connaissait trop le sage Anacharsis pour ne pas être frappé de mon nom. Il fut touché du motif qui m'attirait dans la Grèce. Il me fit quelques questions sur les Scythes. J'étais si saisi de respect et d'admiration, que j'hésitais à répondre. Il s'en aperçut, et détourna la conversation sur l'expédition du jeune Cyrus et sur la retraite des dix mille. Il nous pria de le voir souvent. Nous le vîmes tous les jours. Nous assistions aux entretiens qu'il avait avec les Thébains les plus éclairés, avec les officiers les plus habiles. Quoiqu'il eût enrichi son esprit de toutes les connaissances, il aimait mieux écouter que de parler. Ses réflexions étaient toujours justes et profondes. Dans les occasions d'éclat, lorsqu'il s'agissait de se défendre, ses réponses étaient promptes, vigoureuses et précises. La conversation l'intéressait infiniment, lorsqu'elle roulait sur des matières de philosophie et de politique.

Je me souviens, avec un plaisir mêlé d'orgueil, d'avoir vécu familièrement avec le plus grand homme peut-être que la Grèce ait produit. Et pourquoi ne pas accorder ce titre au général qui perfectionna l'art de la guerre, qui effaça la gloire des généraux les plus célèbres et ne fut jamais vaincu que par la fortune ; à l'homme d'état qui donna aux Thébains une supériorité qu'ils n'avaient jamais eue, et qu'ils perdirent à sa mort ; au négociateur qui prit toujours dans les diètes l'ascendant sur les autres députés de la Grèce, et qui sut retenir dans l'alliance de Thèbes, sa patrie, les nations jalouses de l'accroissement de cette nouvelle puissance; à celui qui fut aussi éloquent que la plupart des orateurs d'Athènes, aussi dévoué à sa patrie que Léonidas; et plus juste peut-être qu'Aristide lui-même?

Le portrait fidèle de son esprit et de son cœur serait le seul éloge digne de lui; mais qui pourrait développer cette philosophie sublime qui éclairait et dirigeait ses actions; ce génie si étincelant de lumières, si fécond en ressources; ces plans concertés avec tant de prudence, exécutés avec tant de promptitude? Comment représenter encore cette égalité d'âme, cette intégrité de mœurs[1], cette dignité dans le maintien et dans les manières, son attention à respecter la vérité jusque dans les moindres choses, sa douceur, sa bonté, la patience avec laquelle il supportait les injustices du peuple et celles de quelques-uns de ses amis?

Dans une vie où l'homme privé n'est pas moins admirable que l'homme public, il suffira de choisir au hasard quelques traits qui serviront à caractériser l'un et l'autre. J'ai déjà rapporté ses principaux exploits dans le premier chapitre de cet ouvrage.

Sa maison était moins l'asile que le sanctuaire de la pauvreté. Elle y régnait avec la joie pure de l'innocence, avec la paix inaltérable du bonheur, au milieu des autres vertus auxquelles elle prêtait de nouvelles forces, et qui la paraient de leur éclat. Elle y régnait dans un dénûment si absolu, qu'on aurait de la peine à le croire. Prêt à faire une irruption dans le Péloponnèse, Épaminondas fut obligé de travailler à son équipage. Il emprunta cinquante drachmes[2]; et c'était à peu près dans le temps qu'il rejetait avec indignation cinquante pièces d'or qu'un prince de Thessalie avait osé lui offrir. Quelques Thébains essayèrent vainement de partager leur fortune avec lui; mais il leur faisait partager l'honneur de soulager les malheureux.

Nous le trouvâmes un jour avec plusieurs de ses amis qu'il avait rassemblés. Il leur disait: « Sphodrias a une fille en âge d'être mariée. Il est trop pauvre pour lui constituer une dot. Je vous ai taxés chacun en particulier suivant vos facultés. Je suis obligé de rester quelques jours chez moi; mais à ma première sortie je vous présenterai cet honnête citoyen. Il est juste qu'il reçoive de vous ce bienfait, et qu'il en connaisse les auteurs. » Tous

---

[1] Cléarque de Solos, cité par Athénée, rapportait un fait propre à jeter des soupçons sur la pureté des mœurs d'Épaminondas; mais ce fait, à peine indiqué contredirait les témoignages de toute l'antiquité, et ne pourrait nullement s'allier avec les principes sévères dont ce grand homme ne s'était point départi dans les circonstances même les plus critiques.

[2] Quarante-cinq livres.

souscrivirent à cet arrangement, et le quittèrent en le remerciant de sa confiance. Timagène, inquiet de ce projet de retraite, lui en demanda le motif. Il répondit simplement : « Je suis obligé de faire blanchir mon manteau. » En effet il n'en avait qu'un.

Un moment après entra Micythus. C'était un jeune homme qu'il aimait beaucoup. « Diomédon de Cyzique est arrivé, dit Micythus ; il s'est adressé à moi pour l'introduire auprès de vous. Il a des propositions à vous faire de la part du roi de Perse, qui l'a chargé de vous remettre une somme considérable. Il m'a même forcé d'accepter cinq talents.

— Faites-le venir, répondit Épaminondas. Écoutez, Diomédon, lui dit-il : si les vues d'Artaxerxès sont conformes aux intérêts de ma patrie, je n'ai pas besoin de ses présents ; si elles ne le sont pas, tout l'or de son empire ne me ferait pas trahir mon devoir. Vous avez jugé de mon cœur par le vôtre : je vous le pardonne ; mais sortez au plus tôt de cette ville, de peur que vous ne corrompiez les habitants. Et vous, Micythus, si vous ne rendez à l'instant même l'argent que vous avez reçu, je vais vous livrer au magistrat. » Nous nous étions écartés pendant cette conversation, et Micythus nous en fit le récit le moment d'après.

La leçon qu'il venait de recevoir, Épaminondas l'avait donnée plus d'une fois à ceux qui l'entouraient. Pendant qu'il commandait l'armée, il apprit que son écuyer avait vendu la liberté d'un captif. « Rendez-moi mon bouclier, lui dit-il ; depuis que l'argent a souillé vos mains vous n'êtes plus fait pour me suivre dans les dangers. »

Zélé disciple de Pythagore, il en imitait la frugalité. Il s'était interdit l'usage du vin, et prenait souvent un peu de miel pour toute nourriture. La musique, qu'il avait apprise sous les plus habiles maîtres, charmait quelquefois ses loisirs. Il excellait dans le jeu de la flûte, et dans les repas où il était prié il chantait à son tour en s'accompagnant de la lyre.

Plus il était facile dans la société, plus il était sévère lorsqu'il fallait maintenir la décence de chaque état. Un homme de la lie du peuple et perdu de débauche était détenu en prison. « Pourquoi, dit Pélopidas à son ami, m'avez-vous refusé sa grâce pour l'accorder à une courtisane ? — C'est, répondit Épaminondas, qu'il ne convenait pas à un homme tel que vous de vous intéresser à un homme tel que lui. »

Jamais il ne brigua ni ne refusa les charges publiques. Plus d'une fois il servit comme simple soldat sous des généraux sans expérience que l'intrigue lui avait fait préférer. Plus d'une fois les troupes assiégées dans leur camp et réduites aux plus fâcheuses extrémités implorèrent son secours. Alors il dirigeait les opérations, repoussait l'ennemi, et ramenait tranquillement l'armée, sans se souvenir de l'injustice de sa patrie ni du service qu'il venait de lui rendre.

Il ne négligeait aucune circonstance pour relever le courage de sa nation et la rendre redoutable aux autres peuples. Avant sa première campagne du Péloponnèse, il engagea quelques Thébains à lutter contre des Lacédémoniens qui se trouvaient à Thèbes : les premiers eurent l'avantage ; et dès ce moment ses soldats commencèrent à ne plus craindre les Lacédémoniens. Il campait en Arcadie ; c'était en hiver. Les députés d'une ville voisine vinrent lui proposer d'y entrer et d'y prendre des logements. « Non, dit Épaminondas à ses officiers, s'ils nous voyaient assis auprès du feu, ils nous prendraient pour des hommes ordinaires. Nous resterons ici malgré la rigueur de la saison. Témoins de nos luttes et de nos exercices, ils seront frappés d'étonnement. »

Daïphantus et Iollidas, deux officiers généraux qui avaient mérité son estime, disaient un jour à Timagène : Vous l'admireriez bien plus si vous l'aviez suivi dans ses expéditions ; si vous aviez étudié ses marches, ses campements, ses dispositions avant la bataille, sa valeur brillante et sa présence d'esprit dans la mêlée ; si vous l'aviez vu, toujours actif, toujours tranquille, pénétrer d'un coup d'œil les projets de l'ennemi, lui inspirer une sécurité funeste, multiplier autour de lui des piéges presque inévitables, maintenir en même temps la plus exacte discipline dans son armée, réveiller par des moyens imprévus l'ardeur de ses soldats, s'occuper sans cesse de leur conservation, et surtout de leur bonheur.

C'est par des attentions si touchantes qu'il s'est attiré leur amour. Excédés de fatigue, tourmentés de la faim, ils sont toujours prêts à exécuter ses ordres, à se précipiter dans le danger. Ces terreurs paniques si fréquentes dans les autres armées sont inconnues dans la sienne. Quand elles sont près de s'y glisser, il sait d'un mot les dissiper ou les tourner à son avantage. Nous étions sur le point d'entrer dans le Péloponnèse, l'armée ennemie vint se camper devant nous. Pendant qu'Épaminondas en examine la position, un coup de tonnerre répand l'alarme parmi ses soldats. Le devin ordonne de suspendre la marche. On demande avec effroi au général ce qu'annonce un pareil présage. « Que l'ennemi a choisi un mauvais temps, s'écrie-t-il avec assurance. » Le courage des troupes se ranime, et le lendemain elles forcent le passage.

Les deux officiers thébains rapportèrent d'autres faits que je supprime. J'en omets plusieurs qui se sont passés sous mes yeux, et je n'ajoute qu'une réflexion. Épaminondas, sans ambition, sans vanité, sans intérêt, éleva en peu d'années sa nation au point de grandeur où nous avons vu les Thébains. Il opéra ce prodige d'abord par l'influence de ses vertus et de ses talents; en même temps qu'il dominait sur les esprits par la supériorité de son génie et de ses lumières, il disposait à son gré des passions des autres, parce qu'il était maître des siennes. Mais ce qui accéléra ses succès, ce fut la force de son caractère. Son âme, indépendante et altière, fut indignée de bonne heure de la domination que les Lacédémoniens et les Athéniens avaient exercée sur les Grecs en général et sur les Thébains en particulier. Il leur voua une haine qu'il aurait renfermée en lui-même; mais dès que sa patrie lui eut confié le soin de sa vengeance, il brisa les fers des nations et devint conquérant par devoir. Il forma le projet aussi hardi que nouveau d'attaquer les Lacédémoniens jusque dans le centre de leur empire, et de les dépouiller de cette prééminence dont ils jouissaient depuis tant de siècles; il le suivit avec obstination, au mépris de leur puissance, de leur gloire, de leurs alliés, de leurs ennemis, qui voyaient d'un œil inquiet ces progrès rapides des Thébains.

Il ne fut point arrêté non plus par l'opposition d'un parti qui s'était formé à Thèbes, et qui voulait la paix parce qu'Épaminondas voulait la guerre. Ménéclidès était à la tête de cette faction. Son éloquence, ses dignités et l'attrait que la plupart des hommes ont pour le repos lui donnaient un grand crédit sur le peuple; mais la fermeté d'Épaminondas détruisit à la fin ces obstacles, et tout était disposé pour la campagne quand nous le quittâmes. Si la mort n'avait terminé ses jours au milieu d'un triomphe qui ne laissait plus de ressource aux Lacédémoniens, il aurait demandé raison aux Athéniens des victoires qu'ils avaient remportées sur les Grecs, et enrichi, comme il le disait lui-même, la citadelle de Thèbes, des monuments qui décorent celle d'Athènes.

Nous avions souvent occasion de voir Polymnis, père d'Épaminondas. Ce respectable vieillard était moins touché des hommages que l'on rendait à ses vertus que des honneurs que l'on décernait à son fils. Il nous rappela plus d'une fois ce sentiment si tendre qu'au milieu des applaudissements de l'armée Épaminondas laissa éclater après la bataille de Leuctres: « Ce qui me flatte le plus, c'est que les auteurs de mes jours vivent encore et qu'ils jouiront de ma gloire. »

Les Thébains avaient chargé Polymnis de veiller sur le jeune Philippe, frère de Perdiccas, roi de Macédoine. Pélopidas, ayant pacifié les troubles de ce royaume, avait reçu pour otages ce prince et trente jeunes seigneurs macédoniens. Philippe, âgé d'environ dix-huit ans, réunissait déjà le talent au désir de plaire. En le voyant on était frappé de sa beauté; en l'écoutant, de son esprit, de sa mémoire, de son éloquence et des grâces qui donnaient tant de charmes à ses paroles. Sa gaieté laissait quelquefois échapper des saillies qui n'avaient jamais rien d'offensant. Doux, affable, généreux, prompt à discerner le mérite, personne ne connut mieux que lui l'art et la nécessité de s'insinuer dans les cœurs. Le pythagoricien Nausithoüs, son instituteur, lui avait inspiré le goût des lettres, qu'il conserva toute sa vie, et donné des leçons de sobriété, qu'il oublia dans la suite. L'amour du plaisir perçait au milieu de tant d'excellentes qualités, mais il n'en troublait pas l'exercice; et l'on présumait d'avance que si ce jeune prince montait un jour sur le trône il ne serait gouverné ni par les affaires ni par les plaisirs.

Philippe était assidu auprès d'Épaminondas: il étudiait dans le génie d'un grand homme le secret de le devenir un jour; il recueillait avec empressement ses discours ainsi que ses exemples; et ce fut dans cette excellente école qu'il apprit à se modérer, à entendre la vérité, à revenir de ses erreurs, à connaître les Grecs, et à les asservir.

CHAPITRE VI.

Départ de Thèbes. Arrivée à Athènes. Habitants de l'Attique.

J'ai dit plus haut qu'il ne restait à Timagène qu'un neveu et une nièce établis à Athènes. Le neveu s'appelait Philotas, et la nièce Épicharis. Elle avait épousé un riche Athénien nommé Apollodore. Ils vinrent à Thèbes dès les premiers jours de notre arrivée. Timagène goûta dans leur société une douceur et une paix que son cœur ne connaissait plus depuis long-temps. Philotas était du même âge que moi. Je commençai à me lier avec lui, et bientôt il devint mon guide, mon compagnon, mon ami, le plus tendre et le plus fidèle des amis.

Ils nous avaient fait promettre, avant leur départ, que nous irions bientôt les rejoindre. Nous prîmes congé d'Épaminondas avec une douleur qu'il daigna partager, et nous nous rendîmes à Athènes le 16 du mois anthestérion, dans la deuxième année de la cent quatrième olympiade [1]. Nous trouvâmes dans la maison d'Apollodore les agréments et les secours que nous devions attendre de ses richesses et de son crédit.

Le lendemain de mon arrivée, je courus à l'Académie; j'aperçus

[1] Le 13 mars de l'an 362 avant J.-C.

Platon; j'allai à l'atelier du peintre Euphranor. J'étais dans cette espèce d'ivresse que causent au premier moment la présence des hommes célèbres et le plaisir de les approcher. Je fixai ensuite mes regards sur la ville, et pendant quelques jours j'en admirai les monuments, et j'en parcourus les dehors.

Athènes est comme divisée en trois parties, savoir : la citadelle, construite sur un rocher; la ville, située autour de ce rocher; les ports de Phalère, de Munychie et du Pirée.

C'est sur le rocher de la citadelle que s'établirent les premiers habitants d'Athènes, c'est là que se trouvait l'ancienne ville. Quoiqu'elle ne fût naturellement accessible que du côté du sud-ouest, elle était partout environnée de murs qui subsistent encore.

Le circuit de la nouvelle ville est de soixante stades [1]. Les murs, flanqués de tours et élevés à la hâte du temps de Thémistocle, offrent de toutes parts des fragments de colonnes et des débris d'architecture, mêlés confusément avec les matériaux informes qu'on avait employés à leur construction.

De la ville partent deux longues murailles, dont l'une, qui est de trente-cinq stades [2], aboutit au port de Phalère; et l'autre, qui est de quarante stades [3] à celui du Pirée. Elles sont presque entièrement fermées à leur extrémité par une troisième qui embrasse, dans un circuit de soixante stades, ces deux ports et celui de Munychie, situé au milieu; et, comme, outre ces ports, les trois murailles renferment encore une foule de maisons, de temples et de monuments de toute espèce, on peut dire que l'enceinte totale de la ville est de près de deux cents stades [4].

Au sud-ouest, et tout près de la citadelle, est le rocher du Muséum, séparé, par une petite vallée, d'une colline où l'aréopage tient ses séances. D'autres éminences concourent à rendre le sol de la ville extrêmement inégal. Elles donnent naissance à quelques faibles sources qui ne suffisent pas aux habitants. Ils suppléent à cette disette par des puits et des citernes, où l'eau acquiert une fraîcheur qu'ils recherchent avec soin.

Les rues en général n'ont point d'alignement. La plupart des maisons sont petites et peu commodes. Quelques-unes, plus magnifiques, laissent à peine entrevoir leurs ornements à travers une cour, ou plutôt une avenue longue et étroite. Au dehors, tout respire la simplicité, et les étrangers, au premier aspect, cherchent

---

[1] Deux lieues six cent soixante-dix toises.
[2] Une lieue huit cent sept toises et demie.
[3] Une lieue douze cent quatre-vingts toises.
[4] Sept lieues quatorze cents toises.

dans Athènes, cette ville si célèbre dans l'univers; mais leur admiration s'accroît insensiblement lorsqu'ils examinent à loisir ces temples, ces portiques, ces édifices publics que tous les arts se sont disputé la gloire d'embellir.

L'Ilissus et le Céphise serpentent autour de la ville; et près de leurs bords on a ménagé des promenades publiques. Plus loin, et à diverses distances, des collines couvertes d'oliviers, de lauriers ou de vignes, et appuyées sur de hautes montagnes, forment comme une enceinte autour de la plaine qui s'étend vers le midi jusqu'à la mer.

L'Attique est une espèce de presqu'île de forme triangulaire. Le côté qui regarde l'Argolide peut avoir en droite ligne trois cent cinquante-sept stades [1]; celui qui borde la Béotie, deux cent trente-cinq [2]; celui qui est à l'opposite de l'Eubée, quatre cent six [3]. Sa surface est de cinquante-trois mille deux cents stades carrés [4]: je n'y comprends pas celle de l'île de Salamine, qui n'est que de deux mille neuf cent vingt-cinq stades carrés [5].

Ce petit pays, partout entrecoupé de montagnes et de rochers, est très-stérile de lui-même, et ce n'est qu'à force de culture qu'il rend au laboureur le fruit de ses peines: mais les lois, l'industrie, le commerce et l'extrême pureté de l'air y ont tellement favorisé la population, que l'Attique est aujourd'hui couverte de hameaux et de bourgs dont Athènes est la capitale.

On divise les habitants de l'Attique en trois classes. Dans la première sont les citoyens, dans la seconde les étrangers domiciliés, dans la troisième les esclaves.

On distingue deux sortes d'esclaves, les uns Grecs d'origine, les autres étrangers. Les premiers en général sont ceux que le sort des armes a fait tomber entre les mains d'un vainqueur irrité d'une trop longue résistance; les seconds viennent de Thrace, de Phrygie, de Carie [6], et des pays habités par les barbares.

Les esclaves de tout âge, de tout sexe et de toute nation, sont un objet considérable de commerce dans toute la Grèce. Des négociants avides en transportent sans cesse d'un lieu dans un autre, les entassent comme de viles marchandises dans les places publiques; et lorsqu'il se présente un acquéreur ils les obligent de dan-

[1] Environ treize lieues et demie.
[2] Près de neuf lieues.
[3] Quinze lieues sept cent soixante-sept toises.
[4] Soixante-seize lieues carrées.
[5] Environ quatre lieues carrées.
[6] Les esclaves étrangers portaient parmi les Grecs le nom de leur nation: l'un s'appelait Carien, l'autre Thrace, etc.

ser en rond, afin qu'on puisse juger de leur force et de leur agilité. Le prix qu'on en donne varie suivant leurs talents. Les uns sont estimés trois cents drachmes [1], les autres six cents [2]. Mais il en est qui coûtent bien davantage. Les Grecs qui tombent entre les mains des pirates sont mis en vente dans les villes grecques, et perdent leur liberté jusqu'à ce qu'ils soient en état de payer une forte rançon. Platon et Diogène éprouvèrent ce malheur; les amis du premier donnèrent trois mille drachmes pour le racheter [3]; le second resta dans les fers, et apprit aux fils de son maître à être vertueux et libres.

Dans presque toute la Grèce le nombre des esclaves surpasse infiniment celui des citoyens. Presque partout on s'épuise en efforts pour les tenir dans la dépendance. Lacédémone, qui croyait par la rigueur les forcer à l'obéissance, les a souvent poussés à la révolte. Athènes, qui voulait par des voies plus douces les rendre fidèles, les a rendus insolents.

On en compte environ quatre cent mille dans l'Attique. Ce sont eux qui cultivent les terres, font valoir les manufactures, exploitent les mines, travaillent aux carrières, et sont chargés dans les maisons de tout le détail du service : car la loi défend de nourrir des esclaves oisifs; et ceux qui, nés dans une condition servile, ne peuvent se livrer à des travaux pénibles, tâchent de se rendre utiles par l'adresse, les talents et la culture des arts. On voit des fabricants en employer plus de cinquante, dont ils tirent un profit considérable. Dans telle manufacture un esclave rend de produit net cent drachmes par an [4], dans telle autre cent vingt drachmes [5].

Il s'en est trouvé qui ont mérité leur liberté en combattant pour la république, et d'autres en donnant à leurs maîtres des preuves d'un zèle et d'un attachement qu'on cite encore pour exemple. Lorsqu'ils ne peuvent l'obtenir par leurs services, ils l'achètent par un pécule qu'il leur est permis d'acquérir, et dont ils se servent pour faire des présents à leurs maîtres dans des occasions d'éclat, par exemple lorsqu'il naît un enfant dans la maison ou lorsqu'il s'y fait un mariage.

Quand ils manquent essentiellement à leurs devoirs, leurs maîtres peuvent les charger de fers, les condamner à tourner la meule du moulin, leur interdire le mariage ou les séparer de leurs fem-

---

[1] Deux cent soixante-dix livres.
[2] Cinq cent quarante livres.
[3] Deux mille sept cents livres.
[4] Quatre-vingt dix livres.
[5] Cent huit livres.

mes; mais on ne doit jamais attenter à leur vie; quand on les traite avec cruauté, on les force à déserter ou du moins à chercher un asile dans le temple de Thésée. Dans ce dernier cas ils demandent à passer au service d'un maître moins rigoureux, et parviennent quelquefois à se soustraire au joug du tyran qui abusait de leur faiblesse.

C'est ainsi que les lois ont pourvu à leur sûreté; mais quand ils sont intelligents, ou qu'ils ont des talents agréables, l'intérêt les sert mieux que les lois. Ils enrichissent leurs maîtres; ils s'enrichissent eux-mêmes en retenant une partie du salaire qu'ils reçoivent des uns et des autres. Ces profits multipliés les mettent en état de se procurer des protections, de vivre dans un luxe révoltant, et de joindre l'insolence des prétentions à la bassesse des sentiments.

Il est défendu, sous de très-grandes peines, d'infliger des coups à l'esclave d'un autre, parce que toute violence est un crime contre l'état; parce que les esclaves n'ayant presque rien qui les caractérise à l'extérieur [1], l'outrage, sans cette loi, pourrait tomber sur le citoyen, dont la personne doit être sacrée.

Quand un esclave est affranchi, il ne passe pas dans la classe des citoyens, mais dans celle des domiciliés, qui tient à cette dernière par la liberté, et à celle des esclaves par le peu de considération dont elle jouit.

Les domiciliés, au nombre d'environ dix mille, sont des étrangers établis avec leurs familles dans l'Attique; la plupart exerçant des métiers ou servant dans la marine, protégés par le gouvernement, sans y participer; libres, et dépendants; utiles à la république, qui les redoute parce qu'elle redoute la liberté séparée de l'amour de la patrie; méprisés du peuple, fier et jaloux des distinctions attachées à l'état de citoyen.

Ils doivent se choisir, parmi les citoyens, un patron qui réponde de leur conduite, et payer au trésor public un tribut annuel de douze drachmes [2] pour les chefs de famille, et de six drachmes [3] pour leurs enfants. Ils perdent leurs biens quand ils ne remplissent pas le premier de ces engagements, et leur liberté quand ils violent le second; mais s'ils rendent des services signalés à l'état, ils obtiennent l'exemption du tribut.

---

[1] Les esclaves étaient obligés de raser leur tête (Aristoph. in *Av.* v. 912. Schol. ibid.); mais ils la couvraient d'un bonnet (id. in *Vesp.*, v. 443.). Leurs habillements devaient n'aller que jusqu'aux genoux (id. in *Lys.* v. 1153. Schol. ibid.); mais bien des citoyens en portaient de semblables.

[2] Dix livres seize sous.

[3] Cinq livres huit sous.

Dans les cérémonies religieuses, des fonctions particulières les distinguent des citoyens : les hommes doivent porter une partie des offrandes, et leurs femmes étendre des parasols sur les femmes libres. Ils sont enfin exposés aux insultes du peuple et aux traits ignominieux qu'on lance contre eux sur la scène.

On a vu quelquefois la république en faire passer un très-grand nombre dans la classe des citoyens, épuisée par de longues guerres. Mais si par des manœuvres sourdes ils se glissent dans cet ordre respectable, il est permis de les poursuivre en justice, et quelquefois même de les vendre comme esclaves.

Les affranchis, inscrits dans la même classe, sont sujets au même tribut, à la même dépendance, au même avilissement. Ceux qui sont nés dans la servitude ne sauraient devenir citoyens; et tout patron qui peut, en justice réglée, convaincre d'ingratitude à son égard l'esclave qu'il avait affranchi, est autorisé à le remettre sur-le-champ dans les fers, en lui disant : « Sois esclave, puisque tu ne sais pas être libre. »

La condition des domiciliés commence à s'adoucir. Ils sont depuis quelque temps moins vexés sans être plus satisfaits de leur sort, parce qu'après avoir obtenu des égards ils voudraient avoir des distinctions, et qu'il est difficile de n'être rien dans une ville où tant de gens sont quelque chose.

On est citoyen de naissance lorsqu'on est issu d'un père et d'une mère qui le sont eux-mêmes; et l'enfant d'un Athénien qui épouse une étrangère ne doit avoir d'autre état que celui de sa mère. Périclès fit cette loi dans un temps où il voyait autour de lui des enfants propres à perpétuer sa maison. Il la fit exécuter avec tant de rigueur que près de cinq mille hommes, exclus du rang des citoyens, furent vendus à l'encan. Il la viola quand il ne lui resta plus qu'un fils dont il avait déclaré la naissance illégitime.

Les Athéniens par adoption jouissent presque des mêmes droits que les Athéniens d'origine. Lorsque dans les commencements il fallut peupler l'Attique, on donna le titre de citoyen à tous ceux qui venaient s'y établir. Lorsqu'elle fut suffisamment peuplée, Solon ne l'accorda qu'à ceux qui s'y transportaient avec leur famille, ou qui, pour toujours exilés de leur pays, cherchaient ici un asile assuré. Dans la suite on le promit à ceux qui rendraient des services à l'état; et comme rien n'est si honorable que d'exciter la reconnaissance d'une nation éclairée, dès que ce titre fut devenu le prix du bienfait, il devint l'objet de l'ambition des souverains, qui lui donnèrent un nouveau lustre en l'obtenant, et un plus grand encore lorsqu'ils ne l'obtenaient pas. Refusé autrefois à Perdiccas, roi de Macédoine, qui en était digne ; accordé depuis avec plus de facilité à Évagoras, roi de Chypre, à Denys, roi de Syracuse, et à d'autres princes, il fut extrêmement recherché tant que les Athéniens suivirent à la rigueur les lois faites pour empêcher qu'on ne le prodiguât ; car il ne suffit pas qu'on soit adopté par un décret du peuple, il faut que ce décret soit confirmé par une assemblée où six mille citoyens donnent secrètement leurs suffrages ; et cette double élection peut être attaquée par le moindre des Athéniens devant un tribunal qui a le droit de réformer le jugement du peuple même.

Ces précautions, trop négligées dans ces derniers temps, ont placé dans le rang des citoyens des hommes qui en ont dégradé le titre, et dont l'exemple autorisera dans la suite des choix encore plus déshonorants.

On compte parmi les citoyens de l'Attique vingt mille hommes en état de porter les armes.

Tous ceux qui se distinguent par leurs richesses, par leur naissance, par leurs vertus et par leur savoir, forment ici, comme presque partout ailleurs, la principale classe des citoyens, qu'on peut appeler la classe des notables.

On y comprend les gens riches, parce qu'ils supportent les charges de l'état ; les hommes vertueux et éclairés, parce qu'ils contribuent le plus à son maintien et à sa gloire. A l'égard de la naissance, on la respecte, parce qu'il est à présumer qu'elle transmet de père en fils des sentiments plus nobles et un plus grand amour de la patrie.

On considère donc les familles qui prétendent descendre ou des dieux, ou des rois d'Athènes, ou des premiers héros de la Grèce, et encore plus celles dont les auteurs ont donné de grands exemples de vertus, rempli les premières places de la magistrature, gagné des batailles et remporté des couronnes aux jeux publics.

Quelques-unes font remonter leur origine jusqu'aux siècles les plus reculés. Depuis plus de mille ans la maison des Eumolpides conserve le sacerdoce de Cérès Eleusine, et celle des Etéobutades le sacerdoce de Minerve. D'autres n'ont pas de moindres prétentions ; et pour les faire valoir elles fabriquent des généalogies qu'on n'a pas grand intérêt à détruire ; car les notables ne font point un corps particulier ; ils ne jouissent d'aucun privilége, d'aucune préséance. Mais leur éducation leur donne des droits aux premières places, et l'opinion publique des facilités pour y parvenir.

La ville d'Athènes contient, outre les esclaves, plus de trente mille habitants.

CHAPITRE VII.

Séance à l'Académie.

J'étais depuis quelques jours à Athènes ; j'avais déjà parcouru rapidement les singularités qu'elle renferme. Quand je fus plus tranquille, Apollodore, mon hôte, me proposa de retourner à l'Académie.

Nous traversâmes un quartier de la ville qu'on appelle le Céramique ou les Tuileries ; et de là, sortant par la porte Dipyle, nous nous trouvâmes dans des champs qu'on appelle aussi Céramiques, et nous vîmes le long du chemin quantité de tombeaux ; car il n'est permis d'enterrer personne dans la ville. La plupart des citoyens ont leurs sépultures dans leurs maisons de campagne ou dans des quartiers qui leur sont assignés hors des murs. Le Céramique est réservé pour ceux qui ont péri dans les combats. Parmi ces tombeaux on remarque ceux de Périclès et de quelques autres Athéniens qui ne sont pas morts les armes à la main, et à qui on a voulu décerner après leur trépas les honneurs les plus distingués.

L'Académie n'est éloignée de la ville que de six stades [1]. C'est un grand emplacement qu'un citoyen d'Athènes, nommé Académus, avait autrefois possédé. On y voit maintenant un gymnase et un jardin entouré de murs, orné de promenades couvertes et charmantes, embelli par des eaux qui coulent à l'ombre des platanes et de plusieurs autres espèces d'arbres. A l'entrée est l'autel de l'Amour et la statue de ce dieu ; dans l'intérieur sont des autels de plusieurs autres divinités. Non loin de là Platon a fixé sa résidence auprès d'un petit temple qu'il a consacré aux Muses, et dans une portion de terrain qui lui appartient. Il vient tous les jours à l'Académie. Nous l'y trouvâmes au milieu de ses disciples, et je me sentis pénétré du respect qu'inspire sa présence.

Quoique âgé d'environ soixante-huit ans il conservait encore de la fraîcheur ; il avait reçu de la nature un corps robuste. Ses longs voyages altérèrent sa santé ; mais il l'avait rétablie par un régime austère, et il ne lui restait d'autre incommodité qu'une habitude de mélancolie ; habitude qui lui fut commune avec Socrate, Empédocle et d'autres hommes illustres.

Il avait les traits réguliers, l'air sérieux, les yeux pleins de douceur, le front ouvert et dépouillé de cheveux, la poitrine large, les

[1] Un quart de lieue.

épaules hautes, beaucoup de dignité dans le maintien, de gravité dans la démarche et de modestie dans l'extérieur.

Il me reçut avec autant de politesse que de simplicité, et me fit un si bel éloge du philosophe Anacharsis, dont je descends, que je rougissais de porter le même nom. Il s'exprimait avec lenteur ; mais les grâces de la persuasion semblaient couler de ses lèvres. Comme je le connus plus particulièrement dans la suite, son nom paraîtra souvent dans ma relation ; je vais seulement ajouter ici quelques détails que m'apprit alors Apollodore.

La mère de Platon, me dit-il, était de la même famille que Solon notre législateur, et son père rapportait son origine à Codrus, le dernier de nos rois, mort il y a environ sept cents ans. Dans sa jeunesse, la peinture, la musique, les différents exercices du gymnase, remplirent tous ses moments. Comme il était né avec une imagination forte et brillante, il fit des dithyrambes, s'exerça dans le genre épique, compara ses vers à ceux d'Homère, et les brûla [1]. Il crut que le théâtre pourrait le dédommager de ce sacrifice : il composa quelques tragédies ; et pendant que les acteurs se préparaient à les représenter, il connut Socrate, supprima ses pièces et se dévoua tout entier à la philosophie.

Il sentit alors un violent besoin d'être utile aux hommes. La guerre du Péloponnèse avait détruit les bons principes et corrompu les mœurs ; la gloire de les rétablir excita son ambition. Tourmenté jour et nuit de cette grande idée, il attendait avec impatience le moment où, revêtu des magistratures, il serait en état de déployer son zèle et ses talents ; mais les secousses qu'essuya la république dans les dernières années de la guerre, ces fréquentes révolutions qui, en peu de temps, présentèrent la tyrannie sous des formes toujours plus effrayantes, la mort de Socrate, son maître et son ami, les réflexions que tant d'événements produisirent dans son esprit, le convainquirent bientôt que tous les gouvernements sont attaqués par des maladies incurables ; que les affaires des mortels sont, pour ainsi dire, désespérées, et qu'ils ne seront heureux que lorsque la philosophie se chargera du soin de les conduire. Ainsi, renonçant à son projet, il résolut d'augmenter ses connaissances, et de les consacrer à notre instruction. Dans cette vue, il se rendit à Mégare, en Italie, à Cyrène, en Égypte, partout où l'esprit hu-

---

[1] En les jetant au feu il parodia ce vers d'Homère :
   A moi, Vulcain ! Thétis a besoin de ton aide.
Platon dit à son tour :
   A moi, Vulcain ! Platon a besoin de ton aide.
Homer., *Iliad.*, lib. XVIII, v. 392. Eustath., t. II, p. 1149. Diog. Laert, ibid.)

main avait fait des progrès. Il avait environ quarante ans quand il fit le voyage de Sicile pour voir l'Etna. Denys, tyran de Syracuse, désira de l'entretenir. La conversation roula sur le bonheur, sur la justice, sur la véritable grandeur. Platon ayant soutenu que rien n'est si lâche et si malheureux qu'un prince injuste, Denys en colère lui dit : « Vous parlez comme un radoteur. — Et vous comme un tyran, » répondit Platon. Cette réponse pensa lui coûter la vie. Denys ne lui permit de s'embarquer sur une galère qui retournait en Grèce qu'après avoir exigé du commandant qu'il le jetterait à la mer, ou qu'il s'en déferait comme d'un vil esclave. Il fut vendu, racheté et ramené dans sa patrie. Quelque temps après, le roi de Syracuse, incapable de remords, mais jaloux de l'estime des Grecs, lui écrivit; et, l'ayant prié de l'épargner dans ses discours, il n'en reçut que cette réponse méprisante : « Je n'ai pas assez de loisir pour me souvenir de Denys. »

A son retour, Platon se fit un genre de vie dont il ne s'est plus écarté. Il a continué de s'abstenir des affaires publiques, parce que, suivant lui, nous ne pouvons plus être conduits au bien ni par la persuasion ni par la force; mais il a recueilli des lumières éparses dans les contrées qu'il avait parcourues; et, conciliant, autant qu'il est possible, les opinions des philosophes qui l'avaient précédé, il en composa un système qu'il développa dans ses écrits et dans ses conférences. Ses ouvrages sont en forme de dialogue : Socrate en est le principal interlocuteur; et l'on prétend qu'à la faveur de ce nom il accrédite les idées qu'il a conçues ou adoptées.

Son mérite lui a fait des ennemis : il s'en est attiré lui-même en versant dans ses écrits une ironie piquante contre plusieurs auteurs célèbres. Il est vrai qu'il la met sur le compte de Socrate; mais l'adresse avec laquelle il la manie, et différents traits qu'on pourrait citer de lui, prouvent qu'il avait, du moins dans sa jeunesse, assez de penchant à la satire. Cependant ses ennemis ne troublent point le repos qu'entretiennent dans son cœur ses succès ou ses vertus. Il a des vertus en effet; les unes qu'il a reçues de la nature, d'autres qu'il a eu la force d'acquérir. Il était né violent; il est à présent le plus doux et le plus patient des hommes. L'amour de la gloire ou de la célébrité me paraît être sa première ou plutôt son unique passion. Je pense qu'il éprouve cette jalousie dont il est si souvent l'objet. Difficile et réservé pour ceux qui courent la même carrière que lui, ouvert et facile pour ceux qu'il y conduit lui-même, il a toujours vécu avec les autres disciples de Socrate dans la contrainte ou l'inimitié, avec ses propres disciples dans la confiance et dans la familiarité; sans cesse attentif à leurs progrès ainsi qu'à leurs besoins, dirigeant sans faiblesse et sans rigidité leurs penchants vers des objets honnêtes, et les corrigeant par ses exemples plutôt que par ses leçons.

De leur côté ses disciples poussent le respect jusqu'à l'hommage, et l'admiration jusqu'au fanatisme. Vous en verrez même qui affectent de tenir les épaules hautes et arrondies pour avoir quelque ressemblance avec lui. C'est ainsi qu'en Éthiopie, lorsque le souverain a quelque défaut de conformation, les courtisans prennent le parti de s'estropier pour lui ressembler. Voilà les principaux traits de sa vie et de son caractère. Vous serez dans la suite en état de juger de sa doctrine, de son éloquence et de ses écarts.

Apollodore, en finissant, s'aperçut que je regardais avec surprise une assez jolie femme qui s'était glissée parmi les disciples de Platon. Il me dit : Elle s'appelle Lasthénie ; c'est une courtisane de Mantinée en Arcadie. L'amour de la philosophie l'a conduite en ces lieux, et l'on soupçonne qu'elle y est retenue par l'amour de Speusippe, neveu de Platon, qui est assis auprès d'elle. Il me fit remarquer en même temps une jeune fille d'Arcadie qui s'appelait Axiothée, et qui, après avoir lu un dialogue de Platon, avait tout quitté, jusqu'aux habillements de son sexe, pour venir entendre les leçons de ce philosophe. Il me cita d'autres femmes qui, à la faveur d'un pareil déguisement, avaient donné le même exemple.

Je lui demandai ensuite : Quel est ce jeune homme maigre et sec que je vois auprès de Platon, qui grasseye et qui a les yeux petits et pleins de feu? C'est, me dit-il, Aristote de Stagire, fils de Nicomaque, le médecin et l'ami d'Amyntas, roi de Macédoine.

Nicomaque laissa une fortune assez considérable à son fils, qui vint il y a environ cinq ans s'établir parmi nous. Il pouvait alors avoir dix-sept à dix-huit ans. Je ne connais personne qui ait autant d'esprit et d'application. Platon le distingue de ses autres disciples, et ne lui reproche que d'être trop recherché dans ses habits.

Celui que vous voyez auprès d'Aristote, continua Apollodore, est Xénocrate de Chalcédoine. C'est un esprit lent et sans aménité. Platon l'exhorte souvent à sacrifier aux Grâces. Il dit de lui et d'Aristote que l'un a besoin de frein et l'autre d'éperon. Un jour on vint dire à Platon que Xénocrate avait mal parlé de lui. « Je ne le crois pas, » répondit-il. On insista, il ne céda point. On offrit des preuves. « Non, répliqua-t-il, il est impossible que je ne sois pas aimé de quelqu'un que j'aime si tendrement. »

Comment nommez-vous, dis-je alors, cet autre jeune homme qui paraît être d'une santé si délicate, et qui remue les épaules par intervalles ? C'est Démosthène, me dit Apollodore. Il est né dans une condition honnête. Son père, qu'il perdit à l'âge de sept ans, occupait une assez grande quantité d'esclaves à forger des épées et à faire des meubles de différentes sortes. Il vient de gagner un procès contre ses tuteurs, qui voulaient le frustrer d'une partie de son bien : il a plaidé lui-même sa cause, quoiqu'il ait à peine dix-sept ans. Ses camarades, sans doute jaloux du succès, lui donnent aujourd'hui le nom de serpent et lui prodiguent d'autres épithètes déshonorantes qu'il paraît s'attirer par la dureté qui perce dans son caractère. Il veut se consacrer au barreau ; et dans ce dessein il fréquente l'école d'Isée plutôt que celle d'Isocrate, parce que l'éloquence du premier lui paraît plus nerveuse que celle du second. La nature lui a donné une voix faible, une respiration embarrassée, une prononciation désagréable ; mais elle l'a doué d'un de ces caractères fermes qui s'irritent par les obstacles. S'il vient dans ce lieu c'est pour y puiser à la fois des principes de philosophie et des leçons d'éloquence.

Le même motif attire les trois élèves que vous voyez auprès de Démosthène. L'un s'appelle Eschine : c'est ce jeune homme si brillant de santé. Né dans une condition obscure, il exerça dans son enfance des fonctions assez viles ; et comme sa voix est belle et sonore, on le fit ensuite monter sur le théâtre, où cependant il ne joua que des rôles subalternes. Il a des grâces dans l'esprit, et cultive la poésie avec quelque succès. Le second s'appelle Hypéride et le troisième Lycurgue. Ce dernier appartient à l'une des plus anciennes familles de la république.

Tous ceux qu'Apollodore venait de nommer se sont distingués dans la suite, les uns par leur éloquence, les autres par leur conduite, presque tous par une haine constante pour la servitude. J'y vis aussi plusieurs étrangers qui s'empressaient d'écouter les maximes de Platon sur la justice et sur la liberté ; mais qui, de retour chez eux, après avoir montré des vertus, voulurent asservir leur patrie, ou l'asservirent en effet : tyrans d'autant plus dangereux qu'on les avait élevés dans la haine de la tyrannie.

Quelquefois Platon lisait ses ouvrages à ses disciples, d'autres fois il leur proposait une question, leur donnait le temps de la méditer, et les accoutumait à définir avec exactitude les idées qu'ils attachaient aux mots. C'était communément dans les allées de l'Académie qu'il donnait ses leçons ; car il regardait la promenade comme plus utile à la santé que les exercices violents du gymnase. Ses anciens disciples, ses amis, ses ennemis même venaient souvent l'entendre, et d'autres s'y rendaient attirés par la beauté du lieu.

J'y vis arriver un homme âgé d'environ quarante-cinq ans. Il était sans souliers, sans tunique, avec une longue barbe, un bâton à la main, une besace sur l'épaule, et un manteau sous lequel il tenait un coq en vie et sans plumes. Il le jeta au milieu de l'assemblée en disant : « Voilà l'homme de Platon. » Il disparut aussitôt. Platon sourit ; ses disciples murmurèrent. Apollodore me dit : Platon avait défini l'homme un animal à deux pieds, sans plumes ; Diogène a voulu démontrer que sa définition n'est pas exacte. — J'avais pris cet inconnu, lui dis-je, pour un de ces mendiants importuns qu'on ne trouve que parmi les nations riches et policées. — Il mendie en effet quelquefois, me répondit-il, mais ce n'est pas toujours par besoin. Comme ma surprise augmentait, il me dit : Allons nous asseoir sous ce platane : je vous raconterai son histoire en peu de mots, et je vous ferai connaître quelques Athéniens célèbres que je vois dans les allées voisines. Nous nous assîmes en face d'une tour qui porte le nom de Timon le misanthrope, et d'une colline couverte de verdure et de maisons qui s'appelle Colone.

Vers le temps où Platon ouvrait son école à l'Académie, reprit Apollodore, Antisthène, autre disciple de Socrate, établissait la sienne sur une colline placée de l'autre côté de la ville. Ce philosophe cherchait, dans sa jeunesse, à se parer des dehors d'une vertu sévère, et ses intentions n'échappèrent point à Socrate, qui lui dit un jour : « Antisthène, j'aperçois votre vanité à travers les trous de votre manteau. » Instruit par son maître que le bonheur consiste dans la vertu, il fit consister la vertu dans le mépris des richesses et de la volupté ; et, pour accréditer ses maximes, il parut en public un bâton à la main, une besace sur les épaules, comme un de ces infortunés qui exposent leur misère aux passants. La singularité de ce spectacle lui attira des disciples que son éloquence fixa pendant quelque temps auprès de lui. Mais les austérités qu'il leur prescrivait les éloignèrent insensiblement ; et cette désertion lui donna tant de dégoût qu'il ferma son école.

Diogène parut alors dans cette ville. Il avait été banni de Sinope, sa patrie, avec son père, accusé d'avoir altéré la monnaie. Après beaucoup de résistance, Antisthène lui communiqua ses principes, et Diogène ne tarda pas à les étendre. Antisthène cherchait à corriger les passions, Diogène voulut les détruire. Le sage, pour être heureux, devait, selon lui, se rendre indépendant de la fortune, des hommes et de lui-même; de la fortune, en bravant ses faveurs et ses caprices; des hommes, en secouant les préjugés, les usages, et jusqu'aux lois, quand elles n'étaient pas conformes à ses lumières; de lui-même, en travaillant à endurcir son corps contre les rigueurs des saisons et son âme contre l'attrait des plaisirs. Il dit quelquefois : « Je suis pauvre, errant, sans patrie, sans asile, obligé de vivre au jour la journée; mais j'oppose le courage à la fortune, la nature aux lois, la raison aux passions. »

De ces principes, dont les différentes conséquences peuvent conduire à la plus haute perfection ou aux plus grands désordres[1] résulte le mépris des richesses, des honneurs, de la gloire, de la distinction des états, des bienséances de la société, des arts, des sciences, de tous les agréments de la vie. L'homme dont Diogène s'est formé le modèle, et qu'il cherche quelquefois une lanterne à la main, cet homme, étranger à tout ce qui l'environne, inaccessible à tout ce qui flatte les sens, qui se dit citoyen de l'univers, et qui ne le saurait être de sa patrie; cet homme serait aussi malheureux qu'inutile dans les sociétés policées, et n'a pas même existé avant leur naissance. Diogène a cru en apercevoir une faible esquisse parmi les Spartiates. « Je n'ai vu, dit-il, des hommes nulle part; mais j'ai vu des enfants à Lacédémone. »

Pour retracer en lui-même l'homme dont il a conçu l'idée, il s'est soumis aux plus rudes épreuves et s'est affranchi des plus légères contraintes. Vous le verrez lutter contre la faim, l'apaiser avec les aliments les plus grossiers, la contrarier dans les repas où règne l'abondance, tendre quelquefois la main aux passants, pendant la nuit s'enfermer dans un tonneau, s'exposer aux injures de l'air sous le portique d'un temple, se rouler en été sur le sable brûlant, marcher en hiver pieds nus dans la neige, satisfaire à tous ses besoins en public et dans les lieux fréquentés par la lie du peuple, affronter et supporter avec courage le ridicule, l'insulte et l'injustice, choquer les usages établis jusque dans les choses les plus indifférentes, et donner tous les jours des scènes qui, en excitant le mépris des gens sensés, ne dévoilent que trop à leurs yeux les motifs secrets qui l'animent. Je le vis un jour, pendant une forte gelée, embrasser à demi nu une statue de bronze. Un Lacédémonien lui demanda s'il souffrait. — Non, lui dit le philosophe. — Quel mérite avez-vous donc? répliqua le Lacédémonien.

---

[1] Antisthène et Diogène ont été les chefs de l'école des Cyniques, et de cette école est sortie celle des Stoïciens. (Cicér. *De orat.* lib. III, cap. 17, t. I, p. 295.)

Diogène a de la profondeur dans l'esprit, de la fermeté dans l'âme, de la gaieté dans le caractère. Il expose ses principes avec tant de clarté, et les développe avec tant de force, qu'on a vu les étrangers l'écouter et sur-le-champ abandonner tout pour le suivre. Comme il se croit appelé à réformer les hommes, il n'a pour eux aucune espèce de ménagement. Son système le porte à déclamer contre les vices et les abus, son caractère à poursuivre sans pitié ceux qui les perpétuent. Il lance à tous moments sur eux les traits de la satire, et ceux de l'ironie, mille fois plus redoutables. La liberté qui règne dans ses discours le rend agréable au peuple. On l'admet dans la bonne compagnie, dont il modère l'ennui par des reparties promptes, quelquefois heureuses et toujours fréquentes, parce qu'il ne se refuse rien. Les jeunes gens le recherchent pour faire assaut de plaisanteries avec lui, et se vengent de sa supériorité par des outrages qu'il supporte avec une tranquillité qui les humilie. Je l'ai vu souvent leur reprocher des expressions et des actions qui faisaient rougir la pudeur, et je ne crois pas que lui-même se soit livré aux excès dont ses ennemis l'accusent. Son indécence est dans les manières plutôt que dans les mœurs. De grands talents, de grandes vertus, de grands efforts n'en feront qu'un homme singulier ; et je souscrirai toujours au jugement de Platon, qui a dit de lui : « C'est Socrate en délire. »

Dans ce moment nous vîmes passer un homme qui se promenait lentement auprès de nous. Il paraissait âgé d'environ quarante ans. Il avait l'air triste et soucieux, la main dans son manteau. Quoique son extérieur fût très-simple, Apollodore s'empressa de l'aborder avec un respect mêlé d'admiration et de sentiment ; et, revenant s'asseoir auprès de moi : C'est Phocion, me dit-il ; et ce nom doit à jamais réveiller dans votre esprit l'idée de la probité même. Sa naissance est obscure ; mais son âme est infiniment élevée. Il fréquenta de bonne heure l'Académie : il y puisa les principes sublimes qui depuis ont dirigé sa conduite, principes gravés dans son cœur, et aussi invariables que la justice et la vérité dont ils émanent.

Au sortir de l'Académie, il servit sous Chabrias, dont il modérait l'impétuosité, et qui lui dut en grande partie la victoire de Naxos. D'autres occasions ont manifesté ses talents pour la guerre. Pendant la paix il cultive un petit champ qui suffirait à peine aux besoins de l'homme le plus modéré dans ses désirs, et qui procure à Phocion un superflu dont il soulage les besoins des autres. Il y vit avec une épouse digne de son amour, parce qu'elle l'est de son estime ; il y vit content de son sort, n'attachant à sa pauvreté ni honte ni vanité ; ne briguant point les emplois, les acceptant pour en remplir les devoirs.

Vous ne le verrez jamais ni rire ni pleurer, quoiqu'il soit heureux et sensible ; c'est que son âme est plus forte que la joie et la douleur. Ne soyez point effrayé du nuage sombre dont ses yeux paraissent obscurcis. Phocion est facile, humain, indulgent pour nos faiblesses. Il n'est amer et sévère que pour ceux qui corrompent les mœurs par leurs exemples ou qui perdent l'état par leurs conseils.

Je suis bien aise que le hasard ait rapproché sous vos yeux Diogène et Phocion. En les comparant, vous trouverez que le premier ne fait pas un sacrifice à la philosophie sans le pousser trop loin et sans en avertir le public ; tandis que le second ne montre, ne cache et n'exagère aucune de ses vertus. J'irai plus loin, et je dirai qu'on peut juger au premier coup d'œil lequel de ces deux hommes est le vrai philosophe. Le manteau de Phocion est aussi grossier que celui de Diogène ; mais le manteau de Diogène est déchiré, et celui de Phocion ne l'est pas.

Après Phocion venaient deux Athéniens, dont l'un se faisait remarquer par une taille majestueuse et une figure imposante. Apollodore me dit : Il est le fils d'un cordonnier, et gendre de Cotys, roi de Thrace ; il s'appelle Iphicrate. L'autre est fils de Conon, qui fut un des plus grands hommes de ce siècle, et s'appelle Timothée.

Tous deux, placés à la tête de nos armées, ont maintenu pendant une longue suite d'années la gloire de la république ; tous deux ont su joindre les lumières aux talents, les réflexions à l'expérience, la ruse au courage. Iphicrate se distingua surtout par l'exacte discipline qu'il introduisit parmi nos troupes, par la prudence qui dirigeait ses entreprises, par une défiance scrupuleuse qui le tenait toujours en garde contre l'ennemi. Il dut beaucoup à sa réputation ; aussi disait-il en marchant contre les barbares : « Je n'ai qu'une crainte, c'est qu'ils n'aient pas entendu parler d'Iphicrate. »

Timothée est plus actif, plus patient, moins habile peut-être à former des projets, mais plus constant et plus ferme quand il s'agit de l'exécution. Ses ennemis, pour ne pas reconnaître son mérite, l'accusèrent d'être heureux. Ils le firent représenter endormi sous une tente, la Fortune planant au-dessus de sa tête, et rassemblant auprès de lui des villes prises dans un filet. Timothée vit le tableau, et dit plaisamment : « Que ne ferais-je donc pas si j'étais éveillé ! »

Iphicrate a fait des changements utiles dans les armes de l'infanterie; Timothée a souvent enrichi le trésor épuisé des dépouilles enlevées à l'ennemi : il est vrai qu'en même temps il s'est enrichi lui-même. Le premier a rétabli des souverains sur leurs trônes; le second a forcé les Lacédémoniens à nous céder l'empire de la mer. Ils ont tous deux le talent de la parole. L'éloquence d'Iphicrate est pompeuse et vaine; celle de Timothée, plus simple et plus persuasive. Nous leur avons élevé des statues, et nous les bannirons peut-être un jour.

CHAPITRE VIII.

Lycée. Gymnases. Isocrate. Palestres. Funérailles des Athéniens.

Un autre jour, au moment qu'Apollodore entrait chez moi pour me proposer une promenade au Lycée, je courus à lui en m'écriant: Le connaissez-vous? — Qui? — Isocrate. Je viens de lire un de ses discours; j'en suis transporté. Vit-il encore? où est-il? que fait-il? — Il est ici, répondit Apollodore. Il professe l'éloquence. C'est un homme célèbre; je le connais. — Je veux le voir aujourd'hui, ce matin, dans l'instant même. — Nous irons chez lui en revenant du Lycée.

Nous passâmes par le quartier des Marais; et, sortant par la porte d'Égée, nous suivîmes un sentier le long de l'Ilissus, torrent impétueux ou ruisseau paisible, qui, suivant la différence des saisons, se précipite ou se traîne au pied d'une colline par où finit le mont Hymette. Ses bords sont agréables, ses eaux communément pures et limpides. Nous vîmes aux environs un autel dédié aux Muses; l'endroit où l'on prétend que Borée enleva la belle Orithye, fille du roi Érechthée; le temple de Cérès où l'on célèbre les petits mystères, et celui de Diane où l'on sacrifie tous les ans une grande quantité de chèvres en l'honneur de la déesse. Avant le combat de Marathon, les Athéniens lui en promirent autant qu'ils trouveraient de Perses étendus sur le champ de bataille. Ils s'aperçurent après la victoire que l'exécution d'un vœu si indiscret épuiserait bientôt les troupeaux de l'Attique : on borna le nombre des victimes à cinq cents, et la déesse voulut bien s'en contenter.

Pendant qu'on me faisait ces récits, nous vîmes sur la colline des paysans qui couraient en frappant sur des vases d'airain, pour attirer un essaim d'abeilles qui venaient de s'échapper d'une ruche.

CHAPITRE VIII.

Ces insectes se plaisent infiniment sur le mont Hymette, qu'ils ont rempli de leurs colonies, et qui est presque partout couvert de serpolet et d'herbes odoriférantes. Mais c'est surtout dans le thym excellent qu'il produit qu'ils puisent ces sucs précieux dont ils composent un miel estimé dans toute la Grèce. Il est d'un blanc tirant sur le jaune; il noircit quand on le garde fort long-temps, et conserve toujours sa fluidité. Les Athéniens en font tous les ans une récolte abondante; et l'on peut juger du prix qu'ils y attachent par l'usage où sont les Grecs d'employer le miel dans la pâtisserie ainsi que dans les ragoûts. On prétend qu'il prolonge la vie et qu'il est principalement utile aux vieillards. J'ai vu même plusieurs disciples de Pythagore conserver leur santé en prenant un peu de miel pour toute nourriture.

Après avoir repassé l'Ilissus nous nous trouvâmes dans un chemin où l'on s'exerce à la course, et qui nous conduisit au Lycée.

Les Athéniens ont trois gymnases destinés à l'institution de la jeunesse : celui du Lycée; celui du Cynosarge, situé sur une colline de ce nom, et celui de l'Académie. Tous trois ont été construits hors des murs de la ville, aux frais du gouvernement. On ne recevait autrefois dans le second que des enfants illégitimes.

Ce sont de vastes édifices entourés de jardins et d'un bois sacré. On entre d'abord dans une cour de forme carrée, et dont le pourtour est de deux stades [1]. Elle est environnée de portiques et de bâtiments. Sur trois de ses côtés sont des salles spacieuses et garnies de siéges, où les philosophes, les rhéteurs et les sophistes rassemblent leurs disciples. Sur le quatrième on trouve des pièces pour les bains et les autres usages du gymnase. Le portique exposé au midi est double, afin qu'en hiver la pluie agitée par le vent ne puisse pénétrer dans sa partie intérieure.

De cette cour on passe dans une enceinte également carrée. Quelques platanes en ombragent le milieu. Sur trois des côtés règnent des portiques. Celui qui regarde le nord est à double rang de colonnes, pour garantir du soleil ceux qui s'y promènent en été. Le portique opposé s'appelle Xyste. Dans la longueur du terrain qu'il occupe on a ménagé au milieu une espèce de chemin creux d'environ douze pieds de largeur sur près de deux pieds de profondeur. C'est là qu'à l'abri des injures du temps, séparés des spectateurs qui se tiennent sur les plates-bandes latérales, les jeunes élèves s'exercent à la lutte. Au delà du Xyste est un stade pour la course à pied.

[1] Cent quatre-vingt-neuf toises.

Un magistrat, sous le nom de gymnasiarque, préside aux différents gymnases d'Athènes. Sa charge est annuelle, et lui est conférée par l'assemblée générale de la nation. Il est obligé de fournir l'huile qu'emploient les athlètes pour donner plus de souplesse à leurs membres. Il a sous lui, dans chaque gymnase, plusieurs officiers, tels que le gymnaste, le pédotribe et d'autres encore, dont les uns entretiennent le bon ordre parmi les élèves, et les autres les dressent à différents exercices. On y distingue surtout dix sophronistes, nommés par les dix tribus, et chargés de veiller plus spécialement sur les mœurs. Il faut que tous ces officiers soient approuvés par l'aréopage.

Comme la confiance et la sûreté doivent régner dans le gymnase ainsi que dans tous les lieux où l'on s'assemble en grand nombre, les vols qui s'y commettent sont punis de mort lorsqu'ils excèdent la valeur de dix drachmes [1].

Les gymnases devant être l'asile de l'innocence et de la pudeur, Solon en avait interdit l'entrée au public pendant que les élèves, célébrant une fête en l'honneur de Mercure, étaient moins surveillés par leurs instituteurs; mais ce règlement n'est plus observé.

Les exercices qu'on y pratique sont ordonnés par les lois, soumis à des règles, animés par les éloges des maîtres, et plus encore par l'émulation qui subsiste entre les disciples. Toute la Grèce les regarde comme la partie la plus essentielle de l'éducation, parce qu'ils rendent un homme agile, robuste, capable de supporter les travaux de la guerre et les loisirs de la paix. Considérés par rapport à la santé, les médecins les ordonnent avec succès. Relativement à l'art militaire on ne peut en donner une plus haute idée qu'en citant l'exemple des Lacédémoniens. Ils leur durent autrefois les victoires qui les firent redouter des autres peuples; et dans ces derniers temps il a fallu, pour les vaincre, les égaler dans la gymnastique.

Mais si les avantages de cet art sont extrêmes, les abus ne le sont pas moins. La médecine et la philosophie condamnent de concert ces exercices lorsqu'ils épuisent le corps ou qu'ils donnent à l'âme plus de férocité que de courage.

On a successivement augmenté et décoré le gymnase du Lycée. Ses murs sont enrichis de peintures Apollon est la divinité tutélaire du lieu; on voit à l'entrée sa statue. Les jardins, ornés de belles allées, furent renouvelés dans les dernières années de mon séjour en Grèce. Des sièges placés sous les arbres invitent à s'y reposer.

[1] Neuf livres.

CHAPITRE VIII.

Après avoir assisté aux exercices des jeunes gens et passé quelques moments dans les salles où l'on agitait des questions tour à tour importantes et frivoles, nous prîmes le chemin qui conduit du Lycée à l'Académie, le long des murs de la ville. Nous avions à peine fait quelques pas que nous trouvâmes un vieillard vénérable qu'Apollodore me parut bien aise de voir. Après les premiers compliments, il lui demanda où il allait. Le vieillard répondit d'une voix grêle : Je vais dîner chez Platon avec Éphore et Théopompe, qui m'attendent à la porte Dipyle. — C'est justement notre chemin, reprit Apollodore ; nous aurons le plaisir de vous accompagner. Mais dites-moi, vous aimez donc toujours Platon? — Autant que je me flatte d'en être aimé. Notre liaison, formée dès notre enfance, ne s'est point altérée depuis. Il s'en est souvenu dans un de ses dialogues, où Socrate, qu'il introduit comme interlocuteur, parle de moi en termes très-honorables. — Cet hommage vous était dû. On se souvient qu'à la mort de Socrate, pendant que ses disciples effrayés prenaient la fuite, vous osâtes paraître en habit de deuil dans les rues d'Athènes. Vous aviez donné, quelques années auparavant, un autre exemple de fermeté. Quand Théramène, proscrit par les trente tyrans, en plein sénat, se réfugia auprès de l'autel, vous vous levâtes pour prendre sa défense ; et ne fallut-il pas que lui-même vous priât de lui épargner la douleur de vous voir mourir avec lui? Le vieillard me parut ravi de cet éloge. J'étais impatient de savoir son nom. Apollodore se faisait un plaisir de me le cacher.

Fils de Théodore, lui dit-il, n'êtes-vous pas du même âge que Platon? — J'ai six à sept ans de plus que lui, il ne doit être que dans sa soixante-huitième année. — Vous paraissez vous bien porter. — A merveille ; je suis sain de corps et d'esprit, autant qu'il est possible de l'être. — On dit que vous êtes fort riche? — J'ai acquis par mes veilles de quoi satisfaire les désirs d'un homme sage. Mon père avait une fabrique d'instruments de musique. Il fut ruiné dans une guerre du Péloponnèse ; et, ne m'ayant laissé pour héritage qu'une excellente éducation, je fus obligé de vivre de mon talent, et de mettre à profit les leçons que j'avais reçues de Gorgias, de Prodicus et des plus habiles orateurs de la Grèce. Je fis des plaidoyers pour ceux qui n'étaient pas en état de défendre eux-mêmes leurs causes. Un discours que j'adressai à Nicoclès, roi de Chypre, m'attira de sa part une gratification de vingt talents [1]. J'ouvris des cours publics d'éloquence. Le nombre de mes disciples ayant augmenté de jour en jour, j'ai recueilli le fruit d'un travail qui a rem-

---

[1] Cent huit mille livres.

pli tous les moments de ma vie. — Convenez pourtant que, malgré la sévérité de vos mœurs, vous en avez consacré quelques-uns aux plaisirs. Vous eûtes autrefois la belle Métanire; dans un âge plus avancé vous retirâtes chez vous une courtisane non moins aimable. On disait alors que vous saviez allier les maximes de la philosophie avec les raffinements de la volupté; et l'on parlait de ce lit somptueux que vous aviez fait dresser, et de ces oreillers qui exhalaient une odeur si délicieuse. Le vieillard convenait de ces faits en riant.

Apollodore continuait : Vous avez une famille aimable, une bonne santé, une fortune aisée, des disciples sans nombre, un nom que vous avez rendu célèbre, et des vertus qui vous placent parmi les plus honnêtes citoyens de cette ville. Avec tant d'avantages, vous devez être le plus heureux des Athéniens. — Hélas! répondit le vieillard, je suis peut-être le plus malheureux des hommes. J'avais attaché mon bonheur à la considération; mais comme d'un côté l'on ne peut être considéré dans une démocratie qu'en se mêlant des affaires publiques, et que d'un autre côté la nature ne m'a donné qu'une voix faible et une excessive timidité, il est arrivé que, très-capable de discerner les vrais intérêts de l'état, incapable de les défendre dans l'assemblée générale, j'ai toujours été violemment tourmenté de l'ambition et de l'impossibilité d'être utile, ou, si vous voulez, d'obtenir du crédit.

Les Athéniens reçoivent gratuitement chez moi des leçons d'éloquence; les étrangers, pour le prix de mille drachmes[1]; j'en donnerais dix mille à celui qui me procurerait de la hardiesse avec un organe sonore. — Vous avez réparé les torts de la nature; vous instruisez par vos écrits ce public à qui vous ne pouvez adresser la parole et qui ne saurait vous refuser son estime. — Eh! que me fait l'estime des autres, si je ne puis pas y joindre la mienne? Je pousse quelquefois jusqu'au mépris la faible idée que j'ai de mes talents. Quel fruit en ai-je retiré? Ai-je jamais obtenu les emplois, les magistratures, les distinctions que je vois tous les jours accorder à ces vils orateurs qui trahissent l'état?

Quoique mon Panégyrique d'Athènes ait fait rougir ceux qui, précédemment, avaient traité le même sujet, et découragé ceux qui voudraient le traiter aujourd'hui, j'ai toujours parlé de mes succès avec modestie, ou plutôt avec humilité. J'ai des intentions pures; je n'ai jamais, par des écrits ou par des accusations, fait tort à personne, et j'ai des ennemis! — Eh! ne devez-vous pas racheter votre mérite par quelques chagrins? Vos ennemis sont

---

[1] Neuf cents livres.

CHAPITRE VIII.

plus à plaindre que vous. Une voix importune les avertit sans cesse que vous comptez parmi vos disciples des rois, des généraux, des hommes d'état, des historiens, des écrivains dans tous les genres ; que, de temps en temps, il sort de votre école des colonies d'hommes éclairés, qui vont au loin répandre votre doctrine ; que vous gouvernez la Grèce par vos élèves ; et, pour me servir de votre expression, vous êtes la pierre qui aiguise l'instrument. — Oui, mais cette pierre ne coupe pas.

Du moins, ajoutait Apollodore, l'envie ne saurait se dissimuler que vous avez hâté les progrès de l'art oratoire. — Et c'est ce mérite qu'on veut aussi m'enlever. Tous les jours des sophistes audacieux, des instituteurs ingrats, puisant dans mes écrits les préceptes et les exemples, les distribuent à leurs écoliers, et n'en sont que plus ardents à me déchirer ; ils s'exercent sur les sujets que j'ai traités ; ils assemblent leurs partisans autour d'eux, et comparent leurs discours aux miens qu'ils ont eu la précaution d'altérer, et qu'ils ont la bassesse de défigurer en les lisant. Un tel acharnement me pénètre de douleur. Mais j'aperçois Éphore et Théopompe. Je vais les mener chez Platon, et je prends congé de vous.

Dès qu'il fut parti je me tournai bien vite vers Apollodore. Quel est donc, lui dis-je, ce vieillard si modeste avec tant d'amour-propre, et si malheureux avec tant de bonheur ? C'est, me dit-il, Isocrate, chez qui nous devions passer à notre retour. Je l'ai engagé par mes questions à vous tracer les principaux traits de sa vie et de son caractère. Vous avez vu qu'il montra deux fois du courage dans sa jeunesse. Cet effort épuisa sans doute la vigueur de son âme, car il a passé le reste de ses jours dans la crainte et dans le chagrin. L'aspect de la tribune, qu'il s'est sagement interdite, l'afflige si fort qu'il n'assiste plus à l'assemblée générale. Il se croit entouré d'ennemis et d'envieux, parce que des auteurs qu'il méprise jugent de ses écrits moins favorablement que lui. Sa destinée est de courir sans cesse après la gloire, et de ne jamais trouver le repos.

Malheureusement pour lui ses ouvrages, remplis d'ailleurs de grandes beautés, fournissent des armes puissantes à la critique ; son style est pur et coulant, plein de douceur et d'harmonie, quelquefois pompeux et magnifique, mais quelquefois aussi traînant, diffus, et surchargé d'ornements qui le déparent.

Son éloquence n'était pas propre aux discussions de la tribune et du barreau ; elle s'attache plus à flatter l'oreille qu'à émouvoir le cœur. On est souvent fâché de voir un auteur estimable s'abaisser à n'être qu'un écrivain sonore, réduire son art au seul mérite de l'élégance, asservir péniblement ses pensées aux mots, éviter le concours des voyelles avec une affectation puérile, n'avoir d'autre objet que d'arrondir des périodes et d'autre ressource pour en symétriser les membres, que de les remplir d'expressions oiseuses et de figures déplacées. Comme il ne diversifie pas assez les formes de son élocution, il finit par refroidir et dégoûter le lecteur. C'est un peintre qui donne à toutes ses figures les mêmes traits, les mêmes vêtements et les mêmes attitudes.

La plupart de ses harangues roulent sur les articles les plus importants de la morale et de la politique. Il ne persuade ni n'entraîne, parce qu'il n'écrit point avec chaleur, et qu'il paraît plus occupé de son art que des vérités qu'il annonce. De là vient peut-être que les souverains, dont il s'est en quelque façon constitué le législateur, ont répondu à ses avis par des récompenses. Il a composé sur les devoirs des rois un petit ouvrage qu'il fait circuler de cour en cour. Denys, tyran de Syracuse, le reçut. Il admira l'auteur, et lui pardonna facilement des leçons qui ne portaient pas le remords dans son âme.

Isocrate a vieilli faisant, polissant, repolissant, refaisant un très-petit nombre d'ouvrages. Son Panégyrique d'Athènes lui coûta, dit-on, dix années de travail. Pendant tout le temps que dura cette laborieuse construction, il ne s'aperçut pas qu'il élevait son édifice sur des fondements qui devaient en entraîner la ruine. Il pose pour principe que le propre de l'éloquence est d'agrandir les petites choses et d'apetisser les grandes ; et il tâche de montrer ensuite que les Athéniens ont rendu plus de services à la Grèce que les Lacédémoniens.

Malgré ces défauts, auxquels ses ennemis en ajoutent beaucoup d'autres, ses écrits présentent tant de tours heureux et de saines maximes, qu'ils serviront de modèles à ceux qui auront le talent de les étudier. C'est un rhéteur habile, destiné à former d'excellents écrivains ; c'est un instituteur éclairé, toujours attentif aux progrès de ses disciples et au caractère de leur esprit. Éphore de Cume et Théopompe de Chio, qui viennent de nous l'enlever, en ont fait l'heureuse épreuve. Après avoir donné l'essor au premier et réprimé l'impétuosité du second, il les a destinés tous deux à écrire l'histoire. Leurs premiers essais font honneur à la sagacité du maître et aux talents des disciples.

Pendant qu'Apollodore m'instruisait de ces détails, nous traversions la place publique. Il me conduisit ensuite par la rue des Hermès, et me fit entrer dans la palestre de Tauréas, située en face du portique royal.

Comme Athènes possède différents gymnases, elle renferme aussi plusieurs palestres. On exerce les enfants dans les premières de ces écoles, les athlètes de profession dans les secondes. Nous en vîmes un grand nombre qui avaient remporté des prix aux jeux établis en différentes villes de la Grèce, et d'autres qui aspiraient aux mêmes honneurs. Plusieurs Athéniens, et même des vieillards, s'y rendent assidûment pour continuer leurs exercices ou pour être témoins des combats qu'on y livre.

Les palestres sont à peu près de la même forme que les gymnases. Nous parcourûmes les pièces destinées à toutes les espèces de bains: celles où les athlètes déposent leurs habits; où on les frotte d'huile pour donner de la souplesse à leurs membres; où ils se roulent sur le sable pour que leurs adversaires puissent les saisir.

La lutte, le saut, la paume, tous les exercices du Lycée se retracèrent à nos yeux sous des formes plus variées, avec plus de force et d'adresse de la part des acteurs.

Parmi les différents groupes qu'ils composaient on distinguait des hommes de la plus grande beauté, et dignes de servir de modèles aux artistes; les uns avec des traits vigoureux et fièrement prononcés, comme on représente Hercule; d'autres d'une taille plus svelte et plus élégante, comme on peint Achille. Les premiers, se destinant aux combats de la lutte et du pugilat, n'avaient d'autre objet que d'augmenter leurs forces; les seconds, dressés pour des exercices moins violents, tels que la course, le saut, etc., que de se rendre légers.

Leur régime s'assortit à leur destination. Plusieurs s'abstiennent des femmes et du vin. Il en est qui mènent une vie très-frugale; mais ceux qui se soumettent à de laborieuses épreuves ont besoin, pour se réparer, d'une grande quantité d'aliments substantiels, comme la chair rôtie de bœuf et de porc. S'ils n'en exigent que deux mines par jour, avec du pain en proportion, ils donnent une haute idée de leur sobriété. Mais on en cite plusieurs qui en faisaient une consommation effrayante. On dit, par exemple, que Théagène de Thasos mangea dans un jour un bœuf tout entier. On attribue le même exploit à Milon de Crotone, dont l'ordinaire était de vingt mines de viande, d'autant de mines de pain [1] et de trois conges de vin [2]. On ajoute enfin qu'Astydamas de Milet, se trouvant à la table du satrape Ariobarzane, dévora tout seul le souper qu'on avait préparé pour neuf convives. Ces faits, exagérés sans doute, prouvent du moins l'idée qu'on se forme de la voracité de

[1] Environ dix-huit livres. — [2] Environ quinze pintes.

cette classe d'athlètes. Quand ils peuvent la satisfaire sans danger, ils acquièrent une vigueur extrême : leur taille devient quelquefois gigantesque ; et leurs adversaires, frappés de terreur, ou s'éloignent de la lice, ou succombent sous le poids de ces masses énormes.

L'excès de nourriture les fatigue tellement qu'ils sont obligés de passer une partie de leur vie dans un sommeil profond. Bientôt un embonpoint excessif défigure tous leurs traits ; il leur survient des maladies qui les rendent aussi malheureux qu'ils ont toujours été inutiles à leur patrie ; car il ne faut pas le dissimuler, la lutte, le pugilat, et tous ces combats livrés avec tant de fureur dans les solennités publiques, ne sont plus que des spectacles d'ostentation depuis que la tactique s'est perfectionnée. L'Égypte ne les a jamais adoptés, parce qu'ils ne donnent qu'une force passagère. Lacédémone en a corrigé les inconvénients par la sagesse de son institution. Dans le reste de la Grèce on s'est aperçu qu'en y soumettant les enfants on risque d'altérer leurs formes et d'arrêter leur accroissement, et que dans un âge plus avancé les lutteurs de profession sont de mauvais soldats, parce qu'ils sont hors d'état de supporter la faim, la soif, les veilles, le moindre besoin et le plus petit dérangement.

En sortant de la palestre nous apprîmes que Télaïre, femme de Pyrrhus, parent et ami d'Apollodore, venait d'être attaquée d'un accident qui menaçait sa vie. On avait vu à sa porte les branches de laurier et d'acanthe que, suivant l'usage, on suspend à la maison d'un malade. Nous y courûmes aussitôt. Les parents, empressés autour du lit, adressaient des prières à Mercure, conducteur des âmes ; et le malheureux Pyrrhus recevait les derniers adieux de sa tendre épouse. On parvint à l'arracher de ces lieux. Nous voulûmes lui rappeler les leçons qu'il avait reçues à l'Académie ; leçons si belles quand on est heureux, si importunes quand on est dans le malheur. « O philosophie ! s'écria-t-il, hier tu m'ordonnais d'aimer ma femme, aujourd'hui tu me défends de la pleurer ! — Mais enfin, lui disait-on, vos larmes ne la rendront pas à la vie. — Et c'est ce qui les redouble encore, » répondit-il.

Quand elle eut rendu les derniers soupirs, toute la maison retentit de cris et de sanglots. Le corps fut lavé, parfumé d'essence et revêtu d'une robe précieuse. On mit sur sa tête, couverte d'un voile, une couronne de fleurs ; dans ses mains un gâteau de farine et de miel pour apaiser Cerbère ; et dans sa bouche une pièce d'argent d'une ou deux oboles qu'il faut payer à Caron ; en cet état elle fut exposée pendant tout un jour dans le vestibule, entourée de cierges allumés [1]. A la porte était un vase de cette eau lustrale destinée à purifier ceux qui ont touché un cadavre. Cette exposition est nécessaire pour s'assurer que la personne est véritablement morte, et qu'elle l'est de mort naturelle. Elle dure quelquefois jusqu'au troisième jour.

Le convoi fut indiqué. Il fallait s'y rendre avant le lever du soleil. Les lois défendent de choisir une autre heure ; elles n'ont pas voulu qu'une cérémonie si triste dégénérât en un spectacle d'ostentation. Les parents et les amis furent invités. Nous trouvâmes auprès du corps des femmes qui poussaient de longs gémissements ; quelques-unes coupaient des boucles de leurs cheveux et les déposaient à côté de Télaïre, comme un gage de leur tendresse et de leur douleur. On la plaça sur un chariot, dans un cercueil de cyprès. Les hommes marchaient en avant, les femmes après ; quelques-uns la tête rasée, tous baissant les yeux, vêtus de noir, précédés d'un chœur de musiciens qui faisaient entendre des chants lugubres. Nous nous rendîmes à une maison qu'avait Pyrrhus auprès de Phalère. C'est là qu'étaient les tombeaux de ses pères.

L'usage d'inhumer les corps fut autrefois commun parmi les nations ; celui de les brûler prévalut dans la suite chez les Grecs. Aujourd'hui il paraît indifférent de rendre à la terre ou de livrer aux flammes les restes de nous-mêmes. Quand le corps de Télaïre eut été consumé, les plus proches parents en recueillirent les cendres, et l'urne qui les renfermait fut ensevelie dans la terre.

Pendant la cérémonie on fit des libations de vin, on jeta dans le feu quelques-unes des robes de Télaïre, on l'appelait à haute voix, et cet adieu éternel redoublait les larmes, qui n'avaient cessé de couler de tous les yeux.

De là nous fûmes appelés au repas funèbre, où la conversation ne roula que sur les vertus de Télaïre. Le neuvième et le trentième jour, ses parents, habillés de blanc et couronnés de fleurs, se réunirent encore pour rendre de nouveaux honneurs à ses mânes ; et il fut réglé que, rassemblés tous les ans le jour de sa naissance, ils s'occuperaient de sa perte comme si elle était encore récente. Cet engagement si beau se perpétue souvent dans une famille, dans une société d'amis, parmi les disciples d'un philosophe. Les regrets qu'ils laissent éclater dans ces circonstances se renouvellent dans la fête générale des morts, qu'on célèbre au mois anthesté-

---

[1] Ces cierges étaient faits de joncs ou d'écorces de papyrus, en forme de rouleaux couverts d'une couche de cire. (Aristoph. *in Eccles.* v 1027 ; *not. Kust. in* v 1022. Brunck. *in Aristoph.* ibid. v. 1035.)

rion [1]. Enfin j'ai vu plus d'une fois des particuliers s'approcher d'un tombeau, y déposer une partie de leurs cheveux, et faire tout autour des libations d'eau, de vin, de lait et de miel.

Moins attentif à l'origine de ces rits qu'au sentiment qui les maintient, j'admirais la sagesse des anciens législateurs, qui imprimèrent un caractère de sainteté à la sépulture et aux cérémonies qui l'accompagnent. Ils favorisèrent cette ancienne opinion: que l'âme, dépouillée du corps qui lui sert d'enveloppe, est arrêtée sur les rivages du Styx, tourmentée du désir de se rendre à sa destination, apparaissant en songe à ceux qui doivent s'intéresser à son sort, jusqu'à ce qu'ils aient soustrait ses dépouilles mortelles aux regards du soleil et aux injures de l'air.

De là cet empressement à lui procurer le repos qu'elle désire; l'injonction faite au voyageur de couvrir de terre un cadavre qu'il trouve sur son chemin; cette vénération profonde pour les tombeaux, et les lois sévères contre ceux qui les violent.

De là encore l'usage pratiqué à l'égard de ceux que les flots ont engloutis, ou qui meurent en pays étranger sans qu'on ait pu retrouver leurs corps. Leurs compagnons, avant de partir, les appellent trois fois à haute voix; et à la faveur des sacrifices et des libations, ils se flattent de ramener leurs mânes, auxquels on élève quelquefois des cénotaphes, espèce de monuments funèbres presque aussi respectés que les tombeaux.

Parmi les citoyens qui ont joui pendant leur vie d'une fortune aisée, les uns, conformément à l'ancien usage, n'ont au-dessus de leurs cendres qu'une petite colonne où leur nom est inscrit; les autres, au mépris des lois qui condamnent le faste et les prétentions d'une douleur simulée, sont pressés sous des édifices élégants et magnifiques, ornés de statues et embellis par les arts. J'ai vu un simple affranchi dépenser deux talents [2] pour le tombeau de sa femme.

Entre les routes dans lesquelles on s'égare par l'excès ou le défaut de sentiment, les lois ont tracé un sentier dont il n'est pas permis de s'écarter. Elles défendent d'élever aux premières magistratures le fils ingrat qui, à la mort des auteurs de ses jours, a négligé les devoirs de la nature et de la religion. Elles ordonnent à ceux qui assistent au convoi de respecter la décence jusque dans leur désespoir; qu'ils ne jettent point la terreur dans l'âme des spectateurs par des cris perçants et des lamentations effrayantes; que les femmes surtout ne se déchirent pas le visage, comme elles

---

[1] Mois qui répondait à nos mois de février et de mars.
[2] Dix mille huit cents livres.

faisaient autrefois. Qui croirait qu'on eût dû jamais leur proscrire de veiller à la conservation de leur beauté?

CHAPITRE IX.

Voyage à Corinthe. Xénophon. Timoléon.

En arrivant dans la Grèce nous avions appris que, les Éléens s'étant emparés d'un petit détroit du Péloponnèse nommé Scillonte, où Xénophon faisait sa résidence, il était allé avec ses fils s'établir à Corinthe. Timagène était impatient de le voir. Nous partîmes d'Athènes, amenant avec nous Philétas, dont la famille avait des liaisons d'hospitalité avec celle de Timodème, l'une des plus anciennes de Corinthe. Nous traversâmes Éleusis, Mégare, l'isthme; nous étions trop pressés pour nous occuper des objets qui s'offraient à nous sur la route.

Timodème nous conduisit lui-même chez Xénophon. Il était sorti; nous le trouvâmes dans un temple voisin, où il offrait un sacrifice. Tous les yeux étaient levés sur lui, et il ne les levait sur personne; car il se présentait devant les dieux avec le même respect qu'il inspirait aux hommes. Je le considérais avec un vif intérêt. Il paraissait âgé d'environ soixante-quinze ans; et son visage conservait encore des restes de cette beauté qui l'avait distingué dans sa jeunesse.

La cérémonie était à peine achevée que Timagène se jette à son cou, et, ne pouvant s'en arracher, l'appelle, d'une voix entrecoupée, son général, son sauveur, son ami. Xénophon le regardait avec étonnement, et cherchait à démêler des traits qui ne lui étaient pas inconnus, mais qui ne lui étaient plus familiers. Il s'écrie à la fin : C'est Timagène sans doute? Eh! quel autre que lui pourrait conserver des sentiments si vifs après une si longue absence? Vous me faites éprouver dans ce moment combien il est doux de voir renaître des amis dont on s'est cru séparé pour toujours. De tendres embrassements suivirent de près cette reconnaissance, et pendant tout le temps que nous passâmes à Corinthe, des éclaircissements mutuels firent le sujet de leurs fréquents entretiens.

Né dans un bourg de l'Attique, élevé dans l'école de Socrate, Xénophon porta d'abord les armes pour sa patrie; ensuite il entra comme volontaire dans l'armée qu'assemblait le jeune Cyrus pour détrôner son frère Artaxerxès, roi de Perse. Après la mort de Cyrus, il fut chargé, conjointement avec quatre autres officiers, du commandement des troupes grecques; et c'est alors qu'ils firent cette belle retraite, aussi admirée dans son genre que l'est dans le sien la relation qu'il nous en a donnée. A son retour il passa au service d'Agésilas, roi de Lacédémone, dont il partagea la gloire et mérita l'amitié. Quelque temps après les Athéniens le condamnèrent à l'exil, jaloux sans doute de la préférence qu'il accordait aux Lacédémoniens. Mais ces derniers, pour le dédommager, lui donnèrent une habitation à Scillonte.

C'est dans cette heureuse retraite qu'il avait passé plusieurs années, et qu'il comptait retourner dès que les troubles du Péloponnèse seraient calmés.

Pendant notre séjour à Corinthe je me liai avec ses deux fils, Gryllus et Diodore. Je contractai une liaison plus intime avec Timoléon, le second des fils de Timodème, chez qui nous étions logés.

Si j'avais à tracer le portrait de Timoléon, je ne parlerais pas de cette valeur brillante qu'il montra dans les combats, parce que, parmi les nations guerrières, elle n'est une distinction que lorsque, poussée trop loin, elle cesse d'être une vertu; mais, pour faire connaître toutes les qualités de son âme, je me contenterai d'en citer les principales : cette prudence consommée qui, en lui, avait devancé les années; son extrême douceur quand il s'agissait de ses intérêts; son extrême fermeté quand il était question de ceux de sa patrie; sa haine vigoureuse pour la tyrannie de l'ambition et pour celle des mauvais exemples. Je mettrais le comble à son éloge en ajoutant que personne n'eut autant que lui des traits de ressemblance avec Épaminondas, que, par un secret instinct, il avait pris pour son modèle.

Timoléon jouissait de l'estime publique et de la sienne, lorsque l'excès de sa vertu lui aliéna presque tous les esprits et le rendit le plus malheureux des hommes. Son frère Timophanès, qui n'avait ni ses lumières ni ses principes, s'était fait une cour d'hommes corrompus, qui l'exhortaient sans cesse à s'emparer de l'autorité. Il crut enfin en avoir le droit. Un courage aveugle et présomptueux lui avait attiré la confiance des Corinthiens, dont il commanda plus d'une fois les armées, et qui l'avaient mis à la tête de quatre cents hommes qu'ils entretenaient pour la sûreté de la police. Timophanès en fit ses satellites, s'attacha la populace par ses largesses; et, secondé par un parti redoutable, il agit en maître, et fit traîner au supplice les citoyens qui lui étaient suspects.

Timoléon avait jusqu'alors veillé sur sa conduite et sur ses projets. Dans l'espoir de le ramener, il tâchait de jeter un voile sur ses fautes et de relever l'éclat de quelques actions honnêtes qui lui échappaient par hasard. On l'avait même vu, dans une bataille, se précipiter sans ménagement au milieu des ennemis, et soutenir seul leurs efforts pour sauver les jours d'un frère qu'il aimait, et dont le corps couvert de blessures était sur le point de tomber entre leurs mains.

Indigné maintenant de voir la tyrannie s'établir de son vivant et dans le sein même de sa famille, il peint vivement à Timophanès l'horreur des attentats qu'il a commis et qu'il médite encore; le conjure d'abdiquer au plus tôt un pouvoir odieux, et de satisfaire aux mânes des victimes immolées à sa folle ambition. Quelques jours après, il remonte chez lui, accompagné de deux de leurs amis, dont l'un était le beau-frère de Timophanès. Ils réitèrent de concert les mêmes prières; ils le pressent au nom du sang, de l'amitié, de la patrie. Timophanès leur répond d'abord par une dérision amère, ensuite par des menaces et des fureurs. On était convenu qu'un refus positif de sa part serait le signal de sa perte. Ses deux amis, fatigués de sa résistance, lui plongèrent un poignard dans le sein, pendant que Timoléon, la tête couverte d'un pan de son manteau, fondait en larmes dans un coin de l'appartement où il s'était retiré.

Je ne puis, sans frémir, penser à ce moment fatal où nous entendîmes retentir dans la maison ces cris perçants, ces effrayantes paroles : Timophanès est mort! c'est son beau-frère qui l'a tué! c'est son frère! Nous étions par hasard avec Démariste, sa mère; son père était absent. Je jetai les yeux sur cette malheureuse femme; je vis ses cheveux se dresser sur sa tête, et l'horreur se peindre sur son visage au milieu des ombres de la mort. Quand elle reprit l'usage de ses sens, elle vomit, sans verser une larme, les plus affreuses imprécations contre Timoléon, qui n'eut pas même la faible consolation de les entendre de sa bouche. Renfermée dans son appartement, elle protesta qu'elle ne reverrait jamais le meurtrier de son fils.

Parmi les Corinthiens, les uns regardaient le meurtre de Timophanès comme un acte héroïque, les autres comme un forfait. Les premiers ne se lassaient pas d'admirer ce courage extraordinaire qui sacrifiait au bien public la nature et l'amitié. Le plus grand nombre, en approuvant la mort du tyran, ajoutaient que tous les citoyens étaient en droit de lui arracher la vie, excepté son frère. Il vint une émeute qui fut bientôt apaisée. On intenta contre Timoléon une accusation qui n'eut pas de suite.

Il se jugeait lui-même avec encore plus de rigueur. Dès qu'il s'aperçut que son action était condamnée par une grande partie du public, il douta de son innocence et résolut de renoncer à la vie,

Ses amis, à force de prières et de soins, l'engagèrent à prendre quelque nourriture, mais ne purent jamais le déterminer à rester au milieu d'eux. Il sortit de Corinthe, et pendant plusieurs années il erra dans des lieux solitaires, occupé de sa douleur, et déplorant avec amertume les égarements de sa vertu et quelquefois l'ingratitude des Corinthiens.

Nous le verrons un jour reparaître avec plus d'éclat, et faire le bonheur d'un grand empire qui lui devra sa liberté.

Les troubles occasionnés par le meurtre de son frère accélérèrent notre départ. Nous quittâmes Xénophon avec beaucoup de regret. Je le revis quelques années après à Scillonte, et je rendrai compte quand il en sera temps des entretiens que j'eus alors avec lui. Ses deux fils vinrent avec nous. Ils devaient servir dans le corps de troupes que les Athéniens envoyaient aux Lacédémoniens.

Nous trouvâmes sur la route quantité de voyageurs qui se rendaient à Athènes pour assister aux grandes Dionysiaques, l'une des plus célèbres fêtes de cette ville. Outre la magnificence des autres spectacles, je désirais avec ardeur de voir un concours établi depuis long-temps entre les poètes qui présentent des tragédies ou des comédies nouvelles. Nous arrivâmes le 5 du mois élaphébolion [1]. Les fêtes devaient commencer huit jours après [2].

CHAPITRE X.

Levées, revue, exercice des troupes chez les Athéniens.

Deux jours après notre retour à Athènes, nous nous rendîmes dans une place où se faisait la levée des troupes qu'on se proposait d'envoyer au Péloponnèse. Elles devaient se joindre à celles des Lacédémoniens et de quelques autres peuples, pour s'opposer, conjointement avec elles, aux projets des Thébains et de leurs alliés. Hégélochus, stratége ou général, était assis sur un siége élevé. Auprès de lui, un taxiarque, officier général, tenait le registre où sont inscrits les noms des citoyens qui, étant en âge de porter les armes, doivent se présenter à ce tribunal. Il les appelait à haute voix, et prenait une note de ceux que le général avait choisis.

Les Athéniens sont tenus de servir depuis l'âge de dix-huit ans

[1] Le 1er avril de l'an 362 avant J.-C.
[2] On présume que les grandes Dionysiaques, ou Dionysiaques de la ville, commençaient le 12 du mois élaphébolion. Dans la deuxième année de la cent quatrième olympiade, année dont il s'agit ici, le 12 du mois élaphébolion tomba au 8 avril de l'année julienne proleptique, 362 avant J.-C.

jusqu'à celui de soixante. On emploie rarement les citoyens d'un âge avancé; et, quand on les prend au sortir de l'enfance, on a soin de les tenir éloignés des postes les plus exposés. Le gouvernement fixe l'âge des nouvelles levées, quelquefois on les tire au sort.

Ceux qui tiennent à ferme les impositions publiques, ou qui figurent dans les chœurs aux fêtes de Bacchus, sont dispensés du service. Ce n'est que dans les besoins pressants qu'on fait marcher les esclaves, les étrangers établis dans l'Attique et les citoyens les plus pauvres. On les enrôle très-rarement, parce qu'ils n'ont pas fait le serment de défendre la patrie, ou parce qu'ils n'ont aucun intérêt à la défendre : la loi n'en a confié le soin qu'aux citoyens qui possèdent quelque bien, et les plus riches servent comme simples soldats. Il arrive de là que la perte d'une bataille, en affaiblissant les premières classes des citoyens, suffit pour donner à la dernière une supériorité qui altère la forme du gouvernement.

La république était convenue de fournir à l'armée des alliés six mille hommes tant de cavalerie que d'infanterie. Le lendemain de leur enrôlement ils se répandirent en tumulte dans les rues et dans les places publiques, revêtus de leurs armes. Leurs noms furent appliqués sur les statues des dix héros qui ont donné les leurs aux tribus d'Athènes, de manière qu'on lisait sur chaque statue les noms des soldats de chaque tribu.

Quelques jours après on fit la revue des troupes. Je m'y rendis avec Timagène, Apollodore et Philotas. Nous y trouvâmes Iphicrate, Timothée, Phocion, Chabrias, tous les anciens généraux et tous ceux de l'année courante. Ces derniers avaient été, suivant l'usage, choisis dans l'assemblée du peuple. Ils étaient au nombre de dix, un de chaque tribu. Je me souviens, à cette occasion, que Philippe de Macédoine disait un jour : « J'envie le bonheur des Athéniens! ils trouvent tous les ans dix hommes en état de commander leurs armées, tandis que je n'ai jamais trouvé que Parménion pour conduire les miennes. »

Autrefois le commandement roulait entre les dix stratéges. Chaque jour l'armée changeait de général, et en cas de partage dans le conseil, le polémarque, un des principaux magistrats de la république, avait le droit de donner son suffrage. Aujourd'hui toute l'autorité est pour l'ordinaire entre les mains d'un seul, qui est obligé à son tour de rendre compte de ses opérations, à moins qu'on ne l'ait revêtu d'un pouvoir illimité. Les autres généraux restent à Athènes, et n'ont presque d'autres fonctions que de représenter dans les cérémonies publiques.

L'infanterie était composée de trois ordres de soldats : les oplites ou pesamment armés, les armés à la légère, et les peltastes, dont les armes étaient moins pesantes que celles des premiers, moins légères que celles des seconds.

Les oplites avaient pour armes défensives le casque, la cuirasse, le bouclier, des espèces de bottines qui couvraient la partie antérieure de la jambe ; pour offensives, la pique et l'épée.

Les armés à la légère étaient destinés à lancer des javelots ou des flèches ; quelques-uns, des pierres, soit avec la fronde, soit avec la main.

Les peltastes portaient un javelot et un petit bouclier nommé pelta.

Les boucliers, presque tous de bois de saule, ou même d'osier, étaient ornés de couleurs, d'emblèmes et d'inscriptions. J'en vis où l'on avait tracé en lettres d'or ces mots : A LA BONNE FORTUNE ; d'autres où divers officiers avaient fait peindre des symboles. J'entendis en passant un vieillard qui disait à son voisin : « J'étais de cette malheureuse expédition de Sicile, il y a cinquante-trois ans. Je servais sous Nicias, Alcibiade et Lamachus. Vous avez ouï parler de l'opulence du premier, de la valeur et de la beauté du second : le troisième était d'un courage à inspirer de la terreur. L'or et la pourpre décoraient le bouclier de Nicias ; celui de Lamachus représentait une tête de Gorgone ; et celui d'Alcibiade, un amour lançant la foudre.

Je voulais suivre cette conversation, mais j'en fus détourné par l'arrivée d'Iphicrate, à qui Apollodore venait de raconter l'histoire de Timagène et la mienne. Après les premiers compliments, Timagène le félicita sur les changements qu'il avait introduits dans les armes des oplites. « Ils étaient nécessaires, répondit Iphicrate ; la phalange, accablée sous le poids de ses armes, obéissait avec peine aux mouvements qu'on lui demandait, et avait plus de moyens pour parer les coups de l'ennemi que pour lui en porter. Une cuirasse de toile a remplacé celle de métal ; un bouclier petit et léger, ces énormes boucliers qui, à force de nous protéger, nous ravissaient notre liberté. La pique est devenue plus longue d'un tiers, et l'épée de moitié. Le soldat lie et délie sa chaussure avec plus de facilité. J'ai voulu rendre les oplites plus redoutables ; ils sont dans une armée ce qu'est la poitrine dans le corps humain. »

Comme Iphicrate étalait volontiers de l'éloquence, il suivit sa comparaison : il assimila le général à la tête, la cavalerie aux pieds, les troupes légères aux mains. Timagène lui demanda pourquoi il n'avait pas adopté le casque béotien, qui couvre le cou en se prolongeant jusque sur la cuirasse. Cette question en amena d'autres sur la tenue des troupes, ainsi que sur la tactique des Grecs et des Perses. De mon côté j'interrogeais Apollodore sur plusieurs objets que ses réponses feront connaître.

Au-dessous des dix stratéges, disait-il, sont les dix taxiarques, qui, de même que les premiers, sont tous les ans nommés par le sort et tirés de chaque tribu dans l'assemblée générale. Ce sont eux qui, sous les ordres des généraux, doivent approvisionner l'armée, régler et entretenir l'ordre de ses marches, l'établir dans un camp, maintenir la discipline, examiner si les armes sont en bon état. Quelquefois ils commandent l'aile droite ; d'autres fois le général les envoie pour annoncer la nouvelle d'une victoire et rendre compte de ce qui s'est passé dans la bataille.

Dans ce moment nous vîmes un homme revêtu d'une tunique qui lui descendait jusqu'aux genoux, et sur laquelle il aurait dû mettre sa cuirasse, qu'il tenait dans ses bras avec ses autres armes. Il s'approcha du taxiarque de sa tribu, auprès de qui nous étions. Compagnon, lui dit cet officier, pourquoi n'endossez-vous pas votre cuirasse? Il répondit : Le temps de mon service est expiré ; hier je labourais mon champ quand vous fîtes l'appel. J'ai été inscrit dans le rôle de la milice sous l'archontat de Callias : consultez la liste des archontes, vous verrez qu'il s'est écoulé depuis ce temps-là plus de quarante-deux ans. Cependant si ma patrie a besoin de moi, j'ai apporté mes armes. L'officier vérifia le fait ; et, après en avoir conféré avec le général, il effaça le nom de cet honnête citoyen et lui en substitua un autre.

Les places des dix taxiarques sont de ces charges d'état qu'on est plus jaloux de posséder que de remplir. La plupart d'entre eux se dispensent de suivre l'armée, et leurs fonctions sont partagées entre les chefs que le général met à la tête des divisions et des subdivisions. Ils sont en assez grand nombre. Les uns commandent cent vingt-huit hommes, d'autres deux cent cinquante-six, cinq cent douze, mille vingt-quatre, suivant une proportion qui n'a point de bornes en montant, mais qui, en descendant, aboutit à un terme qu'on peut regarder comme l'élément des différentes divisions de la phalange. Cet élément est la file, quelquefois composée de huit hommes, plus souvent de seize.

J'interrompis Apollodore pour lui montrer un homme qui avait une couronne sur sa tête et un caducée dans sa main. J'en ai déjà vu passer plusieurs, lui dis-je. — Ce sont des hérauts, me répondit-il. Leur personne est sacrée : ils exercent des fonctions importantes ; ils dénoncent la guerre, proposent la trêve ou la paix, publient les ordres du général, prononcent les commandements, convoquent l'armée, annoncent le moment du départ, l'endroit où il faut marcher, pour combien de jours il faut prendre de vivres. Si, dans le moment de l'attaque ou de la retraite, le bruit étouffe la voix du héraut, on élève des signaux; si la poussière empêche de les voir, on fait sonner la trompette : si aucun de ces moyens ne réussit, un aide-de-camp court de rang en rang signifier les intentions du général.

Dans ce moment quelques jeunes gens qui passaient comme des éclairs auprès de nous pensèrent renverser de graves personnages qui marchaient à pas comptés. Les premiers, me dit Apollodore, sont les coureurs, les seconds des devins : deux espèces d'hommes souvent employés dans nos armées; les uns pour porter au loin les ordres du général, les autres pour examiner, dans les entrailles des victimes, s'ils sont conformes à la volonté des dieux.

Ainsi, repris-je, les opérations d'une campagne dépendent, chez les Grecs, de l'intérêt et de l'ignorance de ces prétendus interprètes du ciel? — Trop souvent, me répondit-il. Cependant si la superstition les a établis parmi nous, il est peut-être de la politique de les maintenir. Nos soldats sont des hommes libres, courageux, mais impatients et incapables de supporter la prudente lenteur d'un général, qui, ne pouvant faire entendre la raison, n'a souvent d'autre ressource que de faire parler les dieux.

Comme nous errions autour de la phalange, je m'aperçus que chaque officier général avait auprès de lui un officier subalterne qui ne le quittait point. C'est son écuyer, me dit Apollodore. Il est obligé de le suivre dans le fort de la mêlée, et en certaines occasions de garder son bouclier. Chaque oplite, ou pesamment armé, a de même un valet qui, entre autres fonctions, remplit quelquefois celles de l'écuyer ; mais avant le combat on a le soin de le renvoyer au bagage. Le déshonneur, parmi nous, est attaché à la perte du bouclier, et non à celle de l'épée et des autres armes offensives. — Pourquoi cette différence? lui dis-je. — Pour nous donner une grande leçon, me répondit-il : pour nous apprendre que nous devons moins songer à verser le sang de l'ennemi qu'à l'empêcher de répandre le nôtre, et qu'ainsi la guerre doit être plutôt un état de défense que d'attaque.

Nous passâmes ensuite au Lycée, où se faisait la revue de la cavalerie. Elle est commandée de droit par deux généraux nommés hipparques, et par dix chefs particuliers appelés phylarques, les uns et les autres tirés au sort tous les ans dans l'assemblée de la nation.

Quelques Athéniens sont inscrits de bonne heure dans ce corps, comme presque tous les autres le sont dans l'infanterie ; il n'est composé que de douze cents hommes. Chaque tribu en fournit cent vingt, avec le chef qui doit les commander. Le nombre de ceux qu'on met sur pied se règle pour l'ordinaire sur le nombre des soldats pesamment armés ; et cette proportion, qui varie suivant les circonstances, est souvent d'un à dix, c'est-à-dire qu'on joint deux cents chevaux à deux mille oplites.

Ce n'est guère que depuis un siècle, me disait Apollodore, qu'on voit de la cavalerie dans nos armées. Celle de la Thessalie est nombreuse, parce que le pays abonde en pâturages. Les autres cantons de la Grèce sont si secs, si stériles, qu'il est très-difficile d'y élever des chevaux : aussi n'y a-t-il que les gens riches qui entrent dans la cavalerie ; de là vient la considération qui est attachée à ce service. On ne peut y être admis sans obtenir l'agrément des généraux, des chefs particuliers, et surtout du sénat, qui veille spécialement à l'entretien et à l'état d'un corps si distingué. Il assiste à l'inspection des nouvelles levées.

Elles parurent en sa présence avec le casque, la cuirasse, le bouclier, l'épée, la lance ou le javelot, un petit manteau, etc. Pendant qu'on procédait à l'examen de leurs armes, Timagène, qui avait fait une étude particulière de tout ce qui concerne l'art militaire, nous disait : Une cuirasse trop large ou trop étroite devient un poids ou un lien insupportable. Le casque doit être fait de manière que le cavalier puisse, dans le besoin, s'en couvrir jusqu'au milieu du visage. Il faut appliquer sur le bras gauche cette armure qu'on a récemment inventée, et qui, s'étendant et se repliant avec facilité, couvre entièrement cette partie du corps depuis l'épaule jusqu'à la main ; sur le bras droit des brassards de cuir ; des plaques d'airain, et dans certains endroits de la peau de veau ; pourvu que ces moyens de défense ne contraignent pas les mouvements : les jambes et les pieds seront garantis par des bottes de cuir, armées d'éperons. On préfère, avec raison, pour les cavaliers, le sabre à l'épée. Au lieu de ces longues lances fragiles et pesantes que vous voyez dans les mains de la plupart d'entre eux, j'aimerais mieux deux petites piques de bois de cormier, l'une pour lancer, l'autre pour se défendre. Le front et le poitrail du cheval seront protégés par des armures particulières, les flancs et le ventre par les couvertures que l'on étend sur son dos, et sur lesquelles le cavalier est assis.

Quoique les cavaliers athéniens n'eussent pas pris toutes les précautions que Timagène venait d'indiquer, cependant il fut assez content de la manière dont ils étaient armés. Les sénateurs et les officiers généraux en congédièrent quelques-uns qui ne paraissaient pas assez robustes, ils reprochèrent à d'autres de ne pas soigner leurs armes. On examinait ensuite si les chevaux étaient faciles au montoir, dociles au mors, capables de supporter la fatigue; s'ils n'étaient pas ombrageux, trop ardents ou trop mous. Plusieurs furent réformés, et, pour exclure à jamais ceux qui étaient vieux ou infirmes, on leur appliquait avec un fer chaud une marque sur la mâchoire.

Pendant le cours de cet examen, les cavaliers d'une tribu vinrent, avec de grands cris, dénoncer au sénat un de leurs compagnons qui, quelques années auparavant, avait au milieu d'un combat passé de l'infanterie à la cavalerie sans l'approbation des chefs. La faute était publique, la loi formelle. Il fut condamné à cette espèce d'infamie qui prive un citoyen de la plupart de ses droits.

La même flétrissure est attachée à celui qui refuse de servir, et qu'on est obligé de contraindre par la voie des tribunaux. Elle l'est aussi contre le soldat qui fuit à l'aspect de l'ennemi, ou qui, pour éviter ses coups, se sauve dans un rang moins exposé. Dans tous les cas le coupable ne doit assister ni à l'assemblée générale ni aux sacrifices publics; et s'il y paraît, chaque citoyen a le droit de le traduire en justice. On décerne contre lui différentes peines; et s'il est condamné à une amende, il est mis aux fers jusqu'à ce qu'il ait payé.

La trahison est punie de mort. La désertion l'est de même, parce que déserter c'est trahir l'état. Le général a le pouvoir de reléguer dans un grade inférieur, et même d'assujettir aux plus viles fonctions l'officier qui désobéit ou se déshonore.

Des lois rigoureuses, dis-je alors, doivent entretenir l'honneur et la subordination dans vos armées. Apollodore me répondit : Un état qui ne protége plus ses lois n'en est plus protégé. La plus essentielle de toutes, celle qui oblige chaque citoyen à défendre sa patrie, est tous les jours indignement violée. Les plus riches se font inscrire dans la cavalerie, et se dispensent du service, soit par des contributions volontaires, soit en substituant un homme à qui ils remettent leur cheval. Bientôt on ne trouvera plus d'Athéniens dans nos armées. Vous en vîtes hier enrôler un petit nombre : on vient de les associer à des mercenaires à qui nous ne rougissons pas de confier le salut de la république. Il s'est élevé depuis quelque temps dans la Grèce des chefs audacieux qui, après avoir rassemblé des soldats de toutes les nations, courent de contrée en contrée, traînent à leur suite la désolation et la mort, prostituent leur valeur à la puissance qui les achète, prêts à combattre contre elle au moindre mécontentement. Voilà quelle est aujourd'hui la ressource et l'espérance d'Athènes. Dès que la guerre est déclarée, le peuple, accoutumé aux douceurs de la paix et redoutant les fatigues d'une campagne, s'écrie d'une commune voix : Qu'on fasse venir dix mille, vingt mille étrangers. Nos pères auraient frémi à ces cris indécents; mais l'abus est devenu un usage, et l'usage une loi.

Cependant, lui dis-je, si parmi ces troupes vénales il s'en trouvait qui fussent capables de discipline, en les incorporant avec les vôtres vous les obligeriez à se surveiller mutuellement, et peut-être exciteriez-vous entre elles une émulation utile. Si nos vertus ont besoin de spectateurs, me répondit-il, pourquoi en chercher ailleurs que dans le sein de la république? Par une institution admirable, ceux d'une tribu, d'un canton, sont enrôlés dans la même cohorte, dans le même escadron; ils marchent, ils combattent à côté de leurs parents, de leurs amis, de leurs voisins, de leurs rivaux. Quel soldat oserait commettre une lâcheté en présence de témoins si redoutables? Comment à son retour soutiendrait-il des regards toujours prêts à le confondre?

Après qu'Apollodore m'eut entretenu du luxe révoltant que les officiers et même les généraux commençaient à introduire dans les armées, je voulus m'instruire de la solde des fantassins et des cavaliers. Elle a varié suivant les temps et les lieux, répondit Apollodore. J'ai ouï dire à des vieillards qui avaient servi au siège de Potidée, il y a soixante-huit ans, qu'on y donnait aux oplites, pour maître et valet, deux drachmes par jour[1]; mais c'était une paye extraordinaire, qui épuisa le trésor public. Environ vingt ans après on fut obligé de renvoyer un corps de troupes légères qu'on avait fait venir de Thrace, parce qu'elles exigeaient la moitié de cette solde.

Aujourd'hui la paye ordinaire pour l'oplite est de quatre oboles par jour, de vingt drachmes par mois[2]. On donne communément le double au chef d'une cohorte, et le quadruple au général. Certaines circonstances obligent quelquefois de réduire la somme à la moitié : on suppose alors que cette légère rétribution suffit pour procurer des vivres au fantassin, et que le partage du butin complétera la solde.

Celle du cavalier en temps de guerre est, suivant les occasions, le double, le triple et même le quadruple de celle du fantassin. En temps de paix, où toute solde cesse, il reçoit pour l'entretien d'un

[1] Une livre seize sous.
[2] Par jour, environ douze sous; par mois, dix-huit livres.

cheval environ seize drachmes par mois [1], ce qui fait une dépense annuelle de près de quarante talents [2] pour le trésor public.

Apollodore ne se lassait point de satisfaire à mes questions. Avant que de partir, me disait-il, on ordonne aux soldats de prendre des vivres pour quelques jours. C'est ensuite aux généraux à pourvoir le marché des provisions nécessaires. Pour porter le bagage on a des caissons, des bêtes de somme et des esclaves. Quelquefois les soldats sont obligés de s'en charger.

Vous voulez savoir quel est l'usage des Grecs à l'égard des dépouilles de l'ennemi? Le droit d'en disposer ou d'en faire la répartition a toujours été regardé comme une des prérogatives du général. Pendant la guerre de Troie elles étaient mises à ses pieds : il s'en réservait une partie et distribuait l'autre, soit aux chefs, soit aux soldats. Huit cents ans après les généraux réglèrent la répartition des dépouilles enlevées aux Perses à la bataille de Platée. Elles furent partagées entre les soldats, après en avoir prélevé une partie pour décorer les temples de la Grèce, et décerner de justes récompenses à ceux qui s'étaient distingués dans le combat.

Depuis cette époque jusqu'à nos jours, on a vu tour à tour les généraux de la Grèce remettre au trésor de la nation les sommes provenues de la vente du butin, les destiner à des ouvrages publics ou à l'ornement des temples, en enrichir leurs amis ou leurs soldats, s'en enrichir eux-mêmes, ou du moins en recevoir le tiers, qui, dans certains pays, leur est assigné par un usage constant.

Parmi nous aucune loi n'a restreint la prérogative du général : il en use plus ou moins suivant qu'il est plus ou moins désintéressé. Tout ce que l'état exige de lui, c'est que les troupes vivent, s'il est possible, aux dépens de l'ennemi, et qu'elles trouvent, dans la répartition des dépouilles, un supplément à la solde lorsque des raisons d'économie obligent de la diminuer.

Les jours suivants furent destinés à exercer les troupes. Je me dispense de parler de toutes les manœuvres dont je fus témoin : je n'en donnerais qu'une description imparfaite et inutile à ceux pour qui j'écris; voici seulement quelques observations générales.

Nous trouvâmes près du mont Anchesmus un corps de seize cents hommes d'infanterie pesamment armés, rangés sur seize de hauteur et sur cent de front, chaque soldat occupant un espace de quatre coudées [3]. A ce corps était joint un certain nombre d'armés à la légère.

[1] Environ quatorze livres huit sous.
[2] Environ deux cent seize mille livres.
[3] Cinq pieds huit pouces.

CHAPITRE X.

On avait placé les meilleurs soldats dans les premiers rangs et dans les derniers. Les chefs de file surtout, ainsi que les serre-files, étaient tous gens distingués par leur bravoure et par leur expérience. Un des officiers ordonnait les mouvements. « Prenez les armes! s'écriait-il ; valets, sortez de la phalange! haut la pique, bas la pique! serre-files, dressez les files! prenez vos distances! à droite, à gauche! la pique en dedans du bouclier! marche! halte! doublez vos files! remettez-vous! lacédémonienne évolution! remettez-vous! » etc.

A la voix de cet officier on voyait la phalange successivement ouvrir ses files et ses rangs, les serrer, les presser, de manière que le soldat, n'occupant que l'espace d'une coudée [1], ne pouvait tourner ni à droite ni à gauche. On la voyait présenter une ligne tantôt pleine, tantôt divisée en des sections dont les intervalles étaient quelquefois remplis par des armés à la légère. On la voyait enfin, à la faveur des évolutions prescrites, prendre toutes les formes dont elle est susceptible, et marcher en avant, disposée en colonne, en carré parfait, en carré long, soit à centre vide, soit à centre plein, etc.

Pendant ces mouvements on infligeait des coups aux soldats indociles ou négligents. J'en fus d'autant plus surpris que chez les Athéniens il est défendu de frapper même un esclave. Je conclus de là que parmi les nations policées le déshonneur dépend quelquefois plus de certaines circonstances que de la nature des choses.

Ces manœuvres étaient à peine achevées que nous vîmes au loin s'élever un nuage de poussière. Les postes avancés annoncèrent l'approche de l'ennemi. C'était un second corps d'infanterie qu'on venait d'exercer au Lycée, et qu'on avait résolu de mettre aux mains avec le premier pour offrir l'image d'un combat. Aussitôt on crie aux armes : les soldats courent prendre leurs rangs, et les troupes légères sont placées en arrière. C'est de là qu'elles lancent sur l'ennemi des flèches, des traits, des pierres qui passent par-dessus la phalange [2].

Cependant les ennemis venaient au pas redoublé, ayant la pique sur l'épaule droite. Leurs troupes légères s'approchent avec de grands cris, sont repoussées, mises en fuite et remplacées par les oplites, qui s'arrêtent à la portée du trait. Dans ce moment un silence profond règne dans les deux lignes. Bientôt la trompette

---

[1] Dix-sept pouces.
[2] Onosander (*Inst.*, cap. 10) dit que dans ces combats simulés les oplites avaient des bâtons et des courroies ; les armés à la légère, des mottes de terre.

donne le signal. Les soldats chantent en l'honneur de Mars l'hymne du combat. Ils baissent leurs piques, quelques-uns en frappent leurs boucliers; tous courent alignés et en bon ordre. Le général, pour redoubler leur ardeur, pousse le cri du combat. Ils répètent mille fois, d'après lui, *eleleu! eleleu!* L'action parut très-vive; les ennemis furent dispersés, et nous entendîmes dans notre petite armée retentir de tous côtés ce mot *alalé*! C'est le cri de victoire.

Nos troupes légères poursuivirent l'ennemi et amenèrent plusieurs prisonniers. Les soldats victorieux dressèrent un trophée; et, s'étant rangés en bataille à la tête du camp voisin, ils posèrent leurs armes à terre, mais tellement en ordre qu'en les reprenant ils se trouvaient tout formés. Ils se retirèrent ensuite dans le camp, où, après avoir pris un léger repas, ils passèrent la nuit couchés sur des lits de feuillages.

On ne négligea aucune des précautions que l'on prend en temps de guerre. Point de feu dans le camp; mais on en plaçait en avant pour éclairer les entreprises de l'ennemi. On posa les gardes du soir: on les releva dans les différentes veilles de la nuit. Un officier fit plusieurs fois la ronde, tenant une sonnette dans sa main. Au son de cet instrument, la sentinelle déclarait l'ordre ou le mot dont on était convenu. Ce mot est un signe qu'on change souvent, et qui distingue ceux d'un même parti. Les officiers et les soldats le reçoivent avant le combat pour se rallier dans la mêlée, avant la nuit pour se reconnaître dans l'obscurité. C'est au général à le donner; et la plus grande distinction qu'il puisse accorder à quelqu'un, c'est de lui céder son droit. On emploie assez souvent ces formules: *Jupiter sauveur* et *Hercule conducteur; Jupiter sauveur* et *la Victoire; Minerve-Pallas; le Soleil* et *la lune; épée* et *poignard*.

Iphicrate, qui ne nous avait pas quittés, nous dit qu'il avait supprimé la sonnette dans les rondes; et pour mieux dérober la connaissance de l'ordre à l'ennemi, il donnait deux mots différents pour l'officier et pour la sentinelle, de manière que l'un, par exemple, répondait *Jupiter sauveur*, et l'autre *Neptune*.

Iphicrate aurait voulu qu'on eût entouré le camp d'une enceinte qui en défendît les approches. C'est une précaution, disait-il, dont on doit se faire une habitude, et que je n'ai jamais négligée, lors même que je me suis trouvé dans un pays ami.

Vous voyez, ajouta-t-il, ces lits de feuillages: quelquefois je n'en fais établir qu'un pour deux soldats; d'autres fois chaque

---

[1] Dans les anciens temps, la dernière lettre du mot *alalé* se prononçait comme un *i* (Plat. *in Cratyl.*, t. I, p. 418). On disait en conséquence *alali*.

soldat en a deux. Je quitte ensuite mon camp ; l'ennemi survient, compte les lits, et, me supposant plus ou moins de force que je n'en ai effectivement, ou il n'ose m'attaquer, ou il m'attaque avec désavantage.

J'entretiens la vigilance de mes troupes en excitant sous main des terreurs paniques, tantôt par des alertes fréquentes, tantôt par la fausse rumeur d'une trahison, d'une embuscade, d'un renfort survenu à l'ennemi.

Pour empêcher que le temps du repos ne soit pour elles un temps d'oisiveté, je leur fais creuser des fossés, couper des arbres, transporter le camp et les bagages d'un lieu dans un autre.

Je tâche surtout de les mener par la voie de l'honneur. Un jour, près de combattre, je vis des soldats pâlir ; je dis tout haut : « Si quelqu'un d'entre vous a oublié quelque chose dans le camp, qu'il aille et revienne au plus vite. » Les plus lâches profitèrent de cette permission. Je m'écriai alors : « Les esclaves ont disparu ; nous n'avons plus avec nous que de braves gens. » Nous marchâmes, et l'ennemi prit la fuite.

Iphicrate nous raconta plusieurs autres stratagèmes qui lui avaient également bien réussi. Nous nous retirâmes vers le milieu de la nuit. Le lendemain, et pendant plusieurs jours de suite, nous vîmes les cavaliers s'exercer au Lycée et auprès de l'Académie : on les accoutumait à sauter sans aide sur le cheval, à lancer des traits, à franchir des fossés, à grimper sur les hauteurs, à courir sur un terrain en pente, à s'attaquer, à se poursuivre, à faire toutes sortes d'évolutions, tantôt séparément de l'infanterie, tantôt conjointement avec elle.

Timagène me disait : Quelque excellente que soit cette cavalerie, elle sera battue si elle en vient aux mains avec celle des Thébains. Elle n'admet qu'un petit nombre de frondeurs et de gens de traits dans les intervalles de sa ligne ; les Thébains en ont trois fois autant, et ils n'emploient que des Thessaliens, supérieurs, pour ce genre d'armes, à tous les peuples de la Grèce. L'événement justifia la prédiction de Timagène.

L'armée se disposait à partir. Plusieurs familles étaient consternées. Les sentiments de la nature et de l'amour se réveillaient avec plus de force dans le cœur des mères et des épouses. Pendant qu'elles se livraient à leurs craintes, des ambassadeurs, récemment arrivés de Lacédémone, nous entretenaient du courage que les femmes spartiates avaient fait paraître en cette occasion. Un jeune soldat disait à sa mère en lui montrant son épée : « Elle est bien courte ! — Eh bien ! répondit-elle, vous ferez un pas de plus. » Une autre Lacédémonienne, en donnant le bouclier à son fils, lui dit : « Revenez avec cela ou sur cela [1]. »

Les troupes assistèrent aux fêtes de Bacchus, dont le dernier jour amenait une cérémonie que les circonstances rendirent très-intéressante. Elle eut pour témoins le sénat, l'armée, un nombre infini de citoyens de tous états, d'étrangers de tous pays. Après la dernière tragédie nous vîmes paraître sur le théâtre un héraut suivi de plusieurs jeunes orphelins couverts d'armes étincelantes. Il s'avança pour les présenter à cette auguste assemblée, et d'une voix ferme et sonore il prononça lentement ces mots : « Voici des jeunes gens dont les pères sont morts à la guerre, après avoir combattu avec courage. Le peuple, qui les avait adoptés, les a fait élever jusqu'à l'âge de vingt ans. Il leur donne aujourd'hui une armure complète, il les renvoie chez eux ; il leur assigne les premières places dans nos spectacles. » Tous les cœurs furent émus. Les troupes versèrent des larmes d'attendrissement, et partirent le lendemain.

CHAPITRE XI.

Séance au théâtre [2].

Je viens de voir une tragédie ; et, dans le désordre de mes idées, je jette rapidement sur le papier les impressions que j'en ai reçues.

Le théâtre s'est ouvert à la pointe du jour. J'y suis arrivé avec Philotas. Rien de si imposant que le premier coup d'œil : d'un côté, la scène, ornée de décorations exécutées par d'habiles artistes ; de l'autre, un vaste amphithéâtre couvert de gradins qui s'élèvent les uns au-dessus des autres jusqu'à une très-grande hauteur : des paliers et des escaliers qui se prolongent et se croisent par intervalles, facilitent la communication et divisent les gradins en plusieurs compartiments, dont quelques-uns sont réservés pour certains corps et certains états.

Le peuple abordait en foule ; il allait, venait, montait, descendait, criait, riait, se pressait, se poussait, et bravait les officiers qui couraient de tous côtés pour maintenir le bon ordre. Au milieu de ce tumulte sont arrivés successivement les neuf archontes ou premiers magistrats de la république, les cours de justice, le sénat des cinq cents, les officiers généraux de l'armée, les minis-

[1] A Sparte c'était un déshonneur de perdre son bouclier ; et c'était sur leurs boucliers qu'on rapportait les soldats morts.
[2] Dans la deuxième année de la cent quatrième olympiade, le premier jour des Dionysiaques ou grandes fêtes de Bacchus, lequel concourait toujours, suivant Dodwel, avec le 12 d'élaphébolion, tombait cette année au 8 avril de l'an 362 avant J.-C.

CHAPITRE XI.

tres des autels. Ces divers corps ont occupé les gradins inférieurs. Au-dessus, on rassemblait tous les jeunes gens qui avaient atteint leur dix-huitième année. Les femmes se plaçaient dans un endroit qui les tenait éloignées des hommes et des courtisanes. L'orchestre était vide : on le destinait aux combats de poésie, de musique et de danse, qu'on donne après la représentation des pièces ; car ici tous les arts se réunissent pour satisfaire tous les goûts.

J'ai vu des Athéniens faire étendre sous leurs pieds des tapis de pourpre, et s'asseoir mollement sur des coussins apportés par leurs esclaves ; d'autres qui, avant et pendant la représentation, faisaient venir du vin, des fruits et des gâteaux ; d'autres qui se précipitaient sur des gradins pour choisir une place commode et l'ôter à celui qui l'occupait. Ils en ont le droit, m'a dit Philotas ; c'est une distinction qu'ils ont reçue de la république pour récompense de leurs services.

Comme j'étais étonné du nombre des spectateurs : Il peut se monter, m'a-t-il dit, à trente mille. La solennité de ces fêtes en attire de toutes les parties de la Grèce, et répand un esprit de vertige parmi les habitants de cette ville. Pendant plusieurs jours vous les verrez abandonner leurs affaires, se refuser au sommeil, passer ici une partie de la journée, sans pouvoir se rassasier des divers spectacles qu'on y donne. C'est un plaisir d'autant plus vif pour eux qu'ils le goûtent rarement. Le concours des pièces dramatiques n'a lieu que dans deux autres fêtes, mais les auteurs réservent tous leurs efforts pour celle-ci. On nous a promis sept à huit pièces nouvelles. N'en soyez pas surpris : tous ceux qui, dans la Grèce, travaillent pour le théâtre, s'empressent à nous offrir l'hommage de leurs talents. D'ailleurs nous reprenons quelquefois les pièces de nos anciens auteurs, et la lice va s'ouvrir par l'Antigone de Sophocle. Vous aurez le plaisir d'entendre deux excellents acteurs, Théodore et Aristodème.

Philotas achevait à peine, qu'un héraut, après avoir imposé silence, s'est écrié : « Qu'on fasse avancer le chœur de Sophocle ! » C'était l'annonce de la pièce. Le théâtre représentait le vestibule du palais de Créon, roi de Thèbes. Antigone et Ismène, filles d'Œdipe, ont ouvert la scène, couvertes d'un masque. Leur déclamation m'a paru naturelle, mais leur voix m'a surpris. Comment nommez-vous ces actrices? ai-je dit. Théodore et Aristodème, a répondu Philotas, car ici les femmes ne montent pas sur le théâtre. Un moment après un chœur de quinze vieillards thébains est entré, marchant à pas mesurés sur trois de front et cinq de hauteur. Il a célébré dans des chants mélodieux la victoire que les Thébains venaient de remporter sur Polynice, frère d'Antigone.

L'action s'est insensiblement développée. Tout ce que je voyais, tout ce que j'entendais m'était si nouveau, qu'à chaque instant mon intérêt croissait avec ma surprise. Entraîné par les prestiges qui m'entouraient, je me suis trouvé au milieu de Thèbes. J'ai vu Antigone rendre les devoirs funèbres à Polynice, malgré la sévère défense de Créon. J'ai vu le tyran, sourd aux prières du vertueux Hémon son fils, qu'elle était sur le point d'épouser, la faire traîner avec violence dans une grotte obscure qui paraissait au fond du théâtre, et qui devait lui servir de tombeau. Bientôt, effrayé des menaces du ciel, il s'est avancé vers la caverne, d'où sortaient des hurlements effroyables : c'étaient ceux de son fils. Il serrait entre ses bras la malheureuse Antigone, dont un nœud fatal avait terminé les jours. La présence de Créon irrite sa fureur; il tire l'épée contre son père; il s'en perce lui-même, et va tomber aux pieds de son amante, qu'il tient embrassée jusqu'à ce qu'il expire.

Ils se passaient presque tous à ma vue, ces événements cruels, ou plutôt un heureux éloignement en adoucissait l'horreur. Quel est donc cet art qui me fait éprouver à la fois tant de douleur et de plaisir, qui m'attache si vivement à des malheurs dont je ne pourrais pas soutenir l'aspect? Quel merveilleux assortiment d'illusions et de réalités! Je volais au secours des deux amants, je détestais l'impitoyable auteur de leurs maux. Les passions les plus fortes déchiraient mon âme sans la tourmenter; et, pour la première fois, je trouvais des charmes à la haine.

Trente mille spectateurs fondant en larmes redoublaient mes émotions et mon ivresse. Combien la princesse est-elle devenue intéressante lorsque, de barbares satellites l'entraînant vers la caverne, son cœur fier et indomptable, cédant à la voix impérieuse de la nature, a montré un instant de faiblesse, et fait entendre ces accents douloureux!

« Je vais donc tout en vie descendre lentement dans le séjour des morts! je ne verrai donc plus la lumière des cieux! O tombeau, ô lit funèbre, demeure éternelle! Il ne me reste qu'un espoir : vous me servirez de passage pour me rejoindre à ma famille, à cette famille désastreuse dont je péris la dernière et la plus misérable. Je reverrai les auteurs de mes jours; ils me reverront avec plaisir. Et toi, Polynice, ô mon frère! tu sauras que pour te rendre des devoirs prescrits par la nature et par la religion j'ai sacrifié ma jeunesse, ma vie, mon hymen, tout ce que j'avais de plus cher au monde. Hélas! on m'abandonne en ce moment funeste. Les Thébains insultent à mes malheurs. Je n'ai pas un ami dont je puisse obtenir une larme. J'entends la mort qui m'appelle, et les dieux se taisent. Où sont mes forfaits ? Si ma piété fut un crime, je dois l'expier par mon trépas. Si mes ennemis sont coupables, je ne leur souhaite pas de plus affreux supplices que le mien. »

Ce n'est qu'après la représentation de toutes les pièces qu'on doit adjuger le prix. Celle de Sophocle a été suivie de quelques autres que je n'ai pas eu la force d'écouter. Je n'avais plus de larmes à répandre ni d'attention à donner.

J'ai copié, dans ce chapitre, les propres paroles de mon journal. Je décrirai ailleurs tout ce qui concerne l'art dramatique, et les autres spectacles qui relèvent l'éclat des fêtes dionysiaques.

CHAPITRE XII.

Description d'Athènes.

Il n'y a point de ville dans la Grèce qui présente un si grand nombre de monuments que celle d'Athènes. De toutes parts s'élèvent des édifices respectables par leur ancienneté ou par leur élégance. Les chefs-d'œuvre de la sculpture sont prodigués jusque dans les places publiques : ils embellissent, de concert avec ceux de la peinture, les portiques et les temples. Ici tout s'anime, tout parle aux yeux du spectateur attentif.

L'histoire des monuments de ce peuple serait l'histoire de ses exploits, de sa reconnaissance et de son culte.

Je n'ai ni le projet de les décrire en particulier ni la prétention de faire passer dans l'âme de mes lecteurs l'impression que les beautés de l'art faisaient sur la mienne. C'est un bien pour un voyageur d'avoir acquis un fonds d'émotions douces et vives dont le souvenir se renouvelle pendant toute sa vie ; mais il ne saurait les partager avec ceux qui, ne les ayant pas éprouvées, s'intéressent toujours plus au récit de ses peines qu'à celui de ses plaisirs. J'imiterai ces interprètes qui montrent les singularités d'Olympie et de Delphes ; je conduirai mon lecteur dans les différents quartiers d'Athènes, nous nous placerons aux dernières années de mon séjour dans la Grèce, et nous commencerons par aborder au Pirée[1].

[1] J'ai cru devoir mettre sous les yeux du lecteur l'esquisse d'un plan d'Athènes, relatif au temps où je place le voyage du jeune Anacharsis. Il est très-imparfait, et je suis fort éloigné d'en garantir l'exactitude.
Après avoir comparé ce que les anciens auteurs ont dit sur la topographie de cette ville et ce que les voyageurs modernes ont cru découvrir dans ses ruines, je me suis borné à fixer, le mieux que j'ai pu, la position de quelques monuments remarquables. Pour y parvenir, il fallait d'abord déterminer dans quel quartier se trouvait la place publique que les Grecs nommaient Agora, c'est-à-dire marché.
Dans toutes les villes de la Grèce il y avait une principale place décorée de sta-

Ce port, qui en contient trois autres plus petits, est à l'ouest de ceux de Munychie et Phalère, presque abandonnés aujourd'hui. On y rassemble quelquefois jusqu'à trois cents galères ; il pourrait en contenir quatre cents[1]. Thémistocle en fit pour ainsi dire la

tues, d'autels, de temples et d'autres édifices publics, entourée de boutiques, couverte, en certaines heures de la journée, des provisions nécessaires à la subsistance du peuple. Les habitants s'y rendaient tous les jours. Les vingt mille citoyens d'Athènes, dit Démosthène, ne cessent de fréquenter la place, occupés de leurs affaires ou de celles de l'état.

Parmi les anciens auteurs, j'ai préféré les témoignages de Platon, de Xénophon, de Démosthène, d'Eschine, qui vivaient à l'époque que j'ai choisie. Si Pausanias paraît ne pas s'accorder entièrement avec eux, j'avertis qu'il s'agit ici de la place qui existait de leur temps, et non de celle dont il a parlé. Je ferais la même réponse à ceux qui m'opposeraient des passages relatifs à des temps trop éloignés de mon époque.

PLACE PUBLIQUE ou AGORA. Sa position est déterminée par les passages suivants. Eschine dit : « Transportez-vous en esprit au Pœcile (c'était un célèbre portique) ; car c'est dans la place publique que sont les monuments de vos grands exploits. » Lucien introduit plusieurs philosophes dans un de ses dialogues, et fait dire à Platon : « Il n'est pas nécessaire d'aller à la maison de cette femme (la *Philosophie*). A son retour de l'Académie elle viendra, suivant sa coutume, au Céramique, pour se promener au Pœcile.... » « A la prise d'Athènes par Sylla, dit Plutarque, le sang versé dans la place publique inonda le Céramique, qui est au dedans de la porte Dipyle ; et plusieurs assurent qu'il sortit par la porte, et se répandit dans le faubourg. »

Il suit de là : 1° que cette place était dans le quartier du Céramique ; 2° qu'elle était près de la porte Dipyle, c'est celle par où l'on allait à l'Académie ; 3° que le Pœcile était dans la place.

Eschine, dans l'endroit que je viens de citer, fait entendre clairement que le Métroon se trouvait dans la place. C'était une enceinte et un temple en l'honneur de la mère des dieux. L'enceinte renfermait aussi le palais du sénat : et cela est confirmé par plusieurs passages.

Après le Métroon j'ai placé les monuments indiqués tout de suite par Pausanias, comme le Tholus, les statues des Eponymes, etc. J'y ai mis, avec Hérodote, le temple d'Eacus, et, d'après Démosthène, le Léocorion, temple construit en l'honneur de ces filles de Léos qui se sacrifièrent autrefois pour éloigner la peste.

PORTIQUE DU ROI. Je l'ai placé dans un point où se réunissaient deux rues qui conduisaient à la place publique : la première est indiquée par Pausanias, qui va de ce portique au Métroon ; la seconde par un ancien auteur, qui dit positivement que, depuis le Pœcile et le Portique du Roi, c'est-à-dire depuis l'un de ces portiques jusqu'à l'autre, on trouve plusieurs Hermès ou statues de Mercure, terminées en gaîne.

PŒCILE et PORTIQUE DES HERMÈS. D'après ce dernier passage, j'ai mis le Pœcile au bout d'une rue qui va du Portique du Roi jusqu'à la place publique. Il occupe sur la place un des coins de la rue. Au coin opposé devait se trouver un édifice nommé tantôt Portique des Hermès et tantôt simplement les Hermès. Pour prouver qu'il était dans la place publique, deux témoignages suffiront. Mnésimaque disait dans une de ses comédies : « Allez-vous-en à l'Agora, aux Hermès.... » « En certaines fêtes, dit Xénophon, il convient que les cavaliers rendent des honneurs aux temples et aux statues qui sont dans l'Agora. Ils commenceront aux Hermès, feront le tour de l'Agora, et reviendront aux Hermès. » J'ai pensé, en conséquence, que ce portique devait terminer la rue où se trouvait une suite d'Hermès.

Le Pœcile était dans la place du temps d'Eschine ; il n'y était plus du temps de Pausanias, qui parle de ce portique avant de se rendre à la place. Il s'était donc fait des changements dans ce quartier. Je suppose qu'au siècle où vivait Pausanias une partie de l'ancienne place était couverte de maisons, que vers sa partie

---

[1] Spon et Wheler observent que quarante ou quarante-cinq de nos vaisseaux auraient de la peine à tenir dans ce port.

CHAPITRE XII.

découverte quand il voulut donner une marine aux Athéniens. On y vit bientôt des marchés, des magasins et un arsenal capables de fournir à l'armement d'un grand nombre de vaisseaux.

Avant que de mettre pied à terre, jetez les yeux sur le promon-

méridionale il ne restait qu'une rue où se trouvaient le sénat, le Tholus, etc. ; que sa partie opposée s'était étendue vers le nord, et que le Pœcile en avait été séparé par des édifices; car les changements dont je parle n'avaient pas transporté la place dans un autre quartier. Pausanias la met auprès du Pœcile; et nous avons vu que du temps de Sylla elle était encore dans le Céramique, auprès de la porte Dipyle.

A la faveur de cet arrangement, il est assez facile de tracer la route de Pausanias. Du portique du Roi il suit une rue qui se prolonge dans la partie méridionale de l'ancienne place; il revient par le même chemin; il visite quelques monuments qui sont au sud-ouest de la citadelle, tels qu'un édifice qu'il prend pour l'ancien Odéum. (p. 20), l'Eleusinium (p. 35), etc. Il revient au portique du Roi (p. 36); et, prenant par la rue des Hermès, il se rend d'abord au Pœcile, et ensuite à la place qui existait de son temps (p. 39), laquelle avait, suivant les apparences, fait partie de l'ancienne, ou du moins n'en était pas fort éloignée. J'attribuerais volontiers à l'empereur Adrien la plupart des changements qu'elle avait éprouvés.

En sortant de l'Agora, Pausanias va au gymnase de Ptolémée (p. 39), qui n'existait pas à l'époque dont il s'agit dans mon ouvrage; et de là au temple de Thésée, qui existe encore aujourd'hui. La distance de ce temple à l'un des points de la citadelle m'a été donnée par M. Foucherot, habile ingénieur qui avait accompagné en Grèce M. le comte Choiseuil-Gouffier, et qui depuis, ayant visité une seconde fois les antiquités d'Athènes, a bien voulu me communiquer les lumières qu'il avait tirées de l'inspection des lieux.

J'ai suivi Pausanias jusqu'au Prytanée (p. 41). De là il m'a paru remonter vers le nord-est. Il y trouve plusieurs temples, ceux de Sérapis, de Lucine, de Jupiter Olympien (p. 42). Il tourne à l'est et parcourt un quartier qui, dans mon plan, est au dehors de la ville, et qui de son temps y tenait, puisque les murailles étaient détruites. Il visite les jardins de Vénus, le Cynosarge, le Lycée (p. 44). Il passe l'Ilissus, et va au Stade (p. 45 et 46).

Je n'ai pas suivi Pausanias dans cette route, parce que plusieurs des monuments qu'on y rencontrait étaient postérieurs à mon époque, et que les autres ne pouvaient entrer dans le plan de l'intérieur de la ville; mais je le prends de nouveau pour guide lorsque, de retour au Prytanée, il se rend à la citadelle par la rue des Trépieds.

RUE DES TRÉPIEDS. Elle était ainsi nommée, suivant Pausanias, parce qu'on y voyait plusieurs temples où l'on avait placé des trépieds de bronze en l'honneur des dieux. Quel fut le motif de ces consécrations? Des victoires remportées par les tribus d'Athènes aux combats de musique et de danse. Or, au pied de la citadelle, du côté de l'est, on a découvert plusieurs inscriptions qui font mention de pareilles victoires. Ce joli édifice, connu maintenant sous le nom de Lanterne de Démosthène, faisait un des ornements de la rue. Il fut construit en marbre, à l'occasion du prix décerné à la tribu Amacantide (sous l'archontat d'Evœnète, l'an 335 avant J.-C.), un an après qu'Anacharsis eut quitté Athènes. Près de ce monument fut trouvée, dans ces derniers temps, une inscription rapportée parmi celles de M. Chandler. La tribu Pandionide y prescrivait d'élever, dans la maison qu'elle possédait en cette rue, une colonne pour un Athénien nommé Nicias, qui avait été son chorége, et qui avait remporté le prix aux fêtes de Bacchus et à celles qu'on nommait Thargélies. Il y était dit encore que désormais (depuis l'archontat d'Euclide, l'an 403 avant J.-C.), on inscrirait sur la même colonne les noms de ceux de la tribu qui, en certaines fêtes mentionnées dans le décret, remporteraient de semblables avantages.

D'après ce que je viens de dire, il est visible que la rue des Trépieds longeait le côté oriental de la citadelle.

ODÉUM DE PÉRICLÈS. Au bout de la rue dont je viens de parler, et avant que de parvenir au théâtre de Bacchus, Pausanias trouva un édifice dont il ne nous apprend pas la destination. Il observe seulement qu'il fut construit sur le modèle de la tente de Xerxès, et qu'ayant été brûlé pendant le siége d'Athènes par Sylla, il toire voisin. Une pierre carrée, sans ornements, et posée sur une simple base, est le tombeau de Thémistocle. Son corps fut apporté du lieu de son exil. Voyez ces vaisseaux qui arrivent, qui vont partir, qui partent; ces femmes, ces enfants qui accourent sur le

fut refait depuis. Rapprochons de ce témoignage les notions que d'autres auteurs nous ont laissées sur l'ancien Odéum d'Athènes. Cette espèce de théâtre fut élevé par Périclès, et destiné au concours des pièces de musique; des colonnes de pierre ou de marbre en soutenaient le comble, qui était construit des antennes et des mâts enlevés aux vaisseaux des Perses, et dont la forme imitait celle de la tente de Xerxès. Cette forme avait donné lieu à des plaisanteries. Le poète Cratinus, dans une de ses comédies, voulant faire entendre que la tête de Périclès se terminait en pointe, disait que Périclès portait l'Odéum sur sa tête. L'Odéum fut brûlé au siège d'Athènes par Sylla, et réparé bientôt après par Ariobarzane, roi de Cappadoce.

Par ces passages réunis de différents auteurs, on voit clairement que l'édifice dont parle Pausanias est le même que l'Odéum de Périclès; et, par le passage de Pausanias, que cet Odéum était placé entre la rue des Trépieds et le théâtre de Bacchus. Cette position est encore confirmée par l'autorité de Vitruve, qui met l'Odéum à la gauche du théâtre. Mais Pausanias avait déjà donné le nom d'Odéum à un autre édifice. Je répondrai bientôt à cette difficulté.

THÉÂTRE DE BACCHUS. A l'angle sud-ouest de la citadelle existent encore les ruines d'un théâtre, qu'on avait pris jusqu'à présent pour celui de Bacchus, où l'on représentait des tragédies et des comédies. Cependant M. Chandler a placé le théâtre de Bacchus à l'angle sud-est de la citadelle; et j'ai suivi son opinion, fondée sur plusieurs raisons.

1° A l'inspection du terrain, M. Chandler a jugé qu'on avait autrefois construit un théâtre en cet endroit; et M. Foucherot a depuis vérifié le fait.

2° Pausanias rapporte qu'au-dessus du théâtre on voyait de son temps un trépied, dans une grotte taillée dans le roc; et justement au-dessus de la forme théâtrale reconnue par M. Chandler, est une grotte creusée dans le roc, et convertie depuis en une église, sous le titre de *Panegia spiliotissa*, qu'on peut rendre par *Notre-Dame de la Grotte*. Observons que le mot *spiliotissa* désigne clairement le mot σπήλαιον, que Pausanias donne à la caverne (voyez ce que les voyageurs ont dit de cette grotte). Il est vrai qu'au-dessus du théâtre du sud-ouest sont deux espèces de niches; mais elles ne sauraient, en aucune manière, être confondues avec la grotte dont parle Pausanias.

3° Xénophon, en parlant de l'exercice de la cavalerie qui se faisait au Lycée, ou plutôt auprès du Lycée, dit : « Lorsque les cavaliers auront passé l'angle du théâtre qui est à l'opposite, etc.; » donc le théâtre était du côté du Lycée.

4° J'ai dit que, dans les principales fêtes des Athéniens, des chœurs, tirés de chaque tribu, se disputaient le prix de la danse et de la musique; qu'on donnait à la tribu victorieuse un trépied qu'elle consacrait aux dieux; qu'au-dessous de cette offrande on gravait son nom, celui du citoyen qui avait entretenu le chœur à ses dépens, quelquefois celui du poète qui avait composé les vers, ou de l'instituteur qui avait exercé les acteurs. J'ai dit aussi que, du temps de Pausanias, il existait un trépied dans la grotte qui était au-dessus du théâtre. Aujourd'hui même on voit, à l'entrée de cette grotte, une espèce d'arc-de-triomphe, chargé de trois inscriptions tracées en différents temps, en l'honneur de deux tribus qui avaient remporté le prix. Une de ces inscriptions est de l'an 320 avant J.-C., et n'est postérieure que de quelques années au voyage d'Anacharsis.

Dès qu'on trouve à l'extrémité de la citadelle, du côté du sud-est, les monuments élevés pour ceux qui avaient été couronnés dans les combats que l'on donnait communément au théâtre, on est fondé à penser que le théâtre de Bacchus était placé à la suite de la rue des Trépieds, et précisément à l'endroit où M. Chandler le suppose. En effet, comme je le dis dans ce deuxième chapitre, les trophées des vainqueurs devaient être auprès du champ de bataille.

Les auteurs qui vivaient à l'époque que j'ai choisie ne parlent que d'un théâtre. Celui dont on voit les ruines à l'angle sud-ouest de la citadelle n'existait donc pas de leur temps. Je le prends, avec M. Chandler, pour l'Odéum qu'Hérode, fils rivage pour recevoir les premiers embrassements ou les derniers adieux de leurs époux et de leurs pères ; ces commis de la douane qui s'empressent d'ouvrir les ballots qu'on vient d'apporter, et d'y apposer leurs cachets jusqu'à ce qu'on ait payé le droit de

d'Atticus, fit construire environ cinq cents ans après, et auquel Philostrate donne le nom de théâtre. « L'Odéum de Patras, dit Pausanias, serait le plus beau de tous, s'il n'était effacé par celui d'Athènes, qui surpasse tous les autres en grandeur et en magnificence. C'est Hérode l'Athénien qui l'a fait après la mort et en l'honneur de sa femme. Je n'en ai pas parlé dans ma description de l'Attique, parce qu'il n'était pas commencé quand je composai cet ouvrage. » Philostrate remarque aussi que le théâtre d'Hérode était un des plus beaux ouvrages du monde.

M. Chandler suppose que l'Odéum ou théâtre d'Hérode avait été construit sur les ruines de l'Odéum de Périclès. Je ne puis être de son avis. Pausanias, qui place ailleurs ce dernier édifice, ne dit pas, en parlant du premier, qu'Hérode le rebâtit, mais qu'il le fit, ἐποίησεν. Dans la supposition de M. Chandler, l'ancien Odéum aurait été à droite du théâtre de Bacchus, tandis que, suivant Vitruve, il était à gauche. Enfin j'ai fait voir plus haut que l'Odéum de Périclès était à l'angle sud-est de la citadelle.

On conçoit à présent pourquoi Pausanias, en longeant le côté méridional de la citadelle, depuis l'angle sud-est où il a vu le théâtre de Bacchus, ne parle ni de l'Odéum ni d'aucune espèce de théâtre ; c'est qu'en effet il n'y en avait point dans l'angle sud-ouest quand il fit son premier livre qui traite de l'Attique.

Pnyx. Sur une colline peu éloignée de la citadelle on voit encore les restes d'un monument qu'on a pris tantôt pour l'Aréopage, tantôt pour le Pnyx, d'autres fois pour l'Odéum. C'est un grand espace dont l'enceinte est en partie pratiquée dans le roc, et en partie formée de gros quartiers de pierres taillées en pointes de diamant. Je le prends, avec M. Chandler, pour la place du Pnyx, où le peuple tenait quelquefois ses assemblées. En effet, le Pnyx était entouré d'une muraille ; il se trouvait en face de l'Aréopage. De ce lieu on pouvait voir le port du Pirée. Tous ces caractères conviennent au monument dont il s'agit. Mais il en est un encore plus décisif. « Quand le peuple est assis sur ce rocher, dit Aristophane, etc., » et c'est du Pnyx qu'il parle. J'omets d'autres preuves qui viendraient à l'appui de celle-là.

Cependant Pausanias paraît avoir pris ce monument pour l'Odéum. Qu'en doit-on conclure? Que de son temps le Pnyx, dont il ne parle pas, avait changé de nom, parce que, le peuple ayant cessé de s'y assembler, on y avait établi le concours des musiciens. En rapprochant toutes les notions qu'on peut avoir sur cet article, on en conclura que ce concours se fit d'abord dans un édifice construit à l'angle sud-est de la citadelle ; c'est l'Odéum de Périclès : ensuite dans le Pnyx ; c'est l'Odéum dont parle Pausanias : enfin sur le théâtre, dont il reste encore une partie à l'angle sud-ouest de la citadelle ; c'est l'Odéum d'Hérode, fils d'Atticus.

Temple de Jupiter Olympien. Au nord de la citadelle subsistent encore des ruines magnifiques qui ont fixé l'attention des voyageurs. Quelques-uns ont cru y reconnaître les restes de ce superbe temple de Jupiter Olympien, que Pisistrate avait commencé, qu'on tenta plus d'une fois d'achever, dont Sylla fit transporter les colonnes à Rome, et qui fut enfin rétabli par Adrien. Ils s'étaient fondés sur le récit de Pausanias, qui semble en effet indiquer cette position ; mais Thucydide dit formellement que ce temple était au sud de la citadelle, et son témoignage est accompagné de détails qui ne permettent pas d'adopter la correction que Valla et Paulmier proposent de faire au texte de Thucydide. M. Stuart s'est prévalu de l'autorité de cet historien pour placer le temple de Jupiter Olympien au sud-est de la citadelle, dans un endroit où il existe encore de grandes colonnes, que l'on appelle communément colonnes d'Adrien. Son opinion a été combattue par M. Leroi, qui prend pour un reste du Panthéon de cet empereur les colonnes dont il s'agit. Malgré la déférence que j'ai pour les lumières de ces deux savants voyageurs, j'avais d'abord soupçonné que le temple de Jupiter Olympien, placé par Thucydide au sud de la citadelle, était un vieux temple qui, suivant une tradition rapportée par Pausanias, fut, dans les plus anciens temps, élevé par Deucalion, et que cinquantaine; ces magistrats, ces inspecteurs qui courent de tous côtés, les uns pour fixer le prix du blé et de la farine, les autres pour en faire transporter les deux tiers à Athènes, d'autres pour empêcher la fraude et maintenir l'ordre.

Entrons sous l'un de ces portiques qui entourent le port. Voilà des négociants qui, prêts à faire voile pour le Pont-Euxin ou pour la Sicile, empruntent à gros intérêts les sommes dont ils ont besoin, et rédigent l'acte qui comprend les conditions du marché. En voilà un qui déclare, en présence de témoins, que les effets qu'il vient d'embarquer seront, en cas de naufrage, aux risques des prêteurs. Plus loin, sont exposées sur des tables différentes marchandises du Bosphore, et les montres des blés récemment apportés de Pont, de Thrace, de Syrie, d'Égypte, de Libye et de Sicile. Allons à la place d'Hippodamus, ainsi nommée d'un architecte de Milet qui l'a construite. Ici les productions de tous les pays sont accumulées : ce n'est point le marché d'Athènes, c'est celui de toute la Grèce.

celui de la partie du nord avait été fondé par Pisistrate. De cette manière, on concilierait Thucydide avec Pausanias; mais, comme il en résulterait de nouvelles difficultés, j'ai pris le parti de tracer au hasard, dans mon plan, un temple de Jupiter Olympien au sud de la citadelle.

M. Stuart a pris les ruines qui sont au nord pour les restes du Poecile; mais je crois avoir prouvé que ce célèbre portique tenait à la place publique située auprès de la porte Dipyle. D'ailleurs, l'édifice dont ces ruines faisaient partie paraît avoir été construit du temps d'Adrien, et devient par là étranger à mon plan.

STADE. Je ne l'ai pas figuré dans ce plan, parce que je le crois postérieur au temps dont je parle. Il paraît en effet qu'au siècle de Xénophon on s'exerçait à la course dans un espace, peut-être dans un chemin qui commençait au Lycée, et qui se prolongeait vers le sud sous les murs de la ville. Peu de temps après, l'orateur Lycurgue fit aplanir et entourer de chaussées un terrain qu'un de ses amis avait cédé à la république. Dans la suite, Hérode, fils d'Atticus, reconstruisit et revêtit presque entièrement de marbre le Stade, dont les ruines subsistent encore.

MURS DE LA VILLE. Je supprime plusieurs questions qu'on pourrait élever sur les murailles qui entouraient le Pirée et Munychie, sur celles qui, du Pirée et de Phalère, aboutissaient aux murs d'Athènes. Je ne dirai qu'un mot de l'enceinte de la ville. Nous ne pouvons en déterminer la forme, mais nous avons quelques secours pour en connaître à peu près l'étendue. Thucydide, faisant l'énumération des troupes nécessaires pour garder les murailles, dit que la partie de l'enceinte qu'il fallait défendre était de quarante-trois stades (c'est-à-dire quatre mille soixante-trois toises et demie), et qu'il restait une partie qui n'avait pas besoin d'être défendue : c'était celle qui se trouvait entre les deux points où venaient aboutir, d'un côté le mur de Phalère, et de l'autre celui du Pirée. Le scoliaste de Thucydide donne à cette partie dix-sept stades de longueur, et compte en conséquence pour toute l'enceinte de la ville soixante stades (c'est-à-dire cinq mille six cent soixante-dix toises; ce qui ferait le tour à peu près deux lieues un quart, en donnant à la lieue deux mille cinq cents toises). Si l'on voulait suivre cette indication, le mur de Phalère remonterait jusqu'auprès du Lycée, ce qui n'est pas possible. Il doit s'être glissé une faute considérable dans le scoliaste.

Je m'en suis rapporté à cet égard, ainsi que sur la disposition des longues murailles et des environs d'Athènes, aux lumières de M. Barbié, qui, après avoir étudié avec soin la topographie de cette ville, a bien voulu exécuter le faible essai que je présente au public. Comme nous différons sur quelques points principaux de l'intérieur, il ne doit pas répondre des erreurs qu'on trouvera dans cette partie du plan. Je pouvais le couvrir de maisons, mais il était impossible d'en diriger les rues.

Le Pirée est décoré d'un théâtre, de plusieurs temples et de quantité de statues. Comme il devait assurer la subsistance d'Athènes, Thémistocle le mit à l'abri d'un coup de main en faisant construire cette belle muraille qui embrasse et le bourg du Pirée et le port de Munychie. Sa longueur est de soixante stades, sa hauteur de quarante coudées[1] : Thémistocle voulait la porter jusqu'à quatre-vingts; sa largeur est plus grande que la voie de deux chariots. Elle fut construite de grosses pierres équarries et liées à l'extérieur par des tenons de fer et de plomb.

Prenons le chemin d'Athènes, et suivons cette longue muraille qui du Pirée s'étend jusqu'à la porte de la ville dans une longueur de quarante stades. Ce fut encore Thémistocle qui forma le dessein de l'élever; et son projet ne tarda pas à s'exécuter sous l'administration de Cimon et de Périclès. Quelques années après ils en firent construire une semblable, quoique un peu moins longue, depuis les murs de la ville jusqu'au port de Phalère. Elle est à notre droite. Les fondements de l'une et de l'autre furent établis dans un terrain marécageux qu'on eut soin de combler avec de gros rochers. Par ces deux murs de communication, appelés aujourd'hui longues murailles, le Pirée se trouve renfermé dans l'enceinte d'Athènes, dont il est devenu le boulevard. Après la prise de cette ville, on fut obligé de démolir en tout ou en partie ces différentes fortifications; mais on les a presque entièrement rétablies de nos jours.

La route que nous suivions est fréquentée dans tous les temps, à toutes les heures de la journée, par un grand nombre de personnes que la proximité du Pirée, ses fêtes et son commerce attirent dans ce lieu.

Nous voici en présence d'un cénotaphe. Les Athéniens l'ont élevé pour honorer la mémoire d'Euripide, mort en Macédoine. Lisez les premiers mots de l'inscription : LA GLOIRE D'EURIPIDE A POUR MONUMENT LA GRÈCE ENTIÈRE. Voyez-vous ce concours de spectateurs auprès de la porte de la ville, les litières qui s'arrêtent en cet endroit, et sur un échafaud cet homme entouré d'ouvriers? C'est Praxitèle; il va faire poser, sur une base qui sert de tombeau, une superbe statue équestre qu'il vient de terminer.

Nous voilà dans la ville, et auprès d'un édifice qui se nomme Pompeïon. C'est de là que partent ces *pompes* ou processions de

---

[1] La longueur était de cinq mille six cent soixante-dix toises, et par conséquent de deux de nos lieues de deux mille cinq cents toises, avec un excédant de six cent soixante-dix toises, environ un quart de lieue. La hauteur étant de quarante coudées, ou soixante pieds grecs, équivalait à cinquante-six pieds-de-roi deux tiers.

I.

jeunes garçons et de jeunes filles qui vont, par intervalles, figurer dans les fêtes que célèbrent les autres nations. Dans un temple voisin, consacré à Cérès, on admire la statue de la déesse, celle de Proserpine et celle du jeune Iacchus, toutes trois de la main de Praxitèle.

Parcourons rapidement ces portiques qui se présentent le long de la rue, et qu'on a singulièrement multipliés dans la ville. Les uns sont isolés, d'autres appliqués à des bâtiments auxquels ils servent de vestibules. Les philosophes et les gens oisifs y passent une partie de la journée. On voit dans presque tous des peintures et des statues d'un travail excellent. Dans celui où l'on vend la farine vous trouverez un tableau d'Hélène peint par Zeuxis.

Prenons la rue que nous avons à gauche, elle nous conduira au quartier du Pnyx, et près de l'endroit où le peuple tient quelques-unes de ses assemblées. Ce quartier, qui est très-fréquenté, confine à celui du Céramique ou des Tuileries, ainsi nommé des ouvrages en terre cuite qu'on y fabriquait autrefois. Ce vaste emplacement est divisé en deux parties : l'une au delà des murs, où se trouve l'Académie; l'autre en dedans, où est la grande place.

Arrêtons-nous un moment au portique Royal, qui, sous plusieurs rapports, mérite notre attention. Le second des archontes, nommé l'archonte-roi, y tient son tribunal. Celui de l'aréopage s'y assemble quelquefois. Les statues dont le toit est couronné sont en terre cuite, et représentent Thésée qui précipite Sciron dans la mer, et l'Aurore qui enlève Céphale. La figure de bronze que vous voyez à la porte est celle de Pindare couronné d'un diadème, ayant un livre sur ses genoux et une lyre dans sa main. Thèbes, sa patrie, offensée de l'éloge qu'il avait fait des Athéniens, eut la lâcheté de le condamner à une amende; et Athènes lui décerna ce monument, moins peut-être par estime pour ce grand poète que par haine contre les Thébains. Non loin de Pindare sont les statues de Conon, de son fils Timothée, et d'Evagoras, roi de Chypre.

Près du portique Royal est celui de Jupiter Libérateur, où le peintre Euphranor vient de représenter, dans une suite de tableaux, les douze dieux, Thésée, le peuple d'Athènes, et ce combat de cavalerie où Gryllus, fils de Xénophon, attaqua les Thébains commandés par Épaminondas. On les reconnaît aisément l'un et l'autre, et le peintre a rendu avec des traits de feu l'ardeur dont ils étaient animés. L'Apollon du temple voisin est de la même main.

Du portique Royal partent deux rues qui aboutissent à la place publique. Prenons celle de la droite. Elle est décorée, comme vous

CHAPITRE XII.

voyez, par quantité d'Hermès. C'est le nom qu'on donne à ces gaines surmontées d'une tête de Mercure. Les uns ont été placés par de simples particuliers, les autres par ordre des magistrats. Presque tous rappellent des faits glorieux, d'autres des leçons de sagesse. On doit ces derniers à Hipparque, fils de Pisistrate. Il avait mis en vers les plus beaux préceptes de la morale; il les fit graver sur autant d'Hermès élevés par ses ordres dans les places, dans les carrefours, dans plusieurs rues d'Athènes et dans les bourgs de l'Attique. Sur celui-ci, par exemple, est écrit : PRENEZ TOUJOURS LA JUSTICE POUR GUIDE ; sur celui-là : NE VIOLEZ JAMAIS LES DROITS DE L'AMITIÉ. Ces maximes ont contribué sans doute à rendre sentencieux le langage des habitants de la campagne.

Cette rue se termine par deux portiques qui donnent sur la place. L'un est celui des Hermès ; l'autre, qui est le plus beau de tous, se nomme le Pœcile. On voit dans le premier trois Hermès sur lesquels, après quelques avantages remportés sur les Mèdes, on inscrivit autrefois l'éloge que le peuple décernait, non aux généraux, mais aux soldats qui avaient vaincu sous leurs ordres. À la porte du Pœcile est la statue de Solon. Les murs de l'intérieur, chargés de boucliers enlevés aux Lacédémoniens et à d'autres peuples, sont enrichis des ouvrages de Polygnote, de Micon, de Panénus et de plusieurs autres peintres célèbres. Dans ces tableaux, dont il est plus aisé de sentir les beautés que de les décrire, vous verrez la prise de Troie, les secours que les Athéniens donnèrent aux Héraclides, la bataille qu'ils livrèrent aux Lacédémoniens à Œnoé, aux Perses à Marathon, aux Amazones dans Athènes même.

Cette place, qui est très-vaste, est ornée d'édifices destinés au culte des dieux ou au service de l'état; d'autres qui servent d'asile quelquefois aux malheureux, trop souvent aux coupables, de statues décernées à des rois et à des particuliers qui ont bien mérité de la république.

Suivez-moi, et, à l'ombre des platanes qui embellissent ces lieux, parcourons un des côtés de la place. Cette grande enceinte renferme un temple en l'honneur de la mère des dieux et le palais où s'assemble le sénat. Dans ces édifices, et tout autour, sont placés des cippes et des colonnes où l'on a gravé plusieurs des lois de Solon et des décrets du peuple. C'est dans cette rotonde entourée d'arbres que les prytanes en exercice vont tous les jours prendre leurs repas, et quelquefois offrir des sacrifices pour la prospérité du peuple.

Au milieu de dix statues qui donnèrent leurs noms aux tribus d'Athènes, le premier des archontes tient son tribunal. Ici les ouvrages du génie arrêtent à tous moments les regards. Dans le temple de la mère des dieux, vous avez vu une statue faite par Phidias : dans le temple de Mars que nous avons devant les yeux, vous trouverez celle du dieu, exécutée par Alcamène, digne élève de Phidias. Tous les côtés de la place offrent de pareils monuments.

Dans son intérieur, voilà le camp des Scythes que la république entretient pour maintenir l'ordre. Voilà l'enceinte où le peuple s'assemble quelquefois, et qui est maintenant couverte de tentes sous lesquelles on étale différentes marchandises. Plus loin, vous voyez cette foule qu'il est difficile de percer. C'est là qu'on trouve les provisions nécessaires à la subsistance d'un si grand peuple. C'est le marché général, divisé en plusieurs marchés particuliers, fréquentés à toutes les heures du jour, et surtout depuis neuf heures jusqu'à midi. Des receveurs y viennent pour retirer les droits imposés sur tout ce qui s'y vend, et des magistrats pour veiller à tout ce qui s'y fait. Je vous citerai deux lois très-sages concernant cette populace indocile et tumultueuse. L'une défend de reprocher au moindre citoyen le gain qu'il fait au marché. On n'a pas voulu qu'une profession utile pût devenir une profession méprisable. L'autre défend au même citoyen de surfaire en employant le mensonge. La vanité maintient la première, et l'intérêt a fait tomber la seconde. Comme la place est l'endroit le plus fréquenté de la ville, les ouvriers cherchent à s'en rapprocher, et les maisons s'y louent à plus haut prix que partout ailleurs.

Je vais maintenant vous conduire au temple de Thésée, qui fut construit par Cimon, quelques années après la bataille de Salamine. Plus petit que celui de Minerve, dont je vous parlerai bientôt, et auquel il paraît avoir servi de modèle, il est, comme ce dernier, d'ordre dorique, et d'une forme très-élégante. Des peintres habiles l'ont enrichi de leurs ouvrages immortels.

Après avoir passé devant le temple de Castor et de Pollux, devant la chapelle d'Agraule, fille de Cécrops, devant le Prytanée, où la république entretient à ses dépens quelques citoyens qui lui ont rendu des services signalés, nous voilà dans la rue des Trépieds, qu'il faudrait plutôt nommer la rue des Triomphes. C'est ici, en effet, que tous les ans on dépose, pour ainsi dire, la gloire des vainqueurs aux combats qui embellissent nos fêtes. Ces combats se livrent entre des musiciens ou des danseurs de différents âges. Chaque tribu nomme les siens. Celle qui a remporté la victoire consacre un trépied de bronze, tantôt dans un temple, quelquefois dans une maison qu'elle a fait construire dans cette rue. Vous voyez ces offrandes multipliées sur les sommets ou dans l'intérieur des édifices élégants que nous avons de chaque côté. Elles y sont accompagnées d'inscriptions qui, suivant les circonstances, contiennent les noms du premier des archontes, de la tribu qui a remporté la victoire, du citoyen qui, sous le titre de chorége, s'est chargé de l'entretien de la troupe, du poëte qui a fait les vers, du maître qui a exercé le chœur, et du musicien qui a dirigé les chants aux sons de sa flûte. Approchons. Voilà les vainqueurs des Perses célébrés pour avoir paru à la tête des chœurs. Lisez sous ce trépied : LA TRIBU ANTIOCHIDE A REMPORTÉ LE PRIX ; ARISTIDE ÉTAIT CHORÉGE ; ARCHESTRATE AVAIT COMPOSÉ LA PIÈCE. Sous cet autre : THÉMISTOCLE ÉTAIT CHORÉGE ; PHRYNICUS AVAIT FAIT LA TRAGÉDIE ; ADIMANTE ÉTAIT ARCHONTE [1].

Les ouvrages d'architecture et de sculpture dont nous sommes entourés étonnent autant par l'excellence du travail que par les motifs qui les ont produits ; mais toutes leurs beautés disparaissent à l'aspect du satyre que vous allez voir dans cet édifice, que Praxitèle met parmi ses plus beaux ouvrages, et que le public place parmi les chefs-d'œuvre de l'art.

La rue des Trépieds conduit au théâtre de Bacchus. Il convenait que les trophées fussent élevés auprès du champ de bataille : car c'est au théâtre que les chœurs des tribus se disputent communément la victoire. C'est là aussi que le peuple s'assemble quelquefois, soit pour délibérer sur les affaires de l'état, soit pour assister à la représentation des tragédies et des comédies. A Marathon, à Salamine, à Platée, les Athéniens ne triomphèrent que des Perses ; ici ils ont triomphé de toutes les nations qui existent aujourd'hui, peut-être de celles qui existeront un jour ; et les noms d'Eschyle, de Sophocle et d'Euripide ne seront pas moins célèbres, dans la suite des temps, que ceux de Miltiade, d'Aristide et de Thémistocle.

En face du théâtre est un des plus anciens temples d'Athènes ; celui de Bacchus, surnommé le dieu des pressoirs. Il est situé dans le quartier des Marais, et ne s'ouvre qu'une fois l'année. C'est dans cette vaste enceinte qui l'entoure qu'en certaines fêtes on donnait autrefois des spectacles, avant la construction du théâtre.

Nous arrivons enfin au pied de l'escalier qui conduit à la citadelle. Observez, en montant, comme la vue s'étend et s'embellit

---

[1] J'ai rendu le mot ΕΔΙΔΑΣΚΕ, qui se trouve dans le texte grec, par ces mots : *avait composé la pièce, avait fait la tragédie*. Cependant, comme il signifie quelquefois *avait dressé les acteurs*, je ne réponds pas de ma traduction. On peut voir sur ce mot les notes de Casaubon sur Athénée (lib. VI, cap. 7, p. 260) ; celles de Taylor sur le marbre de Sandwich (p. 71) ; Van Dale sur les Gymnases (p. 686) ; et d'autres encore.

de tous côtés. Jetez les yeux à gauche sur l'antre creusé dans le rocher, et consacré à Pan, auprès de cette fontaine. Apollon y reçut les faveurs de Créuse, fille du roi Érechthée. Il y reçoit aujourd'hui l'hommage des Athéniens, toujours attentifs à consacrer les faiblesses de leurs dieux.

Arrêtons-nous devant ce superbe édifice d'ordre dorique qui se présente à nous. C'est ce qu'on appelle les Propylées ou vestibules de la citadelle. Périclès les fit construire en marbre, sur les dessins et sous la conduite de l'architecte Mnésiclès. Commencés sous l'archontat d'Eutymènès [1], ils ne furent achevés que cinq ans après : ils coûtèrent, dit-on, deux mille douze talents [2], somme exorbitante, et qui excède le revenu annuel de la république.

Le temple que nous avons à gauche est consacré à la Victoire. Entrons dans le bâtiment qui est à notre droite, pour admirer les peintures qui en décorent les murs, et dont la plupart sont de la main de Polygnote. Revenons au corps du milieu. Considérez les six belles colonnes qui soutiennent le fronton. Parcourez le vestibule, divisé en trois pièces par deux rangs de colonnes ioniques, terminé à l'opposite par cinq portes, au travers desquelles nous distinguons les colonnes du péristyle qui regarde l'intérieur de la citadelle [3]. Observez en passant ces grandes pièces de marbre qui composent le plafond et soutiennent la couverture.

Nous voilà dans la citadelle. Voyez cette quantité de statues que la religion et la reconnaissance ont élevées en ces lieux, et que le ciseau des Myron, des Phidias, des Alcamène, et des plus célèbres artistes, semble avoir animées. Ici revivront à jamais Périclès, Phormion, Iphicrate, Timothée, et plusieurs autres généraux athéniens. Leurs nobles images sont mêlées confusément avec celles des dieux.

Ces sortes d'apothéoses me frappèrent vivement à mon arrivée dans la Grèce. Je croyais voir dans chaque ville deux espèces de citoyens : ceux que la mort destinait à l'oubli, et ceux à qui les arts donnaient une existence éternelle. Je regardais les uns comme les enfants des hommes, les seconds comme les enfants de la Gloire. Dans la suite, à force de voir des statues, j'ai confondu ces deux peuples.

Approchons de ces deux autels. Respectez le premier ; c'est celui de la Pudeur : embrassez tendrement le second ; c'est celui de l'Amitié. Lisez sur cette colonne de bronze un décret qui proscrit, avec des notes infamantes, un citoyen et sa postérité, parce qu'il

---

[1] L'an 437 avant J.-C.
[2] Dix millions huit cent soixante-quatre mille huit cents livres.
[3] Voyez la note à la fin de l'Introduction, p. 160.

CHAPITRE XII.

avait reçu l'or des Perses pour corrompre les Grecs. Ainsi les mauvaises actions sont immortalisées pour en produire de bonnes, et les bonnes pour en produire de meilleures. Levez les yeux, admirez l'ouvrage de Phidias. Cette statue colossale de bronze est celle qu'après la bataille de Marathon les Athéniens consacrèrent à Minerve.

Toutes les régions de l'Attique sont sous la protection de cette déesse ; mais on dirait qu'elle a établi sa demeure dans la citadelle. Combien de statues, d'autels et d'édifices en son honneur ! Parmi ces statues il en est trois dont la matière et le travail attestent les progrès du luxe et des arts. La première est si ancienne qu'on la dit être descendue du ciel ; elle est informe et de bois d'olivier. La seconde, que je viens de vous montrer, est d'un temps où de tous les métaux les Athéniens n'employaient que le fer pour obtenir des succès, et le bronze pour les éterniser. La troisième, que nous verrons bientôt, fut ordonnée par Périclès : elle est d'or et d'ivoire.

Voici un temple composé de deux chapelles consacrées, l'une à Minerve Poliade, l'autre à Neptune surnommé Érechthée. Observons la manière dont les traditions fabuleuses se sont quelquefois conciliées avec les faits historiques. C'est ici que l'on montre d'un côté l'olivier que la déesse fit sortir de la terre, et qui s'est multiplié dans l'Attique ; de l'autre le puits d'où l'on prétend que Neptune fit jaillir l'eau de la mer. C'était par de pareils bienfaits que ces divinités aspiraient à donner leur nom à cette ville naissante. Les dieux décidèrent en faveur de Minerve, et pendant long-temps les Athéniens préférèrent l'agriculture au commerce. Depuis qu'ils ont réuni ces deux sources de richesses ils partagent dans un même lieu leur hommage entre leurs bienfaiteurs ; et, pour achever de les concilier, ils leur ont élevé un autel commun qu'ils appellent l'autel de l'Oubli.

Devant la statue de la déesse est suspendue une lampe d'or, surmontée d'une palme de même métal qui se prolonge jusqu'au plafond. Elle brûle jour et nuit ; on n'y met de l'huile qu'une fois l'an. La mèche, qui est d'amiante, ne se consume jamais, et la fumée s'échappe par un tuyau caché sous la feuille du palmier. Cet ouvrage est de Callimaque. Le travail en est si achevé, qu'on y désire les grâces de la négligence ; mais c'était le défaut de cet artiste trop soigneux. Il s'éloignait de la perfection pour y atteindre ; et, à force d'être mécontent de lui-même, il mécontentait les connaisseurs.

On conservait dans cette chapelle le riche cimeterre de Mardonius, qui commandait l'armée des Perses à la bataille de Platée, et la cuirasse de Masistius, qui était à la tête de la cavalerie. On voyait aussi dans le vestibule du Parthénon le trône aux pieds d'argent sur lequel Xerxès se plaça pour être témoin du combat de Salamine; et dans le trésor sacré les restes du butin trouvé au camp des Perses. Ces dépouilles, la plupart enlevées de notre temps par des mains sacriléges, étaient des trophées dont les Athéniens d'aujourd'hui s'enorgueillissent comme s'ils les devaient à leur valeur : semblables à ces familles qui ont autrefois produit de grands hommes, et qui tâchent de faire oublier ce qu'elles sont par le souvenir de ce qu'elles ont été.

Cet autre édifice, nommé Opisthodome, est le trésor public. Il est entouré d'un double mur. Des trésoriers, tous les ans tirés au sort, y déposent les sommes que le sénat remet entre leurs mains; et le chef des prytanes, lequel change tous les jours, en garde la clef.

Vos yeux se tournent depuis long-temps vers ce fameux temple de Minerve, un des plus beaux ornements d'Athènes. Il est connu sous le nom de Parthénon. Avant que d'en approcher, permettez que je vous lise une lettre que j'écrivis à mon retour de Perse au mage Othanès, avec qui j'avais eu d'étroites liaisons pendant mon séjour à Suze. Il connaissait l'histoire de la Grèce, et aimait à s'instruire des usages des nations. Il me demanda quelques éclaircissements sur les temples des Grecs. Voici ma réponse :

« Vous prétendez qu'on ne doit pas représenter la divinité sous une forme humaine, qu'on ne doit pas circonscrire sa présence dans l'enceinte d'un édifice. Mais vous n'auriez pas conseillé à Cambyse d'outrager en Égypte les objets du culte public, ni à Xerxès de détruire les temples et les statues des Grecs. Ces princes, superstitieux jusqu'à la folie, ignoraient qu'une nation pardonne plus facilement la violence que le mépris, et qu'elle se croit avilie quand on avilit ce qu'elle respecte. La Grèce a défendu de rétablir les monuments sacrés autrefois renversés par les Perses. Ces ruines attendent le moment de la vengeance; et, si jamais les Grecs portent leurs armes victorieuses dans les états du grand roi, ils se souviendront de Xerxès et mettront vos villes en cendres.

» Les Grecs ont emprunté des Égyptiens l'idée et la forme des temples; mais ils ont donné à ces édifices des proportions plus agréables, ou du moins plus assorties à leur goût.

» Je n'entreprendrai pas de vous en décrire les différentes parties; j'aime mieux vous envoyer le dessin de celui qui fut construit en l'honneur de Thésée. Quatre murs disposés en forme de parallélogramme ou de carré long constituent la nef ou le corps du temple. Ce qui le décore et fait son principal mérite est extérieur, et lui est aussi étranger que les vêtements qui distinguent les différentes classes des citoyens. C'est un portique qui règne tout autour, et dont les colonnes établies sur un soubassement composé de quelques marches soutiennent un entablement surmonté d'un fronton dans les parties antérieure et postérieure. Ce portique ajoute autant de grâce que de majesté à l'édifice ; il contribue à la beauté des cérémonies par l'affluence des spectateurs qu'il peut contenir, et qu'il met à l'abri de la pluie.

» Dans le vestibule sont des vases d'eau lustrale et des autels sur lesquels on offre ordinairement les sacrifices. De là on entre dans le temple, où se trouvent la statue de la divinité et les offrandes consacrées par la piété des peuples. Il ne tire de jour que de la porte [1].

» Le plan que vous avez sous les yeux peut se diversifier suivant les règles de l'art et le goût de l'artiste. Variété dans les dimensions du temple. Celui de Jupiter à Olympie a deux cent trente pieds de longueur, quatre-vingt-quinze de largeur, soixante-huit de hauteur. Celui de Jupiter à Agrigente en Sicile a trois cent quarante pieds de long, cent soixante de large, cent vingt de haut [2].

» Variété dans le nombre des colonnes. Tantôt on en voit deux, quatre, six, huit, et jusqu'à dix aux deux façades ; tantôt on n'en a placé qu'à la façade antérieure. Quelquefois deux files de colonnes forment tout autour un double portique.

» Variété dans les ornements et les proportions des colonnes et de l'entablement. C'est ici que brille le génie des Grecs. Après différents essais, ayant réuni leurs idées et leurs découvertes en systèmes, ils composèrent deux genres ou deux ordres d'architecture, qui ont chacun un caractère distinctif et des beautés particulières : l'un plus ancien, plus mâle et plus solide, nommé ionique. Je ne

---

[1] Les temples n'avaient point de fenêtres : les uns ne recevaient de jour que par la porte ; en d'autres on suspendait des lampes devant la statue principale ; d'autres étaient divisés en trois nefs par deux rangs de colonnes : celle du milieu était entièrement découverte, et suffisait pour éclairer les bas-côtés, qui étaient couverts. Les grandes arcades qu'on aperçoit dans les parties latérales d'un temple qui subsiste encore parmi les ruines d'Agrigente ont été ouvertes long-temps après sa construction.

[2] Longueur du temple d'Olympie, deux cent dix-sept de nos pieds deux pouces huit lignes ; sa largeur, quatre-vingt-neuf pieds huit pouces huit lignes ; sa hauteur, soixante-quatre pieds deux pouces huit lignes. Longueur du temple d'Agrigente, trois cent vingt-un pieds un pouce quatre lignes ; sa largeur, cent cinquante-un pieds un pouce quatre lignes ; sa hauteur, cent treize pieds quatre lignes. Winckelmann (*Rec. de ses lett.*, t. I, p. 182) présume avec raison que la largeur de ce temple était de cent soixante pieds grecs, au lieu de soixante que porte le texte de Diodore tel qu'il est aujourd'hui.

parle pas du corinthien, qui ne diffère pas essentiellement des deux autres.

» Variété enfin dans l'intérieur des temples. Quelques-uns renferment un sanctuaire interdit aux profanes. D'autres sont divisés en plusieurs parties. Il en est dans lesquels, outre la porte d'entrée, on en a pratiqué une à l'extrémité opposée, ou dont le toit est soutenu par un ou deux rangs de colonnes [1].

» Pour vous mettre en état de mieux juger de la forme des temples de cette nation, je joins à ma lettre trois autres dessins où vous trouverez le plan, la façade et la vue du Parthénon, qui est la citadelle d'Athènes. J'y joins aussi l'ouvrage qu'Ictinus composa sur ce beau monument. Ictinus fut un des deux architectes que Périclès chargea du soin de le construire; l'autre s'appelait Callicrate.

» De quelque côté qu'on arrive, par mer, par terre, on le voit de loin s'élever au-dessus de la ville et de la citadelle. Il est d'ordre dorique, et de ce beau marbre blanc qu'on tire des carrières du Pentélique, montagne de l'Attique. Sa largeur est de cent pieds, sa longueur d'environ deux cent vingt-sept, sa hauteur d'environ soixante-neuf [2]. Le portique est double aux deux façades, simple aux deux côtés. Tout le long de la façade extérieure de la nef règne une frise où l'on a représenté une procession en l'honneur de Minerve. Ces bas-reliefs ont accru la gloire des artistes qui les exécutèrent.

» Dans le temple est cette statue célèbre par sa grandeur, par la richesse de la matière et la beauté du travail. A la majesté sublime qui brille dans les traits et dans toute la figure de Minerve, on reconnaît aisément la main de Phidias. Les idées de cet artiste avaient un si grand caractère, qu'il a encore mieux réussi à repré-

---

[1] Il paraît que parmi les Grecs, les temples furent d'abord très-petits. Quand on leur donna de plus grandes proportions, on imagina d'en soutenir le toit par un seul rang de colonnes placées dans l'intérieur, et surmontées d'autres colonnes qui s'élevaient jusqu'au comble. C'est ce qu'on avait pratiqué dans un de ces anciens temples dont j'ai vu les ruines à Pestum.
Dans la suite, au lieu d'un seul rang de colonnes, on en plaça deux, et alors les temples furent divisés en trois nefs. Tels étaient celui de Jupiter à Olympie, comme le témoigne Pausanias, et celui de Minerve à Athènes, comme M. Foucherot s'en est assuré. Le temple de Minerve à Tégée en Arcadie, construit par Scopas, était du même genre : Pausanias dit que, dans les colonnes de l'intérieur, le premier ordre était dorique, et le second corinthien.

[2] Suivant M. Leroi, la longueur de ce temple est de deux cent quatorze de nos pieds dix pouces quatre lignes, et sa hauteur de soixante-cinq pieds. Évaluons ces mesures en pieds grecs, nous aurons pour la longueur environ deux cent vingt-sept pieds, et pour la hauteur environ soixante-huit pieds sept pouces. Quant à la largeur, elle paraît désignée par le nom d'hécatompédon (cent pieds), que les anciens donnaient à ce temple. M. Leroi a trouvé en effet que la frise de la façade avait quatre-vingt-quatorze de nos pieds et dix pouces, ce qui revient aux cent pieds grecs.

senter les dieux que les hommes. On eût dit qu'il voyait les seconds de trop haut et les premiers de trop près.

» La hauteur de la figure est de vingt-six coudées. Elle est debout, couverte de l'égide et d'une longue tunique. Elle tient d'une main la lance, et de l'autre une Victoire haute de près de quatre coudées [1]. Son casque, surmonté d'un sphinx, est orné, dans les parties latérales, de deux griffons. Sur la face extérieure du bouclier posé aux pieds de la déesse, Phidias a représenté le combat des Amazones, sur l'intérieure celui des dieux et des géants, sur la chaussure celui des Lapithes et des Centaures, sur le piédestal la naissance de Pandore, et quantité d'autres sujets. Les parties apparentes du corps sont en ivoire, excepté les yeux, où l'iris est figuré par une pierre particulière. Cet habile artiste mit dans l'exécution une recherche infinie, et montra que son génie conservait sa supériorité jusque dans les plus petits détails.

» Avant que de commencer cet ouvrage il fut obligé de s'expliquer dans l'assemblée du peuple sur la matière qu'on emploierait. Il préférait le marbre, parce que son éclat subsiste plus long-temps. On l'écoutait avec attention; mais, quand il ajouta qu'il en coûterait moins, on lui ordonna de se taire, et il fut décidé que la statue serait en or et en ivoire.

» On choisit l'or le plus pur : il en fallut une masse du poids de quarante talents [2]. Phidias, suivant le conseil de Périclès, l'appliqua de telle manière qu'on pouvait aisément le détacher. Deux motifs engagèrent Périclès à donner ce conseil. Il prévoyait le moment où l'on pourrait faire servir cet or aux besoins pressants de l'état; et c'est en effet ce qu'il proposa au commencement de la guerre du Péloponnèse. Il prévoyait encore qu'on pourrait l'accuser, ainsi que Phidias, d'en avoir détourné une partie; et cette accusation eut lieu : mais, par la précaution qu'ils avaient prise, elle ne tourna qu'à la honte de leurs ennemis [3].

[1] La coudée parmi les Grecs étant d'un de leurs pieds et d'un demi-pied en sus, la hauteur de la figure était de trente-six de nos pieds et dix pouces en sus; et celle de la Victoire, de cinq de nos pieds et huit pouces.

[2] La proportion de l'or à l'argent était alors de un à treize : ainsi quarante talents d'or faisaient cinq cent vingt talents d'argent, c'est-à-dire deux millions huit cent huit mille de nos livres.

Thucydide dit quarante talents; d'autres auteurs disent quarante-quatre; d'autres enfin, cinquante. Je m'en rapporte au témoignage de Thucydide. En supposant que, de son temps, la proportion de l'or à l'argent était de un à treize, comme elle l'était du temps d'Hérodote, les quarante talents d'or donneraient cinq cent vingt talents d'argent, qui, à cinq mille quatre cents livres le talent, formeraient un total de deux millions huit cent huit mille livres. Mais comme au siècle de Périclès la drachme valait au moins dix-neuf sous, et le talent cinq mille sept cents livres, les quarante talents dont il s'agit valaient au moins deux millions deux cent soixante-quatre mille livres.

[3] La déesse était vêtue d'une longue tunique, qui devait être en ivoire. L'égide

» On reprochait encore à Phidias d'avoir gravé son portrait et celui de son protecteur sur le bouclier de Minerve. Il s'est représenté sous les traits d'un vieillard prêt à lancer une grosse pierre; et l'on prétend que, par un ingénieux mécanisme, cette figure tient tellement à l'ensemble qu'on ne peut l'enlever sans décomposer et détruire toute la statue. Périclès combat contre une Amazone. Son bras, étendu et armé d'un javelot, dérobe aux yeux la moitié de son visage. L'artiste ne l'a caché en partie que pour inspirer le désir de le reconnaître.

» A ce temple est attaché un trésor où les particuliers mettent en dépôt les sommes d'argent qu'ils n'osent pas garder chez eux. On y conserve aussi les offrandes que l'on a faites à la déesse : ce sont des couronnes, des vases, de petites figures de divinités, en or ou en argent. Les Athéniennes y consacrent souvent leurs anneaux, leurs bracelets, leurs colliers. Ces objets sont confiés aux trésoriers de la déesse, qui en ont l'inspection pendant l'année de leur exercice. En sortant de place, ils en remettent à leurs successeurs un état qui contient le poids de chaque article et le nom de la personne qui en a fait présent. Cet état, gravé aussitôt sur le marbre, atteste la fidélité des gardes et excite la générosité des particuliers.

» Ce temple, celui de Thésée et quelques autres encore sont le triomphe de l'architecture et de la sculpture. Je n'ajouterais rien à cet éloge quand je m'étendrais sur les beautés de l'ensemble et sur

---

ou la peau de la chèvre Amalthée couvrait sa poitrine, et peut-être son bras gauche, comme on le voit sur quelques-unes de ses statues. Sur le bord de l'égide étaient attachés des serpents : dans le champ couvert d'écailles de serpents, paraissait la tête de Méduse. C'est ainsi que l'égide est représentée dans les monuments et dans les auteurs anciens. Or Isocrate, qui vivait encore dans le temps où je suppose le jeune Anacharsis en Grèce, observe qu'on avait volé le Gorgonium; et Suidas, en parlant du même fait, ajoute qu'il avait été arraché de la statue de Minerve. Il paraît, par un passage de Plutarque, que par ce mot il faut entendre l'égide.

Voyons à présent de quoi était faite l'égide enlevée à la statue. Outre qu'on ne l'aurait pas volée si elle n'avait pas été d'une matière précieuse, Philochorus nous apprend que le larcin dont on se plaignait concernait les écailles et les serpents. Il ne s'agit pas ici d'un serpent que l'artiste avait placé aux pieds de la déesse. Ce n'était qu'un accessoire, un attribut, qui n'exigeait aucune magnificence. D'ailleurs, Philochorus parle de serpents au pluriel.

Je conclus, de ce que je viens de dire, que Phidias avait fait en or les écailles qui couvraient l'égide et les serpents qui étaient suspendus tout autour. C'est ce qui est confirmé par Pausanias. Il dit que Minerve avait sur sa poitrine une tête de Méduse en ivoire : remarque inutile si l'égide était de la même matière, et si sa tête n'était pas relevée par le fond d'or sur lequel on l'avait appliquée. Les ailes de la Victoire que Minerve tenait dans ses mains étaient aussi en or. Des voleurs qui s'introduisirent dans le temple trouvèrent les moyens de les détacher, et, s'étant divisés pour en partager le prix, ils se trahirent eux-mêmes.

D'après différents indices que je supprime, on peut présumer que les bas-reliefs du casque, du bouclier, de la chaussure et peut-être du piédestal, étaient du même métal. La plupart de ces ornements subsistaient encore à l'époque que j'ai choisie. Ils furent enlevés quelque temps après par un nommé Lacharès.

l'élégance des détails. Ne soyez pas étonné de cette multitude d'édifices élevés en l'honneur des dieux. A mesure que les mœurs se sont corrompues on a multiplié les lois pour prévenir les crimes, et les autels pour les expier. Au surplus, de pareils monuments embellissent une ville, hâtent le progrès des arts, et sont la plupart construits aux dépens de l'ennemi ; car une partie du butin est toujours destinée à la magnificence du culte public. »

Telle fut la réponse que je fis au mage Othanès. Maintenant, sans sortir de la citadelle, nous allons prendre différentes stations, qui développeront successivement la ville à nos yeux.

Elle s'est prolongée, dans ces derniers temps, vers le sud-ouest, parce que le commerce force tous les jours les habitants à se rapprocher du Pirée. C'est de ce côté-là et du côté de l'ouest qu'aux environs de la ville s'élèvent par intervalles des rochers et des éminences, la plupart couvertes de maisons. Nous avons à droite la colline de l'Aréopage, à gauche celle du Musée, vers le milieu celle du Pnyx, où j'ai dit que se tient quelquefois l'assemblée générale. Voyez jusqu'à quel point se surveillent les deux partis qui divisent les Athéniens. Comme du haut de cette colline on aperçoit distinctement le Pirée, il fut un temps où les orateurs, les yeux tournés vers ce port, n'oubliaient rien pour engager le peuple à tout sacrifier à la marine. Les partisans de l'aristocratie en étaient souverainement blessés. Ils disaient que les premiers législateurs n'avaient favorisé que l'agriculture, et que Thémistocle, en liant la ville au Pirée et la mer à la terre, avait accru le nombre des matelots et le pouvoir de la multitude. Aussi, après la prise d'Athènes, les trente tyrans établis par Lysander n'eurent rien de plus pressé que de tourner vers la campagne la tribune aux harangues, auparavant dirigée vers la mer.

Je n'ai pas fait mention de plusieurs édifices situés sur les flancs et aux environs de la citadelle. Tels sont, entre autres, l'Odéum et le temple de Jupiter Olympien. Le premier est cette espèce de théâtre que Périclès fit élever pour donner des combats de musique, et dans lequel les six derniers archontes tiennent quelquefois leurs séances. Le comble, soutenu par des colonnes, est construit des débris de la flotte des Perses vaincus à Salamine. Le second fut commencé par Pisistrate, et serait, dit-on, le plus magnifique des temples s'il était achevé.

Vos pas étaient souvent arrêtés et vos regards surpris dans la route que nous avons suivie depuis le port du Pirée jusqu'au lieu où nous sommes. Il est peu de rues, peu de places dans cette ville qui n'offrent de semblables objets de curiosité. Mais ne vous en rapportez pas aux apparences. Tel édifice dont l'extérieur est négligé renferme dans son sein un trésor précieux. Vers le nord, au quartier de Mélite, tâchez de démêler quelques arbres autour d'une maison qu'on aperçoit à peine ; c'est la demeure de Phocion : de ce côté-ci, au milieu de ces maisons, un petit temple consacré à Vénus ; c'est là que se trouve un tableau de Zeuxis représentant l'Amour couronné de roses ; là-bas, auprès de cette colline, un autre édifice où le rival de Zeuxis a fait un de ces essais qui décèlent le génie. Parrhasius, persuadé que, soit par l'expression du visage, soit par l'attitude et le mouvement des figures, son art pouvait rendre sensibles aux yeux les qualités de l'esprit et du cœur, entreprit, en faisant le portrait du peuple d'Athènes, de tracer le caractère ou plutôt les différents caractères de ce peuple violent, injuste, doux, compatissant, glorieux, rampant, fier et timide. Mais comment a-t-il exécuté cet ingénieux projet ? Je ne veux pas vous ôter le plaisir de la surprise ; vous en jugerez vous-même.

Je vous ai fait courir à perte d'haleine dans l'intérieur de la ville ; vous allez d'un coup d'œil en embrasser le dehors. Au levant est le mont Hymette, que les abeilles enrichissent de leur miel, que le thym remplit de ses parfums. L'Ilissus, qui coule à ses pieds, serpente autour de nos murailles. Au-dessus vous voyez les gymnases du Cynosarge et du Lycée. Au nord-ouest vous découvrez l'Académie ; et un peu plus loin une colline nommée Colone, où Sophocle a établi la scène de l'Œdipe qui porte le même nom. Le Céphise, après avoir enrichi cette contrée du tribut de ses eaux, vient les mêler avec celles de l'Ilissus. Ces dernières tarissent quelquefois dans les grandes chaleurs. La vue est embellie par les jolies maisons de campagne qui s'offrent à nous de tous côtés.

Je finis en vous rappelant ce que dit Lysippe dans une de ses comédies : « Qui ne désire pas de voir Athènes est stupide ; qui la voit sans s'y plaire est plus stupide encore ; mais le comble de la stupidité est de la voir, de s'y plaire et de la quitter. »

CHAPITRE XIII.

Bataille de Mantinée [1]. Mort d'Épaminondas.

La Grèce touchait au moment d'une révolution. Épaminondas était à la tête d'une armée ; sa victoire ou sa défaite allait enfin

[1] Dans la deuxième année de la cent quatrième olympiade, le douze du mois de scirophorion, c'est-à-dire le 5 juillet de l'année julienne proleptique, 362 avant J.-C.

CHAPITRE XIII.

décider si c'était aux Thébains ou aux Lacédémoniens de donner des lois aux autres peuples. Il entrevit l'instant de hâter cette décision.

Il part un soir de Tégée en Arcadie pour surprendre Lacédémone. Cette ville est tout ouverte, et n'avait alors pour défenseurs que des enfants et des vieillards. Une partie des troupes se trouvait en Arcadie ; l'autre s'y rendait sous la conduite d'Agésilas. Les Thébains arrivent à la pointe du jour, et voient bientôt Agésilas prêt à les recevoir. Instruit par un transfuge de la marche d'Épaminondas, il était revenu sur ses pas avec une extrême diligence, et déjà ses soldats occupaient les postes les plus importants. Le général thébain, surpris sans être découragé, ordonna plusieurs attaques. Il avait pénétré jusqu'à la place publique, et s'était rendu maître d'une partie de la ville. Agésilas n'écouta plus alors que son désespoir : quoique âgé de près de quatre-vingts ans, il se précipite au milieu des dangers ; et, secondé par le brave Archidamus son fils, il repousse l'ennemi et le force à se retirer.

Isadas donna dans cette occasion un exemple qui excita l'admiration et la sévérité des magistrats. Ce Spartiate, à peine sorti de l'enfance, aussi beau que l'Amour, aussi vaillant qu'Achille, n'ayant pour armes que la pique et l'épée, s'élance à travers les bataillons des Lacédémoniens, fond avec impétuosité sur les Thébains et renverse à ses pieds tout ce qui s'oppose à sa fureur. Les éphores lui décernèrent une couronne pour honorer ses exploits, et le condamnèrent à une amende parce qu'il avait combattu sans cuirasse et sans bouclier.

Épaminondas ne fut point inquiété dans sa retraite. Il fallait une victoire pour faire oublier le mauvais succès de son entreprise. Il marche en Arcadie, où s'étaient réunies les principales forces de la Grèce. Les deux armées furent bientôt en présence près de la ville de Mantinée. Celle des Lacédémoniens et de leurs alliés était de plus de vingt mille hommes de pied et de près de deux mille chevaux ; celle de la ligue thébaine, de trente mille hommes d'infanterie et d'environ trois mille de cavalerie.

Jamais Épaminondas n'avait déployé plus de talents que dans cette occasion. Il suivit dans son ordre de bataille les principes qui lui avaient procuré la victoire de Leuctres. Une de ses ailes, formée en colonne, tomba sur la phalange lacédémonienne, qu'elle n'aurait peut-être jamais enfoncée s'il n'était venu lui-même fortifier ses troupes par son exemple et par un corps d'élite dont il était suivi. Les ennemis, effrayés à son approche, s'ébranlent et prennent la fuite. Il les poursuit avec un courage dont il n'est plus le maître, et se trouve enveloppé par un corps de Spartiates qui font tomber sur lui une grêle de traits. Après avoir long-temps écarté la mort et fait mordre la poussière à une foule de guerriers, il tomba percé d'un javelot dont le fer lui resta dans la poitrine. L'honneur de l'enlever engagea une action aussi vive, aussi sanglante que la première. Ses compagnons, ayant redoublé leurs efforts, eurent la triste consolation de l'emporter dans sa tente.

On combattit à l'autre aile avec une alternative à peu près égale de succès et de revers. Par les sages dispositions d'Épaminondas les Athéniens ne furent pas en état de seconder les Lacédémoniens. Leur cavalerie attaqua celle des Thébains, fut repoussée avec perte, se forma de nouveau, et détruisit un détachement que les ennemis avaient placé sur les hauteurs voisines. Leur infanterie était sur le point de prendre la fuite, lorsque les Éléens volèrent à son secours.

La blessure d'Épaminondas arrêta le carnage et suspendit la fureur des soldats. Les troupes des deux partis, également étonnées, restèrent dans l'inaction. De part et d'autre on sonna la retraite et l'on dressa un trophée sur le champ de bataille.

Épaminondas respirait encore. Ses amis, ses officiers, fondaient en larmes autour de son lit. Le camp retentissait des cris de la douleur et du désespoir. Les médecins avaient déclaré qu'il expirerait dès qu'on ôterait le fer de la plaie. Il craignit que son bouclier ne fût tombé entre les mains de l'ennemi; on le lui montra, et il le baisa comme l'instrument de sa gloire. Il parut inquiet sur le sort de la bataille; on lui dit que les Thébains l'avaient gagnée. « Voilà qui est bien, répondit-il, j'ai assez vécu. » Il demanda ensuite Daïphantus et Iollidas, deux généraux qu'il jugeait dignes de le remplacer; on lui dit qu'ils étaient morts. « Persuadez donc aux Thébains, reprit-il, de faire la paix. » Alors il ordonna de retirer le fer; et l'un de ses amis s'étant écrié dans l'égarement de sa douleur : « Vous mourez, Épaminondas! si du moins vous laissiez des enfants! — Je laisse, répondit-il en expirant, deux filles immortelles, la victoire de Leuctres et celle de Mantinée. »

Sa mort avait été précédée par celle de Timagène, de cet ami si tendre qui m'avait amené dans la Grèce. Huit jours avant la bataille il disparut tout à coup. Une lettre laissée sur la table d'Épicharis sa nièce, nous apprit qu'il allait joindre Épaminondas, avec qui il avait pris des engagements pendant son séjour à Thèbes. Il devait bientôt se réunir à nous pour ne plus nous quitter. « Si les dieux, ajoutait-il, en ordonnent autrement, souvenez-vous de tout ce qu'Anacharsis a fait pour moi, de tout ce que vous m'avez promis de faire pour lui. »

Mon cœur se déchirait à la lecture de cette lettre. Je voulus partir à l'instant; je l'aurais dû; mais Timagène n'avait pris que de trop justes mesures pour m'en empêcher. Apollodore, qui, à sa prière, venait d'obtenir pour moi le droit de citoyen d'Athènes, me représenta que je ne pouvais porter les armes contre ma nouvelle patrie sans le compromettre lui et sa famille. Cette considération me retint, et je ne suivis pas mon ami; je ne fus pas témoin de ses exploits, et je ne mourus pas avec lui.

Son image est toujours présente à mes yeux. Il y a trente ans, il n'y a qu'un moment que je l'ai perdu. J'ai deux fois entrepris de tracer son éloge; deux fois mes larmes l'ont effacé. Si j'avais eu la force de le finir, j'aurais eu celle de le supprimer. Les vertus d'un homme obscur n'intéressent que ses amis, et n'ont pas même le droit de servir d'exemple aux autres hommes.

La bataille de Mantinée augmenta dans la suite les troubles de la Grèce, mais dans le premier moment elle termina la guerre. Les Athéniens eurent soin avant leur départ de retirer les corps de ceux qu'ils avaient perdus. On les fit consumer sur le bûcher; les ossements furent transportés à Athènes, et l'on fixa le jour où se ferait la cérémonie des funérailles, à laquelle préside un des principaux magistrats.

On commença par exposer sous une grande tente les cercueils de cyprès où les ossements étaient renfermés. Ceux qui avaient des pertes à pleurer, hommes et femmes, y venaient par intervalles faire des libations, et s'acquitter des devoirs imposés par la tendresse et par la religion. Trois jours après, les cercueils, placés sur autant de chars qu'il y a de tribus, traversèrent lentement la ville, et parvinrent au Céramique extérieur, où l'on donna des jeux funèbres : on déposa les morts dans le sein de la terre, après que leurs parents et leurs amis les eurent, pour la dernière fois, arrosés de leurs larmes : un orateur choisi par la république s'étant levé, prononça l'oraison funèbre de ces braves guerriers. Chaque tribu distingua les tombeaux de ses soldats par des pierres sépulcrales, sur lesquelles on avait eu soin d'inscrire leurs noms et ceux de leurs pères, le lieu de leur naissance et celui de leur mort.

Le chemin qui conduit de la ville à l'Académie est entouré de pareilles inscriptions. On en voit d'autres semées confusément aux environs. Ici reposent ceux qui périrent dans la guerre d'Égine; là ceux qui périrent en Chypre; plus loin ceux qui périrent dans l'expédition de Sicile. On ne peut faire un pas sans fouler la cendre d'un héros, ou d'une victime immolée à la patrie. Les soldats qui revenaient du Péloponnèse, et qui avaient accompagné le convoi, erraient au milieu de ces monuments funèbres : ils se montraient les uns aux autres les noms de leurs aïeux, de leurs pères, et semblaient jouir d'avance des honneurs qu'on rendrait un jour à leur mémoire.

CHAPITRE XIV.

Du gouvernement actuel d'Athènes.

Je passerai quelquefois d'un sujet à un autre sans en avertir. Je dois justifier ma marche.

Athènes était le lieu de ma résidence ordinaire ; j'en partais souvent avec Philotas mon ami, et nous y revenions après avoir parcouru des pays éloignés ou voisins. A mon retour, je reprenais mes recherches ; je m'occupais de préférence de quelque objet particulier. Ainsi l'ordre de cet ouvrage n'est en général que celui d'un journal dont j'ai déjà parlé, et dans lequel j'ajoutais au récit de mes voyages, et à celui des événements remarquables, les éclaircissements que je prenais sur certaines matières. J'avais commencé par l'examen du gouvernement des Athéniens ; dans mon Introduction je me suis contenté d'en développer les principes ; j'entre ici dans de plus grands détails, et je le considère avec les changements et les abus que de malheureuses circonstances ont successivement amenés.

Les villes et les bourgs de l'Attique sont divisés en cent soixante-quatorze départements ou districts, qui, par leurs différentes réunions, forment dix tribus. Tous les citoyens, ceux même qui résident à Athènes, appartiennent à l'un de ces districts, sont obligés de faire inscrire leurs noms dans ses registres, et se trouvent par là naturellement classés dans une des tribus.

Tous les ans, vers les derniers jours de l'année, les tribus s'assemblent séparément pour former un sénat composé de cinq cents députés, qui doivent être âgés au moins de trente ans. Chacune d'entre elles en présente cinquante, et leur en donne pour adjoints cinquante autres, destinés à remplir les places que la mort ou l'irrégularité de conduite peut laisser vacantes. Les uns et les autres sont tirés au sort.

Les nouveaux sénateurs doivent subir un examen rigoureux : car il faut des mœurs irréprochables à des hommes destinés à gouverner les autres. Ils font ensuite un serment par lequel ils promettent, entre autres choses, de ne donner que de bons conseils à la république, de juger suivant les lois, de ne pas mettre aux fers un citoyen qui fournit des cautions, à moins qu'il ne fût accusé d'avoir conspiré contre l'état ou retenu les deniers publics.

Le sénat, formé par les représentants des dix tribus, est naturellement divisé en dix classes, dont chacune à son tour a la prééminence sur les autres. Cette prééminence se décide par le sort, et le temps en est borné à l'espace de trente-six jours pour les quatre premières classes, de trente-cinq pour les autres.

Celle qui est à la tête des autres s'appelle la classe des prytanes. Elle est entretenue aux dépens du public dans un lieu nommé le Prytanée. Mais comme elle est encore trop nombreuse pour exercer en commun les fonctions dont elle est chargée, on la subdivise en cinq décuries, composées chacune de dix proèdres ou présidents. Les sept premiers d'entre eux occupent pendant sept jours la première place, chacun à son tour; les autres en sont formellement exclus.

Celui qui la remplit doit être regardé comme le chef du sénat. Ses fonctions sont si importantes qu'on n'a cru devoir les lui confier que pour un jour. Il propose communément les sujets des délibérations; il appelle les sénateurs au scrutin, et garde pendant le court intervalle de son exercice le sceau de la république, les clefs de la citadelle et celles du trésor de Minerve.

Ces arrangements divers, toujours dirigés par le sort, ont pour objet de maintenir la plus parfaite égalité parmi les citoyens, et la plus grande sûreté dans l'état. Il n'y a point d'Athénien qui ne puisse devenir membre et chef du premier corps de la nation; il n'y en a point qui puisse, à force de mérite ou d'intrigues, abuser d'une autorité qu'on ne lui confie que pour quelques instants.

Les neuf autres classes, ou chambres du sénat, ont de même à leur tête un président qui change à toutes les assemblées de cette compagnie, et qui est chaque fois tiré au sort par le chef des prytanes. En certaines occasions, ces neuf présidents portent les décrets du sénat à l'assemblée de la nation, et c'est le premier d'entre eux qui appelle le peuple aux suffrages; en d'autres, ce soin regarde le chef des prytanes, ou l'un de ses assistants [1].

Le sénat se renouvelle tous les ans. Il doit exclure pendant le temps de son exercice ceux de ses membres dont la conduite est

---

[1] Tout ce qui regarde les officiers du sénat et leurs fonctions présente tant de difficultés, que je me contente de renvoyer aux savants qui les ont discutées, tels que Sigonius (*De republ. Athen.*, lib. II, cap. 4); Petavius (*De doctrin. temp.*, lib. II, cap. 1); Dodwell (*De cycl.*, dissert. 3, § 43); Samuel Petitius (*Leg. attic.*, p. 188); Corsini (*Fast. attic.*, t. I, dissert. 6).

répréhensible, et rendre ses comptes avant que de se séparer. Si l'on est content de ses services, il obtient une couronne que lui décerne le peuple. Il est privé de cette récompense quand il a négligé de faire construire des galères. Ceux qui le composent reçoivent pour droits de présence une drachme par jour[1]. Il s'assemble tous les jours, excepté les jours de fêtes et les jours regardés comme funestes. C'est aux prytanes qu'il appartient de le convoquer, et de préparer d'avance les sujets de délibération. Comme il représente les tribus, il est représenté par les prytanes, qui, toujours réunis en un même endroit, sont à portée de veiller sans cesse sur les dangers qui menacent la république et d'en instruire le sénat.

Pendant les trente-cinq ou trente-six jours que la classe des prytanes est en exercice, le peuple s'assemble quatre fois; et ces quatre assemblées, qui tombent le 11, le 20, le 30 et le 33 de la prytanie, se nomment assemblées ordinaires.

Dans la première, on confirme ou on destitue les magistrats qui viennent d'entrer en place; on s'occupe des garnisons et des places qui font la sûreté de l'état ainsi que de certaines dénonciations publiques; et l'on finit par publier les confiscations de biens ordonnées par les tribunaux. Dans la deuxième, tout citoyen qui a déposé sur l'autel un rameau d'olivier entouré de bandelettes sacrées peut s'expliquer avec liberté sur les objets relatifs à l'administration et au gouvernement. La troisième est destinée à recevoir les hérauts et les ambassadeurs, qui ont auparavant rendu compte de leur mission ou présenté leurs lettres de créance au sénat. La quatrième enfin roule sur les matières de religion, telles que les fêtes, les sacrifices, etc.

Comme l'objet de ces assemblées est connu et n'offre souvent rien de bien intéressant, il fallait, il n'y a pas long-temps, y traîner le peuple avec violence, ou le forcer par des amendes à s'y trouver. Mais il est plus assidu depuis qu'on a pris le parti d'accorder un droit de présence de trois oboles[2]: et comme on ne décerne aucune peine contre ceux qui se dispensent d'y venir, il arrive que les pauvres y sont en plus grand nombre que les riches; ce qui entre mieux dans l'esprit des démocraties actuelles.

Outre ces assemblées, il s'en tient d'extraordinaires lorsque l'état est menacé d'un prochain danger. Ce sont quelquefois les prytanes, et plus souvent encore les chefs des troupes, qui les convoquent au nom et avec la permission du sénat. Lorsque les circonstances le permettent, on y appelle tous les habitants de l'Attique.

[1] Dix-huit sous. — [2] Neuf sous.

Les femmes ne peuvent pas assister à l'assemblée. Les hommes au-dessous de vingt ans n'en ont pas encore le droit. On cesse d'en jouir quand on a une tache d'infamie; et un étranger qui l'usurperait serait puni de mort, parce qu'il serait censé usurper la puissance souveraine, ou pouvoir trahir le secret de l'état.

L'assemblée commence de très-grand matin. Elle se tient au théâtre de Bacchus, ou dans le marché public, ou dans une grande enceinte voisine de la citadelle, et nommée le Pnyx. Il faut six mille suffrages pour donner force de loi à plusieurs de ses décrets. Cependant on n'est pas toujours en état de les avoir; et tant qu'a duré la guerre du Péloponnèse on n'a jamais pu réunir plus de cinq mille citoyens dans l'assemblée générale.

Elle est présidée par les chefs du sénat, qui, dans les occasions importantes, y assistent en corps. Les principaux officiers militaires y ont une place distinguée. La garde de la ville, composée de Scythes, est commandée pour y maintenir l'ordre.

Quand tout le monde est assis dans l'enceinte purifiée par le sang des victimes, un héraut se lève et récite une formule de vœux qu'on prononce aussi dans le sénat toutes les fois qu'on y fait quelque délibération. A ces vœux adressés au ciel pour la prospérité de la nation sont mêlées des imprécations effrayantes contre l'orateur qui aurait reçu des présents pour tromper le peuple, ou le sénat, ou le tribunal des héliastes. On propose ensuite le sujet de la délibération, ordinairement contenu dans un décret préliminaire du sénat, qu'on lit à haute voix; et le héraut s'écrie : « Que les citoyens qui peuvent donner un avis utile à la patrie montent à la tribune, en commençant par ceux qui ont plus de cinquante ans. » Autrefois, en effet, il fallait avoir passé cet âge pour ouvrir le premier avis; mais on s'est relâché de cette règle comme de tant d'autres.

Quoique dès ce moment il soit libre à chacun des assistants de monter à la tribune, cependant on n'y voit pour l'ordinaire que les orateurs de l'état. Ce sont dix citoyens distingués par leurs talents, et spécialement chargés de défendre les intérêts de la patrie dans les assemblées du sénat et du peuple.

La question étant suffisamment éclaircie, les proèdres ou présidents du sénat demandent au peuple une décision sur le décret qu'on lui a proposé. Il donne quelquefois son suffrage par scrutin, mais plus souvent en tenant les mains élevées, ce qui est un signe d'approbation. Quand on s'est assuré de la pluralité des suffrages et qu'on lui a relu une dernière fois le décret sans réclamation, les présidents congédient l'assemblée. Elle se dissout avec le même tumulte qui, dès le commencement, a régné dans ses délibérations.

Lorsque en certaines occasions ceux qui conduisent le peuple craignent l'influence des hommes puissants, ils ont recours à un moyen quelquefois employé en d'autres villes de la Grèce. Ils proposent d'opiner par tribus ; et le vœu de chaque tribu se forme au gré des pauvres, qui sont en plus grand nombre que les riches.

C'est de ces diverses manières que l'autorité suprême manifeste ses volontés ; car c'est dans le peuple qu'elle réside essentiellement. C'est lui qui décide de la guerre et de la paix, qui reçoit les ambassadeurs, qui ôte ou donne la force aux lois, nomme à presque toutes les charges, établit les impôts, accorde le droit de citoyen aux étrangers, décerne des récompenses à ceux qui ont servi la patrie, etc.

Le sénat est le conseil perpétuel du peuple. Ceux qui le composent sont communément des gens éclairés. L'examen qu'ils ont subi avant que d'entrer en place prouve du moins que leur conduite paraît irréprochable, et fait présumer la droiture de leurs intentions.

Le peuple ne doit rien statuer qui n'ait été auparavant approuvé par le sénat. C'est d'abord au sénat que les décrets[1] relatifs à l'administration ou au gouvernement doivent être présentés par le chef de la compagnie ou par quelqu'un des présidents, discutés par les orateurs publics, modifiés, acceptés ou rejetés à la pluralité des suffrages par un corps de cinq cents citoyens, dont la plupart ont rempli les charges de la république et joignent les lumières à l'expérience.

Les décrets, en sortant de leurs mains, et avant le consentement du peuple, ont par eux-mêmes assez de force pour subsister pendant que ce sénat est en exercice ; mais il faut qu'ils soient ratifiés par le peuple pour avoir une autorité durable.

Tel est le règlement de Solon, dont l'intention était que le peuple ne pût rien faire sans le sénat, et que leurs démarches fussent tellement concertées, qu'on en vît naître les plus grands biens avec les moindres divisions possibles. Mais pour produire et conserver cette heureuse harmonie, il faudrait que le sénat pût encore imposer au peuple.

[1] Rien ne s'exécutait qu'en vertu des lois et des décrets. Leur différence consistait en ce que les lois obligeaient tous les citoyens, et les obligeaient pour toujours ; au lieu que les décrets proprement dits ne regardaient que les particuliers, et n'étaient que pour un temps. C'est par un décret qu'on envoyait des ambassadeurs, qu'on décernait une couronne à un citoyen, etc. Lorsque le décret embrassait tous les temps et tous les particuliers, il devenait une loi.

CHAPITRE XIV.

Or, comme il change tous les ans et que ses officiers changent tous les jours, il n'a ni assez de temps ni assez d'intérêt pour retenir une portion de l'autorité ; et comme après son année d'exercice il a des honneurs et des grâces à demander au peuple, il est forcé de le regarder comme son bienfaiteur, et par conséquent comme son maître. Il n'y a point à la vérité de sujet de division entre ces deux corps ; mais le choc qui résulterait de leur jalousie serait moins dangereux que cette union qui règne actuellement entre eux. Les décrets approuvés par le sénat sont non-seulement rejetés dans l'assemblée du peuple, mais on y voit tous les jours de simples particuliers leur en substituer d'autres dont elle n'avait aucune connaissance, et qu'elle adopte sur-le-champ. Ceux qui président opposent à cette licence le droit qu'ils ont d'écarter toutes les contestations. Tantôt ils ordonnent que le peuple n'opine que sur le décret du sénat ; tantôt ils cherchent à faire tomber les nouveaux décrets, en refusant de l'appeler aux suffrages et en renvoyant l'affaire à une autre assemblée. Mais la multitude se révolte presque toujours contre l'exercice d'un droit qui l'empêche de délibérer ou de proposer ses vues ; elle force, par des cris tumultueux, les chefs qui contrarient ses volontés à céder leurs places à d'autres présidents qui lui rendent tout de suite une liberté dont elle est si jalouse.

De simples particuliers ont dans les délibérations publiques l'influence que le sénat devrait avoir. Les uns sont des factieux de la plus basse extraction, qui, par leur audace, entraînent la multitude ; les autres, des citoyens riches qui la corrompent par leurs largesses ; les plus accrédités, des hommes éloquents qui, renonçant à toute autre occupation, consacrent tout leur temps à l'administration de l'état.

Ils commencent pour l'ordinaire à s'essayer dans les tribunaux de justice ; et quand ils s'y distinguent par le talent de la parole, alors, sous prétexte de servir leur patrie, mais le plus souvent pour servir leur ambition, ils entrent dans une plus noble carrière, et se chargent du soin pénible d'éclairer le sénat et de conduire le peuple. Leur profession, à laquelle ils se dévouent dans un âge très-peu avancé, exige avec le sacrifice de leur liberté des lumières profondes et des talents sublimes : car c'est peu de connaître en détail l'histoire, les lois, les besoins et les forces de la république ainsi que des puissances voisines ou éloignées ; c'est peu de suivre de l'œil ces efforts rapides ou lents que les états font sans cesse les uns contre les autres, et ces mouvements presque imperceptibles qui les détruisent intérieurement ;

de prévenir la jalousie des nations faibles et alliées, de déconcerter les mesures des nations puissantes et ennemies, de démêler enfin les vrais intérêts de la patrie à travers une foule de combinaisons et de rapports : il faut encore faire valoir en public les grandes vérités dont on s'est pénétré dans le particulier; n'être ému ni des menaces ni des applaudissements du peuple; affronter la haine des riches en les soumettant à de fortes impositions, celle de la multitude en l'arrachant à ses plaisirs ou à son repos, celle des autres orateurs en dévoilant leurs intrigues; répondre des événements qu'on n'a pu empêcher et de ceux qu'on n'a pu prévoir; payer de sa disgrâce les projets qui n'ont pas réussi, et quelquefois même ceux que le succès a justifiés; paraître plein de confiance lorsqu'un danger imminent répand la terreur de tous côtés, et par des lumières subites relever les espérances abattues; courir chez les peuples voisins; former des ligues puissantes; allumer avec l'enthousiasme de la liberté la soif ardente des combats; et, après avoir rempli les devoirs d'homme d'état, d'orateur et d'ambassadeur, aller sur le champ de bataille pour y sceller de son sang les avis qu'on a donnés au peuple du haut de la tribune.

Tel est le partage de ceux qui sont à la tête du gouvernement. Les lois, qui ont prévu l'empire que des hommes si utiles et si dangereux prendraient sur les esprits, ont voulu qu'on ne fît usage de leurs talents qu'après s'être assuré de leur conduite. Elles éloignent de la tribune celui qui aurait frappé les auteurs de ses jours, ou qui leur refuserait les moyens de subsister; parce qu'en effet on ne connaît guère l'amour de la patrie quand on ne connaît pas les sentiments de la nature. Elles en éloignent celui qui dissipe l'héritage de ses pères, parce qu'il dissiperait avec plus de facilité les trésors de l'état; celui qui n'aurait pas d'enfants légitimes ou qui ne posséderait pas de biens dans l'Attique, parce que sans ces liens il n'aurait pour la république qu'un intérêt général, toujours suspect quand il n'est pas joint à l'intérêt particulier; celui qui refuserait de prendre les armes à la voix du général, qui abandonnerait son bouclier dans la mêlée, qui se livrerait à des plaisirs honteux; parce que la lâcheté et la corruption, presque toujours inséparables, ouvriraient son âme à toutes les espèces de trahisons, et que d'ailleurs tout homme qui ne peut ni défendre la patrie par sa valeur, ni l'édifier par ses exemples, est indigne de l'éclairer par ses lumières.

Il faut donc que l'orateur monte à la tribune avec la sécurité et l'autorité d'une vie irréprochable. Autrefois même ceux qui parlaient en public n'accompagnaient leurs discours que d'une action noble, tranquille et sans art, comme les vertus qu'ils pratiquaient, comme les vérités qu'ils venaient annoncer ; et l'on se souvient encore que Thémistocle, Aristide et Périclès, presque immobiles sur la tribune et les mains dans leurs manteaux, imposaient autant par la gravité de leur maintien que par la force de leur éloquence.

Loin de suivre ces modèles, la plupart des orateurs ne laissent voir dans leurs traits, dans leurs cris, dans leurs gestes et dans leurs vêtements, que l'assemblage effrayant de l'indécence et de la fureur.

Mais cet abus n'est qu'un léger symptôme de l'infamie de leur conduite. Les uns vendent leurs talents et leur honneur à des puissances ennemies d'Athènes : d'autres ont à leurs ordres des citoyens riches, qui, par un asservissement passager, espèrent s'élever aux premières places ; tous, se faisant une guerre de réputation et d'intérêt, ambitionnent la gloire et l'avantage de conduire le peuple le plus éclairé de la Grèce et de l'univers.

De là ces intrigues et ces divisions qui fermentent sans cesse dans le sein de la république, et qui se développent avec éclat dans ses assemblées tumultueuses. Car le peuple, si rampant quand il obéit, si terrible quand il commande, y porte, avec la licence de ses mœurs, celle qu'il croit attachée à sa souveraineté. Toutes ses affections y sont extrêmes, tous ses excès impunis. Les orateurs, comme autant de chefs de parti, y viennent secondés, tantôt par des officiers militaires dont ils ont obtenu la protection, tantôt par des factieux subalternes dont ils gouvernent la fureur. A peine sont-ils en présence, qu'ils s'attaquent par des injures qui animent la multitude, ou par des traits de plaisanterie qui la transportent hors d'elle-même. Bientôt les clameurs, les applaudissements, les éclats de rire étouffent la voix des sénateurs qui président à l'assemblée, des gardes dispersés de tous les côtés pour y maintenir l'ordre, de l'orateur enfin qui voit tomber son décret par ces mêmes petits moyens qui font si souvent échouer une pièce au théâtre de Bacchus.

C'est en vain que depuis quelque temps une des dix tribus, tirée au sort à chaque assemblée, se range auprès de la tribune pour empêcher la confusion et venir au secours des lois violées : elle-même est entraînée par le torrent qu'elle voudrait arrêter, et sa vaine assistance ne sert qu'à prouver la grandeur d'un mal entretenu non-seulement par la nature du gouvernement, mais encore par le caractère des Athéniens.

En effet, ce peuple, qui a des sensations très-vives et très-passagères, réunit plus que tous les autres peuples les qualités les plus opposées et celles dont il est le plus facile d'abuser pour le séduire.

L'histoire nous le représente tantôt comme un vieillard qu'on peut tromper sans crainte, tantôt comme un enfant qu'il faut amuser sans cesse ; quelquefois déployant les lumières et les sentiments des grandes âmes ; aimant à l'excès les plaisirs et la liberté, le repos et la gloire ; s'enivrant des éloges qu'il reçoit, applaudissant aux reproches qu'il mérite ; assez pénétrant pour saisir aux premiers mots les projets qu'on lui communique, trop impatient pour en écouter les détails et en prévoir les suites ; faisant trembler ses magistrats dans l'instant même qu'il pardonne à ses plus cruels ennemis ; passant avec la rapidité d'un éclair de la fureur à la pitié, du découragement à l'insolence, de l'injustice au repentir ; mobile surtout et frivole, au point que, dans les affaires les plus graves et quelquefois les plus désespérées, une parole dite au hasard, une saillie heureuse, le moindre objet, le moindre accident, pourvu qu'il soit inopiné, suffit pour le distraire de ses craintes ou le détourner de son intérêt.

C'est ainsi qu'on vit autrefois presque toute une assemblée se lever et courir après un petit oiseau qu'Alcibiade, jeune encore, et parlant pour la première fois en public, avait par mégarde laissé échapper de son sein.

C'est ainsi que, vers le même temps, l'orateur Cléon, devenu l'idole des Athéniens, qui ne l'estimaient guère, se jouait impunément de la faveur qu'il avait acquise. Ils étaient assemblés, et l'attendaient avec impatience ; il vint enfin pour les prier de remettre la délibération à un autre jour, parce que, devant donner à dîner à quelques étrangers ses amis, il n'avait pas le loisir de s'occuper des affaires de l'état. Le peuple se leva, battit des mains, et l'orateur n'en eut que plus de crédit.

Je l'ai vu moi-même un jour très-inquiet de quelques hostilités que Philippe venait d'exercer, et qui semblaient annoncer une rupture prochaine. Dans le temps que les esprits étaient le plus agités, parut sur la tribune un homme très-petit et tout contrefait. C'était Léon, ambassadeur de Byzance, qui joignait aux désagréments de la figure cette gaieté et cette présence d'esprit qui plaisent tant aux Athéniens. A cette vue ils firent de si grands éclats de rire, que Léon ne pouvait obtenir un moment de silence. « Et que feriez vous donc, leur dit-il enfin, si vous voyiez ma femme ? Elle vient à peine à mes genoux : cependant, tout petits que nous sommes, quand la division se met entre nous, la ville de Byzance ne peut pas nous contenir. » Cette plaisanterie eut tant de succès que les Athéniens accordèrent sur-le-champ les secours qu'il était venu demander.

Enfin on les a vus faire lire en leur présence des lettres de Philippe qu'on avait interceptées, en être indignés, et néanmoins ordonner qu'on respectât celles que ce prince écrivait à son épouse et qu'on les renvoyât sans les ouvrir.

Comme il est très-aisé de connaître et d'enflammer les passions et les goûts d'un pareil peuple, il est très-facile aussi de gagner sa confiance, et il ne l'est pas moins de la perdre ; mais pendant qu'on en jouit on peut tout dire, tout entreprendre, le pousser au bien ou au mal avec une égale ardeur de sa part. Quand il était guidé par des hommes fermes et vertueux, il n'accordait les magistratures, les ambassades, les commandements des armées, qu'aux talents réunis aux vertus. De nos jours il a fait des choix dont il aurait à rougir, mais c'est la faute des flatteurs qui le conduisent ; flatteurs aussi dangereux que ceux des tyrans, et qui ne savent de même rougir que de leur disgrâce.

Le sénat étant dans la dépendance du peuple, et le peuple se livrant sans réserve à des chefs qui l'égarent, si quelque chose peut maintenir la démocratie, ce sont les haines particulières ; c'est la facilité qu'on a de poursuivre un orateur qui abuse de son crédit. On l'accuse d'avoir transgressé les lois ; et comme cette accusation peut être relative à sa personne ou à la nature de son décret, de là deux sortes d'accusations auxquelles il est sans cesse exposé.

La première a pour objet de le flétrir aux yeux de ses concitoyens. S'il a reçu des présents pour trahir sa patrie, si sa vie se trouve souillée de quelques taches d'infamie, et surtout de ces crimes dont nous avons parlé plus haut, et dont il doit être exempt pour remplir les fonctions de son ministère, alors il est permis à tout particulier d'intenter contre lui une action publique. Cette action, qui prend différents noms suivant la nature du délit, se porte devant le magistrat qui connaît en première instance du crime dont il est question. Quand la faute est légère, il le condamne à une faible amende ; quand elle est grave, il le renvoie à un tribunal supérieur ; si elle est avérée, l'accusé convaincu subit, entre autres peines, celle de ne plus monter à la tribune.

Les orateurs qu'une conduite régulière met à l'abri de cette première espèce d'accusation n'en ont pas moins à redouter la seconde, qu'on appelle accusation pour cause d'illégalité.

Parmi cette foule de décrets qu'on voit éclore de temps à autre avec la sanction du sénat et du peuple, il s'en trouve qui sont manifestement contraires au bien de l'état, et qu'il est important de ne pas laisser subsister. Mais, comme ils sont émanés de la puissance législative, il semble qu'aucun pouvoir, aucun tribunal n'est en droit de les annuler. Le peuple même ne doit pas l'entreprendre, parce que les orateurs qui ont déjà surpris sa religion la surprendraient encore. Quelle ressource aura donc la république? Une voie étrange au premier aspect, mais admirable, et tellement essentielle qu'on ne saurait la supprimer ou la négliger sans détruire la démocratie; c'est celle qui autorise le moindre des citoyens à se pourvoir contre un jugement de la nation entière lorsqu'il est en état de montrer que ce décret est contraire aux lois déjà établies.

Dans ces circonstances, c'est le souverain invisible, ce sont les lois qui viennent protester hautement contre le jugement national qui les a violées; c'est au nom des lois qu'on intente l'accusation; c'est devant le tribunal, principal dépositaire et vengeur des lois, qu'on le poursuit; et les juges, en cassant le décret, déclarent seulement que l'autorité du peuple s'est trouvée malgré lui en opposition avec celle des lois; ou plutôt ils maintiennent ses volontés anciennes et permanentes contre ses volontés actuelles et passagères.

La réclamation des lois ayant suspendu la force et l'activité que le peuple avait données au décret, et le peuple ne pouvant être cité en justice, on ne peut avoir d'action que contre l'orateur qui a proposé ce décret; et c'est contre lui en effet que se dirige l'accusation pour cause d'illégalité. On tient pour principe que, s'étant mêlé de l'administration sans s'y être contraint, il s'est exposé à l'alternative d'être honoré quand il réussit, d'être puni quand il ne réussit pas.

La cause s'agite d'abord devant le premier des archontes, ou devant les six derniers. Après les informations préliminaires, elle est présentée au tribunal des héliastes, composé pour l'ordinaire de cinq cents juges, et quelquefois de mille, de quinze cents, de deux mille : ce sont ces magistrats eux-mêmes qui, suivant la nature du délit, décident du nombre, qu'ils ont en certaines occasions porté jusqu'à six mille.

On peut attaquer le décret lorsqu'il n'est encore approuvé que par le sénat, on peut attendre que le peuple l'ait confirmé. Quelque parti que l'on choisisse, il faut intenter l'action dans l'année pour que l'orateur soit puni : au delà de ce terme il ne répond plus de son décret.

CHAPITRE XIV.

Après que l'accusateur a produit les moyens de cassation, et l'accusé ceux de défense, on recueille les suffrages. Si le premier n'en obtient pas la cinquième partie, il est obligé de payer cinq cents drachmes au trésor public[1], et l'affaire est finie : si le second succombe, il peut demander qu'on modère la peine; mais il n'évite guère ou l'exil, ou l'interdiction, ou de fortes amendes. Ici, comme dans quelques autres espèces de causes, le temps des plaidoiries et du jugement est divisé en trois parties : l'une pour celui qui attaque, l'autre pour celui qui se défend; la troisième, quand elle a lieu, pour statuer sur la peine.

Il n'est point d'orateur qui ne frémisse à l'aspect de cette accusation, et point de ressorts qu'il ne fasse jouer pour en prévenir les suites. Les prières, les larmes, un extérieur négligé, la protection des officiers militaires, les détours de l'éloquence, tout est mis en usage par l'accusé ou par ses amis.

Ces moyens ne réussissent que trop, et nous avons vu l'orateur Aristophon se vanter d'avoir subi soixante-quinze accusations de ce genre, et d'en avoir toujours triomphé. Cependant, comme chaque orateur fait passer plusieurs décrets pendant son administration; comme il lui est essentiel de les multiplier pour maintenir son crédit; comme il est entouré d'ennemis que la jalousie rend très-clairvoyants; comme il est facile de trouver, par des conséquences éloignées ou des interprétations forcées, une opposition entre ses avis, sa conduite et les lois nombreuses qui sont en vigueur, il est presque impossible qu'il ne soit, tôt ou tard, la victime des accusations dont il est sans cesse menacé.

J'ai dit que les lois d'Athènes sont nombreuses. Outre celles de Dracon, qui subsistent en partie; outre celles de Solon, qui servent de base au droit civil, il s'en est glissé plusieurs autres que les circonstances ont fait naître ou que le crédit des orateurs a fait adopter.

Dans tout gouvernement il devrait être difficile de supprimer une loi ancienne et d'en établir une nouvelle, et cette difficulté devrait être plus grande chez un peuple qui, tout à la fois sujet et souverain, est toujours tenté d'adoucir ou de secouer le joug qu'il s'est imposé lui-même. Solon avait tellement lié les mains à la puissance législative, qu'elle ne pouvait toucher aux fondements de sa législation qu'avec des précautions extrêmes.

Un particulier qui propose d'abroger une ancienne loi doit en même temps lui en substituer une autre. Il les présente toutes deux au sénat, qui, après les avoir balancées avec soin, ou désap-

[1] Quatre cent cinquante livres.

prouve le changement projeté, ou ordonne que ses officiers en rendront compte au peuple dans l'assemblée générale, destinée, entre autres choses, à l'examen et au recensement des lois qui sont en vigueur. C'est celle qui se tient le onzième jour du premier mois de l'année. Si la loi paraît en effet devoir être révoquée, les prytanes renvoient l'affaire à l'assemblée qui se tient ordinairement dix-neuf jours après, et l'on nomme d'avance cinq orateurs qui doivent y prendre la défense de la loi qu'on veut proscrire. En attendant, on affiche tous les jours cette loi, ainsi que celle qu'on veut mettre à sa place, sur des statues exposées à tous les yeux. Chaque particulier compare à loisir les avantages et les inconvénients de l'une et de l'autre; elles font l'entretien des sociétés; le vœu du public se forme par degrés, et se manifeste ouvertement à l'assemblée indiquée.

Cependant elle ne peut rien décider encore. On nomme des commissaires, quelquefois au nombre de mille un, auxquels on donne le nom de législateurs, et qui tous doivent avoir siégé parmi les héliastes. Ils forment un tribunal devant lequel comparaissent et celui qui attaque la loi ancienne, et ceux qui la défendent. Les commissaires ont le pouvoir de l'abroger sans recourir de nouveau au peuple : ils examinent ensuite si la loi nouvelle est convenable aux circonstances, relative à tous les citoyens, conforme aux autres lois; et après ces préliminaires ils la confirment eux-mêmes ou la présentent au peuple, qui lui imprime par ses suffrages le sceau de l'autorité. L'orateur qui a occasionné ce changement peut être poursuivi, non pour avoir fait supprimer une loi devenue inutile, mais pour en avoir introduit une qui peut être pernicieuse.

Toutes les lois nouvelles doivent être proposées et discutées de la même manière. Cependant, malgré les formalités dont je viens de parler, malgré l'obligation où sont certains magistrats de faire tous les ans une révision exacte des lois, il s'en est insensiblement glissé dans le code un si grand nombre de contradictoires et d'obscures, qu'on s'est vu forcé, dans ces derniers temps, d'établir une commission particulière pour en faire un choix. Mais son travail n'a rien produit jusqu'à présent.

C'est un grand bien que la nature de la démocratie ait rendu les délais et les examens nécessaires lorsqu'il s'agit de la législation; mais c'est un grand mal qu'elle les exige souvent dans des occasions qui demandent la plus grande célérité. Il ne faut dans une monarchie qu'un instant pour connaître et exécuter la volonté du souverain : il faut ici d'abord consulter le sénat; il faut convoquer l'assemblée du peuple; il faut qu'il soit instruit, qu'il délibère, qu'il décide. L'exécution entraîne encore plus de lenteurs. Toutes ces causes retardent si fort le mouvement des affaires, que le peuple est quelquefois obligé d'en renvoyer la décision au sénat ; mais il ne fait ce sacrifice qu'à regret, car il craint de ranimer une faction qui l'a autrefois dépouillé de son autorité : c'est celle des partisans de l'aristocratie. Ils sont abattus aujourd'hui, mais ils n'en seraient que plus ardents à détruire un pouvoir qui les écrase et les humilie. Le peuple les hait d'autant plus qu'il les confond avec les tyrans.

Nous avons considéré jusqu'ici le sénat et le peuple comme uniquement occupés du grand objet du gouvernement ; on doit les regarder encore comme deux espèces de cours de justice où se portent les dénonciations de certains délits ; et ce qui peut surprendre, c'est qu'à l'exception de quelques amendes légères que décerne le sénat, les autres causes, après avoir subi le jugement ou du sénat, ou du peuple, ou de tous les deux l'un après l'autre, sont ou doivent être renvoyées à un tribunal qui juge définitivement. J'ai vu un citoyen qu'on accusait de retenir les deniers publics, condamné d'abord par le sénat, ensuite par les suffrages du peuple, balancé pendant toute une journée enfin par deux tribunaux qui formaient ensemble le nombre de mille et un juges.

On a cru avec raison que la puissance exécutrice, distinguée de la législative, n'en devait pas être le vil instrument ; mais je ne dois pas dissimuler que dans des temps de trouble et de corruption une loi si sage a été plus d'une fois violée, et que des orateurs ont engagé le peuple qu'ils gouvernaient à retenir certaines causes, pour priver du recours aux tribunaux ordinaires des accusés qu'ils voulaient perdre [1].

CHAPITRE XV.

Des magistrats d'Athènes.

Dans ce choc violent de passions et de devoirs qui se fait sentir partout où il y a des hommes, et encore plus lorsque ces hommes sont libres et se croient indépendants, il faut que l'autorité, toujours armée pour repousser la licence, veille sans cesse pour en éclairer les démarches ; et, comme elle ne peut pas toujours agir par elle-même, il faut que plusieurs magistratures la rendent présente et redoutable en même temps dans tous les lieux.

Le peuple s'assemble dans les quatre derniers jours de l'année pour nommer aux magistratures ; et quoique par la loi d'Aristide

[1] Pour appuyer ce fait j'ai cité Aristote, qui, par discrétion, ne nomme pas la république d'Athènes ; mais il est visible qu'il la désigne en cet endroit.

il puisse les conférer au moindre des Athéniens, on le voit presque toujours n'accorder qu'aux citoyens les plus distingués celles qui peuvent influer sur le salut de l'état. Il déclare ses volontés par la voie des suffrages ou par la voie du sort.

Les places qu'il confère alors sont en très-grand nombre. Ceux qui les obtiennent doivent subir un examen devant le tribunal des héliastes ; et comme si cette épreuve ne suffisait pas, on demande au peuple, à la première assemblée de chaque mois ou prytanie, s'il a des plaintes à porter contre ses magistrats. Aux moindres accusations les chefs de l'assemblée recueillent les suffrages ; et s'ils sont contraires au magistrat accusé, il est destitué et traîné devant un tribunal de justice qui prononce définitivement.

La première et la plus importante des magistratures est celle des archontes : ce sont neuf des principaux citoyens, chargés non-seulement d'exercer la police, mais encore de recevoir en première instance les dénonciations publiques et les plaintes des citoyens opprimés.

Deux examens subis, l'un dans le sénat et l'autre dans le tribunal des héliastes, doivent précéder ou suivre immédiatement leur nomination. On exige, entre autres conditions, qu'ils soient fils et petits-fils de citoyens, qu'ils aient toujours respecté les auteurs de leurs jours, et qu'ils aient porté les armes pour le service de la patrie. Ils jurent ensuite de maintenir les lois et d'être inaccessibles aux présents ; ils le jurent sur les originaux mêmes des lois, que l'on conserve avec un respect religieux. Un nouveau motif devrait rendre ce serment plus inviolable : en sortant de place ils ont l'espoir d'être, après un autre examen, reçus au sénat de l'aréopage ; c'est le plus haut degré de fortune pour une âme vertueuse.

Leur personne, comme celle de tous les magistrats, doit être sacrée. Quiconque les insulterait par des violences ou des injures lorsqu'ils ont sur la tête une couronne de myrte, symbole de leur dignité, serait exclu de la plupart des priviléges des citoyens, ou condamné à payer une amende ; mais il faut aussi qu'ils méritent par leur conduite le respect qu'on accorde à leur place.

Les trois premiers archontes ont chacun en particulier un tribunal où ils siégent accompagnés de deux assesseurs qu'ils ont choisis eux-mêmes. Les six derniers, nommés thesmothètes, ne forment qu'une seule et même juridiction. A ces divers tribunaux sont commises diverses causes.

Les archontes ont le droit de tirer au sort les juges des cours supérieures. Il ont des fonctions et des prérogatives qui leur sont communes ; ils en ont d'autres qui ne regardent qu'un archonte en particulier. Par exemple, le premier, qui s'appelle éponyme, parce que son nom paraît à la tête des actes et des décrets qui se font pendant l'année de son exercice, doit spécialement étendre ses soins sur les veuves et sur les pupilles ; le second, ou le roi, écarter des mystères et des cérémonies religieuses ceux qui sont coupables d'un meurtre ; le troisième, ou le polémarque, exercer une sorte de juridiction sur les étrangers établis à Athènes. Tous trois président séparément à des fêtes et à des jeux solennels. Les six derniers fixent les jours où les cours supérieures doivent s'assembler, font leur ronde pendant la nuit pour maintenir dans la ville l'ordre et la tranquillité, et président à l'élection de plusieurs magistratures subalternes.

Après l'élection des archontes se fait celle des stratéges ou généraux d'armée, des hipparques ou généraux de la cavalerie, des officiers préposés à la perception et à la garde des deniers publics, de ceux qui veillent à l'approvisionnement de la ville, de ceux qui doivent entretenir les chemins, et de quantité d'autres qui ont des fonctions moins importantes.

Quelquefois les tribus, assemblées en vertu d'un décret du peuple, choisissent des inspecteurs et des trésoriers pour réparer des ouvrages publics près de tomber en ruine. Les magistrats de presque tous ces départements sont au nombre de dix ; et comme il est de la nature de ce gouvernement de tendre toujours à l'égalité, on en tire un de chaque tribu.

Un des plus utiles établissements en ce genre est une chambre des comptes que l'on renouvelle tous les ans dans l'assemblée générale du peuple, et qui est composée de dix officiers. Les archontes, les membres du sénat, les commandants des galères, les ambassadeurs, les aréopagites, les ministres même des autels, tous ceux, en un mot, qui ont quelque commission relative à l'administration, doivent s'y présenter, les uns en sortant de place, les autres en des temps marqués ; ceux-ci pour rendre compte des sommes qu'ils ont reçues, ceux-là pour justifier leurs opérations ; d'autres enfin pour montrer seulement qu'ils n'ont rien à redouter de la censure.

Ceux qui refusent de comparaître ne peuvent ni rester, ni s'expatrier, ni remplir une seconde magistrature, ni recevoir de la part du public la couronne qu'il décerne à ceux qui le servent avec zèle ; ils peuvent même être déférés au sénat ou à d'autres tribunaux, qui leur impriment des taches d'infamie encore plus redoutables.

Dès qu'ils sont sortis de place, il est permis à tous les citoyens de les poursuivre. Si l'accusation roule sur le péculat, la chambre des comptes en prend connaissance; si elle a pour objet d'autres crimes, la cause est renvoyée aux tribunaux ordinaires.

CHAPITRE XVI.
Des tribunaux de justice à Athènes.

Le droit de protéger l'innocence ne s'acquiert point ici par la naissance ou par les richesses; c'est le privilége de chaque citoyen. Comme ils peuvent tous assister à l'assemblée de la nation et décider des intérêts de l'état, ils peuvent tous donner leurs suffrages dans les cours de justice et régler les intérêts des particuliers. La qualité de juge n'est donc ni une charge ni une magistrature; c'est une commission passagère, respectable par son objet, mais avilie par les motifs qui déterminent la plupart des Athéniens à s'en acquitter. L'appât du gain les rend assidus aux tribunaux ainsi qu'à l'assemblée générale. On leur donne à chacun trois oboles [1] par séance; et cette légère rétribution forme pour l'état une charge annuelle d'environ cent cinquante talents [2], car le nombre des juges est immense et se monte à six mille environ.

Un Athénien qui a plus de trente ans, qui a mené une vie sans reproche, qui ne doit rien au trésor public, a les qualités requises pour exercer les fonctions de la justice. Le sort décide tous les ans du tribunal où il doit se placer.

C'est par cette voie que les tribunaux sont remplis. On en compte dix principaux : quatre pour les meurtres, six pour les autres affaires, tant criminelles que civiles. Parmi les premiers l'un connaît du meurtre involontaire; le second, du meurtre commis dans le cas d'une juste défense; le troisième, du meurtre dont l'auteur, auparavant banni de sa patrie pour ce délit, n'aurait pas encore purgé le décret qui l'en éloignait; le quatrième, enfin, du meurtre occasionné par la chute d'une pierre, d'un arbre, et par d'autres accidents de même nature. On verra dans le chapitre suivant que l'aréopage connaît de l'homicide prémédité.

Tant de juridictions pour un même crime ne prouvent pas qu'il soit à présent plus commun ici qu'ailleurs, mais seulement qu'elles

---

[1] Neuf sous.

[2] Huit cent dix mille livres. Voici le calcul du scoliaste d'Aristophane (in *Vesp.* v. 661) : Deux mois étaient consacrés aux fêtes. Les tribunaux n'étaient donc ouverts que pendant dix mois, ou trois cents jours. Il en coûtait chaque jour dix-huit mille oboles, c'est-à-dire trois mille drachmes ou un demi-talent, et par conséquent quinze talents par mois, cent cinquante par an. Samuel Petit a attaqué ce calcul (*Leg. attic.* p. 325).

CHAPITRE XVI.

furent instituées dans des siècles où l'on ne connaissait d'autre droit que celui de la force ; et, en effet, elles sont toutes des temps héroïques. On ignore l'origine des autres tribunaux ; mais ils ont dû s'établir à mesure que, les sociétés se perfectionnant, la ruse a pris la place de la violence.

Ces dix cours souveraines, composées la plupart de cinq cents juges, et quelques-unes d'un plus grand nombre encore, n'ont aucune activité par elles-mêmes et sont mises en mouvement par les neuf archontes. Chacun de ces magistrats y porte les causes dont il a pris connaissance, et y préside pendant qu'elles y sont agitées.

Leurs assemblées ne pouvant concourir avec celles du peuple, puisque les unes et les autres sont composées à peu près des mêmes personnes, c'est aux archontes à fixer le temps des premières ; c'est à eux aussi de tirer au sort les juges qui doivent remplir ces différents tribunaux.

Le plus célèbre de tous est celui des héliastes, où se portent toutes les grandes causes qui intéressent l'état ou les particuliers. Nous avons dit plus haut qu'il est composé pour l'ordinaire de cinq cents juges, et qu'en certaines occasions les magistrats ordonnent à d'autres tribunaux de se réunir à celui des héliastes, de manière que le nombre des juges va quelquefois jusqu'à six mille.

Ils promettent, sous la foi du serment, de juger suivant les lois et suivant les décrets du sénat et du peuple ; de ne recevoir aucun présent ; d'entendre également les deux parties ; de s'opposer de toutes leurs forces à ceux qui feraient la moindre tentative contre la forme actuelle du gouvernement. Des imprécations terribles contre eux-mêmes et contre leurs familles terminent ce serment, qui contient plusieurs autres articles moins essentiels.

Si dans ce chapitre et dans les suivants je voulais suivre les détails de la jurisprudence athénienne, je m'égarerais dans des routes obscures et pénibles ; mais je dois parler d'un établissement qui m'a paru favorable aux plaideurs de bonne foi. Tous les ans quarante officiers subalternes parcourent les bourgs de l'Attique, y tiennent leurs assises, statuent sur certains actes de violence, terminent les procès où il ne s'agit que d'une très-légère somme de dix drachmes tout au plus [1], et renvoient aux arbitres les causes plus considérables.

Ces arbitres sont tous gens bien famés et âgés d'environ soixante ans : à la fin de chaque année on les tire au sort, de chaque tribu, au nombre de quarante-quatre.

Les parties qui ne veulent point s'exposer à essuyer les lenteurs

Neuf livres.

de la justice ordinaire, ni à déposer une somme d'argent avant le jugement, ni à payer l'amende décernée contre l'accusateur qui succombe, peuvent remettre leurs intérêts entre les mains d'un ou de plusieurs arbitres qu'elles nomment elles-mêmes, ou que l'archonte tire au sort en leur présence. Quand ils sont de leur choix, elles font serment de s'en rapporter à leur décision, et ne peuvent point en appeler : si elles les ont reçus par la voie du sort, il leur reste celle de l'appel ; et les arbitres, ayant mis les dépositions des témoins et toutes les pièces du procès dans une boîte qu'ils ont soin de sceller, les font passer à l'archonte, qui doit porter la cause à l'un des tribunaux supérieurs.

Si, à la sollicitation d'une seule partie, l'archonte a renvoyé l'affaire à des arbitres tirés au sort, l'autre partie a le droit, ou de réclamer contre l'incompétence du tribunal, ou d'opposer d'autres fins de non-recevoir.

Les arbitres obligés de condamner des parents ou des amis pourraient être tentés de prononcer un jugement inique : on leur a ménagé des moyens de renvoyer l'affaire à l'une des cours souveraines. Ils pourraient se laisser corrompre par des présents ou céder à des préventions particulières : la partie lésée a le droit, à la fin de l'année, de les poursuivre devant un tribunal, et de les forcer à justifier leur sentence. La crainte de cet examen pourrait les engager à ne pas remplir leurs fonctions : la loi attache une flétrissure à tout arbitre qui, tiré au sort, refuse son ministère.

Quand j'ouïs parler pour la première fois du serment, je ne le crus nécessaire qu'à des nations grossières à qui le mensonge coûterait moins que le parjure. J'ai vu cependant les Athéniens l'exiger des magistrats, des sénateurs, des juges, des orateurs, des témoins ; de l'accusateur, qui a tant d'intérêt à le violer ; de l'accusé, qu'on met dans la nécessité de manquer à sa religion ou de se manquer à lui-même. Mais j'ai vu aussi que cette cérémonie auguste n'était plus qu'une formalité outrageante pour les dieux, inutile à la société, et offensante pour ceux qu'on oblige de s'y soumettre. Un jour le philosophe Xénocrate, appelé en témoignage, fit sa déposition, et s'avança vers l'autel pour la confirmer. Les juges en rougirent ; et, s'opposant de concert à la prestation du serment, ils rendirent hommage à la probité d'un témoin si respectable. Quelle idée avaient-ils donc des autres ?

Les habitants des îles et des villes soumises à la république sont obligés de porter leurs affaires aux tribunaux d'Athènes pour qu'elles y soient jugées en dernier ressort. L'état profite des droits qu'ils payent en entrant dans le port, et de la dépense qu'ils font dans la ville. Un autre motif les prive de l'avantage de terminer leurs différends chez eux. S'ils avaient des juridictions souveraines, ils n'auraient à solliciter que la protection de leurs gouverneurs, et pourraient, dans une infinité d'occasions, opprimer les partisans de la démocratie : au lieu qu'en les attirant ici on les force de s'abaisser devant ce peuple qui les attend aux tribunaux, et qui n'est que trop porté à mesurer la justice qu'il leur rend sur le degré d'affection qu'ils ont pour son autorité.

CHAPITRE XVII.

De l'Aréopage.

Le sénat de l'aréopage est le plus ancien et néanmoins le plus intègre des tribunaux d'Athènes. Il s'assemble quelquefois dans le portique royal ; pour l'ordinaire sur une colline peu éloignée de la citadelle, et dans une espèce de salle qui n'est garantie des injures de l'air que par un toit rustique.

Les places des sénateurs sont à vie ; le nombre en est illimité. Les archontes, après leur année d'exercice, y sont admis ; mais ils doivent montrer, dans un examen solennel, qu'ils ont rempli leurs fonctions avec autant de zèle que de fidélité. Si dans cet examen il s'en est trouvé d'assez habiles ou d'assez puissants pour échapper ou se soustraire à la sévérité de leurs censeurs, ils ne peuvent, devenus aréopagites, résister à l'autorité de l'exemple, et sont forcés de paraître vertueux comme en certains corps de milice on est forcé de montrer du courage.

La réputation dont jouit ce tribunal depuis tant de siècles est fondée sur des titres qui la transmettront aux siècles suivants. L'innocence obligée d'y comparaître s'en approche sans crainte, et les coupables convaincus et condamnés se retirent sans oser se plaindre.

Il veille sur la conduite de ses membres, et les juge sans partialité, quelquefois même pour des fautes légères. Un sénateur fut puni pour avoir étouffé un petit oiseau qui, saisi de frayeur, s'était réfugié dans son sein : c'était l'avertir qu'un cœur fermé à la pitié ne doit pas disposer de la vie des citoyens. Aussi les décisions de cette cour sont-elles regardées comme des règles non-seulement de sagesse, mais encore d'humanité. J'ai vu traîner en sa présence une femme accusée d'empoisonnement ; elle avait voulu s'attacher un homme qu'elle adorait par un philtre dont il mourut.

On la renvoya, parce qu'elle était plus malheureuse que coupable [1].

Des compagnies, pour prix de leurs services, obtiennent du peuple une couronne et d'autres marques d'honneur. Celle dont je parle n'en demande point et n'en doit pas solliciter. Rien ne la distingue tant que de n'avoir pas besoin des distinctions. A la naissance de la comédie il fut permis à tous les Athéniens de s'exercer dans ce genre de littérature : on n'excepta que les membres de l'aréopage. Et comment des hommes si graves dans leur maintien, si sévères dans leurs mœurs, pourraient-ils s'occuper des ridicules de la société ?

On rapporte sa première origine au temps de Cécrops ; mais il en dut une plus brillante à Solon, qui le chargea du maintien des mœurs. Il connut alors de presque tous les crimes, tous les vices, tous les abus. L'homicide volontaire, l'empoisonnement, le vol, les incendies, le libertinage, les innovations, soit dans le système religieux, soit dans l'administration publique, excitèrent tour à tour sa vigilance. Il pouvait, en pénétrant dans l'intérieur des maisons, condamner comme dangereux tout citoyen inutile, et comme criminelle toute dépense qui n'était pas proportionnée aux moyens. Comme il mettait la plus grande fermeté à punir les crimes et la plus grande circonspection à réformer les mœurs, comme il n'employait les châtiments qu'après les avis et les menaces, il se fit aimer en exerçant le pouvoir le plus absolu.

L'éducation de la jeunesse devint le premier objet de ses soins. Il montrait aux enfants des citoyens la carrière qu'ils devaient parcourir, et leur donnait des guides pour les y conduire. On le vit souvent augmenter par ses libéralités l'émulation des troupes, et décerner des récompenses à des particuliers qui remplissaient dans l'obscurité les devoirs de leur état. Pendant la guerre des Perses il mit tant de zèle et de constance à maintenir les lois, qu'il donna plus de ressort au gouvernement.

Cette institution, trop belle pour subsister long-temps, ne dura qu'environ un siècle. Périclès entreprit d'affaiblir une autorité qui contraignait la sienne. Il eut le malheur de réussir ; et dès ce moment il n'y eut plus de censeurs dans l'état, ou plutôt tous les ci-

---

[1] Au fait que je cite dans le texte on peut en ajouter un autre qui s'est passé long-temps après, et dans un siècle où Athènes avait perdu toute sa gloire, et l'aréopage conservé la sienne. Une femme de Sicyone, outrée de ce qu'un second mari et le fils qu'elle en avait eu venaient de mettre à mort un fils de grande espérance qui lui restait de son premier époux, prit le parti de les empoisonner. Elle fut traduite devant plusieurs tribunaux qui n'osèrent ni la condamner ni l'absoudre. L'affaire fut portée à l'aréopage, qui, après un long examen, ordonna aux parties de comparaître dans cent ans.

toyens le devinrent eux-mêmes. Les délations se multiplièrent, et les mœurs reçurent une atteinte fatale.

L'aréopage n'exerce à présent une juridiction proprement dite qu'à l'égard des blessures et des homicides prémédités, des incendies, de l'empoisonnement, et de quelques délits moins graves.

Quand il est question d' meurtre, le second des archontes fait les informations, les p à l'aréopage, se mêle parmi les juges, et prononce avec eux les peines que prescrivent des lois gravées sur une colonne.

Quand il s'agit d'un crime qui intéresse l'état ou la religion, son pouvoir se borne à instruire le procès. Tantôt c'est de lui-même qu'il fait les informations, tantôt c'est le peuple assemblé qui le charge de ce soin. La procédure finie, il en fait son rapport au peuple sans rien conclure. L'accusé peut alors produire de nouveaux moyens de défense; et le peuple nomme des orateurs qui poursuivent l'accusé devant une des cours supérieures.

Les jugements de l'aréopage sont précédés par des cérémonies effrayantes. Les deux parties, placées au milieu des débris sanglants des victimes, font un serment et le confirment par des imprécations terribles contre elles-mêmes et contre leurs familles. Elles prennent à témoin les redoutables Euménides, qui, d'un temple voisin où elles sont honorées, semblent entendre leurs voix et se disposer à punir les parjures.

Après ces préliminaires on discute la cause. Ici la vérité a seule le droit de se présenter aux juges. Ils redoutent l'éloquence autant que le mensonge. Les avocats doivent sévèrement bannir de leurs discours les exordes, les péroraisons, les écarts, les ornements du style, le ton même du sentiment, ce ton qui enflamme si fort l'imagination des hommes, et qui a tant de pouvoir sur les âmes compatissantes. La passion se peindrait vainement dans les yeux et dans les gestes de l'orateur; l'aréopage tient presque toutes ses séances pendant la nuit.

La question étant suffisamment éclaircie, les juges déposent en silence leurs suffrages dans deux urnes, dont l'une s'appelle l'urne de la mort, l'autre celle de la miséricorde. En cas de partage, un officier subalterne ajoute en faveur de l'accusé le suffrage de Minerve. On le nomme ainsi, parce que, suivant une ancienne tradition, cette déesse, assistant dans le même tribunal au jugement d'Oreste, donna son suffrage pour départager les juges.

Dans des occasions importantes, où le peuple, animé par ses orateurs, est sur le point de prendre un parti contraire au bien de l'état, on voit quelquefois les aréopagites se présenter à l'assemblée et ramener les esprits, soit par leurs lumières, soit par leurs prières. Le peuple, qui n'a plus rien à craindre de leur autorité, mais qui respecte encore leur sagesse, leur laisse quelquefois la liberté de revoir ses propres jugements. Les faits que je vais rapporter se sont passés de mon temps.

Un citoyen banni d'Athènes osait y reparaître. On l'accusa devant le peuple, qui crut devoir l'absoudre à la persuasion d'un orateur accrédité. L'aréopage, ayant pris connaissance de cette affaire, ordonna de saisir le coupable, le traduisit de nouveau devant le peuple et le fit condamner.

Il était question de nommer des députés à l'assemblée des amphictyons. Parmi ceux que le peuple avait choisis se trouvait l'orateur Eschine, dont la conduite avait laissé quelques nuages dans les esprits. L'aréopage, sur qui les talents sans la probité ne font aucune impression, informa de la conduite d'Eschine, et prononça que l'orateur Hypéride lui paraissait plus digne d'une si honorable commission. Le peuple nomma Hypéride.

Il est beau que l'aréopage, dépouillé de presque toutes ses fonctions, n'ait perdu ni sa réputation ni son intégrité, et que dans sa disgrâce même il force encore les hommages du public. J'en citerai un autre exemple qui s'est passé sous mes yeux.

Il s'était rendu à l'assemblée générale pour dire son avis sur le projet d'un citoyen nommé Timarque, qui bientôt après fut proscrit pour la corruption de ses mœurs. Autolycus portait la parole au nom de son corps. Ce sénateur, élevé dans la simplicité des temps anciens, ignorait l'indigne abus que l'on fait aujourd'hui des termes les plus usités dans la conversation. Il lui échappa un mot qui, détourné de son vrai sens, pouvait faire allusion à la vie licencieuse de Timarque. Les assistants applaudirent avec transport, et Autolycus prit un maintien plus sévère. Après un moment de silence il voulut continuer; mais, le peuple, donnant aux expressions les plus innocentes une interprétation maligne, ne cessa de l'interrompre par un bruit confus et des rires immodérés. Alors un citoyen distingué s'étant levé s'écria : « N'avez-vous pas de honte, Athéniens, de vous livrer à de pareils excès en présence des aréopagites? » Le peuple répondit qu'il connaissait les égards dus à la majesté de ce tribunal, mais qu'il était des circonstances où l'on ne pouvait pas se contenir dans les bornes du respect. Que de vertus n'a-t-il pas fallu pour établir et entretenir une si haute opinion dans les esprits, et quel bien n'aurait-elle pas produit si on avait su la ménager!

CHAPITRE XVIII.
Des accusations et des procédures parmi les Athéniens.

Les causes que l'on porte aux tribunaux de justice ont pour objet des délits qui intéressent le gouvernement ou les particuliers. S'agit-il de ceux de la première espèce, tout citoyen peut se porter pour accusateur : de ceux de la seconde, la personne lésée en a seule le droit. Dans les premières, on conclut souvent à la mort ; dans les autres il n'est question que de dommages et de satisfactions pécuniaires.

Dans une démocratie plus que dans tout autre gouvernement, le tort qu'on fait à l'état devient personnel à chaque citoyen, et la violence exercée contre un particulier est un crime contre l'état.

On ne se contente pas ici d'attaquer publiquement ceux qui trahissent leur patrie ou qui sont coupables d'impiété, de sacrilége et d'incendie, on peut poursuivre de la même manière le général qui n'a pas fait tout ce qu'il devait ou pouvait faire ; le soldat qui fuit l'enrôlement ou qui abandonne l'armée ; l'ambassadeur, le magistrat, le juge, l'orateur qui ont prévariqué dans leur ministère ; le particulier qui s'est glissé dans l'ordre des citoyens sans en avoir les qualités, ou dans l'administration malgré les raisons qui devaient l'en exclure ; celui qui corrompt ses juges, qui pervertit la jeunesse, qui garde le célibat, qui attente à la vie ou à l'honneur d'un citoyen ; enfin toutes les actions qui tendent plus spécialement à détruire la nature du gouvernement ou la sûreté des citoyens.

Les contestations élevées à l'occasion d'un héritage, d'un dépôt violé, d'une dette incertaine, d'un dommage qu'on a reçu dans ses biens, tant d'autres qui ne concernent pas directement l'état, font la matière des procès entre les personnes intéressées.

Les procédures varient en quelques points, tant pour la différence des tribunaux que pour celle des délits. Je ne m'attacherai qu'aux formalités essentielles. Les actions publiques se portent quelquefois devant le sénat ou devant le peuple, qui, après un premier jugement, a soin de les renvoyer à l'une des cours supérieures ; mais pour l'ordinaire l'accusateur s'adresse à l'un des principaux magistrats, qui lui fait subir un interrogatoire, et lui demande s'il a bien réfléchi sur sa démarche ; s'il est prêt, s'il ne lui serait pas avantageux d'avoir de nouvelles preuves ; s'il a des témoins, s'il désire qu'on lui en fournisse. Il l'avertit en même temps qu'il doit s'engager par un serment à suivre l'accusation, et qu'à la violation du serment est attachée une sorte d'infamie. Ensuite il indique le tribunal, et fait comparaître l'accusateur une seconde fois en sa présence : il lui réitère les mêmes questions, et si ce dernier persiste, la dénonciation reste affichée jusqu'à ce que les juges appellent la cause.

L'accusé fournit alors ses exceptions, tirées ou d'un jugement antérieur, ou d'une longue prescription, ou de l'incompétence du tribunal. Il peut obtenir des délais, intenter une action contre son adversaire, et faire suspendre pendant quelque temps le jugement qu'il redoute.

Après ces préliminaires, dont on n'a pas toujours occasion de se prévaloir, les parties font serment de dire la vérité et commencent à discuter elles-mêmes la cause. On ne leur accorde pour l'éclaircir qu'un temps limité et mesuré par des gouttes d'eau qui tombent d'un vase. La plupart ne récitent que ce que des bouches éloquentes leur ont dicté en secret. Tous peuvent, après avoir cessé de parler, implorer le secours des orateurs qui ont mérité leur confiance ou de ceux qui s'intéressent à leur sort.

Pendant la plaidoirie, les témoins appelés font tout haut leurs dépositions ; car, dans l'ordre criminel ainsi que dans l'ordre civil, il est de règle que l'instruction soit publique. L'accusateur peut demander qu'on applique à la question les esclaves de la partie adverse. Conçoit-on qu'on exerce une pareille barbarie contre des hommes dont il ne faudrait pas tenter la fidélité s'ils sont attachés à leurs maîtres, et dont le témoignage doit être suspect s'ils ont à s'en plaindre? Quelquefois l'une des parties présente d'elle-même ses esclaves à cette cruelle épreuve ; elle croit en avoir le droit parce qu'elle en a le pouvoir. Quelquefois elle se refuse à la demande qu'on lui en a faite, soit qu'elle craigne une déposition arrachée par la violence des tourments, soit que les cris de l'humanité se fassent entendre dans son cœur ; mais alors son refus donne lieu à des soupçons très-violents ; tandis que le préjugé le plus favorable pour les parties, ainsi que pour les témoins, c'est lorsqu'ils offrent, pour garantir ce qu'ils avancent, de prêter serment sur la tête de leurs enfants ou des auteurs de leurs jours.

Nous observerons en passant que la question ne peut être ordonnée contre un citoyen que dans des cas extraordinaires.

Sur le point de prononcer le jugement, le magistrat qui préside au tribunal distribue à chacun des juges une boule blanche pour absoudre, une boule noire pour condamner. Un officier les avertit qu'il s'agit simplement de décider si l'accusé est coupable ou non, et ils vont déposer leurs suffrages dans une boîte. Si les boules noires dominent, le chef des juges trace une longue ligne sur une tablette enduite de cire, et exposée à tous les yeux ; si ce sont les blanches, une ligne plus courte ; s'il y a partage, l'accusé est absous.

Quand la peine est spécifiée par la loi, ce premier jugement suffit ; quand elle n'est énoncée que dans la requête de l'accusateur, le coupable a la liberté de s'en adjuger une plus douce, et cette seconde contestation est terminée par un nouveau jugement auquel on procède tout de suite.

Celui qui, ayant intenté une accusation, ne la poursuit pas ou n'obtient pas la cinquième partie des suffrages, est communément condamné à une amende de mille drachmes[1]. Mais, comme rien n'est si facile ni si dangereux que d'abuser de la religion, la peine de mort est en certaines occasions décernée contre un homme qui en accuse un autre d'impiété sans pouvoir l'en convaincre.

Les causes particulières suivent en plusieurs points la même marche que les causes publiques, et sont, pour la plupart, portées aux tribunaux des archontes, qui tantôt prononcent une sentence dont on peut appeler, et tantôt se contentent de prendre des informations qu'ils présentent aux cours supérieures.

Il y a des causes qu'on peut poursuivre au civil par une accusation particulière, et au criminel par une action publique. Telle est celle de l'insulte faite à la personne d'un citoyen. Les lois, qui ont voulu pourvoir à sa sûreté, autorisent tous les autres à dénoncer publiquement l'agresseur ; mais elles laissent à l'offensé le choix de la vengeance, qui peut se borner à une somme d'argent, s'il entame l'affaire au civil; qui peut aller à la peine de mort, s'il la poursuit au criminel. Les orateurs abusent souvent de ces lois en changeant par des détours insidieux les affaires civiles en criminelles.

Ce n'est pas le seul danger qu'aient à craindre les plaideurs. J'ai vu les juges, distraits pendant la lecture des pièces, perdre la question de vue, et donner leurs suffrages au hasard ; j'ai vu des hommes puissants par leurs richesses insulter publiquement des gens pauvres qui n'osaient demander réparation de l'offense : je les ai vus éterniser en quelque façon un procès en obtenant des délais successifs, et ne permettre aux tribunaux de statuer sur leurs crimes que lorsque l'indignation publique était entièrement refroidie : je les ai vus se présenter à l'audience avec un nombreux cortége de témoins achetés, et même de gens honnêtes qui, par faiblesse, se traînaient à leur suite et les accréditaient par

[1] Neuf cents livres. Cette somme était très-considérable quand la loi fut établie.

leur présence : je les ai vus enfin armer les tribunaux supérieurs contre des juges subalternes qui n'avaient pas voulu se prêter à leurs injustices. Malgré ces inconvénients on a tant de moyens pour écarter un concurrent ou pour se venger d'un ennemi, aux contestations particulières se joignent tant d'accusations publiques, qu'on peut avancer hardiment qu'il se porte plus de causes aux tribunaux d'Athènes qu'à ceux du reste de la Grèce. Cet abus est inévitable dans un état qui, pour rétablir ses finances épuisées, n'a souvent d'autre ressource que de faciliter les dénonciations publiques et de profiter des confiscations qui en sont la suite : il est inévitable dans un état où les citoyens, obligés de se surveiller mutuellement, ayant sans cesse des honneurs à s'arracher, des emplois à se disputer et des comptes à rendre, deviennent nécessairement les rivaux, les espions et les censeurs les uns des autres. Un essaim de délateurs, toujours odieux, mais toujours redoutés, enflamment ces guerres intestines : ils sèment les soupçons et les défiances dans la société, et recueillent avec audace les débris des fortunes qu'ils renversent. Ils ont à la vérité contre eux la sévérité des lois et le mépris des gens vertueux ; mais ils ont pour eux ce prétexte du bien public, qu'on fait si souvent servir à l'ambition et à la haine : ils ont quelque chose de plus fort, leur insolence.

Les Athéniens sont moins effrayés que les étrangers des vices de la démocratie absolue. L'extrême liberté leur paraît un si grand bien qu'ils lui sacrifient jusqu'à leur repos. D'ailleurs, si les dénonciations publiques sont un sujet de terreur pour les uns, elles sont pour la plupart un spectacle d'autant plus attrayant qu'ils ont presque tous un goût décidé pour les ruses et les détours du barreau : ils s'y livrent avec cette chaleur qu'ils mettent à tout ce qu'ils font. Leur activité se nourrit des éternelles et subtiles discussions de leurs intérêts ; et c'est peut-être à cette cause plus qu'à toute autre que l'on doit attribuer cette supériorité de pénétration et cette éloquence importune qui distinguent ce peuple de tous les autres.

CHAPITRE XIX.

Des délits et des peines.

On a gravé quelques lois pénales sur des colonnes placées auprès des tribunaux. Si de pareils monuments pouvaient se multiplier au point d'offrir l'échelle exacte de tous les délits, et celle des peines correspondantes, on verrait plus d'équité dans les jugements et moins de crimes dans la société. Mais on n'a essayé nulle part d'évaluer chaque faute en particulier ; et partout on se plaint que la punition des coupables ne suit pas une règle uniforme. La jurisprudence d'Athènes supplée, dans plusieurs cas, au silence des lois. Nous avons dit que, lorsqu'elles n'ont pas spécifié la peine, il faut un premier jugement pour déclarer l'accusé atteint et convaincu du crime, et un second pour statuer sur le châtiment qu'il mérite. Dans l'intervalle du premier au second, les juges demandent à l'accusé à quelle peine il se condamne. Il lui est permis de choisir la plus douce et la plus conforme à ses intérêts, quoique l'accusation ait proposé la plus forte et la plus conforme à sa haine : les orateurs les discutent l'une et l'autre ; et les juges, faisant en quelque manière les fonctions d'arbitres, cherchent à rapprocher les parties et mettent entre la faute et le châtiment le plus de proportion possible.

Tous les Athéniens peuvent subir les mêmes peines; tous peuvent être privés de la vie, de la liberté, de leur patrie, de leurs biens et de leurs priviléges. Parcourons rapidement ces divers articles.

On punit de mort le sacrilége, la profanation des mystères, les entreprises contre l'état, et surtout contre la démocratie; les déserteurs ; ceux qui livrent à l'ennemi une place, une galère, un détachement de troupes ; enfin tous les attentats qui attaquent directement la religion, le gouvernement ou la vie d'un particulier.

On soumet à la même peine le vol commis de jour quand il s'agit de plus de cinquante drachmes[1] ; celui qui se commet dans les bains, dans les gymnases, quand même la somme serait extrêmement modique.

C'est avec la corde, le fer et le poison qu'on ôte pour l'ordinaire la vie aux coupables ; quelquefois on les fait expirer sous le bâton ; d'autres fois on les jette dans la mer ou dans un gouffre hérissé de pointes tranchantes pour hâter leur trépas : car c'est une espèce d'impiété de laisser mourir de faim, même les criminels.

On détient en prison le citoyen accusé de certains crimes jusqu'à ce qu'il soit jugé, celui qui est condamné à la mort jusqu'à ce qu'il soit exécuté, celui qui doit jusqu'à ce qu'il ait payé. Certaines fautes sont expiées par plusieurs années ou par quelques jours de prison. D'autres doivent l'être par une prison perpétuelle. En certains cas, ceux qu'on y traîne peuvent s'en garantir en donnant des cautions ; en d'autres, ceux qu'on y renferme sont chargés de liens qui leur ôtent l'usage de tous leurs mouvements.

[1] Plus de quarante-cinq livres.

L'exil est un supplice d'autant plus rigoureux pour un Athénien qu'il ne retrouve nulle part les agréments de sa patrie, et que les ressources de l'amitié ne peuvent adoucir son infortune. Un citoyen qui lui donnerait un asile serait sujet à la même peine.

Cette proscription a lieu dans deux circonstances remarquables. 1° Un homme absous d'un meurtre involontaire doit s'absenter pendant une année entière, et ne revenir à Athènes qu'après avoir donné des satisfactions aux parents du mort, qu'après s'être purifié par des cérémonies saintes. 2° Celui qui, accusé devant l'aréopage d'un meurtre prémédité, désespère de sa cause après un premier plaidoyer, peut, avant que les juges aillent au scrutin, se condamner à l'exil, et se retirer tranquillement. On confisque ses biens, et sa personne est en sûreté, pourvu qu'il ne se montre ni sur les terres de la république ni dans les solennités de la Grèce; car, dans ce cas, il est permis à tout Athénien de le traduire en justice ou de lui donner la mort. Cela est fondé sur ce qu'un meurtrier ne doit pas jouir du même air et des mêmes avantages dont jouissait celui à qui il a ôté la vie.

Les confiscations tournent en grande partie au profit du trésor public : on y verse aussi les amendes, après en avoir prélevé le dixième pour le culte de Minerve, et le cinquantième pour celui de quelques autres divinités.

La dégradation prive un homme de tous les droits ou d'une partie des droits de citoyen. C'est une peine très-conforme à l'ordre général des choses : car il est juste qu'un homme soit forcé de renoncer aux priviléges dont il abuse. C'est la peine qu'on peut le plus aisément proportionner au délit : car elle peut se graduer suivant la nature et le nombre de ses priviléges. Tantôt elle ne permet pas au coupable de monter à la tribune, d'assister à l'assemblée générale, de s'asseoir parmi les sénateurs ou parmi les juges; tantôt elle lui interdit l'entrée des temples et toute participation aux choses saintes; quelquefois elle lui défend de paraître dans la place publique, ou de voyager dans certains pays; d'autres fois, en le dépouillant de tout et le faisant mourir civilement, elle ne lui laisse que le poids d'une vie sans attrait, et d'une liberté sans exercice. C'est une peine très-grave et très-salutaire dans une démocratie; parce que, les priviléges que la dégradation fait perdre étant plus importants et plus considérés que partout ailleurs, rien n'est si humiliant que de se trouver au-dessous de ses égaux. Alors un particulier est comme un citoyen détrôné qu'on laisse dans la société pour y servir d'exemple.

Cette interdiction n'entraîne pas toujours l'opprobre à sa suite.

CHAPITRE XIX.

Un Athénien qui s'est glissé dans la cavalerie sans avoir subi un examen est puni, parce qu'il a désobéi aux lois; mais il n'est pas déshonoré, parce qu'il n'a pas blessé les mœurs. Par une conséquence nécessaire, cette espèce de flétrissure s'évanouit lorsque la cause n'en subsiste plus. Celui qui doit au trésor public perd les droits de citoyen; mais il y rentre dès qu'il a satisfait à sa dette. Par la même conséquence on ne rougit pas dans les grands dangers d'appeler au secours de la patrie tous les citoyens suspendus de leurs fonctions; mais il faut auparavant révoquer le décret qui les avait condamnés; et cette révocation ne peut se faire que par un tribunal composé de six mille juges, et sous les conditions imposées par le sénat et par le peuple.

L'irrégularité de la conduite et la dépravation des mœurs produisent une autre sorte de flétrissure que les lois ne pourraient pas effacer. En réunissant leurs forces à celles de l'opinion publique, elles enlèvent au citoyen qui a perdu l'estime des autres les ressources qu'il trouvait dans son état. Ainsi, en éloignant des charges et des emplois celui qui a maltraité les auteurs de ses jours, celui qui a lâchement abandonné son poste ou son bouclier, elle les couvre publiquement d'une infamie qui les force à sentir le remords.

CHAPITRE XX.
Mœurs et vie civile des Athéniens.

Au chant du coq les habitants de la campagne entrent dans la ville avec leurs provisions, en chantant de vieilles chansons. En même temps les boutiques s'ouvrent avec bruit, et tous les Athéniens sont en mouvement. Les uns reprennent les travaux de leur profession; d'autres, en grand nombre, se répandent dans les différents tribunaux pour y remplir les fonctions de juges.

Parmi le peuple ainsi qu'à l'armée, on fait deux repas par jour; mais les gens d'un certain ordre se contentent d'un seul, qu'ils placent, les uns à midi, la plupart avant le coucher du soleil. L'après-midi ils prennent quelques moments de sommeil, ou bien ils jouent aux osselets, aux dés, et à des jeux de commerce.

Pour le premier de ces jeux on se sert de quatre osselets présentant sur chacune de leurs faces un de ces quatre nombres : un, trois, quatre, six. De leurs différentes combinaisons résultent trente-cinq coups auxquels on a donné les noms des dieux, des princes, des héros, etc. Les uns font perdre, les autres gagner. Le plus favorable de tous est celui qu'on appelle de Vénus; c'est lorsque les quatre osselets présentent les quatre nombres différents.

Dans le jeu des dés on distingue aussi des coups heureux et des coups malheureux ; mais souvent, sans s'arrêter à cette distinction, il ne s'agit que d'amener un plus haut point que son adversaire. La rafle de six est le coup le plus fortuné. On n'emploie que trois dés à ce jeu, on les secoue dans un cornet, et, pour éviter toute fraude, on les verse dans un cylindre creux d'où ils s'échappent et roulent sur le damier¹. Quelquefois au lieu de trois dés on se sert de trois osselets.

Tout dépend du hasard dans les jeux précédents, et de l'intelligence du joueur dans le suivant. Sur une table où l'on a tracé des lignes ou des cases, on range de chaque côté des dames ou des pions de couleurs différentes. L'habileté consiste à les soutenir l'un par l'autre, à enlever ceux de son adversaire lorsqu'ils s'écartent avec imprudence, à l'enfermer au point qu'il ne puisse plus avancer. On lui permet de revenir sur ses pas quand il a fait une fausse marche².

Quelquefois on réunit ce dernier jeu à celui des dés. Le joueur règle la marche des pions ou des dames sur les points qu'il amène. Il doit prévoir les coups qui lui sont avantageux ou funestes, et c'est à lui de profiter des faveurs du sort ou d'en corriger les caprices. Ce jeu, ainsi que le précédent, exige beaucoup de combinaisons : on doit les apprendre dès l'enfance, et quelques-uns s'y rendent si habiles que personne n'ose lutter contre eux et qu'on les cite pour exemples.

Dans les intervalles de la journée, surtout le matin avant midi, et le soir avant le souper, on va sur les bords de l'Ilissus et tout autour de la ville, jouir de l'extrême pureté de l'air, et des aspects charmants qui s'offrent de tous côtés ; mais pour l'ordinaire on se rend à la place publique, qui est l'endroit le plus fréquenté de la ville. Comme c'est là que se tient souvent l'assemblée générale et que se trouvent le palais du sénat et le tribunal du premier des archontes, presque tous y sont entraînés par leurs affaires ou par celles de la république. Plusieurs y viennent aussi parce qu'ils ont besoin de se distraire, et d'autres parce qu'ils ont besoin de s'occuper. A certaines heures, la place délivrée des embarras du marché offre un champ libre à ceux qui veulent jouir du spectacle de la foule, ou se donner eux-mêmes en spectacle.

¹ M. de Peirèsc avait acquis un calendrier ancien, orné de dessins. Au mois de janvier était représenté un joueur qui tenait un cornet dans sa main, et en versait des dés dans une espèce de tour placée sur le bord du damier.

² On présume que ce jeu avait du rapport avec le jeu de dames ou celui des échecs, et le suivant avec celui du trictrac. On peut voir Meurs. (*De lud. græc. in* Παττ); Buleng. (*De lud. veter.*); Hyd. (*Hist. Nerd.*); Salmas (*in Vopisc.*, p. 469).

Autour de la place sont des boutiques de parfumeurs [1], d'orfévres, de barbiers, etc., ouvertes à tout le monde, où l'on discute avec bruit les intérêts de l'état, les anecdotes des familles, les vices et les ridicules des particuliers. Du sein de ces assemblées, qu'un mouvement confus sépare et renouvelle sans cesse, partent mille traits ingénieux ou sanglants contre ceux qui paraissent à la promenade avec un extérieur négligé ou qui ne craignent pas d'y étaler un faste révoltant ; car ce peuple, railleur à l'excès, emploie une espèce de plaisanterie d'autant plus redoutable qu'elle cache avec soin sa malignité. On trouve quelquefois une compagnie choisie et des conversations instructives aux différents portiques distribués dans la ville. Ces sortes de rendez-vous ont dû se multiplier parmi les Athéniens. Leur goût insatiable pour les nouvelles, suite de l'activité de leur esprit et de l'oisiveté de leur vie, les force à se rapprocher les uns des autres.

Ce goût si vif, qui leur a fait donner le nom de bayeurs ou badauds, se ranime avec fureur pendant la guerre. C'est alors qu'en public, en particulier, leurs conversations roulent sur des expéditions militaires ; qu'ils ne s'abordent point sans se demander avec empressement s'il y a quelque chose de nouveau ; qu'on voit de tous côtés des essaims de nouvellistes tracer sur le terrain ou sur le mur la carte du pays où se trouve l'armée, annoncer des succès à haute voix, des revers en secret, recueillir et grossir des bruits qui plongent la ville dans la joie la plus immodérée, ou dans le plus affreux désespoir.

Des objets plus doux occupent les Athéniens pendant la paix. Comme la plupart font valoir leurs terres, ils partent le matin à cheval ; et, après avoir dirigé les travaux de leurs esclaves, ils reviennent le soir à la ville.

Leurs moments sont quelquefois remplis par la chasse et par les exercices du gymnase. Outre les bains publics où le peuple aborde en foule, et qui servent d'asile aux pauvres contre les rigueurs de l'hiver, les particuliers en ont dans leurs maisons. L'usage leur en est devenu si nécessaire qu'ils l'ont introduit jusque sur leurs vaisseaux. Ils se mettent au bain souvent après la promenade, presque toujours avant le repas. Ils en sortent parfumés d'essences ; et ces odeurs se mêlent avec celles dont ils ont soin de pénétrer leurs habits, qui prennent divers noms suivant la différence de leurs formes et de leurs couleurs.

---

[1] Au lieu de dire : Aller chez les parfumeurs, on disait « aller au parfum », comme nous disons aller au café. Poll. (lib. XIX, cap. 2, § 10) ; Schol. Aristoph. (in *Equit.*, v. 1372) ; Spanh. et Kuster (*ibid.*) ; Tayl. (*Lect. lysiac.* p. 720).

La plupart se contentent de mettre par-dessus une tunique qui descend jusqu'à mi-jambe un manteau qui les couvre presque en entier. Il ne convient qu'aux gens de la campagne ou sans éducation de relever au-dessus des genoux les diverses pièces de l'habillement.

Beaucoup d'entre eux vont pieds nus ; d'autres, soit dans la ville, soit en voyage, quelquefois même dans les processions, couvrent leur tête d'un grand chapeau à bords détroussés.

Dans la manière de disposer les parties du vêtement les hommes doivent se proposer la décence, les femmes y joindre l'élégance et le goût. Elles portent : 1° une tunique blanche qui s'attache avec des boutons sur les épaules, qu'on serre au-dessous du sein avec une large ceinture, et qui descend en plis ondoyants jusqu'aux talons ; 2° une robe plus courte, assujettie sur les reins par un large ruban, terminée dans sa partie inférieure, ainsi que la tunique, par des bandes ou raies de différentes couleurs, garnie quelquefois de manches qui ne couvrent qu'une partie des bras ; 3° un manteau qui tantôt est ramassé en forme d'écharpe, et tantôt se déployant sur le corps, semble par ses heureux contours n'être fait que pour le dessiner. On le remplace très-souvent par un léger mantelet. Quand elles sortent, elles mettent un voile sur leur tête.

Le lin, le coton, et surtout la laine, sont les matières le plus souvent employées pour l'habillement des Athéniens. La tunique était autrefois de lin : elle est maintenant de coton. Le peuple est vêtu d'un drap qui n'a reçu aucune teinture, et qu'on peut reblanchir. Les gens riches préfèrent des draps de couleur. Ils estiment ceux que l'on teint en écarlate par le moyen de petits grains rougeâtres qu'on recueille sur un arbrisseau ; mais ils font encore plus de cas des teintures en pourpre, surtout de celles qui présentent un rouge très-foncé et tirant sur le violet.

On fait pour l'été des vêtements très-légers. En hiver quelques-uns se servent de grandes robes qu'on fait venir de Sardes, et dont le drap, fabriqué à Ecbatane en Médie, est hérissé de gros flocons de laine propres à garantir du froid.

On voit des étoffes que rehausse l'éclat de l'or, d'autres où se retracent les plus belles fleurs avec leurs couleurs naturelles ; mais elles ne sont destinées qu'aux vêtements dont on couvre les statues des dieux, ou dont les acteurs se parent sur le théâtre. Pour les interdire aux femmes honnêtes, les lois ordonnent aux femmes de mauvaise vie de s'en servir.

Les Athéniennes peignent leurs sourcils en noir, et appliquent sur leur visage une couche de blanc de céruse avec de fortes teintes de rouge. Elles répandent sur leurs cheveux couronnés de fleurs une poudre de couleur jaune ; et, suivant que leur taille l'exige, elles portent des chaussures plus ou moins hautes.

Renfermées dans leur appartement, elles sont privées du plaisir de partager et d'augmenter l'agrément des sociétés que leurs époux rassemblent. La loi ne leur permet de sortir pendant le jour que dans certaines circonstances, et pendant la nuit qu'en voiture et avec un flambeau qui les éclaire. Mais cette loi, défectueuse en ce qu'elle ne peut être commune à tous les états, laisse les femmes du dernier rang dans une entière liberté, et n'est devenue pour les autres qu'une simple règle de bienséance, règle que des affaires pressantes ou de légers prétextes font violer tous les jours. Elles ont d'ailleurs bien des motifs légitimes pour sortir de leurs retraites : des fêtes particulières, interdites aux hommes, les rassemblent souvent entre elles ; dans les fêtes publiques elles assistent aux spectacles ainsi qu'aux cérémonies du temple. Mais en général elles ne doivent paraître qu'accompagnées d'eunuques ou de femmes esclaves qui leur appartiennent, et qu'elles louent même pour avoir un cortége plus nombreux. Si leur extérieur n'est pas décent, des magistrats chargés de veiller sur elles les soumettent à une forte amende, et font inscrire leur sentence sur une tablette qu'ils suspendent à l'un des platanes de la promenade publique.

Des témoignages d'un autre genre les dédommagent quelquefois de la contrainte où elles vivent. Je rencontrai un jour la jeune Leucippe, dont les attraits naissants et jusqu'alors ignorés brillaient à travers un voile que le vent soulevait par intervalles. Elle revenait du temple de Cérès avec quelques esclaves. La jeunesse d'Athènes, qui suivait ses pas, l'aperçut qu'un instant ; et le lendemain je lus sur la porte de sa maison, au coin des rues, sur l'écorce des arbres, dans les endroits les plus exposés, ces mots tracés par des mains différentes : « Leucippe est belle, rien n'est si beau que Leucippe. »

Les Athéniens étaient autrefois si jaloux qu'ils ne permettaient pas à leurs femmes de se montrer à la fenêtre. On a reconnu depuis que cette extrême sévérité ne servait qu'à hâter le mal qu'on cherchait à prévenir. Cependant elles ne doivent pas recevoir des hommes chez elles en l'absence de leurs époux ; et si un mari surprenait son rival au moment où celui-ci le déshonore, il serait en droit de lui ôter la vie, ou de l'obliger par des tourments à la racheter ; mais il ne peut en exiger qu'une amende décernée par les juges si la femme n'a cédé qu'à la force. On a pensé avec raison que dans ces occasions la violence est moins dangereuse que la séduction.

Le premier éclat d'une infidélité de cette espèce n'est pas l'unique punition réservée à une femme coupable et convaincue. On la répudie sur-le-champ : les lois l'excluent pour toujours des cérémonies religieuses ; et si elle se montrait avec une parure recherchée, tout le monde serait en droit de lui arracher ses ornements, de déchirer ses habits et de la couvrir d'opprobre.

Un mari obligé de répudier sa femme doit auparavant s'adresser à un tribunal auquel préside un des principaux magistrats. Le même tribunal reçoit les plaintes des femmes qui veulent se séparer de leurs maris. C'est là qu'après de longs combats entre la jalousie et l'amour, comparut autrefois l'épouse d'Alcibiade, la vertueuse et trop sensible Hipparète. Tandis que d'une main tremblante elle présentait le placet qui contenait ses griefs, Alcibiade survint tout à coup. Il la prit sous le bras sans qu'elle fît la moindre résistance, et, traversant avec elle la place publique, aux applaudissements de tout le peuple, il la ramena tranquillement dans sa maison. Les écarts de cet Athénien étaient si publics, qu'Hipparète ne faisait aucun tort à la réputation de son mari ni à la sienne. Mais, en général, les femmes d'un certain état n'osent pas demander le divorce, et, soit faiblesse ou fierté, la plupart aimeraient mieux essuyer en secret de mauvais traitements que de s'en délivrer par un éclat qui publierait leur honte ou celle de leurs époux. Il est inutile d'avertir que le divorce laisse la liberté de contracter un nouvel engagement.

La sévérité des lois ne saurait éteindre dans les cœurs le désir de plaire, et les précautions de la jalousie ne servent qu'à l'enflammer. Les Athéniennes, éloignées des affaires publiques par la constitution du gouvernement, et portées à la volupté par l'influence du climat, n'ont souvent d'autre ambition que celle d'être aimées, d'autre soin que celui de leur parure, d'autre vertu que la crainte du déshonneur. Attentives, pour la plupart, à se couvrir de l'ombre du mystère, peu d'entre elles se sont rendues fameuses par leurs galanteries.

Cette célébrité est réservée aux courtisanes.

Les lois les protégent pour corriger peut-être des vices plus odieux, et les mœurs ne sont pas assez alarmées des outrages qu'elles en reçoivent : l'abus va au point de blesser ouvertement la bienséance et la raison. Une épouse n'est destinée qu'à veiller sur l'intérieur de la maison et qu'à perpétuer le nom d'une famille en donnant des enfants à la république. Les jeunes gens qui entrent dans le monde, des hommes d'un certain âge, des magistrats, des philosophes, presque tous ceux qui jouissent d'un revenu honnête, réservent leurs complaisances et leurs attentions pour des maîtresses qu'ils entretiennent, chez qui ils passent une partie de la journée, et dont quelquefois ils ont des enfants qu'ils adoptent et qu'ils confondent avec leurs enfants légitimes.

Quelques-unes, élevées dans l'art de séduire par des femmes qui joignent l'exemple aux leçons, s'empressent à l'envi de surpasser leurs modèles. Les agréments de la figure et de la jeunesse, les grâces touchantes répandues sur toute leur personne, l'élégance de la parure, la réunion de la musique, de la danse et de tous les talents agréables, un esprit cultivé, des saillies heureuses, l'artifice du langage et du sentiment, elles mettent tout en usage pour retenir leurs adorateurs. Ces moyens ont quelquefois tant de pouvoir qu'ils dissipent auprès d'elles leur fortune et leur honneur, jusqu'à ce qu'ils en soient abandonnés, pour traîner le reste de leur vie dans l'opprobre et dans les regrets.

Malgré l'empire qu'exercent les courtisanes, elles ne peuvent paraître dans les rues avec des bijoux précieux, et les gens en place n'osent se montrer en public avec elles.

Outre cet écueil, les jeunes gens ont encore à regretter le temps qu'ils passent dans ces maisons fatales où l'on donne à jouer, où se livrent des combats de coqs qui souvent occasionnent de gros paris. Enfin ils ont à craindre les suites mêmes de leur éducation, dont ils méconnaissent l'esprit. A peine sortent-ils du gymnase, qu'animés du désir de se distinguer dans les courses de chars et de chevaux qui se font à Athènes et dans les autres villes de la Grèce, ils s'abandonnent sans réserve à ces exercices. Ils ont de riches équipages, ils entretiennent un grand nombre de chiens et de chevaux; et ces dépenses, jointes au faste de leurs habits, détruisent bientôt entre leurs mains l'héritage de leurs pères.

On va communément à pied, soit dans la ville, soit aux environs. Les gens riches, tantôt se servent de chars et de litières, dont les autres citoyens ne cessent de blâmer et d'envier l'usage; tantôt se font suivre par un domestique qui porte un pliant, afin qu'ils puissent s'asseoir dans la place publique et toutes les fois qu'ils sont fatigués de la promenade. Les hommes paraissent presque toujours avec une canne à la main, les femmes très-souvent avec un parasol. La nuit, on se fait éclairer par un esclave qui tient un flambeau orné de différentes couleurs.

Dans les premiers jours de mon arrivée, je parcourais les écriteaux placés au-dessus des portes des maisons. On lit sur les uns

MAISON A VENDRE, MAISON A LOUER ; sur d'autres : C'EST LA MAISON D'UN TEL, QUE RIEN DE MAUVAIS N'ENTRE CÉANS. Il m'en coûtait pour satisfaire cette petite curiosité. Dans les principales rues, on est continuellement heurté, pressé, foulé par quantité de gens à cheval, de charretiers, de porteurs d'eau, de crieurs d'édits, de mendiants, d'ouvriers et autres gens du peuple. Un jour que j'étais avec Diogène à regarder de petits chiens que l'on avait dressés à faire des tours, un de ces ouvriers, chargé d'une grosse poutre, l'on frappa rudement, et lui cria : « Prenez garde! » Diogène lui répondit sur-le-champ : « Est-ce que tu veux me frapper une seconde fois ? »

Si la nuit on n'est accompagné de quelques domestiques, on risque d'être dépouillé par les filous, malgré la vigilance des magistrats obligés de faire leur ronde toutes les nuits. La ville entretient une garde de Scythes pour prêter main-forte à ces magistrats, exécuter les jugements des tribunaux, maintenir le bon ordre dans les assemblées générales et dans les cérémonies publiques. Ils prononcent le grec d'une manière si barbare qu'on les joue quelquefois sur le théâtre ; et ils aiment le vin au point que, pour dire boire à l'excès, on dit boire comme un Scythe.

Le peuple est naturellement frugal ; les salaisons et les légumes font sa principale nourriture. Tous ceux qui n'ont pas de quoi vivre, soit qu'ils aient été blessés à la guerre, soit que leurs maux les rendent incapables de travailler, reçoivent tous les jours du trésor une ou deux oboles que leur accorde l'assemblée de la nation. De temps en temps on examine dans le sénat le rôle de ceux qui reçoivent ce bienfait, et l'on en exclut ceux qui n'ont plus le même titre pour le recevoir. Les pauvres obtiennent encore d'autres soulagements à leur misère : à chaque nouvelle lune les riches exposent dans les carrefours, en l'honneur de la déesse Hécate, des repas qu'on laisse enlever au petit peuple.

J'avais pris une note exacte de la valeur des denrées ; je l'ai perdue : je me rappelle seulement que le prix ordinaire du blé était de cinq drachmes par médimne [1]. Un bœuf de la première qualité valait environ quatre-vingts drachmes [2] ; un mouton, la cinquième partie d'un bœuf, c'est-à-dire environ seize drachmes [3] ; un agneau, dix drachmes [4].

---

[1] Quatre livres dix sous. En mettant la drachme à dix-huit sous, et le médimne à un peu plus de quatre boisseaux (Goguet, *Origine des lois*, t. IV, p. 260), notre setier de blé aurait valu environ treize de nos livres.

[2] Environ soixante-douze livres.

[3] Environ quatorze livres huit sous.

[4] Neuf livres. — J'ai rapporté dans le texte le prix de quelques comestibles, tel

On conçoit aisément que ces prix haussent dans les temps de disette. On a vu quelquefois le médimne de froment monter de cinq drachmes, qui est son prix ordinaire, jusqu'à seize drachmes, et celui de l'orge jusqu'à dix-huit. Indépendamment de cette cause passagère, on avait observé, lors de mon séjour à Athènes, que depuis environ soixante-dix ans les denrées augmentaient successivement de prix, et que le froment en particulier valait alors deux cinquièmes de plus qu'il n'avait valu pendant la guerre du Péloponnèse.

On ne trouve point ici de fortunes aussi éclatantes que dans la Perse ; et quand je parle de l'opulence et du faste des Athéniens, ce n'est que relativement aux autres peuples de la Grèce. Cependant quelques familles, en petit nombre, se sont enrichies par le commerce, d'autres par les mines d'argent qu'elles possèdent à Laurium, montagne de l'Attique. Les autres citoyens croient jouir d'une fortune honnête lorsqu'ils ont en biens-fonds quinze ou vingt talents [1] et qu'ils peuvent donner cent mines de dot à leurs filles [2].

Quoique les Athéniens aient l'insupportable défaut d'ajouter foi à la calomnie avant que de l'éclaircir, ils ne sont méchants que par légèreté ; et l'on dit communément que quand ils sont bons ils le sont plus que les autres Grecs, parce que leur bonté n'est pas une vertu d'éducation.

Le peuple est ici plus bruyant qu'ailleurs. Dans la première classe des citoyens règnent cette bienséance qui fait croire qu'un homme s'estime lui-même, et cette politesse qui fait croire qu'il estime les autres. La bonne compagnie exige de la décence dans les expressions et dans l'extérieur : elle sait proportionner aux

qu'il était à Athènes du temps de Démosthène. Environ soixante ans auparavant, du temps d'Aristophane, la journée d'un manœuvre valait trois oboles (neuf sous) ; un cheval de course, douze mines, ou mille deux cents drachmes (mille quatre-vingts livres) ; un manteau, vingt drachmes (dix-huit livres) ; une chaussure, huit drachmes (sept livres quatre sous).

[1] Le talent valait cinq mille quatre cents livres.
[2] Neuf mille livres.

Le père de Démosthène passait pour être très-riche ; cependant il n'avait laissé à son fils qu'environ quatorze talents, environ soixante-quinze mille six cents livres. Voici quels étaient les principaux effets de cette succession : 1° une manufacture d'épées où travaillaient trente esclaves. Deux ou trois, qui étaient à la tête, valaient chacun cinq à six cents drachmes, environ cinq cents livres ; les autres, au moins trois cents drachmes, deux cent soixante-dix livres : ils rendaient par an trente mines, ou deux mille sept cents livres, tous frais déduits. 2° Une manufacture de lits qui occupait vingt esclaves, lesquels valaient quarante mines, ou trois mille six cents livres : ils rendaient par an douze mines, ou mille quatre-vingts livres. 3° De l'ivoire, du fer, du bois, quatre-vingts mines, ou sept mille deux cents livres. L'ivoire servait soit pour les pieds des lits, soit pour les poignées et les fourreaux des épées. 4° Noix de galle et cuivre, soixante-dix mines, ou six mille trois cents livres. 5° Maison, trente mines, ou deux mille sept cents livres. 6° Meubles, vases, coupes, bijoux d'or, robes et toilettes de la mère de Démosthène, cent mines, ou neuf mille livres. 7° De l'argent prêté ou mis dans le commerce, etc.

temps et aux personnes les égards par lesquels on se prévient mutuellement, et regarde une démarche affectée ou précipitée comme un signe de vanité ou de légèreté ; un ton brusque, sentencieux, trop élevé, comme une preuve de mauvaise éducation ou de rusticité. Elle condamne aussi les caprices de l'humeur, l'empressement affecté, l'accueil dédaigneux et le goût de la singularité.

Elle exige une certaine facilité de mœurs, également éloignée de cette complaisance qui approuve tout et de cette austérité chagrine qui n'approuve rien. Mais ce qui la caractérise le plus est une plaisanterie fine et légère qui réunit la décence à la liberté, qu'il faut savoir pardonner aux autres et se faire pardonner à soi-même, que peu de gens savent employer, que peu de gens même savent entendre. Elle consiste... Non, je ne le dirai pas. Ceux qui la connaissent me comprennent assez, et les autres ne me comprendraient pas. On la nomme à présent adresse et dextérité, parce l'esprit n'y doit briller qu'en faveur des autres, et qu'en lançant des traits il doit plaire et ne pas offenser : on la confond souvent avec la satire, les facéties ou la bouffonnerie ; car chaque société a son ton particulier. Celui de la bonne compagnie s'est formé presque de notre temps : il suffit, pour s'en convaincre, de comparer l'ancien théâtre avec le nouveau. Il n'y a guère plus d'un demi-siècle que les comédies étaient pleines d'injures grossières et d'obscénités révoltantes qu'on ne souffrirait pas aujourd'hui dans la bouche des acteurs.

On trouve dans cette ville plusieurs sociétés dont les membres s'engagent à s'assister mutuellement. L'un d'eux est-il traduit en justice, est-il poursuivi par des créanciers, il implore le secours de ses associés. Dans le premier cas ils l'accompagnent au tribunal, et lui servent, quand ils en sont requis, d'avocats ou de témoins ; dans le second ils lui avancent les fonds nécessaires sans en exiger le moindre intérêt, et ne lui prescrivent d'autre terme pour le remboursement que le retour de sa fortune ou de son crédit. S'il manque à ses engagements, pouvant les remplir, il ne peut être traduit en justice, mais il est déshonoré. Ils s'assemblent quelquefois, et cimentent leur union par des repas où règne la liberté. Ces associations, que formèrent autrefois des motifs nobles et généreux, ne se soutiennent aujourd'hui que par l'injustice et par l'intérêt. Le riche s'y mêle avec les pauvres pour les engager à se parjurer en sa faveur ; le pauvre, avec les riches pour avoir quelque droit à leur protection.

Parmi ces sociétés il s'en est établi une dont l'unique objet est de recueillir toutes les espèces de ridicules et de s'amuser par des saillies et des bons mots. Ils sont au nombre de soixante, tous gens fort gais et de beaucoup d'esprit; ils se réunissent de temps en temps dans le temple d'Hercule pour y prononcer des décrets en présence d'une foule de témoins attirés par la singularité du spectacle. Les malheurs de l'état n'ont jamais interrompu leurs assemblées.

Deux sortes de ridicules, entre autres, multiplient les décrets de ce tribunal. On voit ici des gens qui outrent l'élégance attique, et d'autres la simplicité spartiate. Les premiers ont soin de se raser souvent, de changer souvent d'habits, de faire briller l'émail de leurs dents, de se couvrir d'essences. Ils portent des fleurs aux oreilles, des cannes torses à la main et des souliers à l'Alcibiade. C'est une espèce de chaussure dont Alcibiade a donné la première idée, et dont l'usage subsiste encore parmi les jeunes gens jaloux de leur parure. Les seconds affectent les mœurs des Lacédémoniens, et sont en conséquence taxés de laconomanie. Leurs cheveux tombent confusément sur leurs épaules; ils se font remarquer par un manteau grossier, une chaussure simple, une longue barbe, un gros bâton, une démarche lente, et, si j'ose le dire, par tout l'appareil de la modestie. Les efforts des premiers, bornés à s'attirer l'attention, révoltent encore moins que ceux des seconds, qui en veulent directement à notre estime. J'ai vu des gens d'esprit traiter d'insolence cette fausse simplicité. Ils avaient raison. Toute prétention est une usurpation : car nous avons pour prétentions les droits des autres.

CHAPITRE XXI.

De la religion. Des ministres sacrés. Des principaux crimes contre la religion.

Il ne s'agit ici que de la religion dominante : nous rapporterons ailleurs les opinions des philosophes à l'égard de la divinité.

Le culte public est fondé sur cette loi : « Honorez en public et en particulier les dieux et les héros du pays. Que chacun leur offre tous les ans, suivant ses facultés et suivant les rits établis, les prémices de ses moissons. »

Dès les plus anciens temps, les objets du culte s'étaient multipliés parmi les Athéniens. Les douze principales divinités leur furent communiquées par les Égyptiens, et d'autres par les Libyens et par différents peuples. On défendit ensuite, sous peine de mort, d'admettre des cultes étrangers sans un décret de l'aréopage sollicité par les orateurs publics. Depuis un siècle ce tribunal étant devenu plus facile, les dieux de la Thrace, de la Phrygie et de quelques autres nations barbares ont fait une irruption dans l'Attique, et s'y sont maintenus avec éclat, malgré les plaisanteries dont le théâtre retentit contre ces étranges divinités et contre les cérémonies nocturnes célébrées en leur honneur.

Ce fut anciennement une belle institution de consacrer par des monuments et par des fêtes le souvenir des rois et des particuliers qui avaient rendu de grands services à l'humanité. Telle est l'origine de la profonde vénération que l'on conserve pour les héros. Les Athéniens mettent dans ce nombre Thésée, premier auteur de leur liberté ; Érechthée, un de leurs anciens rois ; ceux qui méritèrent de donner leur nom aux dix tribus ; d'autres encore, parmi lesquels il faut distinguer Hercule, qu'on range indifféremment dans la classe des dieux et dans celle des héros.

Le culte de ces derniers diffère essentiellement de celui des dieux, tant par l'objet qu'on se propose que par les cérémonies qu'on y pratique. Les Grecs se prosternent devant la divinité pour reconnaître leur dépendance, implorer sa protection, ou la remercier de ses bienfaits. Ils consacrent des temples, des autels, des bois, et célèbrent des fêtes et des jeux en l'honneur des héros pour éterniser leur gloire et rappeler leurs exemples. On brûle de l'encens sur leurs autels, en même temps qu'on répand sur leurs tombeaux des libations destinées à procurer du repos à leurs âmes. Aussi les sacrifices dont on les honore ne sont, à proprement parler, adressés qu'aux dieux des enfers.

On enseigne des dogmes secrets dans les mystères d'Éleusis, de Bacchus et de quelques autres divinités ; mais la religion dominante consiste toute dans l'extérieur. Elle ne présente aucun corps de doctrine, aucune instruction publique, point d'obligation étroite de participer à des jours marqués au culte établi. Il suffit, pour la croyance, de paraître persuadé que les dieux existent et qu'ils récompensent la vertu, soit dans cette vie, soit dans l'autre ; pour la pratique, de faire par intervalles quelques actes de religion, comme, par exemple, de paraître dans les temples aux fêtes solennelles, et de présenter ses hommages sur les autels publics.

Le peuple fait uniquement consister la piété dans la prière, dans les sacrifices et dans les purifications.

Les particuliers adressent leurs prières aux dieux au commencement d'une entreprise. Ils leur en adressent le matin, le soir, au lever et au coucher du soleil et de la lune. Quelquefois ils se rendent au temple les yeux baissés et l'air recueilli ; ils y paraissent en suppliants. Toutes les marques de respect, de crainte et de flatterie que les courtisans témoignent au souverain en approchant du trône, les hommes les prodiguent aux dieux en approchant des autels. Ils baisent la terre, ils prient debout, à genoux, prosternés, tenant des rameaux dans leurs mains qu'ils élèvent vers le ciel ou qu'ils étendent vers la statue du dieu, après les avoir portées à leur bouche. Si l'hommage s'adresse aux dieux des enfers, on a soin, pour attirer leur attention, de frapper la terre avec les pieds ou avec les mains.

Quelques-uns prononcent leurs prières à voix basse. Pythagore voulait qu'on les récitât tout haut, afin de ne rien demander dont on eût à rougir. En effet, la meilleure de toutes les règles serait de parler aux dieux comme si l'on était en présence des hommes, et aux hommes comme si l'on était en présence des dieux.

Dans les solennités publiques, les Athéniens prononcent en commun des vœux pour la prospérité de l'état et pour celle de leurs alliés; quelquefois pour la conservation des fruits de la terre, et pour le retour de la pluie ou du beau temps; d'autres fois pour être délivrés de la peste, de la famine.

J'étais souvent frappé de la beauté des cérémonies. Le spectacle en est imposant. La place qui précède le temple, les portiques qui l'entourent sont remplis de monde. Les prêtres s'avancent sous le vestibule près de l'autel. Après que l'officiant a dit d'une voix sonore : « Faisons les libations et prions, » un des ministres subalternes, pour exiger de la part des assistants l'aveu de leurs dispositions saintes, demande : « Qui sont ceux qui composent cette assemblée ? — Des gens honnêtes, » répondent-ils de concert. « Faites donc silence, » ajoute-t-il. Alors on récite les prières assorties à la circonstance. Bientôt des chœurs de jeunes gens chantent des hymnes sacrés. Leurs voix sont si touchantes et tellement secondées par le talent du poète, attentif à choisir des sujets propres à émouvoir, que la plupart des assistants fondent en larmes. Mais, pour l'ordinaire, les chants religieux sont brillants, et plus capables d'inspirer la joie que la tristesse. C'est l'impression que l'on reçoit aux fêtes de Bacchus lorsqu'un des ministres ayant dit à haute voix, « invoquez le dieu, » tout le monde entonne soudain un cantique qui commence par ces mots : « O fils de Sémélé! ô Bacchus, auteur des richesses ! »

Les particuliers fatiguent le ciel par des vœux indiscrets. Ils le pressent de leur accorder tout ce qui peut servir à leur ambition et à leurs plaisirs. Ces prières sont regardées comme des blasphèmes par quelques philosophes, qui, persuadés que les hommes ne sont pas assez éclairés sur leurs vrais intérêts, voudraient qu'ils s'en rapportassent uniquement à la bonté des dieux, ou du moins qu'ils ne leur adressassent que cette espèce de formule consignée dans les récits d'un ancien poète : « O vous qui êtes le roi du ciel! accordez-nous ce qui nous est utile, soit que nous le demandions, soit que nous ne le demandions pas ; refusez-nous ce qui nous serait nuisible, quand même nous le demanderions. »

Autrefois on ne présentait aux dieux que les fruits de la terre ; et l'on voit encore dans la Grèce plusieurs autels sur lesquels il n'est pas permis d'immoler des victimes. Les sacrifices sanglants s'introduisirent avec peine. L'homme avait horreur de porter le fer dans le sein d'un animal destiné au labourage et devenu le compagnon de ses travaux : une loi expresse le lui défendait sous peine de mort, et l'usage général l'engageait à s'abstenir de la chair des animaux.

Le respect qu'on avait pour les traditions anciennes est attesté par une cérémonie qui se renouvelle tous les ans. Dans une fête consacrée à Jupiter, on place des offrandes sur un autel auprès duquel on fait passer des bœufs. Celui qui touche à ces offrandes doit être immolé. De jeunes filles portent de l'eau dans des vases, et les ministres du dieu les instruments du sacrifice. A peine le coup est-il frappé, que le victimaire, saisi d'horreur, laisse tomber la hache et prend la fuite. Cependant ses complices goûtent de la victime, en cousent la peau, la remplissent de foin, attachent à la charrue cette figure informe, et vont se justifier devant les juges qui les ont cités à leur tribunal. Les jeunes filles qui ont fourni l'eau pour aiguiser les instruments rejettent la faute sur ceux qui les ont aiguisés en effet; ces derniers, sur ceux qui ont égorgé la victime ; et ceux-ci, sur les instruments, qui sont condamnés comme auteurs du meurtre, et jetés dans la mer. Cette cérémonie mystérieuse est de la plus haute antiquité, et rappelle un fait qui se passa du temps d'Érec'thée. Un laboureur, ayant placé son offrande sur l'autel, assomma un bœuf qui en avait dévoré une partie; il prit la fuite, et la hache fut traduite en justice.

Quand les hommes se nourrissaient des fruits de la terre, ils avaient soin d'en réserver une portion pour les dieux. Ils observèrent le même usage quand ils commencèrent à se nourrir de la chair des animaux; et c'est peut-être de là que viennent les sacrifices sanglants, qui ne sont en effet que des repas destinés aux dieux, et auxquels on fait participer les assistants.

La connaissance d'une foule de pratiques et de détails constitue le savoir des prêtres. Tantôt on répand de l'eau sur l'autel ou sur la tête de la victime, tantôt c'est du miel ou de l'huile. Plus communément on les arrose avec du vin ; et alors on brûle sur l'autel du bois de figuier, de myrte ou de vigne. Le choix de la victime n'exige pas moins d'attention. Elle doit être sans tache, n'avoir aucun défaut, aucune maladie; mais tous les animaux ne sont pas également propres aux sacrifices. On n'offrit d'abord que les animaux dont on se nourrissait, comme le bœuf, la brebis, la chèvre, le cochon, etc. Ensuite on sacrifia des chevaux au soleil, des cerfs à Diane, des chiens à Hécate. Chaque pays, chaque temple a ses usages. La haine et la faveur des dieux sont également nuisibles aux animaux qui leur sont consacrés.

Pourquoi poser sur la tête de la victime un gâteau pétri avec de la farine d'orge et du sel, lui arracher le poil du front et le jeter dans le feu? Pourquoi brûler ses cuisses avec du bois fendu?

Quand je pressais les ministres des temples de s'expliquer sur ces rites, ils me répondaient comme le fit un prêtre de Thèbes à qui je demandais pourquoi les Béotiens offraient des anguilles aux dieux : « Nous observons, me dit-il, les coutumes de nos pères, sans nous croire obligés de les justifier aux yeux des étrangers. »

On partage la victime entre les dieux, les prêtres et ceux qui l'ont présentée. La portion des dieux est dévorée par la flamme; celle des prêtres fait partie de leur revenu; la troisième sert de prétexte à ceux qui la reçoivent de donner un repas à leurs amis. Quelques-uns, voulant se parer de leur opulence, cherchent à se distinguer par des sacrifices pompeux. J'en ai vu qui, après avoir immolé un bœuf, ornaient de fleurs et de rubans la partie antérieure de sa tête et l'attachaient à leur porte. Comme le sacrifice du bœuf est le plus estimé, on fait pour les pauvres de petits gâteaux auxquels on donne la figure de cet animal, et les prêtres veulent bien se contenter de cette offrande.

La superstition domine avec tant de violence sur notre esprit qu'elle avait rendu féroce le peuple le plus doux de la terre. Les sacrifices humains étaient autrefois assez fréquents parmi les Grecs; ils l'étaient chez presque tous les peuples, et ils le sont encore aujourd'hui chez quelques-uns d'entre eux. Ils cesseront enfin, parce que les cruautés absurdes et inutiles cèdent tôt ou tard à la nature et à la raison. Ce qui subsistera plus long-temps, c'est l'aveugle confiance que l'on a dans les actes extérieurs de religion. Les hommes injustes, les scélérats même, osent se flatter de corrompre les dieux par des présents, et de les tromper par les dehors de la piété. En vain les philosophes s'élèvent contre une erreur si dangereuse : elle sera toujours chère à la plupart des hommes, parce qu'il sera toujours plus aisé d'avoir des victimes que des vertus.

Un jour les Athéniens se plaignirent à l'oracle d'Ammon de ce que les dieux se déclaraient en faveur des Lacédémoniens, qui ne leur présentaient que des victimes en petit nombre, maigres et mutilées. L'oracle répondit que tous les sacrifices des Grecs ne valaient pas cette prière humble et modeste par laquelle les Lacédémoniens se contentent de demander aux dieux les vrais biens. L'oracle de Jupiter m'en rappelle un autre qui ne fait pas moins d'honneur à celui d'Apollon. Un riche Thessalien, se trouvant à Delphes, offrit, avec le plus grand appareil, cent bœufs dont les cornes étaient dorées. En même temps un pauvre citoyen d'Hermione tira de sa besace une pincée de farine qu'il jeta dans la flamme qui brillait sur l'autel. La pythie déclara que l'hommage de cet homme était plus agréable aux dieux que celui du Thessalien.

Comme l'eau purifie le corps, on a pensé qu'elle purifiait aussi l'âme, et qu'elle opérait cet effet de deux manières, soit en la délivrant de ses taches, soit en la disposant à n'en pas contracter. De là deux sortes de lustrations, les unes expiatoires, les autres préparatoires. Par les premières on implore la clémence des dieux; par les secondes, leur secours.

On a soin de purifier les enfants, d'abord après leur naissance; ceux qui entrent dans les temples; ceux qui ont commis un meurtre, même involontaire; ceux qui sont affligés de certains maux regardés comme des signes de la colère céleste, tels que la peste, la frénésie, etc., etc.; tous ceux enfin qui veulent se rendre agréables aux dieux.

Cette cérémonie s'est insensiblement appliquée aux temples, aux autels, à tous les lieux que la divinité doit honorer de sa présence, aux villes, aux rues, aux maisons, aux champs, à tous les lieux que le crime a profanés, ou sur lesquels on veut attirer les faveurs du ciel.

On purifie tous les ans la ville d'Athènes, le 6 du mois thargélion. Toutes les fois que le courroux des dieux se déclare par la famine, par une épidémie ou d'autres fléaux, on tâche de le détourner sur un homme et sur une femme du peuple, entretenus par l'état pour être, au besoin, des victimes expiatoires, chacun au nom de son sexe. On les promène dans les rues au son des instruments; et, après leur avoir donné quelques coups de verges, on les fait sortir de la ville. Autrefois on les condamnait aux flammes et on jetait leurs cendres au vent.

Quoique l'eau de mer soit la plus convenable aux purifications, on se sert le plus souvent de celle que l'on appelle lustrale. C'est une eau commune, dans laquelle on a plongé un tison ardent pris sur l'autel lorsqu'on y brûlait la victime. On en remplit les vases qui sont dans les vestibules des temples, dans les lieux où se tient l'assemblée générale, autour des cercueils où l'on expose les morts à la vue des passants.

Comme le feu purifie les métaux, que le sel et le nitre ôtent les souillures et conservent les corps, que la fumée et les odeurs agréables peuvent garantir de l'influence du mauvais air, on a cru par degrés que ces moyens et d'autres encore devaient être employés dans les différentes lustrations. C'est ainsi qu'on attache une vertu secrète à l'encens qu'on brûle dans les temples et aux fleurs dont on se couronne ; c'est ainsi qu'une maison recouvre sa pureté par la fumée du soufre et par l'aspersion d'une eau dans laquelle on a jeté quelques grains de sel. En certaines occasions, il suffit de tourner autour du feu, ou de voir passer autour de soi un petit chien ou quelque autre animal. Dans les lustrations des villes, on promène le long des murs les victimes destinées aux sacrifices.

Les rites varient suivant que l'objet est plus ou moins important, la superstition plus ou moins forte. Les uns croient qu'il est essentiel de s'enfoncer dans la rivière; d'autres, qu'il suffit d'y plonger sept fois sa tête ; la plupart se contentent de tremper leurs mains dans l'eau lustrale, ou d'en recevoir l'aspersion par les mains d'un prêtre qui se tient pour cet effet à la porte du temple.

Chaque particulier peut offrir des sacrifices sur un autel placé à la porte de sa maison, ou dans une chapelle domestique. C'est là que j'ai vu souvent un père vertueux, entouré de ses enfants, confondre leur hommage avec le sien, et former des vœux dictés par la tendresse et dignes d'être exaucés. Cette espèce de sacerdoce ne devant exercer ses fonctions que dans une seule famille, il a fallu établir des ministres pour le culte public.

Il n'est point de villes où l'on trouve autant de prêtres et de prêtresses qu'à Athènes, parce qu'il n'en est point où l'on ait élevé une si grande quantité de temples, où l'on célèbre un si grand nombre de fêtes.

Dans les différents bourgs de l'Attique et du reste de la Grèce, un seul prêtre suffit pour desservir un temple ; dans les villes considérables, les soins du ministère sont partagés entre plusieurs personnes qui forment ensemble comme une communauté. A la tête est le ministre du dieu, qualifié quelquefois du titre de grand-prêtre. Au-dessous de lui sont le néocore, chargé de veiller à la décoration et à la propreté des lieux saints, et de jeter de l'eau lustrale sur ceux qui entrent dans le temple ; des sacrificateurs qui égorgent les victimes ; des aruspices qui en examinent les entrailles ; des hérauts qui règlent les cérémonies et congédient l'assemblée. En certains endroits on donne le nom de père au premier des ministres sacrés, et celui de mère à la première des prêtresses.

On confie à des laïques des fonctions moins saintes et relatives au service des temples. Les uns sont chargés du soin de la fabrique et de la garde du trésor ; d'autres assistent, comme témoins et inspecteurs, aux sacrifices solennels.

Les prêtres officient avec de riches vêtements, sur lesquels sont tracés en lettres d'or les noms des particuliers qui en ont fait présent au temple. Cette magnificence est encore relevée par la beauté de la figure, la noblesse du maintien, le son de la voix, et surtout par les attributs de la divinité dont ils sont les ministres. C'est ainsi que la prêtresse de Cérès paraît couronnée de pavots et d'épis ; et celle de Minerve, avec l'égide, la cuirasse et un casque surmonté d'aigrettes.

Plusieurs sacerdoces sont attachés à des maisons anciennes et puissantes, où ils se transmettent de père en fils. D'autres sont conférés par le peuple.

On n'en peut remplir aucun sans un examen qui roule sur la personne et sur les mœurs. Il faut que le nouveau ministre n'ait aucune difformité dans la figure, et que sa conduite ait toujours été irréprochable. A l'égard des lumières, il suffit qu'il connaisse le rituel du temple auquel il est attaché, qu'il s'acquitte des cérémonies avec décence, et qu'il sache discerner les diverses espèces d'hommages et de prières que l'on doit adresser aux dieux.

Quelques temples sont desservis par des prêtresses ; tel est celui de Bacchus au Marais. Elles sont au nombre de quatorze, et à la nomination de l'archonte-roi. On les oblige à garder une continence exacte. La femme de l'archonte, nommée la reine, les initie aux mystères qu'elles ont en dépôt, et en exige, avant de les recevoir, un serment par lequel elles attestent qu'elles ont toujours vécu dans la plus grande pureté et sans aucun commerce avec les hommes.

A l'entretien des prêtres et des temples sont assignées différentes branches de revenus. On prélève d'abord sur les confiscations et sur les amendes le dixième pour Minerve, et le cinquantième pour les autres divinités. On consacre aux dieux le dixième des dépouilles enlevées à l'ennemi. Dans chaque temple, deux officiers, connus sous le nom de parasites, ont le droit d'exiger une mesure d'orge des différents tenanciers du district qui leur est attribué ; enfin il est peu de temples qui ne possèdent des maisons et des portions de terrains.

Ces revenus, auxquels il faut joindre les offrandes des particuliers, sont confiés à la garde des trésoriers du temple. Ils servent pour les réparations et la décoration des lieux saints, pour les dépenses qu'entraînent les sacrifices, pour l'entretien des prêtres, qui ont presque tous des honoraires, un logement, et des droits sur les victimes. Quelques-uns jouissent d'un revenu plus considérable : telle est la prêtresse de Minerve, à laquelle on doit offrir une mesure de froment, une autre d'orge, et une obole toutes les fois qu'il naît ou qu'il meurt quelqu'un dans une famille.

Outre ces avantages, les prêtres sont intéressés à maintenir le droit d'asile, accordé non-seulement aux temples, mais encore aux bois sacrés qui les entourent, et aux maisons ou chapelles qui se trouvent dans leur enceinte. On ne peut en arracher le coupable, ni même l'empêcher de recevoir sa subsistance. Ce privilège, aussi offensant pour les dieux qu'utile à leurs ministres, s'étend jusque sur les autels isolés.

En Égypte, les prêtres forment le premier corps de l'état, et ne sont pas obligés de contribuer à ses besoins, quoique la troisième partie des biens-fonds soit assignée à leur entretien. La pureté de leurs mœurs et l'austérité de leur vie leur concilient la confiance des peuples ; et leurs lumières, celle du souverain, dont ils composent le conseil, et qui doit être tiré de leur corps, ou s'y faire agréer dès qu'il monte sur le trône. Interprètes des volontés des dieux, arbitres de celles des hommes, dépositaires des sciences, et surtout des secrets de la médecine, ils jouissent d'un pouvoir sans bornes, puisqu'ils gouvernent à leur gré les préjugés et les faiblesses des hommes.

Ceux de la Grèce ont obtenu des honneurs, tels que des places distinguées aux spectacles. Tous pourraient se borner aux fonctions de leur ministère, et passer leurs jours dans une douce oisiveté. Cependant plusieurs d'entre eux, empressés à mériter par leur zèle les égards dus à leur caractère, ont rempli les charges onéreuses de la république, et l'ont servie, soit dans les armées, soit dans les ambassades.

Ils ne forment point un corps particulier et indépendant. Nulle relation d'intérêt entre les ministres des différents temples ; les causes mêmes qui les regardent personnellement sont portées aux tribunaux ordinaires.

Les neuf archontes ou magistrats suprêmes veillent au maintien du culte public, et sont toujours à la tête des cérémonies religieuses. Le second, connu sous le nom de roi, est chargé de poursuivre les délits contre la religion, de présider aux sacrifices publics, et de juger les contestations qui s'élèvent dans les familles sacerdotales au sujet de quelque prêtrise vacante. Les prêtres peuvent, à la vérité, diriger les sacrifices des particuliers ; mais si, dans ces actes de piété, ils transgressaient les lois établies, ils ne pourraient se soustraire à la vigilance des magistrats. Nous avons vu de nos jours le grand-prêtre de Cérès puni par ordre du gouvernement pour avoir violé ses lois dans des articles qui ne paraissaient être d'aucune importance.

A la suite des prêtres on doit placer ces devins dont l'état honore la profession, et qu'il entretient dans le Prytanée. Ils ont la prétention de lire l'avenir dans le vol des oiseaux et dans les entrailles des victimes. Ils suivent les armées ; et c'est de leurs décisions, achetées quelquefois à un prix excessif, que dépendent souvent les révolutions des gouvernements et les opérations d'une campagne. On en trouve dans toute la Grèce ; mais ceux de l'Élide sont les plus renommés. Là, depuis plusieurs siècles, deux ou trois familles se transmettent de père en fils l'art de prédire les événements et de suspendre les maux des mortels.

Les devins étendent leur ministère encore plus loin. Ils dirigent les consciences ; on les consulte pour savoir si certaines actions sont conformes ou non à la justice divine. J'en ai vu qui poussaient le fanatisme jusqu'à l'atrocité, et qui, se croyant chargés des intérêts du ciel, auraient poursuivi en justice la mort de leur père coupable d'un meurtre.

Il parut, il y a deux ou trois siècles, des hommes qui, n'ayant aucune mission de la part du gouvernement, et s'érigeant en interprètes des dieux, nourrissaient parmi le peuple une crédulité qu'ils avaient eux-mêmes, ou qu'ils affectaient d'avoir ; errant de nation en nation, les menaçant toutes de la colère céleste, établissant de nouveaux rites pour l'apaiser, et rendant les hommes plus faibles et plus malheureux par les craintes et par les remords dont ils les remplissaient. Les uns durent leur haute réputation à des prestiges ; les autres, à de grands talents. De ce nombre furent Abaris de Scythie, Empédocle d'Agrigente, Épiménide de Crète.

L'impression qu'ils laissèrent dans les esprits a perpétué le règne de la superstition. Le peuple découvre des signes frappants de la volonté des dieux en tous temps, en tous lieux, dans les éclipses, dans le bruit du tonnerre, dans les grands phénomènes de la nature, dans les accidents les plus fortuits. Les songes, l'aspect imprévu de certains animaux, le mouvement convulsif des paupières, le tintement des oreilles, l'éternuement, quelques mots prononcés au hasard, tant d'autres effets indifférents sont devenus des présages heureux ou sinistres. Trouvez-vous un serpent dans votre maison, élevez un autel dans le lieu même. Voyez-vous un milan planer dans les airs, tombez vite à genoux. Votre imagination est-elle troublée par le chagrin ou par la maladie, c'est Empusa qui vous apparaît, c'est un fantôme envoyé par Hécate, et qui prend toutes sortes de formes pour tourmenter les malheureux.

Dans toutes ces circonstances, on court aux devins, aux interprètes. Les ressources qu'ils indiquent sont aussi chimériques que les maux dont on se croit menacé.

Quelques-uns de ces imposteurs se glissent dans les maisons opulentes, et flattent les préjugés des âmes faibles. Ils ont, disent-ils, des secrets infaillibles pour enchaîner le pouvoir des mauvais génies. Leurs promesses annoncent trois avantages dont les riches sont extrêmement jaloux, et qui consistent à les rassurer contre leurs remords, à les venger de leurs ennemis, à perpétuer leur bonheur au delà du trépas. Les prières et les expiations qu'ils mettent en œuvre sont contenues dans de vieux rituels qui portent les noms d'Orphée et de Musée.

Des femmes de la lie du peuple font le même trafic. Elles vont dans les maisons des pauvres distribuer une espèce d'initiation ; elles répandent de l'eau sur l'initié, le frottent avec de la boue et du son, le couvrent d'une peau d'animal, et accompagnent ces cérémonies de formules qu'elles lisent dans le rituel, et de cris perçants qui en imposent à la multitude.

Les personnes instruites, quoique exemptes de la plupart de ces faiblesses, n'en sont pas moins attachées aux pratiques de la religion. Après un heureux succès, dans une maladie, au plus petit danger, au souvenir d'un songe effrayant, elles offrent des sacrifices ; souvent même elles construisent dans l'intérieur de leurs maisons des chapelles qui se sont tellement multipliées, que de pieux philosophes désireraient qu'on les supprimât toutes, et que les vœux des particuliers ne s'acquittassent que dans les temples.

Mais comment concilier la confiance que l'on a pour les cérémonies saintes avec les idées que l'on a conçues du souverain des dieux ? Il est permis de regarder Jupiter comme un usurpateur qui a chassé son père du trône de l'univers, et qui en sera chassé un jour par son fils. Cette doctrine, soutenue par la secte des prétendus disciples d'Orphée, Eschyle n'a pas craint de l'adopter dans une tragédie que le gouvernement n'a jamais empêché de représenter et d'applaudir.

J'ai dit plus haut que, depuis un siècle environ, de nouveaux dieux s'étaient introduits parmi les Athéniens : je dois ajouter que dans le même intervalle de temps l'incrédulité a fait les mêmes progrès. Dès que les Grecs eurent reçu les lumières de la philosophie, quelques-uns d'entre eux, étonnés des irrégularités et des scandales de la nature, ne le furent pas moins de n'en pas trouver la solution dans le système informe de religion qu'ils avaient suivi jusqu'alors. Les doutes succédèrent à l'ignorance, et produisirent des opinions licencieuses, que les jeunes gens embrassèrent avec avidité ; mais leurs auteurs devinrent l'objet de la haine publique. Le peuple disait qu'ils n'avaient secoué le joug de la religion que pour s'abandonner plus librement à leurs passions ; et le gouvernement se crut obligé de sévir contre eux. Voici comment on justifie son intolérance.

Le culte public étant prescrit par une des lois fondamentales, et se trouvant par là même étroitement lié avec la constitution, on ne peut l'attaquer sans ébranler cette constitution. C'est donc aux magistrats qu'il appartient de le maintenir et de s'opposer aux innovations qui tendent visiblement à le détruire. Ils ne soumettent à la censure ni les histoires fabuleuses sur l'origine des dieux, ni les opinions philosophiques sur leur nature, ni même des plaisanteries indécentes sur les actions qu'on leur attribue : mais ils poursuivent et font punir de mort ceux qui parlent ou qui écrivent contre leur existence, ceux qui brisent avec mépris leurs statues, ceux enfin qui violent le secret des mystères avoués par le gouvernement.

Ainsi, pendant que l'on confie aux prêtres le soin de régler les actes extérieurs de piété, et aux magistrats l'autorité nécessaire pour le soutien de la religion, on permet aux poètes de fabriquer ou d'adopter de nouvelles généalogies des dieux, et aux philosophes d'agiter les questions si délicates sur l'éternité de la matière et sur la formation de l'univers ; pourvu toutefois qu'en les traitant ils évitent deux grands écueils : l'un, de se rapprocher de la doctrine enseignée dans les mystères ; l'autre, d'avancer sans modification des principes d'où résulterait nécessairement la ruine du culte établi de temps immémorial. Dans l'un et dans l'autre cas, ils sont poursuivis comme coupables d'impiété.

Cette accusation est d'autant plus redoutable pour l'innocence, qu'elle a servi plus d'une fois d'instrument à la haine, et qu'elle enflamme aisément la fureur d'un peuple dont le zèle est plus cruel encore que celui des magistrats et des prêtres.

Tout citoyen peut se porter pour accusateur, et dénoncer le coupable devant le second des archontes, qui introduit la cause à la cour des héliastes, l'un des principaux tribunaux d'Athènes. Quelquefois l'accusation se fait dans l'assemblée du peuple. Quand elle re-

CHAPITRE XXI.

garde les mystères de Cérès, le sénat en prend connaissance; à moins que l'accusé ne se pourvoie devant les Eumolpides : car cette famille sacerdotale, attachée de tout temps au temple de Cérès, conserve une juridiction qui ne s'exerce que sur la profanation des mystères, et qui est d'une extrême sévérité. Les Eumolpides procèdent suivant des lois non écrites, dont ils sont les interprètes, et qui livrent le coupable non-seulement à la vengeance des hommes, mais encore à celle des dieux. Il est rare qu'il s'expose aux rigueurs de ce tribunal.

Il est arrivé qu'en déclarant ses complices, l'accusé a sauvé ses jours, mais on ne l'a pas moins rendu incapable de participer aux sacrifices, aux fêtes, aux spectacles, aux droits des autres citoyens. A cette note d'infamie se joignent quelquefois des cérémonies effrayantes. Ce sont des imprécations que les prêtres de différents temples prononcent solennellement et par ordre des magistrats. Ils se tournent vers l'occident, et, secouant leurs robes de pourpre, ils dévouent aux dieux infernaux le coupable et sa postérité. On est persuadé que les Furies s'emparent alors de son cœur, et que leur rage n'est assouvie que lorsque sa race est éteinte.

La famille sacerdotale des Eumolpides montre plus de zèle pour le maintien des mystères de Cérès que n'en témoignent les autres prêtres pour la religion dominante. On les a vus plus d'une fois traduire les coupables devant les tribunaux de justice. Cependant il faut dire à leur louange qu'en certaines occasions, loin de seconder la fureur du peuple prêt à massacrer sur-le-champ des particuliers accusés d'avoir profané les mystères, ils ont exigé que la condamnation se fît suivant les lois. Parmi ces lois il en est une qu'on a quelquefois exécutée, et qui serait capable d'arrêter les haines les plus fortes, si elles étaient susceptibles de frein. Elle ordonne que l'accusateur ou l'accusé périsse : le premier s'il succombe dans son accusation, le second si le crime est prouvé.

Il ne me reste plus qu'à citer les principaux jugements que les tribunaux d'Athènes ont prononcés contre le crime d'impiété depuis environ un siècle.

Le poëte Eschyle fut dénoncé pour avoir, dans une de ses tragédies, révélé la doctrine des mystères. Son frère Aminias tâcha d'émouvoir les juges en montrant les blessures qu'il avait reçues a la bataille de Salamine. Ce moyen n'aurait peut-être pas suffi si Eschyle n'eût prouvé clairement qu'il n'était pas initié. Le peuple l'attendait à la porte du tribunal pour le lapider.

Le philosophe Diagoras de Mélos, accusé d'avoir révélé les mystères et nié l'existence des dieux, prit la fuite. On promit des récompenses à ceux qui le livreraient mort ou vif, et le décret qui le couvrait d'infamie fut gravé sur une colonne de bronze.

Protagoras, un des plus illustres sophistes de son temps, ayant commencé un de ses ouvrages par ces mots : « Je ne sais s'il y a des dieux ou s'il n'y en a point, » fut poursuivi criminellement, et prit la fuite. On rechercha ses écrits dans les maisons des particuliers, et on les fit brûler dans la place publique.

Prodicus de Céos fut condamné à boire la ciguë pour avoir avancé que les hommes avaient mis au rang des dieux les êtres dont ils retiraient de l'utilité, tels que le soleil, la lune, les fontaines, etc.

La faction opposée à Périclès, n'osant l'attaquer ouvertement, résolut de le perdre par une voie détournée. Il était ami d'Anaxagore, qui admettait une intelligence suprême. En vertu d'un décret porté contre ceux qui niaient l'existence des dieux, Anaxagore fut traîné en prison. Il obtint quelques suffrages de plus que son accusateur, et ne les dut qu'aux prières et aux larmes de Périclès, qui le fit sortir d'Athènes. Sans le crédit de son protecteur, le plus religieux des philosophes aurait été lapidé comme athée.

Lors de l'expédition de Sicile, au moment qu'Alcibiade faisait embarquer les troupes qu'il devait commander, les statues de Mercure placées en différents quartiers d'Athènes se trouvèrent mutilées en une nuit. La terreur se répand aussitôt dans Athènes. On prête des vues plus profondes aux auteurs de cette impiété, qu'on regarde comme des factieux. Le peuple s'assemble : des témoins chargent Alcibiade d'avoir défiguré les statues, et de plus célébré avec les compagnons de ses débauches les mystères de Cérès dans des maisons particulières. Cependant, comme les soldats prenaient hautement le parti de leur général, on suspendit le jugement ; mais à peine fut-il arrivé en Sicile, que ses ennemis reprirent l'accusation ; les délateurs se multiplièrent, et les prisons se remplirent de citoyens que l'injustice poursuivait. Plusieurs furent mis à mort ; beaucoup d'autres avaient pris la fuite.

Il arriva dans le cours des procédures un incident qui montre jusqu'à quel excès le peuple porte son aveuglement. Un des témoins, interrogé comment il avait pu reconnaître pendant la nuit les personnes qu'il dénonçait, répondit : « Au clair de la lune. » On prouva que la lune ne paraissait pas alors. Les gens de bien furent consternés ; mais la fureur du peuple n'en devint que plus ardente.

Alcibiade, cité devant cet indigne tribunal dans le temps qu'il allait s'emparer de Messine et peut-être de toute la Sicile, refusa de comparaître et fut condamné à perdre la vie. On vendit ses biens; on grava sur une colonne le décret qui le proscrivait et le rendait infâme. Les prêtres de tous les temples eurent ordre de prononcer contre lui des imprécations terribles. Tous obéirent, à l'exception de la prêtresse Théano, dont la réponse méritait mieux d'être gravée sur une colonne que le décret du peuple : « Je suis établie, dit-elle, pour attirer sur les hommes les bénédictions et non les malédictions du ciel. »

Alcibiade, ayant offert ses services aux ennemis de sa patrie, la mit à deux doigts de sa perte. Quand elle se vit forcée de le rappeler, les prêtres de Cérès s'opposèrent à son retour; mais ils furent contraints de l'absoudre des imprécations dont ils l'avaient chargé. On remarqua l'adresse avec laquelle s'exprima le premier des ministres sacrés : « Je n'ai pas maudit Alcibiade s'il était innocent. »

Quelque temps après arriva le jugement de Socrate, dont la religion ne fut que le prétexte, ainsi que je le démontrerai dans la suite.

Les Athéniens ne sont pas plus indulgents pour le sacrilége. Les lois attachent la peine de mort à ce crime, et privent le coupable des honneurs de la sépulture. Cette peine, que des philosophes d'ailleurs éclairés ne trouvent pas trop forte, le faux zèle des Athéniens l'étend jusqu'aux fautes les plus légères. Croirait-on qu'on a vu des citoyens condamnés à périr, les uns pour avoir arraché un arbrisseau dans un bois sacré, les autres pour avoir tué je ne sais quel oiseau consacré à Esculape? Je rapporterai un trait plus effrayant encore. Une feuille d'or était tombée de la couronne de Diane. Un enfant la ramassa. Il était si jeune qu'il fallut mettre son discernement à l'épreuve. On lui présenta de nouveau la feuille d'or, avec des dés, des hochets et une grosse pièce d'argent. L'enfant s'étant jeté sur cette pièce, les juges déclarèrent qu'il avait assez de raison pour être coupable, et le firent mourir.

CHAPITRE XXII.

Voyage de la Phocide [1]. Les jeux pythiques. Le temple et l'oracle de Delphes.

Je parlerai souvent des fêtes de la Grèce ; je reviendrai souvent à ces solennités augustes où se rassemblent les divers peuples de cet heureux pays. Comme elles ont entre elles beaucoup de traits de conformité, on me reprochera peut-être de retracer les mêmes tableaux. Mais ceux qui décrivent les guerres des nations n'ex-

[1] Voyez la carte de la Phocide.

posent-ils pas à nos yeux une suite uniforme de scènes meurtrières? Et quel intérêt peut-il résulter des peintures qui ne présentent les hommes que dans les convulsions de la fureur ou du désespoir? N'est-il pas plus utile et plus doux de les suivre dans le sein de la paix et de la liberté, dans ces combats où se déploient les talents de l'esprit et les grâces du corps, dans ces fêtes où le goût étale toutes ses ressources, et le plaisir tous ses attraits?

Ces instants de bonheur, ménagés adroitement pour suspendre les divisions des peuples et arracher les particuliers au sentiment de leurs peines; ces instants goûtés d'avance par l'espoir de les voir renaître, goûtés, après qu'ils se sont écoulés, par le souvenir qui les perpétue, j'en ai joui plus d'une fois, et, je l'avouerai, j'ai versé des larmes d'attendrissement quand j'ai vu des milliers de mortels réunis par le même intérêt se livrer de concert à la joie la plus vive, et laisser rapidement échapper ces émotions touchantes qui sont le plus beau des spectacles pour une âme sensible. Tel est celui que présente la solennité des jeux pythiques, célébrés de quatre en quatre ans à Delphes en Phocide.

Nous partîmes d'Athènes vers la fin du mois élaphébolion, dans la troisième année de la cent quatrième olympiade[1]. Nous allâmes à l'isthme de Corinthe; et, nous étant embarqués à Pagæ, nous entrâmes dans le golfe de Crissa le jour même où commençait la fête[2]. Précédés et suivis d'un grand nombre de bâtiments légers, nous abordâmes à Cirrha, petite ville située au pied du mont Cirphis. Entre ce mont et le Parnasse[3] s'étend une vallée où se font les courses de chevaux et de chars. Le Plistus y coule à travers des prairies riantes, que le printemps pare de ses couleurs. Après avoir visité l'hippodrome, nous prîmes un des sentiers qui conduisent à Delphes.

La ville se présentait en amphithéâtre sur le penchant de la montagne. Nous distinguions déjà le temple d'Apollon et cette prodigieuse quantité de statues qui sont semées sur différents plans à travers les édifices qui embellissent la ville. L'or dont la plupart sont couvertes, frappé des rayons naissants du soleil, brillait d'un éclat qui se répandait au loin. En même temps on voyait s'avancer lentement dans la plaine et sur les collines des proces-

---

[1] Au commencement d'avril de l'an 361 avant J.-C.
[2] Ces jeux se célébraient dans la troisième année de chaque olympiade, vers les premiers jours du mois munychion, qui, dans l'année que j'ai choisie, commençait au 14 avril (Cors. in Diss. agonist. in Pyth. Id. Fast. attic. t. III, p. 287. Dodwell. De cycl. p. 719).
[3] Voyez le plan des environs de Delphes.

sions composées de jeunes garçons et de jeunes filles qui semblaient se disputer le prix de la magnificence et de la beauté. Du haut des montagnes, des rivages de la mer, un peuple immense s'empressait d'arriver à Delphes ; et la sérénité du jour, jointe à la douceur de l'air qu'on respire en ce climat, prêtait de nouveaux charmes aux impressions que nos sens recevaient de toutes parts.

Le Parnasse est une chaîne de montagnes qui se prolonge vers le nord, et qui, dans sa partie méridionale, se termine en deux pointes, au-dessous desquelles on trouve la ville de Delphes[1], qui n'a que seize stades de circuit[2]. Elle n'est point défendue par des murailles, mais par des précipices qui l'environnent de trois côtés. On l'a mise sous la protection d'Apollon ; et l'on associe au culte de ce dieu celui de quelques autres divinités qu'on appelle les assistants de son trône. Ce sont Latone, Diane et Minerve la prévoyante. Leurs temples sont à l'entrée de la ville.

Nous nous arrêtâmes un moment dans celui de Minerve : nous vîmes au-dedans un bouclier d'or envoyé par Crœsus, roi de Lydie ; au dehors une grande statue de bronze consacrée par les Marseillais des Gaules, en mémoire des avantages qu'ils avaient remportés sur les Carthaginois. Après avoir passé près du gymnase, nous nous trouvâmes sur les bords de la fontaine Castalie, dont les eaux saintes servent à purifier et les ministres des autels et ceux qui viennent consulter l'oracle. De là nous montâmes au temple d'Apollon, qui est situé dans la partie supérieure de la ville. Il est entouré d'une enceinte vaste et rempli d'offrandes précieuses faites à la divinité.

Les peuples et les rois qui reçoivent des réponses favorables, ceux qui remportent des victoires, ceux qui sont délivrés des malheurs qui les menaçaient, se croient obligés d'élever dans ces lieux des monuments de reconnaissance. Les particuliers couronnés dans les jeux publics de la Grèce, ceux qui sont utiles à leur patrie par des services ou qui l'illustrent par leurs talents, obtiennent dans cette même enceinte des monuments de gloire. C'est là qu'on se trouve entouré d'un peuple de héros ; c'est là que tout rappelle les événements les plus remarquables de l'histoire, et que l'art de la sculpture brilla avec plus d'éclat que dans tous les autres cantons de la Grèce.

Comme nous étions sur le point de parcourir cette immense collection, un Delphien, nommé Cléon, voulut nous servir de guide. C'était un de ces interprètes du temple qui n'ont d'autres fonctions

---

[1] Voyez la vue de Delphes et des deux rochers du Parnasse.
[2] Quinze cent douze toises.

que de satisfaire l'avide curiosité des étrangers. Cléon, s'étendant sur les moindres détails, épuisa plus d'une fois son savoir et notre patience. J'abrégerai son récit, et j'en écarterai souvent le merveilleux dont il cherchait à l'embellir.

Un superbe taureau de bronze fut le premier objet que nous trouvâmes à l'entrée de l'enceinte. Ce taureau, disait Cléon, fut envoyé par ceux de Corcyre; et c'est l'ouvrage de Théoprope d'Égine. Ces neuf statues que vous voyez ensuite furent présentées par les Tégéates après qu'ils eurent vaincu les Lacédémoniens. Vous y reconnaîtrez Apollon, la Victoire et les anciens héros de Tégée. Celles qui sont vis-à-vis ont été données par les Lacédémoniens après que Lysander eut battu près d'Éphèse la flotte d'Athènes. Les sept premières représentent Castor et Pollux, Jupiter, Apollon, Diane, et Lysander qui reçoit une couronne de la main de Neptune : la huitième est pour Abas, qui faisait les fonctions de devin dans l'armée de Lysander; et la neuvième pour Hermon, pilote de la galère que commandait ce général. Quelque temps après, Lysander ayant remporté sur les Athéniens une seconde victoire navale auprès d'Ægos-Potamos, les Lacédémoniens envoyèrent aussitôt à Delphes les statues des principaux officiers de leur armée et celles des chefs des troupes alliées. Elles sont au nombre de vingt-huit, et vous les voyez derrière celle dont je viens de parler.

Ce cheval de bronze est un présent des Argiens. Vous lirez, dans une inscription gravée sur le piédestal, que les statues dont il est entouré proviennent de la dixième partie des dépouilles enlevées par les Athéniens aux Perses dans les champs de Marathon. Elles sont au nombre de treize, et toutes de la main de Phidias. Voyez sous quels traits il offre à nos yeux Apollon, Minerve, Thésée, Codrus, et plusieurs de ces anciens Athéniens qui ont mérité de donner leurs noms aux tribus d'Athènes. Miltiade, qui gagna la bataille, brille au milieu de ces dieux et de ces héros.

Les nations qui font de pareilles offrandes ajoutent souvent aux images de leurs généraux celles des rois et des particuliers qui, dès les temps les plus anciens, ont éternisé leur gloire. Vous en avez un nouvel exemple dans ce groupe de vingt-cinq ou trente statues que les Argiens ont consacrées en différents temps et pour différentes victoires. Celle-ci est de Danaüs, le plus puissant des rois d'Argos; celle-là, d'Hypermnestre sa fille; cette autre, de Lyncée son gendre. Voici les principaux chefs qui suivirent Adraste, roi d'Argos, à la première guerre de Thèbes; voici ceux qui se distinguèrent dans la seconde; voilà Diomède, Sthénélus, Amphiaratis dans son char, avec Baton son parent, qui tient les rênes des chevaux.

Vous ne pouvez faire un pas sans être arrêté par des chefs-d'œuvre de l'art. Ces chevaux de bronze, ces captives gémissantes sont de la main d'Agéladas d'Argos : c'est un présent des Tarentins d'Italie. Cette figure représente Triopas, fondateur des Cnidiens en Carie. Ces statues de Latone, d'Apollon et de Diane, qui lancent des flèches contre Tityus, sont une offrande du même peuple.

Ce portique, où sont attachés tant d'éperons de navires et de boucliers d'airain, fut construit par les Athéniens. Voici la roche sur laquelle une ancienne sibylle, nommée Hérophile, prononçait, dit-on, ses oracles. Cette figure, couverte d'une cuirasse et d'une cotte d'armes, fut envoyée par ceux d'Andros, et représente Andreus, leur fondateur. Les Phocéens ont consacré cet Apollon, ainsi que cette Minerve et cette Diane ; ceux de Pharsale en Thessalie, cette statue équestre d'Achille ; les Macédoniens, cet Apollon qui tient une biche ; les Cyrénéens, ce char dans lequel Jupiter paraît avec la majesté qui convient au maître des dieux ; enfin les vainqueurs de Salamine, cette statue de douze coudées [1] qui tient un ornement de navire, et que vous voyez auprès de la statue dorée d'Alexandre, roi de Macédoine [2].

Parmi ce grand nombre de monuments, on a construit plusieurs petits édifices où les peuples et les particuliers ont porté des sommes considérables, soit pour les offrir au dieu, soit pour les mettre en dépôt comme dans un lieu de sûreté. Quand ce n'est qu'un dépôt, on a soin d'y tracer le nom de ceux à qui il appartient, afin qu'ils puissent le retirer en cas de besoin.

Nous parcourûmes les trésors des Athéniens, des Thébains, des Cnidiens, des Syracusains, etc.; et nous fûmes convaincus qu'on n'avait point exagéré en nous disant que nous trouverions plus d'or et d'argent à Delphes qu'il n'y en a peut-être dans le reste de la Grèce.

Le trésor des Sicyoniens nous offrit, entre autres singularités, un livre en or qu'avait présenté une femme nommée Aristomaque, qui avait remporté le prix de poésie aux jeux isthmiques. Nous vîmes dans celui des Siphniens une grande quantité d'or provenu des mines qu'ils exploitaient autrefois dans leur île ; et dans celui des habitants d'Acanthe, des obélisques de fer présentés par la courtisane Rhodope. Est-il possible, m'écriai-je, qu'Apollon ait

---

[1] Dix-sept pieds.
[2] C'est Alexandre 1er, un des prédécesseurs d'Alexandre-le-Grand.

agréé un pareil hommage? Étranger, me dit un Grec que je ne connaissais pas, les mains qui ont élevé ces trophées étaient-elles plus pures? Vous venez de lire sur la porte de l'asile où nous sommes : LES HABITANTS D'ACANTHE VAINQUEURS DES ATHÉNIENS; ailleurs : LES ATHÉNIENS VAINQUEURS DES CORINTHIENS; LES PHOCÉENS, DES THESSALIENS; LES ORNÉATES, DES SICYONIENS, etc. Ces inscriptions furent tracées avec le sang de plus de cent mille Grecs ; le dieu n'est entouré que des monuments de nos fureurs; et vous êtes étonné que ses prêtres aient accepté l'hommage d'une courtisane!

Le trésor des Corinthiens est le plus riche de tous. On y conserve la principale partie des offrandes que différents princes ont faites au temple d'Apollon. Nous y trouvâmes les magnifiques présents de Gygès, roi de Lydie, parmi lesquels on distingue six grands cratères d'or[1], du poids de trente talents[2]. La libéralité de ce prince, nous dit Cléon, fut bientôt effacée par celle de Crœsus, un de ses successeurs. Ce dernier, ayant consulté l'oracle, fut si content de sa réponse, qu'il fit porter à Delphes : 1° cent dix-sept demi-plinthes[3] d'or épaisses d'un palme, la plupart longues de six palmes et larges de trois, pesant chacune deux talents, à l'exception de quatre qui ne pesaient chacune qu'un talent et demi. Vous

[1] Les cratères étaient de grands vases en forme de coupes, où l'on faisait le mélange du vin et de l'eau.

[2] Pour réduire les talents d'or en talents d'argent, je prendrai la proportion de un à treize, comme elle était du temps d'Hérodote; et pour évaluer les talents d'argent, je suivrai les tables que j'ai données à la fin de cet ouvrage. Elles ont été dressées pour le talent attique, et elles supposent que la drachme d'argent pesait soixante-dix-neuf grains. Il est possible que du temps de cet historien elle fût plus forte de deux ou trois grains : il suffit d'en avertir. Voici les offrandes d'or dont Hérodote nous a conservé le poids :

Six grands cratères pesant trente talents, qui valaient trois cent quatre-vingt-dix talents d'argent; de notre monnaie.	2,106,000 liv.
Cent dix-sept demi-plinthes pesant deux cent trente-deux talents, qui valaient trois mille seize talents d'argent; de notre monnaie.	16,286,400
Un lion pesant dix talents, valant cent trente talent d'argent; de notre monnaie.	702,000
Une statue pesant huit talents, valant cent quatre talents d'argent; de notre monnaie.	561,600
Un cratère pesant huit talents et quarante-deux mines, valant cent treize talents six mines d'argent; de notre monnaie.	610,740
A ces offrandes, Diodore de Sicile ajoute trois cent soixante fioles d'or, pesant chacune deux mines; ce qui fait douze talents pesant d'or, qui valaient cent cinquante-six talents en argent; de notre monnaie.	842,400
TOTAL.	21,109,140 liv.

Au reste, on trouve quelques différences dans les calculs d'Hérodote et de Diodore de Sicile, mais cette discussion me mènerait trop loin.

[3] On entend communément par plinthe un membre d'architecture ayant la forme d'une petite table carrée.

les verrez dans le temple. Par la manière dont on les avait disposées, elles servaient de base à un lion de même métal qui tomba lors de l'incendie du temple, arrivé quelques années après. Vous l'avez sous vos yeux. Il pesait alors dix talents ; mais, comme le feu l'a dégradé, il n'en pèse plus que six et demi.

2° Deux grands cratères, l'un en or, pesant huit talents et quarante-deux mines ; le second en argent et contenant six cents amphores. Vous avez vu le premier dans le trésor des Clazoméniens ; vous verrez le second dans le vestibule du temple.

3° Quatre vases d'argent en forme de tonneaux et d'un volume très-considérable. Vous les voyez tous quatre dans ce lieu.

4° Deux grandes aiguières, l'une en or et l'autre en argent.

5° Une statue en or représentant, à ce qu'on prétend, la femme qui faisait le pain de ce prince. Cette statue a trois coudées de hauteur, et pèse huit talents.

6° A ces richesses Crœsus ajouta quantité de lingots d'argent, les colliers et les ceintures de son épouse, et d'autres présents non moins précieux.

Cléon nous montra ensuite un cratère en or que la ville de Rome en Italie avait envoyé à Delphes. On nous fit voir le collier d'Hélène. Nous comptâmes, soit dans le temple, soit dans les différents trésors, trois cent soixante fioles d'or pesant chacune deux mines[1].

Tous ces trésors, réunis avec ceux dont je n'ai point fait mention, montent à des sommes immenses. On peut en juger par le fait suivant : Quelque temps après notre voyage à Delphes, les Phocéens s'emparèrent du temple, et les matières d'or et d'argent qu'ils firent fondre furent estimées plus de dix mille talents[2].

Après être sortis du trésor des Corinthiens, nous continuâmes à parcourir les monuments de l'enceinte sacrée. Voici, nous dit Cléon, un groupe qui doit fixer vos regards. Voyez avec quelle fureur Apollon et Hercule se disputent un trépied ; avec quel intérêt Latone et Diane tâchent de retenir le premier, et Minerve le second ! Ces cinq statues, sorties des mains de trois artistes de Corinthe, furent consacrées en ce lieu par les Phocéens. Ce trépied garni d'or, soutenu par un dragon d'airain, fut offert par les Grecs après la bataille de Platée. Les Tarentins d'Italie, après quelques avantages remportés sur leurs ennemis, ont envoyé ces statues équestres et ces autres statues en pied ; elles représentent les principaux chefs des vainqueurs et des vaincus. Les habitants de Delphes ont donné ce loup de bronze que vous voyez près du

---

[1] Trois marcs trois onces trois gros trente-deux grains.
[2] Plus de cinquante-quatre millions.

grand autel; les Athéniens, ce palmier et cette Minerve de même métal. La Minerve était autrefois dorée, ainsi que les fruits du palmier; mais, vers le temps de l'expédition des Athéniens en Sicile, des corbeaux présagèrent leur défaite en arrachant les fruits de l'arbre et en perçant le bouclier de la déesse.

Comme nous parûmes douter de ce fait, Cléon ajouta pour le confirmer : Cette colonne placée auprès de la statue d'Hiéron, roi de Syracuse, ne fut-elle pas renversée le jour même de la mort de ce prince? Les yeux de la statue de ce Spartiate ne se détachèrent-ils pas quelques jours avant qu'il pérît dans le combat de Leuctres? Vers le même temps, ne disparurent-elles pas, ces deux étoiles d'or que Lysander avait consacrées ici en l'honneur de Castor et de Pollux?

Ces exemples nous effrayèrent si fort, que, de peur d'en essuyer d'autres encore, nous prîmes le parti de laisser Cléon dans la paisible possession de ses fables. Prenez garde, ajouta-t-il, aux pièces de marbre qui couvrent le terrain sur lequel vous marchez. C'est ici le point milieu de la terre, le point également éloigné des lieux où le soleil se lève et de ceux où il se couche. On prétend que, pour le connaître, Jupiter fit partir de ces deux extrémités du monde deux aigles qui se rencontrèrent précisément en cet endroit.

Cléon ne nous faisait grâce d'aucune inscription : il s'attachait par préférence aux oracles que la prêtresse avait prononcés, et qu'on a soin d'exposer aux regards du public; il nous faisait remarquer surtout ceux que l'événement avait justifiés.

Parmi les offrandes des rois de Lydie, j'ai oublié de parler d'un grand cratère d'argent qu'Alyatte avait envoyé, et dont la base excite encore l'admiration des Grecs, peut-être parce qu'elle prouve la nouveauté des arts dans la Grèce. Elle est de fer, en forme de tour, plus large par en bas que par en haut : elle est travaillée à jour, et l'on y voit plusieurs petits animaux se jouer à travers les feuillages dont elle est ornée. Ses différentes pièces ne sont point unies par des clous; c'est un des premiers ouvrages où l'on ait employé la soudure. On l'attribue à Glaucus de Chio, qui vivait il y a près de deux siècles, et qui le premier trouva le secret de souder le fer.

Une infinité d'autres monuments avaient fixé notre attention. Nous avions vu la statue du rhéteur Gorgias et les statues sans nombre des vainqueurs aux différents jeux de la Grèce. Si l'œil est frappé de la magnificence de tant d'offrandes rassemblées à Delphes, il ne l'est pas moins de l'excellence du travail : car elles ont presque toutes été consacrées dans le siècle dernier, ou dans celui-ci ; et la plupart sont des plus habiles sculpteurs qui ont paru dans ces deux siècles.

De l'enceinte sacrée nous entrâmes dans le temple, qui fut construit il y a environ cent cinquante ans[1]. Celui qui subsistait auparavant ayant été consumé par les flammes, les amphictyons[2] ordonnèrent de le rebâtir, et l'architecte Spintharus de Corinthe s'engagea de le terminer pour la somme de trois cents talents[3]. Les trois quarts de cette somme furent prélevés sur différentes villes de la Grèce, et l'autre quart sur les habitants de Delphes, qui, pour fournir leur contingent, firent une quête jusque dans les pays les plus éloignés. Une famille d'Athènes ajouta même, à ses frais, des embellissements qui n'étaient pas dans le premier projet.

L'édifice est bâti d'une très-belle pierre ; mais le frontispice est de marbre de Paros. Deux sculpteurs d'Athènes ont représenté sur le fronton Diane, Latone, Apollon, les Muses, Bacchus, etc. Les chapiteaux des colonnes sont chargés de plusieurs espèces d'armes dorées, et surtout de boucliers qu'offrirent les Athéniens en mémoire de la bataille de Marathon.

Le vestibule est orné de peintures qui représentent le combat d'Hercule contre l'Hydre, celui des Géants contre les Dieux, celui de Bellérophon contre la Chimère. On y voit aussi des autels, un buste d'Homère, des vases d'eau lustrale, et d'autres grands vases où se fait le mélange du vin et de l'eau qui servent aux libations. Sur le mur on lit plusieurs sentences, dont quelques-unes furent tracées, à ce qu'on prétend, par les sept sages de la Grèce. Elles renferment des principes de conduite, et sont comme des avis que donnent les dieux à ceux qui viennent les adorer. Ils semblent leur dire : CONNAIS-TOI TOI-MÊME ; RIEN DE TROP ; L'INFORTUNE TE SUIT DE PRÈS.

Un mot de deux lettres, placé au-dessus de la porte, donne lieu à différentes explications ; mais les plus habiles interprètes y découvrent un sens profond. Il signifie, en effet, VOUS ÊTES. C'est l'aveu de notre néant, et un hommage digne de la Divinité, à qui seule l'existence appartient.

Dans le même endroit, nous lûmes sur une tablette suspendue au mur ces mots tracés en gros caractères : QUE PERSONNE N'APPROCHE DE CES LIEUX S'IL N'A PAS LES MAINS PURES.

Je ne m'arrêterai point à décrire les richesses de l'intérieur du

---

[1] Vers l'an 513 avant J.-C.
[2] C'étaient des députés de différentes villes qui s'assemblaient tous les ans à Delphes, et qui avaient l'inspection du temple. J'en parlerai dans la suite.
[3] Un million six cent mille livres ; mais, le talent étant alors plus fort qu'il ne le fut dans la suite, on peut ajouter quelque chose à cette évaluation.

temple; on en peut juger par celles du dehors. Je dirai seulement qu'on y voit une statue colossale d'Apollon en bronze, consacrée par les amphictyons; et que, parmi plusieurs autres statues des dieux, on conserve et on expose au respect des peuples le siége sur lequel Pindare chantait des hymnes qu'il avait composés pour Apollon. Je recueille de pareils traits pour montrer jusqu'à quel point les Grecs savent honorer les talents.

Dans le sanctuaire sont une statue d'Apollon en or et cet ancien oracle dont les réponses ont fait si souvent le destin des empires. On en dut la découverte au hasard. Des chèvres qui erraient parmi les rochers du mont Parnasse, s'étant approchées d'un soupirail d'où sortaient des exhalaisons malignes, furent, dit-on, tout à coup agitées de mouvements extraordinaires et convulsifs. Le berger et les habitants des lieux voisins, accourus à ce prodige, respirent la même vapeur, éprouvent les mêmes effets, et prononcent dans leur délire des paroles sans liaison et sans suite. Aussitôt on prend ces paroles pour des prédictions, et la vapeur de l'antre pour un souffle divin qui dévoile l'avenir [1].

Plusieurs ministres sont employés dans le temple. Le premier qui s'offre aux yeux des étrangers est un jeune homme, souvent élevé à l'ombre des autels, toujours obligé de vivre dans la plus exacte continence, et chargé de veiller à la propreté ainsi qu'à la décoration des lieux saints. Dès que le jour paraît, il va, suivi de ceux qui travaillent sous ses ordres, cueillir dans un petit bois sacré des branches de laurier pour en former des couronnes qu'il attache aux portes, sur les murs, autour des autels et du trépied sur lequel la pythie prononce ses oracles : il puise dans la fontaine Castalie de l'eau pour en remplir les vases qui sont dans le vestibule, et pour faire des aspersions dans l'intérieur du temple; ensuite il prend son arc et son carquois pour écarter les oiseaux qui viennent se poser sur le toit de cet édifice ou sur les statues qui sont dans l'enceinte sacrée.

Les prophètes exercent un ministère plus relevé : ils se tiennent auprès de la pythie, recueillent ses réponses, les arrangent, les interprètent, et quelquefois les confient à d'autres ministres qui les mettent en vers.

Ceux qu'on nomme les saints partagent les fonctions des prophètes. Ils sont au nombre de cinq. Ce sacerdoce est perpétuel dans

---

[1] Cette vapeur était du genre des mofettes; elle ne s'élevait qu'à une certaine hauteur. Il paraît qu'on avait exhaussé le sol autour du soupirail. Voilà pourquoi il est dit qu'on descendait à ce soupirail. Le trépied étant ainsi enfoncé, on conçoit comment la vapeur pouvait parvenir à la prêtresse sans nuire aux assistants.

leur famille, qui prétend tirer son origine de Deucalion. Des femmes d'un certain âge sont chargées de ne laisser jamais éteindre le feu sacré, qu'elles sont obligées d'entretenir avec du bois de sapin. Quantité de sacrificateurs, d'augures, d'aruspices et d'officiers subalternes augmentent la majesté du culte, et ne suffisent qu'à peine à l'empressement des étrangers qui viennent à Delphes de toutes les parties du monde.

Outre les sacrifices offerts en actions de grâces, ou pour expier des fautes, ou pour implorer la protection du dieu, il en est d'autres qui doivent précéder la réponse de l'oracle, et qui sont précédés par diverses cérémonies.

Pendant qu'on nous instruisait de ces détails, nous vîmes arriver au pied de la montagne, et dans le chemin qu'on appelle la Voie-Sacrée, une grande quantité de chariots remplis d'hommes, de femmes et d'enfants qui, ayant mis pied à terre, formèrent leurs rangs, et s'avancèrent vers le temple en chantant des cantiques. Ils venaient du Péloponnèse offrir au dieu les hommages des peuples qui l'habitent. La théorie ou procession des Athéniens les suivait de près, et elle était elle-même suivie des députations de plusieurs autres villes, parmi lesquelles on distinguait celle de l'île de Chio, composée de cent jeunes garçons.

Dans mon voyage de Délos, je parlerai plus au long de ces députations, de la magnificence qu'elles étalent, de l'admiration qu'elles excitent, de l'éclat qu'elles ajoutent aux fêtes qui les rassemblent. Celles qui vinrent à Delphes se rangèrent autour du temple, présentèrent leurs offrandes et chantèrent en l'honneur d'Apollon des hymnes accompagnés de danses. Le chœur des Athéniens se distingua par la beauté des voix et par une grande intelligence dans l'exécution. Chaque instant faisait éclore des scènes intéressantes et rapides. Comment les décrire? comment représenter ces mouvements, ces concerts, ces cris, ces cérémonies augustes, cette joie tumultueuse, cette foule de tableaux qui, rapprochés les uns des autres, se prêtaient de nouveaux charmes?

Nous fûmes entraînés au théâtre, où se donnaient les combats de poésie et de musique. Les amphictyons y présidaient. Ce sont eux qui, en différents temps, ont établi les jeux qu'on célèbre à Delphes. Ils en ont l'intendance; ils y entretiennent l'ordre, et décernent la couronne au vainqueur. Plusieurs poètes entrèrent en lice. Le sujet du prix est un hymne pour Apollon, que l'auteur chante lui-même en s'accompagnant de la cithare. La beauté de la voix, et l'art de la soutenir par des accords harmonieux, influent tellement sur les opinions des juges et des assistants, que, pour n'avoir pas possédé ces deux avantages, Hésiode fut autrefois exclu du concours; et que, pour les avoir réunis dans un degré éminent, d'autres auteurs ont obtenu le prix, quoiqu'ils eussent produit des ouvrages qu'ils n'avaient pas composés. Les poëmes que nous entendîmes avaient de grandes beautés. Celui qui fut couronné reçut des applaudissements si redoublés que les hérauts furent obligés d'imposer silence. Aussitôt on vit s'avancer les joueurs de flûte.

Le sujet qu'on a coutume de leur proposer est le combat d'Apollon contre le serpent Python. Il faut qu'on puisse distinguer dans leur composition les cinq principales circonstances de ce combat. La première partie n'est qu'un prélude; l'action s'engage dans la seconde; elle s'anime et se termine dans la troisième; dans la quatrième on entend les cris de victoire, et dans la cinquième les sifflements du monstre avant qu'il expire. Les amphictyons eurent à peine adjugé le prix, qu'ils se rendirent au stade, où les courses à pied allaient commencer. On proposa une couronne pour ceux qui parcourraient le plus tôt cette carrière, une autre pour ceux qui la fourniraient deux fois, une troisième pour ceux qui la parcourraient jusqu'à douze fois sans s'arrêter : c'est ce qu'on appelle la course simple, la double course, la longue course. A ces différents exercices nous vîmes succéder la course des enfants, celle des hommes armés, la lutte, le pugilat, et plusieurs de ces combats que nous détaillerons en parlant des jeux olympiques.

Autrefois on présentait aux vainqueurs une somme d'argent. Quand on a voulu les honorer davantage, on ne leur a donné qu'une couronne de laurier.

Nous soupâmes avec les théores ou députés des Athéniens. Quelques-uns se proposaient de consulter l'oracle. C'était le lendemain qu'il devait répondre à leurs questions : car on ne peut en approcher que dans certains jours de l'année, et la pythie ne monte sur le trépied qu'une fois par mois. Nous résolûmes de l'interroger à notre tour, par un simple motif de curiosité, et sans la moindre confiance dans ses décisions.

Pendant toute la nuit, la jeunesse de Delphes, distribuée dans les rues, chantait des vers à la gloire de ceux qu'on venait de couronner; tout le peuple faisait retentir les airs d'applaudissements longs et tumultueux; la nature entière semblait participer au triomphe des vainqueurs. Ces échos sans nombre qui reposent aux environs du Parnasse, éveillés tout à coup au bruit des trompettes, et remplissant de leurs cris les antres et les vallées, se transmettaient et portaient au loin les expressions éclatantes de la joie publique.

CHAPITRE XXII.

Le jour suivant nous allâmes au temple; nous donnâmes nos questions par écrit, et nous attendîmes que la voix du sort eût décidé du moment que nous pourrions approcher de la pythie. A peine en fûmes-nous instruits que nous la vîmes traverser le temple, accompagnée de quelques-uns des prophètes, des poètes et des saints, qui entrèrent avec elle dans le sanctuaire. Triste, abattue, elle semblait se traîner comme une victime qu'on mène à l'autel. Elle mâchait du laurier; elle en jeta, en passant, sur le feu sacré quelques feuilles mêlées avec de la farine d'orge; elle en avait couronné sa tête, et son front était ceint d'un bandeau.

Il n'y avait autrefois qu'une pythie à Delphes : on en établit trois lorsque l'oracle fut plus fréquenté, et il fut décidé qu'elles seraient âgées de plus de cinquante ans, après qu'un Thessalien eut enlevé une de ces prêtresses. Elles servent à tour de rôle. On les choisit parmi les habitants de Delphes, et dans la condition la plus obscure. Ce sont pour l'ordinaire des filles pauvres, sans éducation, sans expérience, de mœurs très-pures et d'un esprit très-borné. Elles doivent s'habiller simplement, ne jamais se parfumer d'essences, et passer leur vie dans l'exercice des pratiques religieuses.

Quantité d'étrangers se disposaient à consulter l'oracle. Le temple était entouré de victimes qui tombaient sous le couteau sacré, et dont les cris se mêlaient au chant des hymnes. Le désir impatient de connaître l'avenir se peignait dans tous les yeux avec l'espérance et la crainte qui en sont inséparables.

Un des prêtres se chargea de nous préparer. Après que l'eau sainte nous eut purifiés, nous offrîmes un taureau et une chèvre. Pour que ce sacrifice fût agréable aux dieux, il fallait que le taureau mangeât sans hésiter la farine qu'on lui présentait; il fallait qu'après avoir jeté de l'eau froide sur la chèvre, on vît frissonner ses membres pendant quelques instants. On ne nous rendit aucune raison de ces cérémonies; mais plus elles sont inexplicables, plus elles inspirent de respect. Le succès ayant justifié la pureté de nos intentions, nous rentrâmes dans le temple, la tête couronnée de laurier, et tenant dans nos mains un rameau entouré d'une bandelette de laine blanche. C'est avec ce symbole que les suppliants approchent des autels.

On nous introduisit dans une chapelle où, dans des moments qui ne sont, à ce qu'on prétend, ni prévus ni réglés par les prêtres, on respire tout à coup une odeur extrêmement douce. On a soin de faire remarquer ce prodige aux étrangers.

Quelque temps après le prêtre vint nous chercher et nous mena dans le sanctuaire, espèce de caverne profonde dont les parois sont ornées de différentes offrandes. Il venait de s'en détacher une bandelette sur laquelle on avait brodé des couronnes et des victoires. Nous eûmes d'abord de la peine à discerner les objets; l'encens et les autres parfums qu'on y brûlait continuellement le remplissaient d'une fumée épaisse. Vers le milieu est un soupirail d'où sort l'exhalaison prophétique. On s'en approche par une pente insensible; mais on ne peut pas le voir, parce qu'il est couvert d'un trépied tellement entouré de couronnes et de rameaux de laurier, que la vapeur ne saurait se répandre au dehors.

La pythie, excédée de fatigue, refusait de répondre à nos questions. Les ministres dont elle était environnée employaient tour à tour les menaces et la violence. Cédant enfin à leurs efforts, elle se plaça sur le trépied, après avoir bu d'une eau qui coule dans le sanctuaire, et qui sert, dit-on, à dévoiler l'avenir.

Les plus fortes couleurs suffiraient à peine pour peindre les transports dont elle fut saisie un moment après. Nous vîmes sa poitrine s'enfler et son visage rougir et pâlir; tous ses membres s'agitaient de mouvements involontaires; mais elle ne faisait entendre que des cris plaintifs et de longs gémissements. Bientôt, les yeux étincelants, la bouche écumante, les cheveux hérissés, ne pouvant ni résister à la vapeur qui l'opprimait, ni s'élancer du trépied où les prêtres la retenaient, elle déchira son bandeau; et, au milieu des hurlements les plus affreux, elle prononça quelques paroles que les prêtres s'empressèrent de recueillir. Ils les mirent tout de suite en ordre et nous les donnèrent par écrit. J'avais demandé si j'aurais le malheur de survivre à mon ami. Philotas, sans se concerter avec moi, avait fait la même question. La réponse était obscure et équivoque: nous la mîmes en pièces en sortant du temple.

Nous étions alors remplis d'indignation et de pitié; nous nous reprochions avec amertume l'état funeste où nous avions réduit cette malheureuse prêtresse. Elle exerce des fonctions odieuses, qui ont déjà coûté la vie à plusieurs de ses semblables. Les ministres le savent; cependant nous les avons vus multiplier et contempler de sang-froid les tourments dont elle était accablée. Ce qui révolte encore, c'est qu'un vil intérêt endurcit leurs âmes. Sans les fureurs de la pythie, elle serait moins consultée, et les libéralités des peuples seraient moins abondantes: car il en coûte pour obtenir la réponse du dieu. Ceux qui ne lui rendent qu'un simple hommage doivent au moins déposer sur les autels des gâteaux et d'autres offrandes; ceux qui veulent connaître l'avenir doivent sacrifier des animaux. Il en est même qui, dans ces occasions, ne rougissent pas d'étaler le plus grand faste. Comme il revient aux ministres du temple une portion des victimes, soit qu'ils les rejettent, soit qu'ils les admettent, la moindre irrégularité qu'ils y découvrent leur suffit pour les exclure; et l'on a vu des aruspices mercenaires fouiller dans les entrailles d'un animal, en enlever des parties intégrantes, et faire recommencer le sacrifice.

Cependant ce tribut, imposé pendant toute l'année à la crédulité des hommes, et sévèrement exigé par les prêtres, dont il fait le principal revenu; ce tribut, dis-je, est infiniment moins dangereux que l'influence de leurs réponses sur les affaires publiques de la Grèce et du reste de l'univers. On doit gémir sur les maux du genre humain quand on pense qu'outre les prétendus prodiges dont les habitants de Delphes font un trafic continuel, on peut obtenir à prix d'argent les réponses de la pythie, qu'ainsi un mot dicté par des prêtres corrompus, et prononcé par une fille imbécile, suffit pour susciter des guerres sanglantes et porter la désolation dans tout un royaume.

L'oracle exige qu'on rende aux dieux les honneurs qui leur sont dus, mais il ne prescrit aucune règle à cet égard; et quand on lui demande quel est le meilleur des cultes, il répond toujours : Conformez-vous à celui qui est reçu dans votre pays. Il exige aussi qu'on respecte les temples, et il prononce des peines très-sévères contre ceux qui violent ou qui usurpent les biens qui en dépendent. Je vais en citer un exemple.

La plaine qui du mont Parnasse s'étend jusqu'à la mer appartenait, il y a deux siècles environ, aux habitants de Cyrrha; et la manière dont ils en furent dépouillés montre assez quelle espèce de vengeance on exerce ici contre les sacriléges. On leur reprochait de lever des impôts sur les Grecs qui débarquaient chez eux pour se rendre à Delphes; on leur reprochait d'avoir fait des incursions sur les terres qui appartenaient au temple. L'oracle, consulté par les amphictyons sur le genre de supplice que méritaient les coupables, ordonna de les poursuivre jour et nuit, de ravager leur pays et de les réduire en servitude. Aussitôt plusieurs nations coururent aux armes. La ville fut rasée et le port comblé; les habitants furent égorgés ou chargés de fers; et leurs riches campagnes ayant été consacrées au temple de Delphes, on jura de ne point les cultiver, de ne point y construire de maisons, et l'on prononça cette imprécation terrible : « Que les particuliers, que les peuples qui oseront enfreindre ce serment soient exécrables aux yeux d'Apollon et des autres divinités de Delphes! que leurs terres ne portent point de fruits! que leurs femmes et leurs troupeaux ne produisent que des monstres! qu'ils périssent dans les combats! qu'ils échouent dans toutes leurs entreprises!

que leurs races s'éteignent avec eux! et que, pendant leur vie, Apollon et les autres divinités de Delphes rejettent avec horreur leurs vœux et leurs sacrifices! »

Le lendemain, nous descendîmes dans la plaine pour y voir les courses des chevaux et des chars. L'hippodrome (c'est le nom qu'on donne à l'espace qu'il faut parcourir) est si vaste qu'on y voit quelquefois jusqu'à quarante chars se disputer la victoire. Nous en vîmes partir dix à la fois de la barrière : il n'en revint qu'un très-petit nombre, les autres s'étant brisés contre la borne ou dans le milieu de la carrière.

Les courses étant achevées, nous remontâmes à Delphes pour être témoins des honneurs funèbres que la théorie des Énianes devait rendre aux mânes de Néoptolème, et de la cérémonie qui devait les précéder. Ce peuple, qui met Achille au nombre de ses anciens rois, et qui honore spécialement la mémoire de ce héros et de son fils Néoptolème, habite auprès du mont Œta, dans la Thessalie. Il envoie tous les quatre ans une députation à Delphes, non-seulement pour offrir des sacrifices aux divinités de ces lieux, mais encore pour faire des libations et des prières sur le tombeau de Néoptolème, qui périt ici au pied des autels par les mains d'Oreste, fils d'Agamemnon. Elle s'était acquittée la veille du premier de ces devoirs; elle allait s'acquitter du second.

Polyphron, jeune et riche Thessalien, était à la tête de la théorie. Comme il prétendait tirer son origine d'Achille, il voulut paraître avec un éclat qui pût, aux yeux du peuple, justifier de si hautes prétentions. La marche s'ouvrait par une hécatombe composée effectivement de cent bœufs, dont les uns avaient les cornes dorées et dont les autres étaient ornés de couronnes et de guirlandes de fleurs. Ils étaient conduits par autant de Thessaliens vêtus de blanc et tenant des haches sur leurs épaules. D'autres victimes suivaient, et l'on avait placé par intervalles des musiciens qui jouaient de divers instruments. On voyait paraître ensuite des Thessaliennes dont les attraits attiraient tous les regards. Elles marchaient d'un pas réglé, chantait des hymnes en l'honneur de Thétis, mère d'Achille, et portant dans leurs mains ou sur leurs têtes des corbeilles remplies de fleurs, de fruits et d'aromates précieux : elles étaient suivies de cinquante jeunes Thessaliens montés sur des chevaux superbes qui blanchissaient leurs mors d'écume. Polyphron se distinguait autant par la noblesse de sa figure que par la richesse de ses habits. Quand ils furent devant le temple de Diane, on en vit sortir la prêtresse, qui parut avec les traits et les attributs de la déesse, ayant un carquois sur l'épaule et dans ses mains un arc et un flambeau allumé. Elle monta sur un char et ferma la marche, qui continua dans le même ordre jusqu'au tombeau de Néoptolème, placé dans une enceinte à la gauche du temple.

Les cavaliers thessaliens en firent trois fois le tour. Les jeunes Thessaliennes poussèrent de longs gémissements, et les autres députés des cris de douleur. Un moment après on donna le signal, et toutes les victimes tombèrent autour de l'autel. On en coupa les extrémités, que l'on plaça sur un grand bûcher. Les prêtres, après avoir récité des prières, firent des libations sur le bûcher, et Polyphron y mit le feu avec le flambeau qu'il avait reçu des mains de la prêtresse de Diane. Ensuite on donna aux ministres du temple les droits qu'ils avaient sur les victimes, et l'on réserva le reste pour un repas où furent invités les prêtres, les principaux habitants de Delphes et les théores ou députés des autres villes de la Grèce. Nous y fûmes admis ; mais, avant que de nous y rendre, nous allâmes au Leschè, que nous avions sous nos yeux.

C'est un édifice ou portique, ainsi nommé parce qu'on s'y assemble pour converser ou pour traiter d'affaires. Nous y trouvâmes plusieurs tableaux qu'on venait d'exposer à un concours établi depuis environ un siècle. Mais ces ouvrages nous touchèrent moins que les peintures qui décorent les murs. Elles sont de la main de Polygnote de Thasos, et furent consacrées en ce lieu par les Cnidiens.

Sur le mur à droite, Polygnote a représenté la prise de Troie, ou plutôt les suites de cette prise ; car il a choisi le moment où presque tous les Grecs, rassasiés de carnage, se disposent à retourner dans leur patrie. Le lieu de la scène embrasse non-seulement la ville, dont l'intérieur se découvre à travers les murs que l'on achève de détruire, mais encore le rivage, où l'on voit le pavillon de Ménélas que l'on commence à détendre et son vaisseau prêt à mettre à la voile. Quantité de groupes sont distribués dans la place publique, dans les rues et sur le rivage de la mer. Ici, c'est Hélène accompagnée de deux de ses femmes, entourée de plusieurs Troyens blessés dont elle a causé les malheurs, et de plusieurs Grecs qui semblent contempler encore sa beauté. Plus loin, c'est Cassandre, assise par terre au milieu d'Ulysse, d'Ajax, d'Agamemnon et de Ménélas, immobiles et debout auprès d'un autel, car en général il règne dans le tableau ce morne silence, ce repos effrayant dans lequel doivent tomber les vainqueurs et les vaincus lorsque les uns sont fatigués de leur barbarie et les autres de leur existence. Néoptolème est le seul dont la fureur ne soit pas assouvie, et qui poursuive encore quelques faibles Troyens. Cette figure attire surtout les regards du spectateur ; et c'était sans doute l'intention de l'artiste, qui travaillait pour un lieu voisin du tombeau de ce prince.

On éprouve fortement les impressions de la terreur et de la pitié quand on considère le corps de Priam et ceux de ses principaux chefs étendus, couverts de blessures et abandonnés au milieu des ruines d'une ville autrefois si florissante : on les éprouve à l'aspect de cet enfant qui, entre les bras d'un vieil esclave, porte sa main devant ses yeux pour se cacher l'horreur dont il est environné ; de cet autre enfant qui, saisi d'épouvante, court embrasser un autel ; de ces femmes troyennes qui, assises par terre et presque entassées les unes sur les autres, paraissent succomber sous le poids de leur destinée. Du nombre de ces captives sont deux filles de Priam et la malheureuse Andromaque, tenant son fils sur ses genoux. Le peintre nous a laissé voir la douleur de la plus jeune des princesses. On ne peut juger de celle des deux autres ; leur tête est couverte d'un voile.

En ce moment nous nous rappelâmes qu'on faisait un mérite à Timanthe d'avoir, dans son Sacrifice d'Iphigénie, voilé la tête d'Agamemnon. Cette image avait déjà été employée par Euripide, qui l'avait sans doute empruntée de Polygnote. Quoi qu'il en soit, dans un des coins du tableau que je viens de décrire, on lit cette inscription de Simonide : POLYGNOTE DE THASOS, FILS D'AGLAOPHON, A REPRÉSENTÉ LA DESTRUCTION DE TROIE. Cette inscription est en vers, comme le sont presque toutes celles qui doivent éterniser les noms ou les faits célèbres.

Sur le mur opposé Polygnote a peint la descente d'Ulysse aux enfers, conformément aux récits d'Homère et des autres poètes. La barque de Caron, l'évocation de l'ombre de Tirésias, l'Élysée peuplé de héros, le Tartare rempli de scélérats, tels sont les principaux objets qui frappent le spectateur. On peut y remarquer un genre de supplice terrible et nouveau que Polygnote destine aux enfants dénaturés ; il met un de ces enfants sur la scène et il le fait étrangler par son père. J'observerai encore qu'aux tourments de Tantale il en ajoutait un qui tient ce malheureux prince dans un effroi continuel : c'est un rocher énorme toujours prêt à tomber sur sa tête ; mais cette idée, il l'avait prise du poète Archiloque.

Ces deux tableaux, dont le premier contient plus de cent figures, et le second plus de quatre-vingts, produisent un grand effet, et donnent une haute idée de l'esprit et des talents de Polygnote. Autour de nous, on en relevait les défauts et les beautés ; mais on convenait en général que l'artiste avait traité des sujets si grands et si vastes avec tant d'intelligence qu'il en résultait pour chaque tableau un riche et magnifique ensemble. Les principales figures sont reconnaissables à leurs noms tracés auprès d'elles : usage qui ne subsiste plus depuis que l'art s'est perfectionné.

Pendant que nous admirions ces ouvrages, on vint nous avertir que Polyphron nous attendait dans la salle du festin. Nous le trouvâmes au milieu d'une grande tente carrée, couverte et fermée de trois côtés par des tapisseries peintes, que l'on conserve dans les trésors du temple et que Polyphron avait empruntées. Le plafond représentait d'un côté le soleil près de se coucher; de l'autre, l'aurore qui commençait à paraître; dans le milieu, la Nuit sur son char, vêtue de crêpes noirs, accompagnée de la lune et des étoiles. On voyait sur les autres pièces de tapisseries des centaures, des cavaliers qui poursuivaient des cerfs et des lions, des vaisseaux qui combattaient les uns contre les autres.

Le repas fut très-somptueux et très-long. On fit venir des joueuses de flûtes. Le chœur des Thessaliennes fit entendre des concerts ravissants, et les Thessaliens nous présentèrent l'image des combats dans des danses savamment exécutées.

Quelques jours après nous montâmes à la source de la fontaine Castalie, dont les eaux pures et d'une fraîcheur délicieuse formaient de belles cascades sur la pente de la montagne. Elle sort à gros bouillons entre les deux cimes de rochers qui dominent sur la ville de Delphes.

De là, continuant notre chemin vers le nord, après avoir fait plus de soixante stades[1], nous arrivâmes à l'antre Corycius, autrement dit l'antre des nymphes, parce qu'il leur est consacré, ainsi qu'aux dieux Bacchus et Pan. L'eau qui découle de toutes parts y forme des petits ruisseaux intarissables. Quoique profond, la lumière du jour l'éclaire presque en entier. Il est si vaste que, lors de l'expédition de Xerxès, la plupart des habitants de Delphes prirent le parti de s'y réfugier. On nous montra aux environs quantité de grottes qui excitent la vénération des peuples; car dans ces lieux solitaires tout est sacré et peuplé de génies.

La route que nous suivions offrait successivement à nos yeux les objets les plus variés, des vallées agréables, des bouquets de pins, des terres susceptibles de culture, des rochers qui menaçaient nos têtes, des précipices qui semblaient s'ouvrir sous nos pas, quelquefois des points de vue d'où nos regards tombaient, à une très-grande profondeur, sur les campagnes voisines. Nous entrevîmes auprès de Panopée, ville située sur les confins de la Phocide et de

[1] Environ deux lieues et demie.

la Béotie, des chariots remplis de femmes qui mettaient pied à terre et dansaient en rond. Nos guides les reconnurent pour des thyades athéniennes. Ce sont des femmes initiées aux mystères de Bacchus : elles viennent tous les ans se joindre à celles de Delphes pour monter ensemble sur les hauteurs du Parnasse, et y célébrer avec une égale fureur les orgies de ce dieu.

Les excès auxquels elles se livrent ne surprendront point ceux qui savent combien il est aisé d'exalter l'imagination vive et ardente des femmes grecques. On en a vu plus d'une fois un grand nombre se répandre comme des torrents dans les villes et dans les provinces entières, toutes échevelées et à demi nues, toutes poussant des hurlements effroyables. Il n'avait fallu qu'une étincelle pour produire ces embrasements. Quelques-unes d'entre elles, saisies tout à coup d'un esprit de vertige, se croyaient poussées par une inspiration divine, et faisaient passer ces frénétiques transports à leurs compagnes. Quand l'accès du délire était près de tomber, les remèdes et les expiations achevaient de ramener le calme dans leurs âmes. Ces épidémies sont moins fréquentes depuis le progrès des lumières ; mais il en reste encore des traces dans les fêtes de Bacchus.

En continuant de marcher entre les montagnes entassées les unes sur les autres, nous arrivâmes au pied du mont Lycoré, le plus haut de tous ceux du Parnasse, peut-être de tous ceux de la Grèce. C'est là, dit-on, que se sauvèrent les habitants de ces contrées pour échapper au déluge arrivé du temps de Deucalion. Nous entreprîmes d'y monter ; mais, après des chutes fréquentes, nous reconnûmes que, s'il est aisé de s'élever jusqu'à certaines hauteurs du Parnasse, il est très-difficile d'en atteindre le sommet ; et nous descendîmes à Élatée, la principale ville de la Phocide.

De hautes montagnes environnent cette petite province ; on n'y pénètre que par des défilés, à l'issue desquels les Phocéens ont construit des places fortes. Élatée les défend contre les incursions des Thessaliens ; Parapotamies, contre celles des Thébains. Vingt autres villes, la plupart bâties sur des rochers, sont entourées de murailles et de tours.

Au nord et à l'est du Parnasse on trouve de belles plaines arrosées par le Céphise, qui prend sa source au pied du mont Œta, au-dessus de la ville de Lilée. Ceux des environs disent qu'en certains jours, et surtout l'après-midi, ce fleuve sort de terre avec fureur et faisant un bruit semblable aux mugissements d'un taureau. Je n'en ai pas été témoin ; je l'ai vu seulement couler en silence, et se replier souvent sur lui-même au milieu des campagnes couvertes de diverses espèces d'arbres, de grains et de pâturages. Il semble qu'attaché à ses bienfaits, il ne peut quitter les lieux qu'il embellit.

Les autres cantons de la Phocide sont distingués par des productions particulières. On estime les huiles de Tithorée, et l'ellébore d'Anticyre, ville située sur la mer de Corinthe. Non loin de là les pêcheurs de Bulis ramassent ces coquillages qui servent à faire la pourpre. Plus haut nous vîmes dans la vallée d'Ambryssus de riches vignobles, et quantité d'arbrisseaux sur lesquels on recueille ces petits grains qui donnent à la laine une belle couleur rouge.

Chaque ville de la Phocide est indépendante, et a le droit d'envoyer ses députés à la diète générale, où se discutent les intérêts de la nation.

Les habitants ont un grand nombre de fêtes, de temples et de statues; mais ils laissent à d'autres peuples l'honneur de cultiver les lettres et les arts. Les travaux de la campagne et les soins domestiques font leur principale occupation. Ils donnèrent dans tous les temps des preuves frappantes de leur valeur; dans une occasion particulière, un témoignage effrayant de leur amour pour la liberté.

Près de succomber sous les armes des Thessaliens, qui, avec des forces supérieures, avaient fait une irruption dans leur pays, ils construisirent un grand bûcher; auprès duquel ils placèrent les femmes, les enfants, l'or, l'argent et les meubles les plus précieux; ils en confièrent la garde à trente de leurs guerriers, avec ordre, en cas de défaite, d'égorger les femmes et les enfants, de jeter dans les flammes les effets confiés à leurs soins, de s'entretuer eux-mêmes, ou de venir sur le champ de bataille périr avec le reste de la nation. Le combat fut long, le massacre horrible: les Thessaliens prirent la fuite, et les Phocéens restèrent libres.

CHAPITRE XXIII.

Événements remarquables arrivés dans la Grèce (depuis l'an 361 jusqu'à l'an 357 avant J.-C.). Mort d'Agésilas, roi de Lacédémone. Avénement de Philippe au trône de Macédoine. Guerre sociale.

Pendant que nous étions aux jeux pythiques, nous entendîmes plus d'une fois parler de la dernière expédition d'Agésilas; à notre retour, nous apprîmes sa mort[1].

---

[1] Dans la troisième année de la cent quatrième olympiade, laquelle répond aux années 362 et 361 avant J.-C.

Tachos, roi d'Égypte, prêt à faire une irruption en Perse, assembla une armée de quatre-vingt mille hommes, et voulut la soutenir par un corps de dix mille Grecs, parmi lesquels se trouvèrent mille Lacédémoniens commandés par Agésilas. On fut étonné de voir ce prince, à l'âge de plus de quatre-vingts ans, se transporter au loin pour se mettre à la solde d'une puissance étrangère. Mais Lacédémone voulait se venger de la protection que le roi de Perse accordait aux Messéniens ; elle prétendait avoir des obligations à Tachos ; elle espérait aussi que cette guerre rendrait la liberté aux villes grecques de l'Asie.

A ces motifs, qui n'étaient peut-être que des prétextes pour Agésilas, se joignaient des considérations qui lui étaient personnelles. Comme son âme active ne pouvait supporter l'idée d'une vie paisible et d'une mort obscure, il vit tout à coup une nouvelle carrière s'ouvrir à ses talents ; et il saisit avec d'autant plus de plaisir l'occasion de relever l'éclat de sa gloire, terni par les exploits d'Épaminondas, que Tachos s'était engagé à lui donner le commandement de toute l'armée.

Il partit. Les Égyptiens l'attendaient avec impatience. Au bruit de son arrivée, les principaux de la nation, mêlés avec la multitude, s'empressent de se rendre auprès d'un héros qui depuis un si grand nombre d'années remplissait la terre de son nom. Ils trouvent sur le rivage un petit vieillard d'une figure ignoble, assis par terre au milieu de quelques Spartiates dont l'extérieur, aussi négligé que le sien, ne distinguait pas les sujets du souverain. Les officiers de Tachos étalent à ses yeux les présents de l'hospitalité : c'étaient diverses espèces de provisions. Agésilas choisit quelques aliments grossiers, et fait distribuer aux esclaves les mets les plus délicats, ainsi que les parfums. Un rire immodéré s'élève alors parmi les spectateurs. Les plus sages d'entre eux se contentent de témoigner leur mépris, et de rappeler la fable de la montagne en travail.

Des dégoûts plus sensibles mirent bientôt sa patience à une plus rude épreuve. Le roi d'Égypte refusa de lui confier le commandement de ses troupes. Il n'écoutait point ses conseils, et lui faisait essuyer tout ce qu'une hauteur insolente et une folle vanité ont de plus offensant. Agésilas attendait l'occasion de sortir de l'avilissement où il s'était réduit. Elle ne tarda pas à se présenter. Les troupes de Tachos, s'étant révoltées, formèrent deux partis qui prétendaient tous deux lui donner un successeur. Agésilas se déclara pour Nectanèbe, l'un des prétendants au trône. Il le dirigea dans ses opérations ; et, après avoir affermi son autorité, il sortit de l'Égypte comblé d'honneurs, et avec une somme de deux cent trente talents[1], que Nectanèbe envoyait aux Lacédémoniens. Une tempête violente l'obligea de relâcher sur une côte déserte de la Libye, où il mourut âgé de quatre-vingt-quatre ans.

Deux ans après[2], il se passa un événement qui ne fixa point l'attention des Athéniens, et qui devait changer la face de la Grèce et du monde connu.

Les Macédoniens n'avaient eu jusqu'alors que de faibles rapports avec la Grèce, qui ne les distinguait pas des peuples barbares dont ils sont entourés, et avec lesquels ils étaient perpétuellement en guerre. Leurs souverains n'avaient été autrefois admis au concours des jeux olympiques qu'en produisant les titres qui faisaient remonter leur origine jusqu'à Hercule.

Archelaüs voulut ensuite introduire dans ses états l'amour des lettres et des arts. Euripide fut appelé à sa cour, et il dépendit de Socrate d'y trouver un asile.

Le dernier de ces princes, Perdiccas, fils d'Amyntas, venait de périr avec la plus grande partie de son armée, dans un combat qu'il avait livré aux Illyriens. A cette nouvelle, Philippe, son frère, que j'avais vu en otage chez les Thébains, trompa la vigilance de ses gardes, se rendit en Macédoine, et fut nommé tuteur du fils de Perdiccas.

L'empire était alors menacé d'une ruine prochaine. Des divisions intestines, des défaites multipliées l'avaient chargé du mépris des nations voisines, qui semblaient s'être concertées pour accélérer sa perte. Les Péoniens infestaient les frontières; les Illyriens rassemblaient leurs forces et méditaient une invasion. Deux concurrents également redoutables, tous deux de la maison royale, aspiraient à la couronne : les Thraces soutenaient les droits de Pausanias ; les Athéniens envoyaient une armée avec une flotte pour défendre ceux d'Argée. Le peuple consterné voyait les finances épuisées; un petit nombre de soldats abattus et indisciplinés, le sceptre entre les mains d'un enfant, et à côté du trône un régent à peine âgé de vingt-deux ans.

Philippe, consultant encore plus ses forces que celles du royaume, entreprend de faire de sa nation ce qu'Épaminondas, son modèle, avait fait de la sienne. De légers avantages apprennent aux troupes à s'estimer assez pour oser se défendre, aux Macédoniens à ne plus désespérer du salut de l'état. Bientôt on le voit introduire

[1] Un million deux cent quarante deux mille livres.
[2] Sous l'archontat de Callimède, la première année de la cent cinquième olympiade, qui répond aux années 360 et 359 avant J.-C.

la règle dans les diverses parties de l'administration, donner à la phalange macédonienne une forme nouvelle, engager par des présents et par des promesses les Péoniens à se retirer, le roi de Thrace à lui sacrifier Pausanias. Il marche ensuite contre Argée, le défait, et renvoie sans rançon les prisonniers athéniens.

Quoique Athènes ne se soutînt plus que par le poids de sa réputation, il fallait la ménager : elle avait de légitimes prétentions sur la ville d'Amphipolis en Macédoine, et le plus grand intérêt à la ramener sous son obéissance. C'était une de ses colonies, une place importante pour son commerce; c'était par là qu'elle tirait de la haute Thrace des bois de construction, des laines, et d'autres marchandises. Après bien des révolutions, Amphipolis était tombée entre les mains de Perdiccas, frère de Philippe. On ne pouvait la restituer à ses anciens maîtres sans les établir en Macédoine, la garder sans y attirer leurs armes. Philippe la déclare indépendante, et signe avec les Athéniens un traité de paix où il n'est fait aucune mention de cette ville. Ce silence conservait dans leur intégrité les droits des parties contractantes.

Au milieu de ces succès, des oracles semés parmi le peuple annonçaient que la Macédoine reprendrait sa splendeur sous un fils d'Amyntas. Le ciel promettait un grand homme à la Macédoine : le génie de Philippe le montrait. La nation, persuadée que, de l'aveu même des dieux, celui-là seul devait la gouverner qui pouvait la défendre, lui remit l'autorité souveraine, dont elle dépouilla le fils de Perdiccas.

Encouragé par ce choix, il réunit une partie de la Péonie à la Macédoine, battit les Illyriens, et les renferma dans leurs anciennes limites.

Quelque temps après, il s'empara d'Amphipolis, que les Athéniens avaient, dans l'intervalle, vainement tâché de reprendre, et de quelques villes voisines où ils avaient des garnisons. Athènes, occupée d'une autre guerre, ne pouvait ni prévenir ni venger des hostilités que Philippe savait colorer de prétextes spécieux.

Mais rien n'augmenta plus sa puissance que la découverte de quelques mines d'or qu'il fit exploiter, et dont il retira par an plus de mille talents[1]. Il s'en servit dans la suite pour corrompre ceux qui étaient à la tête des républiques.

J'ai dit que les Athéniens furent obligés de fermer les yeux sur les premières hostilités de Philippe. La ville de Byzance et les îles de Chio, de Cos et de Rhodes venaient de se liguer pour se sous-

[1] Plus de cinq millions quatre cent mille livres.

CHAPITRE XXIII.

traire à leur dépendance[1]. La guerre commença par le siége de Chio. Chabrias commandait la flotte, et Charès les troupes de terre. Le premier jouissait d'une réputation acquise par de nombreux exploits : on lui reprochait seulement d'exécuter avec trop de chaleur des projets formés avec trop de circonspection. Il passa presque toute sa vie à la tête des armées et loin d'Athènes, où l'éclat de son opulence et de son mérite excitait la jalousie.

Le trait suivant donnera une idée de ses talents militaires. Il était sur le point d'être vaincu par Agésilas. Les troupes qui étaient à sa solde avaient pris la fuite, et celles d'Athènes s'ébranlaient pour les suivre. Dans ce moment, il leur ordonne de mettre un genou en terre et de se couvrir de leurs boucliers, les piques en avant. Le roi de Lacédémone, surpris d'une manœuvre inconnue jusqu'alors, et jugeant qu'il serait dangereux d'attaquer cette phalange hérissée de fer, donna le signal de la retraite. Les Athéniens décernèrent une statue à leur général, et lui permirent de se faire représenter dans l'attitude qui leur avait épargné la honte d'une défaite.

Charès, fier des petits succès et des légères blessures qu'il devait au hasard, d'ailleurs sans talents, sans pudeur, d'une vanité insupportable, étalait un luxe révoltant pendant la paix et pendant la guerre ; obtenait à chaque campagne le mépris des ennemis et la haine des alliés ; fomentait les divisions des nations amies, et ravissait leurs trésors, dont il était avide et prodigue à l'excès ; poussait enfin l'audace jusqu'à détourner la solde des troupes pour corrompre les orateurs, et donner des fêtes au peuple, qui le préférait aux autres généraux.

A la vue de Chio, Chabrias, incapable de modérer son ardeur, fit force de rames ; il entra seul dans le port, et fut aussitôt investi par la flotte ennemie. Après une longue résistance ses soldats se jetèrent à la nage pour gagner les autres galères qui venaient à leur secours. Il pouvait suivre leur exemple, mais il aima mieux périr que d'abandonner son vaisseau.

Le siége de Chio fut entrepris et levé. La guerre dura pendant quatre ans. Nous verrons dans la suite comment elle fut terminée.

CHAPITRE XXIV.

Des fêtes des Athéniens. Les Panathénées. Les Dionysiaques.

Les premières fêtes des Grecs furent caractérisées par la joie et par la reconnaissance. Après avoir recueilli les fruits de la terre,

[1] Dans la troisième année de la cent cinquième olympiade, 358 et 357 avant J.-C.

les peuples s'assemblaient pour offrir des sacrifices, et se livrer aux transports qu'inspire l'abondance. Plusieurs fêtes des Athéniens se ressentent de cette origine : ils célèbrent le retour de la verdure, des moissons, de la vendange et des quatre saisons de l'année ; et comme ces hommages s'adressent à Cérès ou à Bacchus, les fêtes de ces divinités sont en plus grand nombre que celles des autres.

Dans la suite le souvenir des événements utiles ou glorieux fut fixé à des jours marqués pour être perpétué à jamais. Parcourez les mois de l'année des Athéniens[1], vous y trouverez un abrégé de leurs annales et les principaux traits de leur gloire : tantôt la réunion des peuples de l'Attique par Thésée, le retour de ce prince dans ses états, l'abolition qu'il procura de toutes les dettes ; tantôt la bataille de Marathon, celle de Salamine, celle de Platée, de Naxos, etc.

C'est une fête pour les particuliers lorsqu'il leur naît des enfants ; c'en est une pour la nation lorsque ces enfants sont inscrits dans l'ordre des citoyens, ou lorsque, parvenus à un certain âge, ils montrent en public les progrès qu'ils ont faits dans les exercices du gymnase. Outre les fêtes qui regardent toute la nation, il en est de particulières à chaque bourg.

Les solennités publiques reviennent tous les ans ou après un certain nombre d'années. On distingue celles qui, dès les plus anciens temps, furent établies dans le pays, et celles qu'on a récemment empruntées des autres peuples. Quelques-unes se célèbrent avec une extrême magnificence. J'ai vu en certaines occasions jusqu'à trois cents bœufs traînés pompeusement aux autels. Plus de quatre-vingts jours enlevés à l'industrie et aux travaux de la campagnes sont remplis par des spectacles qui attachent le peuple à la religion ainsi qu'au gouvernement. Ce sont des sacrifices qui inspirent le respect par l'appareil pompeux des cérémonies ; des processions où la jeunesse de l'un et l'autre sexe étale tous ses attraits ; des pièces de théâtre, fruits des plus beaux génies de la Grèce ; des danses, des champs, des combats, où brillent tour à tour l'adresse et les talents.

Ces combats sont de deux espèces : les gymniques, qui se donnent au stade ; et les scéniques, qui se livrent au théâtre. Dans les premiers, on se dispute le prix de la course, de la lutte et des autres exercices du gymnase ; dans les derniers, celui du chant et de la danse. Les uns et les autres font l'ornement des principales fêtes. Je vais donner une idée des scéniques.

Chacune des dix tribus fournit un chœur et le chef qui doit le conduire. Ce chef, qu'on nomme chorége, doit être âgé au moins

---

[1] Voyez la table des mois attiques.

de quarante ans. Il choisit lui-même ses acteurs, qui pour l'ordinaire sont pris dans la classe des enfants et dans celle des adolescents. Son intérêt est d'avoir un excellent joueur de flûte pour diriger leurs voix, et un habile maître pour régler leurs pas et leurs gestes. Comme il est nécessaire d'établir la plus grande égalité entre les concurrents, et que ces deux instituteurs décident souvent de la victoire, un des premiers magistrats de la république les fait tirer au sort en présence des différentes troupes et des différents chorèges.

Quelques mois avant les fêtes on commence à exercer les acteurs. Souvent le chorège, pour ne pas les perdre de vue, les retire chez lui et fournit à leur entretien : il paraît ensuite à la fête, ainsi que ceux qui le suivent, avec une couronne dorée et une robe magnifique.

Ces fonctions, consacrées par la religion, se trouvent encore ennoblies par l'exemple d'Aristide, d'Épaminondas et des plus grands hommes, qui se sont fait un honneur de les remplir ; mais elles sont si dispendieuses qu'on voit plusieurs citoyens refuser le dangereux honneur de sacrifier une partie de leurs biens à l'espérance incertaine de s'élever par ce moyen aux premières magistratures.

Quelquefois une tribu ne trouve point de chorège ; alors c'est l'état qui se charge de tous les frais ou qui ordonne à deux citoyens de s'associer pour en supporter le poids, ou qui permet au chorège d'une tribu de conduire le chœur de l'autre. J'ajoute que chaque tribu s'empresse d'avoir le meilleur poète pour composer les cantiques sacrés.

Les chœurs paraissent dans les pompes ou processions : ils se rangent autour des autels, et chantent des hymnes pendant les sacrifices ; ils se rendent au théâtre, où, chargés de soutenir l'honneur de leur tribu, ils s'animent de la plus vive émulation. Leurs chefs emploient les brigues et la corruption pour obtenir la victoire. Des juges sont établis pour décerner le prix. C'est, en certaines occasions, un trépied que la tribu victorieuse a soin de consacrer dans un temple ou dans un édifice qu'elle fait élever.

Le peuple presque aussi jaloux de ses plaisirs que de sa liberté, attend la décision du combat avec la même inquiétude et le même tumulte que s'il s'agissait de ses plus grands intérêts. La gloire qui en résulte se partage entre le chœur qui a triomphé, la tribu dont il est tiré, le chorège qui est à sa tête et les maîtres qui l'ont dressé.

Tout ce qui concerne les spectacles est prévu et fixé par les lois. Elles déclarent inviolables, pendant le temps des fêtes, la personne du chorége et celle des acteurs ; elles règlent le nombre des solennités où l'on doit donner au peuple les diverses espèces de jeux dont il est si avide. Telles sont entre autres les Panathénées et les grandes Dionysiaques ou Dionysiaques de la ville.

Les premières tombent au premier mois qui commence au solstice d'été. Instituées dans les plus anciens temps en l'honneur de Minerve, rétablies par Thésée en mémoire de la réunion de tous les peuples de l'Attique, elles reviennent tous les ans ; mais dans la cinquième année elles se célèbrent avec plus de cérémonies et d'éclat. Voici l'ordre qu'on y suit, tel que je le remarquai la première fois que j'en fus témoin.

Les peuples qui habitent les bourgs de l'Attique s'étaient rendus en foule à la capitale : ils avaient amené un grand nombre de victimes qu'on devait offrir à la déesse. J'allai le matin sur les bords de l'Ilissus, et j'y vis les courses des chevaux, où les fils des premiers citoyens de la république se disputaient la gloire du triomphe. Je remarquai la manière dont la plupart montaient à cheval : ils posaient le pied gauche sur une espèce de crampon attaché à la partie inférieure de leur pique et s'élançaient avec légèreté sur leurs coursiers.

Non loin de là, je vis d'autres jeunes gens concourir pour le prix de la lutte et des différents exercices du corps. J'allai à l'Odéum, et j'y vis plusieurs musiciens se livrer des combats plus doux et moins dangereux. Les uns exécutaient des pièces sur la flûte ou sur la cithare, d'autres chantaient et s'accompagnaient de l'un de ces instruments. On leur avait proposé pour sujet l'éloge d'Harmodius, d'Aristogiton et de Thrasybule, qui avaient délivré la république des tyrans dont elle était opprimée ; car, parmi les Athéniens, les institutions publiques sont des monuments pour ceux qui ont bien servi l'état, et des leçons pour ceux qui doivent le servir. Une couronne d'olivier, un vase rempli d'huile, furent les prix décernés aux vainqueurs. Ensuite on couronna des particuliers à qui le peuple, touché de leur zèle, avait accordé cette marque d'honneur.

J'allai aux Tuileries, pour voir passer la pompe qui s'était formée hors des murs, et qui commençait à défiler. Elle était composée de plusieurs classes de citoyens couronnés de fleurs, et remarquables par leur beauté. C'étaient des vieillards dont la figure était imposante, et qui tenaient des rameaux d'olivier ; des hommes faits qui, armés de lances et de boucliers, semblaient respirer les combats ; des garçons qui n'étaient âgés que de dix-huit à vingt ans et qui chantaient des hymnes en l'honneur de la déesse ; de jolis enfants couverts d'une simple tunique et parés de leurs grâces naturelles ;

des filles enfin qui appartenaient aux premières familles d'Athènes et dont les traits, la taille et la démarche attiraient tous les regards. Leurs mains soutenaient sur leurs têtes des corbeilles qui, sous un voile éclatant, renfermaient des instruments sacrés, des gâteaux, et tout ce qui peut servir aux sacrifices. Des suivantes, attachées à leurs pas, d'une main étendaient un parasol au-dessus d'elles, et de l'autre tenaient un pliant. C'est une servitude imposée aux filles des étrangers établis à Athènes, servitude que partageaient leurs pères et leurs mères. En effet, les uns et les autres portaient sur leurs épaules des vases remplis d'eau et de miel pour faire les libations.

Ils étaient suivis de huit musiciens, dont quatre jouaient de la flûte et quatre de la lyre. Après eux venaient des rhapsodes qui chantaient les poèmes d'Homère, et des danseurs armés de toutes pièces, qui, s'attaquant par intervalles, représentaient au son de la flûte le combat de Minerve contre les Titans.

On voyait ensuite paraître un vaisseau qui semblait glisser sur la terre au gré des vents et d'une infinité de rameurs, mais qui se mouvait par des machines renfermées dans son sein. Sur le vaisseau se déployait un voile d'une étoffe légère, où des jeunes filles avaient représenté en broderie la victoire de Minerve contre ces mêmes Titans. Elles y avaient aussi tracé, par ordre du gouvernement, les portraits de quelques héros dont les exploits avaient mérité d'être confondus avec ceux des dieux.

Cette pompe marchait à pas lents, sous la direction de plusieurs magistrats. Elle traversa le quartier le plus fréquenté de la ville, au milieu d'une foule de spectateurs, dont la plupart étaient placés sur des échafauds qu'on venait de construire. Quand elle fut parvenue au temple d'Apollon Pythien, on détacha le voile suspendu au navire, et l'on se rendit à la citadelle, où il fut déposé dans le temple de Minerve.

Sur le soir, je me laissai entraîner à l'Académie, pour voir la course du flambeau. La carrière n'a que six à sept stades de longueur, elle s'étend depuis l'autel de Prométhée, qui est à la porte de ce jardin, jusqu'aux murs de la ville. Plusieurs jeunes gens sont placés dans cet intervalle à des distances égales. Quand les cris de la multitude ont donné le signal, le premier allume le flambeau sur l'autel et le porte en courant au second, qui le transmet de la même manière au troisième, et ainsi successivement. Ceux qui le laissent s'éteindre ne peuvent plus concourir. Ceux qui ralentissent leur marche sont livrés aux railleries, et même aux coups de la populace. Il faut, pour remporter le prix, avoir parcouru les différentes stations. Cette espèce de combat se renouvela plusieurs fois. Il se diversifie suivant la nature des fêtes.

Ceux qui avaient été couronnés dans les différents exercices invitèrent leurs amis à souper. Il se donna, dans le Prytanée et dans d'autres lieux publics, de grands repas qui se prolongèrent jusqu'au jour suivant. Le peuple, à qui on avait distribué les victimes immolées, dressait partout des tables et faisait éclater une joie vive et bruyante.

Plusieurs jours de l'année sont consacrés au culte de Bacchus. Son nom retentit tour à tour dans la ville, au port du Pirée, dans la campagne et dans les bourgs. J'ai vu plus d'une fois la ville entière plongée dans l'ivresse la plus profonde; j'ai vu des troupes de bacchants et de bacchantes, couronnés de lierre, de fenouil, de peuplier, s'agiter, danser, hurler dans les rues, invoquer Bacchus par des acclamations barbares, déchirer de leurs ongles et de leurs dents les entrailles crues des victimes, serrer des serpents dans leurs mains, les entrelacer dans leurs cheveux, en ceindre leur corps, et, par ces espèces de prestiges, effrayer et intéresser la multitude.

Ces tableaux se retracent en partie dans une fête qui se célèbre à la naissance du printemps. La ville se remplit alors d'étrangers: ils y viennent en foule pour apporter les tributs des îles soumises aux Athéniens, pour voir les nouvelles pièces qu'on donne sur le théâtre, pour être témoins des jeux et des spectacles, mais surtout d'une procession qui représente le triomphe de Bacchus. On y voit le même cortége qu'avait, dit-on, ce dieu lorsqu'il fit la conquête de l'Inde: des satyres, des dieux Pans, des hommes traînant des boucs pour les immoler; d'autres montés sur des ânes, à l'imitation de Silène; d'autres déguisés en femmes; d'autres qui portent des figures obscènes suspendues à de longues perches, et qui chantent des hymnes dont la licence est extrême; enfin toutes sortes de personnes de l'un et de l'autre sexe, la plupart couvertes de peaux de faon, cachées sous un masque, couronnées de lierre, ivres ou feignant de le paraître; mêlant sans interruption leurs cris au bruit des instruments; les unes s'agitant comme des insensées, et s'abandonnant à toutes les convulsions de la fureur; les autres exécutant des danses régulières et militaires, mais tenant des vases au lieu de boucliers, et se lançant, en forme de traits, des thyrses dont elles insultent quelquefois les spectateurs.

Au milieu de ces troupes d'acteurs forcenés, s'avancent dans un bel ordre les différents chœurs députés par les tribus: quantité de jeunes filles, les plus distinguées de la ville, marchent les yeux baissés, parées de tous leurs ornements, et tenant sur leurs têtes des corbeilles sacrées qui, outre les prémices des fruits, renferment des gâteaux de différentes formes, des grains de sel, des feuilles de lierre, et d'autres symboles mystérieux.

Les toits, formés en terrasses, sont couverts de spectateurs, et surtout de femmes, la plupart avec des lampes et des flambeaux, pour éclairer la pompe, qui défile presque toujours pendant la nuit, et qui s'arrête dans les carrefours et les places pour faire des libations et offrir des victimes en l'honneur de Bacchus.

Le jour est consacré à différents jeux. On se rend de bonne heure au théâtre, soit pour assister aux combats de musique et de danse que se livrent les chœurs, soit pour voir les nouvelles pièces que les auteurs donnent au public.

Le premier des neuf archontes préside à ces fêtes, le second à d'autres solennités : ils ont sous eux des officiers qui les soulagent dans leurs fonctions, et des gardes pour expulser du spectacle ceux qui en troublent la tranquillité.

Tant que durent les fêtes, la moindre violence contre un citoyen est un crime, et toute poursuite contre un débiteur est interdite. Les jours suivants les délits et les désordres qu'on y a commis sont punis avec sévérité.

Les femmes seules participent aux fêtes d'Adonis et à celles qui, sous le nom de Thesmophories, se célèbrent en l'honneur de Cérès et de Proserpine : les unes et les autres sont accompagnées de cérémonies que j'ai déjà décrites plus d'une fois. Je ne dirai qu'un mot des dernières : elles reviennent tous les ans au mois de pyanepsion[1], et durent plusieurs jours.

Parmi les objets dignes de fixer l'attention, je vis les Athéniennes, femmes et filles, se rendre à Éleusis, y passer une journée entière dans le temple, assises par terre, et observant un jeûne austère. Pourquoi cette abstinence? dis-je à l'une de celles qui avaient présidé à la fête. Elle me répondit : Parce que Cérès ne prit point de nourriture pendant qu'elle cherchait sa fille Proserpine. Je lui demandai encore : Pourquoi, en allant à Éleusis, portiez-vous des livres sur vos têtes? — Ils contiennent les lois que nous croyons avoir reçues de Cérès. — Pourquoi, dans cette procession brillante où l'air retentissait de vos chants, conduisiez-vous une grande corbeille sur un char attelé de quatre chevaux blancs? — Elle renfermait, entre autres choses, des grains dont nous devons la culture à Cérès : c'est ainsi qu'aux fêtes de Minerve nous portons

---

[1] Ce mois commençait tantôt dans les derniers jours d'octobre, tantôt dans les premiers de novembre.

des corbeilles pleines de flocons de laine, parce que c'est elle qui nous apprit à la filer. Le meilleur moyen de reconnaître un bienfait est de s'en souvenir sans cesse, et de le rappeler quelquefois à son auteur.

CHAPITRE XXV.

Des maisons et des repas des Athéniens.

La plupart des maisons sont composées de deux appartements, l'un en haut pour les femmes, l'autre en bas pour les hommes, et couvertes de terrasses, dont les extrémités ont une grande saillie. On en compte plus de dix mille à Athènes.

On en voit un assez grand nombre qui ont sur le derrière un jardin, sur le devant une petite cour, et plus souvent une espèce de portique au fond duquel est la porte de la maison, confiée quelquefois aux soins d'un eunuque. C'est là qu'on trouve tantôt une figure de Mercure pour écarter les voleurs, tantôt un chien qu'ils redoutent beaucoup plus, et presque toujours un autel en l'honneur d'Apollon, où le maître de la maison vient en certains jours offrir des sacrifices.

On montre aux étrangers les maisons de Miltiade, d'Aristide, de Thémistocle et des grands hommes du siècle dernier. Rien ne les distinguait autrefois : elles brillent aujourd'hui par l'opposition des autels que des hommes sans nom et sans vertus ont eu le front d'élever auprès de ces demeures modestes. Depuis que le goût des bâtiments s'est introduit, les arts font tous les jours des efforts pour le favoriser et l'étendre. On a pris le parti d'aligner les rues, de séparer les nouvelles maisons en deux corps de logis, d'y placer au rez-de-chaussée les appartements du mari et de la femme, de les rendre plus commodes par de sages distributions, et plus brillantes par les ornements qu'on y multiplie.

Telle était celle qu'occupait Dinias, un des plus riches et des plus voluptueux citoyens d'Athènes. Il étalait un faste qui détruisit bientôt sa fortune. Trois ou quatre esclaves marchaient toujours à sa suite. Sa femme, Lysistrate, ne se montrait que sur un char attelé de quatre chevaux blancs de Sicyone. Ainsi que d'autres Athéniens, il se faisait servir par une femme de chambre qui partageait les droits de son épouse; et il entretenait en ville une maîtresse qu'il avait la générosité d'affranchir ou d'établir avant de la quitter. Pressé de jouir et de faire jouir ses amis, il leur donnait souvent des repas et des fêtes.

Je le priai un jour de me montrer sa maison. J'en dressai ensuite le plan et je le joins ici [1]. On y verra qu'une allée longue et étroite

[1] M. Perrault a dressé le plan d'une maison grecque d'après la description que Vitruve en a faite. M. Galiani en a donné un second, qui est sans doute préférable à celui de Perrault. J'en publie un troisième, que feu M. Mariette avait bien voulu dresser à ma prière et justifier par le mémoire suivant :

« J'ai lu le plus attentivement qu'il m'a été possible la traduction qu'a faite Perrault de l'endroit où Vitruve traite des maisons à l'usage des peuples de l'ancienne Grèce. J'ai eu le texte latin sous les yeux ; et, pour en dire la vérité, j'ai trouvé que le traducteur français s'y était permis bien des libertés que n'a pas prises, à mon avis, le marquis Galiani dans la nouvelle traduction italienne du même auteur, dont il vient de faire part au public. Il m'a paru que son interprétation, et le plan géométral d'une maison grecque qu'il a figuré et qu'il y a joint, rendaient beaucoup mieux que ne l'a fait Perrault les idées de Vitruve. Jugez-en vous-même.

» De la façon dont s'est exprimé l'auteur latin, la maison d'un Grec était proprement celle que sa femme et son domestique habitaient. Elle n'était ni trop spacieuse ni trop ornée ; mais elle renfermait toutes les commodités qu'il était possible de se procurer. Le corps de logis qui y était joint, et qui était pour le mari seul, n'était au contraire qu'une maison de représentation, et, si vous l'aimez mieux, de parade.

» Comme il n'aurait pas été décent, et qu'on n'aurait pu entrer sans blesser les mœurs dans la première de ces maisons, il fallait, avant que d'y pénétrer, se faire ouvrir deux portes ; l'une extérieure, ayant son débouché immédiatement sur la voie publique, n'étant point précédée d'un porche ou *atrium*, comme dans les maisons qui se construisaient à Rome ; et l'autre, porte intérieure : toutes deux gardées par différents portiers. Le texte ne dit pas, en parlant de leur logement, *ostiarii cellam*, mais *ostiariorum cellas*. Pour gagner la seconde porte, après avoir franchi la première, on était obligé de suivre une allée en forme d'avenue assez étroite, *latitudinis non spatiosæ*, et à laquelle je suppose une grande longueur, sans quoi Vitruve n'aurait pas regardé comme un voyage le trajet qu'il y avait à faire d'une porte à l'autre ; car c'est ainsi qu'il s'exprime en parlant de cette avenue, *itinera faciunt*. On n'aurait pas non plus été dans la nécessité de multiplier, comme on a vu, les portiers et leurs loges, si les portes eussent été plus voisines.

» L'habitation, par cette disposition, se trouvant éloignée de la voie publique, l'on y jouissait d'une plus grande tranquillité, et l'on avait, à droite et à gauche de l'allée qui y conduisait, des espaces suffisants pour y placer d'un côté les écuries et tout ce qui en dépend, les remises ou hangars propres à serrer les chars et autres voitures, et les mettre à l'abri des injures de l'air, les greniers à foin, les lieux nécessaires pour le pansement des chevaux ; pour le dire en un mot, ce que nous comprenons sous le nom général de *basse-cour*, et que Vitruve appelle simplement *equilia*. Ni Perrault, ni le marquis Galiani, faute d'espace, ne l'ont exprimé sur leurs plans ; ils se sont contentés d'y marquer la place d'une écurie, encore si petite, que vous conviendrez avec moi de son insuffisance pour une maison de cette conséquence.

» Sur l'autre côté de l'allée je poserai, avec Vitruve, les loges des portiers, et j'y placerai encore les beaux vestibules qui donnaient entrée dans cette maison de parade que j'ai annoncée, laquelle couvrira, dans mon plan, l'espace de terrain correspondant à celui qu'occupent les écuries. Je suis contraint d'avouer que Vitruve se tait sur ce point ; mais ne semble-t-il pas l'insinuer ? car il ne quitte point l'allée en question sans faire remarquer qu'elle était le centre où aboutissaient les différentes portes par où l'on arrivait dans l'intérieur des édifices qu'il décrit : *Statimque januæ interiores finiuntur*.

» Ce vestibule et les pièces qu'il précédait, se trouvant ainsi sous la clef de la première porte d'entrée, n'avaient pas besoin d'un portier particulier : aussi ne voit-on pas que Vitruve leur en assigne aucun, ce qu'il n'aurait pas manqué de faire si le vestibule eût été sur la voie publique, et tel que l'a figuré sur son plan le marquis Galiani.

» Arrivé à la seconde porte après se l'être fait ouvrir, on passait dans un péristyle ou cloître n'ayant que trois corridors ou portiques, un sur le devant, et deux sur les côtés. Le *prostas*, ou ce que nous nommons *vestibule*, pour mieux réconduisait directement à l'appartement des femmes : l'entrée en est interdite aux hommes, excepté aux parents et à ceux qui viennent pondre à nos idées, quoique ce fût une autre chose chez les anciens, se présentait en face aux personnes qui entraient. C'était un lieu tout ouvert par-devant, d'un tiers moins profond que la largeur de sa baie, et flanqué de chaque côté de sa ouverture par deux *antes* ou pilastres, servant de supports aux poutres ou poitrail qui en fermaient carrément par le haut l'ouverture, comme un linteau ferme celle d'une porte ou d'une fenêtre.

» Quoique Vitruve n'en parle point, il devait y avoir trois portes de chambres dans ledit *prostas*: l'une au fond, qui donnait accès dans de grandes et spacieuses salles, *œci magni*, où les femmes grecques, même les plus qualifiées, ne rougissaient point de travailler la laine en compagnie de leurs domestiques, et de l'employer à des ouvrages utiles. Une porte sur la droite du *prostas*, et une autre à l'opposite, étaient celles de deux chambres, *cubicula*: l'une nommée *thalamus*, l'autre *amphithalamus*. Perrault a lu *antithalamus*, pour se procurer une antichambre, dont je ne crois pourtant pas que les Grecs aient jamais fait usage ; et d'ailleurs, si c'en eût été une, elle aurait dû, pour remplir sa destination, précéder la pièce appelée *thalamus*, et n'en être pas séparée par le *prostas*, ainsi que Vitruve le dit positivement, et que Perrault l'a observé lui-même, obligé de se conformer en cela au récit de son auteur.

» Le marquis Galiani en a fait comme moi l'observation. Mais par quelle raison veut-il que l'*amphithalamus* soit un cabinet dépendant du *thalamus*? Pourquoi faisant aller ces deux pièces ensemble, en compose-t-il deux appartements pareils, qu'il met l'un à droite et l'autre à gauche du *prostas* et de la salle de travail? N'a-t-il pas aperçu que Vitruve ne compte que deux chambres uniques, une de chaque côté du *prostas*? ce qui est plus simple, et plus dans les mœurs des anciens Grecs. Elles ne portent pas les mêmes noms, preuve que chacune avait un usage particulier qui les obligeait de les éloigner l'une de l'autre.

» S'il m'était permis de hasarder un sentiment, j'estimerais que, par *thalamus*, Vitruve entend la chambre du lit où couchent le maître et la maîtresse de la maison ; et par *amphithalamus* la chambre où la maîtresse de maison reçoit ses visites, et autour de laquelle (ἀμφὶ, *circum*) règnent des lits en manière d'estrades, pour y placer son monde. J'ai dans l'idée que les anciennes maisons des Grecs avaient, quant à la partie de la distribution, beaucoup de rapport avec celles qu'habitent aujourd'hui les Turcs, maîtres du même pays. Vous me verrez bientôt suivre le parallèle dans un plus grand détail.

» Je ne crains pas que vous me refusiez, dans une maison où rien ne doit manquer, une pièce aussi essentiellement nécessaire qu'est une salle destinée aux visites. Voudriez-vous que la maîtresse du logis en fût privée, tandis que la maison du maître, dont il sera question dans un instant, en surabonde! Que si vous ne me l'accordez pas en cet endroit, où la placerez-vous! Déjà les autres pièces de la même maison, qui sont toutes disposées autour du cloître ou péristyle, et qui ont leurs entrées sous les corridors dudit cloître, sont occupées chacune à sa destination. Vitruve nous dit que dans une on prenait journellement le repas, *triclinia quotidiana*, c'est-à-dire que le maître du logis y mangeait ordinairement avec sa femme et ses enfants lorsqu'il n'avait pas compagnie ; dans les autres, les enfants et les domestiques y logeaient et y couchaient, *cubicula* ; ou bien elles servaient de garde-meubles, de dépenses, d'offices, même de cuisine ; car il faut bien qu'il y en ait au moins une dans une maison, et c'est ce que Vitruve comprend sous la dénomination générale de *cella familiarica*. Voilà pour ce qui regarde la maison appelée par les Grecs *gynæconitis*, *appartement de la femme*.

» Perrault fait traverser cet édifice pour arriver dans un autre plus considérable que le maître de la maison habitait, et dans lequel, séparé de sa famille, il vivait avec la splendeur qu'exigeaient son état et sa condition. Cette disposition répugne avec raison au marquis Galiani ; et en effet il est démontré que les femmes grecques, reléguées pour ainsi dire dans la partie la plus reculée de la maison, n'avaient aucune communication avec les hommes de dehors ; et par conséquent le quartier qui leur était assigné devait être absolument séparé de celui que fréquentaient les hommes. Il n'était donc pas convenable qu'il fût ouvert, et qu'il servît continuellement de passage à ces derniers. Pour éviter cet inconvénient, le maravec le mari. Après avoir traversé un gazon entouré de trois portiques, nous arrivâmes à une assez grande pièce, où se tenait Lysistrate, à qui Dinias me présenta.

quis Galiani, dont j'adopte le sentiment, a jugé à propos de rejeter sur un des côtés le bâtiment que Perrault avait placé sur le front de l'habitation des femmes.

» A prendre à la lettre les paroles de Vitruve, les bâtiments réservés pour le seul usage du maître de la maison étaient au nombre de deux. Vitruve, en les désignant, emploie les mots *domus* et *peristylia* au pluriel, et dit que ces corps de logis, beaucoup plus vastes que ne l'était la maison des femmes dont il vient de parler, y étaient adhérents. Mais cela ne paraîtra ni nouveau ni extraordinaire à ceux qui ont étudié et qui connaissent le style peu correct de cet écrivain, qui ne se piquait pas d'être un grand grammairien. C'est assez sa coutume de se servir du pluriel dans une infinité de cas qui requièrent le singulier. Ainsi Perrault et le marquis Galiani ont très-bien fait de prendre sur cela leur parti, et de s'en tenir à un seul corps de bâtiment. J'en fais autant, et ne vois pas qu'on puisse penser autrement.

» Le second bâtiment, plus orné que le premier, n'était proprement, ainsi que je l'ai déjà fait observer, qu'une maison d'apparat et faite pour figurer. On n'y rencontrait que des salles d'audience et de conversation, des galeries ou cabinets de tableaux, des bibliothèques, des salles de festins, aucune chambre pour l'habitation. C'était là que le maître de la maison recevait les personnes distinguées qui le visitaient, et qu'il faisait les honneurs de chez lui; qu'il conversait avec ses amis, qu'il traitait d'affaires, qu'il donnait des festins et des fêtes; et dans toutes ces occasions, surtout dans la dernière (Vitruve y est formel), les femmes ne paraissent point.

» Pour arriver à ces différentes pièces, il fallait, avant tout, traverser de magnifiques vestibules, *vestibula egregia*. Le marquis Galiani, qui les réduit à un seul, range le sien sur la voie publique, sans l'accompagner d'aucune loge de portier, qui, dans ce cas-là, y devenait nécessaire. Les miens n'en auront pas besoin; ils sont renfermés sous la même clef que la première porte de la maison; et comme j'ai déjà déduit les raisons sur lesquelles je me suis fondé pour en agir ainsi, je me crois dispensé de les répéter.

» Chaque pièce avait sa porte qui lui était propre, et qui était ornée, ou, si l'on veut, meublée avec dignité : *januas proprias cum dignitate*. Je préférerais, puisqu'il faut suppléer un mot, celui de meublée, par la raison que les portes dans l'intérieur des maisons, chez les anciens, n'étaient fermées qu'avec de simples portières ou morceaux d'étoffe qu'on levait ou baissait suivant le besoin. Celles-ci avaient leurs issues sous les portiques d'un péristyle bien autrement étendu que ne l'était celui de l'autre maison; il occupait seul presque la moitié du terrain qu'occupait l'édifice entier; et c'est ce qui fait que Vitruve, prenant la partie pour le tout, donne, en quelques endroits de sa description, le nom de *péristyle* à tout l'ensemble de l'édifice. Quelquefois ce péristyle avait cela de particulier, que le portique qui regardait le midi, et auquel était appliquée la grande salle des festins, soutenu par de hautes colonnes, était plus exhaussé que les trois autres portiques du même péristyle. Alors on lui donnait le nom de *portique rhodien*. Ces portiques, pour plus de richesse, avaient leurs murailles enduites de stuc, et leurs plafonds lambrissés de menuiseries. Les hommes s'y promenaient, et pouvaient s'y entretenir et parler d'affaires, sans crainte d'être troublés par l'approche des femmes. Cela leur avait fait donner le nom d'*andronitides*.

» Pour vous faire prendre une idée assez juste d'un semblable péristyle, je vous transporterai pour un moment dans un magnifique cloître de moines, tel qu'il y en a en plusieurs monastères d'Italie. Je le ferai soutenir dans tout son pourtour par un rang de colonnes; j'adosserai aux murailles de grandes pièces qui auront leurs issues sous les portiques du péristyle; j'en ouvrirai quelques-unes par-devant de toute leur étendue, comme vous avez pu voir plusieurs chapitres de moines. Je ferai de ces pièces ainsi ouvertes de grandes salles de festins et des salles d'audiences; car c'est ainsi que je les suppose chez les Grecs, et que m'aident à les concevoir celles de même genre qui nous sont demeurées dans les thermes des Romains. Je donnerai à la principale de ces salles de festins, à laquelle je ferai regarder le midi, le plus d'étendue que le terrain me le permettra. Je la disposerai

Nous la trouvâmes occupée à broder une robe, plus occupée de deux colombes de Sicile et d'un petit chien de Malte qui se jouait autour d'elle. Lysistrate passait pour une des plus jolies femmes

de manière qu'on y puisse dresser commodément les quatre tables à manger, à trois lits chacune, qui sont demandées par Vitruve. Un grand nombre de domestiques pourront y faire le service sans confusion, et il restera encore assez de place aux acteurs qu'on appellera pour y donner des spectacles. Voilà, si je ne me trompe, un tableau tracé avec assez de fidélité du superbe péristyle dont Vitruve fait la description.

» Mais vous n'imaginez pas plus que moi que toutes les maisons des Grecs fussent distribuées ni qu'elles fussent toutes orientées de la même manière que l'était celle que je vous ai représentée d'après Vitruve, et qu'il propose pour exemple. Il faudrait, pour être en état d'en construire une semblable, être maître d'un terrain aussi vaste que régulier, pouvoir tailler ce qu'on appelle en plein drap. Et qui peut l'espérer, surtout si c'est dans une ville déjà bâtie, où chaque édifice prend nécessairement une tournure singulière, et où tout propriétaire est contraint de s'assujettir aux alignements que lui prescrivent ses voisins? Ce que Vitruve a donné ne doit donc s'entendre que de la maison d'un grand, d'un Grec voluptueux que la fortune a favorisé, *delicatior et ab fortuna opulentior*, ainsi que Vitruve le qualifie ; qui, non content d'avoir édifié pour lui, fait encore élever séparément, et dans les dehors de sa maison, deux petits logements assez commodes pour que les étrangers qu'il y hébergera y trouvent leurs aisances, et puissent, pendant le temps qu'ils les occuperont, y vivre en pleine liberté, comme s'ils étaient dans leur demeure; y entrer, en sortir sans être obligés de troubler le repos de celui qui les loge; avoir pour cela des portes à eux, et une rue entre leur domicile et celui de leur hôte.

» Encore aujourd'hui, les Turcs se font un devoir d'exercer l'hospitalité dans des *caravansérails*, ou hôtelleries construites en forme de cloîtres, qu'ils établissent sur les chemins, et où les voyageurs sont reçus gratuitement; ce que l'on peut regarder comme un reste de ce qui se pratiquait anciennement en Grèce.

» Quant à ce que j'ai laissé entrevoir de la persuasion où j'étais que les maisons actuelles des Turcs avaient de la ressemblance, pour la disposition générale, avec celles des anciens Grecs leurs prédécesseurs, je persiste dans le même sentiment; et j'ajoute que cela ne peut guère être autrement dans un pays qui n'est pas, comme le nôtre, sujet au caprice et aux vicissitudes de la mode. Lorsque les Turcs ont envahi la Grèce, ils se sont en même temps emparés des bâtiments qu'occupaient ceux qu'ils venaient d'asservir. Ils s'y établirent : ils trouvèrent des logements tels qu'ils pouvaient les désirer, puisque les femmes y avaient des appartements particuliers, et tout à fait séparés du commerce des hommes. Ils n'ont eu presque rien à y réformer. Il faut supposer, au contraire, qu'une nation guerrière, et peu exercée dans la culture des arts, se sera modelée sur ces anciens édifices lorsqu'elle en aura construit de nouveaux. C'est pour cela même que, dans leurs maisons, ainsi que dans celles des Grecs décrites par Vitruve, on trouve tant de cloîtres où, de même que dans les anciens portiques ou péristyles, la plupart des chambres ont leurs issues et y aboutissent.

» M. le marquis Galiani dit, dans une de ses notes, qu'il avait été tenté de placer la maison du maître au-devant de celle des femmes, et non sur le côté, de façon que l'on entrât de la première dans la seconde. S'il l'eût fait, et il le pouvait, il se serait conformé à la disposition actuelle des maisons des Turcs; car c'est sur le devant de l'habitation que se tient le maître du logis; c'est en cet endroit qu'il met ordre à ses affaires et qu'il reçoit ses visites. Les femmes sont gardées dans un appartement plus reculé, et inaccessible à tout autre homme qu'à celui qui a le droit d'y entrer. Quelque resserrées que soient les femmes turques, elles reçoivent cependant les visites des dames de leur connaissance; elles les font asseoir sur des sofas rangés contre la muraille autour d'une chambre uniquement destinée pour ces visites. Convenez que cela répond assez bien à l'*amphithalamus* des maisons des Grecs, dans le point de vue que je vous l'ai fait envisager. Je vous puis conduire encore, s'il est nécessaire, dans d'autres chambres, où je vous ferai voir les femmes turques travaillant avec leurs esclaves à différents ouvrages, moins utiles, à la vérité, que ceux dont s'occupaient les femmes grecques; mais cela ne d'Athènes, et cherchait à soutenir cette réputation par l'élégance de sa parure. Ses cheveux noirs, parfumés d'essences, tombaient à grosses boucles sur ses épaules; des bijoux d'or se faisaient remarquer à ses oreilles, des perles à son cou et à ses bras, des pierres précieuses à ses doigts. Peu contente des couleurs de la nature, elle en avait emprunté d'artificielles, pour paraître avec l'éclat des roses et des lis. Elle avait une robe blanche, telle que la portent communément les femmes de distinction.

Dans ce moment nous entendîmes une voix qui demandait si Lysistrate était chez elle. Oui, répondit une esclave qui vint tout de suite annoncer Eucharis. C'était une des amies de Lysistrate, qui courut au-devant d'elle, l'embrassa tendrement, s'assit à ses côtés et ne cessa de la louer sur sa figure et sur son ajustement. Vous êtes bien jolie; vous êtes parfaitement mise; cette étoffe est charmante; elle vous sied à merveille; combien coûte-t-elle?

Je soupçonnai que cette conversation ne finirait pas sitôt, et je demandai à Lysistrate la permission de parcourir le reste de l'appartement. La toilette fixa d'abord mes regards. J'y vis des bassins et des aiguières d'argent, des miroirs de différentes matières, des aiguilles pour démêler les cheveux, des fers pour les boucler, des bandelettes plus ou moins larges pour les assujettir, des réseaux pour les envelopper, de la poudre jaune pour les en couvrir; diverses espèces de bracelets et de boucles d'oreilles; des boîtes contenant du rouge, du blanc de céruse, du noir pour teindre les sourcils, et tout ce qu'il faut pour tenir les dents propres, etc.

J'examinais ces objets avec attention, et Dinias ne comprenait pas pourquoi ils étaient nouveaux pour un Scythe. Il me montrait ensuite son portrait et celui de sa femme. Je parus frappé de l'élégance des meubles: il me dit qu'aimant à jouir de l'industrie et de la supériorité des ouvriers étrangers, il avait fait faire les sièges en Thessalie, les matelas du lit à Corinthe, les oreillers à Carthage; et, comme ma surprise augmentait, il riait de ma simplicité, et ajoutait pour se justifier, que Xénophon paraissait à l'armée avec un bouclier d'Argos, une cuirasse d'Athènes, un casque de Béotie, et un cheval d'Épidaure.

Nous passâmes à l'appartement des hommes, au milieu duquel

fait rien un parallèle; il ne s'agit que de disposition de chambres et de bâtiments, et je crois l'avoir suffisamment suivi. »

Je ne prétends pas qu'à l'époque où je fixe le voyage du jeune Anacharsis plusieurs Athéniens eussent des maisons si vastes et si magnifiques; mais, comme Démosthène assure qu'on en élevait de son temps qui surpassaient en beauté ces superbes édifices dont Périclès avait embelli Athènes, je suis en droit de supposer, avec M. Mariette, que ces maisons ne différaient pas essentiellement de celle que Vitruve a décrite.

nous trouvâmes une pièce de gazon, entourée de quatre portiques dont les murs étaient enduits de stuc et lambrissés de menuiserie. Ces portiques servaient de communication à plusieurs chambres ou salles, la plupart décorées avec soin. L'or et l'ivoire rehaussaient l'éclat des meubles : les plafonds et les murs étaient ornés de peintures ; les portières et les tapis, fabriqués à Babylone, représentaient des Perses avec leurs robes traînantes, des vautours, d'autres oiseaux, et plusieurs animaux fantastiques.

Le luxe que Dinias étalait dans sa maison régnait aussi à sa table. Je vais tirer de mon journal la description du premier souper auquel je fus invité avec Philotas, mon ami.

On devait s'assembler vers le soir, au moment où l'ombre du gnomon aurait douze pieds de longueur. Nous eûmes l'attention de n'arriver ni trop tôt ni trop tard : c'est ce qu'exigeait la politesse. Nous trouvâmes Dinias s'agitant et donnant des ordres. Il nous présenta à Philonide, un de ces parasites qui s'établissent chez les gens riches pour faire les honneurs de la maison et amuser les convives. Nous nous aperçûmes qu'il secouait de temps en temps la poussière qui s'attachait à la robe de Dinias. Un moment après arriva le médecin Nicoclès, excédé de fatigue : il avait beaucoup de malades ; mais ce n'étaient, disait-il, que des enrouements et des toux légères, provenant des pluies qui tombaient depuis le commencement de l'automne. Il fut bientôt suivi par Léon, Zopire et Théotime, trois Athéniens distingués, que le goût des plaisirs attachait à Dinias. Enfin Démocharès parut tout à coup, quoiqu'il n'eût pas été prié. Il avait de l'esprit, des talents agréables ; il fut accueilli avec transport de toute la compagnie.

Nous passâmes dans la salle à manger : on y brûlait de l'encens et d'autres odeurs. Sur le buffet on avait étalé des vases d'argent et de vermeil, quelques-uns enrichis de pierres précieuses. Des esclaves répandirent de l'eau pure sur nos mains, et posèrent des couronnes sur nos têtes. Nous tirâmes au sort le roi du festin. Il devait écarter la licence sans nuire à la liberté, fixer l'instant où l'on boirait à longs traits, nommer les santés qu'il faudrait porter, et faire exécuter les lois établies parmi les buveurs[1]. Le sort tomba sur Démocharès.

Autour d'une table que l'éponge avait essuyée à plusieurs reprises, nous nous plaçâmes sur des lits dont les couvertures étaient teintes en pourpre. Après qu'on eut apporté à Dinias le

---

[1] Par une de ces lois, il fallait ou boire, ou sortir de table (Cicer. *Tuscul.* 5, cap. 41, t. II, p. 395). On se contentait quelquefois de répandre sur la tête du coupable le vin qu'il refusait de boire (Diog. Laert. lib. VIII, § 64).

CHAPITRE XXV.

menu du souper, nous en réservâmes les prémices pour l'autel de Diane. Chacun de nous avait amené son domestique. Dinias était servi par un nègre, par un de ces esclaves éthiopiens que les gens riches acquièrent à grands frais pour se distinguer des autres citoyens.

Je ne ferai point le détail d'un repas qui nous fournissait à tous moments de nouvelles preuves de l'opulence, des prodigalités de Dinias ; il suffira d'en donner une idée générale.

On nous présenta d'abord plusieurs espèces de coquillages ; les uns tels qu'ils sortent de la mer, d'autres cuits sous la cendre ou frits dans la poêle, la plupart assaisonnés de poivre et de cumin. On servit en même temps des œufs frais, soit de poule, soit de paon : ces derniers sont plus estimés ; des andouilles, des pieds de cochon, un foie de sanglier, une tête d'agneau, de la fraise de veau ; le ventre d'une truie assaisonné de cumin, de vinaigre et de silphium[1] ; de petits oiseaux sur lesquels on jeta une sauce toute chaude, composée de fromage râpé, d'huile, de vinaigre et de silphium. On donna, au second service, ce qu'on trouve de plus exquis en gibier, en volaille, et surtout en poisson. Des fruits composèrent le troisième service.

Parmi cette multitude d'objets qui s'offraient à nos yeux, chacun de nous eut la liberté de choisir ce qui pouvait le plus flatter le goût de ses amis, et de le leur envoyer : c'est un devoir auquel on ne manque guère dans les repas de cérémonie.

Dès le commencement du souper, Démocharès prit une coupe, l'appliqua légèrement à ses lèvres, et la fit passer de main en main. Nous goûtâmes de la liqueur chacun à notre tour. Ce premier coup est regardé comme le symbole et le garant de l'amitié qui doit unir les convives. D'autres le suivirent de près, et se réglèrent sur les santés que Démocharès portait tantôt à l'un, tantôt à l'autre, et que nous lui rendions sur-le-champ.

Vive et gaie, sans interruption et sans objet, la conversation avait insensiblement amené des plaisanteries sur les soupers des gens d'esprit et des philosophes, qui perdent un temps si précieux, les uns à se surprendre par des énigmes et des logogriphes, les autres à traiter méthodiquement des questions de morale et de métaphysique. Pour ajouter un trait au tableau du ridicule, Démocharès proposa de déployer les connaissances que nous avions sur le choix des mets les plus agréables au goût, sur l'art de les préparer, sur la facilité de se les procurer à Athènes. Comme il s'agissait de représenter les banquets des sages, il fut dit que cha-

[1] Plante dont les anciens faisaient un grand usage dans leurs repas.

cun parlerait à son tour, et traiterait son sujet avec beaucoup de gravité, sans s'appesantir sur les détails, sans les trop négliger.

C'était à moi de commencer; mais, peu familiarisé avec la matière qu'on allait discuter, j'étais sur le point de m'excuser, lorsque Démocharès me pria de leur donner une idée des repas des Scythes. Je répondis, en peu de mots, qu'ils ne se nourrissaient que de miel et de lait de vache ou de jument; qu'ils s'y accoutumaient si bien dès leur naissance, qu'ils se passaient de nourrices; qu'ils recevaient le lait dans de grands seaux; qu'ils le battaient longtemps pour en séparer la partie la plus délicate, et qu'ils destinaient à ce travail ceux de leurs ennemis que le sort des armes faisait tomber entre leurs mains: mais je ne dis pas que, pour ôter à ces malheureux la liberté de s'échapper, on les privait de la vue.

Après d'autres particularités que je supprime, Léon, prenant la parole dit : On reproche sans cesse aux Athéniens leur frugalité : il est vrai que nos repas sont, en général, moins longs et moins somptueux que ceux des Thébains et de quelques autres peuples de la Grèce; mais nous avons commencé à suivre leurs exemples, bientôt ils suivront les nôtres. Nous ajoutons tous les jours des raffinements aux délices de la table, et nous voyons insensiblement disparaître notre ancienne simplicité avec toutes ses vertus patriotiques que le besoin avait fait naître, et qui ne sauraient être de tous les temps. Que nos orateurs nous rappellent tant qu'ils voudront les combats de Marathon et de Salamine; que les étrangers admirent les monuments qui décorent cette ville : Athènes offre à mes yeux un avantage plus réel; c'est l'abondance dont on jouit toute l'année; c'est le marché où viennent chaque jour se réunir les meilleures productions des îles et du continent. Je ne crains pas de le dire, il n'est point de pays où il soit plus facile de faire bonne chère; je n'en excepte pas même la Sicile.

Nous n'avons rien à désirer à l'égard de la viande de boucherie et de la volaille. Nos basses-cours, soit à la ville, soit à la campagne, sont abondamment fournies de chapons, de pigeons, de canards, de poulets et d'oies que nous avons l'art d'engraisser. Les saisons nous ramènent successivement les becfigues, les cailles, les alouettes, les rouges-gorges, les ramiers, les tourterelles, les bécasses et les francolins. Le Phase nous a fait connaître les oiseaux qui font l'ornement de ses bords, qui font à plus juste titre l'ornement de nos tables : ils commencent à se multiplier parmi nous dans les faisanderies qu'ont formées de riches particuliers.

Nos plaines sont couvertes de lièvres et de perdrix; nos collines, de thym, de romarin et de plantes propres à donner au lapin du goût et du parfum. Nous tirons des forêts voisines des marcassins et des sangliers, et de l'île de Mélos les meilleurs chevreuils de la Grèce.

La mer, dit alors Zopyre, attentive à payer le tribut qu'elle doit à ses maîtres, enrichit nos tables de poissons délicats. Nous avons la murène, la dorade, la vive, le xiphias[1], le pagre, l'alose, et des thons en abondance.

Rien n'est comparable au congre qui nous vient de Sicyone, au glaucus que l'on pêche à Mégare, aux turbots, aux maquereaux, aux soles, aux surmulets, et aux rougets qui fréquentent nos côtes.

Les sardines sont ailleurs l'aliment du peuple ; celles que nous prenons aux environs de Phalère mériteraient d'être servies à la table des dieux, surtout quand on ne les laisse qu'un instant dans l'huile bouillante.

Le vulgaire, ébloui par les réputations, croit que tout est estimable dans un objet estimé. Pour nous, qui analysons le mérite jusque dans les moindres détails, nous choisirons la partie antérieure du glaucus, la tête du bar et du congre, la poitrine du thon, le dos de la raie, et nous abandonnerons le reste à des goûts moins difficiles.

Aux ressources de la mer ajoutons celles des lacs de la Béotie. Ne nous apporte-t-on pas tous les jours des anguilles du lac Copaïs, aussi distinguées par leur délicatesse que par leur grosseur ? Enfin nous pouvons mettre au rang de nos véritables richesses cette étonnante quantité de poissons salés qui nous viennent de l'Hellespont, de Byzance et des côtes du Pont-Euxin.

Léon et Zopyre, dit Philotas, ont traité des aliments qui font la base d'un repas. Ceux du premier et du troisième service exigeraient des connaissances plus profondes que les miennes, et ne prouveraient pas moins les avantages de notre climat. Les langoustes et les écrevisses sont aussi communes parmi nous que les moules, les huîtres, les oursins ou hérissons de mer. Ces derniers se préparent quelquefois avec l'oxymel, le persil et la menthe. Ils sont délicieux quand on les pêche dans la pleine lune, et ne méritent en aucun temps les reproches que leur faisait un Lacédémonien qui, n'ayant jamais vu ce coquillage, prit le parti de le porter à sa bouche et d'en dévorer les pointes tranchantes.

Je ne parlerai point des champignons, des asperges, de diverses

---

[1] C'est le poisson connu parmi nous sous le nom d'espadon ; en Italie, sous celui de pesce spada.

espèces de concombres, et de cette variété infinie de légumes qui se renouvellent tous les jours au marché ; mais je ne dois pas oublier que les fruits de nos jardins ont une douceur exquise. La supériorité de nos figues est généralement reconnue : récemment cueillies, elles font les délices des habitants de l'Attique ; séchées avec soin, on les transporte dans les pays éloignés, et jusque sur la table du roi de Perse. Nos olives confites à la saumure irritent l'appétit ; celles que nous nommons colymbades[1] sont, par leur grosseur et par leur goût, plus estimées que celles des autres pays. Les raisins connus sous le nom de Nicostrate ne jouissent pas d'une moindre réputation. L'art de greffer procure aux poires et à la plupart de nos fruits les qualités que la nature leur avait refusées. L'Eubée nous fournit de très-bonnes pommes, la Phénicie des dattes, Corinthe des coings dont la douceur égale la beauté, et Naxos ses amandes si renommées dans la Grèce.

Le tour du parasite étant venu, nous redoublâmes d'attention. Il commença de cette manière :

Le pain que l'on sert sur nos tables, celui même que l'on vend au marché est d'une blancheur éblouissante et d'un goût admirable. L'art de le préparer fut, dans le siècle dernier, perfectionné en Sicile par Théarion ; il s'est maintenu parmi nous dans tout son éclat, et n'a pas peu contribué aux progrès de la pâtisserie. Nous avons aujourd'hui mille moyens pour convertir toutes sortes de farines en une nourriture aussi saine qu'agréable. Joignez à la farine de froment un peu de lait, d'huile et de sel, vous aurez ces pains si délicats dont nous devons la connaissance aux Cappadociens. Pétrissez-la avec du miel, réduisez votre pâte en feuilles minces et propres à se rouler à l'aspect du brasier ; vous aurez ces gâteaux qu'on vient de vous offrir, et que vous avez trempés dans le vin[2] ; mais il faut les servir tout brûlants. Ces globules si doux et si légers qui les ont suivis de près se font dans la poêle avec de la farine de sésame, du miel et de l'huile[3]. Prenez de l'orge mondé, brisez les grains dans un mortier, mettez-en la farine dans un vase, versez-y de l'huile, remuez cette bouillie pendant qu'elle cuit lentement sur le feu, nourrissez-la par intervalles avec du jus de poularde, ou de chevreau, ou d'agneau ; prenez garde surtout qu'elle ne se répande au dehors ; et, quand elle est au juste degré de cuisson, servez. Nous avons des gâteaux faits simplement avec

---

[1] Les Grecs d'Athènes les appellent encore aujourd'hui du même nom ; et le grand seigneur les fait toutes retenir pour sa table (Spon, *Voyage*, t. II, p. 147).

[2] C'étaient des espèces d'oublis (Casaub. *in Athen.* p. 131).

[3] Espèce de beignets.

du lait et du miel; d'autres où l'on joint au miel la farine de sésame et le fromage ou l'huile. Nous en avons enfin dans lesquels on renferme des fruits de différentes espèces. Les pâtés de lièvre sont dans le même genre, ainsi que les pâtés de bécfigues et de ces petits oiseaux qui voltigent dans les vignes.

En prononçant ces mots, Philonide s'empara d'une tourte de raisins et d'amandes qu'on venait d'apporter, et ne voulut plus reprendre son discours.

Notre attention ne fut pas long-temps suspendue. Théotime prit aussitôt la parole.

Quantité d'auteurs, dit-il, ont écrit sur l'art de la cuisine, sur le premier des arts, puisque c'est celui qui procure des plaisirs plus fréquents et plus durables. Tels sont Mithæcus, qui nous a donné le Cuisinier sicilien; Numénius d'Héraclée, Hégémon de Thasos, Philoxène de Leucade, Actidès de Chio, Tyndaricus de Sicyone. J'en pourrais citer plusieurs autres, car j'ai tous leurs ouvrages dans ma bibliothèque, et celui que je préfère à tous est la Gastronomie d'Archestrate. Cet auteur, qui fut l'ami d'un des fils de Périclès, avait parcouru les terres et les mers pour connaître par lui-même ce qu'elles produisent de meilleur. Il s'instruisait dans ses voyages, non des mœurs des peuples, dont il est inutile de s'instruire, puisqu'il est impossible de les changer; mais il entrait dans les laboratoires où se préparent les délices de la table, et il n'eut de commerce qu'avec les hommes utiles à ses plaisirs. Son poème est un trésor de lumières, et ne contient pas un vers qui ne soit un précepte.

C'est dans ce code que plusieurs cuisiniers ont puisé les principes d'un art qui les a rendus immortels, qui depuis long-temps s'est perfectionné en Sicile et dans l'Élide, que parmi nous Thimbron a porté au plus haut point de sa gloire. Je sais que ceux qui l'exercent ont souvent, par leurs prétentions, mérité d'être joués sur notre théâtre; mais s'ils n'avaient pas l'enthousiasme de leur profession, ils n'en auraient pas le génie.

Le mien, que j'ai fait venir tout récemment de Syracuse, m'effrayait l'autre jour par le détail des qualités et des études qu'exige son emploi. Après m'avoir dit en passant que Cadmus, l'aïeul de Bacchus, le fondateur de Thèbes, commença par être cuisinier du roi de Sidon: « Savez-vous, ajouta-t-il, que, pour remplir dignement mon ministère, il ne suffit pas d'avoir des sens exquis et une santé à toute épreuve, mais qu'il faut encore réunir les plus grands talents aux plus grandes connaissances? Je ne m'occupe point des viles fonctions de votre cuisine; je n'y parais que pour diriger l'action du feu et voir l'effet de mes opérations. Assis, pour l'ordinaire, dans une chambre voisine, je donne des ordres qu'exécutent des ouvriers subalternes; je médite sur les productions de la nature. Tantôt je les laisse dans leur simplicité, tantôt je les déguise ou les assortis suivant des proportions nouvelles et propres à flatter votre goût. Faut-il, par exemple, vous donner un cochon de lait ou une grosse pièce de bœuf, je me contente de les faire bouillir. Voulez-vous un lièvre excellent : s'il est jeune, il n'a besoin que de son mérite pour paraître avec distinction ; je le mets à la broche, et je vous le sers tout saignant : mais c'est dans la finesse des combinaisons que ma science doit éclater.

» Le sel, le poivre, l'huile, le vinaigre et le miel sont les principaux agents que je dois mettre en œuvre, et l'on n'en saurait trouver de meilleurs dans d'autres climats. Votre huile est excellente ainsi que votre vinaigre de Décélie : votre miel du mont Hymette mérite la préférence sur celui de Sicile même. Outre ces matériaux nous employons dans les ragoûts les œufs, le fromage, le raisin sec, le silphium, le persil, le sésame, le cumin, les câpres, le cresson, le fenouil, la menthe, la coriandre, les carottes, l'ail, l'ognon et ces plantes aromatiques dont nous faisons un si grand usage, telles que l'origan[1], et l'excellent thym du mont Hymette. Voilà, pour ainsi dire, les forces dont un artiste peut disposer, mais qu'il ne doit jamais prodiguer. S'il me tombe entre les mains un poisson dont la chair est ferme, j'ai soin de le saupoudrer de fromage râpé et de l'arroser de vinaigre ; s'il est délicat, je me contente de jeter dessus une pincée de sel et quelques gouttes d'huile ; d'autres fois, après l'avoir orné de feuilles d'origan, je l'enveloppe dans une feuille de figuier et le fais cuire sous les cendres. Il n'est permis de multiplier les moyens que dans les sauces ou ragoûts. Nous en connaissons de plusieurs espèces, les unes piquantes et les autres douces. Celle qu'on peut servir avec tous les poissons bouillis ou rôtis est composée de vinaigre, de fromage râpé, d'ail, auquel on peut joindre du poireau et de l'ognon haché menu. Quand on la veut moins forte, on la fait avec de l'huile, des jaunes d'œufs, des poireaux, de l'ail et du fromage : si vous la désirez encore plus douce, vous emploierez le miel, les dates, le cumin et d'autres ingrédients de même nature. Mais ces assortiments ne doivent point être abandonnés au caprice d'un artiste ignorant.

» Je dis la même chose des farces que l'on introduit dans le corps d'un poisson. Tous savent qu'il faut l'ouvrir, et qu'après en avoir ôté les arêtes on peut le remplir de silphium, de fromage, de

[1] Espèce de marjolaine sauvage.

sel et d'origan : tous savent aussi qu'un cochon peut être farci avec des grives, des becfigues, des jaunes d'œufs, des huitres et plusieurs sortes de coquillages ; mais soyez sûr qu'on peut diversifier ces mélanges à l'infini, et qu'il faut de longues et profondes recherches pour les rendre aussi agréables au goût qu'utiles à la santé : car mon art tient à toutes les sciences [1], et plus immédiatement encore à la médecine. Ne dois-je pas connaître les herbes qui, dans chaque saison, ont le plus de sève et de vertu ? Exposerai-je en été sur votre table un poisson qui ne doit y paraître qu'en hiver ? Certains aliments ne sont-ils pas plus faciles à digérer dans certains temps, et n'est-ce pas de la préférence qu'on donne aux uns sur les autres que viennent la plupart des maladies qui nous affligent ? »

A ces mots, le médecin Nicoclès, qui dévorait en silence et sans distinction tout ce qui se présentait sous sa main, s'écrie avec chaleur : Votre cuisinier est dans les vrais principes. Rien n'est si essentiel que le choix des aliments ; rien ne demande plus d'attention. Il doit se régler d'abord sur la nature du climat, sur les variations de l'air et des saisons, sur les différences du tempérament et de l'âge ; ensuite sur les facultés plus ou moins nutritives qu'on a reconnues dans les diverses espèces de viandes, de poissons, de légumes et de fruits. Par exemple, la chair de bœuf est forte et difficile à digérer, celle de veau l'est beaucoup moins ; de même, celle d'agneau est plus légère que celle de brebis, et celle de chevreau que celle de chèvre. La chair de porc, ainsi que celle de sanglier, dessèche, mais elle fortifie et passe aisément. Le cochon de lait est pesant. La chair de lièvre est sèche et astringente. En général, on trouve une chair moins succulente dans les animaux sauvages que dans les domestiques, dans ceux qui se nourrissent de fruits que dans ceux qui se nourrissent d'herbes, dans les mâles que dans les femelles, dans les noirs que dans les blancs, dans ceux qui sont velus que dans ceux qui ne le sont pas. Cette doctrine est d'Hippocrate.

Chaque boisson a de même ses propriétés. Le vin est chaud et sec ; il a dans ses principes quelque chose de purgatif. Les vins doux montent moins à la tête : les rouges sont nourrissants ; les blancs, apéritifs ; les clairets, secs et favorables à la digestion. Suivant Hippocrate, les vins nouveaux sont plus laxatifs que les vieux, parce qu'ils approchent plus de la nature du moût ; les aro-

---

[1] On peut comparer les propos que les comiques grecs mettent dans la bouche des cuisiniers de leur temps à ceux que Montaigne rapporte en peu de mots du maître-d'hôtel du cardinal Caraffe (liv. I, chap. 51).

matiques sont plus nourrissants que les autres; les vins rouges et moelleux...

Nicoclès allait continuer; mais Dinias l'interrompant tout à coup : Je ne me règle pas sur de pareilles distinctions, lui dit-il; mais je bannis de ma table les vins de Zacinthe et de Leucade, parce que je les crois nuisibles à cause du plâtre qu'on y mêle. Je n'aime pas celui de Corinthe, parce qu'il est dur; ni celui d'Icare, parce qu'outre ce défaut il a celui d'être fameux. Je fais cas du vin vieux de Corcyre, qui est très-agréable, et du vin blanc de Mendé, qui est très-délicat. Archiloque comparait celui de Naxos au nectar; c'est celui de Thasos que je compare à cette liqueur divine. Je le préfère à tous, excepté à celui de Chio quand il est de la première qualité; car il y en a de trois sortes.

Nous aimons en Grèce les vins doux et odoriférants. En certains endroits on les adoucit en jetant dans le tonneau de la farine pétrie avec du miel; presque partout on y mêle de l'origan, des aromates, des fruits et des fleurs. J'aime, en ouvrant un de mes tonneaux, qu'à l'instant l'odeur des violettes et des roses s'exhale dans les airs et remplisse mon cellier; mais je ne veux pas qu'on favorise trop un sens au préjudice de l'autre. Le vin de Byblos en Phénicie surprend d'abord par la quantité de parfums dont il est pénétré. J'en ai une bonne provision; cependant je le mets fort au-dessous de celui de Lesbos, qui est moins parfumé et qui satisfait mieux le goût. Désirez-vous une boisson agréable et salutaire, associez des vins odoriférants et moelleux avec des vins d'une qualité opposée. Tel est le mélange du vin d'Erythrée avec celui d'Héraclée.

L'eau de la mer mêlée avec le vin aide, dit-on, à la digestion, et fait que le vin ne porte point à la tête; mais il ne faut pas qu'elle domine trop. C'est le défaut des vins de Rhodes : on a su l'éviter dans ceux de Cos. Je crois qu'une mesure d'eau de mer suffit pour cinquante mesures de vin, surtout si l'on choisit pour faire ce vin de nouveaux plants préférablement aux anciens.

De savantes recherches nous ont appris la manière de mélanger la boisson. La proportion la plus ordinaire du vin à l'eau est de deux à cinq ou de un à trois; mais, avec nos amis, nous préférons la proportion contraire; et, sur la fin du repas, nous oublions ces règles austères. Solon nous défendait le vin pur. C'est de toutes ses lois peut-être la mieux observée, grâce à la perfidie de nos marchands, qui affaiblissent cette liqueur précieuse. Pour moi, je fais venir mon vin en droiture; et vous pouvez être assurés que la loi de Solon ne cessera d'être violée pendant tout ce repas.

En achevant ces mots, Dinias se fit apporter plusieurs bouteilles d'un vin qu'il conservait depuis dix ans, et qui fut bientôt remplacé par un vin encore plus vieux.

Nous bûmes alors presque sans interruption. Démocharès, après avoir porté différentes santés, prit une lyre ; et pendant qu'il l'accordait, il nous entretint de l'usage où l'on a toujours été de mêler le chant aux plaisirs de la table. Autrefois, disait-il, tous les convives chantaient ensemble et à l'unisson. Dans la suite, il fut établi que chacun chanterait à son tour, tenant à la main une branche de myrte ou de laurier. La joie fut moins bruyante à la vérité, mais elle fut moins vive. On la contraignit encore lorsqu'on associa la lyre à la voix : alors plusieurs convives furent obligés de garder le silence. Thémistocle mérita autrefois des reproches pour avoir négligé ce talent ; de nos jours, Épaminondas a obtenu des éloges pour l'avoir cultivé. Mais dès qu'on met trop de prix à de pareils agréments, ils deviennent une étude ; l'art se perfectionne aux dépens du plaisir, et l'on ne fait plus que sourire aux succès.

Les chansons de table ne renfermèrent d'abord que des expressions de reconnaissance ou des leçons de sagesse. Nous y célébrions et nous y célébrons encore les dieux, les héros et les citoyens utiles à leur patrie. A des sujets si graves on joignit ensuite l'éloge du vin ; et la poésie, chargée de le tracer avec les couleurs les plus vives, peignit en même temps cette confusion d'idées, ces mouvements tumultueux qu'on éprouve avec ses amis à l'aspect de la liqueur qui pétille dans les coupes. De là tant de chansons bachiques semées de maximes, tantôt sur le bonheur et sur la vertu, tantôt sur l'amour et sur l'amitié. C'est en effet à ces deux sentiments que l'âme se plaît à revenir quand elle ne peut plus contenir la joie qui la pénètre.

Plusieurs auteurs se sont exercés dans ce genre de poésie ; quelques-uns s'y sont distingués ; Alcée et Anacréon l'ont rendu célèbre. Il n'exige point d'effort, parce qu'il est ennemi des prétentions. On peut employer, pour louer les dieux et les héros, la magnificence des expressions et des idées ; mais il n'appartient qu'au délire et aux grâces de peindre le sentiment et le plaisir.

Livrons-nous au transport que cet heureux moment inspire, ajouta Démocharès ; chantons tous ensemble ou tour à tour, et prenons dans nos mains des branches de laurier ou de myrte.

Nous exécutâmes aussitôt ses ordres, et, après plusieurs chansons assorties à la circonstance, tout le chœur entonna celle d'Harmodius et d'Aristogiton [1]. Démocharès nous accompagnait par in-

---

[1] On la chantait souvent dans les repas ; je l'ai rapportée dans l'Introduction (note 1, page 62).

tervalles; mais, saisi tout à coup d'un nouvel enthousiasme, il s'écrie : « Ma lyre rebelle se refuse à de si nobles sujets; elle réserve ses accords pour le chantre du vin et des amours. Voyez comme au souvenir d'Anacréon ces cordes frémissent et rendent des sons plus harmonieux! O mes amis! que le vin coule à grands flots; unissez vos voix à la mienne, et prêtez-vous à la variété des modulations.

» Buvons, chantons Bacchus; il se plaît à nos danses, il se plaît à nos chants; il étouffe l'envie, la haine et les chagrins : aux grâces séduisantes, aux amours enchanteurs il donne la naissance. Aimons, buvons, chantons Bacchus.

» L'avenir n'est point encore, le présent n'est bientôt plus : le seul instant de la vie est l'instant où l'on jouit. Aimons, buvons, chantons Bacchus.

» Sages dans nos folies, riches de nos plaisirs, foulons aux pieds la terre et ses vaines grandeurs; et dans la douce ivresse que des moments si beaux font couler dans nos âmes, buvons, chantons Bacchus. »

Cependant nous entendîmes un grand bruit à la porte, et nous vîmes entrer Calliclès, Nicostrate et d'autres jeunes gens qui nous amenaient des danseuses et des joueuses de flûte avec lesquelles ils avaient soupé. Aussitôt la plupart des convives sortirent de table et se mirent à danser; car les Athéniens aiment cet exercice avec tant de passion qu'ils regardent comme une impolitesse de ne pas s'y livrer quand l'occasion l'exige. Dans le même temps on apporta plusieurs hors-d'œuvre propres à exciter l'appétit, tels que des cercopes [1] et des cigales, des raves coupées par morceaux et confites au vinaigre et à la moutarde, des pois chiches rôtis, des olives qu'on avait tirées de leur saumure.

Ce nouveau service, accompagné d'une nouvelle provision de vin et de coupes plus grandes que celles dont on s'était servi d'abord, annonçait des excès qui furent heureusement réprimés par un spectacle inattendu. A l'arrivée de Calliclès, Théotime était sorti de la salle. Il revint suivi de joueurs de gobelets et de ces farceurs qui, dans les places publiques, amusent la populace par leurs prestiges.

On desservit un moment après. Nous fîmes des libations en l'honneur du bon génie et de Jupiter Sauveur; et après que nous eûmes lavé nos mains dans une eau où l'on avait mêlé des odeurs, nos baladins commencèrent leurs tours. L'on arrangeait sous des cornets un certain nombre de coquilles ou de petites boules; et, sans

[1] Petit animal semblable à la cigale (*Athen.* p. 133).

découvrir son jeu, il les faisait paraître ou disparaître à son gré. Un autre écrivait ou lisait en tournant avec rapidité sur lui-même. J'en vis dont la bouche vomissait des flammes, ou qui marchaient la tête en bas, appuyés sur leurs mains, et figurant avec leurs pieds les gestes des danseurs. Une femme parut tenant à la main douze cerceaux de bronze : dans leur circonférence roulaient plusieurs petits anneaux de même métal; elle dansait, jetant en l'air et recevant successivement les douze cerceaux. Une autre se précipitait au milieu de plusieurs épées nues. Ces jeux, dont quelques-uns m'intéressaient sans me plaire, s'exécutaient presque tous au son de la flûte. Il fallait, pour y réussir, joindre la grâce à la précision des mouvements.

CHAPITRE XXVI.
De l'éducation des Athéniens.

Les habitants de Mitylène, ayant soumis quelques-uns de leurs alliés qui s'étaient séparés d'eux, leur défendirent de donner la moindre instruction à leurs enfants. Ils ne trouvèrent pas de meilleur moyen pour les tenir dans l'asservissement que de les tenir dans l'ignorance.

L'objet de l'éducation est de procurer au corps la force qu'il doit avoir; à l'âme, la perfection dont elle est susceptible. Elle commence, chez les Athéniens, à la naissance de l'enfant, et ne finit qu'à sa vingtième année. Cette épreuve n'est pas trop longue pour former des citoyens; mais elle n'est pas suffisante, par la négligence des parents, qui abandonnent l'espoir de l'état et de leur famille d'abord à des esclaves, ensuite à des maîtres mercenaires.

Les législateurs n'ont pu s'expliquer sur ce sujet que par des lois générales : les philosophes sont entrés dans de plus grands détails; ils ont même porté leurs vues sur les soins qu'exige l'enfance et sur les attentions quelquefois cruelles de ceux qui l'entourent. En m'occupant de cet objet essentiel, je montrerai les rapports de certaines pratiques avec la religion ou avec le gouvernement : à côté des abus, je placerai les conseils des personnes éclairées.

Épicharis, femme d'Apollodore, chez qui j'étais logé, devait bientôt accoucher. Pendant les quarante premiers jours de sa grossesse, il ne lui avait pas été permis de sortir. On lui avait ensuite répété souvent que, sa conduite et sa santé pouvant influer sur la constitution de son enfant, elle devait user d'une bonne nourriture et entretenir ses forces par de légères promenades.

Parmi plusieurs de ces nations que les Grecs appellent barbares, le jour de la naissance d'un enfant est un jour de deuil pour sa famille. Assemblée autour de lui, elle le plaint d'avoir reçu le funeste présent de la vie. Ces plaintes effrayantes ne sont que trop conformes aux maximes des sages de la Grèce. Quand on songe, disent-ils, à la destinée qui attend l'homme sur la terre, il faudrait arroser de pleurs son berceau.

Cependant, à la naissance du fils d'Apollodore, je vis la tendresse et la joie éclater dans les yeux de tous ses parents; je vis suspendre sur la porte de la maison une couronne d'olivier, symbole de l'agriculture, à laquelle l'homme est destiné. Si c'avait été une fille, une bandelette de laine, mise à la place de la couronne, aurait désigné l'espèce de travaux dont les femmes doivent s'occuper. Cet usage, qui retrace les mœurs anciennes, annonce à la république qu'elle vient d'acquérir un citoyen. Il annonçait autrefois les devoirs du père et de la mère de famille.

Le père a le droit de condamner ses enfants à la vie ou à la mort. Dès qu'ils sont nés, on les étend à ses pieds. S'il les prend entre ses bras, ils sont sauvés. Quand il n'est pas assez riche pour les élever ou qu'il désespère de pouvoir corriger en eux certains vices de conformation, il détourne les yeux, et l'on court au loin les exposer ou leur ôter la vie. A Thèbes les lois défendent cette barbarie; dans presque toute la Grèce elles l'autorisent ou la tolèrent. Des philosophes l'approuvent; d'autres, contredits à la vérité par des moralistes plus rigides, ajoutent qu'une mère entourée déjà d'une famille trop nombreuse est en droit de détruire l'enfant qu'elle porte dans son sein.

Pourquoi des nations éclairées et sensibles outragent-elles ainsi la nature? C'est que, chez elles, le nombre des citoyens étant fixé par la constitution même, elles ne sont pas jalouses d'augmenter la population; c'est que, chez elles encore, tout citoyen étant soldat, la patrie ne prend aucun intérêt au sort d'un homme qui ne lui serait jamais utile, et à qui elle serait souvent nécessaire.

On lava l'enfant avec de l'eau tiède, conformément au conseil d'Hippocrate. Parmi les peuples nommés barbares, on l'aurait plongé dans l'eau froide, ce qui aurait contribué à le fortifier. Ensuite on le déposa dans une de ces corbeilles d'osier dont on se sert pour séparer le grain de la paille. C'est le présage d'une grande opulence ou d'une nombreuse postérité.

Autrefois le rang le plus distingué ne dispensait pas une mère de nourrir son enfant; aujourd'hui elle se repose de ce devoir sacré sur une esclave. Cependant, pour corriger le vice de sa naissance, on l'attache à la maison, et la plupart des nourrices deviennent les amies et les confidentes des filles qu'elles ont élevées.

Comme les nourrices de Lacédémone sont très-renommées dans la Grèce, Apollodore en avait fait venir une à laquelle il confia son fils. En le recevant, elle se garda bien de l'emmailloter et d'enchaîner ses membres par des machines dont on use en certains pays, et qui ne servent souvent qu'à contrarier la nature.

Pour l'accoutumer de bonne heure au froid, elle se contenta de le couvrir de quelques vêtements légers, pratique recommandée par les philosophes, et que je trouve en usage chez les Celtes. C'est encore une de ces nations que les Grecs appellent barbares.

Le cinquième jour fut destiné à purifier l'enfant. Une femme le prit entre ses bras, et, suivie de tous ceux de la maison, elle courut à plusieurs reprises autour du feu qui brûlait sur l'autel.

Comme beaucoup d'enfants meurent de convulsions d'abord après leur naissance, on attend le septième et quelquefois le dixième jour pour leur donner un nom. Apollodore ayant assemblé ses parents, ceux de sa femme et leurs amis, dit en leur présence qu'il donnait à son fils le nom de son père, Lysis; car, suivant l'usage, l'aîné d'une famille porte le nom de son aïeul. Cette cérémonie fut accompagnée d'un sacrifice et d'un repas. Elle précéda de quelques jours une cérémonie plus sainte, celle de l'initiation aux mystères d'Éleusis. Persuadés qu'elle procure de grands avantages après la mort, les Athéniens se hâtent de la faire recevoir à leurs enfants. Le quarantième jour, Épicharis releva de couches. Ce fut un jour de fête dans la maison d'Apollodore.

Ces deux époux, après avoir reçu de leurs amis de nouvelles marques d'intérêt, redoublèrent de soins pour l'éducation de leur fils. Leur premier objet fut de lui former un tempérament robuste, et de choisir, parmi les pratiques en usage, les plus conformes au vœu de la nature et aux lumières de la philosophie. Déidamie (c'était le nom de la nourrice ou gouvernante) écoutait leurs conseils et les éclairait eux-mêmes de son expérience.

Dans les cinq premières années de l'enfance, la végétation du corps humain est si forte que, suivant l'opinion de quelques naturalistes, il n'augmente pas du double en hauteur dans les vingt années suivantes. Il a besoin alors de beaucoup de nourriture, de beaucoup d'exercice. La nature l'agite par une inquiétude secrète; et les nourrices sont souvent obligées de le bercer entre leurs bras, et d'ébranler doucement son cerveau par des chants agréables et mélodieux. Il semble qu'une longue habitude les a conduites à regarder la musique et la danse comme les premiers éléments de notre éducation. Ces mouvements favorisent la digestion, procurent un sommeil paisible, dissipent les terreurs soudaines que les objets extérieurs produisent sur des organes trop faibles.

Dès que l'enfant put se tenir sur ses jambes, Déidamie le fit marcher, toujours prête à lui tendre une main secourable. Je la vis ensuite mettre dans ses mains de petits instruments dont le bruit pouvait l'amuser ou le distraire; circonstance que je ne relèverais pas, si le plus commode de ces instruments n'était de l'invention du célèbre philosophe Archytas, qui écrivait sur la nature de l'univers et s'occupait de l'éducation des enfants.

Bientôt des soins plus importants occupèrent Déidamie, et des vues particulières l'écartèrent des règles les plus usitées. Elle accoutuma son élève à ne faire aucune différence entre les aliments qu'on lui présentait. Jamais la force ne fut employée pour empêcher ses pleurs. Ce n'est pas qu'à l'exemple de quelques philosophes elle les regardât comme une espèce d'exercice utile pour les enfants : il lui paraissait plus avantageux de les arrêter dès qu'on en connaissait la cause, de les laisser couler quand on ne pouvait la connaître. Aussi cessa-t-il d'en répandre dès que par ses gestes il put expliquer ses besoins.

Elle était surtout attentive aux premières impressions qu'il recevrait; impressions quelquefois si fortes et si durables qu'il en reste pendant toute la vie des traces dans le caractère. Et, en effet, il est difficile qu'une âme qui dans l'enfance est toujours agitée de vaines frayeurs ne devienne pas de plus en plus susceptible de la lâcheté dont elle a fait l'apprentissage. Déidamie épargnait à son élève tous les sujets de terreur, au lieu de les multiplier par les menaces et par les coups.

Je la vis un jour s'indigner de ce qu'une mère avait dit à son fils que c'était en punition de ses mensonges qu'il avait des boutons au visage. Sur ce que je lui racontai que les Scythes maniaient également bien les armes de la main droite et de la gauche, je vis quelque temps après son jeune élève se servir indifféremment de l'une et de l'autre.

Il était sain et robuste; on ne le traitait ni avec cet excès d'indulgence qui rend les enfants difficiles, prompts, impatients de la moindre contradiction, insupportables aux autres; ni avec cet excès de sévérité qui les rend craintifs, serviles, insupportables à eux-mêmes. On s'opposait à ses goûts sans lui rappeler sa dépendance, et on le punissait de ses fautes sans ajouter l'insulte à la correction. Ce qu'Apollodore défendait avec le plus de soin à son fils, c'était de fréquenter les domestiques de sa maison ; à ces derniers, de donner à son fils la moindre notion du vice, soit par leurs paroles, soit par leurs exemples.

Suivant le conseil des personnes sages, il ne faut prescrire aux enfants, pendant les cinq premières années, aucun travail qui les applique : leurs jeux doivent seuls les intéresser et les animer. Ce temps accordé à l'accroissement et à l'affermissement du corps, Apollodore le prolongea d'une année en faveur de son fils ; et ce ne fut qu'à la fin de la sixième qu'il le mit sous la garde d'un conducteur ou pédagogue. C'était un esclave de confiance chargé de le suivre en tous lieux, et surtout chez les maîtres destinés à lui donner les premiers éléments des sciences.

Avant que de le mettre entre ses mains, il voulut lui assurer l'état de citoyen. J'ai dit plus haut[1] que les Athéniens sont partagés en dix tribus. La tribu se divise en trois confraternités ou curies, la curie en trente classes. Ceux d'une même curie sont censés fraterniser entre eux, parce qu'ils ont des fêtes, des temples, des sacrifices qui leur sont communs. Un Athénien doit être inscrit dans l'une des curies, soit d'abord après sa naissance, soit à l'âge de trois ou quatre ans, rarement après la septième année. Cette cérémonie se fait avec solennité dans la fête des Apaturies, qui tombe au mois pyanepsion et qui dure trois jours.

Le premier n'est distingué que par des repas qui réunissent les parents dans une même maison, et les membres d'une curie dans un même lieu.

Le second est consacré à des actes de religion. Les magistrats offrent des sacrifices en public ; et plusieurs Athéniens, revêtus de riches habits et tenant dans leurs mains des tisons enflammés, marchent à pas précipités autour des autels, chantent des hymnes en l'honneur de Vulcain, et célèbrent le dieu qui introduisit l'usage du feu parmi les mortels.

C'est le troisième jour que les enfants entrent dans l'ordre des citoyens. On devait en présenter plusieurs de l'un et de l'autre sexe. Je suivis Apollodore dans une chapelle qui appartenait à sa curie. Là se trouvaient assemblés avec plusieurs de ses parents les principaux de la curie et de la classe particulière à laquelle il était associé. Il leur présenta son fils avec une brebis qu'on devait immoler. On la pesa ; et j'entendis les assistants s'écrier en riant : Moindre ! moindre ! c'est-à-dire qu'elle n'avait pas le poids fixé par la loi. C'est une plaisanterie qu'on ne se refuse guère dans cette occasion. Pendant que la flamme dévorait une partie de la victime, Apollodore s'avança ; et, tenant son fils d'une main, il prit les dieux

[1] Voyez le chapitre XIV de cet ouvrage.

à témoin que cet enfant était né de lui et d'une femme athénienne en légitime mariage. On recueillit les suffrages, et l'enfant aussitôt fut inscrit sous le nom de Lysis, fils d'Apollodore, dans le registre de la curie nommé le registre public.

Cet acte, qui place un enfant dans une telle tribu, dans une telle curie, dans une telle classe de la curie, est le seul qui constate la légitimité de sa naissance et lui donne des droits à la succession de ses parents. Lorsque ceux de la curie refusent de l'agréger à leur corps, le père a la liberté de les poursuivre en justice.

L'éducation, pour être conforme au génie du gouvernement, doit imprimer dans les cœurs des jeunes citoyens les mêmes sentiments et les mêmes principes. Aussi les anciens législateurs les avaient-ils assujettis à une institution commune. La plupart sont aujourd'hui élevés dans le sein de leur famille, ce qui choque ouvertement l'esprit de la démocratie. Dans l'éducation particulière, un enfant, lâchement abandonné aux flatteries de ses parents et de leurs esclaves, se croit distingué de la foule parce qu'il en est séparé : dans l'éducation commune, l'émulation est plus générale, les états s'égalisent ou se rapprochent; c'est là qu'un jeune homme apprend chaque jour, à chaque instant, que le mérite et les talents peuvent seuls donner une supériorité réelle. Cette question est plus facile à décider qu'une foule d'autres qui partagent inutilement les philosophes.

On demande s'il faut employer plus de soins à cultiver l'esprit qu'à former le cœur; s'il ne faut donner aux enfants que des leçons de vertu, et aucune de relative aux besoins et aux agréments de la vie; jusqu'à quel point ils doivent être instruits des sciences et des arts. Loin de s'engager dans de pareilles discussions, Apollodore résolut de ne pas s'écarter du système d'éducation établi par les anciens législateurs, et dont la sagesse attire des pays voisins et des peuples éloignés quantité de jeunes élèves; mais il se réserva d'en corriger les abus. Il envoya tous les jours son fils aux écoles. La loi ordonne de les ouvrir au lever du soleil et de les fermer à son coucher. Son conducteur l'y menait le matin et allait le prendre le soir.

Parmi les instituteurs auxquels on confie la jeunesse d'Athènes, il n'est pas rare de rencontrer des hommes d'un mérite distingué. Tel fut autrefois Damon, qui donna des leçons de musique à Socrate, et de politique à Périclès. Tel était de mon temps Philotime. Il avait fréquenté l'école de Platon, et joignait à la connaissance des arts les lumières d'une saine philosophie. Apollodore, qui l'aimait beaucoup, était parvenu à lui faire partager les soins qu'il donnait à l'éducation de son fils.

Ils étaient convenus qu'elle ne roulerait que sur un principe. Le plaisir et la douleur, me dit un jour Philotime, sont comme deux sources abondantes que la nature fait couler sur les hommes, et dans lesquelles ils puisent au hasard le bonheur et le malheur. Ce sont les deux premiers sentiments que nous recevons dans notre enfance, et qui, dans un âge plus avancé, dirigent toutes nos actions. Mais il est à craindre que de pareils guides ne nous entraînent dans leurs écarts. Il faut donc que Lysis apprenne de bonne heure à s'en défier; qu'il ne contracte dans ses premières années aucune habitude que la raison ne puisse justifier un jour; et qu'ainsi les exemples, les conversations, les sciences, les exercices du corps, tout concoure à lui faire aimer et haïr dès à présent ce qu'il devra aimer et haïr toute sa vie.

Le cours des études comprend la musique et la gymnastique, c'est-à-dire tout ce qui a rapport aux exercices de l'esprit et à ceux du corps. Dans cette division le mot *musique* est pris dans une acception très-étendue.

Connaître la forme et la valeur des lettres, les tracer avec élégance et facilité, donner aux syllabes le mouvement et les intonations qui leur conviennent, tels furent les premiers travaux du jeune Lysis. Il allait tous les jours chez un grammatiste, dont la maison, située auprès du temple de Thésée, dans un quartier fréquenté, attirait beaucoup de disciples. Tous les soirs il racontait à ses parents l'histoire de ses progrès. Je le voyais, un style ou poinçon à la main, suivre à plusieurs reprises les contours des lettres que son maître avait figurées sur des tablettes. On lui recommandait d'observer exactement la ponctuation, en attendant qu'on pût lui en donner les règles.

Il lisait souvent les fables d'Ésope; souvent il récitait les vers qu'il savait par cœur. En effet, pour exercer la mémoire de leurs élèves, les professeurs de grammaire leur font apprendre des morceaux tirés d'Homère, d'Hésiode et des poètes lyriques. Mais, disent les philosophes, rien n'est si contraire à l'objet de l'institution : comme les poètes attribuent des passions aux dieux et justifient celles des hommes, les enfants se familiarisent avec le vice avant de le connaître. Aussi a-t-on formé pour leur usage des recueils de pièces choisies dont la morale est pure; et c'est un de ces recueils que le maître de Lysis avait mis entre ses mains. Il y joignit ensuite le dénombrement des troupes qui allèrent au siége de Troie, tel qu'on le trouve dans l'Iliade. Quelques législateurs ont ordonné que, dans les écoles, on accoutumât les enfants à le réciter, parce qu'il contient les noms des villes et des maisons les plus anciennes de la Grèce.

Dans les commencements, lorsque Lysis parlait, qu'il lisait ou qu'il déclamait quelque ouvrage, j'étais surpris de l'extrême importance qu'on mettait à diriger sa voix, tantôt pour en varier les inflexions, tantôt pour l'arrêter sur une syllabe ou la précipiter sur une autre. Philotime, à qui je témoignai ma surprise, la dissipa de cette manière :

Nos premiers législateurs comprirent aisément que c'était par l'imagination qu'il fallait parler aux Grecs, et que la vertu se persuadait mieux par le sentiment que par les préceptes. Ils nous annoncèrent des vérités parées des charmes de la poésie et de la musique. Nous apprenions nos devoirs dans les amusements de notre enfance : nous chantions les bienfaits des dieux, les vertus des héros. Nos mœurs s'adoucirent à force de séductions, et nous pouvons nous glorifier aujourd'hui de ce que les Grâces elles-mêmes ont pris soin de nous former.

La langue que nous parlons paraît être leur ouvrage. Quelle douceur ! quelle richesse ! quelle harmonie ! Fidèle interprète de l'esprit et du cœur, en même temps que, par l'abondance et la hardiesse de ses expressions, elle suffit à presque toutes nos idées, et sait au besoin les revêtir de couleurs brillantes ; sa mélodie fait couler la persuasion dans nos âmes. Je veux moins vous expliquer cet effet que vous le laisser entrevoir.

Nous remarquons dans cette langue trois propriétés essentielles, la résonnance, l'intonation, le mouvement.

Chaque lettre, ou séparément, ou jointe avec une autre lettre, fait entendre un son, et ces sons diffèrent par la douceur et la dureté, la force et la faiblesse, l'éclat et l'obscurité. J'indique à Lysis ceux qui flattent l'oreille et ceux qui l'offensent ; je lui fais observer qu'un son ouvert, plein, volumineux, produit plus d'effet qu'un son qui vient expirer sur les lèvres ou se briser contre les dents ; et qu'il est une lettre dont le fréquent retour opère un sifflement si désagréable, qu'on a vu des auteurs la bannir avec sévérité de leurs ouvrages.

Vous êtes étonné de cette espèce de mélodie qui parmi nous anime non-seulement la déclamation, mais encore la conversation familière. Vous la trouverez chez presque tous les peuples du midi. Leur langue, ainsi que la nôtre, est dirigée par des accents qui sont inhérents à chaque mot, et qui donnent à la voix des inflexions d'autant plus fréquentes que les peuples sont plus sensibles, d'autant plus fortes qu'ils sont moins éclairés. Je crois même qu'anciennement les Grecs avaient non-seulement plus d'aspirations, mais encore plus d'écarts dans leur intonation que nous n'en avons aujourd'hui. Quoi qu'il en soit, parmi nous la voix s'élève et s'abaisse quelquefois jusqu'à l'intervalle d'une quinte, tantôt sur deux syllabes, tantôt sur la même. Plus souvent elle parcourt des espaces moindres, les uns très-marqués, les autres à peine sensibles, ou même inappréciables. Dans l'écriture, les accents se trouvant attachés aux mots, Lysis distingue sans peine les syllabes sur lesquelles la voix doit monter ou descendre; mais comme les degrés précis d'élévation et d'abaissement ne peuvent être déterminés par des signes, je l'accoutume à prendre les inflexions les plus convenables au sujet et aux circonstances. Vous avez dû vous apercevoir que son intonation acquiert de jour en jour de nouveaux agréments, parce qu'elle devient plus juste et plus variée.

La durée des syllabes se mesure par un certain intervalle de temps. Les unes se traînent avec plus ou moins de lenteur; les autres s'empressent de courir avec plus ou moins de vitesse. Réunissez plusieurs syllabes brèves, vous serez malgré vous entraîné par la rapidité de la diction; substituez-leur des syllabes longues, vous serez arrêté par sa pesanteur; combinez-les entre elles suivant les rapports de leur durée, vous verrez votre style obéir à tous les mouvements de votre âme, et figurer toutes les impressions que je dois partager avec elle. Voilà ce qui constitue ce rhythme, cette cadence à laquelle on ne peut donner atteinte sans révolter l'oreille; et c'est ainsi que, des variétés que la nature, les passions et l'art ont mises dans l'exercice de la voix, il résulte des sons plus ou moins agréables, plus ou moins éclatants, plus ou moins rapides.

Quand Lysis sera plus avancé, je lui montrerai que le meilleur moyen de les assortir est de les contraster; parce que le contraste, d'où naît l'équilibre, est, dans toute la nature, et principalement dans les arts imitatifs, la première source de l'ordre et de la beauté. Je lui montrerai par quel heureux balancement on peut les affaiblir et les fortifier. A l'appui des règles viendront les exemples. Il distinguera dans les ouvrages de Thucydide une mélodie austère, imposante, pleine de noblesse, mais la plupart du temps dénuée d'aménité; dans ceux de Xénophon, une suite d'accords dont la douceur et la mollesse caractérisent les Grâces qui l'inspirent; dans ceux d'Homère, une ordonnance toujours savante, toujours variée. Voyez, lorsque ce poète parle de Pénélope, comme les sons les plus doux et les plus brillants se réunissent pour déployer l'harmonie et la lumière de la beauté. Faut-il représenter le bruit des flots qui se brisent contre le rivage, son expression se prolonge et mugit avec éclat. Veut-il peindre les tourments de Sisyphe éternellement occupé à pousser un rocher sur le haut d'une montagne d'où il retombe aussitôt : son style, après une marche lente, pesante, fatigante, court et se précipite comme un torrent. C'est ainsi que, sous la plume du plus harmonieux des poëtes, les sons deviennent des couleurs, et les images des vérités.

Nous n'enseignons pas à nos élèves les langues étrangères, soit par mépris pour les autres nations, soit parce qu'ils n'ont pas trop de temps pour apprendre la nôtre. Lysis connaît les propriétés des éléments qui la composent. Ses organes flexibles saisissent avec facilité les nuances qu'une oreille exercée remarque dans la nature des sons, dans leur durée, dans les différents degrés de leur élévation et de leur renflement.

Ces notions, qui n'ont encore été recueillies dans aucun ouvrage, vous paraîtront peut-être frivoles. Elles le seraient en effet, si, forcés de plaire aux hommes pour les émouvoir, nous n'étions souvent obligés de préférer le style à la pensée et l'harmonie à l'expression. Mais elles sont nécessaires dans un gouvernement où le talent de la parole reçoit un prix infini des qualités accessoires qui l'accompagnent ; chez un peuple surtout dont l'esprit est très-léger et les sens très-délicats, qui pardonne quelquefois à l'orateur de s'opposer à ses volontés et jamais d'insulter son oreille. De là les épreuves incroyables auxquelles se sont soumis certains orateurs pour rectifier leur organe ; de là leurs efforts pour distribuer dans leurs paroles la mélodie et la cadence, qui préparent la persuasion ; de là résultent enfin ces charmes inexprimables, cette douceur ravissante que la langue grecque reçoit dans la bouche des Athéniens. La grammaire, envisagée sous ce point de vue, a tant de rapports avec la musique, que le même instituteur est communément chargé d'enseigner à ses élèves les éléments de l'une et de l'autre.

Je rendrai compte dans une autre occasion des entretiens que j'eus avec Philotime au sujet de la musique. J'assistais quelquefois aux leçons qu'il en donnait à son élève. Lysis apprit à chanter avec goût en s'accompagnant de la lyre. On éloigna de lui les instruments qui agitent l'âme avec violence ou qui ne servent qu'à l'amollir. La flûte, qui excite et apaise tour à tour les passions, lui fut interdite. Il n'y a pas long-temps qu'elle faisait les délices des Athéniens les plus distingués. Alcibiade, encore enfant, essaya d'en jouer; mais, comme les efforts qu'il faisait pour en tirer des sons altéraient la douceur et la régularité de ses traits, il mit sa flûte en mille morceaux. Dès ce moment, la jeunesse d'Athènes regarda le jeu de cet instrument comme un exercice ignoble, et l'abandonna aux musiciens de profession.

Ce fut vers ce temps-là que je partis pour l'Égypte ; avant mon départ, je priai Philotime de mettre par écrit les suites de cette éducation, et c'est d'après son journal que je vais en continuer l'histoire.

Lysis passa successivement sous différents maîtres. Il apprit à la fois l'arithmétique par principes et en se jouant ; car, pour en faciliter l'étude aux enfants, on les accoutume tantôt à partager entre eux, selon qu'ils sont en plus grand ou en plus petit nombre, une certaine quantité de pommes et de couronnes; tantôt à se mêler dans leurs exercices suivant des combinaisons données, de manière que le même occupe chaque place à son tour [1]. Apollodore ne voulut pas que son fils connût ni ces prétendues propriétés que les pythagoriciens attribuent aux nombres, ni l'application qu'un intérêt sordide peut faire du calcul aux opérations du commerce. Il estimait l'arithmétique, parce que, entre autres avantages, elle augmente la sagacité de l'esprit, et le prépare à la connaissance de la géométrie et de l'astronomie.

Lysis prit une teinture de ces deux sciences. Avec le secours de la première, placé un jour à la tête des armées, il pourrait plus aisément asseoir un camp, presser un siége, ranger des troupes en bataille, les faire rapidement mouvoir dans une marche ou dans une action. La seconde devait le garantir des frayeurs que les éclipses et les phénomènes extraordinaires inspiraient il n'y a pas long-temps aux soldats.

Apollodore se rendit une fois chez un des professeurs de son fils. Il y trouva des instruments de mathématiques, des sphères, des globes, et des tables où l'on avait tracé les limites des différents empires et la position des villes les plus célèbres. Comme il avait appris que son fils parlait souvent à ses amis d'un bien que sa maison possédait dans le canton de Céphissie, il saisit cette occasion pour lui donner la même leçon qu'Alcibiade avait reçue de Socrate. Montrez-moi sur cette carte de la terre, lui dit-il, où sont l'Europe, la Grèce, l'Attique. Lysis satisfit à ces questions; mais

---

[1] Ces jeux servaient à graver dans leur mémoire le calcul de certaines permutations : ils apprenaient, par exemple, que 3 nombres, 3 lettres pouvaient se combiner de 6 façons différentes; 4, de 24 façons; 5, de 120 ; 6, de 720, et ainsi de suite, en multipliant la somme des combinaisons données par le nombre suivant.

Apollodore ayant ensuite demandé où était le bourg de Céphissie, son fils répondit en rougissant qu'il ne l'avait pas trouvé. Ses amis sourirent, et depuis il ne parla plus des possessions de son père.

Il brûlait du désir de s'instruire ; mais Apollodore ne perdait pas de vue cette maxime d'un roi de Lacédémone, qu'il ne faut enseigner aux enfants que ce qui pourra leur être utile dans la suite ; ni cette autre maxime, que l'ignorance est préférable à une multitude de connaissances confusément entassées dans l'esprit.

En même temps Lysis apprenait à traverser les rivières à la nage et à dompter un cheval. La danse réglait ses pas et donnait de la grâce à tous ses mouvements. Il se rendait assidûment au gymnase du Lycée. Les enfants commencent leurs exercices de très-bonne heure, quelquefois même à l'âge de sept ans ; ils les continuent jusqu'à celui de vingt. On les accoutume d'abord à supporter le froid, le chaud, toutes les intempéries des saisons ; ensuite à pousser des balles de différentes grosseurs, à se les renvoyer mutuellement. Ce jeu et d'autres semblables ne sont que les préludes des épreuves laborieuses qu'on leur fait subir à mesure que leurs forces augmentent. Ils courent sur un sable profond, lancent des javelots, sautent au delà d'un fossé ou d'une borne, tenant dans leurs mains des masses de plomb, jetant en l'air ou devant eux des palets de pierre ou de bronze. Ils fournissent en courant une ou plusieurs fois la carrière du stade, souvent couverts d'armes pesantes. Ce qui les occupe le plus, c'est la lutte, le pugilat et les divers combats que je décrirai en parlant des jeux olympiques. Lysis, qui s'y livrait avec passion, était obligé d'en user sobrement et d'en corriger les effets par les exercices de l'esprit, auxquels son père le ramenait sans cesse.

Le soir, de retour à la maison, tantôt il s'accompagnait de la lyre, tantôt il s'occupait à dessiner ; car, depuis quelques années, l'usage s'est introduit presque partout de faire apprendre le dessin aux enfants de condition libre. Souvent il lisait en présence de son père et de sa mère les livres qui pouvaient l'instruire ou l'amuser. Apollodore remplissait auprès de lui les fonctions de ces grammairiens qui, sous le nom de critiques, enseignent à résoudre les difficultés que présente le texte d'un auteur ; Épicharis, celles d'une femme de goût qui sait en apprécier les beautés. Lysis demandait un jour comment on jugeait du mérite d'un livre. Aristote, qui se trouva présent, répondit : « Si l'auteur dit tout ce qu'il faut, s'il ne dit que ce qu'il faut, s'il le dit comme il faut. »

Ses parents le formaient à cette politesse noble dont ils étaient les modèles : désir de plaire, facilité dans le commerce de la vie, égalité dans le caractère, attention à céder sa place aux personnes âgées, décence dans le maintien, dans l'extérieur, dans les expressions, dans les manières; tout était prescrit sans contrainte, exécuté sans effort.

Son père le menait souvent à la chasse des bêtes à quatre pieds, parce qu'elle est l'image de la guerre; quelquefois à celle des oiseaux; mais toujours sur des terres incultes, pour ne pas détruire les espérances du laboureur.

On commença de bonne heure à le conduire au théâtre. Dans la suite, il se distingua plus d'une fois aux fêtes solennelles, dans les chœurs de musique et de danse. Il figurait aussi dans ces jeux publics où l'on admet les courses de chevaux : il y remporta souvent la victoire; mais on ne le vit jamais, à l'exemple de quelques jeunes gens, se tenir debout sur un cheval, lancer des traits et se donner en spectacle par des tours d'adresse.

Il prit quelques leçons d'un maître d'armes; il s'instruisit de la tactique, mais il ne fréquenta point ces professeurs ignorants chez qui les jeunes gens vont apprendre à commander les armées.

Ces différents exercices avaient presque tous rapport à l'art militaire. Mais, s'il devait défendre sa patrie, il devait aussi l'éclairer. La logique, la rhétorique, la morale, l'histoire, le droit civil, la politique l'occupèrent successivement.

Des maîtres mercenaires se chargent de les enseigner et mettent leurs leçons à très-haut prix. On raconte ce trait d'Aristippe. Un Athénien le pria d'achever l'éducation de son fils. Aristippe demanda mille drachmes [1]. « Mais, répondit le père, j'aurais un esclave pour une pareille somme. — Vous en auriez deux, reprit le philosophe : votre fils d'abord, ensuite l'esclave que vous placeriez auprès de lui. »

Autrefois les sophistes se rendaient en foule dans cette ville; ils dressaient la jeunesse athénienne à disserter superficiellement sur toutes les matières. Quoique leur nombre soit diminué, on en voit encore qui, entourés de leurs disciples, font retentir de leurs clameurs et de leurs disputes les salles du gymnase. Lysis assistait rarement à ces combats. Des instituteurs plus éclairés lui donnaient des leçons, et des esprits du premier ordre des conseils. Ces derniers étaient Platon, Isocrate, Aristote, tous trois amis d'Apollodore.

La logique prêta de nouvelles forces, et la rhétorique de nouveaux charmes à sa raison. Mais on l'avertit que l'une et l'autre, destinées au triomphe de la vérité, ne servaient souvent qu'à ce-

---

[1] Neuf cents livres.

lui du mensonge. Comme un orateur ne doit pas trop négliger les qualités extérieures, on le mit pendant quelque temps sous les yeux d'un acteur habile qui prit soin de diriger sa voix et ses gestes.

L'histoire de la Grèce l'éclaira sur les prétentions et sur les fautes des peuples qui l'habitent. Il suivit le barreau, en attendant qu'il pût, à l'exemple de Thémistocle et d'autres grands hommes, y défendre la cause de l'innocence.

Un des principaux objets de l'éducation est de former le cœur d'un enfant. Pendant qu'elle dure, les parents, le gouverneur, les domestiques, les maîtres le fatiguent de maximes communes, dont ils affaiblissent l'impression par leurs exemples : souvent même les menaces et les coups, indirectement employés, lui donnent de l'éloignement pour des vérités qu'il devrait aimer. L'étude de la morale ne coûta jamais de larmes à Lysis. Son père avait mis auprès de lui des gens qui l'instruisaient par leur conduite, et non par des remontrances importunes. Pendant son enfance, il l'avertissait de ses fautes avec douceur; quand sa raison fut plus formée, il lui faisait entrevoir qu'elles étaient contraires à ses intérêts.

Il était très-difficile dans le choix des livres qui traitent de la morale, parce que leurs auteurs, pour la plupart, sont mal affermis dans leurs principes ou n'ont que de fausses idées de nos devoirs. Un jour Isocrate nous lut une lettre qu'il avait autrefois adressée à Démonicus [1]. C'était un jeune homme qui vivait à la cour du roi de Chypre. La lettre, pleine d'esprit, mais surchargée d'antithèses, contenait des règles de mœurs et de conduite rédigées en forme de maximes et relatives aux différentes circonstances de la vie. J'en citerai quelques traits :

« Soyez envers vos parents comme vous voudriez que vos enfants fussent un jour à votre égard. Dans vos actions les plus secrètes, figurez-vous que vous avez tout le monde pour témoin. N'espérez pas que des actions répréhensibles puissent rester dans l'oubli; vous pourrez peut-être les cacher aux autres, mais jamais à vous-même. Dépensez votre loisir à écouter les discours des sages. Délibérez lentement, écoutez promptement. Soulagez la vertu malheureuse; les bienfaits bien appliqués sont le trésor de l'honnête homme. Quand vous serez revêtu de quelque charge importante, n'employez jamais de malhonnêtes gens; quand vous la quitterez, que ce soit avec plus de gloire que de richesses. »

[1] Quelques savants critiques ont prétendu que cette lettre n'était pas d'Isocrate; mais leur opinion n'est fondée que sur de légères conjectures. (Voyez Fabricius, et les *Mémoires de l'Académie des belles-lettres*.)

Cet ouvrage était écrit avec la profusion et l'élégance qu'on aperçoit dans tous ceux d'Isocrate. On en félicita l'auteur ; et quand il fut sorti, Apollodore, adressant la parole à son fils : Je me suis aperçu, lui dit-il, du plaisir que vous a fait cette lecture. Je n'en suis pas surpris : elle a réveillé en vous des sentiments précieux à votre cœur, et l'on aime à retrouver ses amis partout. Mais avez-vous pris garde à l'endroit que je l'ai prié de répéter, et qui prescrit à Démonicus la conduite qu'il doit tenir à la cour de Chypre ? Je le sais par cœur, répondit Lysis. « Conformez-vous aux inclinations du prince. En paraissant les approuver, vous n'en aurez que plus de crédit auprès de lui, plus de considération parmi le peuple. Obéissez à ses lois, et regardez son exemple comme la première de toutes. »

Quelle étrange leçon dans la bouche d'un républicain ! reprit Apollodore, et comment l'accorder avec le conseil que l'auteur avait donné à Démonicus de détester les flatteurs ? C'est qu'Isocrate n'a sur la morale qu'une doctrine d'emprunt, et qu'il en parle plutôt en rhéteur qu'en philosophe. D'ailleurs, est-ce par des préceptes si vagues qu'on éclaire l'esprit ? Les mots de sagesse, de justice, de tempérance, d'honnêteté, et beaucoup d'autres qui, pendant cette lecture, ont souvent frappé vos oreilles ; ces mots, que tant de gens se contentent de retenir et de proférer au hasard, croyez-vous que Démonicus fût en état de les entendre ? Vous-même, en avez-vous une notion exacte ? Savez-vous que le plus grand danger des préjugés et des vices est de se déguiser sous le masque des vérités et des vertus, et qu'il est très-difficile de suivre la voix d'un guide fidèle lorsqu'elle est étouffée par celle d'une foule d'imposteurs qui marchent à ses côtés et qui imitent ses accents ?

Je n'ai fait aucun effort jusqu'à présent pour vous affermir dans la vertu : je me suis contenté de vous en faire pratiquer les actes. Il fallait disposer votre âme, comme on prépare une terre avant que d'y jeter la semence destinée à l'enrichir. Vous devez aujourd'hui me demander compte des sacrifices que j'ai quelquefois exigés de vous, et vous mettre en état de justifier ceux que vous ferez un jour.

Quelques jours après, Aristote eut la complaisance d'apporter plusieurs ouvrages qu'il avait ébauchés ou finis, et dont la plupart traitaient de la science des mœurs. Il les éclaircissait en les lisant. Je vais tâcher d'exposer ses principes.

Tous les genres de vie, toutes nos actions se proposent une fin particulière ; et toutes ces fins tendent à un but général, qui est le bonheur. Ce n'est pas dans la fin, mais dans le choix des moyens que nous nous trompons. Combien de fois les honneurs, les richesses, le pouvoir, la beauté, nous ont été plus funestes qu'utiles ! Combien de fois l'expérience nous a-t-elle appris que la maladie et la pauvreté ne sont pas nuisibles par elles-mêmes ! Ainsi, par la fausse idée que nous avons des biens ou des maux, autant que par l'inconstance de notre volonté, nous agissons presque toujours sans savoir précisément ce qu'il faut désirer et ce qu'il faut craindre.

Distinguer les vrais biens des biens apparents, tel est l'objet de la morale, qui malheureusement ne procède pas comme les sciences bornées à la théorie. Dans ces dernières, l'esprit voit sans peine les conséquences émaner de leurs principes. Mais quand il est question d'agir, il doit hésiter, délibérer, choisir, se garantir surtout des illusions qui viennent du dehors et de celles qui s'élèvent du fond de nos cœurs. Voulez-vous éclairer ses jugements, rentrez en vous-même, et prenez une juste idée de vos passions, de vos vertus et de vos vices.

L'âme, ce principe qui, entre autres facultés, a celle de connaître, conjecturer et délibérer, de sentir, désirer et craindre ; l'âme, indivisible peut-être en elle-même, est, relativement à ses diverses opérations, comme divisée en deux parties principales : l'une possède la raison et les vertus de l'esprit ; l'autre, qui doit être gouvernée par la première, est le séjour des vertus morales.

Dans la première résident l'intelligence, la sagesse et la science, qui ne s'occupent que des choses intellectuelles et invariables ; la prudence, le jugement et l'opinion, dont les objets tombent sous les sens et varient sans cesse ; la sagacité, la mémoire et d'autres qualités que je passe sous silence.

L'intelligence, simple perception de l'âme [1], se borne à contempler l'essence et les principes éternels des choses : la sagesse médite non-seulement sur les principes, mais encore sur les conséquences qui en dérivent ; elle participe de l'intelligence qui voit et de la science qui démontre. La prudence apprécie et combine les biens et les maux, délibère lentement, et détermine notre choix de la manière la plus conforme à nos vrais intérêts. Lorsque, avec assez de lumières pour prononcer, elle n'a pas assez de force pour

[1] Il paraît que dans l'origine ce mot désignait la vue. Dans Homère, le mot νόω signifie quelquefois *je vois*. La même signification s'est conservée dans le mot προνοία, que les Latins ont rendu par *provisio, providentia*. C'est ce qui fait dire à Aristote que l'intelligence, νοῦς, est dans l'âme ce que la vue est dans l'œil.

nous faire agir, elle n'est plus qu'un jugement sain. Enfin l'opinion s'enveloppe dans ses doutes et nous entraîne souvent dans l'erreur.

De toutes les qualités de l'âme, la plus éminente est la sagesse ; la plus utile est la prudence. Comme il n'y a rien de si grand dans l'univers que l'univers même, les sages, qui remontent à son origine et s'occupent de l'essence incorruptible des êtres, obtiennent le premier rang dans notre estime. Tels furent Anaxagore et Thalès. Ils nous ont transmis des notions admirables et sublimes, mais inutiles à notre bonheur ; car la sagesse n'influe qu'indirectement sur la morale. Elle est toute en théorie, la prudence toute en pratique [1].

Vous voyez dans une maison le maître abandonner à un intendant fidèle les minutieux détails de l'administration domestique pour s'occuper d'affaires plus importantes : ainsi la sagesse, absorbée dans ses méditations profondes, se repose sur la prudence du soin de régler nos penchants et de gouverner la partie de l'âme où j'ai dit que résident les vertus morales.

Cette partie est à tout moment agitée par l'amour, la haine, la colère, le désir, la crainte, l'envie, et cette foule d'autres passions dont nous apportons le germe en naissant, et qui par elles-mêmes ne sont dignes ni de louange ni de blâme. Leurs mouvements, dirigés par l'attrait du plaisir ou par la crainte de la douleur, sont presque toujours irréguliers et funestes; or, de même que le défaut ou l'excès d'exercice détruit les forces du corps et qu'un exercice modéré les rétablit ; de même un mouvement passionné, trop violent ou trop faible, égare l'âme en deçà ou au delà du but qu'elle doit se proposer, tandis qu'un mouvement réglé l'y conduit naturellement. C'est donc le terme moyen entre deux affections vicieuses qui constitue un sentiment vertueux. Citons un exemple : la lâcheté craint tout, et pèche par défaut; l'audace ne craint rien, et pèche par excès ; le courage, qui tient le milieu entre l'une et l'autre, ne craint que lorsqu'il faut craindre. Ainsi les passions de même espèce produisent en nous trois affections différentes, deux vicieuses et l'autre vertueuse. Ainsi les vertus morales naissent du sein des passions, ou plutôt ne sont que les passions renfermées dans de justes limites.

Alors Aristote nous fit voir un écrit à trois colonnes où la plu—

---

[1] Xénophon, d'après Socrate, donne le nom de *sagesse* à la vertu qu'Aristote appelle ici *prudence*. Platon lui donne aussi quelquefois la même acception. Archytas, avant eux, avait dit que la prudence est la science des biens qui conviennent à l'homme.

part des vertus étaient placées chacune entre ses deux extrêmes. J'en ai conservé cet extrait pour l'instruction de Lysis.

EXCÈS.	MILIEU.	DÉFAUT OU L'AUTRE EXTRÊME.
Audace,	Courage,	Crainte.
Intempérance,	Tempérance,	Insensibilité.
Prodigalité,	Libéralité,	Avarice.
Faste,	Magnificence,	Parcimonie.
. . . . .	Magnanimité,	Bassesse.
Apathie,	Douceur,	Colère.
Jactance,	Vérité,	Dissimulation.
Bouffonnerie,	Gaieté,	Rusticité.
Flatterie,	Amitié,	Haine.
Stupeur,	Modestie,	Impudence.
Envie,	. . . . .	
Astuce,	Prudence,	Stupidité, etc.

Ainsi la libéralité est entre l'avarice et la prodigalité ; l'amitié, entre l'aversion ou la haine et la complaisance ou la flatterie. Comme la prudence tient par sa nature à l'âme raisonnable, par ses fonctions à l'âme irraisonnable, elle est accompagnée de l'astuce, qui est un vice du cœur, et de la stupidité, qui est un défaut de l'esprit. La tempérance est opposée à l'intempérance, qui est son excès. On a choisi l'insensibilité pour l'autre extrême : c'est, nous dit Aristote, qu'en fait de plaisir on ne pèche jamais par défaut, à moins qu'on ne soit insensible. Vous apercevez, ajouta-t-il, quelques lacunes dans ce tableau ; c'est que notre langue n'a pas assez de mots pour exprimer toutes les affections de notre âme : elle n'en a point, par exemple, pour caractériser la vertu contraire à l'envie ; on la reconnaît néanmoins dans l'indignation qu'excitent dans une âme honnête les succès des méchants [1].

Quoi qu'il en soit, les deux vices correspondants à une vertu peuvent en être plus ou moins éloignés sans cesser d'être blâmables. On est plus ou moins lâche, plus ou moins prodigue ; on ne peut être que d'une seule manière parfaitement libéral ou courageux. Aussi avons-nous dans la langue très-peu de mots pour désigner chaque vertu, et un très-grand nombre pour désigner chaque vice. Aussi les pythagoriciens disent-ils que le mal participe de la nature de l'infini, et le bien du fini.

[1] Aristote dit que Platon avait emprunté des pythagoriciens une partie de sa doctrine sur les principes. C'est d'après eux aussi qu'Aristote avait composé cette échelle ingénieuse qui plaçait chaque vertu entre deux vices, dont l'un pèche par défaut, et l'autre par excès. (Voyez ce que dit Théagès.)
Le tableau que je présente dans ce chapitre est composé d'une partie de l'échelle d'Aristote et de quelques définitions répandues dans ses trois traités de morale : l'un adressé à Nicomaque, le second appelé les *Grandes Morales*, le troisième adressé à Eudème. Une étude réfléchie de ces traités peut donner la véritable acception des mots employés par les péripatéticiens pour désigner les vertus et les vices ; mais je ne prétends pas l'avoir bien fixée en français, quand je vois ces mêmes mots pris en différents sens par les autres sectes philosophiques, et surtout par celle du Portique.

Mais qui discernera ce bien presque imperceptible au milieu des maux qui l'entourent ? La prudence, que j'appellerai quelquefois droite raison, parce qu'aux lumières naturelles de la raison joignant celles de l'expérience, elle rectifie les unes par les autres. Sa fonction est de nous montrer le sentier où nous devons marcher, et d'arrêter, autant qu'il est possible, celles de nos passions qui voudraient nous égarer dans des routes voisines ; car elle a le droit de leur signifier ses ordres. Elle est à leur égard ce qu'un architecte est par rapport aux ouvriers qui travaillent sous lui.

La prudence délibère dans toutes les occasions sur les biens que nous devons poursuivre ; biens difficiles à connaître, et qui doivent être relatifs non-seulement à nous, mais encore à nos parents, nos amis, nos concitoyens. La délibération doit être suivie d'un choix volontaire ; s'il ne l'était pas, il ne serait digne que d'indulgence ou de pitié. Il l'est toutes les fois qu'une force extérieure ne nous contraint pas d'agir malgré nous, ou que nous ne sommes pas entraînés par une ignorance excusable. Ainsi une action dont l'objet est honnête doit être précédée par la délibération et par le choix, pour devenir, à proprement parler, un acte de vertu ; et cet acte, à force de se réitérer, forme dans notre âme une habitude que j'appelle vertu.

Nous sommes à présent en état de distinguer ce que la nature fait en nous et ce que la saine raison ajoute à son ouvrage. La nature ne nous donne et ne nous refuse aucune vertu ; elle ne nous accorde que des facultés dont elle nous abandonne l'usage. En mettant dans nos cœurs les germes de toutes les passions, elle y a mis les principes de toutes les vertus. En conséquence, nous recevons en naissant une aptitude plus ou moins prochaine à devenir vertueux, un penchant plus ou moins fort pour les choses honnêtes.

De là s'établit une différence essentielle entre ce que nous appelons quelquefois vertu naturelle et la vertu proprement dite. La première est cette aptitude, ce penchant dont j'ai parlé ; espèce d'instinct qui, n'étant point encore éclairé par la raison, se porte tantôt vers le bien, tantôt vers le mal. La seconde est ce même instinct constamment dirigé vers le bien par la droite raison, et toujours agissant avec connaissance, choix et persévérance.

Je conclus de là que la vertu est une habitude formée d'abord et ensuite dirigée par la prudence, ou, si l'on veut, c'est une impulsion naturelle vers les choses honnêtes, transformée en habitude par la prudence.

Plusieurs conséquences dérivent de ces notions. Il est en notre pouvoir d'être vertueux, puisque nous avons tous l'aptitude à le devenir; mais il ne dépend d'aucun de nous d'être le plus vertueux des hommes, à moins qu'il n'ait reçu de la nature les dispositions qu'exige une pareille perfection.

La prudence formant en nous l'habitude de la vertu, toutes les vertus deviennent son ouvrage; d'où il suit que, dans une âme toujours docile à ses inspirations, il n'y a point de vertu qui ne vienne se placer à son rang, et il n'y en a pas une qui soit opposée à l'autre. On doit y découvrir aussi un parfait accord entre la raison et les passions, puisque l'une y commande et que les autres obéissent.

Mais comment vous assurer d'un tel accord? comment vous flatter que vous possédez une telle vertu? D'abord par un sentiment intime, ensuite par la peine ou le plaisir que vous éprouverez. Si cette vertu est encore informe, les sacrifices qu'elle demande vous affligeront; si elle est entière, ils vous rempliront d'une joie pure: car la vertu a sa volupté.

Les enfants ne sauraient être vertueux; ils ne peuvent ni connaître ni choisir leur véritable bien. Cependant, comme il est essentiel de nourrir le penchant qu'ils ont à la vertu, il faut leur en faire exercer les actes.

La prudence se conduisant toujours par des motifs honnêtes, et chaque vertu exigeant de la persévérance, beaucoup d'actions qui paraissent dignes d'éloges perdent leur prix dès qu'on en démêle le principe. Ceux-ci s'exposent au péril par l'espoir d'un grand avantage, ceux-là de peur d'être blâmés: ils ne sont pas courageux. Otez aux premiers l'ambition, aux seconds la honte, ils seront peut-être les plus lâches des hommes.

Ne donnez pas ce nom à celui qui est entraîné par la vengeance: c'est un sanglier qui se jette sur le fer dont il est blessé; ne le donnez pas à ceux qui sont agités de passions désordonnées, et dont le courage s'enflamme et s'éteint avec elles. Quel est donc l'homme courageux? Celui qui, poussé par un motif honnête et guidé par la saine raison, connaît le danger, le craint et s'y précipite.

Aristote appliqua les mêmes principes à la justice, à la tempérance et aux autres vertus. Il les parcourut toutes en particulier, et les suivit dans leurs subdivisions, en fixant l'étendue et les bornes de leur empire; car il nous montrait de quelle manière, dans quelles circonstances, sur quels objets chacune devait agir ou s'arrêter. Il éclaircissait à mesure une foule de questions qui partagent les philosophes sur la nature de nos devoirs. Ces détails, qui ne sont souvent qu'indiqués dans ses ouvrages, et que je n puis développer ici, le ramèneront aux motifs qui doivent nous attacher inviolablement à la vertu.

Considérons-la, nous dit-il un jour, dans ses rapports avec nous et avec les autres. L'homme vertueux fait ses délices d'habiter et de vivre avec lui-même. Vous ne trouverez dans son âme ni les remords ni les séditions qui agitent l'homme vicieux. Il est heureux par le souvenir des biens qu'il a faits, par l'espérance du bien qu'il peut faire. Il jouit de son estime en obtenant celle des autres : il semble n'agir que pour eux ; il leur cédera même les emplois les plus brillants, s'il est persuadé qu'ils peuvent mieux s'en acquitter que lui. Toute sa vie est en action, et toutes ses actions naissent de quelque vertu particulière. Il possède donc le bonheur, qui n'est autre chose qu'une continuité d'actions conformes à la vertu. Je viens de parler du bonheur qui convient à la vie active et consacrée aux devoirs de la société ; mais il en est un autre d'un ordre supérieur, exclusivement réservé au petit nombre de sages qui, loin du tumulte des affaires, s'abandonnent à la vie contemplative. Comme ils se sont dépouillés de tout ce que nous avons de mortel, et qu'ils n'entendent plus que de loin le murmure des passions, dans leur âme tout est paisible, tout est silence, excepté la partie d'elle-même qui a droit d'y commander : portion céleste, soit qu'on l'appelle intelligence ou de tout autre nom, sans cesse occupée à méditer sur la nature divine et sur l'essence des êtres. Ceux qui n'écoutent que sa voix sont spécialement chéris de la Divinité ; car s'il est vrai, comme tout nous porte à le croire, qu'elle prend quelque soin des choses humaines, de quel œil doit-elle regarder ceux qui, à son exemple, ne placent leur bonheur que dans la contemplation des vérités éternelles ?

Dans les entretiens qu'on avait en présence de Lysis, Isocrate flattait ses oreilles, Aristote éclairait son esprit, Platon enflammait son âme. Ce dernier tantôt lui expliquait la doctrine de Socrate, tantôt lui développait le plan de sa république ; d'autres fois il lui faisait sentir qu'il n'existe de véritable élévation, d'entière indépendance que dans une âme vertueuse. Plus souvent encore, il lui montrait en détail que le bonheur consiste dans la science du souverain bien, qui n'est autre chose que Dieu. Ainsi, tandis que d'autres philosophes ne donnent pour récompense à la vertu que l'estime publique et la félicité passagère de cette vie, Platon lui offrait un plus noble soutien.

La vertu, disait-il, vient de Dieu. Vous ne pouvez l'acquérir qu'en vous connaissant vous-même, qu'en obtenant la sagesse, qu'en vous préférant à ce qui vous appartient. Suivez-moi, Lysis ;

votre corps, votre beauté, vos richesses sont à vous, mais ne sont pas vous. L'homme est tout entier dans son âme. Pour savoir ce qu'il est et ce qu'il doit faire, il faut qu'il se regarde dans son intelligence, dans cette partie de l'âme où brille un rayon de la sagesse divine : lumière pure, qui conduira insensiblement ses regards à la source dont elle est émanée. Quand ils y seront parvenus, et qu'il aura contemplé cet exemplaire éternel de toutes les perfections, il sentira qu'il est de son plus grand intérêt de les retracer en lui-même et de se rendre semblable à la Divinité, du moins autant qu'une si faible copie peut approcher d'un si beau modèle. Dieu est la mesure de chaque chose ; rien de bon ni d'estimable dans le monde que ce qui a quelque conformité avec lui. Il est souverainement sage, saint et juste : le seul moyen de lui ressembler et de lui plaire est de se remplir de sagesse, de justice et de sainteté.

Appelé à cette haute destinée, placez-vous au rang de ceux qui, comme le disent les sages, unissent par leurs vertus les cieux avec la terre, les dieux avec les hommes. Que votre vie présente le plus heureux des systèmes pour vous, le plus beau des spectacles pour les autres, celui d'une âme où toutes les vertus sont dans un parfait accord.

Je vous ai parlé souvent des conséquences qui dérivent de ces vérités liées ensemble, si j'ose parler ainsi, par des raisons de fer et de diamant ; mais je dois vous rappeler, avant de finir, que le vice, outre qu'il dégrade notre âme, est tôt ou tard livré au supplice qu'il a mérité.

Dieu, comme on l'a dit avant nous, parcourt l'univers tenant dans sa main le commencement, le milieu et la fin de tous les êtres[1]. La justice suit ses pas, prête à punir les outrages faits à la loi divine. L'homme humble et modeste trouve son bonheur à la suivre ; l'homme vain s'éloigne d'elle, et Dieu l'abandonne à ses passions. Pendant un temps il paraît être quelque chose aux yeux du vulgaire ; mais bientôt la vengeance fond sur lui, et, si elle l'épargne dans ce monde, elle le poursuit avec plus de fureur dans l'autre. Ce n'est donc point dans le sein des honneurs ni dans l'opinion des hommes que nous devons chercher à nous distinguer ; c'est devant ce tribunal redoutable qui nous jugera sévèrement après notre mort.

---

[1] Ces philosophes, ayant observé que tout ce qui tombe sous les sens suppose génération, accroissement et destruction, ont dit que toutes choses ont un commencement, un milieu et une fin ; en conséquence Archytas avait dit, avant Platon, que le sage, marchant par la voie droite, parvient à Dieu, qui est le principe, le milieu et la fin de tout ce qui se fait avec justice.

Lysis avait dix-sept ans ; son âme était pleine de passions, son imagination vive et brillante ; il s'exprimait avec autant de grâce que de facilité. Ses amis ne cessaient de relever ces avantages et l'avertissaient, autant par leurs exemples que par leurs plaisanteries, de la contrainte dans laquelle il avait vécu jusqu'alors. Philotime lui disait un jour : Les enfants et les jeunes gens étaient bien plus surveillés autrefois qu'ils ne le sont aujourd'hui : ils n'opposaient à la rigueur des saisons que des vêtements légers ; à la faim qui les pressait, que les aliments les plus communs. Dans les rues, chez leurs maîtres et leurs parents, ils paraissaient les yeux baissés et avec un maintien modeste ; ils n'osaient ouvrir la bouche en présence de personnes âgées, et on les asservissait tellement à la décence, qu'étant assis ils auraient rougi de croiser les jambes. Et que résultait-il de cette grossièreté de mœurs ? demanda Lysis. Ces hommes grossiers, répondit Philotime, battirent les Perses et sauvèrent la Grèce. — Nous les battrions encore. — J'en doute, lorsqu'aux fêtes de Minerve je vois notre jeunesse, pouvant à peine soutenir le bouclier, exécuter nos danses guerrières avec tant d'élégance et de mollesse.

Philotime lui demanda ensuite ce qu'il pensait d'un jeune homme qui, dans ses paroles et dans son habillement, n'observait aucun des égards dus à la société. Tous ses camarades l'approuvent, dit Lysis. — Et tous les gens sensés le condamnent, répliqua Philotime. — Mais, reprit Lysis, par ces personnes sensées, entendez-vous ces vieillards qui ne connaissent que leurs anciens usages, et qui, sans pitié pour nos faiblesses, voudraient que nous fussions nés à l'âge de quatre-vingts ans ? Ils pensent d'une façon et leurs petits-enfants d'une autre. Qui les jugera ? — Vous-même, dit Philotime. Sans rappeler ici nos principes sur le respect et la tendresse que nous devons aux auteurs de nos jours, je suppose que vous êtes obligé de voyager en des pays lointains : choisirez-vous un chemin sans savoir s'il est praticable, s'il ne traverse pas des déserts immenses, s'il ne conduit pas chez des nations barbares ; s'il n'est pas, en certains endroits, infesté par des brigands ? — Il serait imprudent de s'exposer à de pareils dangers. Je prendrais un guide. — Lysis, observez que les vieillards sont parvenus au terme de la carrière que vous allez parcourir, carrière si difficile et si dangereuse. — Je vous entends, dit Lysis ; j'ai honte de mon erreur.

Cependant les succès des orateurs publics excitaient son ambition. Il entendit par hasard dans le Lycée quelques sophistes disserter longuement sur la politique, et il se crut en état d'éclairer les Athéniens. Il blâmait avec chaleur l'administration présente ; il attendait avec la même impatience que la plupart de ceux de son âge le moment où il lui serait permis de monter à la tribune. Son père dissipa son illusion, comme Socrate avait détruit celle du jeune frère de Platon.

Mon fils, lui dit-il, j'apprends que vous brûlez du désir de parvenir à la tête du gouvernement. — J'y pense, en effet, répondit Lysis en tremblant. — C'est un beau projet. S'il réussit, vous serez à portée d'être utile à vos parents, à vos amis, à votre patrie ; votre gloire s'étendra non-seulement parmi nous, mais encore dans toute la Grèce, et peut-être, à l'exemple de celle de Thémistocle, parmi les nations barbares.

A ces mots, le jeune homme tressaillit de joie. Pour obtenir cette gloire, reprit Apollodore, ne faut-il pas rendre des services importants à la république ? — Sans doute. — Quel est donc le premier bienfait qu'elle recevra de vous ? — Lysis se tut pour préparer sa réponse. Après un moment de silence, Apollodore continua : S'il s'agissait de relever la maison de votre ami, vous songeriez d'abord à l'enrichir ; de même vous tâcherez d'augmenter les revenus de l'état. — Telle est mon idée. — Dites-moi donc à quoi ils se montent, d'où ils proviennent, quelles sont les branches que vous trouvez susceptibles d'augmentation et celles qu'on a tout à fait négligées ? Vous y avez sans doute réfléchi ? — Non, mon père, je n'y ai jamais songé. — Vous savez du moins l'emploi qu'on fait des deniers publics, et certainement votre intention est de diminuer les dépenses inutiles ? — Je vous avoue que je ne me suis pas plus occupé de cet article que de l'autre. — Eh bien ! puisque nous ne sommes instruits ni de la recette ni de la dépense, renonçons pour le présent au dessein de procurer de nouveaux fonds à la république. — Mais, mon père, il serait possible de les prendre sur l'ennemi. — J'en conviens ; mais cela dépend des avantages que vous aurez sur lui ; et, pour les obtenir, ne faut-il pas, avant de vous déterminer pour la guerre, comparer les forces que vous emploierez avec celles qu'on vous opposera ? — Vous avez raison. — Apprenez-moi quel est l'état de notre armée et de notre marine, ainsi que celui des troupes et des vaisseaux de l'ennemi. — Je ne pourrais pas vous le réciter tout de suite. — Vous l'avez peut-être par écrit ; je serais bien aise de le voir. — Non, je ne l'ai pas.

Je conçois, reprit Apollodore, que vous n'ayez pas encore eu le temps de vous appliquer à de pareils calculs ; mais les places qui couvrent nos frontières ont sans doute fixé votre attention. Vous savez combien nous entretenons de soldats dans ces différents postes; vous savez encore que certains points ne sont pas assez défendus, que d'autres n'ont pas besoin de l'être; et, dans l'assemblée générale, vous direz qu'il faut augmenter telle garnison et réformer telle autre? — Moi, je dirai qu'il faut les supprimer toutes, car aussi bien remplissent-elles fort mal leur devoir. — Et comment vous êtes-vous assuré que nos défilés sont mal gardés? Avez-vous été sur les lieux? — Non, mais je le conjecture. — Il faudra donc reprendre cette matière quand, au lieu de conjectures, nous aurons des notions certaines.

Je sais que vous n'avez jamais vu les mines d'argent qui appartiennent à la république, et vous ne pourriez pas me dire pourquoi elles rendent moins à présent qu'autrefois. — Non, je n'y suis jamais descendu. — Effectivement l'endroit est malsain, et cette excuse vous justifiera si jamais les Athéniens prennent cet objet en considération. En voici un du moins qui ne vous aura pas échappé. Combien l'Attique produit-elle de mesures de blé? combien en faut-il pour la subsistance de ses habitants? Vous jugez aisément que cette connaissance est nécessaire à l'administration pour prévenir une disette. — Mais, mon père, on ne finirait point s'il fallait entrer dans ces détails. — Est-ce qu'un chef de maison ne doit pas veiller sans cesse aux besoins de sa famille et aux moyens d'y remédier? Au reste, si tous ces détails vous épouvantent, au lieu de vous charger du soin de plus de dix mille familles qui sont dans cette ville, vous devriez d'abord essayer vos forces et mettre l'ordre dans la maison de votre oncle, dont les affaires sont en mauvais état. — Je viendrais à bout de les arranger, s'il voulait suivre mes avis. — Et croyez-vous de bonne foi que tous les Athéniens, votre oncle joint avec eux, seront plus faciles à persuader? Craignez, mon fils, qu'un vain amour de la gloire ne vous fasse recueillir que de la honte. Ne sentez-vous pas combien il serait imprudent et dangereux de se charger de si grands intérêts sans les connaître? Quantité d'exemples vous apprendront que, dans les places les plus importantes, l'admiration et l'estime sont le partage des lumières et de la sagesse, le blâme et le mépris celui de l'ignorance et de la présomption.

Lysis fut effrayé de l'étendue des connaissances nécessaires à l'homme d'état; mais il ne fut pas découragé. Aristote l'instruisit de la nature des diverses espèces de gouvernements dont les législateurs avaient conçu l'idée; Apollodore, de l'administration, des forces et du commerce tant de sa nation que des autres peuples. Il fut décidé qu'après avoir achevé son éducation il voyagerait chez tous ceux qui avaient quelques rapports d'intérêt avec les Athéniens.

J'arrivai alors de Perse ; je le trouvai dans sa dix-huitième année. C'est à cet âge que les enfants des Athéniens passent dans la classe des éphèbes, et sont enrôlés dans la milice : mais pendant les deux années suivantes ils ne servent pas hors de l'Attique. La patrie, qui les regarde désormais comme ses défenseurs, exige qu'ils confirment, par un serment solennel, leur dévouement à ses ordres. Ce fut dans la chapelle d'Agraule qu'en présence des autels il promit, entre autres choses, de ne point déshonorer les armes de la république, de ne pas quitter son poste, de sacrifier ses jours pour sa patrie et de la laisser plus florissante qu'il ne l'avait trouvée.

De toute cette année il ne sortit point d'Athènes ; il veillait à la conservation de la ville ; il montait la garde avec assiduité, et s'accoutumait à la discipline militaire. Au commencement de l'année suivante, s'étant rendu au théâtre, où se tenait l'assemblée générale, le peuple donna des éloges à sa conduite, et lui remit la lance avec le bouclier. Lysis partit tout de suite, et fut successivement employé dans les places qui sont sur les frontières de l'Attique.

Agé de vingt ans à son retour, il lui restait une formalité essentielle à remplir. J'ai dit plus haut que dès son enfance on l'avait inscrit, en présence de ses parents, dans les registres de la curie à laquelle son père était associé. Cet acte prouvait la légitimité de sa naissance. Il en fallait un autre qui le mît en possession de tous les droits du citoyen.

On sait que les habitants de l'Attique sont distribués en un certain nombre de cantons ou de districts qui, par leurs différentes réunions, forment les dix tribus. A la tête de chaque district est un démarque, magistrat qui est chargé d'en convoquer les membres et de garder le registre qui contient leurs noms. La famille d'Apollodore était agrégée au canton de Céphissie, qui fait partie de la tribu Erechthéide. Nous trouvâmes dans ce bourg la plupart de ceux qui ont le droit d'opiner dans ces assemblées. Apollodore leur présenta son fils et l'acte par lequel il avait été déjà reconnu dans sa curie.

Après les suffrages recueillis, on inscrivit Lysis dans le registre. Mais comme c'est ici le seul monument qui puisse constater l'âge d'un citoyen, au nom de Lysis, fils d'Apollodore, on joignit celui du premier des archontes, non-seulement de l'année courante, mais encore de celle qui l'avait précédée. Dès ce moment Lysis eut le droit d'assister aux assemblées, d'aspirer aux magistratures, et d'administrer ses biens s'il venait à perdre son père.

Étant retournés à Athènes, nous allâmes une seconde fois à la chapelle d'Agraule, où Lysis, revêtu de ses armes, renouvela le serment qu'il y avait fait deux ans auparavant.

Je ne dirai qu'un mot sur l'éducation des filles. Suivant la différence des états, elles apprennent à lire, écrire, coudre, filer, préparer la laine dont on fait les vêtements, et veiller aux soins du ménage. Celles qui appartiennent aux premières familles de la république sont élevées avec plus de recherche. Comme dès l'âge de dix ans, et quelquefois de sept, elles paraissent dans les cérémonies religieuses, les unes portant sur leurs têtes les corbeilles sacrées, les autres chantant des hymnes ou exécutant des danses ; divers maîtres les accoutument auparavant à diriger leurs voix et leurs pas. En général, les mères exhortent leurs filles à se conduire avec sagesse ; mais elles insistent beaucoup plus sur la nécessité de se tenir droites, d'effacer leurs épaules, de serrer leur sein avec un large ruban, d'être extrêmement sobres, et de prévenir, par toutes sortes de moyens, un embonpoint qui nuirait à l'élégance de la taille et à la grâce des mouvements.

CHAPITRE XXVII.

Entretien sur la musique des Grecs.

J'allai voir un jour Philotime dans une petite maison qu'il avait hors des murs d'Athènes, sur la colline du Cynosarge, à trois stades de la porte Mélitide. La situation en était délicieuse. De toutes parts la vue se reposait sur des tableaux riches et variés. Après avoir parcouru les différentes parties de la ville et de ses environs, elle se prolongeait par delà jusqu'aux montagnes de Salamine, de Corinthe, et même de l'Arcadie.

Nous passâmes dans un petit jardin que Philotime cultivait lui-même et qui lui fournissait des fruits et des légumes en abondance : un bois de platanes, au milieu duquel était un autel consacré aux Muses, en faisait tout l'ornement. C'est toujours avec douleur, reprit Philotime en soupirant, que je m'arrache de cette retraite. Je veillerai à l'éducation du fils d'Apollodore, puisque je l'ai promis ; mais c'est le dernier sacrifice que je ferai de ma liberté. Comme je parus surpris de ce langage, il ajouta : Les Athéniens n'ont plus besoin d'instructions, ils sont si aimables ! Eh ! que dire en effet à des gens qui tous les jours établissent pour principe que l'agrément d'une sensation est préférable à toutes les vérités de la morale ?

La maison me parut ornée avec autant de décence que de goût. Nous trouvâmes dans un cabinet des lyres, des flûtes, des instruments de diverses formes, dont quelques-uns avaient cessé d'être en usage. Des livres relatifs à la musique remplissaient plusieurs tablettes. Je priai Philotime de m'indiquer ceux qui pourraient m'en apprendre les principes. Il n'en existe point, me répondit-il ; nous n'avons qu'un petit nombre d'ouvrages assez superficiels sur le genre enharmonique, et un plus grand nombre sur la préférence qu'il faut donner dans l'éducation à certaines espèces de musique. Aucun auteur n'a jusqu'à présent entrepris d'éclaircir méthodiquement toutes les parties de cette science. Je lui témoignai alors un désir si vif d'en avoir au moins quelque notion, qu'il se rendit à mes instances.

PREMIER ENTRETIEN.
Sur la partie technique de la musique.

Vous pouvez juger, dit-il, de notre goût pour la musique par la multitude des acceptions que nous donnons à ce mot ; nous l'appliquons indifféremment à la mélodie, à la mesure, à la poésie, à la danse, au geste, à la réunion de toutes les sciences, à la connaissance de presque tous les arts. Ce n'est pas assez encore ; l'esprit de combinaison, qui depuis environ deux siècles s'est introduit parmi nous, et qui nous force à chercher partout des rapprochements, a voulu soumettre aux lois de l'harmonie les mouvements des corps célestes et ceux de notre âme.

Écartons ces objets étrangers. Il ne s'agit ici que de la musique proprement dite. Je tâcherai de vous en expliquer les éléments si vous me promettez de supporter avec courage l'ennui des détails où je vais m'engager. Je le promis, et il continua de cette manière :

On distingue dans la musique le son, les intervalles, les accords, les genres, les modes, le rhythme, les mutations et la mélopée. Je négligerai les deux derniers articles, qui ne regardent que la composition ; je traiterai succinctement des autres.

Les sons que nous faisons entendre en parlant et en chantant, quoique formés par les mêmes organes, ne produisent pas le même effet. Cette différence viendrait-elle, comme quelques-uns le prétendent, de ce que dans le chant la voix procède par des intervalles plus sensibles, s'arrête plus long-temps sur une syllabe, est plus souvent suspendue par des repos marqués ?

Chaque espace que la voix franchit pourrait se diviser en une infinité de parties ; mais l'organe de l'oreille, quoique susceptible d'un très-grand nombre de sensations, est moins délicat que celui

CHAPITRE XXVII.

de la parole, et ne peut saisir qu'une certaine quantité d'intervalles. Comment les déterminer? Les Pythagoriciens emploient le calcul, les musiciens le jugement de l'oreille.

Alors Philotime prit un monocorde, ou une règle sur laquelle était tendue une corde attachée par ses deux extrémités à deux chevalets immobiles. Nous fîmes couler un troisième chevalet sous la corde, et, l'arrêtant à des divisions tracées sur la règle, je m'aperçus aisément que les différentes parties de la corde rendaient des sons plus aigus que la corde entière ; que la moitié de cette corde donnait le diapason ou l'octave; que ses trois quarts sonnaient la quarte et ses deux tiers la quinte. Vous voyez, ajouta Philotime, que le son de la corde totale est au son de ses parties de la même proportion que sa longueur à celle de ces mêmes parties; et qu'ainsi l'octave est dans le rapport de 2 à 1 ou de 1 à 1/2, la quarte dans celui de 4 à 3, et la quinte de 3 à 2.

Les divisions les plus simples du monocorde nous ont donné les intervalles les plus agréables à l'oreille. En supposant que la corde totale sonne *mi*[1], je les exprimerai de cette manière, *mi la* quarte, *mi si* quinte, *mi mi* octave.

Pour avoir la double octave il suffira de diviser par 2 l'expression numérique de l'octave, qui est 1/2, et vous aurez 1/4. Il me fit voir en effet que le quart de la corde entière sonnait la double octave.

Après qu'il m'eut montré la manière de tirer la quarte de la quarte et la quinte de la quinte, je lui demandai comment il déterminait la valeur du ton. C'est, me dit-il, en prenant la différence de la quinte à la quarte, du *si* au *la*; or la quarte, c'est-à-dire la fraction 3/4, est à la quinte, c'est-à-dire à la fraction 2/3, comme 9 est à 8.

Enfin, ajouta Philotime, on s'est convaincu, par une suite d'opérations, que le demi-ton, l'intervalle, par exemple, du *mi* au *fa,* est dans la proportion de 256 à 243.

Au-dessous du demi-ton nous faisons usage des tiers et des quarts de ton, mais sans pouvoir fixer leurs rapports, sans oser nous flatter d'une précision rigoureuse; j'avoue même que l'oreille la plus exercée a de la peine à les saisir.

Je demandai à Philotime si, à l'exception de ces sons presque imperceptibles, il pourrait successivement tirer d'un monocorde tous ceux dont la grandeur est déterminée, et qui forment l'échelle

---

[1] Je suis obligé, pour me faire entendre, d'employer les syllabes dont nous nous servons pour solfier. Au lieu de *mi,* les Grecs auraient dit, suivant la différence des temps, ou l'*hypate,* ou la *mèse,* ou l'*hypate des mèses.*

du système musical. Il faudrait, pour cet effet, me dit-il, une corde d'une longueur démesurée ; mais vous pouvez y suppléer par le calcul. Supposez-en une qui soit divisée en 8192 parties égales, et qui sonne le *si* [1]. Le rapport du demi-ton, celui, par exemple, de *si* à *ut*, étant supposé de 256 à 243, vous trouverez que 256 est à 8192 comme 243 est à 7776, et qu'en conséquence ce dernier nombre doit vous donner l'*ut*. Le rapport du ton étant, comme nous l'avons dit, de 9 à 8, il est visible qu'en retranchant le 9° de 7776 il restera 6912 pour le *ré*.

En continuant d'opérer de la même manière sur les nombres restants, soit pour les tons, soit pour les demi-tons, vous conduirez facilement votre échelle fort au delà de la portée des voix et des instruments jusqu'à la cinquième octave du *si*, d'où vous êtes parti ; elle vous sera donnée par 256, et l'*ut* suivant par 243 ; ce qui vous fournira le rapport du demi-ton, que je n'avais fait que supposer.

Philotime faisait tous ces calculs à mesure ; et quand il les eut terminés : Il suit de là, me dit-il, que dans cette longue échelle les tons et les demi-tons sont tous parfaitement égaux : vous trouverez aussi que les intervalles de même espèce sont parfaitement justes ; par exemple, que le ton et demi, ou tierce mineure, est toujours dans le rapport de 32 à 27 ; le diton ou tierce majeure dans celui de 81 à 64.

Mais, lui dis-je, comment vous en assurer dans la pratique ? Outre une longue habitude, répondit-il, nous employons quelquefois, pour plus d'exactitude, la combinaison des quartes et des quintes obtenues par un ou plusieurs monocordes. La différence de la quarte à la quinte m'ayant fourni le ton, si je veux me procurer la tierce majeure au-dessous d'un ton donné, tel que *la*, je monte à la quarte *ré*, de là je descends à la quinte *sol*, je remonte à la quarte *ut*, je descends à la quinte, et j'ai le *fa*, tierce majeure au-dessous du *la*.

Les intervalles sont consonnants ou dissonants. Nous rangeons dans la première classe la quarte, la quinte, l'octave, la onzième, la douzième et la double octave ; mais ces trois derniers ne sont que les répliques des premiers : les autres intervalles, connus sous le nom de *dissonants*, se sont introduits peu à peu dans la mélodie.

L'octave est la consonnance la plus agréable, parce qu'elle est

---

[1] J'ai choisi pour premier degré de cette échelle le *si*, et non la proslambanomène *la*, comme ont fait les écrivains postérieurs à l'époque de ces entretiens. Le silence de Platon, d'Aristote et d'Aristomène me persuade que de leur temps la proslambanomène n'était pas encore introduite dans le système musical.

la plus naturelle. C'est l'accord que fait entendre la voix des enfants lorsqu'elle est mêlée avec celle des hommes ; c'est le même que produit une corde qu'on a pincée : le son en expirant donne lui-même son octave.

Philotime, voulant prouver que les accords de quarte et de quinte n'étaient pas moins conformes à la nature, me fit voir, sur son monocorde, que dans la déclamation soutenue, et même dans la conversation familière, la voix franchit plus souvent ces intervalles que les autres.

Je ne les parcours, lui dis-je, qu'en passant d'un ton à l'autre. Est-ce que dans le chant les sons qui composent un accord ne se font jamais entendre en même temps ?

Le chant, répondit-il, n'est qu'une succession de sons ; les voix chantent toujours à l'unisson ou à l'octave, qui n'est distinguée de l'unisson que parce qu'elle flatte plus l'oreille. Quant aux autres intervalles, elle juge de leurs rapports par la comparaison du son qui vient de s'écouler avec celui qui l'occupe dans le moment. Ce n'est que dans les concerts, où les instruments accompagnent la voix, qu'on peut discerner des sons différents et simultanés ; car la lyre et la flûte, pour corriger la simplicité du chant, y joignent quelquefois des traits et des variations, d'où résultent des parties distinctes du sujet principal. Mais elles reviennent bientôt de ces écarts, pour ne pas affliger trop long-temps l'oreille étonnée d'une pareille licence.

Vous avez fixé, lui dis-je, la valeur des intervalles ; j'entrevois l'usage qu'on en fait dans la mélodie. Je voudrais savoir quel ordre vous leur assignez sur les instruments. Jetez les yeux, me dit-il, sur ce tétracorde, vous y verrez de quelle manière les intervalles sont distribués dans notre é elle, et vous connaîtrez le système de notre musique. Les quatre cordes de cette cithare sont disposées de façon que les deux extrêmes, toujours immobiles, sonnent la quarte en montant, *mi, la*. Les deux cordes moyennes, appelées *mobiles*, parce qu'elles reçoivent différents degrés de tension, constituent trois genres d'harmonie : le diatonique, le chromatique, l'enharmonique.

Dans le diatonique les quatre cordes procèdent par un demi-ton et deux tons, *mi, fa, sol, la;* dans le chromatique, par deux demi-tons et une tierce mineure, *mi, fa, fa* dièze, *la ;* dans l'enharmonique, par deux quarts de ton et une tierce majeure, *mi, mi* quart de ton, *fa, la*.

Comme les cordes mobiles sont susceptibles de plus ou de moins de tension, et peuvent en conséquence produire des intervalles plus ou moins grands, il en a résulté une autre espèce de diatonique où sont admis les trois quarts et les cinq quarts de ton ; et deux autres espèces de chromatique, dans l'un desquels le ton, à force de dissections, se résout pour ainsi dire en parcelles. Quant à l'enharmonique, je l'ai vu dans ma jeunesse quelquefois pratiqué suivant des proportions qui variaient dans chaque espèce d'harmonie ; mais il me paraît aujourd'hui déterminé : ainsi nous nous en tiendrons aux formules que je viens de vous indiquer ; et qui, malgré les réclamations de quelques musiciens, sont les plus généralement adoptées.

Pour étendre notre système de musique on se contenta de multiplier les tétracordes ; mais ces additions ne se sont faites que successivement. L'art trouvait des obstacles dans les lois qui lui prescrivaient des bornes, dans l'ignorance qui arrêtait son essor. De toutes parts on tentait des essais. En certains pays on ajoutait des cordes à la lyre ; en d'autres on les retranchait. Enfin l'heptacorde parut et fixa pendant quelque temps l'attention : c'est cette lyre à sept cordes. Les quatre premières offrent à vos yeux l'ancien tétracorde, *mi, fa, sol, la;* il est surmonté d'un second *la, si bémol, ut, ré*, qui procède par les mêmes intervalles, et dont la corde la plus basse se confond avec la plus haute du premier. Ces deux tétracordes s'appellent *conjoints,* parce qu'ils sont unis par la moyenne *la,* que l'intervalle d'une quarte éloigne également de ces deux extrêmes, *la, mi* en descendant, *la, ré* en montant.

Dans la suite le musicien Terpandre, qui vivait il y a environ trois cents ans, supprima la cinquième corde, le *si* bémol, et lui en substitua une nouvelle plus haute d'un ton ; il obtint cette série de sons, *mi, fa, sol, la, ut, ré, mi,* dont les extrêmes sonnent l'octave. Ce second heptacorde ne donnant pas deux tétracordes complets, Pythagore, suivant les uns ; Lycaon de Samos, suivant d'autres, en corrigea l'imperfection en insérant une huitième corde à un ton au-dessus de *la*. Philotime prenant une cithare montée à huit cordes : Voilà, me dit-il, l'octacorde qui résultera de l'addition de la huitième corde. Il est composé de deux tétracordes, mais disjoints, c'est-à-dire séparés l'un de l'autre, *mi, fa, sol, la, si, ut, ré, mi*. Dans le premier heptacorde, *mi, fa, sol, la, si bémol, ut, ré,* toutes les cordes homologues sonnaient la quarte *mi la, fa bémol, sol ut, la ré.* Dans l'octacorde elles font entendre la quinte *mi si, fa ut, sol ré, la mi.*

L'octave s'appelait alors *harmonie,* parce qu'elle renfermait alors la quarte et la quinte, c'est-à-dire toutes les consonnances ; et comme ces intervalles se rencontrent plus souvent dans l'octacorde que dans les autres instruments, la lyre octacorde fut regardée, et l'est encore, comme le système le plus parfait pour le genre diatonique ; et de là vient que Pythagore, ses disciples et les autres philosophes de nos jours renferment la théorie de la musique dans les bornes d'un octave ou de deux tétracordes.

Après d'autres tentatives pour augmenter le nombre des cordes, on ajouta un troisième tétracorde au-dessous du premier, et l'on obtint l'hendécacorde, composé de onze cordes, qui donnent cette suite de sons, *si, ut, ré, mi, fa, sol, la, si, ut, ré, mi*. D'autres musiciens commencent à disposer sur leur lyre quatre et même cinq tétracordes[1].

Philotime me montra ensuite des cithares plus propres à exécuter certains chants qu'à fournir le modèle d'un système. Tel était le magadis, dont Anacréon se servait quelquefois. Il était composé de vingt cordes, qui se réduisaient à dix, parce que chacune était accompagnée de son octave. Tel était encore l'épigonium, inventé par Épigonus d'Ambracie, le premier qui pinça les cordes au lieu de les agiter avec l'archet. Autant que je puis me le rappeler, ces quarante cordes, réduites à vingt par la même raison, n'offraient qu'un triple heptacorde, qu'on pouvait approprier aux trois genres ou à trois modes différents.

Avez-vous évalué, lui dis-je, le nombre des tons et des demi-tons que la voix et les instruments peuvent parcourir, soit dans le grave, soit dans l'aigu? La voix, répondit-il, ne parcourt pour l'ordinaire que deux octaves et une quinte ; les instruments embrassent une plus grande étendue. Nous avons des flûtes qui vont au delà de la troisième octave. En général, les changements qu'éprouve chaque jour le système de notre musique ne permettent pas de fixer le nombre des sons dont elle fait usage. Les deux cordes moyennes de chaque tétracorde, sujettes à différents degrés de tension, font entendre, à ce que prétendent quelques-uns, suivant la différence des trois genres et de leurs espèces, les trois quarts, le tiers, le quart, et d'autres moindres subdivisions du ton. Ainsi, dans chaque tétracorde, la deuxième corde donne quatre espèces d'*ut* ou de *fa*, et la troisième six espèces de *ré* ou de *sol*. Elles en donneraient une infinité, pour ainsi dire, si l'on avait égard aux licences des musiciens qui, pour varier leur harmonie, haussent ou baissent à leur gré les cordes mobiles de l'instrument

[1] Aristoxène parle des cinq tétracordes qui formaient de son temps le grand système des Grecs. Il m'a paru que, du temps de Platon et d'Aristote, ce système était moins étendu ; mais comme Aristoxène était disciple d'Aristote, j'ai cru pouvoir avancer que cette multiplicité de tétracordes commençait à s'introduire du temps de ce dernier.

ment et en tirent des nuances de sons que l'oreille ne peut apprécier.

La diversité des modes fait éclore de nouveaux sons. Élevez ou baissez d'un ton ou d'un demi-ton les cordes d'une lyre, vous passez dans un autre mode. Les nations qui, dans les siècles reculés, cultivèrent la musique, ne s'accordèrent point sur le ton fondamental du tétracorde, comme aujourd'hui encore des peuples voisins partent d'une époque différente pour compter les jours de leurs mois. Les Doriens exécutaient le même chant à un ton plus bas que les Phrygiens, et ces derniers à un ton plus bas que les Lydiens ; de là les dénominations des modes dorien, phrygien et lydien. Dans le premier, la corde la plus basse du tétracorde est *mi* ; dans le second, *fa* dièze ; dans le troisième, *sol* dièze. D'autres modes ont été dans la suite ajoutés aux premiers ; tous ont plus d'une fois varié quant à la forme. Nous en voyons paraître de nouveaux à mesure que le système s'étend ou que la musique éprouve des vicissitudes, et comme dans un temps de révolution il est difficile de conserver son rang, les musiciens cherchent à rapprocher d'un quart de ton les modes phrygien et lydien, séparés de tout temps l'un de l'autre par l'intervalle d'un ton.

Des questions interminables s'élèvent sans cesse sur la position, l'ordre et le nombre des autres modes. J'écarte les détails, dont je n'adoucirais pas l'ennui en le partageant avec vous. L'opinion qui commence à prévaloir admet treize modes, à un demi-ton de distance l'un de l'autre, rangés dans cet ordre en commençant par l'hypodorien, qui est le plus grave :

Hypodorien	*si.*
Hypophrygien grave	*ut.*
Hypophrygien aigu	*ut* dièze.
Hypolydien grave	*ré.*
Hypolydien aigu	*ré* dièze.
Dorien	*mi.*
Ionien	*fa.*
Phrygien	*fa* dièze.
Eolien ou lydien grave	*sol.*
Lydien aigu	*sol* dièze.
Mixolydien grave	*la.*
Mixolydien aigu	*la* dièze.
Hypermixolydien	*si.*

Tous ces modes ont un caractère particulier. Ils le reçoivent moins du ton principal que de l'espèce de poésie et de mesure, des modulations et des traits de chant qui leur sont affectés, et qui les distinguent aussi essentiellement que la différence des proportions et des ornements distingue les ordres d'architecture.

La voix peut passer d'un mode ou d'un genre à l'autre ; mais ces transitions ne pouvant pas se faire sur les instruments qui ne sont percés ou montés que pour certains genres ou pour certains modes, les musiciens emploient deux moyens. Quelquefois ils ont sous la main plusieurs flûtes ou plusieurs cithares pour les substituer adroitement l'une à l'autre. Plus souvent ils tendent sur une lyre toutes les cordes qu'exige la diversité des genres et des modes [1]. Il n'y a pas même long-temps qu'un musicien plaça sur les trois faces d'un trépied mobile trois lyres montées, l'une sur le mode dorien, la seconde sur le phrygien, la troisième sur le lydien. A la plus légère impulsion, le trépied tournait sur son axe et procurait à l'artiste la facilité de parcourir les trois modes sans interruption. Cet instrument, qu'on avait admiré, tomba dans l'oubli après la mort de l'inventeur.

Les tétracordes sont désignés par des noms relatifs à leur position dans l'échelle musicale ; et les cordes, par des noms relatifs à leur position dans chaque tétracorde. La plus grave de toutes, le *si*, s'appelle l'*hypate* ou la principale ; celle qui la suit en montant, la *parhypate*, ou la voisine de la principale.

Je vous interromps, lui dis-je, pour vous demander si vous n'avez pas de mots plus courts pour chanter un air dénué de paroles. Quatre voyelles, répondit-il, l'*é* bref, l'*a*, l'*è* grave, l'*ô* long ; précédées de la consonne *t*, expriment les quatre sons de chaque tétracorde, excepté que l'on retranche le premier de ces monosyllabes lorsqu'on rencontre un son commun à deux tétracordes. Je m'explique : si je veux solfier cette série de sons donnés par les deux premiers tétracordes, *si*, *ut*, *ré*, *mi*, *fa*, *sol*, *la*, je dirai, *té, ta, tè, tô, ta, tè, tô*, et ainsi de suite.

J'ai vu quelquefois, repris-je, de la musique écrite ; je n'y démêlais que des lettres tracées horizontalement sur une même ligne, correspondantes aux syllabes des mots placés au-dessous, les unes entières ou mutilées, les autres posées en différents sens. Il nous fallait des notes, répliqua-t-il ; nous avons choisi les lettres : il nous en fallait beaucoup, à cause de la diversité des modes ; nous avons donné aux lettres des positions ou des configurations différentes. Cette manière de noter est simple, mais défectueuse. On a négligé d'approprier une lettre à chaque son de la voix, à chaque corde de la lyre. Il arrive de là que le même caractère, étant commun à des cordes qui appartiennent à divers tétracordes, ne saurait spécifier leurs différents degrés d'élévation, et que les notes du genre diatonique sont les mêmes que celles du chromati-

---

[1] Platon dit qu'en bannissant la plupart des modes la lyre aura moins de cordes. On multipliait donc les cordes suivant le nombre des modes.

que et de l'enharmonique. On les multipliera sans doute un jour ; mais il en faudra une si grande quantité, que la mémoire des commençants en sera peut-être surchargée [1].

En disant ces mots, Philotime traçait sur des tablettes un air que je savais par cœur. Après l'avoir examiné, je lui fis observer que les signes mis sous mes yeux pourraient suffire en effet pour diriger ma voix, mais qu'ils n'en réglaient pas les mouvements. Ils sont déterminés, répondit-il, par les syllabes longues et brèves dont les mots sont composés ; par le rhythme, qui constitue une des plus essentielles parties de la musique et de la poésie.

Le rhythme, en général, est un mouvement successif et soumis à certaines proportions. Vous le distinguez dans le vol d'un oiseau, dans les pulsations des artères, dans les pas d'un danseur, dans les périodes d'un discours. En poésie, c'est la durée relative des instants que l'on emploie à prononcer les syllabes d'un vers ; en musique, la durée relative des sons qui entrent dans la composition d'un chant.

Dans l'origine de la musique, son rhythme se modela exactement sur celui de la poésie. Vous savez que, dans notre langue, toute syllabe est brève ou longue. Il faut un instant pour prononcer une brève, deux pour une longue. De la réunion de plusieurs syllabes longues ou brèves se forme le pied, et de la réunion de plusieurs pieds, la mesure du vers. Chaque pied a un mouvement, un

---

[1] M. Burette prétend que les anciens avaient seize cent vingt notes, tant pour la tablature des voix que pour celle des instruments. Il ajoute qu'après quelques années on pouvait à peine chanter ou solfier sur tous les tons et dans tous les genres, en s'accompagnant de la lyre. M. Rousseau et M. Duclos ont dit la même chose d'après M. Burette.

Ce dernier n'a pas donné son calcul ; mais on voit comment il a opéré. Il part du temps où la musique avait 15 modes. Dans chaque mode, chacune des 18 cordes de la lyre était affectée de deux notes, l'une pour la voix, l'autre pour l'instrument, ce qui faisait pour chaque mode 36 notes ; or il y avait 15 modes ; il faut donc multiplier 36 par 15, et l'on a 540. Chaque mode, suivant qu'il était exécuté dans l'un des trois genres, avait des notes différentes. Il faut donc multiplier encore 540 par 3, ce qui donne en effet 1620.

M. Burette ne s'est pas rappelé que, dans une lyre de 18 cordes, 8 de ces cordes étaient stables, et par conséquent affectées des mêmes signes, sur quelque genre qu'on voulût monter la lyre.

Il m'a paru que toutes les notes employées dans les trois genres de chaque mode montaient au nombre de 33 pour les voix, et autant pour les instruments, en tout 66. Multiplions à présent le nombre des notes par celui des modes, c'est-à-dire 66 par 15 ; au lieu de 1620 notes que supposait M. Burette, nous n'en aurons que 990, dont 495 pour les voix, et autant pour les instruments.

Malgré cette réduction, on sera d'abord effrayé de cette quantité de signes autrefois employés dans la musique, et l'on ne se souviendra pas que nous en avons un très-grand nombre nous-mêmes, puisque nos clefs, nos dièzes et nos bémols changent la valeur d'une note posée sur chaque ligne et dans chaque intervalle. Les Grecs en avaient plus que nous ; leur tablature exigeait donc plus d'étude que la nôtre. Mais je suis bien éloigné de croire avec M. Burette qu'il fallût des années entières pour s'y familiariser.

rhythme divisé en deux temps, l'un pour le frappé, l'autre pour le levé.

Homère et les poètes ses contemporains employaient communément le vers héroïque, dont six pieds mesurent l'étendue, et contiennent chacun deux longues, ou une longue suivie de deux brèves. Ainsi quatre instants syllabiques constituent la durée du pied, et vingt-quatre de ces instants la durée du vers.

On s'était dès lors aperçu qu'un mouvement trop uniforme réglait la marche de cette espèce de vers ; que plusieurs mots expressifs et sonores en étaient bannis, parce qu'ils ne pouvaient s'assujettir à son rhythme ; que d'autres, pour y figurer, avaient besoin de s'appuyer sur un mot voisin. On essaya en conséquence d'introduire quelques nouveaux rhythmes dans la poésie. Le nombre en est depuis considérablement augmenté par les soins d'Archiloque, d'Alcée, de Sapho, et de plusieurs autres poètes. On les classe aujourd'hui sous trois genres principaux.

Dans le premier le levé est égal au frappé ; c'est la mesure à deux temps égaux. Dans le second, la durée du levé est double de celle du frappé ; c'est la mesure à deux temps inégaux, ou à trois temps égaux. Dans le troisième, le levé est à l'égard du frappé comme 3 est à 2, c'est-à-dire qu'en supposant les notes égales, il en faut trois pour un temps, et deux pour l'autre. On connaît un quatrième genre, où le rapport des temps est comme 3 à 4 ; mais on en fait rarement usage.

Outre cette différence dans les genres, il en résulte une plus grande encore, tirée du nombre des syllabes affectées à chaque temps d'un rhythme. Ainsi, dans le premier genre, le levé et le frappé peuvent chacun être composés d'un instant syllabique ou d'une syllabe brève ; mais ils peuvent l'être aussi de deux, de quatre, de six et même de huit instants syllabiques ; ce qui donne quelquefois pour la mesure entière une combinaison de syllabes longues et brèves qui équivaut à seize instants syllabiques. Dans le second genre, cette combinaison peut être de dix-huit de ces instants. Enfin, dans le troisième, un des temps peut recevoir depuis trois brèves jusqu'à quinze, et l'autre depuis une brève jusqu'à dix, ou leurs équivalents ; de manière que la mesure entière, comprenant vingt-cinq instants syllabiques, excède d'un de ces instants la portée du vers épique, et peut embrasser jusqu'à dix-huit syllabes longues ou brèves.

Si à la variété que jette dans le rhythme ce courant plus ou moins rapide d'instants syllabiques, vous joignez celle qui provient du mélange et de l'entrelacement des rhythmes, et celle qui naît du goût du musicien, lorsque, selon le caractère des passions qu'il veut exprimer, il presse ou ralentit la mesure, sans néanmoins en altérer les proportions, vous en conclurez que dans un concert notre oreille doit être sans cesse agitée par des mouvements subits qui la réveillent et l'étonnent.

Des lignes placées à la tête d'une pièce de musique en indiquent le rhythme; et le coryphée, du lieu le plus élevé de l'orchestre, l'annonce aux musiciens et aux danseurs attentifs à ses gestes. J'ai observé, lui dis-je, que les maîtres des chœurs battent la mesure tantôt avec la main, tantôt avec le pied. J'en ai vu même dont la chaussure était armée de fer, et je vous avoue que ces percussions bruyantes troublaient mon attention et mon plaisir. Philotime sourit, et continua.

Platon compare la poésie dépouillée du chant à un visage qui perd sa beauté en perdant la fleur de la jeunesse. Je comparerais le chant dénué du rhythme à des traits réguliers, mais sans âme et sans expression. C'est surtout par ce moyen que la musique excite les émotions qu'elle nous fait éprouver. Ici le musicien n'a, pour ainsi dire, que le mérite du choix; tous les rhythmes ont des propriétés inhérentes et distinctes. Que la trompette frappe à coups redoublés un rhythme vif, impétueux, vous croirez entendre les cris des combattants et ceux des vainqueurs; vous vous rappellerez nos chants belliqueux et nos danses guerrières. Que plusieurs voix transmettent à votre oreille des sons qui se succèdent avec lenteur d'une manière agréable, vous entrerez dans le recueillement. Si leurs chants contiennent les louanges des dieux, vous vous sentirez disposé au respect qu'inspire leur présence; et c'est ce qu'opère le rhythme, qui, dans nos cérémonies religieuses, dirige les hymnes et les danses.

Le caractère des rhythmes est déterminé au point que la transposition d'une syllabe suffit pour le changer.

Nous admettons souvent dans la versification deux pieds, l'*iambe* et le *trochée*, également composés d'une longue et d'une brève, avec cette différence que l'*iambe* commence par une brève et le *trochée* par une longue. Celui-ci convient à la pesanteur d'une danse rustique, l'autre à la chaleur d'un dialogue animé. Comme à chaque pas l'*iambe* semble redoubler d'ardeur, et le *trochée* perdre de la sienne; c'est avec le premier que les auteurs satiriques poursuivent leurs ennemis, avec le second que les dramatiques font quelquefois mouvoir les chœurs des vieillards sur la scène.

Il n'est point de mouvements dans la nature et dans nos passions qui ne retrouvent dans les diverses espèces de rhythmes des mouvements qui leur correspondent et qui deviennent leur image. Ces rapports sont tellement fixes, qu'un chant perd tous ses agréments dès que sa marche est confuse, et que notre âme ne reçoit pas aux termes convenus la succession périodique des sensations qu'elle attend. Aussi les entrepreneurs de nos spectacles et de nos fêtes ne cessent-ils d'exercer les acteurs auxquels ils confient le soin de leur gloire. Je suis même persuadé que la musique doit une grande partie de ses succès à la beauté de l'exécution, et surtout à l'attention scrupuleuse avec laquelle les chœurs s'assujettissent aux mouvements qu'on leur imprime.

Mais, ajouta Philotime, il est temps de finir cet entretien ; nous le reprendrons demain, si vous le jugez à propos : je passerai chez vous avant de me rendre chez Apollodore.

SECOND ENTRETIEN.
Sur la partie morale de la musique.

Le lendemain je me levai au moment où les habitants de la campagne apportent des provisions au marché, et ceux de la ville se répandent tumultueusement dans les rues. Le ciel était calme et serein ; une fraîcheur délicieuse pénétrait mes sens interdits. L'orient étincelait de feux, et toute la terre soupirait après la présence de cet astre qui semble tous les jours la reproduire. Frappé de ce spectacle, je ne m'étais point aperçu de l'arrivée de Philotime. Je vous ai surpris, me dit-il, dans une espèce de ravissement. Je ne cesse de l'éprouver, lui répondis-je, depuis que je suis en Grèce : l'extrême pureté de l'air qu'on y respire, et les vives couleurs dont les objets s'y parent à mes yeux, semblent ouvrir mon âme à de nouvelles sensations. Nous prîmes de là occasion de parler de l'influence du climat. Philotime attribuait à cette cause l'étonnante sensibilité des Grecs ; sensibilité, disait-il, qui est pour eux une source intarissable de plaisirs et d'erreurs, et qui semble augmenter de jour en jour. Je croyais, au contraire, repris-je, qu'elle commençait à s'affaiblir. Si je me trompe, dites-moi donc pourquoi la musique n'opère plus les mêmes prodiges qu'autrefois.

C'est, répondit-il, qu'elle était autrefois plus grossière ; c'est que les nations étaient encore dans l'enfance. Si à des hommes dont la joie n'éclaterait que par des cris tumultueux, une voix accompagnée de quelque instrument faisait entendre une mélodie très-simple, mais assujettie à certaines règles, vous les verriez bientôt, transportés de joie, exprimer leur admiration par les plus fortes hyperboles : voilà ce qu'éprouvèrent les peuples de la Grèce avant la guerre de Troie. Amphion animait par ses chants les ouvriers qui construisaient la forteresse de Thèbes, comme on l'a pratiqué depuis lorsqu'on a refait les murs de Messène ; on publia que les murs de Thèbes s'étaient élevés au son de sa lyre. Orphée tirait de la sienne un petit nombre de sons agréables ; on dit que les tigres déposaient leur fureur à ses pieds.

Je ne remonte pas à ces siècles reculés, repris-je, mais je vous cite les Lacédémoniens divisés entre eux, et tout à coup réunis par les accords harmonieux de Terpandre ; les Athéniens, entraînés par les chants de Solon dans l'île de Salamine au mépris d'un décret qui condamnait l'orateur assez hardi pour proposer la conquête de cette île ; les mœurs des Arcadiens adoucies par la musique, et je ne sais combien d'autres faits qui n'auront point échappé à vos recherches.

Je les connais assez, me dit-il, pour vous assurer que le merveilleux disparaît dès qu'on les discute. Terpandre et Solon durent leur succès plutôt à la poésie qu'à la musique, et peut-être encore moins à la poésie qu'à des circonstances particulières. Il fallait bien que les Lacédémoniens eussent commencé à se lasser de leurs divisions, puisqu'ils consentirent à écouter Terpandre. Quant à la révocation du décret obtenu par Solon, elle n'étonnera jamais ceux qui connaissent la légèreté des Athéniens.

L'exemple des Arcadiens est plus frappant. Ces peuples avaient contracté, dans un climat rigoureux et dans des travaux pénibles, une férocité qui les rendait malheureux. Leurs premiers législateurs s'aperçurent de l'impression que le chant faisait sur leurs âmes. Ils les jugèrent susceptibles de bonheur, puisqu'ils étaient sensibles. Les enfants apprirent à célébrer les dieux et les héros du pays. On établit des fêtes, des sacrifices publics, des pompes solennelles, des danses de jeunes garçons et de jeunes filles. Ces institutions, qui subsistent encore, rapprochèrent insensiblement ces hommes agrestes. Ils devinrent doux, humains, bienfaisants. Mais combien de causes contribuèrent à cette révolution ! la poésie, le chant, la danse, des assemblées, des fêtes, des jeux ; tous les moyens enfin qui, en les attirant par l'attrait du plaisir, pouvaient leur inspirer le goût des arts et l'esprit de société.

On dut s'attendre à des effets à peu près semblables tant que la musique, étroitement unie à la poésie, grave et décente comme elle, fut destinée à conserver l'intégrité des mœurs. Mais, depuis qu'elle a fait de si grands progrès, elle a perdu l'auguste privilège d'instruire les hommes et de les rendre meilleurs. J'ai entendu plus d'une fois ces plaintes, lui dis-je ; je les ai vu plus souvent traiter de chimériques. Les uns gémissent sur la corruption de la musique, les autres se félicitent de sa perfection. Vous avez encore des partisans de l'ancienne, vous en avez un plus grand nombre de la nouvelle. Autrefois les législateurs regardaient la musique comme une partie essentielle de l'éducation ; les philosophes ne la regardent presque plus aujourd'hui que comme un amusement honnête. Comment se fait-il qu'un art qui a tant de pouvoir sur nos âmes devienne moins utile en devenant plus agréable ?

Vous le comprendrez peut-être, répondit-il, si vous comparez l'ancienne musique avec celle qui s'est introduite presque de nos jours. Simple dans son origine, plus riche et plus variée dans la suite, elle anima successivement les vers d'Hésiode, d'Homère, d'Archiloque, de Terpandre, de Simonide et de Pindare. Inséparable de la poésie, elle en empruntait les charmes, ou plutôt elle lui prêtait les siens ; car toute son ambition était d'embellir sa compagne.

Il n'y a qu'une expression pour rendre dans toute sa force une image ou un sentiment. Elle excite en nous des émotions d'autant plus vives qu'elle fait seule retentir dans nos cœurs la voix de la nature. D'où vient que les malheureux trouvent avec tant de facilité le secret d'attendrir et de déchirer nos âmes ? C'est que leurs accents et leurs cris sont le mot propre de la douleur. Dans la musique vocale l'expression unique est l'espèce d'intonation qui convient à chaque parole, à chaque vers. Or, les anciens poètes, qui étaient tout à la fois musiciens, philosophes, législateurs, obligés de distribuer eux-mêmes dans leurs vers l'espèce de chant dont ces vers étaient susceptibles, ne perdirent jamais de vue ce principe. Les paroles, la mélodie, le rhythme, ces trois puissants agents dont la musique se sert pour imiter, confiés à la même main, dirigeaient leurs efforts de manière que tout concourait également à l'unité de l'expression.

Ils connurent de bonne heure les genres diatonique, chromatique, enharmonique ; et, après avoir démêlé leur caractère, ils assignèrent à chaque genre l'espèce de poésie qui lui était le mieux assortie. Ils employèrent nos trois principaux modes, et les appliquèrent par préférence aux trois espèces de sujets qu'ils étaient presque toujours obligés de traiter. Il fallait animer au combat une nation guerrière, ou l'entretenir de ses exploits : l'harmonie dorienne prêtait sa force et sa majesté. Il fallait, pour l'instruire dans la science du malheur, mettre sous ses yeux de grands exemples d'infortune : les élégies, les complaintes emprunteront les tons perçants et pathétiques de l'harmonie lydienne. Il fallait enfin la remplir de respect et de reconnaissance envers les dieux : la phrygienne [1] fut destinée aux cantiques sacrés.

La plupart de ces cantiques, appelés *nomes*, c'est-à-dire lois ou modèles, étaient divisés en plusieurs parties, et renfermaient une action. Comme on devait y reconnaître le caractère immuable de la divinité particulière qui en recevait l'hommage, on leur avait prescrit des règles dont on ne s'écartait presque jamais.

Le chant, rigoureusement asservi aux paroles, était soutenu par l'espèce d'instrument qui leur convenait le mieux. Cet instrument faisait entendre le même son que la voix; et lorsque la danse accompagnait le chant, elle peignait fidèlement aux yeux le sentiment ou l'image qu'il transmettait à l'oreille.

La lyre n'avait qu'un petit nombre de sons, et le chant que très-peu de variétés. La simplicité des moyens employés par la musique assurait le triomphe de la poésie; et la poésie, plus philosophique et plus instructive que l'histoire, parce qu'elle choisit de plus beaux modèles, traçait de grands caractères et donnait de grandes leçons de courage, de prudence et d'honneur. Philotime s'interrompit en cet endroit pour me faire entendre quelques morceaux de cette ancienne musique, et surtout des airs d'un poète nommé Olympe, qui vivait il y a environ neuf siècles. Ils ne roulent que sur un petit nombre de cordes, ajouta-t-il, et cependant ils font en quelque façon le désespoir de nos compositeurs modernes [2].

L'art fit des progrès; il acquit plus de modes et de rhythmes; la lyre s'enrichit de cordes. Mais pendant long-temps les poètes ou rejetèrent ces nouveautés, ou n'en usèrent que sobrement, toujours attachés à leurs anciens principes, et surtout extrêmement attentifs à ne pas s'écarter de la décence et de la dignité qui caractérisaient la musique.

De ces deux qualités si essentielles aux beaux-arts quand ils

---

[1] On ne s'accorde pas tout à fait sur le caractère de l'harmonie phrygienne. Suivant Platon, plus tranquille que la dorienne, elle inspirait la modération et convenait à un homme qui invoque les dieux. Suivant Aristote, elle était turbulente et propre à l'enthousiasme. Il cite les airs d'Olympe, qui remplissaient l'âme d'une fureur divine. Cependant Olympe avait composé sur ce mode un nome pour la sage Minerve. Hyagnis, plus ancien qu'Olympe, auteur de plusieurs hymnes sacrés, y avait employé l'harmonie phrygienne.

[2] Plutarque dit que les musiciens de son temps feraient de vains efforts pour imiter la manière d'Olympe. Le célèbre Tartini s'exprime dans les mêmes termes lorsqu'il parle des anciens chants d'église : « Bisogna, dit-il, confessar certamente esservene qualcheduna (cantilena) talmente piena di gravità, maestà e dolcezza congiunta a somma simplicità musicale, che noi moderni duraremmo fatica molta per produrne di eguali. »

CHAPITRE XXVII.

ne bornent pas leurs effets aux plaisirs des sens, la première tient à l'ordre, la seconde à la beauté. C'est la décence ou convenance qui établit une juste proportion entre le style et le sujet qu'on traite; qui fait que chaque objet, chaque idée, chaque passion a sa couleur, son ton, son mouvement; qui en conséquence rejette comme des défauts les beautés déplacées, et ne permet jamais que des ornements distribués au hasard nuisent à l'intérêt principal. Comme la dignité tient à l'élévation des idées et des sentiments, le poète qui en porte l'empreinte dans son âme ne s'abandonne pas à des imitations serviles. Ses conceptions sont hautes, et son langage est celui d'un médiateur qui doit parler aux dieux et instruire les hommes.

Telle était la double fonction dont les premiers poètes furent si jaloux de s'acquitter. Leurs hymnes inspiraient la piété, leurs poèmes le désir de la gloire, leurs élégies la fermeté dans les revers. Des chants faciles, nobles, expressifs, fixaient aisément dans la mémoire les exemples avec les préceptes, et la jeunesse, accoutumée de bonne heure à répéter ces chants, y puisait avec plaisir l'amour du devoir et l'idée de la vraie beauté.

Il me semble, dis-je alors à Philotime, qu'une musique si sévère n'était guère propre à exciter les passions. Vous pensez donc, reprit-il en souriant, que les passions des Grecs n'étaient pas assez actives? La nation était fière et sensible; en lui donnant de trop fortes émotions on risquait de pousser trop loin ses vices et ses vertus. Ce fut aussi une vue profonde dans ses législateurs d'avoir fait servir la musique à modérer son ardeur dans le sein des plaisirs et sur le chemin de la victoire. Pourquoi, dès les siècles les plus reculés, admit-on dans les repas l'usage de chanter les dieux et les héros, si ce n'est pour prévenir les excès du vin, alors d'autant plus funestes que les âmes étaient plus portées à la violence? Pourquoi les généraux de Lacédémone jettent-ils parmi les soldats un certain nombre de joueurs de flûte, et les font-ils marcher à l'ennemi au son de cet instrument, plutôt qu'au bruit éclatant de la trompette? n'est-ce pas pour suspendre le courage impétueux des jeunes Spartiates, et les obliger à garder leurs rangs?

Ne soyez donc point étonné qu'avant même l'établissement de la philosophie, les états les mieux policés aient veillé avec tant de soin à l'immutabilité de la saine musique, et que, depuis, les hommes les plus sages, convaincus de la nécessité de calmer plutôt que d'exciter nos passions, aient reconnu que la musique, dirigée par la philosophie, est un des plus beaux présents du ciel, une des plus belles institutions des hommes.

Elle ne sert aujourd'hui qu'à nos plaisirs. Vous avez pu entrevoir que, sur la fin de son règne, elle était menacée d'une corruption prochaine, puisqu'elle acquérait de nouvelles richesses. Polymnestre, tendant ou relâchant à son gré les cordes de la lyre, avait introduit des accords inconnus jusqu'à lui. Quelques musiciens s'étaient exercés à composer pour la flûte des airs dénués de paroles ; bientôt après on vit, dans les jeux pythiques, des combats où l'on n'entendait que le son de ces instruments ; enfin les poëtes, et surtout les auteurs de cette poésie hardie et turbulente connue sous le nom de *dithyrambique*, tourmentaient à la fois la langue, la mélodie et le rhythme, pour les plier à leur fol enthousiasme. Cependant l'ancien goût prédominait encore. Pindare, Pratinas, Lamprus, d'autres lyriques célèbres le soutinrent dans sa décadence. Le premier florissait lors de l'expédition de Xerxès, il y a cent vingt ans environ. Il vécut assez de temps pour être le témoin de la révolution préparée par les innovations de ses prédécesseurs, favorisée par l'esprit d'indépendance que nous avaient inspiré nos victoires sur les Perses ; ce qui l'accéléra le plus, ce fut la passion effrénée que l'on prit tout à coup pour la musique instrumentale et pour la poésie dithyrambique. La première nous apprit à nous passer des paroles, la seconde à les étouffer sous des ornements étrangers.

La musique, jusqu'alors soumise à la poésie, en secoua le joug avec l'audace d'un esclave révolté ; les musiciens ne songèrent plus qu'à se signaler par des découvertes. Plus ils multipliaient les procédés de l'art, plus ils s'écartaient de la nature. La lyre et la cithare firent entendre un plus grand nombre de sons. On confondit les propriétés des genres, des modes, des voix et des instruments. Les chants assignés auparavant aux diverses espèces de poésie furent appliqués sans choix à chacune en particulier. On vit éclore des accords inconnus, des modulations inusitées, des inflexions de voix souvent dépourvues d'harmonie. La loi fondamentale et précieuse du rhythme fut ouvertement violée, et la même syllabe fut affectée de plusieurs sons ; bizarrerie qui devrait être aussi révoltante dans la musique qu'elle le serait dans la déclamation.

A l'aspect de tant de changements rapides, Anaxilas disait, il n'y a pas long-temps, dans une de ses comédies, que la musique, ainsi que la Libye, produisait tous les ans quelque nouveau monstre.

Les principaux auteurs des innovations ont vécu dans le siècle dernier, ou vivent encore parmi nous ; comme s'il était de la destinée de la musique de perdre son influence sur les mœurs dans le temps où l'on parle le plus de philosophie et de morale! Plusieurs d'entre eux avaient beaucoup d'esprit et de grands talents. Je nommerai Mélanippide, Cinésias, Phrynis, Polyidès, si célèbre par sa tragédie d'Iphigénie; Timothée de Milet, qui s'est exercé dans tous les genres de poésie et qui jouit encore de sa gloire dans un âge très-avancé. C'est celui de tous qui a le plus outragé l'ancienne musique. La crainte de passer pour novateur l'avait d'abord arrêté : il mêla dans ses premières compositions de vieux airs, pour tromper la vigilance des magistrats et ne pas trop choquer le goût qui régnait alors ; mais bientôt, enhardi par le succès, il ne garda plus de mesure.

Outre la licence dont je viens de parler, des musiciens inquiets veulent arracher de nouveaux sons au tétracorde. Les uns s'efforcent d'insérer dans le chant une suite de quarts de tons; ils fatiguent les cordes, redoublent les coups d'archet, approchent l'oreille pour surprendre au passage une nuance de son qu'ils regardent comme le plus petit intervalle commensurable. La même expérience en affermit d'autres dans une opinion diamétralement opposée. On se partage sur la nature du son, sur les accords dont il faut faire usage, sur les formes introduites dans le chant, sur les talents et les ouvrages de chaque chef de parti. Épigonus, Erastoclès, Pythagore de Zacynthe, Agénor de Mitylène, Antigénide, Dorion, Timothée ont des disciples qui en viennent tous les jours aux mains, et qui ne se réunissent que dans leur souverain mépris pour la musique ancienne, qu'ils traitent de surannée.

Savez-vous qui a le plus contribué à nous inspirer ce mépris? Ce sont les Ioniens; c'est ce peuple, qui n'a pu défendre sa liberté contre les Perses, et qui, dans un pays fertile et sous le plus beau ciel du monde, se console de cette perte dans le sein des arts et de la volupté. Sa musique légère, brillante, parée de grâces, se ressent en même temps de la mollesse qu'on respire dans ce climat fortuné. Nous eûmes quelque peine à nous accoutumer à ses accents. Un de ces Ioniens, Timothée, dont je vous ai parlé, fut d'abord sifflé sur notre théâtre ; mais Euripide, qui connaissait le génie de sa nation, lui prédit qu'il régnerait bientôt sur la scène; et c'est ce qui est arrivé. Enorgueilli de ses succès, il se rendit chez les Lacédémoniens avec sa cithare de onze cordes et ses chants efféminés. Ils avaient déjà deux fois réprimé l'audace des nouveaux musiciens. Aujourd'hui même, dans les pièces que l'on présente au concours, ils exigent que la modulation exécutée sur un instrument à sept cordes ne roule que sur un ou deux modes.

Quelle fut leur surprise aux accords de Timothée! Quelle fut la sienne à la lecture d'un décret émané des rois et des éphores! On l'accusait d'avoir, par l'indécence, la variété et la mollesse de ses chants, blessé la majesté de l'ancienne musique, et entrepris de corrompre les jeunes Spartiates. On lui prescrivait de retrancher quatre cordes de sa lyre, en ajoutant qu'un tel exemple devait à jamais écarter les nouveautés qui donnent atteinte à la sévérité des mœurs. Il faut observer que le décret est à peu près du temps où les Lacédémoniens remportèrent à Ægos-Potamos cette célèbre victoire qui les rendit maîtres d'Athènes.

Parmi nous, des ouvriers, des mercenaires décident du sort de la musique; ils remplissent le théâtre, assistent aux combats de musique, et se constituent les arbitres du goût. Comme il leur faut des secousses plutôt que des émotions, plus la musique devint hardie, enluminée, fougueuse, plus elle excita leurs transports. Des philosophes eurent beau s'écrier qu'adopter de pareilles innovations, c'était ébranler les fondements de l'état [1]; en vain les auteurs dramatiques percèrent de mille traits ceux qui cherchaient à les introduire: comme ils n'avaient point de décrets à lancer en faveur de l'ancienne musique, les charmes de son ennemi ont fini par tout subjuguer. L'une et l'autre ont eu le même sort que la vertu et la volupté quand elles entrent en concurrence.

Parlez de bonne foi, dis-je alors à Philotime: n'avez-vous pas quelquefois éprouvé la séduction générale? Très-souvent, répondit-il. Je conviens que la musique actuelle est supérieure à l'autre par ses richesses et ses agréments; mais je soutiens qu'elle n'a pas d'objet moral. J'estime dans les productions des anciens un poète qui me fait aimer mes devoirs; j'admire dans celles des modernes un musicien qui me procure du plaisir. Et ne pensez-vous pas, repris-je avec chaleur, qu'on doit juger de la musique par le plaisir qu'on en retire?

[1] Pour justifier cette expression, il faut se rappeler l'extrême licence qui, du temps de Platon, régnait dans la plupart des républiques de la Grèce. Après avoir altéré les institutions dont elle ignorait l'objet, elle détruisit par des entreprises successives les liens les plus sacrés du corps politique. On commença par varier les chants consacrés aux cultes des dieux; on finit par se jouer des serments faits en leur présence. A l'aspect de la corruption générale, quelques philosophes ne craignirent pas d'avancer que, dans un état qui se conduit encore plus par les mœurs que par les lois, les moindres innovations sont dangereuses, parce qu'elles en entraînent bientôt de plus grandes; aussi n'est-ce pas à la musique seule qu'ils ordonnèrent de ne pas toucher. La défense devait s'étendre aux jeux, aux spectacles, aux exercices du Gymnase, etc. Au reste, ces idées avaient été empruntées des Égyptiens. Ce peuple, ou plutôt ceux qui le gouvernaient, jaloux de maintenir leur autorité, ne conçurent pas d'autre moyen, pour réprimer l'inquiétude des esprits, que de les arrêter dans leurs premiers écarts; de là ces lois qui défendaient aux artistes de prendre le moindre essor, et les obligeaient à copier servilement ceux qui les avaient précédés.

Non, sans doute, répliqua-t-il, si ce plaisir est nuisible, ou s'il en remplace d'autres moins vifs, mais plus utiles. Vous êtes jeune, et vous avez besoin d'émotions fortes et fréquentes. Cependant, comme vous rougiriez de vous y livrer si elles n'étaient pas conformes à l'ordre, il est visible que vous devez soumettre à l'examen de la raison vos plaisirs et vos peines avant que d'en faire la règle de vos jugements et de votre conduite.

Je crois devoir établir ce principe : un objet n'est digne de notre empressement que lorsque, au delà des agréments qui le parent à nos yeux, il renferme en lui une bonté, une utilité réelle. Ainsi la nature, qui veut nous conduire à ses fins par l'attrait du plaisir, et qui jamais ne borna la sublimité de ses vues à nous procurer des sensations agréables, a mis dans les aliments une douceur qui nous attire, et une vertu qui opère la conservation de notre espèce. Ici le plaisir est un premier effet, et devient un moyen pour lier la cause à un second effet plus noble que le premier : il peut arriver que la nourriture étant également saine et le plaisir également vif, l'effet ultérieur soit nuisible : enfin, si certains aliments propres à flatter le goût ne produisaient ni bien ni mal, le plaisir serait passager et n'aurait aucune suite. Il résulte de là que c'est moins par le premier effet que par le second qu'il faut décider si nos plaisirs sont utiles, funestes ou indifférents.

Appliquons ce principe. L'imitation, que les arts ont pour objet, nous affecte de diverses manières ; tel est son premier effet. Il en existe quelquefois un second plus essentiel, souvent ignoré du spectateur et de l'artiste lui-même : elle modifie l'âme au point de la plier insensiblement à des habitudes qui l'embellissent ou la défigurent. Si vous n'avez jamais réfléchi sur l'immense pouvoir de l'imitation, considérez jusqu'à quelle profondeur deux de nos sens, l'ouïe et la vue, transmettent à notre âme les impressions qu'ils reçoivent; avec quelle facilité un enfant entouré d'esclaves copie leurs discours et leurs gestes, s'approprie leurs inclinations et leur bassesse.

Quoique la peinture n'ait pas, à beaucoup près, la même force que la réalité, il n'en est pas moins vrai que ses tableaux sont des scènes où j'assiste ; ses images, des exemples qui s'offrent à mes yeux. La plupart des spectateurs n'y cherchent que la fidélité de l'imitation et l'attrait d'une sensation passagère ; mais les philosophes y découvrent souvent à travers les prestiges de l'art le germe d'un poison caché. Il semble, à les entendre, que nos vertus sont si pures ou si faibles que le moindre souffle de la contagion peut les flétrir ou les détruire. Aussi, en permettant aux jeunes gens de contempler à loisir les tableaux de Denys, les exhortent-ils à ne pas arrêter leurs regards sur ceux de Pauson, à les ramener fréquemment sur ceux de Polygnote. Le premier a peint les hommes tels que nous les voyons : son imitation est fidèle, agréable à la vue, sans danger, sans utilité pour les mœurs. Le second, en donnant à ses personnages des caractères et des fonctions ignobles, a dégradé l'homme ; il l'a peint plus petit qu'il n'est : ses images ôtent à l'héroïsme son éclat, à la vertu sa dignité. Polygnote, en représentant les hommes plus grands et plus vertueux que nature, élève nos pensées et nos sentiments vers des modèles sublimes, et laisse fortement empreinte dans nos âmes l'idée de la beauté morale avec l'amour de la décence et de l'ordre.

Les impressions de la musique sont plus immédiates, plus profondes et plus durables que celles de la peinture ; mais ces imitations, rarement d'accord avec nos vrais besoins, ne sont presque plus instructives. Et en effet, quelle leçon me donne ce joueur de flûte lorsqu'il contrefait sur le théâtre le chant du rossignol, et dans nos jeux le sifflement du serpent ; lorsque, dans un morceau d'exécution, il vient heurter mon oreille d'une multitude de sons rapidement accumulés l'un sur l'autre ? J'ai vu Platon demander ce que ce bruit signifiait, et pendant que la plupart des spectateurs applaudissaient avec transport aux hardiesses du musicien, le taxer d'ignorance et d'ostentation : de l'une, parce qu'il n'avait aucune notion de la vraie beauté ; de l'autre, parce qu'il n'ambitionnait que la vaine gloire de vaincre une difficulté [1].

Quel effet peuvent encore opérer des paroles qui, traînées à la suite du chant, brisées dans leur tissu, contrariées dans leur marche, ne peuvent partager l'attention que les inflexions et les agréments de la voix fixent uniquement sur la mélodie ? Je parle surtout de la musique qu'on entend au théâtre et dans nos jeux ; car, dans plusieurs de nos cérémonies religieuses, elle conserve encore son ancien caractère.

En ce moment, des chants mélodieux frappèrent nos oreilles. On célébrait ce jour-là une fête en l'honneur de Thésée. Des chœurs composés de la plus brillante jeunesse d'Athènes se rendaient au temple de ce héros. Ils rappelaient sa victoire sur le Minotaure, son arrivée dans cette ville, et le retour des jeunes

---

[1] Voici une remarque de Tartini : « La musique n'est plus que l'art de combiner des sons ; il ne lui reste que sa partie matérielle, absolument dépouillée de l'esprit dont elle était autrefois animée ; en secouant les règles qui dirigeaient son action sur un seul point, elle ne l'a portée que sur des généralités. Si elle me donne des impressions de joie ou de douleur, elles sont vagues et incertaines. Or l'effet de l'art n'est entier que lorsqu'il est particulier et individuel. »

Athéniens dont il avait brisé les fers. Après avoir écouté avec attention, je dis à Philotime : Je ne sais si c'est la poésie, le chant, la précision du rhythme, l'intérêt du sujet, ou la beauté ravissante des voix, que j'admire le plus ; mais il me semble que cette musique remplit et élève mon âme. C'est, reprit vivement Philotime, qu'au lieu de s'amuser à remuer nos petites passions, elle va réveiller jusqu'au fond de nos cœurs les sentiments les plus honorables à l'homme, les plus utiles à la société, le courage, la reconnaissance, le dévouement à la patrie ; c'est que, de son heureux assortiment avec la poésie, le rhythme et tous les moyens dont vous venez de parler, elle reçoit un caractère imposant de grandeur et de noblesse, qu'un tel caractère ne manque jamais son effet, et qu'il attache d'autant plus ceux qui sont faits pour le saisir, qu'il leur donne une plus haute opinion d'eux-mêmes. Et voilà ce qui justifie la doctrine de Platon. Il désirerait que les arts, les jeux, les spectacles, tous les objets extérieurs, s'il était possible, nous entourassent de tableaux qui fixeraient sans cesse nos regards sur la véritable beauté. L'habitude de la contempler deviendrait pour nous une sorte d'instinct, et notre âme serait contrainte de diriger ses efforts suivant l'ordre et l'harmonie qui brillent dans ce divin modèle.

Ah! que nos artistes sont éloignés d'atteindre à la hauteur de ces idées! Peu satisfaits d'avoir anéanti les propriétés affectées aux différentes parties de la musique, ils violent encore les règles des convenances les plus communes. Déjà la danse, soumise à leurs caprices, devient tumultueuse, impétueuse, quand elle devrait être grave et décente ; déjà on insère dans les entr'actes de nos tragédies des fragments de poésie et de musique étrangers à la pièce, et les chœurs ne se lient plus à l'action.

Je ne dis pas que de pareils désordres soient la cause de notre corruption ; mais ils l'entretiennent et la fortifient. Ceux qui les regardent comme indifférents ne savent pas qu'on maintient la règle autant par les rites et les manières que par les principes, que les mœurs ont leurs formes comme les lois, et que le mépris des formes détruit peu à peu tous les liens qui unissent les hommes.

On doit reprocher encore à la musique actuelle cette douce mollesse, ces sons enchanteurs qui transportent la multitude, et dont l'expression, n'ayant pas d'objet déterminé, est toujours interprétée en faveur de la passion dominante. Leur unique effet est d'énerver de plus en plus une nation où les âmes sans vigueur, sans caractère, ne sont distinguées que par les différents degrés de leur pusillanimité.

Mais, dis-je à Philotime, puisque l'ancienne musique a de si grands avantages, et la moderne de si grands agréments, pourquoi n'a-t-on pas essayé de les concilier? Je connais un musicien nommé Télésias, me répondit-il, qui en forma le projet il y a quelques années. Dans sa jeunesse il s'était nourri des beautés sévères qui règnent dans les ouvrages de Pindare et de quelques autres poëtes lyriques. Depuis, entraîné par les productions de Philoxène, de Timothée et des poëtes modernes, il voulut rapprocher ces différentes manières. Mais, malgré ses efforts, il retombait toujours dans celle de ses premiers maîtres, et ne tira d'autre fruit de ses veilles que de mécontenter les deux partis.

Non, la musique ne se relèvera plus de sa chute. Il faudrait changer nos idées et nous rendre nos vertus. Or, il est plus difficile de réformer une nation que de la policer. Nous n'avons plus de mœurs, ajouta-t-il, nous aurons des plaisirs. L'ancienne musique convenait aux Athéniens vainqueurs à Marathon; la nouvelle convient à des Athéniens vaincus à Ægos-Potamos.

Je n'ai plus qu'une question à vous faire, lui dis-je : pourquoi apprendre à votre élève un art si funeste? à quoi sert-il en effet? — A quoi il sert ! reprit-il en riant; de hochet aux enfants de tout âge, pour les empêcher de briser les meubles de la maison. Il occupe ceux dont l'oisiveté serait à craindre dans un gouvernement tel que le nôtre; il amuse ceux qui, n'étant redoutables que par l'ennui qu'ils traînent avec eux, ne savent à quoi dépenser leur vie.

Lysis apprendra la musique, parce que, destiné à remplir les premières places de la république, il doit se mettre en état de donner son avis sur les pièces que l'on présente au concours, soit au théâtre, soit aux combats de musique. Il connaîtra toutes les espèces d'harmonie, et n'accordera son estime qu'à celles qui pourront influer sur ses mœurs. Car, malgré sa dépravation, la musique peut nous donner encore quelques leçons utiles. Ces procédés pénibles, ces chants de difficile exécution, qu'on se contentait d'admirer autrefois dans nos spectacles, et dans lesquels on exerce si laborieusement aujourd'hui les enfants, ne fatigueront jamais mon élève. Je mettrai quelques instruments entre ses mains, à condition qu'il ne s'y rendra jamais aussi habile que les maîtres de l'art. Je veux qu'une musique choisie remplisse agréablement ses loisirs s'il en a, le délasse de ses travaux au lieu de les augmenter, et modère ses passions s'il est trop sensible. Je veux enfin qu'il ait toujours cette maxime devant les yeux : que la musique nous appelle au plaisir, la philosophie à la vertu; mais que c'est par le plaisir et la vertu que la nature nous invite au bonheur.

CHAPITRE XXVIII.

Suite des mœurs des Athéniens.

J'ai dit plus haut [1] qu'en certaines heures de la journée les Athéniens s'assemblaient dans la place publique ou dans les boutiques dont elle est entourée. Je m'y rendais souvent, soit pour apprendre quelque nouvelle, soit pour étudier le caractère de ce peuple.

J'y rencontrai un jour un des principaux de la ville, qui se promenait à grands pas. Sa vanité ne pouvait être égalée que par sa haine contre la démocratie ; de tous les vers d'Homère il n'avait retenu que cette sentence : Rien n'est si dangereux que d'avoir tant de chefs.

Il venait de recevoir une légère insulte. Non, disait-il en fureur : il faut que cet homme ou moi abandonnions la ville ; car aussi bien n'y a-t-il plus moyen d'y tenir. Si je siége à quelque tribunal, j'y suis accablé par la foule des plaideurs ou par les cris des avocats. A l'assemblée générale, un homme de néant, sale et mal vêtu, a l'insolence de se placer auprès de moi. Nos orateurs sont vendus à ce peuple qui tous les jours met à la tête de ses affaires des gens que je ne voudrais pas mettre à la tête des miennes. Dernièrement il était question d'élire un général : je me lève ; je parle des emplois que j'ai remplis à l'armée, je montre mes blessures ; et l'on choisit un homme sans expérience et sans talent. C'est Thésée qui, en établissant l'égalité, est l'auteur de tous ces maux.

Homère avait bien plus de raison : Rien n'est si dangereux que d'avoir tant de chefs. En disant cela, il repoussait fièrement ceux qu'il trouvait sur ses pas, refusait le salut presque à tout le monde ; et s'il permettait à quelqu'un de ses clients de l'aborder, c'était pour lui rappeler hautement les services qu'il lui avait rendus.

Dans ce moment un de ses amis s'approcha de lui : Eh bien ! s'écria-t-il, dira-t-on encore que je suis un esprit chagrin, que j'ai de l'humeur ? Je viens de gagner mon procès, tout d'une voix à la vérité ; mais mon avocat n'avait-il par oublié dans son plaidoyer les meilleurs moyens de ma cause ? Ma femme accoucha hier d'un fils ; et l'on m'en félicite, comme si cette augmentation de famille n'apportait pas une diminution réelle dans mon bien ! Un de mes amis, après les plus tendres sollicitations, consent à me céder le meilleur de ses esclaves. Je m'en rapporte à son esti-

[1] Voyez le chapitre XX de cet ouvrage.

mation : savez-vous ce qu'il fait? il me le donne à un prix fort au-dessous de la mienne. Sans doute cet esclave a quelque vice caché. Je ne sais quel poison secret se mêle toujours à mon bonheur.

Je laissai cet homme déplorer ses infortunes, et je parcourus les différents cercles que je voyais autour de la place. Ils étaient composés de gens de tout âge et de tout état. Des tentes les garantissaient des ardeurs du soleil.

Je m'assis auprès d'un riche Athénien nommé Philandre. Son parasite Criton cherchait à l'intéresser par des flatteries outrées, à l'égayer par des traits de méchanceté. Il imposait silence, il applaudissait avec transport quand Philandre parlait, et mettait un pan de sa robe sur sa bouche pour ne pas éclater quand il échappait à Philandre quelque fade plaisanterie. Voyez, lui disait-il, comme tout le monde a les yeux fixés sur vous : hier, dans le portique, on ne tarissait point sur vos louanges : il fut question du plus honnête homme de la ville; nous étions plus de trente, tous les suffrages se réunirent en votre faveur. Cet homme, dit alors Philandre, que je vois là-bas, vêtu d'une robe si brillante, et suivi de trois esclaves, n'est-ce pas Apollodore, fils de Passion, ce riche banquier? C'est lui-même répondit le parasite. Son faste est révoltant, et il ne se souvient plus que son père avait été esclave. Et cet autre, reprit Philandre, qui marche après lui la tête levée? Son père s'appelait d'abord Sosie, répondit Criton; et comme il avait été à l'armée, il se fit nommer Sosistrate [1]. Il fut ensuite inscrit au nombre des citoyens. Sa mère est de Thrace, et sans doute d'une illustre origine; car les femmes qui viennent de ce pays éloigné ont autant de prétentions à la naissance que de facilité dans les mœurs. Le fils est un fripon, moins cependant qu'Hermogène, Corax et Thersite, qui causent ensemble à quatre pas de nous. Le premier est si avare, que, même en hiver, sa femme ne peut se baigner qu'à l'eau froide; le second si variable, qu'il représente vingt hommes dans un même jour; le troisième si vain, qu'il n'a jamais eu de complices dans les louanges qu'il se donne, ni de rival dans l'amour qu'il a pour lui-même.

Pendant que je me tournais pour voir une partie de dés, un homme vint à moi d'un air empressé : Savez-vous la nouvelle? me dit-il. — Non, répondis-je. — Quoi! vous l'ignorez? Je suis ravi de vous l'apprendre. Je la tiens de Nicératès, qui arrive de Macédoine. Le roi Philippe a été battu par les Illyriens; il est prison-

---

[1] Sosie est le nom d'un esclave, Sosistrate celui d'un homme libre. Stratia signifie armée.

nier ; il est mort. — Comment ! est-il possible ? — Rien n'est si certain. Je viens de rencontrer deux de nos archontes ; j'ai vu la joie peinte sur leurs visages. Cependant n'en dites rien, et surtout ne me citez pas. Il me quitte aussitôt pour communiquer ce secret à tout le monde.

Cet homme passe sa vie à forger des nouvelles, me dit alors un gros Athénien qui était assis auprès de moi. Il ne s'occupe que de choses qui ne le touchent point. Pour moi, mon intérieur me suffit. J'ai une femme que j'aime beaucoup ; et il me fit l'éloge de sa femme. Hier, je ne pus pas souper avec elle, j'étais prié chez un de mes amis ; et il me fit la description du repas. Je me retirai chez moi assez content, mais j'ai fait cette nuit un rêve qui m'inquiète ; et il me raconta son rêve. Ensuite il me dit pesamment que la ville fourmillait d'étrangers ; que les hommes d'aujourd'hui ne valaient pas ceux d'autrefois ; que les denrées étaient à bas prix ; qu'on pourrait espérer une bonne récolte s'il venait à pleuvoir. Après m'avoir demandé le quantième du mois, il se leva pour aller souper avec sa femme.

Eh quoi ! me dit un Athénien qui survint tout à coup, et que je cherchais depuis long-temps, vous avez la patience d'écouter cet ennuyeux personnage ! Que ne faisiez-vous comme Aristote ? Un grand parleur s'empara de lui, et le fatiguait par des récits étranges. Eh bien ! lui disait-il, n'êtes-vous pas étonné ? Ce qui m'étonne, répondit Aristote, c'est qu'on ait des oreilles pour vous entendre quand on a des pieds pour vous échapper. Je lui dis alors que j'avais une affaire à lui communiquer, je voulus la lui expliquer. Mais lui de m'arrêter à chaque mot. Oui, je sais de quoi il s'agit, je pourrais vous le raconter au long ; continuez ; n'omettez aucune circonstance ; fort bien, vous y êtes, c'est cela même. Voyez combien il était nécessaire d'en conférer ensemble ! A la fin je l'avertis qu'il ne cessait de m'interrompre. Je le sais, répondit-il ; mais j'ai un extrême besoin de parler. Cependant je ne ressemble point à l'homme qui vient de vous quitter. Il parle sans réflexion, et je crois être à l'abri de ce reproche ; témoin le discours que je fis dernièrement à l'assemblée : vous n'y étiez pas ; je vais vous le réciter. A ces mots, je voulus profiter du conseil d'Aristote ; mais il me suivit, toujours parlant, toujours déclamant.

Je me jetai au milieu d'un groupe formé autour d'un devin qui se plaignait de l'incrédulité des Athéniens. Il s'écriait : Lorsque dans l'assemblée générale je parle des choses divines et que je vous dévoile l'avenir, vous vous moquez de moi comme d'un fou ;

cependant l'événement a toujours justifié mes prédictions. Mais vous portez envie à ceux qui ont des lumières supérieures aux vôtres.

Il allait continuer, lorsque nous vîmes paraître Diogène; il arrivait de Lacédémone. D'où venez-vous? lui demanda quelqu'un. De l'appartement des hommes à celui des femmes, répondit-il. Y avait-il beaucoup de monde aux jeux olympiques? lui dit un autre. — Beaucoup de spectateurs et peu d'hommes. Ces réponses furent applaudies; et à l'instant il se vit entouré d'une foule d'Athéniens qui cherchaient à tirer de lui quelque repartie. Pourquoi, lui disait celui-ci, mangez-vous dans le marché? — C'est que j'ai faim dans le marché. Un autre lui fait cette question: Comment puis-je me venger de mon ennemi? — En devenant plus vertueux. Diogène, lui dit un troisième, on vous donne bien des ridicules. — Mais je ne les reçois pas. Un étranger, né à Mynde, voulut savoir comment il avait trouvé cette ville. J'ai conseillé aux habitants, répondit-il, d'en fermer les portes, de peur qu'elle ne s'enfuie. C'est qu'en effet cette ville, qui est très-petite, a de très-grandes portes. Le parasite Criton, étant monté sur une chaise, lui demanda pourquoi on l'appelait chien. — Parce que je caresse ceux qui me donnent de quoi vivre, que j'aboie contre ceux dont j'essuie des refus et que je mords les méchants. — Et quel est, reprit le parasite, l'animal le plus dangereux? — Parmi les animaux sauvages, le calomniateur; parmi les domestiques, le flatteur.

À ces mots les assistants firent des éclats de rire; le parasite disparut, et les attaques continuèrent avec plus de chaleur. Diogène, d'où êtes-vous? lui dit quelqu'un. Je suis citoyen de l'univers, répondit-il. Eh non, reprit un autre, il est de Sinope; les habitants l'ont condamné à sortir de leur ville. — Et moi, je les ai condamnés à y rester. Un jeune homme d'une jolie figure s'étant avancé, se servit d'une expression dont l'indécence fit rougir un de ses amis du même âge que lui. Diogène dit au second: Courage, mon enfant! voilà les couleurs de la vertu. Et, s'adressant au premier: N'avez-vous pas de honte, lui dit-il, de tirer une lame de plomb d'un fourreau d'ivoire? Le jeune homme en fureur lui ayant appliqué un soufflet: Eh bien! reprit-il sans s'émouvoir, vous m'apprenez une chose; c'est que j'ai besoin d'un casque. Quel fruit, lui demanda-t-on tout de suite, avez-vous retiré de votre philosophie! — Vous le voyez, d'être préparé à tous les événements.

Dans ce moment Diogène, sans vouloir quitter la place, recevait sur sa tête de l'eau qui tombait du haut d'une maison ; comme quelques-uns des assistants paraissaient le plaindre, Platon, qui passait par hasard, leur dit : Voulez-vous que votre pitié lui soit utile, faites semblant de ne le pas voir.

Je trouvai un jour au portique de Jupiter quelques Athéniens qui agitaient des questions de philosophie. Non, disait tristement un vieux disciple d'Héraclite, je ne puis contempler la nature sans un secret effroi. Les êtres insensibles ne sont que dans un état de guerre ou de ruine ; ceux qui vivent dans les airs, dans les eaux et sur la terre n'ont reçu la force ou la ruse que pour se poursuivre et se détruire. J'égorge et je dévore moi-même l'animal que j'ai nourri de mes mains, en attendant que de vils insectes me dévorent à leur tour.

Je repose ma vue sur des tableaux plus riants, dit un jeune partisan de Démocrite. Le flux et le reflux des générations ne m'afflige pas plus que la succession périodique des flots de la mer ou des feuilles des arbres. Qu'importe que tels individus paraissent ou disparaissent ? La terre est une scène qui change à tous moments de décoration. Ne se couvre-t-elle pas tous les ans de nouvelles fleurs, de nouveaux fruits ? Les atomes dont je suis composé, après s'être séparés, se réuniront un jour, et je revivrai sous une autre forme.

Hélas ! dit un troisième, le degré d'amour ou de haine, de joie ou de tristesse dont nous sommes affectés, n'influe que trop sur nos jugements. Malade, je ne vois dans la nature qu'un système de destruction ; en santé, qu'un système de reproduction.

Elle est l'un et l'autre, répondit un quatrième. Quand l'univers sortit du chaos, les êtres intelligents durent se flatter que la sagesse suprême daignerait leur dévoiler les motifs de leur existence ; mais elle renferma son secret dans son sein ; et, adressant la parole aux causes secondes, elle ne prononça que ces deux mots : Détruisez, reproduisez. Ces mots ont fixé pour jamais la destinée du monde.

Je ne sais pas, reprit le premier, si c'est pour se jouer ou pour un dessein sérieux que les dieux nous ont formés ; mais je sais que le plus grand des malheurs est de naître ; le plus grand des bonheurs de mourir. La vie, disait Pindare, n'est que le rêve d'une ombre : image sublime, et qui d'un seul trait peint tout le néant de l'homme. La vie, disait Socrate, ne doit être que la méditation de la mort : paradoxe étrange de supposer qu'on nous oblige de vivre pour nous apprendre à mourir !

L'homme naît, vit et meurt dans un même instant ; et dans cet instant si fugitif, quelle complication de souffrances ! son entrée dans la vie s'annonce par des cris et par des pleurs ; dans l'enfance et dans l'adolescence, des maîtres qui le tyrannisent, des devoirs qui l'accablent ; vient ensuite une succession effrayante de travaux pénibles, de soins dévorants, de chagrins amers, de combats de toute espèce : et tout cela se termine par une vieillesse qui le fait mépriser et un tombeau qui le fait oublier.

Vous n'avez qu'à l'étudier. Ses vertus ne sont que l'échange de ses vices ! il ne se soustrait à l'un que pour obéir à l'autre. S'il néglige son expérience, c'est un enfant qui commence tous les jours à naître ; s'il la consulte, c'est un vieillard qui se plaint d'avoir trop vécu.

Il avait par-dessus les animaux deux insignes avantages, la prévoyance et l'espérance. Qu'a fait la nature ? elle les a cruellement empoisonnés par la crainte.

Quel vide dans tout ce qu'il fait ! que de variété et d'inconséquences dans ses penchants et dans ses projets ! Je vous le demande, qu'est-ce que l'homme ?

Je vais vous le dire, répondit un jeune étourdi qui entra dans ce moment. Il tira de dessous sa robe une petite figure de bois ou de carton, dont les membres obéissaient à des fils qu'il tendait et relâchait à son gré. Ces fils, dit-il, sont les passions qui nous entraînent tantôt d'un côté et tantôt de l'autre : voilà tout ce que j'en sais. Et il sortit.

Notre vie, disait un disciple de Platon, est tout à la fois une comédie et une tragédie : sous le premier aspect, elle ne pouvait avoir d'autre nœud que notre folie ; sous le second, d'autre dénoûment que la mort ; et, comme elle participe de la nature de ces deux drames, elle est mêlée de plaisirs et de douleurs.

La conversation variait sans cesse. L'un niait l'existence du mouvement, l'autre celle des objets qui nous entourent. Tout au dehors de nous, disait-on, n'est que prestige et mensonge ; au dedans qu'erreur et illusion. Nos sens, nos passions, notre raison nous égarent ; des sciences, ou plutôt de vaines opinions, nous arrachent au repos de l'ignorance pour nous livrer au tourment de l'incertitude, et les plaisirs de l'esprit ont des retours mille fois plus amers que ceux des sens.

J'osai prendre la parole. Les hommes, dis-je, s'éclairent de plus en plus. N'est-il pas à présumer qu'après avoir épuisé toutes les erreurs ils découvriront enfin le secret de ces mystères qui les tourmentent ? Et savez-vous ce qui arrive ? me répondit-on. Quand ce secret est sur le point d'être enlevé, la nature est tout à coup attaquée d'une épouvantable maladie. Un déluge, un incendie, détruit les nations avec les monuments de leur intelligence et de leur vanité. Ces fléaux terribles ont souvent bouleversé notre globe ; le flambeau des sciences s'est plus d'une fois éteint et rallumé. A chaque révolution quelques individus épargnés par hasard renouent le fil des générations ; et voilà une nouvelle race de malheureux laborieusement occupée pendant une longue suite de siècles à se former en société, à se donner des lois, à inventer les arts et à perfectionner ses connaissances, jusqu'à ce qu'une autre catastrophe l'engloutisse dans l'abîme de l'oubli.

Il n'était pas en mon pouvoir de soutenir plus long-temps une conversation si étrange et si nouvelle pour moi. Je sortis avec précipitation du Portique ; et, sans savoir où porter mes pas, je me rendis sur les bords de l'Ilissus. Les pensées les plus tristes, les sentiments les plus douloureux agitaient mon âme avec violence. C'était donc pour acquérir des lumières si odieuses que j'avais quitté mon pays et mes parents ! Tous les efforts de l'esprit humain ne servent donc qu'à montrer que nous sommes les plus misérables des êtres ! Mais d'où vient qu'ils existent ? d'où vient qu'ils périssent, ces êtres ? Que signifient ces changements périodiques qu'on amène éternellement sur le théâtre du monde ? A qui destine-t-on un spectacle si terrible ? est-ce aux dieux, qui n'en ont aucun besoin ? est-ce aux hommes, qui en sont les victimes ? Et moi-même, sur ce théâtre, pourquoi m'a-t-on forcé de prendre un rôle ? pourquoi me tirer du néant sans mon aveu, et me rendre malheureux sans me demander si je consentais à l'être ? J'interroge les cieux, la terre, l'univers entier. Que pourraient-ils répondre ? ils exécutent en silence les ordres dont ils ignorent les motifs. J'interroge les sages : les cruels ! ils m'ont répondu ; ils m'ont appris à me connaître ; ils m'ont dépouillé de tous les droits que j'avais à mon estime ; et déjà je suis injuste envers les dieux, et bientôt peut-être je serai barbare envers les hommes.

Jusqu'à quel point d'activité et d'exaltation se porte une imagination fortement ébranlée ! D'un coup d'œil j'avais parcouru toutes les conséquences de ces fatales opinions. Les moindres apparences étaient devenues pour moi des réalités ; les moindres craintes, des supplices. Mes idées, semblables à des fantômes effrayants, se poussaient et se repoussaient dans mon esprit comme les flots d'une mer agitée par une violente tempête.

Au milieu de cet orage, je m'étais jeté sans m'en apercevoir au pied d'un platane sous lequel Socrate venait quelquefois s'entretenir avec ses disciples. Le souvenir de cet homme si sage et si heureux ne servit qu'à augmenter mon délire. Je l'invoquais à haute voix, j'arrosais de mes pleurs le lieu où il s'était assis, lorsque j'aperçus au loin Phocus, fils de Phocion, et Ctésippe, fils de Chabrias, accompagnés de quelques jeunes gens avec qui j'avais des liaisons. Je n'eus que le temps de reprendre l'usage de mes sens ; ils s'approchèrent et me forcèrent de les suivre.

Nous allâmes à la place publique ; on nous montra des épigrammes et des chansons contre ceux qui étaient à la tête des affaires, et l'on décida que le meilleur des gouvernements était celui de Lacédémone. Nous nous rendîmes au théâtre ; on y jouait des pièces nouvelles que nous sifflâmes, et qui réussirent. Nous montâmes à cheval. Au retour, après nous être baignés, nous soupâmes avec des chanteuses et des joueuses de flûte. J'oubliai le Portique, le platane et Socrate ; je m'abandonnai sans réserve au plaisir et à la licence. Nous passâmes une partie de la nuit à boire et l'autre moitié à courir les rues pour insulter les passants.

A mon réveil la paix régnait dans mon âme, et je reconnus aisément le principe des terreurs qui m'avaient agité la veille. N'étant pas encore aguerri contre les incertitudes du savoir, ma peur avait été celle d'un enfant qui se trouve pour la première fois dans les ténèbres. Je résolus dès ce moment de fixer mes idées à l'égard des opinions qu'on avait traitées dans le Portique, de fréquenter la bibliothèque d'un Athénien de mes amis, et de profiter de cette occasion pour connaître en détail les différentes branches de la littérature grecque.

CHAPITRE XXIX.

Bibliothèque d'un Athénien, classe de philosophie.

Pisistrate s'était fait, il y a deux siècles, une bibliothèque qu'il avait rendue publique, et qui fut ensuite enlevée par Xerxès et transportée en Perse. De mon temps, plusieurs Athéniens avaient des collections de livres. La plus considérable appartenait à Euclide ; il l'avait reçue de ses pères ; il méritait de la posséder, puisqu'il en connaissait le prix.

En y entrant je frissonnai d'étonnement et de plaisir. Je me trouvais au milieu des plus beaux génies de la Grèce. Ils vivaient, ils respiraient dans leurs ouvrages rangés autour de moi. Leur silence même augmentait mon respect ; l'assemblée de tous les souverains de la terre m'eût paru moins imposante. Quelques moments après je m'écriai : Hélas ! que de connaissances refusées aux

Scythes! Dans la suite j'ai dit plus d'une fois : Que de connaissances inutiles aux hommes!

Je ne parlerai point ici de toutes les matières sur lesquelles on a tracé l'écriture. Les peaux de chèvre et de mouton, les différentes espèces de toile furent successivement employées ; on a fait depuis usage du papier tissu des couches intérieures de la tige d'une plante qui croît dans les marais de l'Égypte ou au milieu des eaux dormantes que le Nil laisse après son inondation. On en fait des rouleaux à l'extrémité desquels est suspendue une étiquette contenant le titre du livre. L'écriture n'est tracée que sur une des faces de chaque rouleau ; et, pour en faciliter la lecture, elle s'y trouve divisée en plusieurs compartiments ou pages [1].

Des copistes de profession passent leur vie à transcrire les ouvrages qui tombent entre leurs mains ; et d'autres particuliers, par le désir de s'instruire, se chargent du même soin. Démosthène me disait un jour que, pour se former le style, il avait huit fois transcrit de sa main l'Histoire de Thucydide. Par là les exemplaires se multiplient ; mais, à cause des frais de copie [2], ils ne sont jamais fort communs, et c'est ce qui fait que les lumières se répandent avec tant de lenteur. Un livre devient encore plus rare lorsqu'il paraît dans un pays éloigné et lorsqu'il traite de matières qui ne sont pas à la portée de tout le monde. J'ai vu Platon, malgré les correspondances qu'il entretenait en Italie, obtenir avec beaucoup de peine certains ouvrages de philosophie, et donner cent mines [3] de trois petits traités de Philolaüs.

Les libraires d'Athènes ne peuvent ni se donner les mêmes soins ni faire de pareilles avances. Ils s'assortissent pour l'ordinaire en livres de pur agrément dont ils envoient une partie dans les contrées voisines, et quelquefois même dans les colonies grecques établies sur les côtes du Pont-Euxin. La fureur d'écrire fournit sans cesse de nouveaux aliments à ce commerce. Les Grecs se sont exercés dans tous les genres de littérature. On en pourra juger par les diverses notices que je donnerai de la bibliothèque d'Euclide.

Je commencerai par la classe de philosophie. Elle ne remontait qu'au siècle de Solon, qui florissait il y a deux cent cinquante ans environ. Auparavant, les Grecs avaient des théologiens et n'avaient point de philosophes ; peu soigneux d'étudier la nature, les

---

[1] Voyez les manuscrits d'Herculanum.

[2] Après la mort de Speusippe, disciple de Platon, Aristote acheta ses livres, qui étaient en petit nombre, et en donna trois talents, c'est-à-dire seize mille deux cents livres (Diog. Laërt. lib. IV, § 5. Aul. Gell. lib. III, cap. 17).

[3] Neuf mille livres.

poëtes recueillaient et accréditaient par leurs ouvrages les mensonges et les superstitions qui régnaient parmi le peuple. Mais, au temps de ce législateur, et vers la cinquantième olympiade [1], il se fit tout à coup une révolution surprenante dans les esprits. Thalès et Pythagore jetèrent les fondements de leur philosophie; Cadmus de Milet écrivit l'histoire en prose, Thespis donna une première forme à la tragédie, et Susarion à la comédie.

Thalès, de Milet en Ionie, l'un des sept sages de la Grèce, naquit dans la première année de la trente-cinquième olympiade [2]. Il remplit d'abord avec distinction les emplois auxquels sa naissance et sa sagesse l'avaient appelé. Le besoin de s'instruire le força bientôt de voyager parmi les nations étrangères. A son retour, s'étant dévoué sans partage à l'étude de la nature, il étonna la Grèce en prédisant une éclipse de soleil; il l'instruisit en lui communiquant les lumières qu'il avait acquises en Égypte sur la géométrie et sur l'astronomie. Il vécut libre; il jouit en paix de sa réputation et mourut sans regret [3]. Dans sa jeunesse, sa mère le pressa de se marier; elle l'en pressa de nouveau plusieurs années après. La première fois il dit : « Il n'est pas temps encore; » la seconde : « Il n'est plus temps. »

On cite de lui plusieurs réponses que je vais rapporter, parce qu'elles peuvent donner une idée de sa philosophie et montrer avec quelle précision les sages de ce siècle tâchaient de satisfaire aux questions qu'on leur proposait.

Qu'y a-t-il de plus beau? — L'univers, car il est l'ouvrage de Dieu. — De plus vaste? — L'espace, parce qu'il contient tout. — De plus fort? — La nécessité, parce qu'elle triomphe de tout. — De plus difficile? — De se connaître. — De plus facile? — De donner des avis. — De plus rare? — Un tyran qui parvient à la vieillesse. — Quelle différence y a-t-il entre vivre et mourir? — Tout cela est égal. — Pourquoi donc ne mourez-vous pas? — C'est que tout cela est égal. — Qu'est-ce qui peut nous consoler dans le malheur? — La vue d'un ennemi plus malheureux que nous. — Que faut-il pour mener une vie irréprochable? — Ne pas faire ce qu'on blâme dans les autres. — Que faut-il pour être heureux? — Un corps sain, une fortune aisée, un esprit éclairé, etc., etc.

Rien de si célèbre que le nom de Pythagore, rien de si peu connu que les détails de sa vie. Il paraît que dans sa jeunesse il prit des leçons de Thalès et de Phérécyde de Scyros, qu'il fit ensuite un long séjour en Égypte, et que, s'il ne parcourut pas les royaumes de la haute Asie, il eut du moins quelques notions des sciences

---

[1] L'an 580 avant J.-C. — [2] Vers l'an 640 avant J.-C. — [3] Vers l'an 548 avant J.-C.

qu'on y cultivait. La profondeur des mystères des Égyptiens, les longues méditations des sages de l'Orient eurent autant d'attraits pour son imagination ardente qu'en avait pour son caractère ferme le régime sévère que la plupart d'entre eux avaient embrassé.

A son retour, ayant trouvé sa patrie opprimée par un tyran, il alla loin de la servitude s'établir à Crotone, en Italie. Cette ville était alors dans un état déplorable. Les habitants, vaincus par les Locriens, avaient perdu le sentiment de leur force, et ne trouvaient d'autres ressources à leurs malheurs que l'excès des plaisirs. Pythagore entreprit de relever leur courage en leur donnant leurs anciennes vertus. Ses instructions et ses exemples hâtèrent tellement les progrès de la réformation, qu'on vit un jour les femmes de Crotone, entraînées par son éloquence, consacrer dans un temple les riches ornements dont elles avaient soin de se parer.

Peu content de ce triomphe, il voulut le perpétuer en élevant la jeunesse dans les principes qui le lui avaient procuré. Comme il savait que dans un état rien ne donne plus de force que la sagesse des mœurs, et dans un particulier que l'absolu renoncement à soi-même, il conçut un système d'éducation qui, pour rendre les âmes capables de la vérité, devait les rendre indépendantes des sens. Ce fut alors qu'il forma ce fameux institut qui, jusqu'en ces derniers temps, s'est distingué parmi les autres sectes philosophiques. J'aurai occasion d'en parler dans la suite [1].

Sur la fin de ses jours, et dans une extrême vieillesse, Pythagore eut la douleur de voir son ouvrage presque anéanti par la jalousie des principaux citoyens de Crotone. Obligé de prendre la fuite, il erra de ville en ville jusqu'au moment où la mort, en terminant ses infortunes, fit taire l'envie et restituer à sa mémoire des honneurs que le souvenir de la persécution rendit excessifs.

L'école d'Ionie doit son origine à Thalès, celle d'Italie à Pythagore : ces deux écoles en ont formé d'autres, qui toutes ont produit des grands hommes. Euclide, en rassemblant leurs écrits, avait eu soin de les distribuer relativement aux différents systèmes de philosophie.

A la suite de quelques traités peut-être faussement attribués à Thalès, on voyait les ouvrages de ceux qui se sont transmis sa doctrine, et qui ont été successivement placés à la tête de son école. Ce sont Anaximandre, Anaximène, Anaxagore, qui le premier enseigna la philosophie à Athènes ; Archelaüs, qui fut le maître de Socrate. Leurs ouvrages traitent de la formation de l'u-

[1] Voyez le chapitre LXXV.

nivers, de la nature des choses, de la géométrie et de l'astronomie.

Les traités suivants avaient beaucoup plus de rapport à la morale ; car Socrate, ainsi que ses disciples, se sont moins occupés de la nature en général que de l'homme en particulier. Socrate n'a laissé par écrit qu'un hymne en l'honneur d'Apollon, et quelques fables d'Ésope qu'il mit en vers pendant qu'il était en prison. Je trouvai chez Euclide ces deux petites pièces et les ouvrages qui sont sortis de l'école de ce philosophe. Ils sont presque tous en forme de dialogues ; et Socrate en est le principal interlocuteur, parce qu'on s'est proposé d'y rappeler ses conversations. Je vis les dialogues de Platon ; ceux d'Alexamène, antérieurs à ceux de Platon ; ceux de Xénophon ; ceux d'Eschine ; ceux de Criton, de Simon, de Glaucon, de Cébès, de Phædon et d'Euclide, qui a fondé l'école de Mégare, dirigée aujourd'hui par Eubulide, son disciple.

Il est sorti de l'école d'Italie un beaucoup plus grand nombre d'écrivains que de celle d'Ionie : outre quelques traités qu'on attribue à Pythagore et qui ne paraissent point authentiques, la bibliothèque d'Euclide renfermait presque tous les écrits des philosophes qui ont aussi suivi ou modifié sa doctrine.

Tel fut Empédocle d'Agrigente, à qui les habitants de cette grande ville offrirent la couronne, et qui aima mieux établir l'égalité parmi eux. Avec des talents qui le rapprochaient d'Homère, il prêta les charmes de la poésie aux matières les plus abstraites, et s'acquit tant de célébrité qu'il fixa sur lui les regards des Grecs assemblés aux jeux olympiques. Il disait aux Agrigentins : « Vous courez après les plaisirs comme si vous deviez mourir demain : vous bâtissez vos maisons comme si vous ne deviez jamais mourir. »

Tels furent encore Épicharme, homme d'esprit, comme le sont la plupart des Siciliens, qui s'attira la disgrâce du roi Hiéron pour s'être servi d'une expression indécente en présence de l'épouse de ce prince, et l'inimitié des autres philosophes pour avoir révélé le secret de leurs dogmes dans ses comédies ; Ocellus de Lucanie, Timée de Locres, auteurs moins brillants, mais plus profonds et plus précis que les précédents ; Architas de Tarente, célèbre par des découvertes importantes dans les mécaniques ; Philolaüs de Crotone, l'un des premiers parmi les Grecs qui firent mouvoir la terre autour du soleil ; Eudoxe, que j'ai vu souvent chez Platon, et qui fut à la fois géomètre, astronome, médecin et législateur ; sans parler d'un Ecphantus, d'un Alcmæon, d'un Hippasus, et d'une foule d'autres, tant anciens que modernes, qui ont vécu dans l'obscurité et sont devenus célèbres après leur mort.

Une des tablettes fixa mon attention : elle renfermait une suite de livres de philosophie, tous composés par des femmes dont la plupart furent attachées à la doctrine de Pythagore. J'y trouvai le Traité de la sagesse par Périctione, ouvrage où brille une métaphysique lumineuse. Euclide me dit qu'Aristote en faisait grand cas, et qu'il comptait en emprunter des notions sur la nature de l'être et de ses accidents.

Il ajouta que l'école d'Italie avait répandu sur la terre plus de lumières que celle d'Ionie, mais qu'elle avait fait des écarts dont sa rivale devait naturellement se garantir. En effet, les deux grands hommes qui les fondèrent mirent dans leurs ouvrages l'empreinte de leur génie. Thalès, distingué par un sens profond, eut pour disciples des sages qui étudièrent la nature par des voies simples. Son école finit par produire Anaxagore et la plus saine théologie, Socrate et la morale la plus pure. Pythagore, dominé par une imagination forte, établit une secte de pieux enthousiastes qui ne virent d'abord dans la nature que des proportions et des harmonies, et qui, passant ensuite d'un genre de fictions à un autre, donnèrent naissance à l'école d'Élée en Italie, et à la métaphysique la plus abstraite.

Les philosophes de cette dernière école peuvent se diviser en deux classes : les uns, tels que Xénophanès, Parménide, Mélissus et Zénon, s'attachèrent à la métaphysique ; les autres, tels que Leucippe, Démocrite, Protagoras, etc., se sont plus occupés de la physique.

L'école d'Élée doit son origine à Xénophanès de Colophon en Ionie[1]. Exilé de sa patrie, qu'il avait célébrée par ses vers, il alla s'établir en Sicile, où, pour soutenir sa famille, il n'eut d'autre ressource que de chanter ses poésies en public, comme faisaient les premiers philosophes. Il condamnait les jeux de hasard ; et quelqu'un l'ayant en conséquence traité d'esprit faible et plein de préjugés, il répondit : « Je suis le plus faible des hommes pour les actions dont j'aurais à rougir. »

Parménide, son disciple, était d'une des plus anciennes et des plus riches familles d'Élée. Il donna des lois si excellentes à sa patrie, que les magistrats obligent tous les ans chaque citoyen d'en jurer l'observation. Dans la suite, dégoûté du crédit de l'autorité, il se livra tout entier à la philosophie, et passa le reste de ses jours dans le silence et dans la méditation. La plupart de ses écrits sont en vers.

[1] Né vers l'an 556 avant J.-C. (Bruck. *Hist. philos.* p. 1144.)

Zénon d'Élée, qui fut son disciple, et qu'il adopta, vit un tyran s'élever dans une ville libre, conspira contre lui, et mourut sans avoir voulu déclarer ses complices. Ce philosophe estimait le public autant qu'il s'estimait lui-même. Son âme, si ferme dans le danger, ne pouvait soutenir la calomnie. Il disait : « Pour être insensible au mal qu'on dit de moi, il faudrait que je le fusse au bien qu'on en dit. »

On voit parmi les philosophes, et surtout parmi ceux de l'école d'Élée, des hommes qui se sont mêlés de l'administration de l'état, tels que Parménide et Zénon; on en voit d'autres qui ont commandé des armées : Architas remporta plusieurs avantages à la tête des troupes des Tarentins; Mélissus, disciple de Parménide, vainquit les Athéniens dans un combat naval. Ces exemples, et d'autres qu'on pourrait citer, ne prouvent pas que la philosophie suffise pour former des hommes d'état ou de grands généraux; ils montrent seulement qu'un homme d'état ou un grand général peuvent cultiver la philosophie.

Leucippe s'écarta des principes de Zénon son maître, et communiqua les siens à Démocrite d'Abdère en Thrace.

Ce dernier était né dans l'opulence; mais il ne se réserva qu'une partie de ses biens pour voyager, à l'exemple de Pythagore, chez les peuples que les Grecs traitent de barbares, et qui avaient le dépôt des sciences. A son retour, un de ses frères, qu'il avait enrichi de ses dépouilles, pourvut à ses besoins, réduits au pur nécessaire; et, pour prévenir l'effet d'une loi qui privait de la sépulture le citoyen convaincu d'avoir dissipé l'héritage de ses pères, Démocrite lut en présence des habitants d'Abdère un ouvrage qui lui concilia leur estime et leur admiration. Il passa le reste de sa vie dans une retraite profonde; heureux, parce qu'il avait une grande passion qu'il pouvait toujours satisfaire, celle de s'instruire par ses réflexions, et d'instruire les autres par ses écrits.

Protagoras, né de parents pauvres et occupés d'ouvrages serviles, fut découvert et élevé par Démocrite, qui démêla et étendit son génie. C'est ce même Protagoras qui devint un des plus illustres sophistes d'Athènes, où il s'était établi; il donna des lois aux Thuriens d'Italie, écrivit sur la philosophie, fut accusé d'athéisme et banni de l'Attique. Ses ouvrages, dont on fit une perquisition sévère dans les maisons des particuliers, furent brûlés dans la place publique.

Je ne sais si c'est aux circonstances des temps ou à la nature de l'esprit humain qu'on doit attribuer une singularité qui m'a toujours frappé. C'est que, dès qu'il paraît dans une ville un homme de génie ou de talent, aussitôt on y voit des génies et des talents qui, sans lui, ne se seraient peut-être jamais développés. Cadmus et Thalès dans Milet, Pythagore en Italie, Parménide dans la ville d'Élée, Eschyle et Socrate dans Athènes, ont créé, pour ainsi dire, dans ces différentes contrées, des générations d'esprits jaloux d'atteindre ou de surpasser leurs modèles. Abdère même, cette petite ville si renommée jusqu'ici pour la stupidité de ses habitants, eut à peine produit Démocrite qu'elle vit paraître Protagoras; et ce dernier sera remplacé par un citoyen de la même ville, par Anaxarque, qui annonce déjà les plus grandes dispositions.

Parmi les auteurs qui ont écrit sur la philosophie, je ne dois pas omettre le ténébreux Héraclite d'Éphèse; car c'est le nom qu'il a mérité par l'obscurité de son style. Cet homme, d'un caractère sombre et d'un orgueil insupportable, commença par avouer qu'il ne savait rien, et finit par dire qu'il savait tout. Les Éphésiens voulurent le placer à la tête de leur république; il s'y refusa, outré de ce qu'ils avaient exilé Hermodore, son ami. Ils lui demandèrent des lois; il répondit qu'ils étaient trop corrompus. Devenu odieux à tout le monde, il sortit d'Éphèse et se retira sur les montagnes voisines, ne se nourrissant que d'herbes sauvages, et ne retirant d'autre plaisir de ses méditations que de haïr plus vigoureusement les hommes.

Socrate, ayant achevé la lecture d'un ouvrage d'Héraclite, dit à Euripide, qui le lui avait prêté : Ce que j'en ai compris est excellent : je crois que le reste l'est aussi; mais on risque de s'y noyer si l'on n'est aussi habile qu'un plongeur de Délos.

Les ouvrages de ces écrivains célèbres étaient accompagnés de quantité d'autres dont les auteurs sont moins connus. Pendant que je félicitais Euclide d'une si riche collection, je vis entrer dans la bibliothèque un homme vénérable par la figure, l'âge et le maintien. Ses cheveux tombaient sur ses épaules; son front était ceint d'un diadème et d'une couronne de myrte. C'était Callias, l'hiérophante ou le grand-prêtre de Cérès, l'intime ami d'Euclide, qui eut l'attention de me présenter à lui et de le prévenir en ma faveur. Après quelques moments d'entretien, je retournai à mes livres. Je les parcourais avec un saisissement dont Callias s'aperçut. Il me demanda si je serais bien aise d'avoir quelques notions de la doctrine qu'ils renferment. Je vous répondrai, lui dis-je avec chaleur, comme autrefois un de mes ancêtres à Solon : « Je n'ai quitté la Scythie, je n'ai traversé des régions immenses et affronté les tempêtes du Pont-Euxin que pour venir m'instruire parmi vous. » C'en est fait, je ne sors plus d'ici; je vais dévorer les écrits de vos sages : car sans doute il doit résulter de leurs travaux de grandes vérités pour le bonheur des hommes. Callias sourit de ma résolution, et peut-être en eut-il pitié. On peut en juger par le discours suivant.

CHAPITRE XXX.
SUITE DU CHAPITRE PRÉCÉDENT.
Discours du grand-prêtre de Cérès sur les causes premières.

Je songeais une fois, me dit Callias, que j'avais été tout à coup jeté dans un grand chemin, au milieu d'une foule immense de personnes de tout âge, de tout sexe et de tout état. Nous marchions à pas précipités, un bandeau sur les yeux, quelques-uns poussant des cris de joie, la plupart accablés de chagrins et d'ennui. Je ne savais d'où je venais et où j'allais. J'interrogeais ceux dont j'étais entouré. Les uns me disaient : « Nous l'ignorons comme vous; mais nous suivons ceux qui nous précèdent, et nous précédons ceux qui nous suivent. » D'autres répondaient : « Que nous importent vos questions? voilà des gens qui nous pressent, il faut que nous les repoussions à notre tour. » Enfin d'autres plus éclairés me disaient : « Les dieux nous ont condamnés à fournir cette carrière; nous exécutons leurs ordres sans prendre trop de part ni aux vaines joies, ni aux vains chagrins de cette multitude. » Je me laissais entraîner au torrent, lorsque j'entendis une voix qui s'écriait : « C'est ici le chemin de la lumière et de la vérité. » Je la suivis avec émotion. Un homme me saisit par la main, m'ôta mon bandeau et me conduisit dans une forêt couverte de ténèbres aussi épaisses que les premières. Nous perdîmes bientôt la trace du sentier que nous avions suivi jusqu'alors, et nous trouvâmes quantité de gens qui étaient égarés comme nous. Leurs conducteurs ne se rencontraient point sans en venir aux mains; car il était de leur intérêt de s'enlever les uns aux autres ceux qui marchaient à leur suite. Ils tenaient des flambeaux et en faisaient jaillir des étincelles qui nous éblouissaient. Je changeai souvent de guides; je tombai souvent dans des précipices, souvent je me trouvais arrêté par un mur impénétrable : mes guides disparaissaient alors et me laissaient alors dans l'horreur du désespoir. Excédé de fatigue, je regrettais d'avoir abandonné la route que tenait la multitude; et je m'éveillai au milieu de ces regrets.

O mon fils! les hommes ont vécu pendant plusieurs siècles dans une ignorance qui ne tourmentait point leur raison. Contents des traditions confuses qu'on leur avait transmises sur l'origine des choses, ils jouissaient sans chercher à connaître. Mais depuis deux cents ans environ, agités d'une inquiétude secrète, ils cherchent à pénétrer les mystères de la nature, qu'ils ne soupçonnaient pas auparavant, et cette nouvelle maladie de l'esprit humain a substitué de grandes erreurs à de grands préjugés.

Dieu, l'homme, l'univers : quand on eut découvert que c'étaient là de grands objets de méditation, les âmes parurent s'élever, car rien ne donne de plus hautes idées et de plus vastes prétentions que l'étude de la nature; et comme l'ambition de l'esprit est aussi active et aussi dévorante que celle du cœur, on voulut mesurer l'espace, sonder l'infini, et suivre les contours de cette chaîne qui, dans l'immensité de ses replis, embrasse l'universalité des êtres.

Les ouvrages des premiers philosophes sont didactiques et sans ornements : ils ne procèdent que par principes et par conséquences, comme ceux des géomètres; mais la grandeur du sujet y répand une majesté qui, souvent, dès le titre, inspire de l'intérêt et du respect. On annonce qu'on va s'occuper de la *nature du ciel*, du *monde*, de l'*âme du monde*. Démocrite commence un de ses traités par ces mots imposants : *Je parle de l'univers*.

En parcourant cet énorme recueil, où brillent les plus vives lumières au milieu de la plus grande obscurité, où l'excès du délire est joint à la profondeur de la sagesse, où l'homme a déployé la force et la faiblesse de sa raison, souvenez-vous, ô mon fils, que la nature est couverte d'un voile d'airain, que les efforts réunis de tous les hommes et de tous les siècles ne pourraient soulever l'extrémité de cette enveloppe, et que la science du philosophe consiste à discerner le point où commencent les mystères; sa sagesse, à le respecter.

Nous avons vu de nos jours rejeter ou révoquer en doute l'existence de la Divinité, cette existence si long-temps attestée par le consentement de tous les peuples. Quelques philosophes la nient formellement; d'autres la détruisent par leurs principes : ils s'égarent, tous ceux qui veulent sonder l'essence de cet être infini, ou rendre compte de ses opérations.

Demandez-leur : Qu'est-ce que Dieu ? ils répondront : C'est ce qui n'a ni commencement ni fin. — C'est un esprit pur; — c'est une matière très-déliée, c'est l'air; — c'est un feu doué d'intelligence; — c'est le monde. — Non : c'est l'âme du monde, auquel il est uni comme l'âme l'est au corps. — Il est principe unique; — il l'est du bien; la matière l'est du mal. — Tout se fait par ses ordres et sous ses yeux ; tout se fait par ses agents subalternes... O mon fils ! adorez Dieu, et ne cherchez pas à le connaître.

Demandez-leur : Qu'est-ce que l'univers ? ils répondront : Tout ce qui est a toujours été ; ainsi le monde est éternel. — Non, il ne l'est pas, mais c'est la matière qui est éternelle. — Cette matière, susceptible de toutes les formes, n'en avait aucune en particulier. Elle en avait une, elle en avait plusieurs, elle en avait un nombre illimité; car elle n'est autre que l'eau, que l'air, le feu, que les éléments, qu'un assemblage d'atomes, qu'un nombre infini d'éléments incorruptibles, de parcelles similaires dont la réunion forme toutes les espèces. Cette matière subsistait sans mouvement dans le chaos; l'intelligence lui communiqua son action, et le monde parut. — Non : elle avait un mouvement irrégulier; Dieu l'ordonna en la pénétrant d'une partie de son essence, et le monde fut fait. — Non : les atomes se mouvaient dans le vide, et l'univers fut le résultat de leur union fortuite. — Non : il n'y a dans la nature que deux éléments qui ont tout produit et tout conservé : la terre, et le feu qui l'anime. — Non : il faut joindre aux quatre éléments l'amour qui unit ces parties et la haine qui les sépare.... O mon fils ! n'usez pas vos jours à connaître l'origine de l'univers, mais à remplir comme il faut la petite place que vous y occupez.

Demandez-leur enfin : Qu'est-ce que l'homme ? ils vous répondront : L'homme présente les mêmes phénomènes et les mêmes contradictions que l'univers, dont il est l'abrégé. Ce principe auquel on a donné de tout temps le nom d'âme et d'intelligence, est une nature toujours en mouvement. — C'est un nombre qui se meut par lui-même. — C'est un pur esprit, dit-on, qui n'a rien de commun avec les corps. — Mais si cela est, comment peut-il les connaître ? — C'est plutôt un air très-subtil, — un feu très-actif, — une flamme émanée du soleil, — une portion de l'éther, — une eau très-légère, — un mélange de plusieurs éléments. — C'est un assemblage d'atomes ignés et sphériques, semblables à ces parties subtiles de matières qu'on voit s'agiter dans les rayons du soleil; c'est un être simple. — Non : il est composé; il l'est de plusieurs principes, il l'est de plusieurs qualités contraires. — C'est le sang qui circule dans nos veines ; cette âme est répandue dans tout le corps ; elle ne réside que dans le cerveau, que dans le cœur, que dans le diaphragme : elle périt avec nous. — Non, elle ne périt pas, mais elle anime d'autres corps; — mais elle se réunit à l'âme de l'univers.... O mon fils ! réglez les mouvements de votre âme, et ne cherchez pas à connaître son essence.

Tel est le tableau général des opinions hasardées sur les objets les plus importants de la philosophie. Cette abondance d'idées n'est qu'une disette réelle; et cet amas d'ouvrages que vous avez sous les yeux, prétendu trésor de connaissances sublimes, n'est en effet qu'un dépôt humiliant de contradictions et d'erreurs. N'y cherchez point des systèmes uniformes et liés dans toutes leurs parties, des expositions claires, des solutions applicables à chaque phénomène de la nature. Presque tous les auteurs sont inintelligibles, parce qu'ils sont trop précis; ils le sont, parce que, craignant de blesser les opinions de la multitude, ils enveloppent leurs doctrines sous des expressions métaphoriques ou contraires à leurs principes; ils le sont enfin, parce qu'ils affectent de l'être, pour échapper à des difficultés qu'ils n'ont pas prévues ou qu'ils n'ont pu résoudre.

Si néanmoins, peu satisfait des résultats que vous venez d'entendre, vous voulez prendre une notion légère de leurs principaux systèmes, vous serez effrayé de la nature des questions qu'ils agitent en entrant dans la carrière. N'y a-t-il qu'un principe dans l'univers? faut-il en admettre plusieurs? S'il n'y en a qu'un, est-il mobile ou immobile? S'il y en a plusieurs, sont-ils finis ou infinis? etc.

Il s'agissait surtout d'expliquer la formation de l'univers, et d'indiquer la cause de cette étonnante quantité d'espèces et d'individus que la nature présente à nos yeux. Les formes et les qualités des corps s'altèrent, se détruisent et se reproduisent sans cesse; mais la matière dont ils sont composés subsiste toujours: on peut la suivre par la pensée dans ses divisions et subdivisions sans nombre, et parvenir enfin à un être simple qui sera le premier principe de l'univers et de tous les corps en particulier. Les fondateurs de l'école d'Ionie et quelques philosophes des autres écoles s'appliquèrent à découvrir cet être simple et indivisible. Les uns le reconnurent dans l'élément de l'eau; les autres, dans celui de l'air; d'autres joignirent la terre et le feu à ces deux éléments; d'autres enfin supposèrent que de toute éternité il avait existé dans la masse primitive une quantité immense et immobile de parties déterminées dans leur forme et leur espèce; qu'il avait suffi de rassembler toutes les particules d'air pour en composer cet élément, toutes les parcelles d'or pour en former ce métal, et ainsi pour les autres espèces.

Ces différents systèmes n'avaient pour objet que le principe matériel et passif des choses; on ne tarda pas à connaître qu'il en fallait un second pour donner de l'activité au premier. Le feu parut à la plupart un agent propre à composer et à décomposer les corps; d'autres admirent dans les particules de la matière première une espèce d'amour et de haine capable de les séparer et de les réunir tour à tour. Ces explications et celles qu'on leur a substituées depuis ne pouvant s'appliquer à toutes les variétés qu'offre la nature, leurs auteurs furent souvent obligés de recourir à d'autres principes, ou de rester accablés sous le poids des difficultés : semblables à ces athlètes qui, se présentant au combat sans s'y être exercés, ne doivent qu'au hasard les faibles succès dont ils s'enorgueillissent.

L'ordre et la beauté qui règnent dans l'univers forcèrent enfin les esprits de recourir à une cause intelligente. Les premiers philosophes de l'école d'Ionie l'avaient reconnue ; mais Anaxagore, peut-être d'après Hermotime, fut le premier qui la distingua de la matière et qui annonça nettement que toutes choses étaient de tout temps dans la masse primitive, que l'intelligence porta son action sur cette masse et y introduisit l'ordre.

Après que l'école d'Ionie se fût élevée à cette vérité, qui n'était après tout que l'ancienne tradition des peuples, Pythagore, ou plutôt ses disciples (car, malgré la proximité des temps, il est presque impossible de connaître les opinions de cet homme extraordinaire), des pythagoriciens, dis-je, conçurent l'univers sous l'idée d'une matière animée par une intelligence qui la met en mouvement, et se répand tellement dans toutes ses parties qu'elle ne peut en être séparée. On peut la regarder comme l'auteur de toutes choses, comme un feu très-subtil et une flamme très-pure, comme la force qui a soumis la matière et qui la tient encore enchaînée. Son essence étant inaccessible aux sens, empruntons, pour la caractériser, non le langage des sens, mais celui de l'esprit : donnons à l'intelligence ou au principe actif de l'univers le nom de *monade* ou d'*unité*, parce qu'il est toujours le même ; à la matière ou au principe passif, celui de *dyade* ou de *multiplicité*, parce qu'il est sujet à toutes sortes de changements ; au monde enfin, celui de *triade*, parce qu'il est le résultat de l'intelligence et de la matière.

Plusieurs disciples de Pythagore ont, au besoin, attaché d'autres idées à ces expressions ; mais presque tous ont cherché dans les nombres des propriétés dont la connaissance les pût élever à celle de la nature : propriétés qui leur semblaient indiquées dans les phénomènes des corps sonores.

Tendez une corde, divisez-la successivement en deux, trois et quatre parties : vous aurez dans chaque moitié l'octave de la corde totale ; dans les trois quarts, sa quarte ; dans les deux tiers, sa quinte. L'octave sera donc comme 1 à 2 ; la quarte, comme 3 à 4 ;

la quinte, comme 2 à 3. L'importance de cette observation fit donner aux nombres 1, 2, 3, 4 le nom de *sacré quaternaire*.

Voilà les proportions de Pythagore, voilà les principes sur lesquels était fondé le système de musique de tous les peuples, et en particulier celui que ce philosophe trouva parmi les Grecs, et qu'il perfectionna par ses lumières.

D'après ces découvertes, qu'on devait sans doute aux Égyptiens, il fut aisé de conclure que les lois de l'harmonie sont invariables, et que la nature elle-même a fixé d'une manière irrévocable la valeur et les intervalles des tons. Mais pourquoi, toujours uniforme dans sa marche, n'aurait-elle pas suivi les mêmes lois dans le système général de l'univers? Cette idée fut un coup de lumière pour les esprits ardents et préparés à l'enthousiasme par la retraite, l'abstinence et la méditation, pour des hommes qui se font une religion de consacrer tous les jours quelques heures à la musique, et surtout à se former une intonation juste.

Bientôt, dans les nombres 1, 2, 3, 4, on découvrit non-seulement un des principes du système musical, mais encore ceux de la physique et de la morale. Tout devint proportion et harmonie : le temps, la justice, l'amitié, l'intelligence, ne furent que des rapports de nombres.

Empédocle admit quatre éléments : l'eau, l'air, la terre et le feu. D'autres pythagoriciens découvrirent quatre facultés dans notre âme ; toutes nos vertus découlèrent de quatre vertus principales. Comme les nombres qui composent le sacré quaternaire produisent, en se réunissant, le nombre dix, devenu le plus parfait de tous par cette réunion même, il fallut admettre dans le ciel dix sphères, quoiqu'il n'en contienne que neuf.

Enfin, ceux des pythagoriciens qui supposèrent une âme dans l'univers ne purent mieux expliquer le mouvement des cieux et la distance des corps célestes à la terre qu'en évaluant les degrés d'activité qu'avait cette âme depuis le centre de l'univers jusqu'à sa circonférence. En effet, partagez cet espace immense en trente-six couches, ou plutôt concevez une corde qui du milieu de la terre se prolonge jusqu'aux extrémités du monde, et qui soit divisée en trente-six parties, à un ton ou à un demi-ton l'une de l'autre, vous aurez l'échelle musicale de l'âme universelle. Les corps célestes sont placés sur différents degrés de cette échelle, à des distances qui sont entre elles dans les rapports de la quinte et des autres consonnances. Leurs mouvements, dirigés suivant les mêmes proportions, produisent une harmonie douce et divine. Les Muses, comme autant de sirènes, ont placé leurs trônes sur les astres : elles règlent la marche cadencée des sphères célestes, et président à ces concerts éternels et ravissants qu'on ne peut entendre que dans le silence des passions, et qui, dit-on, remplissaient d'une joie pure l'âme de Pythagore.

Les rapports que les uns voulaient établir dans la distance et dans les mouvements des sphères célestes, d'autres prétendirent les découvrir dans les grandeurs des astres ou dans les diamètres de leurs orbites.

Les lois de la nature détruisent cette théorie ; mais on les connaissait à peine quand elle fut produite, et, quand on les connut mieux, on n'eut pas la force de renoncer à l'attrait d'un système enfanté et embelli par l'imagination.

Non moins chimérique, mais plus intelligible, est un autre principe admis par plusieurs pythagoriciens. Suivant l'observation d'Héraclite d'Éphèse, les corps sont dans un état continuel d'évaporation et de fluidité : les parties de matière dont ils sont composés s'échappent sans cesse pour être remplacées par d'autres parties qui s'écouleront à leur tour jusqu'au moment de la dissolution du tout qu'elles forment par leur union. Ce mouvement imperceptible, mais réel et commun à tous les êtres matériels, altère à tous moments leurs qualités, et les transforme en d'autres êtres qui n'ont, avec les premiers, qu'une conformité apparente. Vous n'êtes pas aujourd'hui ce que vous étiez hier ; demain vous ne serez pas ce que vous êtes aujourd'hui. Il en est de nous comme du vaisseau de Thésée, que nous conservons encore, mais dont on a plusieurs fois renouvelé toutes les parties.

Or quelle notion certaine et permanente peut résulter de cette mobilité de toutes choses, de ce courant impétueux, de ce flux et reflux des parties fugitives des êtres? Quel instant saisiriez-vous pour mesurer une grandeur qui croîtrait et décroîtrait sans cesse? Nos connaissances, variables comme leur objet, n'auraient donc rien de fixe et de constant : il n'y aurait donc pour nous ni vérité ni sagesse, si la nature ne nous découvrait elle-même les fondements de la science et de la vertu.

C'est elle qui, en nous privant de la faculté de nous représenter tous les individus, et nous permettant de les ranger sous certaines classes, nous élève à la contemplation des idées primitives des choses. Les objets sensibles sont, à la vérité, sujets à des changements ; mais l'idée générale de l'homme, celle de l'arbre, celle des genres et des espèces, n'en éprouvent aucun. Ces idées sont donc immuables, et, loin de les regarder comme de simples abstractions de l'esprit, il faut les considérer comme des êtres réels,

CHAPITRE XXX.

comme les véritables essences des choses. Ainsi, l'arbre et le cube que vous avez devant les yeux ne sont que la copie et l'image du cube et de l'arbre qui, de toute éternité, existent dans le monde intelligible, dans ce séjour pur et brillant où résident essentiellement la justice, la beauté, la vertu, de même que les exemplaires de toutes les substances et de toutes les formes.

Mais quelle influence peuvent avoir dans l'univers et les idées et les rapports des nombres? L'intelligence qui pénètre les parties de la matière, suivant Pythagore, agit sans interruption, ordonnant et modelant ces parties, tantôt d'une façon, tantôt d'une autre; présidant au renouvellement successif et rapide des générations; détruisant les individus, conservant les espèces; mais toujours obligée, suivant les uns, de régler ses opérations profondes sur les proportions éternelles des nombres; suivant les autres, de consulter les idées éternelles des choses, qui sont pour elle ce qu'un modèle est pour un artiste. A son exemple, le sage doit avoir les yeux fixés sur l'un de ces deux principes, soit pour établir dans son âme l'harmonie qu'il admire dans l'univers, soit pour retracer en lui-même les vertus dont il a contemplé l'essence divine.

En rapprochant quelques traits épars dans les ouvrages que vous avez sous les yeux, j'ai tâché de vous exposer les systèmes particuliers de quelques pythagoriciens. Mais la doctrine des nombres est si obscure, si profonde et si attrayante pour des esprits oisifs, qu'elle a fait éclore une foule d'opinions.

Les uns ont distingué les nombres des idées ou des espèces; les autres les ont confondus avec les espèces, parce qu'en effet elles contiennent une certaine quantité d'individus. On a dit que les nombres existent séparément des corps; on a dit qu'ils existent dans les corps mêmes. Tantôt le nombre paraît désigner l'élément de l'étendue, il est la substance ou le principe et le dernier terme des corps, comme les points le sont des lignes, des surfaces et de toutes les grandeurs; tantôt il n'exprime que la forme des éléments primitifs. Ainsi, l'élément terrestre a la forme d'un carré; le feu, l'air et l'eau ont celle de différentes espèces de triangles, et ces diverses configurations suffisent pour expliquer les effets de la nature. En un mot, ce terme mystérieux n'est ordinairement qu'un signe arbitraire pour exprimer, soit la nature et l'essence des premiers éléments, soit leurs formes, soit leurs proportions, soit enfin les idées ou les exemplaires éternels de toutes choses.

Observons ici que Pythagore ne disait point que tout avait été fait par la vertu des nombres, mais suivant les proportions des nombres. Si, au mépris de cette déclaration formelle, quelques-uns de ses disciples, donnant aux nombres une existence réelle et une vertu secrète, les ont regardés comme les principes constitutifs de l'univers, ils ont tellement négligé de développer et d'éclaircir leur système qu'il faut les abandonner à leur impénétrable profondeur.

L'obscurité et les inconséquences que trouve un lecteur en parcourant ces écrits proviennent : 1° des ténèbres dont seront toujours enveloppées les questions qu'ils traitent ; 2° de la diversité des acceptions dans lesquelles on prend les mots *être, principe, cause, élément, substance*, et tous ceux qui composent la langue philosophique ; 3° des couleurs dont les premiers interprètes de la nature revêtirent leurs dogmes : comme ils écrivaient en vers, ils parlaient plus souvent à l'imagination qu'à la raison ; 4° de la diversité des méthodes introduites en certaines écoles. Plusieurs disciples de Pythagore, en cherchant les principes des êtres, fixèrent leur attention sur la nature de nos idées, et passèrent, presque sans s'en apercevoir, du monde sensible au monde intellectuel. Alors l'étude naissante de la métaphysique fut préférée à celle de la physique. Comme on n'avait pas encore rédigé les lois de cette dialectique sévère qui arrête l'esprit dans ses écarts, la raison substitua impérieusement son témoignage à celui des sens. La nature, qui tend toujours à singulariser, n'offre partout que multitude et changements ; la raison, qui veut toujours généraliser, ne vit partout qu'unité et immobilité, et, prenant l'essor et l'enthousiasme de l'imagination, elle s'éleva d'abstractions en abstractions, et parvint à une hauteur de théorie dans laquelle l'esprit le plus attentif a de la peine à se maintenir.

Ce fut surtout dans l'école d'Élée que l'art ou la licence du raisonnement employa toutes ses ressources. Là s'établirent deux ordres d'idées : l'un, qui avait pour objet les corps et leurs qualités sensibles ; l'autre, qui ne considère que l'être en lui-même et sans relations avec l'existence. De là deux méthodes : la première, fondée, à ce qu'on prétend, sur le témoignage de la raison et de la vérité ; la seconde, sur celui des sens et de l'opinion : l'une et l'autre suivirent à peu près la même marche. Auparavant, les philosophes qui s'étaient servis de l'autorité des sens avaient cru s'apercevoir que, pour produire un effet, la nature employait deux principes contraires, comme la terre et le feu, etc. ; de même les philosophes qui ne consultèrent que la raison s'occupèrent, dans leurs méditations, de l'être et du non-être, du fini et de l'infini, de l'un et de plusieurs, du nombre pair et du nombre impair, etc.

Il restait une immense difficulté, celle d'appliquer ces abstractions, et de combiner le métaphysique avec le physique. Mais, s'ils ont tenté cette conciliation, c'est avec si peu de clarté qu'on ignore pour l'ordinaire s'ils parlent en physiciens ou en métaphysiciens. Vous verrez Parménide, tantôt ne supposer ni productions ni destructions dans la nature, tantôt prétendre que la terre et le feu sont les principes de toute génération. Vous en verrez d'autres n'admettre aucune espèce d'accord entre les sens et la raison, et, seulement attentifs à la lumière intérieure, n'envisager les objets extérieurs que comme des apparences trompeuses et des sources intarissables de prestige et d'erreurs. « Rien n'existe, s'écriait l'un d'entre eux ; s'il existait quelque chose, on ne pourrait le connaître ; si on pouvait le connaître, on ne pourrait le rendre sensible. » Un autre, intimement persuadé qu'on ne doit rien nier ni rien affirmer, se méfiait de ses paroles et ne s'expliquait que par signes.

Je vous dois un exemple de la manière dont procédaient ces philosophes : Xénophanès, chef de l'école d'Élée, me le fournira.

Rien ne se fait de rien. De ce principe, adopté par tous ses disciples, il suit que ce qui existe doit être éternel ; ce qui est éternel est infini, puisqu'il n'a ni commencement ni fin ; ce qui est infini est unique, car s'il ne l'était pas il serait plusieurs : l'un servirait de borne à l'autre, et il ne serait pas infini ; ce qui est unique est toujours semblable à lui-même. Or, un être unique, éternel et toujours semblable, doit être immobile, puisqu'il ne peut se glisser, ni dans le vide qui n'est rien, ni dans le plein qu'il remplit déjà lui-même. Il doit être immuable ; car, s'il éprouvait le moindre changement, il arriverait quelque chose en lui qui n'y était pas auparavant, et alors se trouverait détruit ce principe fondamental : Rien ne se fait de rien.

Dans cet être infini, qui comprend tout, et dont l'idée est inséparable de l'intelligence et de l'éternité, il n'y a donc ni mélange de parties, ni diversité de formes, ni générations, ni destructions. Mais comment accorder cette immutabilité avec les révolutions successives que nous voyons dans la nature ? Elles ne sont qu'une illusion, répondait Xénophanès : l'univers ne nous offre qu'une scène mobile ; la scène existe, mais la mobilité est l'ouvrage de nos sens. — Non, disait Zénon, le mouvement est impossible. Il le disait, et le démontrait au point d'étonner ses adversaires et de les réduire au silence.

O mon fils ! quelle étrange lumière ont apportée sur la terre ces hommes célèbres, qui prétendent s'être asservi la nature ! et que l'étude de la philosophie serait humiliante si, après avoir commencé par le doute, elle devait se terminer par de semblables paradoxes ! Rendons plus de justice à ceux qui les ont avancés. La plupart aimèrent la vérité ; ils crurent la découvrir par la voie des notions abstraites, et s'égarèrent sur la foi d'une raison dont ils ne connaissaient pas les bornes. Quand, après avoir épuisé les erreurs, ils devinrent plus éclairés, ils se livrèrent avec la même ardeur aux mêmes discussions, parce qu'ils les crurent propres à fixer l'esprit et à mettre plus de précision dans les idées. Enfin, il ne faut pas dissimuler que plusieurs de ces philosophes, peu dignes d'un nom si respectable, n'entrèrent dans la lice que pour éprouver leurs forces et se signaler par des triomphes aussi honteux pour le vainqueur que pour le vaincu. Comme la raison, ou plutôt l'art de raisonner, a eu son enfance ainsi que les autres arts, des définitions peu exactes et le fréquent abus des mots fournissaient à ces athlètes adroits ou vigoureux des armes toujours nouvelles. Nous avons presque vu le temps où, pour prouver que ces mots, *un* et *plusieurs*, peuvent désigner le même objet, on vous aurait soutenu que vous n'êtes qu'un en qualité d'homme, mais que vous êtes deux en qualité d'homme et de musicien. Ces puérilités absurdes n'inspirent aujourd'hui que du mépris, et sont absolument abandonnées aux sophistes.

Il me reste à vous parler d'un système aussi remarquable par sa singularité que par la réputation de ses auteurs.

Le vulgaire ne voit autour du globe qu'il habite qu'une voûte étincelante de lumière pendant le jour, semée d'étoiles pendant la nuit ; ce sont là les bornes de son univers. Celui de quelques philosophes n'en a plus, et s'est accru, presque de nos jours, au point d'effrayer notre imagination.

On supposa d'abord que la lune était habitée, ensuite que les astres étaient autant de mondes ; enfin, que le nombre de ces mondes devait être infini, puisque aucun d'eux ne pouvait servir de terme et d'enceinte aux autres. De là, quelle prodigieuse carrière s'est tout à coup offerte à l'esprit humain ! Employez l'éternité même pour la parcourir, prenez les ailes de l'Aurore, volez à la planète de Saturne : dans les cieux qui s'étendent au-dessus de cette planète, vous trouverez sans cesse de nouvelles sphères, de nouveaux globes, des mondes qui s'accumulent les uns sur les autres ; vous trouverez l'infini partout, dans la matière, dans l'espace, dans le mouvement, dans le nombre des mondes et des astres qui les embellissent ; et, après des millions d'années, vous connaîtrez à peine quelques points du vaste empire de la nature. Oh ! combien cette théorie l'a-t-elle agrandie à nos yeux ! Et, s'il est vrai que notre âme s'étende avec nos idées et s'assimile en quelque façon aux objets dont elle se pénètre, combien l'homme doit-il s'enorgueillir d'avoir percé ces profondeurs inconcevables !

Nous enorgueillir ! m'écriai-je avec surprise. Et de quoi donc, respectable Callias ? Mon esprit reste accablé à l'aspect de cette grandeur sans bornes, devant laquelle toutes les autres s'anéantissent. Vous, moi, tous les hommes, ne sont plus à mes yeux que des insectes plongés dans un océan immense, où les rois et les conquérants ne sont distingués que parce qu'ils agitent un peu plus que les autres les particules d'eau qui les environnent. A ces mots, Callias me regarda, et, après s'être un moment recueilli en lui-même, il me dit en me serrant la main : Mon fils, un insecte qui entrevoit l'infini participe de la grandeur qui vous étonne. Ensuite il ajouta :

Parmi les artistes qui ont passé leur vie à composer et décomposer des mondes, Leucippe et Démocrite, rejetant les nombres, les idées, les proportions harmoniques, et tous ces échafaudages que la métaphysique avait élevés jusqu'alors, n'admirent, à l'exemple de quelques philosophes, que le vide et les atomes pour principes de toutes choses ; mais ils dépouillèrent ces atomes des qualités qu'on leur avait attribuées, et ne leur laissèrent que la figure et le mouvement. Écoutez Leucippe et Démocrite.

L'univers est infini ; il est peuplé d'une infinité de mondes et de tourbillons qui naissent, périssent et se reproduisent sans interruption. Mais une intelligence suprême ne préside point à ces grandes révolutions : tout, dans la nature, s'opère par des lois mécaniques et simples. Voulez-vous savoir comment un de ces mondes peut se former : concevez une infinité d'atomes éternels, indivisibles, inaltérables, de toute forme, de toute grandeur, entraînés dans un vide immense par un mouvement aveugle et rapide. Après des chocs multipliés et violents, les plus grossiers sont poussés et comprimés dans un point de l'espace qui devient le centre d'un tourbillon : les plus subtils s'échappent de tous côtés et s'élancent à différentes distances. Dans la suite des temps, les premiers forment la terre et l'eau ; les seconds, l'air et le feu. Ce dernier élément, composé de globules actifs et légers, s'étend comme une enceinte lumineuse autour de la terre ; l'air, agité par ce flux perpétuel de corpuscules qui s'élèvent des régions inférieures, devient un courant impétueux, et ce courant entraîne les astres qui s'étaient successivement formés dans son sein.

Tout, dans le physique ainsi que dans le moral, peut s'expliquer par un semblable mécanisme, et sans l'intervention d'une cause intelligente. C'est de l'union des atomes que se forme la substance des corps ; c'est de leur figure et de leur arrangement que résultent le froid, le chaud, les couleurs et toutes les variétés de la nature ; c'est leur mouvement qui sans cesse produit, altère et détruit les êtres ; et, comme ce mouvement est nécessaire, nous lui avons donné le nom de destin et de fatalité. Nos sensations, nos idées, sont produites par des images légères, qui se détachent des objets pour frapper nos organes. Notre âme finit avec le corps, parce qu'elle n'est, comme le feu, qu'un composé de globules subtils dont la mort brise les liens. Et, puisqu'il n'y a rien de réel dans la nature, excepté les atomes et le vide, on est, par une suite de conséquences, forcé de convenir que les vices ne diffèrent des vertus que par l'opinion.

O mon fils ! prosternez-vous devant la Divinité ; déplorez en sa présence les égarements de l'esprit humain, et promettez-lui d'être au moins aussi vertueux que la plupart de ces philosophes dont les principes tendaient à détruire la vertu ; car ce n'est point dans des écrits ignorés de la multitude, dans des systèmes produits par la chaleur de l'imagination, par l'inquiétude de l'esprit ou par le désir de la célébrité, qu'il faut étudier les idées que leurs auteurs avaient sur la morale ; c'est dans leur conduite, c'est dans ces ouvrages où, n'ayant d'autre intérêt que celui de la vérité, et d'autre but que l'utilité publique, ils rendent aux mœurs et à la vertu l'hommage qu'elles ont obtenu dans tous les temps et chez tous les peuples.

CHAPITRE XXXI.

Suite de la bibliothèque. L'astronomie et la géographie.

Callias sortit après avoir achevé son discours ; et Euclide m'adressant la parole : Je fais chercher depuis long-temps en Sicile, me dit-il, l'ouvrage de Pétron d'Himère. Non-seulement il admettait la pluralité des mondes, mais il osait en fixer le nombre. Savez-vous combien il en comptait ? cent quatre-vingt-trois. Il comparait, à l'exemple des Égyptiens, l'univers à un triangle : soixante mondes sont rangés sur chacun de ses côtés, les trois autres sur les trois angles. Soumis au mouvement paisible qui, parmi nous, règle certaines danses, ils s'atteignent et se remplacent avec lenteur. Le milieu du triangle est le champ de la vérité : là, dans une immobilité profonde, résident les rapports et les exemplaires des choses qui ont été et de celles qui seront. Autour de ces essences pures est l'éternité, du sein de laquelle émane le temps, qui, comme un ruisseau intarissable, coule et se distribue dans cette foule de mondes.

Ces idées tenaient au système des nombres de Pythagore, et je conjecture..... J'interrompis Euclide. — Avant que vos philosophes eussent produit au loin une si grande quantité de mondes, ils avaient sans doute connu dans le plus grand détail celui que nous habitons. Je pense qu'il n'y a pas dans notre ciel un corps dont il n'ait déterminé la nature, la grandeur, la figure et le mouvement.

— Vous allez en juger, répondit Euclide. Imaginez un cercle, une espèce de roue, dont la circonférence, vingt-huit fois aussi grande que celle de la terre, renferme un immense volume de feu dans sa concavité. Du moyeu, dont le diamètre est égal à celui de la terre, s'échappent les torrents de lumière qui éclairent notre monde. Telle est l'idée que l'on peut se faire du soleil. Vous aurez celle de la lune en supposant sa circonférence dix-neuf fois aussi grande que celle de notre globe. Voulez-vous une explication plus simple? Les parties de feu qui s'élèvent de la terre vont, pendant le jour, se réunir dans un seul point du ciel pour y former le soleil; pendant la nuit, dans plusieurs points où elles se convertissent en étoiles. Mais, comme ces exhalaisons se consument promptement, elles se renouvellent sans cesse pour nous procurer chaque jour un nouveau soleil, chaque nuit de nouvelles étoiles. Il est même arrivé que, faute d'aliments, le soleil ne s'est pas rallumé pendant un mois entier. C'est cette raison qui l'oblige à tourner autour de la terre : s'il était immobile, il épuiserait bientôt les vapeurs dont il se nourrit.

J'écoutais Euclide ; je le regardais avec étonnement ; je lui dis enfin : On m'a parlé d'un peuple de Thrace tellement grossier qu'il ne peut compter au delà du nombre quatre. Serait-ce d'après lui que vous rapportez ces étranges notions ? — Non, me répondit-il, c'est d'après plusieurs de nos plus célèbres philosophes, entre autres Anaximandre et Héraclite, dont le plus ancien vivait deux siècles avant nous. On a vu depuis éclore des opinions moins absurdes, mais également incertaines, et dont quelques-unes même ont soulevé la multitude. Anaxagore, du temps de nos pères, ayant avancé que la lune était une terre à peu près semblable à la nôtre, et le soleil à une pierre enflammée, fut soupçonné d'impiété et forcé de quitter Athènes. Le peuple voulait qu'on mît ces deux astres au rang des dieux ; et nos derniers philosophes, en se conformant quelquefois à son langage, ont désarmé la superstition, qui pardonne tout dès qu'on a des ménagements pour elle.

Comment a-t-on prouvé, lui dis-je, que la lune ressemblait à la terre? — On ne l'a pas prouvé, me répondit-il; on l'a cru. Quelqu'un avait dit : « S'il y avait des montagnes dans la lune, leur ombre, projetée sur sa surface, y produirait peut-être les taches qui s'offrent à nos yeux. » Aussitôt on a conclu qu'il y avait dans la lune des montagnes, des vallées, des rivières, des plaines et quantité de ville . Il a fallu ensuite connaître ceux qui l'habitent. Suivant Xénophanès, ils y mènent la même vie que nous sur la terre. Suivant quelques disciples de Pythagore, les plantes y sont plus belles, les animaux quinze fois plus grands, les jours quinze fois plus longs que les nôtres. — Et sans doute, lui dis-je, les hommes quinze fois plus intelligents que sur notre globe. Cette idée rit à mon imagination.

Comme la nature est encore plus riche par les variétés que par le nombre des espèces, je distribue à mon gré, dans les différentes planètes, des peuples qui ont un, deux, trois, quatre sens de plus que nous. Je compare ensuite leurs génies avec ceux que la Grèce a produits, et je vous avoue qu'Homère et Pythagore me font pitié. Démocrite, répondit Euclide, a sauvé leur gloire de ce parallèle humiliant. Persuadé peut-être de l'excellence de notre espèce, il a décidé que les hommes sont individuellement partout les mêmes. Suivant lui, nous existons à la fois, et de la même manière, sur notre globe, sur celui de la lune, et dans tous les mondes de l'univers.

Nous représentons souvent sur des chars les divinités qui président aux planètes, parce que cette voiture est la plus honorable parmi nous. Les Égyptiens les placent sur des bateaux, parce qu'ils font presque tous leurs voyages sur le Nil. De là Héraclite donnait au soleil et à la lune la forme d'un bateau. Je vous épargne le détail des autres conjectures, non moins frivoles, hasardées sur la figure des astres. On convient assez généralement aujourd'hui qu'ils sont de forme sphérique. Quant à leur grandeur, il n'y a pas long-temps encore qu'Anaxagore disait que le soleil est beaucoup plus grand que le Péloponnèse; et Héraclite, qu'il n'a réellement qu'un pied de diamètre.

Vous me dispensez, lui dis-je, de vous interroger sur les dimensions des autres planètes; mais vous leur avez du moins assigné la place qu'elles occupent dans le ciel? Cet arrangement, répondit Euclide, a coûté beaucoup d'efforts et a partagé nos philosophes. Les uns placent au-dessus de la Terre la Lune, Mercure, Vénus, le Soleil, Mars, Jupiter et Saturne. Tel est l'ancien système des Égyptiens et des Chaldéens; tel fut celui que Pythagore introduisit dans la Grèce. L'opinion qui domine aujourd'hui parmi nous

CHAPITRE XXXI.

range les planètes dans cet ordre : la Lune, le Soleil, Mercure, Vénus, Mars, Jupiter et Saturne. Les noms de Platon, d'Eudoxe et d'Aristote ont accrédité ce système, qui ne diffère du précédent qu'en apparence.

En effet, la différence ne vient que d'une découverte faite en Égypte, et que les Grecs veulent en quelque façon s'approprier. Les astronomes égyptiens s'aperçurent que les planètes de Mercure et de Vénus, compagnes inséparables du Soleil, sont entraînées par le même mouvement que cet astre, et tournent sans cesse autour de lui. Suivant les Grecs, Pythagore reconnut le premier que l'étoile de Junon ou de Vénus, cette étoile brillante qui se montre quelquefois après le coucher du Soleil, est la même qui en d'autres temps précède son lever. Comme les pythagoriciens attribuent le même phénomène à d'autres étoiles et à d'autres planètes, il ne paraît pas que, de l'observation dont on fait honneur à Pythagore, ils aient conclu que Vénus fasse sa révolution autour du Soleil. Mais il suit de la découverte des prêtres de l'Égypte, que Vénus et Mercure doivent paraître tantôt au-dessus et tantôt au-dessous de cet astre, et qu'on peut sans inconvénient leur assigner ces différentes positions. Aussi les Égyptiens n'ont-ils point changé l'ancien ordre des planètes dans leurs planisphères célestes.

Des opinions étranges se sont élevées dans l'école de Pythagore. Vous verrez dans cet ouvrage d'Hicétas de Syracuse que tout est en repos dans le ciel, les étoiles, le Soleil, la Lune elle-même. La Terre seule, par un mouvement rapide autour de son axe, produit les apparences que les astres offrent à nos regards. Mais d'abord l'immobilité de la Lune ne peut se concilier avec ces phénomènes ; de plus, si la Terre tournait sur elle-même, un corps lancé à une très-grande hauteur ne retomberait pas au même point d'où il est parti. Cependant le contraire est prouvé par l'expérience. Enfin, comment osa-t-on d'une main sacrilége troubler le repos de la Terre, regardée de tout temps comme le centre du monde, le sanctuaire des dieux, l'autel, le nœud et l'unité de la nature ? Aussi dans cet autre traité Philolaüs commence-t-il par transporter au feu les priviléges sacrés dont il dépouille la terre. Ce feu céleste, devenu le foyer de l'univers, en occupe le centre. Tout autour roulent sans interruption dix sphères : celles des étoiles fixes, celles du Soleil, de la Lune et de cinq planètes [1], celles de notre globe et d'une autre terre invisible à nos yeux,

---

[1] Avant Platon, et de son temps, par le nom de *planètes* on entendait Mercure, Vénus, Mars, Jupiter et Saturne.

quoique voisine de nous. Le Soleil n'a plus qu'un éclat emprunté ; ce n'est qu'une espèce de miroir ou de globe de cristal qui nous renvoie la lumière du feu céleste.

Ce système, que Platon regrette quelquefois de n'avoir pas adopté dans ses ouvrages, n'est point fondé sur des observations, mais uniquement sur des raisons de convenance. La substance du feu, disent ses partisans, étant plus pure que celle de la terre, doit reposer dans le milieu de l'univers, comme dans la place la plus honorable.

C'était peu d'avoir fixé les rangs entre les planètes ; il fallait marquer à quelle distance les unes des autres elles fournissent leur carrière. C'est ici que Pythagore et ses disciples ont épuisé leur imagination.

Les planètes, en y comprenant le Soleil et la Lune, sont au nombre de sept. Ils se sont rappelé aussitôt l'heptacorde, ou la lyre à sept cordes. Vous savez que cette lyre renferme deux tétracordes unis par un son commun, et qui, dans le genre diatonique, donne cette suite de sons : *si, ut, ré, mi, fa, sol, la*. Supposez que la Lune soit représentée par *si*, Mercure le sera par *ut*, Vénus par *ré*, le Soleil par *mi*, Mars par *fa*, Jupiter par *sol*, Saturne par *la* ; ainsi la distance de la Lune *si* à Mercure *ut* sera d'un demi-ton, celle de Mercure *ut* à Vénus *ré* sera d'un ton, c'est-à-dire que la distance de Vénus à Mercure sera le double de celle de Mercure à la Lune. Telle fut la première lyre céleste.

On y ajouta ensuite deux cordes pour désigner l'intervalle de la Terre à la Lune et celui de Saturne aux étoiles fixes. On disjoignit les deux tétracordes renfermés dans cette nouvelle lyre, et on les monta quelquefois sur le genre chromatique, qui donne des proportions entre la suite des sons, différentes de celles du genre diatonique. Voici un exemple de cette nouvelle lyre.

Premier tétracorde.	De la Terre à la Lune	1 ton.
	De la Lune à Mercure	1/2 ton.
	De Mercure à Vénus	1/2 ton.
	De Vénus au Soleil	1 ton 1/2.
Deuxième tétracorde.	Du Soleil à Mars	1 ton.
	De Mars à Jupiter	1/2 ton.
	De Jupiter à Saturne	1/2 ton.
	De Saturne aux étoiles fixes	1 ton 1/2.

Comme cette échelle donne sept tons au lieu de six qui complètent l'octave, on a quelquefois, pour obtenir la plus parfaite des consonnances, diminué d'un ton l'intervalle de Saturne aux étoiles et celui de Vénus au Soleil. Il s'est introduit d'autres changements à l'échelle, lorsqu'au lieu de placer le Soleil au-dessus de Vénus et de Mercure on l'a mis au-dessous.

Pour appliquer ces rapports aux distances des corps célestes, on donne au ton la valeur de cent vingt-six mille stades [1]; et, à la faveur de cet élément, il fut aisé de mesurer l'espace qui s'étend depuis la Terre jusqu'au ciel des étoiles. Cet espace se raccourcit ou se prolonge, selon que l'on est plus ou moins attaché à certaines proportions harmoniques. Dans l'échelle précédente la distance des étoiles au Soleil et celle de cet astre à la Terre se trouvent dans le rapport d'une quinte, ou de trois tons et demi; mais, suivant un autre calcul, ces deux intervalles ne seront l'un et l'autre que de trois tons, c'est-à-dire de trois fois cent vingt-six mille stades.

Euclide s'aperçut que je l'écoutais avec impatience. Vous n'êtes point content, me dit-il en riant. Non, lui répondis-je. Eh quoi! la nature est-elle obligée de changer ses lois au gré de vos caprices? Quelques-uns de vos philosophes prétendent que le feu est plus pur que la terre; aussitôt notre globe doit lui céder sa place et s'éloigner du centre du monde. Si d'autres préfèrent en musique le genre chromatique ou diatonique, il faut à l'instant que les corps célestes s'éloignent ou se rapprochent les uns des autres. De quel œil les gens instruits regardent-ils de pareils égarements? Quelquefois, reprit Euclide, comme des jeux de l'esprit, d'autres fois comme l'unique ressource de ceux qui, au lieu d'étudier la nature, cherchent à la deviner. Pour moi, j'ai voulu vous montrer par cet échantillon que notre astronomie était encore dans l'enfance du temps de nos pères; elle n'est guère plus avancée aujourd'hui. Mais, lui dis-je, vous avez des mathématiciens qui veillent sans cesse sur les révolutions des planètes, et qui cherchent à connaître leurs distances à la terre; vous en avez eu sans doute dans les temps les plus anciens: qu'est devenu le fruit de leurs veilles?

Nous avons fait de très-longs raisonnements, me dit-il, très-peu d'observations, encore moins de découvertes. Si nous avons quelques notions exactes sur le cours des astres, nous les devons aux Égyptiens et aux Chaldéens : ils nous ont appris à dresser des tables qui fixent le temps de nos solennités publiques et celui des travaux de la campagne. C'est là qu'on a soin de marquer les levers et les couchers des principales étoiles, les points des solstices ainsi que des équinoxes, et les pronostics des variations qu'éprouve la température de l'air. J'ai rassemblé plusieurs de ces ca-

---

[1] Quatre mille sept cent soixante-deux lieues deux mille toises; la lieue de deux mille cinq cents toises.

lendriers : quelques-uns remontent à une haute antiquité ; d'autres renferment des observations qui ne conviennent point à notre climat. On remarque dans tous une singularité ; c'est qu'ils n'attachent pas également les points des solstices et des équinoxes au même degré des signes du zodiaque ; erreur qui vient peut-être de quelques mouvements dans les étoiles inconnues jusqu'à présent, peut-être de l'ignorance des observateurs.

C'est de la composition de ces tables que nos astronomes se sont occupés depuis deux siècles. Tels furent Cléostrate de Ténédos, qui observait sur le mont Ida ; Matricétas de Méthymne, sur le mont Lépétymne ; Phaïnus d'Athènes, sur la colline Lycabette ; Dosithéus, Euctémon, Démocrite, et d'autres qu'il serait inutile de nommer. La grande difficulté, ou plutôt l'unique problème qu'ils avaient à résoudre, c'était de ramener nos fêtes à la même saison et au terme prescrit par les oracles et par les lois. Il fallait donc fixer, autant qu'il était possible, la durée précise de l'année tant solaire que lunaire, et les accorder entre elles de manière que les nouvelles lunes, qui règlent nos solencités, tombassent vers les points cardinaux où commencent les saisons.

Plusieurs essais infructueux préparèrent les voies à Méton d'Athènes. La première année de la quatre-vingt-septième olympiade [1], dix mois environ avant le commencement de la guerre du Péloponnèse, Méton, de concert avec cet Euctémon que je viens de nommer, ayant observé le solstice d'été, produisit une période de dix-neuf années solaires, qui renfermait deux cent trente-cinq lunaisons, et ramenait le Soleil et la Lune à peu près au même point du ciel.

Malgré les plaisanteries des auteurs comiques, le succès le plus éclatant couronna ses efforts ou ses larcins ; car on présume qu'il avait trouvé cette période chez les nations plus versées dans l'astronomie que nous ne l'étions alors. Quoi qu'il en soit, les Athéniens firent graver les points des équinoxes et des solstices sur les murs du Pnyx. Le commencement de leur année concourait auparavant avec la nouvelle lune, qui arrive après le solstice d'hiver ; il fut fixé pour toujours à celle qui suit le solstice d'été, et ce ne fut qu'à cette dernière époque que leurs archontes ou premiers

---

[1] L'an 432 avant J.-C. Le jour où Méton observa le solstice d'été concourut avec le 27 juin de notre année julienne ; et celui où il commença son nouveau cycle, avec le 16 juillet.
Les 19 années solaires de Méton renfermaient 6940 jours. Les 19 années lunaires, accompagnées de leurs 7 mois intercalaires, forment 235 lunaisons qui, à raison de 30 jours chacune, donnent 7050 jours ; elles seraient donc plus longues que les premières de 110 jours. Pour les égaliser, Méton réduisit à 29 jours chacune les 110 lunaisons, et il resta 6940 jours pour les 19 années lunaires.

magistrats entrèrent en charge. La plupart des autres peuples de la Grèce ne furent pas moins empressés à profiter des calculs de Méton. Ils servent aujourd'hui à dresser les tables qu'on suspend à des colonnes dans plusieurs villes, et qui, pendant l'espace de dix-neuf ans, représentent en quelque façon l'état du ciel et l'histoire de l'année. On y voit en effet, pour chaque année, les points où commencent les saisons, et, pour chaque jour, les prédictions des changements que l'air doit éprouver tour à tour.

Jusqu'ici les observations des astronomes grecs s'étaient bornées aux points cardinaux ainsi qu'aux levers et aux couchers des étoiles; mais ce n'est pas là ce qui constitue le véritable astronome. Il faut que, par un long exercice, il parvienne à connaître les révolutions des corps célestes.

Eudoxe, mort il y a quelques années, ouvrit une nouvelle carrière. Un long séjour en Égypte l'avait mis à portée de dérober aux prêtres égyptiens une partie de leurs secrets : il nous rapporta la connaissance du mouvement des planètes, et la consigna dans plusieurs ouvrages qu'il a publiés. Vous trouverez sur cette tablette son traité intitulé *Miroir*, celui de la *Célérité des corps célestes*, sa *Circonférence de la terre*, ses *Phénomènes*. J'avais d'assez étroites liaisons avec lui : il ne me parlait de l'astronomie qu'avec le langage de la passion. « Je voudrais, disait-il un jour, m'approcher assez du soleil pour connaître sa figure et sa grandeur, au risque d'éprouver le sort de Phaéton. »

Je témoignai à Euclide ma surprise de ce qu'avec tant d'esprit les Grecs étaient obligés d'aller au loin mendier les lumières des autres nations. Peut-être, me dit-il, n'avons-nous pas le talent des découvertes, et que notre partage est d'embellir et de perfectionner celles des autres. Que savons-nous si l'imagination n'est pas le plus fort obstacle au progrès des sciences? D'ailleurs ce n'est que depuis peu de temps que nous avons tourné nos regards vers le ciel, tandis que, depuis un nombre incroyable de siècles, les Égyptiens et les Chaldéens s'obstinent à calculer ses mouvements. Or les décisions de l'astronomie doivent être fondées sur des observations. Dans cette science, ainsi que dans plusieurs autres, chaque vérité se lève sur nous à la suite d'une foule d'erreurs; et peut-être est-il bon qu'elle en soit précédée, afin que, honteuses de leur défaite, elles n'osent plus reparaître. Enfin, dois-je en votre faveur trahir le secret de notre vanité? Dès que les découvertes des autres nations sont transportées dans la Grèce, nous les traitons comme ces enfants adoptifs que nous confondons avec les enfants légitimes, et que nous leur préférons même quelquefois.

Je ne croyais pas, lui dis-je, qu'on pût étendre si loin le privilége de l'adoption ; mais, de quelque source que soient émanées vos connaissances, pourriez-vous me donner une idée générale de l'état actuel de votre astronomie?

Euclide prit alors une sphère, et me rappela l'usage des différents cercles dont elle est composée : il me montra un planisphère céleste, et nous reconnûmes les principales étoiles distribuées dans les différentes constellations. Tous les astres, ajouta-t-il, tournent dans l'espace d'un jour, d'orient en occident, autour des pôles du monde. Outre ce mouvement, le soleil, la lune et les cinq planètes en ont un qui les porte d'occident en orient dans certains intervalles de temps.

Le soleil parcourt les 360 degrés de l'écliptique dans une année, qui contient, suivant les calculs de Méton, 365 jours et 5/19 parties d'un jour [1]. Chaque lunaison dure 29 jours 12 heures 45′, etc. Les douze lunaisons donnent en conséquence 354 jours et un peu plus du tiers d'un jour. Dans notre année civile, la même que la lunaire, nous négligeons cette fraction; nous supposons seulement 12 mois, les uns de 30 jours, les autres de 29, en tout 354. Nous concilions ensuite cette année civile avec la solaire par 7 mois intercalaires, que dans l'espace de 19 ans nous ajoutons aux années 3e, 5e, 8e, 11e, 13e, 16e et 19e.

Vous ne parlez pas, dis-je alors, d'une espèce d'année qui, n'étant pour l'ordinaire composée que de 360 jours, est plus courte que celle du soleil, plus longue que celle de la lune. On la trouve chez les plus anciens peuples et dans vos meilleurs écrivains : comment fut-elle établie? pourquoi subsiste-t-elle encore parmi vous ? Elle fut réglée chez les Égyptiens, répondit Euclide, sur la révolution annuelle du soleil, qu'ils firent d'abord trop courte ; parmi nous, sur la durée de 12 lunaisons, que nous composâmes toutes également de trente jours. Dans la suite les Égyptiens ajoutèrent à leur année solaire 5 jours et 6 heures ; de notre côté, en retranchant 6 jours de notre année lunaire, nous la réduisîmes à 354 et quelquefois à 355 jours. Je répliquai : Il fallait abandonner cette forme d'année dès que vous en eûtes reconnu le vice. Nous

---

[1] Les cinq dix-neuvièmes parties d'un jour font 6 heures 10 minutes 56 secondes 60 tierces, etc. Ainsi l'année solaire était, suivant Méton, de 365 jours 6 heures 18′ 56″ 50‴ ; elle est, suivant les astronomes modernes, de 365 jours 5 heures 48′ 43″ ou 45‴. Différence de l'année de Méton à la nôtre, 30 minutes et environ 12 secondes.

La révolution synodique de la lune était, suivant Méton, de 29 jours 12 heures 45′ 57″ 26‴, etc. ; elle est, suivant les observations modernes, de 29 jours 12 heures 44′ 3″ 10‴, etc. L'année lunaire était, suivant Méton, de 354 jours 9 heures 11′ 29″ 21‴ ; elle était plus courte que la solaire de 10 jours 21 heures 7′ 27″ 29‴.

ne l'employons jamais, dit-il, dans les affaires qui concernent l'administration de l'état ou les intérêts des particuliers. En des occasions moins importantes, une ancienne habitude nous force quelquefois à préférer la brièveté à l'exactitude du calcul, et personne n'y est trompé.

Je supprime les questions que je fis à Euclide sur le calendrier des Athéniens; je vais seulement rapporter ce qu'il me dit sur les divisions du jour. Ce fut des Babyloniens, reprit-il, que nous apprimes à le partager en 12 parties plus ou moins grandes, suivant la différence des saisons. Ces parties, ou ces heures, car c'est le nom que l'on commence à leur donner, sont marquées, pour chaque mois, sur les cadrans, avec les longueurs de l'ombre correspondantes à chacune d'elles. Vous savez en effet que, pour tel mois, l'ombre du style, prolongée jusqu'à tel nombre de pieds, donne, avant ou après midi, tel moment de la journée [1]; que, lorsqu'il s'agit d'assigner un rendez-vous pour le matin ou pour le soir, nous nous contentons de renvoyer, par exemple, aux 10e et 12e pieds de l'ombre, et que c'est enfin de là qu'est venue cette expression : Quelle ombre est-il ? Vous savez aussi que nos esclaves vont de temps en temps consulter le cadran exposé aux yeux du public, et nous rapportent l'heure qu'il est. Quelque facile que soit cette voie, on cherche à nous en procurer une plus commode, et déjà l'on commence à fabriquer des cadrans portatifs.

Quoique le cycle de Méton soit plus exact que ceux qui l'avaient précédé, on s'est aperçu de nos jours qu'il a besoin de correction. Déjà Eudoxe nous a prouvé, d'après les astronomes égyptiens, que l'année solaire est de 365 jours 1/4, et par conséquent plus courte que celle de Méton d'une soixante-seizième partie de jour.

---

[1] On peut se faire une idée de ces sortes de cadrans par l'exemple suivant. Palladius Rutilius, qui vivait vers le cinquième siècle après J.-C., et qui nous a laissé un traité sur l'agriculture, a mis à la fin de chaque mois une table où l'on voit la correspondance des divisions du jour aux différentes longueurs de l'ombre du gnomon. Il faut observer, 1° que cette correspondance est la même dans les mois également éloignés du solstice, dans janvier et décembre, février et novembre, etc.; 2° que la longueur de l'ombre est la même pour les heures également éloignées du point de midi. Voici la table de janvier :

Heures			Pieds	
—	I. et	XI.	—	29.
—	II. et	X.	—	19.
—	III. et	IX.	—	15.
—	IV. et	VIII.	—	12.
—	V. et	VII.	—	10.
—	VI.		—	9.

Ce cadran paraît avoir été dressé pour le climat de Rome. Les passages que j'ai cités dans le texte prouvent qu'on en avait construit de semblables pour le climat d'Athènes. Au reste on peut consulter, sur les horloges des anciens, les savants qui en ont fait l'objet de leurs recherches.

I.

On a remarqué que, dans les jours des solstices, le soleil ne se lève pas précisément au même point de l'horizon : on en a conclu qu'il avait une latitude, ainsi que la lune et les planètes, et que, dans sa révolution annuelle, il s'écartait en deçà et au delà du plan de l'écliptique, incliné à l'équateur d'environ 24 degrés.

Les planètes ont des vitesses qui leur sont propres, et des années inégales. Eudoxe, à son retour d'Égypte, nous donna de nouvelles lumières sur le temps de leurs révolutions. Celles de Mercure et de Vénus s'achèvent en même temps que celle du Soleil ; celle de Mars en deux ans, celle de Jupiter en douze, celle de Saturne en trente.

Les astres qui errent dans le zodiaque ne se meuvent pas par eux-mêmes ; ils sont entraînés par les sphères supérieures, ou par celles auxquelles ils sont attachés. On n'admettait autrefois que huit de ces sphères : celles des étoiles fixes, celles du soleil, de la lune et des cinq planètes. On les a multipliées depuis qu'on a découvert dans les corps célestes des mouvements dont on ne s'était pas aperçu.

Je ne vous dirai point qu'on se croit obligé de faire rouler les astres errants dans autant de cercles, par la seule raison que cette figure est la plus parfaite de toutes : ce serait vous instruire des opinions des hommes, et non des lois de la nature.

La lune emprunte son éclat du soleil ; elle nous cache la lumière de cet astre quand elle est entre lui et nous ; elle perd la sienne quand nous sommes entre elle et lui. Les éclipses de lune et de soleil n'épouvantent plus que le peuple, et nos astronomes les annoncent d'avance. On démontre en astronomie que certains astres sont plus grands que la terre : mais je ne sais pas si le diamètre du soleil est neuf fois plus grand que celui de la lune, comme Eudoxe l'a prétendu.

Je demandai à Euclide pourquoi il ne rangeait pas les comètes au nombre des astres errants. Telle est, en effet, me dit-il, l'opinion de plusieurs philosophes, entre autres d'Anaxagore, de Démocrite et de quelques disciples de Pythagore ; mais elle fait plus d'honneur à leur esprit qu'à leur savoir. Les erreurs grossières dont elle est accompagnée prouvent assez qu'elle n'est pas le fruit de l'observation. Anaxagore et Démocrite supposent que les comètes ne sont autre chose que deux planètes qui, en se rapprochant, paraissent ne faire qu'un corps ; et le dernier ajoute, pour preuve, qu'en se séparant elles continuent à briller dans le ciel, et présentent à nos yeux des astres inconnus jusqu'alors. A l'égard des pythagoriciens, ils semblent n'admettre qu'une comète qui paraît par intervalles, après avoir été pendant quelque temps absorbée dans les rayons du soleil.

Mais que répondrez-vous, lui dis-je, aux Chaldéens et aux Égyptiens, qui sans contredit sont de très-grands observateurs? N'admettent-ils pas de concert le retour périodique des comètes? Parmi les astronomes de Chaldée, me dit-il, les uns se vantent de connaître leur cours, les autres les regardent comme des tourbillons qui s'enflamment par la rapidité de leur mouvement. L'opinion des premiers ne peut être qu'une hypothèse, puisqu'elle laisse subsister celle des seconds.

Si les astronomes d'Égypte ont eu la même idée, ils en ont fait un mystère à ceux de nos philosophes qui les ont consultés. Eudoxe n'en a jamais rien dit, ni dans ses conversations, ni dans ses ouvrages. Est-il à présumer que les prêtres égyptiens se soient réservé la connaissance exclusive du cours des comètes?

Je fis plusieurs autres questions à Euclide; je trouvai presque toujours partage dans les opinions, et par conséquent incertitude dans les faits. Je l'interrogeai sur la Voie lactée : il me dit que, suivant Anaxagore, c'était un amas d'étoiles dont la lumière était à demi obscurcie par l'ombre de la terre, comme si cette ombre pouvait parvenir jusqu'aux étoiles; que, suivant Démocrite, il existe dans cet endroit du ciel une multitude d'astres très-petits, très-voisins, qui, en confondant leurs faibles rayons, forment une lueur blanchâtre.

Après de longues courses dans le ciel, nous revînmes sur la terre. Je dis à Euclide : Nous n'avons pas rapporté de grandes vérités d'un si long voyage; nous serons sans doute plus heureux sans sortir de chez nous : car le séjour qu'habitent les hommes doit leur être parfaitement connu.

Euclide me demanda comment une aussi lourde masse que la terre pouvait se tenir en équilibre au milieu des airs. Cette difficulté ne m'a jamais frappé, lui dis-je. Il en est peut-être de la terre comme des étoiles et des planètes. On a pris des précautions, reprit-il, pour les empêcher de tomber : on les a fortement attachées à des sphères plus solides, aussi transparentes que le cristal; les sphères tournent, et les corps célestes avec elles. Mais nous ne voyons autour de nous aucun point d'appui pour y suspendre la terre : pourquoi donc ne s'enfonce-t-elle pas dans le sein du fluide qui l'environne? C'est, disent les uns, que l'air ne l'entoure pas de tous côtés : la terre est comme une montagne dont les fondements ou les racines s'étendent à l'infini dans le sein de l'espace ; nous en occupons le sommet, et nous pouvons y dormir en sûreté. D'autres aplatissent sa partie inférieure, afin qu'elle puisse reposer sur un plus grand nombre de colonnes d'air, ou surnager au-dessus de l'eau. Mais d'abord, il est presque démontré qu'elle est de forme sphérique. D'ailleurs, si l'on choisit l'air pour la porter, il est trop faible ; si c'est l'eau, on demande sur quoi elle s'appuie. Nos physiciens ont trouvé, dans ces derniers temps, une voie plus simple pour dissiper nos craintes. En vertu, disent-ils, d'une loi générale, tous les corps pesants tendent vers un point unique ; ce point est le centre de l'univers, le centre de la terre : il faut donc que les parties de la terre, au lieu de s'éloigner de ce milieu, se pressent les unes contre les autres pour s'en rapprocher.

De là il est aisé de concevoir que les hommes qui habitent autour de ce globe, et ceux en particulier qui sont nommés antipodes, peuvent s'y soutenir sans peine, quelque position qu'on leur donne. Et croyez-vous, lui dis-je, qu'il en existe en effet dont les pieds soient opposés aux nôtres ? Je l'ignore, répondit-il. Quoique plusieurs auteurs nous aient laissé des descriptions de la terre, il est certain que personne ne l'a parcourue, et que l'on ne connaît encore qu'une légère portion de sa surface. On doit rire de leur présomption quand on les voit avancer sans la moindre preuve que la terre est de toutes parts entourée de l'Océan, et que l'Europe est aussi grande que l'Asie.

Je demandai à Euclide quels étaient les pays connus des Grecs. Il voulait me renvoyer aux historiens que j'avais lus ; mais je le pressai tellement qu'il continua de cette manière : Pythagore et Thalès divisèrent d'abord le ciel en cinq zones, deux glaciales, deux tempérées, et une qui se prolonge le long de l'équateur. Dans le siècle dernier, Parménide transporta la même division à la terre : on l'a tracée sur la sphère que vous avez sous les yeux.

Les hommes ne peuvent subsister que sur une petite partie de la surface du globe : l'excès du froid et de la chaleur ne leur a pas permis de s'établir dans les régions qui avoisinent les pôles et la ligne équinoxiale, ils ne se sont multipliés que dans les climats tempérés ; mais c'est à tort que dans plusieurs cartes géographiques on donne à la portion de terrain qu'ils occupent une forme circulaire : la terre habitée s'étend beaucoup moins du midi au nord que de l'est à l'ouest.

Nous avons au nord du Pont-Euxin des nations scythiques : les unes cultivent la terre, les autres errent dans leurs vastes domaines. Plus loin habitent différents peuples, et, entre autres, les anthropophages... Qui ne sont pas Scythes, repris-je aussitôt. Je le sais, me répondit-il, et nos historiens les ont distingués. Au-dessus de ce peuple barbare, nous supposons des déserts immenses.

A l'est les conquêtes de Darius nous ont fait connaître les nations qui s'étendent jusqu'à l'Indus. On prétend qu'au delà de ce fleuve est une région aussi grande que le reste de l'Asie : c'est l'Inde, dont une très-petite partie est soumise aux rois de Perse, qui en retirent tous les ans un tribut considérable en paillettes d'or. Le reste est inconnu.

Vers le nord-est, au-dessus de la mer Caspienne, existent plusieurs peuples dont on nous a transmis les noms, en ajoutant que les uns dorment six mois de suite, que les autres n'ont qu'un œil, que d'autres enfin ont des pieds de chèvre. Vous jugerez, par ces récits, de nos connaissances en géographie.

Du côté de l'ouest, nous avons pénétré jusqu'aux Colonnes-d'Hercule, et nous avons une idée confuse des nations qui habitent les côtes de l'Ibérie [1] : l'intérieur du pays nous est absolument inconnu. Au delà des Colonnes s'ouvre une mer qu'on nomme Atlantique, et qui, suivant les apparences, s'étend jusqu'aux parties orientales de l'Inde : elle n'est fréquentée que par les vaisseaux de Tyr et de Carthage, qui n'osent pas même s'éloigner de la terre : car, après avoir franchi ce détroit, les uns descendent vers le sud, et longent les côtes de l'Afrique; les autres tournent vers le nord, et vont échanger leurs marchandises contre l'étain des îles Cassitérides [2], dont les Grecs ignorent la position.

Plusieurs tentatives ont été faites pour étendre la géographie du côté du midi. On prétend que, par les ordres de Nécos, qui régnait en Égypte il y a environ deux cent cinquante ans, des vaisseaux montés d'équipages phéniciens partirent du golfe d'Arabie, firent le tour de l'Afrique, et revinrent deux ans après en Égypte par le détroit de Gadès [3]. On ajoute que d'autres navigateurs ont tourné cette partie du monde; mais ces entreprises, en les supposant réelles, n'ont pas eu de suite : le commerce ne pouvait multiplier des voyages si longs et si dangereux que sur des espérances difficiles à réaliser. On se contenta depuis de fréquenter les côtes tant orientales qu'occidentales de l'Afrique : c'est sur ces dernières que les Carthaginois établirent un assez grand nombre de colonies. Quant à l'intérieur de ce vaste pays, nous avons ouï parler d'une route qui le traverse en entier depuis la ville de Thèbes en Égypte jusqu'aux Colonnes-d'Hercule. On assure aussi

[1] L'Espagne. — [2] Les îles Britanniques. — [3] Aujourd'hui Cadix.

31.

qu'il exista plusieurs grandes nations dans cette partie de la terre, mais on n'en rapporte que les noms; et vous pensez bien, d'après ce que je vous ai dit, qu'elles n'habitent pas la zone torride.

Nos mathématiciens prétendent que la circonférence de la terre est de quatre cent mille stades [1] : j'ignore si le calcul est juste, mais je sais bien que nous connaissons à peine le quart de cette circonférence.

CHAPITRE XXXII.

Aristippe.

Le lendemain de cet entretien le bruit courut qu'Aristippe de Cyrène venait d'arriver : je ne l'avais jamais vu. Après la mort de Socrate, son maître, il voyagea chez différentes nations, où il se fit une réputation brillante. Plusieurs le regardaient comme un novateur en philosophie, et l'accusaient de vouloir établir l'alliance monstrueuse des vertus et des voluptés; cependant on en parlait comme d'un homme de beaucoup d'esprit.

Dès qu'il fut à Athènes, il ouvrit son école : je m'y glissai avec la foule. Je le vis ensuite en particulier; et voici à peu près l'idée qu'il me donna de son système et de sa conduite.

Jeune encore, la réputation de Socrate m'attira auprès de lui, et la beauté de sa doctrine m'y retint; mais, comme elle exigeait des sacrifices dont je n'étais pas capable, je crus que, sans m'écarter de ses principes, je pourrais découvrir à ma portée une voie plus commode pour parvenir au terme de mes souhaits.

Il nous disait souvent que, ne pouvant connaître l'essence et les qualités des choses qui sont hors de nous, il nous arrivait à tout moment de prendre le bien pour le mal, et le mal pour le bien. Cette réflexion étonnait ma paresse : placé entre les objets de mes craintes et de mes espérances, je devais choisir, sans pouvoir m'en rapporter aux apparences de ces objets, qui sont si incertaines, ni aux témoignages de mes sens, qui sont si trompeurs.

Je rentrai en moi-même, et je fus frappé de cet attrait pour le plaisir, de cette aversion pour la peine, que la nature avait mis au fond de mon cœur, comme deux signes certains et sensibles qui m'avertissaient de ses intentions. En effet, si ces affections sont criminelles, pourquoi me les a-t-elle données? si elles ne le sont pas, pourquoi ne serviraient-elles pas à régler mes choix?

Je venais de voir un tableau de Parrhasius, d'entendre un air de Timothée : fallait-il donc savoir en quoi consistent les couleurs

---

[1] Quinze mille cent vingt lieues.

et les sons pour justifier le ravissement que j'avais éprouvé, et n'étais-je pas en droit de conclure que cette musique et cette peinture avaient, du moins pour moi, un mérite réel ?

Je m'accoutumai ainsi à juger de tous les objets par les impressions de joie ou de douleur qu'ils faisaient sur mon âme, à rechercher comme utiles ceux qui me procuraient des sensations agréables, à éviter comme nuisibles ceux qui produisaient un effet contraire. N'oubliez pas qu'en excluant et les sensations qui attristent l'âme, et celles qui la transportent hors d'elle-même, je fais uniquement consister le bonheur dans une suite de mouvements doux qui l'agitent sans la fatiguer, et que, pour exprimer les charmes de cet état, je l'appelle volupté.

En prenant pour règle de ma conduite ce tact intérieur, ces deux espèces d'émotions dont je viens de vous parler, je rapporte tout à moi, je ne tiens au reste de l'univers que par mon intérêt personnel, et je me constitue centre et mesure de toutes choses; mais, quelque brillant que soit ce poste, je ne puis y rester en paix, si je ne me résigne aux circonstances des temps, des lieux et des personnes. Comme je ne veux être tourmenté ni par des regrets ni par des inquiétudes, je rejette loin de moi les idées du passé et de l'avenir; je vis tout entier dans le présent. Quand j'ai épuisé les plaisirs d'un climat, j'en vais faire une nouvelle moisson dans un autre. Cependant, quoique étranger à toutes les nations, je ne suis ennemi d'aucune; je jouis de leurs avantages et je respecte leurs lois; quand elles n'existeraient pas, ces lois, un philosophe éviterait de troubler l'ordre public par la hardiesse de ses maximes ou par l'irrégularité de sa conduite.

Je vais vous dire mon secret et vous dévoiler celui de presque tous les hommes. Les devoirs de la société ne sont à mes yeux qu'une suite continuelle d'échanges; je ne hasarde pas une démarche sans m'attendre à des retours avantageux; je mets dans le commerce mon esprit et mes lumières, mon empressement et mes complaisances; je ne fais aucun tort à mes semblables, je les respecte quand je le dois, je leur rends des services quand je le puis; je leur laisse leurs prétentions et j'excuse leurs faiblesses. Ils ne sont point ingrats; mes fonds me sont toujours rentrés avec d'assez gros intérêts.

Seulement j'ai cru devoir écarter ces formes qu'on appelle délicatesse de sentiments, noblesse de procédés. J'eus des disciples, j'en exigeai un salaire; l'école de Socrate en fut étonnée et jeta les hauts cris, sans s'apercevoir qu'elle donnait atteinte à la liberté du commerce.

La première fois que je parus devant Denys, roi de Syracuse, il me demanda ce que je venais faire à sa cour ; je lui répondis : Troquer vos faveurs contre mes connaissances, mes besoins contre les vôtres. Il accepta le marché, et bientôt il me distingua des autres philosophes dont il était entouré.

J'interrompis Aristippe. Est-il vrai, lui dis-je, que cette préférence vous attira leur haine ? J'ignore, reprit-il, s'ils éprouvaient ce sentiment pénible ; pour moi, j'en ai garanti mon cœur, ainsi que de ces passions violentes, plus funestes à ceux qui s'y livrent qu'à ceux qui en sont les objets. Je n'ai jamais envié que la mort de Socrate, et je me vengeai d'un homme qui cherchait à m'insulter en lui disant de sang-froid : Je me retire, parce que, si vous avez le pouvoir de vomir des injures, j'ai celui de ne pas les entendre.

Et de quel œil, lui dis-je encore, regardez-vous l'amitié ? Comme le plus beau et le plus dangereux des présents du ciel, répondit-il ; ses douceurs sont délicieuses, ses vicissitudes effroyables. Et voulez-vous qu'un homme sage s'expose à des pertes dont l'amertume empoisonnerait le reste de ses jours ? Vous connaîtrez par les deux traits suivants avec quelle modération je m'abandonne à ce sentiment :

J'étais dans l'île d'Égine ; j'appris que Socrate, mon cher maître, venait d'être condamné, qu'on le détenait en prison, que l'exécution serait différée d'un mois et qu'il était permis à ses disciples de le voir. Si j'avais pu, sans inconvénient, briser ses fers, j'aurais volé à son secours ; mais je ne pouvais rien pour lui, et je restai à Égine. C'est une suite de mes principes ; quand le malheur de mes amis est sans remède, je m'épargne la peine de les voir souffrir.

Je m'étais lié avec Eschine, disciple comme moi de ce grand homme ; je l'aimais à cause de ses vertus, peut-être aussi parce qu'il m'avait des obligations, peut-être encore parce qu'il se sentait plus de goût pour moi que pour Platon. Nous nous brouillâmes. Qu'est devenue, me dit quelqu'un, cette amitié qui vous unissait l'un à l'autre ? Elle dort, répondis-je ; mais il est en mon pouvoir de la réveiller. J'allai chez Eschine : Nous avons fait une folie, lui dis-je ; me croyez-vous assez incorrigible pour être indigne de pardon ? Aristippe, répondit-il, vous me surpassez en tout : c'est moi qui avais tort, et c'est vous qui faites les premiers pas. Nous nous embrassâmes, et je fus délivré des petits chagrins que me causait notre refroidissement.

Si je ne me trompe, repris-je, il suit de votre système qu'il faut

CHAPITRE XXXII.

admettre des liaisons de convenance, et bannir cette amitié qui nous rend si sensibles aux maux des autres. Bannir ! répliqua-t-il en hésitant. Eh bien ! je dirai avec la Phèdre d'Euripide : C'est vous qui avez proféré ce mot, ce n'est pas moi.

Aristippe savait qu'on l'avait perdu dans l'esprit des Athéniens ; toujours prêt à répondre aux reproches qu'on lui faisait, il me pressait de lui fournir les occasions de se justifier.

On vous accuse, lui dis-je, d'avoir flatté un tyran, ce qui est un crime horrible. Il me dit : Je vous ai expliqué les motifs qui me conduisirent à la cour de Syracuse ; elle était pleine de philosophes qui s'érigeaient en réformateurs. J'y pris le rôle de courtisan sans déposer celui d'honnête homme : j'applaudissais aux bonnes qualités du jeune Denys, je ne louais point ses défauts ; je ne les blâmais pas, je n'en avais pas le droit ; je savais seulement qu'il était plus aisé de les supporter que de les corriger.

Mon caractère indulgent et facile lui inspirait de la confiance ; des reparties assez heureuses qui m'échappaient quelquefois amusaient ses loisirs. Je n'ai point trahi la vérité quand il m'a consulté sur des questions importantes. Comme je désirais qu'il connût l'étendue de ses devoirs et qu'il réprimât la violence de son caractère, je disais souvent en sa présence qu'un homme instruit diffère de celui qui ne l'est pas comme un coursier docile au frein diffère d'un cheval indomptable.

Lorsqu'il ne s'agissait pas de son administration, je parlais avec liberté, quelquefois avec indiscrétion. Je sollicitais un jour pour un de mes amis ; il ne m'écoutait point. Je tombai à ses genoux ; on m'en fit un crime ; je répondis : Est-ce ma faute si cet homme a les oreilles aux pieds ?

Pendant que je le pressais inutilement de m'accorder une gratification, il s'avisa d'en proposer une à Platon, qui ne l'accepta point. Je dis tout haut : Le roi ne risque pas de se ruiner ; il donne à ceux qui refusent, et refuse à ceux qui demandent.

Souvent il nous proposait des problèmes ; et, nous interrompant ensuite, il se hâtait de les résoudre lui-même. Il me dit une fois : Discutons quelques points de philosophie ; commencez. Fort bien, lui dis-je, pour que vous ayez le plaisir d'achever et de m'apprendre ce que vous voulez savoir. Il fut piqué ; et, à souper, il me fit mettre au bas bout de la table. Le lendemain il me demanda comment j'avais trouvé cette place. Vous vouliez sans doute, répondis-je, qu'elle fût pendant quelques moments la plus honorable de toutes.

On vous reproche encore, lui dis-je, le goût que vous avez pour les richesses, pour le faste, la bonne chère, les femmes, les parfums et toutes les espèces de sensualités. Je l'avais apporté en naissant, répondit-il, et j'ai cru qu'en l'exerçant avec retenue je satisferais à la fois la nature et la raison ; j'use des agréments de la vie et je m'en passe avec facilité. On m'a vu à la cour de Denys revêtu d'une robe de pourpre; ailleurs, tantôt avec un habit de laine de Milet, tantôt avec un manteau grossier.

Denys nous traitait suivant nos besoins. Il donnait à Platon des livres; il me donnait de l'argent, qui ne restait pas assez longtemps entre mes mains pour les souiller. Je fis payer une perdrix cinquante drachmes[1], et je dis à quelqu'un qui s'en formalisait : N'en auriez-vous pas donné une obole[2]? — Sans doute. — Eh bien, je ne fais pas plus de cas de ces cinquante drachmes.

J'avais amassé une certaine somme pour mon voyage de Libye : mon esclave, qui en était chargé, ne pouvait pas me suivre ; je lui ordonnai de jeter dans le chemin une partie de ce métal si pesant et si incommode.

Un accident fortuit me priva d'une maison de campagne que j'aimais beaucoup : un de mes amis cherchait à m'en consoler. Rassurez-vous, lui dis-je, j'en possède trois autres, et je suis plus content de ce qui me reste que chagrin de ce que j'ai perdu ; il ne convient qu'aux enfants de pleurer et de jeter tous leurs hochets quand on leur en ôte un seul.

A l'exemple des philosophes les plus austères, je me présente à la Fortune comme un globe qu'elle peut faire rouler à son gré, mais qui, ne lui donnant point de prise, ne saurait être entamé. Vient-elle se placer à mes côtés, je lui tends les mains ; secoue-t-elle ses ailes pour prendre son essor, je lui remets ses dons et la laisse partir; c'est une femme volage, dont les caprices m'amusent quelquefois et ne m'affligent jamais.

Les libéralités de Denys me permettaient d'avoir une bonne table, de beaux habits et grand nombre d'esclaves. Plusieurs philosophes, rigides partisans de la morale sévère, me blâmaient hautement; je ne leur répondais que par des plaisanteries. Un jour Polyxène, qui croyait avoir dans son âme le dépôt de toutes les vertus, trouva chez moi de très-jolies femmes et les préparatifs d'un grand souper. Il se livra sans retenue à toute l'amertume de son zèle. Je le laissai dire, et lui proposai de rester avec nous ; il accepta, et nous convainquit bientôt que, s'il n'aimait pas la dépense, il aimait autant la bonne chère que son corrupteur.

Enfin, car je ne puis mieux justifier ma doctrine que par mes

[1] Quarante-cinq livres. — [2] Trois sous.

actions, Denys fit venir trois belles courtisanes et me permit d'en choisir une. Je les emmenai toutes, sous prétexte qu'il en avait trop coûté à Pâris pour avoir donné la préférence à l'une des trois déesses. Chemin faisant, je pensai que leurs charmes ne valaient pas la satisfaction de me vaincre moi-même ; je les renvoyai chez elles et rentrai paisiblement chez moi.

Aristippe, dis-je alors, vous renversez toutes mes idées ; on prétendait que votre philosophie ne coûtait aucun effort, et qu'un partisan de la volupté pouvait s'abandonner sans réserve à tous les plaisirs des sens. Eh quoi ! répondit-il, vous auriez pensé qu'un homme qui ne voit rien de si essentiel que l'étude de la morale, qui a négligé la géométrie et d'autres sciences encore, parce qu'elles ne tendent pas immédiatement à la direction des mœurs ; qu'un auteur dont Platon n'a pas rougi d'emprunter plus d'une fois les idées et les maximes, enfin qu'un disciple de Socrate eût ouvert des écoles de prostitution dans plusieurs villes de la Grèce, sans soulever contre lui les magistrats et les citoyens, même les plus corrompus !

Le nom de *volupté*, que je donne à la satisfaction intérieure qui doit nous rendre heureux, a blessé ces esprits superficiels qui s'attachent plus aux mots qu'aux choses ; des philosophes, oubliant qu'ils aimaient la justice, ont favorisé la prévention, et quelques-uns de mes disciples la justifieront peut-être en se livrant à des excès ; mais un excellent principe change-t-il de caractère parce qu'on en tire de fausses conséquences ?

Je vous ai expliqué ma doctrine. J'admets comme le seul instrument du bonheur les émotions qui remuent agréablement notre âme ; mais je veux qu'on les réprime dès qu'on s'aperçoit qu'elles y portent le trouble et le désordre, et certes rien n'est si courageux que de mettre à la fois des bornes aux privations et aux jouissances.

Antisthène prenait en même temps que moi les leçons de Socrate ; il était né triste et sévère, mais gai et indulgent. Il proscrivit les plaisirs et n'osa point se mesurer avec les passions qui nous jettent dans une douce langueur ; je trouvai plus d'avantage à les vaincre qu'à les éviter ; et, malgré leurs murmures plaintifs, je les traînai à ma suite comme des esclaves qui devaient me servir et m'aider à supporter le poids de la vie. Nous suivîmes des routes opposées, et voici le fruit que nous avons recueilli de nos efforts : Antisthène se crut heureux parce qu'il se croyait sage, je me crois sage parce que je suis heureux.

On dira peut-être un jour que Socrate et Aristippe, soit dans leur conduite, soit dans leur doctrine, s'écartaient quelquefois des usages ordinaires; mais on ajoutera sans doute qu'ils rachetaient ces petites libertés par les lumières dont ils ont enrichi la philosophie.

CHAPITRE XXXIII.

Démêlés entre Denys le Jeune, roi de Syracuse, et Dion, son beau-frère. Voyage de Platon en Sicile [1].

Depuis que j'étais en Grèce, j'en avais parcouru les principales villes; j'avais été témoin des grandes solennités qui rassemblent

[1] Platon fit trois voyages en Sicile : le premier sous le règne de Denys l'Ancien; les deux autres sous celui de Denys le Jeune, qui monta sur le trône l'an 367 avant J.-C.

Le premier est de l'an 389 avant la même ère, puisque, d'un côté, Platon lui-même dit qu'il avait alors quarante ans, et qu'il est prouvé d'ailleurs qu'il était né l'an 429 avant J.-C.

La date des deux autres voyages n'a été fixée que d'après un faux calcul par le P. Corsini, le seul peut-être des savants modernes qui se soit occupé de cet objet. Les faits suivants suffiront pour éclaircir ce point de chronologie.

Platon s'était rendu en Sicile dans le dessein de ménager une réconciliation entre Dion et le roi de Syracuse. Il y passa douze à quinze mois; et, ayant, à son retour, trouvé Dion aux jeux olympiques, il l'instruisit du mauvais succès de sa négociation. Ainsi, que l'on détermine l'année où se sont célébrés ces jeux, et l'on aura l'époque du dernier voyage de Platon. On pourrait hésiter entre les jeux donnés aux olympiades 304, 305 et 306, c'est-à-dire entre les années 364, 360 et 356 avant J.-C.; mais la remarque suivante ôte la liberté du choix.

Dans les premiers mois du séjour de Platon à Syracuse, on y fut témoin d'une éclipse de soleil. Après son entretien avec Dion, ce dernier se détermina à tenter une expédition en Sicile; et, pendant qu'il faisait son embarquement à Zacinthe, il arriva, au plus fort de l'été, une éclipse de lune qui effraya les troupes. Il faut donc que l'année olympique dont il s'agit ait été : 1° précédée d'une éclipse de soleil arrivée environ un an auparavant, et visible à Syracuse; 2° qu'elle ait été suivie, un, deux et même trois ans après, d'une éclipse de lune, arrivée dans les plus fortes chaleurs de l'été, et visible à Zacinthe; or, le 12 mai 361 avant J.-C., à quatre heures du soir, il y eut une éclipse de soleil visible à Syracuse, et, le 9 août de l'an 357 avant J.-C., une éclipse de lune visible à Zacinthe; il suit de là que le troisième voyage de Platon est du printemps de l'an 361, et l'expédition de Dion du mois d'août de l'an 357. Et comme il paraît par les lettres de Platon qu'il ne s'est écoulé que deux ou trois ans entre la fin de son second voyage et le commencement du troisième, on peut placer le second à l'an 364 avant J.-C.

J'ai été conduit à ce résultat par une table d'éclipses que je dois aux bontés de M. Lalande, et qui contient toutes les éclipses de soleil et de lune, les unes visibles à Syracuse, les autres à Zacinthe, depuis l'avénement du jeune Denys au trône en 367, jusqu'en l'année 350 avant J.-C. On y voit clairement que toute autre année olympique que celle de 360 serait insuffisante pour remplir les conditions du problème. On y voit encore une erreur de chronologie du P. Corsini, qui se perpétuerait aisément à la faveur de son nom, si l'on n'avait soin de la relever.

Ce savant prétend, comme je le prétends aussi, que Platon rendit compte de son dernier voyage à Dion aux jeux olympiques de l'an 360. Mais il part d'une fausse supposition, car, en plaçant au 9 du mois d'août de cette année l'éclipse de lune arrivée en l'année 357, il fixe à l'année 360, et à peu de jours de distance, l'expédition de Dion et son entretien avec Platon aux jeux olympiques. Ce n'est pas ici le lieu de détruire les conséquences qu'il tire du faux calcul qu'il a fait ou qu'on lui a donné de cette éclipse; il faut s'en tenir à des faits certains. L'éclipse de lune du 9 août est certainement de l'année 357; donc le départ de Dion pour la Sicile est du mois d'août de l'année 357. Il avait eu un entretien avec Platon aux dernières fêtes d'Olympie; donc Platon, au retour de son troisième voyage, se trouva aux jeux olympiques de l'année 360. Je pourrais montrer que l'éclipse justifie en cette occasion la chronologie de Diodore de Sicile; mais il est temps de finir cette note.

ses différentes nations. Peu contents de ces courses particulières, nous résolûmes, Philotas et moi, de visiter avec plus d'attention toutes ses provinces, en commençant par celles du nord.

La veille de notre départ, nous soupâmes chez Platon : je m'y rendis avec Apollodore et Philotas. Nous y trouvâmes Speusippe son neveu, plusieurs de ses anciens disciples, et Timothée, si célèbre par ses victoires. On nous dit que Platon était enfermé avec Dion de Syracuse, qui arrivait du Péloponnèse, et qui, forcé d'abandonner sa patrie, avait, six à sept ans auparavant, fait un assez long séjour à Athènes : ils vinrent nous rejoindre un moment après. Platon me parut d'abord inquiet et soucieux ; mais il reprit bientôt son air serein, et fit servir.

La décence et la propreté régnaient à sa table. Timothée, qui dans les camps n'entendait parler que d'évolutions, de siéges, de batailles ; dans les sociétés d'Athènes, que de marine et d'impositions, sentait vivement le prix d'une conversation soutenue sans effort et instructive sans ennui. Il s'écriait quelquefois en soupirant : Ah! Platon, que vous êtes heureux! Ce dernier s'étant excusé de la frugalité du repas, Timothée lui répondit : Je sais que les soupers de l'Académie procurent un doux sommeil et un réveil plus doux encore.

Quelques-uns des convives se retirèrent de bonne heure : Dion les suivit de près. Nous avions été frappés de son maintien et de ses discours. Il est à présent la victime de la tyrannie, nous dit Platon ; il le sera peut-être un jour de la liberté.

Timothée le pressa de s'expliquer. Rempli d'estime pour Dion, disait-il, j'ai toujours ignoré les vraies causes de son exil, et je n'ai qu'une idée confuse des troubles qui agitent la cour de Syracuse. Je ne les ai vues que de trop près, ces agitations, répondit Platon. Auparavant j'étais indigné des fureurs et des injustices que le peuple exerce quelquefois dans nos assemblées : combien plus effrayantes et plus dangereuses sont les intrigues qui, sous un calme apparent, fermentent sans cesse autour du trône, dans des régions élevées, où dire la vérité est un crime, la faire goûter au prince un crime plus grand encore ; où la faveur justifie le scélérat, et la disgrâce rend coupable l'homme vertueux! Nous aurions pu ramener le roi de Syracuse ; on l'a indignement perverti : ce n'est pas le sort de Dion que je déplore, c'est celui de la Sicile entière. Ces paroles redoublèrent notre curiosité ; et Platon, cédant à nos prières, commença de cette manière :

Il y a trente-deux ans environ [1] que des raisons, trop longues à

---

[1] Vers l'an 389 avant J.-C.

déduire, me conduisirent en Sicile. Denys-l'Ancien régnait à Syracuse. Vous savez que ce prince, redoutable par ses talents extraordinaires, s'occupa tant qu'il vécut à donner des fers aux nations voisines et à la sienne. Sa cruauté semblait suivre les progrès de sa puissance, qui parvint enfin au plus haut degré d'élévation. Il voulut me connaître; et comme il me fit des avances, il s'attendait à des flatteries, mais il n'obtint que des vérités. Je ne vous parlerai ni de sa fureur que je bravai, ni de sa vengeance dont j'eus de la peine à me garantir. Je m'étais promis de taire ses injustices pendant sa vie; et sa mémoire n'a pas besoin de nouveaux outrages pour être en exécration à tous les peuples.

Je fis alors pour la philosophie une conquête dont elle doit s'honorer : c'est Dion qui vient de sortir. Aristomaque, sa sœur, fut une des deux femmes que Denys épousa le même jour : Hipparinus, son père, avait été long-temps à la tête de la république de Syracuse. C'est aux entretiens que j'eus avec le jeune Dion que cette ville devra sa liberté, si elle est jamais assez heureuse pour la recouvrer. Son âme, supérieure aux autres, s'ouvrit aux premiers rayons de la lumière; et, s'enflammant tout à coup d'un violent amour pour la vertu, elle renonça sans hésiter à toutes les passions qui l'avaient auparavant dégradée. Dion se soumit à de si grands sacrifices avec une chaleur que je n'ai jamais remarquée dans aucun autre jeune homme, avec une constance qui ne s'est jamais démentie.

Dès ce moment il frémit de l'esclavage auquel sa patrie était réduite; mais, comme il se flattait toujours que ses exemples et ses principes feraient impression sur le tyran, qui ne pouvait s'empêcher de l'aimer et de l'employer, il continua de vivre auprès de lui, ne cessant de lui parler avec franchise, et de mépriser la haine d'une cour dissolue.

Denys mourut enfin [1], rempli d'effroi, tourmenté de ses défiances, aussi malheureux que les peuples l'avaient été sous un règne de trente-huit ans. Entre autres enfants, il laissa de Doris, l'une de ses deux épouses, un fils qui portait le même nom que lui, et qui monta sur le trône. Dion saisit l'occasion de travailler au bonheur de la Sicile. Il disait au jeune prince : Votre père fondait sa puissance sur les flottes redoutables dont vous disposez, sur les dix mille barbares qui composent votre garde; c'étaient, suivant lui, des chaînes de diamant avec lesquelles il avait garrotté toutes les parties de l'empire. Il se trompait : je ne connais d'autres liens, pour les unir d'une manière indissoluble, que la justice du prince et l'amour des peuples. Quelle honte pour vous, disait-

---

[1] L'an 367 avant J.-C.

il encore, si, réduit à ne vous distinguer que par la magnificence qui éclate sur votre personne et dans votre palais, le moindre de vos sujets pouvait se mettre au-dessus de vous par la supériorité de ses lumières et de ses sentiments!

Peu content d'instruire le roi, Dion veillait sur l'administration de l'État; il opérait le bien, et augmentait le nombre de ses ennemis. Ils se consumèrent pendant quelque temps en efforts superflus; mais ils ne tardèrent pas à plonger Denys dans la débauche la plus honteuse. Dion, hors d'état de leur résister, attendit un moment plus favorable. Le roi, qu'il trouva le moyen de prévenir en ma faveur, et dont les désirs sont toujours impétueux, m'écrivit plusieurs lettres extrêmement pressantes; il me conjurait de tout abandonner, et de me rendre au plus tôt à Syracuse. Dion ajoutait dans les siennes que je n'avais pas un instant à perdre, qu'il était encore temps de placer la philosophie sur le trône, que Denys montrait de meilleures dispositions, et que ses parents se joindraient volontiers à nous pour l'y confirmer.

Je réfléchis mûrement sur ces lettres. Je ne pouvais pas me fier aux promesses d'un jeune homme qui dans un instant passait d'une extrémité à l'autre; mais ne devais-je pas me rassurer sur la sagesse consommée de Dion? Fallait-il abandonner mon ami dans une circonstance si critique? N'avais-je consacré mes jours à la philosophie que pour la trahir lorsqu'elle m'appelait à sa défense? Je dirai plus : j'eus quelque espoir de réaliser mes idées sur le meilleur des gouvernements, et d'établir le règne de la justice dans les domaines du roi de Sicile. Tels furent les vrais motifs qui m'engagèrent à partir [1], motifs bien différents de ceux que m'ont prêtés des censeurs injustes.

Je trouvai la cour de Denys pleine de dissensions et de troubles. Dion était en butte à des calomnies atroces. A ces mots Speusippe interrompit Platon : Mon oncle, dit-il, n'ose pas vous raconter les honneurs qu'on lui rendit et les succès qu'il eut à son arrivée. Le roi le reçut à la descente du vaisseau; et, l'ayant fait monter sur un char magnifique attelé de quatre chevaux blancs, il le conduisit en triomphe au milieu d'un peuple immense qui couvrait le rivage; il ordonna que les portes du palais lui fussent ouvertes à toute heure, et offrit un sacrifice pompeux en reconnaissance du bienfait que les dieux accordaient à la Sicile. On vit bientôt les courtisans courir au-devant de la réforme, proscrire le luxe de leurs tables, étudier avec empressement les figures de géométrie

[1] Vers l'an 364 avant J.-C.

que divers instituteurs traçaient sur le sable répandu dans les salles mêmes du palais.

Les peuples, étonnés de cette subite révolution, concevaient des espérances ; le roi se montrait plus sensible à leurs plaintes. On se rappelait qu'il avait obtenu le titre de citoyen d'Athènes, la ville la plus libre de la Grèce. On disait encore que, dans une cérémonie religieuse, le héraut ayant, d'après la formule usitée, adressé des vœux au ciel pour la conservation du tyran, Denys, offensé d'un titre qui, jusqu'alors ne l'avait pas blessé, s'écria soudain : Ne cesseras-tu pas de me maudire ?

Ces mots firent trembler les partisans de la tyrannie. A leur tête se trouvait Philistus, qui a publié l'histoire des guerres de Sicile et d'autres ouvrages du même genre ; Denys-l'Ancien l'avait banni de ses états ; comme il a de l'éloquence et de l'audace, on le fit venir de son exil pour l'opposer à Platon. A peine fut-il arrivé, que Dion fut exposé à de noires calomnies : on rendit sa fidélité suspecte ; on empoisonnait toutes ses paroles, toutes ses actions. Conseillait-il de réformer à la paix une partie des troupes et des galères, il voulait, en affaiblissant l'autorité royale, faire passer la couronne aux enfants que sa sœur avait eus de Denys-l'Ancien. Forçait-il son élève à méditer sur les principes d'un sage gouvernement, le roi, disait-on, n'est plus qu'un disciple de l'Académie, qu'un philosophe condamné pour le reste de ses jours à la recherche d'un bien chimérique.

En effet, ajouta Platon, on ne parlait à Syracuse que de deux conspirations, l'une de la philosophie contre le trône, l'autre de toutes les passions contre la philosophie. Je fus accusé de favoriser la première, et de profiter de mon ascendant sur Denys pour lui tendre des piéges. Il est vrai que, de concert avec Dion, je lui disais que, s'il voulait se couvrir de gloire, et même augmenter sa puissance, il devait se composer un trésor d'amis vertueux pour leur confier les magistratures et les emplois ; rétablir les villes grecques détruites par les Carthaginois, et leur donner des lois sages en attendant qu'il pût leur rendre la liberté ; prescrire enfin des bornes à son autorité, et devenir le roi de ses sujets, au lieu d'en être le tyran. Denys paraissait quelquefois touché de nos conseils ; mais ses anciennes préventions contre mon ami, sans cesse entretenues par des insinuations perfides, subsistaient au fond de son âme. Pendant les premiers mois de mon séjour à Syracuse, j'employai tous mes soins pour les détruire ; mais, loin de réussir, je voyais le crédit de Dion s'affaiblir par degrés.

La guerre avec les Carthaginois durait encore ; et, quoiqu'elle ne produisit que des hostilités passagères, il était nécessaire de la terminer. Dion, pour en inspirer le désir aux généraux ennemis, leur écrivit de l'instruire des premières négociations, afin qu'il pût leur ménager une paix solide. La lettre tomba, je ne sais comment, entre les mains du roi. Il consulta à l'instant Philistus; et, préparant sa vengeance par une dissimulation profonde, il affecta de rendre ses bonnes grâces à Dion, l'accable de marques de bonté, le conduit sur les bords de la mer, lui montre la lettre fatale, lui reproche sa trahison, et, sans lui permettre un mot d'explication, le fait embarquer sur un vaisseau qui met aussitôt à la voile.

Ce coup de foudre étonna la Sicile et consterna les amis de Dion : on craignait qu'il ne retombât sur nos têtes. Le bruit de ma mort se répandit à Syracuse. Mais à cet orage violent succéda tout à coup un calme profond : soit politique, soit pudeur, le roi fit tenir à Dion une somme d'argent que ce dernier refusa d'accepter. Loin de sévir contre les amis du proscrit, il n'oublia rien pour calmer leurs alarmes ; il cherchait en particulier à me consoler, il me conjurait de rester auprès de lui. Quoique ses prières fussent mêlées de menaces, et ses caresses de fureur, je m'en tenais toujours à cette alternative : ou le retour de Dion, ou mon congé. Ne pouvant surmonter ma résistance, il me fit transporter à la citadelle, dans son palais même. On expédia des ordres de tous côtés pour me ramener à Syracuse si je prenais la fuite ; on défendit à tout capitaine de vaisseau de me recevoir sur son bord, à moins d'un exprès commandement de la main du prince.

Captif, gardé à vue, je le vis redoubler d'empressement et de tendresse pour moi ; il se montrait jaloux de mon estime et de mon amitié, il ne pouvait plus souffrir la préférence que mon cœur donnait à Dion ; il l'exigeait avec hauteur, il la demandait en suppliant. J'étais sans cesse exposé à des scènes extravagantes : c'étaient des emportements et des excuses, des outrages et des larmes. Comme nos entretiens devenaient de jour en jour plus fréquents, on publia que j'étais l'unique dépositaire de sa faveur. Ce bruit, malignement accrédité par Philistus et son parti, me rendit odieux au peuple et à l'armée ; on me fit un crime des déréglements du prince et des fautes de l'administration. J'étais bien éloigné d'en être l'auteur : à l'exception du préambule de quelques lois, auquel je travaillai dès mon arrivée en Sicile, j'avais refusé de me mêler des affaires publiques dans le temps même que j'en pouvais partager le poids avec mon fidèle compagnon : je venais de le perdre ; Denys s'était rejeté entre les bras d'un grand nombre de flatteurs perdus de débauche; et j'aurais choisi ce moment pour donner des avis à un jeune insensé qui croyait gouverner, et qui se laissait gouverner par des conseillers plus méchants et non moins insensés que lui!

Denys eût acheté mon amitié au poids de l'or; je la mettais à un plus haut prix; je voulais qu'il se pénétrât de ma doctrine, et qu'il apprît à se rendre maître de lui-même pour mériter de commander aux autres; mais il n'aime que la philosophie qui exerce l'esprit, parce qu'elle lui donne occasion de briller. Quand je le ramenais à cette sagesse qui règle les mouvements de l'âme, je voyais son ardeur s'éteindre. Il m'écoutait avec peine, avec embarras. Je m'aperçus qu'il était prémuni contre mes attaques; on l'avait en effet averti qu'en admettant mes principes il assurerait le retour et le triomphe de Dion.

La nature lui accorda une pénétration vive, une éloquence admirable, un cœur sensible, des mouvements de générosité, du penchant pour les choses honnêtes; mais elle lui refusa un caractère: et son éducation, absolument négligée, ayant altéré le germe de ses vertus, a laissé pousser des défauts qui heureusement affaiblissent ses vices. Il a de la dureté sans tenue, de la hauteur sans dignité. C'est par faiblesse qu'il emploie le mensonge et la perfidie, qu'il passe des jours entiers dans l'ivresse du vin et des voluptés. S'il avait plus de fermeté, il serait le plus cruel des hommes. Je ne lui connais d'autre force dans l'âme que l'inflexible roideur avec laquelle il exige que tout plie sous ses volontés passagères: raisons, opinions, sentiments, tout doit être en certains moments subordonné à ses lumières; et je l'ai vu s'avilir par des soumissions et des bassesses, plutôt que de supporter l'injure du refus ou de la contradiction. S'il s'acharne maintenant à pénétrer les secrets de la nature, c'est qu'elle ne doit avoir rien de caché pour lui. Dion lui est surtout odieux en ce qu'il le contrarie par ses exemples et par ses avis.

Je demandais vainement la fin de son exil et du mien, lorsque la guerre s'étant rallumée le remplit de nouveaux soins. N'ayant plus de prétexte pour me retenir, il consentit à mon départ. Nous fîmes une espèce de traité. Je lui promis de venir le rejoindre à la paix; il me promit de rappeler Dion en même temps. Dès qu'elle fut conclue, il eut soin de nous en informer: il écrivit à Dion de différer son retour d'un an, à moi de hâter le mien. Je lui répondis sur-le-champ que mon âge ne me permettait point de courir les risques d'un si long voyage, et que, puisqu'il manquait à sa parole, j'étais dégagé de la mienne. Cette réponse ne déplut pas moins à Dion qu'à Denys. J'avais alors résolu de ne plus me mêler de leurs affaires ; mais le roi n'en était que plus obstiné dans son projet : il mendiait des sollicitations de toutes parts ; il m'écrivait sans cesse ; il me faisait écrire par mes amis de Sicile, par les philosophes de l'école d'Italie. Archytas, qui est à la tête de ces derniers, se rendit auprès de lui ; il me marqua, et son témoignage se trouvait confirmé par d'autres lettres, que le roi était enflammé d'une nouvelle ardeur pour la philosophie, et que j'exposerais ceux qui la cultivent dans ses états si je n'y retournais au plus tôt. Dion, de son côté, me persécutait par ses instances.

Le roi ne le rappellera jamais, il le craint ; il ne sera jamais philosophe, il cherche à le paraître. Il pensait qu'auprès de ceux qui le sont véritablement mon voyage pouvait ajouter à sa considération, et mon refus y nuire : voilà tout le secret de l'acharnement qu'il mettait à me poursuivre.

Cependant je ne crus pas devoir résister à tant d'avis réunis contre le mien. On m'eût reproché peut-être un jour d'avoir abandonné un jeune prince qui me tendait une seconde fois la main pour sortir de ses égarements, livré à sa fureur les amis que j'ai dans ces contrées lointaines, négligé les intérêts de Dion, à qui l'amitié, l'hospitalité, la reconnaissance, m'attachaient depuis si long-temps. Ses ennemis avaient fait séquestrer ses revenus ; ils le persécutaient pour l'exciter à la révolte, ils multipliaient les torts du roi pour le rendre inexorable. Voici ce que Denys m'écrivit : « Nous traiterons d'abord l'affaire de Dion ; j'en passerai par tout ce que vous voudrez, et j'espère que vous ne voudrez que des choses justes. Si vous ne venez pas, vous n'obtiendrez jamais rien pour lui. »

Je connaissais Dion ; son âme a toute la hauteur de la vertu. Il avait supporté paisiblement la violence ; mais si, à force d'injustices, on parvenait à l'humilier, il faudrait des torrents de sang pour laver cet outrage. Il réunit à une figure imposante les plus belles qualités de l'esprit et du cœur : il possède en Sicile des richesses immenses, dans tout le royaume des partisans sans nombre, dans la Grèce un crédit qui rangerait sous ses ordres nos plus braves guerriers. J'entrevoyais de grands maux près de fondre sur la Sicile ; il dépendait peut-être de moi de les prévenir ou de les suspendre.

Il m'en coûta pour quitter de nouveau ma retraite et aller, à l'âge de près de soixante-dix ans, affronter un despote altier, dont les caprices sont aussi orageux que les mers qu'il me fallait parcourir ; mais il n'est point de vertu sans sacrifice, point de philosophie sans pratique. Speusippe voulut m'accompagner; j'acceptai ses offres : je me flattais que les agréments de son esprit séduiraient le roi, si la force de mes raisons ne pouvait le convaincre. Je partis enfin, et j'arrivai heureusement en Sicile [1].

Denys parut transporté de joie, ainsi que la reine et toute la famille royale. Il m'avait fait préparer un logement dans le jardin du palais. Je lui représentai dans notre premier entretien que, suivant nos conventions, l'exil de Dion devait finir au moment où je retournerais à Syracuse. A ces mots, il s'écria : Dion n'est pas exilé; je l'ai seulement éloigné de la cour. Il est temps de l'en rapprocher, répondis-je, et de lui restituer ses biens, que vous abandonnez à des administrateurs infidèles. Ces deux articles furent long-temps débattus entre nous et remplirent plusieurs séances : dans l'intervalle, il cherchait par des distinctions et des présents à me refroidir sur les intérêts de mon ami et à me faire approuver sa disgrâce; mais je rejetai des bienfaits qu'il fallait acheter au prix de l'honneur et de l'amitié.

Quand je voulus sonder l'état de son âme et ses dispositions à l'égard de la philosophie, il ne me parla que des mystères de la nature, et surtout de l'origine du mal. Il avait ouï dire aux pythagoriciens d'Italie que je m'étais pendant long-temps occupé de ce problème, et ce fut un des motifs qui l'engagèrent à presser mon retour. Il me contraignit de lui exposer quelques-unes de mes idées; je n'eus garde de les étendre, et je dois convenir que le roi ne le désirait point : il était plus jaloux d'étaler quelques faibles solutions qu'il avait arrachées à d'autres philosophes.

Cependant je revenais toujours, et toujours inutilement, à mon objet principal, celui d'opérer entre Denys et Dion une réconciliation nécessaire à la prospérité de son règne. A la fin, aussi fatigué que lui de mes importunités, je commençai à me reprocher un voyage non moins infructueux que pénible. Nous étions en été; je voulus profiter de la saison pour m'en retourner : je lui déclarai que je ne pouvais plus rester à la cour d'un prince si ardent à persécuter mon ami. Il employa toutes les séductions pour me retenir, et finit par me promettre une de ses galères; mais comme il était le maître d'en retarder les préparatifs, je résolus de m'embarquer sur le premier vaisseau qui mettrait à la voile.

Deux jours après il vint chez moi, et me dit : L'affaire de Dion est la seule cause de nos divisions; il faut la terminer. Voici tout ce que, par amitié pour vous, je puis faire en sa faveur. Qu'il reste dans le Péloponnèse jusqu'à ce que le temps précis de son re-

[1] Au commencement de l'an 361 avant J.-C.

tour soit convenu entre lui, moi, vous et vos amis. Il vous donnera sa parole de ne rien entreprendre contre mon autorité : il la donnera de même à vos amis, aux siens; et tous ensemble vous m'en serez garants. Ses richesses seront transportées en Grèce et confiées à des dépositaires que vous choisirez ; il en retirera les intérêts, et ne pourra toucher au fonds sans votre agrément ; car je ne compte pas assez sur sa fidélité pour laisser à sa disposition de si grands moyens de me nuire. J'exige en même temps que vous restiez encore un an avec moi; et, quand vous partirez, nous vous remettrons l'argent que nous aurons à lui. J'espère qu'il sera satisfait de cet arrangement. Dites-moi s'il vous convient.

Ce projet m'affligea. Je demandai vingt-quatre heures pour l'examiner. Après en avoir balancé les avantages et les inconvénients, je lui répondis que j'acceptais les conditions proposées, pourvu que Dion les approuvât. Il fut réglé en conséquence que nous lui écririons au plus tôt l'un et l'autre, et qu'en attendant on ne changerait rien à la nature de ses biens. C'était le second traité que nous faisions ensemble, et il ne fut pas mieux observé que le premier.

J'avais laissé passer la saison de la navigation; tous les vaisseaux étaient partis. Je ne pouvais pas m'échapper du jardin à l'insu du garde à qui la porte en était confiée. Le roi, maître de ma personne, commençait à ne plus se contraindre. Il me dit une fois : Nous avons oublié un article essentiel. Je n'enverrai à Dion que la moitié de son bien; je réserve l'autre pour son fils, dont je suis le tuteur naturel, comme frère d'Arété sa mère. Je me contentai de lui dire qu'il fallait attendre la réponse de Dion à sa première lettre, et lui en écrire une seconde pour l'instruire de ce nouvel arrangement.

Cependant il procédait sans pudeur à la dissipation des biens de Dion; il en fit vendre une partie comme il voulut, à qui il voulut, sans daigner m'en parler, sans écouter mes plaintes. Ma situation devenait de jour en jour plus accablante; un événement imprévu en augmenta la rigueur.

Ses gardes, indignés de ce qu'il voulait diminuer la solde des vétérans, se présentèrent en tumulte au pied de la citadelle, dont il avait fait fermer les portes. Leurs menaces, leurs cris belliqueux et les apprêts de l'assaut l'effrayèrent tellement, qu'il leur accorda plus qu'ils ne demandaient. Héraclide, un des premiers citoyens de Syracuse, fortement soupçonné d'être l'auteur de l'émeute, prit la fuite, et employa le crédit de ses parents pour effacer les impressions qu'on avait données au roi contre lui.

Quelques jours après, je me promenais dans le jardin; j'y vis entrer Denys et Théodote qu'il avait mandé; ils s'entretinrent quelque temps ensemble, et, s'étant approché de moi, Théodote me dit : J'avais obtenu pour mon neveu Héraclide la permission de venir se justifier, et, si le roi ne le veut plus souffrir dans ses états, celle de se retirer au Péloponnèse avec sa femme, son fils et la jouissance de ses biens. J'ai cru devoir en conséquence inviter Héraclide à se rendre ici. Je vais lui en écrire encore. Je demande à présent qu'il puisse se montrer sans risque, soit à Syracuse, soit aux environs. Y consentez-vous, Denys? J'y consens, répondit le roi, il peut même demeurer chez vous en toute sûreté.

Le lendemain matin, Théodote et Eurybius entrèrent chez moi, la douleur et la consternation peintes sur leur visage. Platon, me dit le premier, vous fûtes hier témoin de la promesse du roi. On vient de nous apprendre que des soldats, répandus de tous côtés, cherchent Héraclide; ils ont ordre de le saisir. Il est peut-être de retour. Nous n'avons pas un moment à perdre; venez avec nous au palais. Je les suivis. Quand nous fûmes en présence du roi, ils restèrent immobiles et fondirent en pleurs. Je lui dis : Ils craignent que, malgré l'engagement que vous prîtes hier, Héraclide ne coure des risques à Syracuse; car on présume qu'il est revenu. Denys, bouillonnant de colère, changea de couleur. Eurybius et Théodote se jetèrent à ses pieds; et, pendant qu'ils arrosaient ses mains de leurs larmes, je dis à Théodote : Rassurez-vous; le roi n'osera jamais manquer à la parole qu'il nous a donnée. Je ne vous en ai point donné, me répondit-il avec des yeux étincelants de fureur. Et moi, j'atteste les dieux, repris-je; que vous avez donné celle dont ils réclament l'exécution. Je lui tournai ensuite le dos et me retirai. Théodote n'eut d'autre ressource que d'avertir secrètement Héraclide, qui n'échappa qu'avec peine aux poursuites des soldats.

Dès ce moment Denys ne garda plus de mesures, il suivit avec ardeur le projet de s'emparer des biens de Dion. Il me fit sortir du palais. Tout commerce avec mes amis, tout accès auprès de lui m'étaient sévèrement interdits. Je n'entendais parler que de ses plaintes, de ses reproches, de ses menaces. Si je le voyais par hasard, c'était pour en essuyer des sarcasmes amers et des plaisanteries indécentes; car les rois, et les courtisans à leur exemple, persuadés sans doute que leur faveur seule fait notre mérite, cessent de considérer ceux qu'ils cessent d'aimer. On m'avertit en même temps que mes jours étaient en danger; et en effet des satellites du tyran avaient dit qu'ils m'arracheraient la vie s'ils me rencontraient.

Je trouvai le moyen d'instruire de ma situation Archytas et mes autres amis de Tarente. Avant mon arrivée, Denys leur avait donné sa foi que je pourrais quitter la Sicile quand je le jugerais à propos ; ils m'avaient donné la leur pour garant de la sienne. Je l'invoquai dans cette occasion. Bientôt arrivèrent des députés de Tarente : après s'être acquittés d'une commission qui avait servi de prétexte à l'ambassade, ils obtinrent enfin ma délivrance.

En revenant de Sicile je débarquai en Élide, et j'allai aux jeux olympiques, où Dion m'avait promis de se trouver. Je lui rendis compte de ma mission, et je finis par lui dire : Jugez vous-même du pouvoir que la philosophie a sur l'esprit du roi de Syracuse.

Dion, indigné des nouveaux outrages qu'il venait de recevoir en ma personne, s'écria tout à coup : Ce n'est plus à l'école de la philosophie qu'il faut conduire Denys, c'est à celle de l'adversité, et je vais lui en ouvrir le chemin. Mon ministère est donc fini, lui répondis-je. Quand mes mains seraient encore en état de porter les armes, je ne les prendrais pas contre un prince avec qui j'eus en commun la même maison, la même table, les mêmes sacrifices ; qui, sourd aux calomnies de mes ennemis, épargna des jours dont il pouvait disposer, à qui j'ai promis cent fois de ne jamais favoriser aucune entreprise contre son autorité. Si, ramenés un jour l'un et l'autre à des vues pacifiques, vous avez besoin de ma médiation, je vous l'offrirai avec empressement ; mais, tant que vous méditerez des projets de destruction, n'attendez ni conseils ni secours de ma part.

J'ai pendant trois ans employé divers prétextes pour le tenir dans l'inaction ; mais il vient de me déclarer qu'il est temps de voler au secours de sa patrie. Les principaux habitants de Syracuse, las de la servitude, n'attendent que son arrivée pour en briser le joug. J'ai vu leurs lettres ; ils ne demandent ni troupes ni vaisseaux, mais son nom pour les autoriser et sa présence pour les réunir. Ils lui marquent aussi que son épouse, ne pouvant plus résister aux menaces et aux fureurs du roi, a été forcée de contracter un nouvel hymen. La mesure est comble. Dion va retourner au Péloponnèse ; il y lèvera des soldats ; et, dès que ses préparatifs seront achevés, il passera en Sicile.

Tel fut le récit de Platon. Nous prîmes congé de lui, et le lendemain nous partîmes pour la Béotie.

CHAPITRE XXXIV.

Voyage de Béotie. L'antre de Trophonius. Hésiode. Pindare.

On voyage avec beaucoup de sûreté dans toute la Grèce; on trouve des auberges dans les principales villes et sur les grandes routes; mais on y est rançonné sans pudeur. Comme le pays est presque partout couvert de montagnes et de collines, on ne se sert de voitures que pour les petits trajets; encore est-on souvent obligé d'employer l'enrayure. Il faut préférer les mulets pour les voyages de long cours, et mener avec soi quelques esclaves pour porter le bagage.

Outre que les Grecs s'empressent d'accueillir les étrangers, on trouve dans les principales villes des proxènes chargés de ce soin: tantôt ce sont des particuliers en liaison de commerce ou d'hospitalité avec des particuliers d'une autre ville; tantôt ils ont un caractère public et sont reconnus pour les agents d'une ville ou d'une nation qui, par un décret solennel, les a choisis avec l'agrément du peuple auquel ils appartiennent; enfin il en est qui gèrent à la fois les affaires d'une ville étrangère et de quelques-uns de ses citoyens.

Le proxène d'une ville en loge les députés; il les accompagne partout, et se sert de son crédit pour assurer le succès de leurs négociations; il procure à ceux de ses habitants qui voyagent les agréments qui dépendent de lui. Nous éprouvâmes ces secours dans plusieurs villes de la Grèce. En quelques endroits, de simples citoyens prévenaient d'eux-mêmes nos désirs dans l'espérance d'obtenir la bienveillance des Athéniens, dont ils désiraient d'être les agents, et de jouir, s'ils venaient à Athènes, des prérogatives attachées à ce titre, telles que la permission d'assister à l'assemblée générale et la préséance dans les cérémonies religieuses, ainsi que dans les jeux publics.

Nous partîmes d'Athènes dans les premiers jours du mois munychion, la troisième année de la cent cinquantième olympiade [1]. Nous arrivâmes le soir même à Orope par un chemin assez rude, mais ombragé en quelques endroits de bois de lauriers. Cette ville, située sur les confins de la Béotie et de l'Attique, est éloignée de la mer d'environ vingt stades [2]. Les droits d'entrée s'y perçoivent avec une rigueur extrême, et s'étendent jusqu'aux provisions que con-

---

[1] Au printemps de l'année 357 avant J.-C.

[2] Environ trois quarts de lieue.

somment les habitants, dont la plupart sont d'un difficile abord et d'une avarice sordide.

Près de la ville, dans un endroit embelli par des sources d'une eau pure, est le temple d'Amphiaraüs. Il fut un des chefs de la guerre de Thèbes; et comme il y faisait les fonctions de devin, on supposa qu'il rendait des oracles après sa mort. Ceux qui viennent implorer ses lumières doivent s'abstenir de vin pendant trois jours et de toute nourriture pendant vingt-quatre heures. Ils immolent ensuite un bélier auprès de sa statue, en étendent la peau sur le parvis et s'endorment dessus. Le dieu, à ce qu'on prétend, leur apparaît en songe et répond à leurs questions. On cite quantité de prodiges opérés dans ce temple; mais les Béotiens ajoutent tant de foi aux oracles, qu'on ne peut pas s'en rapporter à ce qu'ils en disent.

A la distance de trente stades [1], on trouve sur une hauteur la ville de Tanagra, dont les maisons ont assez d'apparence. La plupart sont ornées de peintures encaustiques et de vestibules. Le territoire de cette ville, arrosé par une petite rivière nommée Thermodon, est couvert d'oliviers et d'arbres de différentes sortes. Il produit peu de blé et le meilleur vin de la Béotie.

Quoique les habitants soient riches, ils ne connaissent ni le luxe ni les excès qui en sont la suite. On les accuse d'être envieux; mais nous n'avons vu chez eux que de la bonne foi, de l'amour pour la justice et l'hospitalité, de l'empressement à secourir les malheureux que le besoin oblige d'errer de ville en ville. Ils fuient l'oisiveté, et, détestant les gains illicites, ils vivent contents de leur sort. Il n'y a point d'endroit en Béotie où les voyageurs aient moins à craindre les avanies. Je crois avoir découvert le secret de leurs vertus; ils préfèrent l'agriculture aux autres arts.

Ils ont tant de respect pour les dieux qu'ils ne construisent les temples que dans des lieux séparés des habitations des mortels. Ils prétendent que Mercure les délivra une fois de la peste en portant autour de la ville un bélier sur ses épaules; ils l'ont représenté sous cette forme dans son temple, et, le jour de sa fête, on fait renouveler cette cérémonie par un jeune homme de la figure la plus distinguée; car les Grecs sont persuadés que les hommages que l'on rend aux dieux leur sont plus agréables quand ils sont présentés par la jeunesse et la beauté.

Corinne était de Tanagra; elle cultiva la poésie avec succès. Nous vîmes son tombeau dans le lieu le plus apparent de la ville, et son portrait dans le gymnase. Quand on lit ses ouvrages, on

[1] Un peu plus d'une lieue.

demande pourquoi, dans les combats de poésie, ils furent si souvent préférés à ceux de Pindare ; mais, quand on voit son portrait, on demande pourquoi ils ne l'ont pas toujours été.

Les Tanagréens, comme les autres peuples de la Grèce, ont une sorte de passion pour les combats de coqs. Ces animaux sont chez eux d'une grosseur et d'une beauté singulières ; mais ils semblent moins destinés à perpétuer leur espèce qu'à la détruire, car ils ne respirent que la guerre. On en transporte dans plusieurs villes ; on les fait lutter les uns contre les autres, et, pour rendre leur fureur plus meurtrière, on arme leurs ergots de pointes d'airain.

Nous partîmes de Tanagra ; et, après avoir fait deux cents stades[1] par un chemin raboteux et difficile, nous arrivâmes à Platée, ville autrefois puissante, aujourd'hui ensevelie sous ses ruines. Elle était située au pied du mont Cithéron, dans cette belle plaine qu'arrose l'Asopus, et dans laquelle Mardonius fut défait à la tête de trois cent mille Perses. Ceux de Platée se distinguèrent tellement dans cette bataille, que les autres Grecs, autant pour reconnaître leur valeur que pour éviter toute jalousie, leur en déférèrent la principale gloire. On institua chez eux des fêtes pour en perpétuer le souvenir, et il fut décidé que tous les ans on y renouvellerait les cérémonies funèbres en l'honneur des Grecs qui avaient péri dans la bataille.

De pareilles institutions se sont multipliées parmi les Grecs ; ils savent que les monuments ne suffisent pas pour éterniser les faits éclatants, ou du moins pour en produire de semblables : ces monuments périssent ou sont ignorés, et n'attestent souvent que le talent de l'artiste et la vanité de ceux qui les ont fait construire. Mais des assemblées générales et solennelles où, chaque année, les noms de ceux qui se sont dévoués à la mort sont récités à haute voix, où l'éloge de leur vertu est prononcé par des bouches éloquentes, où la patrie, enorgueillie de les avoir produits, va répandre des larmes sur leurs tombeaux, voilà le plus digne hommage qu'on puisse décerner à la valeur, et voici l'ordre qu'observaient les Platéens en le renouvelant :

A la pointe du jour, un trompette sonnant la charge ouvrait la marche ; on voyait paraître successivement plusieurs chars remplis de couronnes et de branches de myrte ; un taureau noir, suivi de jeunes gens qui portaient dans des vases du lait, du vin et différentes sortes de parfums ; enfin le premier magistrat des Platéens, vêtu d'une robe teinte en pourpre, tenant un vase d'une main et une épée de l'autre. La pompe traversait la ville ; et, parvenue au champ de bataille, le magistrat puisait de l'eau dans

---

[1] Sept lieues et demie.

une fontaine voisine, lavait les cippes ou colonnes élevées sur les tombeaux, les arrosait d'essences, sacrifiait le taureau, et, après avoir adressé des prières à Jupiter et à Mercure, il invitait aux libations les ombres des guerriers qui étaient morts dans le combat ; ensuite il remplissait de vin une coupe, il en répandait une partie et disait à haute voix : « Je bois à ces vaillants hommes qui sont morts pour la liberté de la Grèce. »

Depuis la bataille de Platée, les habitants de cette ville s'unirent aux Athéniens et secouèrent le joug des Thébains, qui se regardaient comme leurs fondateurs, et qui, dès ce moment, devinrent pour eux des ennemis implacables. Leur haine fut portée si loin que, s'étant joints aux Lacédémoniens pendant la guerre du Péloponnèse, ils attaquèrent la ville de Platée et la détruisirent entièrement. Elle se repeupla bientôt après, et, comme elle était toujours attachée aux Athéniens, les Thébains la reprirent et la détruisirent de nouveau il y a dix-sept ans. Il n'y reste plus aujourd'hui que les temples respectés par les vainqueurs, quelques maisons, et une grande hôtellerie pour ceux qui viennent en ces lieux offrir des sacrifices. C'est un bâtiment qui a deux cents pieds de long sur autant de large, avec quantité d'appartements au rez-de-chaussée et au premier étage.

Nous vîmes le temple de Minerve, construit des dépouilles des Perses enlevées à Marathon. Polygnote y représenta le retour d'Ulysse dans ses états, et le massacre qu'il fit des amants de Pénélope. Onatas y peignit la première expédition des Argiens contre Thèbes. Ces peintures conservent encore toute leur fraîcheur. La statue de la déesse est de la main de Phidias, et d'une grandeur extraordinaire ; elle est de bois doré ; mais le visage, les mains et les pieds sont de marbre.

Nous vîmes dans le temple de Diane le tombeau d'un citoyen de Platée, nommé Euchidas. On nous dit à cette occasion qu'après la défaite des Perses, l'oracle avait ordonné aux Grecs d'éteindre le feu dont ils se servaient, parce qu'il avait été souillé par les barbares, et de venir prendre à Delphes celui dont ils useraient désormais pour leurs sacrifices. En conséquence, tous les feux de la contrée furent éteints. Euchidas partit aussitôt pour Delphes ; il prit du feu sur l'autel, et, étant revenu le même jour à Platée avant le coucher du soleil, il expira quelques moments après. Il avait fait mille stades à pied[1]. Cette extrême diligence étonnera sans doute ceux qui ne savent pas que les Grecs s'exercent singulièrement à la course, et que la plupart des villes entre-

[1] Trente-sept lieues et deux mille toises.

tiennent des coureurs accoutumés à parcourir dans un jour des espaces immenses.

Nous passâmes ensuite par la bourgade de Leuctres et la ville de Thespies, qui devront leur célébrité à de grands désastres. Auprès de la première s'était donnée, quelques années auparavant, cette bataille sanglante qui renversa la puissance de Lacédémone; la seconde fut détruite, ainsi que Platée, dans les dernières guerres. Les Thébains n'y respectèrent que les monuments sacrés. Deux entre autres fixèrent notre attention : le temple d'Hercule, desservi par une prêtresse qui est obligée de garder le célibat pendant toute sa vie; et la statue de ce Cupidon que l'on confond quelquefois avec l'Amour : ce n'est qu'une pierre informe, et telle qu'on la tire de la carrière, car c'est ainsi qu'anciennement on représentait les objets du culte public.

Nous allâmes coucher dans un lieu nommé Ascra, distant de Thespies d'environ quarante stades[1], hameau dont le séjour est insupportable en été et en hiver; mais c'est la patrie d'Hésiode.

Le lendemain un sentier étroit nous conduisit au bois sacré des Muses; nous nous arrêtâmes, en y montant, sur les bords de la fontaine d'Aganippe, ensuite auprès de la statue de Linus, l'un des plus anciens poètes de la Grèce : elle est placée dans une grotte, comme dans un petit temple. A droite, à gauche, nos regards parcouraient avec plaisir les nombreuses demeures que les habitants de la campagne se sont construites sur ces hauteurs.

Bientôt, pénétrant dans de belles allées, nous nous crûmes transportés à la cour brillante des Muses : c'est là en effet que leur pouvoir et leur influence s'annoncent d'une manière éclatante par les monuments qui parent ces lieux solitaires et semblent les animer. Leurs statues, exécutées par différents artistes, s'offrent souvent aux yeux du spectateur. Ici, Apollon et Mercure se disputent une lyre; là respirent encore des poètes et des musiciens célèbres, Thamyris, Arion, Hésiode et Orphée, autour duquel sont plusieurs figures d'animaux sauvages, attirés par la douceur de sa voix.

De toutes parts s'élèvent quantité de trépieds de bronze, noble récompense des talents couronnés dans les combats de poésie et de musique. Ce sont les vainqueurs eux-mêmes qui les ont consacrés en ces lieux. On y distingue celui qu'Hésiode avait remporté à Chalcis en Eubée. Autrefois les Thespiens venaient tous les ans dans ce bois sacré distribuer de ces sortes de prix, et célébrer des fêtes en l'honneur des Muses et de l'Amour.

Au-dessus du bois coulent entre des bords fleuris une petite

---

[1] Environ une lieue et demie.

rivière nommée Permesse, la fontaine d'Hippocrène et celle de Narcisse, où l'on prétend que ce jeune homme expira d'amour en s'obstinant à contempler son image dans les eaux tranquilles de cette source.

Nous étions alors sur l'Hélicon, sur cette montagne si renommée pour la pureté de l'air, l'abondance des eaux, la fertilité des vallées, la fraîcheur des ombrages et la beauté des arbres antiques dont elle est couverte. Les paysans des environs nous assuraient que les plantes y sont tellement salutaires, qu'après s'en être nourris les serpents n'ont plus de venin. Ils trouvaient une douceur exquise dans le fruit de leurs arbres, et surtout dans celui de l'andrachné.

Les Muses règnent sur l'Hélicon. Leur histoire ne présente que des traditions absurdes ; mais leurs noms indiquent leur origine. Il paraît en effet que les premiers poètes, frappés des beautés de la nature, se laissèrent aller au besoin d'invoquer les nymphes des bois, des montagnes, des fontaines, et que, cédant au goût de l'allégorie, alors généralement répandu, ils les désignèrent par des noms relatifs à l'influence qu'elles pouvaient avoir sur les productions de l'esprit. Ils ne reconnurent d'abord que trois Muses, Mélété, Mnémé, Aœdé ; c'est-à-dire la *méditation*, ou la réflexion qu'on doit apporter au travail, la *mémoire*, qui éternise les faits éclatants, et le *chant*, qui en accompagne le récit. A mesure que l'art des vers fit des progrès, on en personnifia les caractères et les effets. Le nombre des Muses s'accrut, et les noms qu'elles reçurent alors se rapportèrent aux charmes de la poésie, à son origine céleste, à la beauté de son langage, aux plaisirs et à la gaieté qu'elle procure, aux chants et à la danse qui relèvent son éclat, à la gloire dont elle est couronnée [1]. Dans la suite on leur associa les Grâces, qui doivent embellir la poésie, et l'Amour, qui en est si souvent l'objet.

Ces idées naquirent dans un pays barbare, dans la Thrace, où, au milieu de l'ignorance, parurent tout à coup Orphée, Linus et leurs disciples. Les Muses y furent honorées sur le mont de la Piérie ; et de là étendant leurs conquêtes, elles s'établirent successivement sur le Pinde, le Parnasse, l'Hélicon, dans tous les lieux solitaires où les peintres de la nature, entourés des plus riantes images, éprouvent la chaleur de l'inspiration divine.

Nous quittâmes ces retraites délicieuses, et nous nous rendîmes

---

[1] Érato signifie *l'Aimable*; Uranie, *la Céleste*; Calliope peut désigner *l'élégance du langage*; Euterpe, *celle qui plaît*; Thalie, *la joie vive*, et surtout *celle qui règne dans les festins*; Melpomène, *celle qui se plaît aux chants*; Polymnie, *la multiplicité des chants*; Terpsichore, *celle qui se plaît à la danse*; Clio, *la gloire*.

à Lébadée, situé au pied d'une montagne d'où sort la petite rivière d'Hercyne, qui forme dans sa chute des cascades sans nombre. La ville présente de tous côtés des monuments de la magnificence et du goût des habitants. Nous nous en occupâmes avec plaisir; mais nous étions encore plus empressés de voir l'antre de Trophonius, un des plus célèbres oracles de la Grèce; une indiscrétion de Philotas nous empêcha d'y descendre.

Un soir que nous soupions chez un des principaux de la ville, la conversation roula sur les merveilles opérées dans cette caverne mystérieuse. Philotas témoigna quelques doutes, et observa que ces faits surprenants n'étaient pour l'ordinaire que des effets naturels. J'étais une fois dans un temple, ajouta-t-il : la statue du dieu paraissait couverte de sueur; le peuple criait au prodige; mais j'appris ensuite qu'elle était faite d'un bois qui avait la propriété de suer par intervalles. A peine eut-il proféré ces mots, que nous vîmes un des convives pâlir et sortir quelques moments après; c'était un des prêtres de Trophonius. On nous conseilla de ne point nous exposer à sa vengeance, en nous enfonçant dans un souterrain dont les détours n'étaient connus que de ces ministres[1].

Quelques jours après, on nous avertit qu'un Thébain allait descendre dans la caverne; nous prîmes le chemin de la montagne, accompagnés de quelques amis et à la suite d'un grand nombre d'habitants de Lébadée. Nous parvînmes bientôt au temple de Trophonius, placé au milieu d'un bois qui lui est également consacré. Sa statue, qui le représente sous les traits d'Esculape, est de la main de Praxitèle.

Trophonius était un architecte qui, conjointement avec son frère Agamède, construisit le temple de Delphes. Les uns disent qu'ils y pratiquèrent une issue secrète pour y voler pendant la nuit les trésors qu'on y déposait; et qu'Agamède ayant été pris dans un piége tendu à dessein, Trophonius, pour écarter tout soupçon, lui coupa la tête, et fut quelque temps après englouti dans la terre entr'ouverte sous ses pas. D'autres soutiennent que les deux frères, ayant achevé le temple, supplièrent Apollon de leur accorder une récompense; que le dieu leur répondit qu'ils la recevraient sept jours après, et que, le septième jour étant passé, ils trouvèrent la mort dans un sommeil paisible. On ne varie pas moins sur les raisons qui ont mérité les honneurs divins à Trophonius. Presque

---

[1] Peu de temps après le voyage d'Anacharsis à Lébadée, un des suivants du roi Démétrius vint consulter cet oracle. Les prêtres se défièrent de ses intentions. On le vit entrer dans la caverne, et on ne l'en vit pas sortir. Quelques jours après son corps fut jeté hors de l'antre par une issue différente de celle par où l'on entrait communément.

tous les objets du culte des Grecs ont des origines qu'il est impossible d'approfondir et inutile de discuter.

Le chemin qui conduit de Lébadée à l'antre de Trophonius est entouré de temples et de statues. Cet antre, creusé un peu au-dessus du bois sacré, offre d'abord aux yeux une espèce de vestibule entouré d'une balustrade de marbre blanc, sur laquelle s'élèvent des obélisques de bronze. De là on entre dans une grotte taillée à la pointe du marteau, haute de huit coudées, large de quatre [1] : c'est là que se trouve la bouche de l'antre : on y descend par le moyen d'une échelle ; et, parvenu à une certaine profondeur, on ne trouve plus qu'une ouverture extrêmement étroite ; il faut y passer les pieds, et quand avec bien de la peine on a introduit le reste du corps, on se sent entraîner avec la rapidité d'un torrent jusqu'au fond du souterrain. Est-il question d'en sortir, on est relancé, la tête en bas, avec la même force et la même vitesse. Des compositions de miel, qu'on est obligé de tenir, ne permettent pas de porter la main sur les ressorts employés pour accélérer la descente ou le retour ; mais, pour écarter tout soupçon de supercherie, les prêtres supposent que l'antre est rempli de serpents, et qu'on se garantit de leurs morsures en leur jetant ces gâteaux de miel.

On ne doit s'engager dans la caverne que pendant la nuit, qu'après de longues préparations, qu'à la suite d'un examen rigoureux. Tersidas, c'est le nom du Thébain qui venait consulter l'oracle, avait passé quelques jours dans une chapelle consacrée à la Fortune et au bon Génie, faisant usage du bain froid, s'abstenant de vin et de toutes les choses condamnées par le rituel, se nourrissant des victimes qu'il avait offertes lui-même.

A l'entrée de la nuit on sacrifia un bélier ; et les devins en ayant examiné les entrailles, comme ils avaient fait dans les sacrifices précédents, déclarèrent que Trophonius agréait l'hommage de Tersidas et répondrait à ses questions. On le mena sur les bords de la rivière d'Hercyne, où deux jeunes enfants âgés de treize ans le frottèrent d'huile et firent sur lui diverses ablutions ; de là il fut conduit à deux sources voisines, dont l'une s'appelle la fontaine de Léthé, et l'autre la fontaine de Mnémosyne : la première efface le souvenir du passé ; la seconde grave dans l'esprit ce qu'on voit ou ce qu'on entend dans la caverne. On l'introduisit ensuite tout seul dans une chapelle où se trouve une ancienne statue de Trophonius. Tersidas lui adressa ses prières, et s'avança vers la caverne, vêtu d'une robe de lin. Nous le suivîmes à la faible lueur des flam-

[1] Hauteur, onze de nos pieds et quatre pouces ; largeur, cinq pieds huit pouces.

beaux qui le précédaient ; il entra dans la grotte et disparut à nos yeux.

En attendant son retour, nous étions attentifs aux propos des autres spectateurs. Il s'en trouvait plusieurs qui avaient été dans le souterrain : les uns disaient qu'ils n'avaient rien vu, mais que l'oracle leur avait donné sa réponse de vive voix ; d'autres au contraire n'avaient rien entendu, mais avaient eu des apparitions propres à éclaircir leurs doutes. Un citoyen de Lébadée, petit-fils de Timarque, disciple de Socrate, nous raconta ce qui était arrivé à son aïeul : il le tenait du philosophe Cébès de Thèbes, qui le lui avait rapporté presque dans les mêmes termes dont Timarque s'était servi.

J'étais venu, disait Timarque, demander à l'oracle ce qu'il fallait penser du génie de Socrate. Je ne trouvai d'abord dans la caverne qu'une obscurité profonde. Je restai long-temps couché par terre, adressant mes prières à Trophonius, sans savoir si je dormais ou si je veillais : tout à coup j'entendis des sons agréables, mais qui n'étaient point articulés, et je vis une infinité de grandes îles éclairées par une lumière douce ; elles changeaient à tout moment de place et de couleur, tournant sur elles-mêmes, et flottant sur une mer aux extrémités de laquelle se précipitaient deux torrents de feu. Près de moi s'ouvrait un abîme immense où des vapeurs épaisses semblaient bouillonner, et du fond de ce gouffre s'élevaient des mugissements d'animaux confusément mêlés avec des cris d'enfants et des gémissements d'hommes et de femmes.

Pendant que tous ces sujets de terreur remplissaient mon âme d'épouvante, une voix inconnue me dit d'un ton lugubre : Timarque, que veux-tu savoir? Je répondis presque au hasard : Tout, car tout ici me paraît admirable. La voix reprit : Les îles que tu vois au loin sont les régions supérieures : elles obéissent à d'autres dieux ; mais tu peux parcourir l'empire de Proserpine, que nous gouvernons, et qui est séparé de ces régions par le Styx. Je demandai ce que c'était que le Styx. La voix répondit : C'est le chemin qui conduit aux enfers, et la ligne qui sépare les ténèbres de la lumière.

Alors elle expliqua la génération et les révolutions des âmes : Celles qui sont souillées de crimes, ajouta-t-elle, tombent, comme tu vois, dans le gouffre, et vont se préparer à une nouvelle naissance. Je ne vois, lui dis-je, que des étoiles qui s'agitent sur les bords de l'abîme ; les unes y descendent, les autres en sortent. Ces étoiles, reprit la voix, sont les âmes, dont on peut distinguer trois espèces : celles qui, s'étant plongées dans les voluptés, ont laissé éteindre leurs lumières naturelles; celles qui, ayant alternativement lutté contre les passions et contre la raison, ne sont ni tout à fait pures ni tout à fait corrompues; celles qui, n'ayant pris que la raison pour guide, ont conservé tous les traits de leur origine. Tu vois les premières dans ces étoiles qui te paraissent éteintes; les secondes, dans celles dont l'éclat est terni par des vapeurs qu'elles semblent secouer; les troisièmes, dans celles qui, brillant d'une vive lumière, s'élèvent au-dessus des autres : ces dernières sont les génies; ils animent ces heureux mortels qui ont un commerce intime avec les dieux.

Après avoir un peu plus étendu ces idées, la voix me dit : Jeune homme, tu connaîtras mieux cette doctrine dans trois mois, tu peux maintenant partir. Alors elle se tut. Je voulus me tourner pour voir d'où elle venait, mais je me sentis à l'instant une très-grande douleur à la tête, comme si on me la comprimait avec violence : je m'évanouis; et quand je commençai à me reconnaître, je me trouvai hors de la caverne. Tel était le récit de Timarque. Son petit-fils ajouta que son aïeul, de retour à Athènes, mourut trois mois après, comme l'oracle le lui avait prédit.

Nous passâmes la nuit et une partie du jour suivant à entendre de pareils récits : en les combinant il nous fut aisé de voir que les ministres du temple s'introduisaient dans la caverne par des routes secrètes, et qu'ils joignaient la violence aux prestiges pour troubler l'imagination de ceux qui venaient consulter l'oracle.

Ils restent dans la caverne plus ou moins de temps : il en est qui n'en reviennent qu'après y avoir passé deux nuits et un jour. Il était midi, Tersidas ne paraissait pas, et nous errions autour de la grotte. Une heure après nous vîmes la foule courir en tumulte vers la balustrade : nous la suivîmes, et nous aperçûmes le Thébain que les prêtres soutenaient et faisaient asseoir sur un siège qu'on nomme le siège de Mnémosyne; c'était là qu'il devait dire ce qu'il avait vu et entendu dans le souterrain. Il était saisi d'effroi; ses yeux éteints ne reconnaissaient personne. Après avoir recueilli de sa bouche quelques paroles entrecoupées, qu'on regarda comme la réponse de l'oracle, ses gens le conduisirent dans la chapelle du bon Génie et de la Fortune. Il y reprit insensiblement ses esprits; mais il ne lui resta que des traces confuses de son séjour dans la caverne, et peut-être qu'une impression terrible du saisissement qu'il avait éprouvé; car on ne consulte pas cet oracle impunément. La plupart de ceux qui reviennent de la caverne conservent toute leur vie un fonds de tristesse que rien ne peut surmonter, et qui a donné lieu à un proverbe; on dit d'un homme excessivement triste : Il vient de l'antre de Trophonius. Parmi ce grand nombre d'oracles qu'on trouve en Béotie, il n'en est point où la fourberie soit plus grossière et plus à découvert ; aussi n'en est-il point qui soit plus fréquenté.

Nous descendîmes de la montagne, et quelques jours après nous prîmes le chemin de Thèbes. Nous passâmes par Chéronée, dont les habitants ont pour objet principal de leur culte le sceptre que Vulcain fabriqua par ordre de Jupiter, et qui de Pélops passa successivement entre les mains d'Atrée, de Thyeste et d'Agamemnon. Il n'est point adoré dans un temple, mais dans la maison d'un prêtre : tous les jours on lui fait des sacrifices et on lui entretient une table bien servie.

De Chéronée nous nous rendîmes à Thèbes, après avoir traversé des bois, des collines, des campagnes fertiles et plusieurs petites rivières. Cette ville, une des plus considérables de la Grèce, est entourée de murs, et défendue par des tours. On y entre par sept portes : son enceinte [1] est de quarante-trois stades [2]. La citadelle est placée sur une éminence où s'établirent les premiers habitants de Thèbes, et d'où sort une source que, dès les plus anciens temps, on a conduite dans la ville par des canaux souterrains.

Ses dehors sont embellis par deux rivières, des prairies et des jardins ; ses rues, comme celles de toutes les villes anciennes, manquent d'alignement. Parmi les magnificences qui décorent les édifices publics, on trouve des statues de la plus grande beauté : j'admirai dans le temple d'Hercule la figure colossale de ce dieu, faite par Alcamène, et ses travaux exécutés par Praxitèle ; dans celui d'Apollon Isménien, le Mercure de Phidias et la Minerve de Scopas. Comme quelques-uns de ces monuments furent érigés par d'illustres Thébains, je cherchai la statue de Pindare. On me répondit : Nous ne l'avons pas ; mais voilà celle de Cléon, qui fut le plus habile chanteur de son siècle. Je m'en approchai, et je lus dans l'inscription que Cléon avait illustré sa patrie.

Dans le temple d'Apollon Isménien, parmi quantité de trépieds

---

[1] Dans la description en vers de l'état de la Grèce par Dicéarque, il est dit que l'enceinte de la ville de Thèbes était de 43 stades, c'est-à-dire d'une lieue et 1568 toises. Dans la description en prose du même auteur (p. 14), il est dit qu'elle était de 70 stades, c'est-à-dire 2 lieues et 1615 toises. On a supposé dans ce dernier texte une faute de copiste. On pourrait également supposer que l'auteur parle, dans le premier passage, de l'enceinte de la ville basse, et que dans le second il comprend dans son calcul la citadelle.

Dicéarque ne parle point de la Thèbes détruite par Alexandre, celle dont il s'agit dans cet ouvrage. Mais, comme Pausanias assure que Cassandre, en la rétablissant, avait fait relever les anciens murs, il paraît que l'ancienne et la nouvelle ville avaient la même enceinte.

[2] Une lieue mille cinq cent soixante-trois toises.

en bronze, la plupart d'un travail excellent, on en voit un en or qui fut donné par Crœsus, roi de Lydie. Ces trépieds sont des offrandes de la part des peuples et des particuliers : on y brûle des parfums ; et comme ils sont d'une forme agréable, ils servent d'ornement dans les temples.

On trouve ici, de même que dans la plupart des villes de la Grèce, un théâtre, un gymnase ou lieu d'exercice pour la jeunesse, et une grande place publique : elle est entourée de temples et de plusieurs autres édifices dont les murs sont couverts des armes que les Thébains enlevèrent aux Athéniens à la bataille de Delium : du reste, de ces glorieuses dépouilles ils construisirent dans le même endroit un superbe portique décoré par quantité de statues de bronze.

La ville est très-peuplée [1] ; ses habitants sont, comme ceux d'Athènes, divisés en trois classes : la première comprend les citoyens, la seconde les étrangers régnicoles, la troisième les esclaves. Deux partis animés l'un contre l'autre ont souvent occasionné des révolutions dans le gouvernement. Les uns, d'intelligence avec les Lacédémoniens, étaient pour l'oligarchie ; les autres, favorisés par les Athéniens, tenaient pour la démocratie. Ces derniers ont prévalu depuis quelques années, et l'autorité réside absolument entre les mains du peuple.

Thèbes est non-seulement le boulevard de la Béotie, mais on peut dire encore qu'elle en est la capitale. Elle se trouve à la tête d'une grande confédération composée des principales villes de la Béotie. Toutes ont le droit d'envoyer des députés à la diète où sont réglées les affaires de la nation après avoir été discutées dans quatre conseils différents. Onze chefs connus sous le nom de *béotarques* y président. Elle leur accorde elle-même le pouvoir dont ils jouissent : ils ont une très-grande influence sur les délibérations, et commandent pour l'ordinaire les armées. Un tel pouvoir serait dangereux s'il était perpétuel : les béotarques doivent, sous peine de mort, s'en dépouiller à la fin de l'année, fussent-ils à la tête d'une armée victorieuse et sur le point de remporter de plus grands avantages.

[1] On ne peut avoir que des approximations sur le nombre des habitants de Thèbes. Quand cette ville fut prise par Alexandre, il y périt plus de six mille personnes, et plus de trente mille furent vendues comme esclaves. On épargna les prêtres et ceux qui avaient eu des liaisons d'hospitalité ou d'intérêt avec Alexandre ou avec son père Philippe. Plusieurs citoyens prirent sans doute la fuite. On peut présumer en conséquence que le nombre des habitants de Thèbes et de son district pouvait monter à cinquante mille personnes de tout sexe et de tout âge, sans y comprendre les esclaves. M. le baron de Sainte-Croix regarde ce récit comme exagéré. J'ose n'être pas de son avis.

Toutes les villes de la Béotie ont des prétentions et des titres légitimes à l'indépendance; mais, malgré leurs efforts et ceux des autres peuples de la Grèce, les Thébains n'ont jamais voulu les laisser jouir d'une entière liberté. Auprès des villes qu'ils ont fondées, ils font valoir les droits que les métropoles exercent sur les colonies; aux autres ils opposent la force, qui n'est que trop souvent le premier des titres; ou la possession, qui est le plus apparent de tous. Ils ont détruit Thespies et Platée pour s'être séparées de la ligue béotienne, dont ils règlent à présent toutes les opérations, et qui peut mettre plus de vingt mille hommes sur pied. Cette puissance est d'autant plus redoutable que les Béotiens en général sont braves, aguerris, et fiers des victoires qu'ils ont remportées sous Épaminondas. Ils ont une force de corps surprenante, et l'augmentent sans cesse par l'exercice du gymnase.

Le pays qu'ils habitent est plus fertile que l'Attique, et produit beaucoup de blé d'une excellente qualité; par l'heureuse situation de leurs ports, ils sont en état de commercer d'un côté avec l'Italie, la Sicile et l'Afrique, et de l'autre avec l'Égypte, l'île de Chypre, la Macédoine et l'Hellespont.

Outre les fêtes qui leur sont communes, et qui les rassemblent dans les champs de Coronée auprès du temple de Minerve, ils en célèbrent fréquemment dans chaque ville; et les Thébains, entre autres, en ont institué plusieurs dont j'ai été témoin : mais je ne ferai mention que d'une cérémonie pratiquée dans la fête des rameaux de laurier. C'était une pompe ou procession que je vis arriver au temple d'Apollon Isménien. Le ministre de ce dieu change tous les ans; il doit joindre aux avantages de la figure ceux de la jeunesse et de la naissance. Il paraissait dans cette procession avec une couronne d'or sur la tête, une branche de laurier à la main, les cheveux flottants sur ses épaules, et une robe magnifique : il était suivi d'un chœur de jeunes filles qui tenaient également des rameaux et qui chantaient des hymnes. Un jeune homme de ses parents le précédait, portant dans ses mains une longue branche d'olivier couverte de fleurs et de feuilles de laurier : elle était terminée par un globe de bronze qui représentait le soleil. A ce globe on avait suspendu plusieurs petites boules de même métal, pour désigner d'autres astres, et trois cent soixante-cinq bandelettes teintes en pourpre, qui marquaient les jours de l'année; enfin la lune était figurée par un globe moindre que le premier et placé au-dessous. Comme la fête était en l'honneur d'Apollon ou du soleil, on avait voulu représenter par un pareil trophée la prééminence de cet astre sur tous les autres. Un avantage remporté autrefois sur les habitants de la ville d'Arné avait fait établir cette solennité.

Parmi les lois des Thébains, il en est qui méritent d'être citées. L'une défend d'élever aux magistratures tout citoyen qui, dix ans auparavant, n'aurait pas renoncé au commerce de détail ; une autre soumet à l'amende les peintres et les sculpteurs qui ne traitent pas leurs sujets d'une manière décente ; par un troisième, il est défendu d'exposer les enfants qui viennent de naître, comme on fait dans quelques autres villes de la Grèce. Il faut que le père les présente au magistrat, en prouvant qu'il est lui-même hors d'état de les élever : le magistrat les donne pour une légère somme au citoyen qui en veut faire l'acquisition, et qui, dans la suite, les met au nombre de ses esclaves. Les Thébains accordent la faculté du rachat aux captifs que le sort des armes fait tomber entre leurs mains ; à moins que ces captifs ne soient nés en Béotie, car alors ils les font mourir.

L'air est très-pur dans l'Attique, et très-épais dans la Béotie, quoique ce dernier pays ne soit séparé du premier que par le mont Cithéron. Cette différence paraît en produire une semblable dans les esprits, et confirmer les observations des philosophes sur l'influence du climat : car les Béotiens n'ont en général ni cette pénétration ni cette vivacité qui caractérisent les Athéniens ; mais peut-être faut-il en accuser encore plus l'éducation que la nature. S'ils paraissent pesants et stupides, c'est qu'ils sont ignorants et grossiers : comme ils s'occupent plus des exercices du corps que de ceux de l'esprit, ils n'ont ni le talent de la parole, ni les grâces de l'élocution, ni les lumières qu'on puise dans le commerce des lettres, ni ces dehors séduisants qui viennent plus de l'art que de la nature.

Cependant il ne faut pas croire que la Béotie ait été stérile en hommes de génie : plusieurs Thébains ont fait honneur à l'école de Socrate ; Épaminondas n'était pas moins distingué par ses connaissances que par ses talents militaires. J'ai vu dans mon voyage quantité de personnes très-instruites, entre autres Anaxis et Dionysiodore, qui composaient une nouvelle histoire de la Grèce. Enfin c'est en Béotie que reçurent le jour Hésiode, Corinne et Pindare.

Hésiode a laissé un nom célèbre et des ouvrages estimés. Comme on l'a supposé contemporain d'Homère, quelques-uns ont pensé qu'il était son rival ; mais Homère ne pouvait avoir de rivaux.

La Théogonie d'Hésiode, comme celle de plusieurs anciens écrivains de la Grèce, n'est qu'un tissu d'idées absurdes ou d'allégories impénétrables.

1.

La tradition des peuples situés auprès de l'Hélicon rejette les ouvrages qu'on lui attribue, à l'exception néanmoins d'une épître adressée à son frère Persès, pour l'exhorter au travail. Il lui cite l'exemple de leur père qui pourvut aux besoins de sa famille en exposant plusieurs fois sa vie sur un vaisseau marchand, et qui, sur la fin de ses jours, quitta la ville de Cumes en Éolide, et vint s'établir auprès de l'Hélicon. Outre des réflexions très-saines sur les devoirs des hommes, et très-affligeantes sur leur injustice, Hésiode a semé dans cet écrit beaucoup de préceptes relatifs à l'agriculture, et d'autant plus intéressants qu'aucun auteur avant lui n'avait traité de cet art.

Il ne voyagea point, et cultiva la poésie jusqu'à une extrême vieillesse. Son style, élégant et harmonieux, flatte agréablement l'oreille, et se ressent de cette simplicité antique qui n'est autre chose qu'un rapport exact entre le sujet, les pensées et l'expression.

Hésiode excella dans un genre de poésie qui demande peu d'élévation ; Pindare, dans celui qui en exige le plus. Ce dernier florissait au temps de l'expédition de Xerxès, et vécut environ soixante-cinq ans. Il prit des leçons de poésie et de musique sous différents maîtres, et en particulier sous Myrtis, femme distinguée par ses talents, plus célèbre encore pour avoir compté parmi ses disciples Pindare et la belle Corinne. Ces deux élèves furent liés, du moins par l'amour des arts. Pindare, plus jeune que Corinne, se faisait un devoir de la consulter. Ayant appris d'elle que la poésie doit s'enrichir des fictions de la fable, il commença ainsi une de ses pièces : « Dois-je chanter le fleuve Isménus, la nymphe Mélie, Cadmus, Hercule, Bacchus, etc.? » Tous ces noms étaient accompagnés d'épithètes. Corinne lui dit en souriant : « Vous avez pris un sac de grains pour ensemencer une pièce de terre, et, au lieu de semer avec la main, vous avez, dès les premiers pas, renversé le sac. »

Il s'exerça dans tous les genres de poésie, et dut principalement sa réputation aux hymnes qu'on lui demandait, soit pour honorer les fêtes des dieux, soit pour relever les triomphes des vainqueurs aux jeux de la Grèce.

Rien peut-être de si pénible qu'une pareille tâche. Le tribut d'éloges qu'on exige d'un poète doit être prêt au jour indiqué ; il a toujours les mêmes tableaux à peindre, et sans cesse il risque d'être trop au-dessus ou trop au-dessous de son sujet ; mais Pindare s'était pénétré d'un sentiment qui ne connaissait aucun de ces petits obstacles, et qui portait sa vue au delà des limites où la nôtre se renferme.

Son génie vigoureux et indépendant ne s'annonce que par des mouvements réguliers, fiers et impétueux. Les dieux sont-ils l'objet de ses chants, il s'élève comme un aigle jusqu'au pied de leurs trônes; si ce sont les hommes, il se précipite dans la lice comme un coursier fougueux; dans les cieux, sur la terre, il roule, pour ainsi dire, un torrent d'images sublimes, de métaphores hardies, de pensées fortes, et de maximes étincelantes de lumière.

Pourquoi voit-on quelquefois ce torrent franchir ses bornes, rentrer dans son lit, en sortir avec plus de fureur, y revenir pour achever paisiblement sa carrière? C'est qu'alors, semblable à un lion qui s'élance à plusieurs reprises en des sentiers détournés et ne se repose qu'après avoir saisi sa proie, Pindare poursuit avec acharnement un objet qui paraît et disparaît à ses regards. Il court, il vole sur les traces de la gloire; il est tourmenté du besoin de la montrer à sa nation. Quand elle n'éclate pas assez dans les vainqueurs qu'il célèbre, il va la chercher dans leurs aïeux, dans leur patrie, dans les instituteurs des jeux, partout où il en reluit des rayons qu'il a le secret de joindre à ceux dont il couronne ses héros : à leur aspect il tombe dans un délire que rien ne peut arrêter; il assimile leur éclat à celui de l'astre du jour; il place l'homme qui les a recueillis au faîte du bonheur : si cet homme joint les richesses à la beauté, il le place même sur le trône de Jupiter; et pour le prémunir contre l'orgueil, il se hâte de lui rappeler que, revêtu d'un corps mortel, la terre sera bientôt son dernier vêtement.

Un langage si extraordinaire était conforme à l'esprit du siècle. Les victoires que les Grecs venaient de remporter sur les Perses les avaient convaincus de nouveau que rien n'exalte plus les âmes que les témoignages éclatants de l'estime publique. Pindare, profitant de la circonstance, accumulant les expressions les plus énergiques, les figures les plus brillantes, semblait emprunter la voix du tonnerre pour dire aux états de la Grèce : Ne laissez point éteindre le feu divin qui embrase nos cœurs; excitez toutes les espèces d'émulation, honorez tous les genres de mérite, n'attendez que des actes de courage et de grandeur de celui qui ne vit que pour la gloire. Aux Grecs assemblés dans les champs d'Olympie, il disait : Les voilà, ces athlètes qui, pour obtenir en votre présence quelques feuilles d'olivier, se sont soumis à de si rudes travaux. Que ne ferez-vous donc pas quand il s'agira de venger votre patrie!

Aujourd'hui encore, ceux qui assistent aux brillantes solennités de la Grèce, qui voient un athlète au moment de son triomphe; qui le suivent lorsqu'il rentre dans la ville où il reçut le jour, qui entendent retentir autour de lui ces clameurs, ces transports d'admiration et de joie au milieu desquels sont mêlés les noms de leurs ancêtres qui méritèrent les mêmes distinctions, les noms des dieux tutélaires qui ont ménagé une telle victoire à leur patrie; tous ceux-là, dis-je, au lieu d'être surpris des écarts et de l'enthousiasme de Pindare, trouveront sans doute que sa poésie, toute sublime qu'elle est, ne saurait rendre l'impression qu'ils ont reçue eux-mêmes.

Pindare, souvent frappé d'un spectacle aussi touchant que magnifique, partagea l'ivresse générale, et, l'ayant fait passer dans ses tableaux, il se constitua le panégyriste et le dispensateur de la gloire; par là tous ses sujets furent ennoblis et reçurent un caractère de majesté. Il eut à célébrer des rois illustres et des citoyens obscurs; dans les uns et les autres, ce n'est pas l'homme qu'il envisage, c'est le vainqueur. Sous prétexte que l'on se dégoûte aisément des éloges dont on n'est pas l'objet, il ne s'appesantit pas sur les qualités personnelles; mais, comme les vertus des rois sont des titres de gloire, il les loue du bien qu'ils ont fait, et leur montre celui qu'ils peuvent faire. « Soyez justes, ajoute-t-il, dans toutes vos actions, vrais dans toutes vos paroles [1]; songez que, des milliers de témoins ayant les yeux fixés sur vous, la moindre faute de votre part serait un mal funeste. » C'est ainsi que louait Pindare; il ne prodiguait point l'encens, et n'accordait pas à tout le monde le droit d'en offrir. « Les louanges, disait-il, sont le prix des belles actions; à leur douce rosée les vertus croissent, comme les plantes à la rosée du ciel; mais il n'appartient qu'à l'homme de bien de louer les gens de bien. »

Malgré la profondeur de ses pensées et le désordre apparent de son style, ses vers, dans toutes les occasions, enlèvent les suffrages. La multitude les admire sans les entendre, parce qu'il lui suffit que des images vives passent rapidement devant ses yeux comme des éclairs, et que des mots pompeux et bruyants frappent à coups redoublés ses oreilles étonnées; mais les juges éclairés placeront toujours l'auteur au premier rang des poètes lyriques, et déjà les philosophes citent ses maximes et respectent son autorité.

Au lieu de détailler les beautés qu'il a semées dans ses ouvrages, je me suis borné à remonter au noble sentiment qui les anime. Il me sera donc permis de dire comme lui : « J'avais beaucoup de

---

[1] La manière dont Pindare présente ces maximes peut donner une idée de la hardiesse de ses expressions. « Gouvernez, dit-il, avec le timon de la justice; forgez votre langue sur l'enclume de la vérité. »

traits à lancer; j'ai choisi celui qui pouvait laisser dans le but une empreinte honorable. »

Il me reste à donner quelques notions sur sa vie et sur son caractère. J'en ai puisé les principales dans ses écrits, où les Thébains assurent qu'il s'est peint lui-même. « Il fut un temps où un vil intérêt ne souillait point le langage de la poésie. Que d'autres aujourd'hui soient éblouis de l'éclat de l'or, qu'ils étendent au loin leurs possessions; je n'attache de prix aux richesses que lorsque, tempérées et embellies par les vertus, elles nous mettent en état de nous couvrir d'une gloire immortelle. Mes paroles ne sont jamais éloignées de ma pensée. J'aime mes amis; je hais mon ennemi, mais je ne l'attaque point avec les armes de la calomnie et de la satire. L'envie n'obtient de moi qu'un mépris qui l'humilie : pour toute vengeance, je l'abandonne à l'ulcère qui lui ronge le cœur. Jamais les cris impuissants de l'oiseau timide et jaloux n'arrêteront l'aigle audacieux qui plane dans les airs.

» Au milieu du flux et reflux de joies et de douleurs qui roulent sur la tête des mortels, qui peut se flatter de jouir d'une félicité constante? J'ai jeté les yeux autour de moi, et voyant qu'on est plus heureux dans la médiocrité que dans les autres états, j'ai plaint la destinée des hommes puissants, et j'ai prié les dieux de ne pas m'accabler sous le poids d'une telle prospérité; je marche par des voies simples, content de mon état et chéri de mes concitoyens; toute mon ambition est de leur plaire, sans renoncer au privilége de m'expliquer librement sur les choses honnêtes et sur celles qui ne le sont pas. C'est dans ces dispositions que j'approche tranquillement de la vieillesse : heureux si, parvenu aux noirs confins de la vie, je laisse à mes enfants le plus précieux des héritages, celui d'une bonne renommée! »

Les vœux de Pindare furent remplis; il vécut dans le sein du repos et de la gloire. Il est vrai que les Thébains le condamnèrent à une amende pour avoir loué les Athéniens, leurs ennemis, et que, dans les combats de poésie, les pièces de Corinne eurent cinq fois la préférence sur les siennes; mais à ces orages passagers succédaient bientôt des jours sereins. Les Athéniens et toutes les nations de la Grèce le comblèrent d'honneurs; Corinne elle-même rendit justice à la supériorité de son génie. A Delphes, pendant les jeux pythiques, forcé de céder à l'empressement d'un nombre infini de spectateurs, il se plaçait, couronné de lauriers, sur un siége élevé, et, prenant sa lyre, il faisait entendre ces sons ravissants qui excitaient de toutes parts des cris d'admiration, et faisaient le plus bel ornement des fêtes. Dès que les sacrifices étaient achevés, le prêtre d'Apollon l'invitait solennellement au banquet sacré. En effet, par une distinction éclatante et nouvelle, l'oracle avait ordonné de lui réserver une portion des prémices que l'on offrait au temple.

Les Béotiens ont beaucoup de goût pour la musique; presque tous apprennent à jouer de la flûte. Depuis qu'ils ont gagné la bataille de Leuctres, ils se livrent avec plus d'ardeur aux plaisirs de la table : ils ont du pain excellent, beaucoup de légumes et de fruits, du gibier et du poisson en assez grande quantité pour en transporter à Athènes.

L'hiver est très-froid dans toute la Béotie, et presque insupportable à Thèbes : la neige, le vent et la disette du bois en rendent alors le séjour aussi affreux qu'il est agréable en été, soit par la douceur de l'air qu'on y respire, soit par l'extrême fraîcheur des eaux dont elle abonde, et l'aspect riant des campagnes qui conservent long-temps leur verdure.

Les Thébains sont courageux, insolents, audacieux et vains; ils passent rapidement de la colère à l'insulte, et du mépris des lois à l'oubli de l'humanité. Le moindre intérêt donne lieu à des injustices criantes; et le moindre prétexte, à des assassinats. Les femmes sont grandes, bien faites; blondes pour la plupart; leur démarche est noble et leur parure assez élégante. En public, elles couvrent leur visage de manière à ne laisser voir que les yeux; leurs cheveux sont noués au-dessus de la tête, et leurs pieds comprimés dans des mules teintes en pourpre, et si petites qu'ils restent presque entièrement à découvert; leur voix est infiniment douce et sensible; celle des hommes est rude, désagréable, et en quelque façon assortie à leur caractère.

On chercherait en vain les traits de ce caractère dans un corps de jeunes guerriers qu'on appelle le bataillon sacré : ils sont au nombre de trois cents, élevés en commun, et nourris dans la citadelle aux dépens du public. Les sons mélodieux d'une flûte dirigent leurs exercices et jusqu'à leurs amusements. Pour empêcher que leur valeur ne dégénère en une fureur aveugle, on imprime dans leurs âmes le sentiment le plus noble et le plus vif.

Il faut que chaque guerrier se choisisse dans le corps un ami auquel il reste inséparablement uni. Toute son ambition est de lui plaire, de mériter son estime, de partager ses plaisirs et ses peines dans le courant de la vie, ses travaux et ses dangers dans les combats. S'il était capable de ne pas se respecter assez, il se respecterait dans un ami dont la censure est pour lui le plus cruel des tourments, dont les éloges sont ses plus chères délices. Cette union, presque surnaturelle, fait préférer la mort à l'infamie, et l'amour de la gloire à tous les autres intérêts. Un de ces guerriers, dans le fort de la mêlée, fut renversé le visage contre terre. Comme il vit un soldat ennemi prêt à lui enfoncer l'épée dans les reins : « Attendez, lui dit-il en se soulevant, plongez ce fer dans ma poitrine; mon ami aurait trop à rougir si l'on pouvait soupçonner que j'ai reçu la mort en prenant la fuite. »

Autrefois on distribuait par pelotons les trois cents guerriers à la tête des différentes divisions de l'armée. Pélopidas, qui eut souvent l'honneur de les commander, les ayant fait combattre en corps, les Thébains leur durent presque tous les avantages qu'ils remportèrent sur les Lacédémoniens. Philippe détruisit à Chéronée cette cohorte jusqu'alors invincible; et ce prince, en voyant ces jeunes Thébains étendus sur le champ de bataille, couverts de blessures honorables, et pressés les uns contre les autres dans le même poste qu'ils avaient occupé, ne put retenir ses larmes, et rendit un témoignage éclatant à leur vertu ainsi qu'à leur courage.

On a remarqué que les nations et les villes, ainsi que les familles, ont un vice ou un défaut dominant qui, semblable à certaines maladies, se transmet de race en race, avec plus ou moins d'énergie; de là ces reproches qu'elles se font mutuellement, et qui deviennent des espèces de proverbes. Ainsi les Béotiens disent communément que l'envie a fixé son séjour à Tanagra, l'amour des gains illicites à Orope, l'esprit de contradiction à Thespies, la violence à Thèbes, l'avidité à Anthédon, le faux empressement à Coronée, l'ostentation à Platée, et la stupidité à Haliarte.

En sortant de Thèbes nous passâmes auprès d'un assez grand lac, nommé Hylica, où se jettent les rivières qui arrosent le territoire de cette ville; de là nous nous rendîmes sur les bords du lac Copaïs, qui fixa toute notre attention.

La Béotie peut être considérée comme un grand bassin entouré de montagnes dont les différentes chaînes sont liées par un terrain assez élevé. D'autres montagnes se prolongent dans l'intérieur du pays; les rivières qui en proviennent se réunissent la plupart dans le lac Copaïs, dont l'enceinte est de trois cent quatre-vingts stades[1], et qui n'a et ne peut avoir aucune issue apparente. Il couvrirait bientôt la Béotie, si la nature, ou plutôt l'industrie des hommes, n'avait pratiqué des routes secrètes pour l'écoulement des eaux.

Dans l'endroit le plus voisin de la mer, le lac se termine en trois

[1] Quatorze lieues de deux mille cinq cents toises, plus neuf cent dix toises.

baies qui s'avancent jusqu'au pied du mont Ptoüs, placé entre la mer et le lac. Du fond de chacune de ces baies partent quantité de canaux qui traversent la montagne dans toute sa largeur : les uns ont trente stades de longueur [1], les autres beaucoup plus. Pour les creuser ou pour les nettoyer, on avait ouvert de distance en distance, sur la montagne, des puits qui nous parurent d'une profondeur immense. Quand on est sur les lieux, on est effrayé de la difficulté de l'entreprise, ainsi que des dépenses qu'elle dut occasionner et du temps qu'il fallut pour la terminer. Ce qui surprend encore, c'est que ces travaux, dont il ne reste aucun souvenir dans l'histoire ni dans la tradition, doivent remonter à la plus haute antiquité, et que dans ces siècles reculés on ne voit aucune puissance en Béotie capable de former et d'exécuter un si grand projet.

Quoi qu'il en soit, ces canaux exigent beaucoup d'entretien. Ils sont fort négligés aujourd'hui [2] : la plupart sont comblés, et le lac paraît gagner sur la plaine. Il est très-vraisemblable que le déluge, ou plutôt le débordement des eaux, qui, du temps d'Ogygès, inonda la Béotie, ne provint que d'un engorgement dans ces conduits souterrains.

Après avoir traversé Oponte et quelques autres villes qui appartiennent aux Locriens, nous arrivâmes au pas des Thermopyles. Un secret frémissement me saisit à l'entrée de ce fameux défilé, où quatre mille Grecs arrêtèrent durant plusieurs jours l'armée innombrable des Perses, et dans lequel périt Léonidas avec les trois cents Spartiates qu'il commandait. Ce passage est resserré, d'un côté par de hautes montagnes, de l'autre par la mer ; je l'ai décrit dans l'introduction de cet ouvrage [3].

Nous le parcourûmes plusieurs fois ; nous visitâmes les thermes ou bains chauds qui lui font donner le nom de Thermopyles ; nous vîmes la petite colline sur laquelle les compagnons de Léonidas se retirèrent après la mort de ce héros. Nous les suivîmes, à l'autre extrémité du détroit, jusqu'à la tente de Xerxès, qu'ils avaient résolu d'immoler au milieu de son armée.

Une foule de circonstances faisaient naître dans nos âmes les plus fortes émotions. Cette mer autrefois teinte du sang des nations, ces montagnes dont les sommets s'élèvent jusqu'aux nues, cette solitude profonde qui nous environnait, le souvenir de tant d'ex-

---

[1] Plus d'une lieue.

[2] Du temps d'Alexandre, un homme de Chalcis fut chargé de les nettoyer (Strab. lib. VI, p. 407. Steph. in Ἀθεν).

[3] Voyez dans l'Introduction de cet ouvrage, p. 109 et suiv.

ploits que l'aspect des lieux semblait rendre présents à nos regards, enfin cet intérêt si vif que l'on prend à la vertu malheureuse, tout excitait notre admiration et notre attendrissement, lorsque nous vîmes auprès de nous les monuments que l'assemblée des Amphictyons fit élever sur la colline dont je viens de parler. Ce sont de petits cippes en l'honneur des trois cents Spartiates et des différentes troupes grecques qui combattirent. Nous approchâmes du premier qui s'offrit à nos yeux, et nous y lûmes : « C'est ici que quatre mille Grecs du Péloponnèse ont combattu contre trois millions de Perses. » Nous approchâmes d'un second, et nous y lûmes ces mots de Simonide : « Passant, va dire à Lacédémone que nous reposons ici pour avoir obéi à ses saintes lois. » Avec quel sentiment de grandeur, avec quelle sublime indifférence a-t-on annoncé de pareilles choses à la postérité ! Le nom de Léonidas et ceux de ses trois cents compagnons ne sont point dans cette seconde inscription ; c'est qu'on n'a pas même soupçonné qu'ils pussent jamais être oubliés. J'ai vu plusieurs Grecs les réciter de mémoire, et se les transmettre les uns aux autres. Dans une troisième inscription, pour le devin Mégistias, il est dit que ce Spartiate, instruit du sort qui l'attendait, avait mieux aimé mourir que d'abandonner l'armée des Grecs. Auprès de ces monuments funèbres est un trophée que Xerxès fit élever, et qui honore plus les vaincus que les vainqueurs.

CHAPITRE XXXV.

Voyage de Thessalie [1]. Amphictyons ; magiciennes ; rois de Phères ; vallée de Tempé.

En sortant des Thermopyles, on entre dans la Thessalie. Cette contrée, dans laquelle on comprend la Magnésie et divers autres petits cantons qui ont des dénominations particulières, est bornée à l'est par la mer, au nord par le mont Olympe, à l'ouest par le mont Pindus, au sud par le mont Œta. De ces bornes éternelles partent d'autres chaînes de montagnes et de collines qui serpentent dans l'intérieur du pays. Elles embrassent par intervalles des plaines fertiles qui, par leur forme et leur enceinte, ressemblent à de vastes amphithéâtres. Des villes opulentes s'élèvent sur les hauteurs qui entourent ces plaines ; tout le pays est arrosé de rivières, dont la plupart tombent dans le Pénée, qui, avant de se jeter dans la mer, traverse la fameuse vallée connue sous le nom de Tempé.

[1] Dans l'été de l'année 357 avant J. C.

A quelques stades des Thermopyles nous trouvâmes le petit bourg d'Anthéla, célèbre par un temple de Cérès, et par l'assemblée des Amphictyons qui s'y tient tous les ans. Cette diète serait la plus utile, et par conséquent la plus belle des institutions, si les motifs d'humanité qui la firent établir n'étaient forcés de céder aux passions de ceux qui gouvernent les peuples. Suivant les uns, Amphictyon, qui régnait aux environs, en fut l'auteur; suivant d'autres, ce fut Acrisius, roi d'Argos. Ce qui paraît certain, c'est que, dans les temps les plus reculés, douze nations du nord de la Grèce [1], telles que les Doriens, les Ioniens, les Phocéens, les Béotiens, les Thessaliens, etc., formèrent une confédération pour prévenir les maux que la guerre entraîne à sa suite. Il fut réglé qu'elles enverraient tous les ans des députés à Delphes; que les attentats commis contre le temple d'Apollon qui avait reçu leurs serments, et tous ceux qui sont contraires au droit des gens dont ils devaient être les défenseurs, seraient déférés à cette assemblée; que chacune des douze nations aurait deux suffrages à donner par ses députés, et s'engagerait à faire exécuter les décrets de ce tribunal auguste.

La ligue fut cimentée par un serment qui s'est toujours renouvelé depuis. « Nous jurons, dirent les peuples associés, de ne jamais renverser les villes amphictyoniques, de ne jamais détourner, soit pendant la paix, soit pendant la guerre, les sources nécessaires à leurs besoins; si quelque puissance ose l'entreprendre, nous marcherons contre elle, et nous détruirons ses villes. Si des impies enlèvent les offrandes du temple d'Apollon, nous jurons d'employer nos pieds, nos bras, notre voix, toutes nos forces contre eux et contre leurs complices. »

Ce tribunal subsiste encore aujourd'hui, à peu près dans la même forme qu'il fut établi. Sa juridiction s'est étendue avec les nations qui sont sorties du nord de la Grèce, et qui, toujours attachées à la ligue amphictyonique, ont porté dans leurs nouvelles demeures le droit d'assister et d'opiner à ses assemblées. Tels sont les Lacédémoniens; ils habitaient autrefois la Thessalie; et quand ils vinrent s'établir dans le Péloponnèse, ils conservèrent un des deux suffrages qui appartenaient au corps des Doriens dont ils faisaient partie. De même, le double suffrage, originairement

---

[1] Les auteurs anciens varient sur les peuples qui envoyaient des députés à la diète générale. Eschine, dont le témoignage est, du moins pour son temps, préférable à tous les autres, puisqu'il avait été lui-même député, nomme les Thessaliens, les Béotiens, les Doriens, les Ioniens, les Perrhèbes, les Magnètes, les Locriens, les OEtéens, les Phthiotes, les Maliens, les Phocéens. Les copistes ont omis le douzième, et les critiques supposent que ce sont les Dolopes.

CHAPITRE XXXV.

accordé aux Ioniens, fut dans la suite partagé entre les Athéniens et les colonies ioniennes qui sont dans l'Asie mineure. Mais, quoiqu'on ne puisse porter à la diète générale que vingt-quatre suffrages, le nombre des députés n'est pas fixé ; les Athéniens en envoient quelquefois trois ou quatre.

L'assemblée des Amphictyons se tient au printemps à Delphes, en automne au bourg d'Anthéla. Elle attire un grand nombre de spectateurs, et commence par des sacrifices offerts pour le repos et le bonheur de la Grèce. Outre les causes énoncées dans le serment que j'ai cité, on y juge les contestations élevées entre des villes qui prétendent présider aux sacrifices faits en commun, ou qui, après une bataille gagnée, voudraient en particulier s'arroger des honneurs qu'elles devraient partager. On y porte d'autres causes, tant civiles que criminelles, mais surtout les actes qui violent ouvertement le droit des gens. Les députés des parties disputent l'affaire, le tribunal prononce à la pluralité des voix : il décerne une amende contre les nations coupables ; après les délais accordés, intervient un second jugement qui augmente l'amende du double. Si elles n'obéissent pas, l'assemblée est en droit d'appeler au secours de son décret, et d'armer contre elle tout le corps amphictyonique, c'est-à-dire une grande partie de la Grèce. Elle a le droit aussi de les séparer de la ligue amphictyonique ou de la commune union du temple.

Mais les nations puissantes ne se soumettaient pas toujours à de pareils décrets. On peut en juger par la conduite récente des Lacédémoniens. Ils s'étaient emparés, en pleine paix, de la citadelle de Thèbes : les magistrats de cette ville les citèrent à la diète générale ; les Lacédémoniens y furent condamnés à cinq cents talents d'amende, ensuite à mille, qu'ils se sont dispensés de payer, sous prétexte que la décision était injuste.

Les jugements prononcés contre les peuples qui profanent le temple de Delphes inspirent plus de terreur. Leurs soldats marchent avec d'autant plus de répugnance qu'ils sont punis de mort et privés de la sépulture lorsqu'ils sont pris les armes à la main. Ceux que la diète invite à venger les autels sont d'autant plus dociles qu'on est censé partager l'impiété lorsqu'on la favorise ou qu'on la tolère. Dans ces occasions, les nations coupables ont encore à craindre qu'aux anathèmes lancés contre elles ne se joigne la politique des princes voisins, qui trouvent le moyen de servir leur propre ambition en épousant les intérêts du ciel.

D'Anthéla nous entrâmes dans le pays des Trachiniens, et nous vîmes aux environs les gens de la campagne occupés à recueillir l'ellébore précieux qui croît sur le mont Œta. L'envie de satisfaire notre curiosité nous obligea de prendre la route d'Hypate. On nous avait dit que nous trouverions beaucoup de magiciennes en Thessalie, et surtout dans cette ville. Nous y vîmes en effet plusieurs femmes du peuple qui pouvaient, à ce qu'on disait, arrêter le soleil, attirer la lune sur la terre, exciter ou calmer les tempêtes, rappeler les morts à la vie, ou précipiter les vivants dans le tombeau.

Comment de pareilles idées ont-elles pu se glisser dans les esprits? Ceux qui les regardent comme récentes prétendent que, dans le siècle dernier, une Thessalienne nommée Aglaonice, ayant appris à prédire les éclipses de lune, avait attribué ce phénomène à la force de ses enchantements, et qu'on avait conclu de là que le même moyen suffirait pour suspendre toutes les lois de la nature. Mais on cite une autre femme de Thessalie qui, dès les siècles héroïques, exerçait sur cet astre un pouvoir souverain; et quantité de faits prouvent clairement que la magie s'est introduite depuis long-temps dans la Grèce.

Peu jaloux d'en rechercher l'origine, nous voulûmes, pendant notre séjour à Hypate, en connaître les opérations. On nous mena secrètement chez quelques vieilles femmes dont la misère était aussi excessive que l'ignorance: elles se vantaient d'avoir des charmes contre les morsures des scorpions et des vipères, d'en avoir pour rendre languissants et sans activité les feux d'un jeune époux, ou pour faire périr les troupeaux et les abeilles. Nous en vîmes qui travaillaient à des figures de cire; elles les chargeaient d'imprécations, leur enfonçaient des aiguilles dans le cœur, et les exposaient ensuite dans les différents quartiers de la ville. Ceux dont on avait copié les portraits, frappés de ces objets de terreur, se croyaient dévoués à la mort, et cette crainte abrégeait quelquefois leurs jours.

Nous surprîmes une de ces femmes tournant rapidement un rouet, et prononçant des paroles mystérieuses. Son objet était de rappeler le jeune Polyclète, qui avait abandonné Salamis, une des femmes les plus distinguées de la ville. Pour connaître les suites de cette aventure, nous fîmes quelques présents à Mycale : c'était le nom de la magicienne. Quelques jours après, elle nous dit: Salamis ne veut pas attendre l'effet de mes premiers enchantements; elle viendra ce soir en essayer de nouveaux; je vous cacherai dans un réduit d'où vous pourrez tout voir et tout entendre. Nous fûmes exacts au rendez-vous. Mycale faisait les préparatifs des mystères: on voyait autour d'elle des branches de laurier, des plantes aromatiques, des lames d'airain gravées en caractères inconnus, des flocons de laine de brebis teints en pourpre, des clous détachés d'un gibet et encore chargés de dépouilles sanglantes, des crânes humains à moitié dévorés par des bêtes féroces, des fragments de doigts, de nez et d'oreilles, arrachés à des cadavres; des entrailles de victimes, une fiole où l'on conservait le sang d'un homme qui avait péri de mort violente, une figure d'Hécate en cire, peinte en blanc, en noir, en rouge, tenant un fouet, une lampe, une épée entourée d'un serpent; plusieurs vases remplis d'eau de fontaine, de lait de vache, de miel de montagne; le rouet magique, des instruments d'airain, des cheveux de Polyclète, un morceau de la frange de sa robe, enfin quantité d'autres objets qui fixaient notre attention, lorsqu'un bruit léger nous annonça l'arrivée de Salamis.

Nous nous glissâmes dans une chambre voisine. La belle Thessalienne entra pleine de fureur et d'amour : après des plaintes amères contre son amant et contre la magicienne, les cérémonies commencèrent. Pour les rendre plus efficaces, il faut en général que les rites aient quelque rapport avec l'objet qu'on se propose.

Mycale fit d'abord sur les entrailles des victimes plusieurs libations avec de l'eau, avec du lait, avec du miel; elle prit ensuite des cheveux de Polyclète, les entrelaça, les noua de diverses manières, et les ayant mêlés avec certaines herbes, elle les jeta dans un brasier ardent. C'était là le moment où Polyclète, entraîné par une force invincible, devait se présenter et tomber aux pieds de sa maîtresse.

Après l'avoir attendu vainement, Salamis, initiée depuis quelque temps dans les secrets de l'art, s'écrie tout à coup : Je veux moi-même présider aux enchantements. Sers mes transports, Mycale; prends ce vase destiné aux libations; entoure-le de cette laine. Astre de la nuit, prêtez-nous une lumière favorable! et vous, divinité des enfers, qui rôdez autour des tombeaux et dans les lieux arrosés du sang des mortels, paraissez, terrible Hécate, et que nos charmes soient aussi puissants que ceux de Médée et de Circé! Mycale, répands ce sel dans le feu en disant : Je répands les os de Polyclète. Que le cœur de ce perfide devienne la proie de l'amour comme ce laurier est consumé par la flamme, comme cette cire fond à l'aspect du brasier; que Polyclète tourne autour de ma demeure comme ce rouet tourne autour de son axe. Jette à pleines mains du son dans le feu, frappe sur ces vases d'airain. J'entends les hurlements des chiens.

Hécate est dans le carrefour voisin; frappe, te dis-je, et que ce bruit l'avertisse que nous ressentons l'effet de sa présence. Mais déjà les vents retiennent leur haleine; tout est calme dans la nature : hélas! mon cœur seul est agité. O Hécate! ô redoutable déesse! je fais ces trois libations en votre honneur; je vais faire trois fois une imprécation contre les nouvelles amours de Polyclète. Puisse-t-il abandonner ma rivale comme Thésée abandonna la malheureuse Ariane! Essayons le plus puissant de nos philtres : pilons ce lézard dans un mortier, mêlons-y de la farine : faisons-en une boisson pour Polyclète. Et toi, Mycale, prends le jus de ces herbes, et va de ce pas le répandre sur le seuil de sa porte. S'il résiste à tant d'efforts réunis, j'en emploierai de plus funestes, et sa mort satisfera ma vengeance. Après ces mots, Salamis se retira.

Les opérations que je viens de décrire étaient accompagnées de formules mystérieuses que Mycale prononçait par intervalles. Ces formules ne méritent pas d'être rapportées; elles ne sont composées que de mots barbares ou défigurés, et qui ne forment aucun sens.

Il nous restait à voir les cérémonies qui servent à évoquer les mânes. Mycale nous dit de nous rendre la nuit, à quelque distance de la ville, dans un lieu solitaire et couvert de tombeaux. Nous l'y trouvâmes occupée à creuser une fosse, autour de laquelle nous la vîmes bientôt entasser des herbes, des ossements, des débris de corps humains, des poupées de laine, de cire et de farine, des cheveux d'un Thessalien que nous avions connu, et qu'elle voulait montrer à nos yeux. Après avoir allumé du feu, elle fit couler dans la fosse le sang d'une brebis noire qu'elle avait apportée, et réitéra plus d'une fois les libations, les invocations, les formules secrètes. Elle marchait de temps en temps à pas précipités, les pieds nus, les cheveux épars, faisant des imprécations horribles, et poussant des hurlements qui finirent par la trahir; car ils attirèrent des gardes envoyés par les magistrats, qui l'épiaient depuis long-temps. On la saisit et on la traîna en prison. Le lendemain nous nous donnâmes quelques mouvements pour la sauver, mais on nous conseilla de l'abandonner aux rigueurs de la justice et de sortir de la ville.

La profession qu'elle exerçait est réputée infâme parmi les Grecs. Le peuple déteste les magiciennes, parce qu'il les regarde comme la cause de tous les malheurs. Il les accuse d'ouvrir les tombeaux pour mutiler les morts : il est vrai que la plupart de ces femmes sont capables des plus noirs forfaits, et que le poison les sert mieux que leurs enchantements. Aussi les magistrats sévissent-ils presque partout contre elles. Pendant mon séjour à Athènes, j'en vis condamner une à la mort; et ses parents, devenus ses complices, subirent la même peine. Mais les lois ne proscrivent que les abus de cet art frivole; elles permettent les enchantements qui ne sont point accompagnés de maléfices, et dont l'objet peut tourner à l'avantage de la société. On les emploie quelquefois contre l'épilepsie, contre les maux de tête, et dans le traitement de plusieurs autres maladies. D'un autre côté, des devins autorisés par les magistrats sont chargés d'évoquer et d'apaiser les mânes des morts. Je parlerai plus au long de ces évocations dans le voyage de la Laconie.

D'Hypate nous nous rendîmes à Lamia; et, continuant à marcher dans un pays sauvage par un chemin inégal et raboteux, nous parvînmes à Thaumaci, où s'offrit à nous un des plus beaux points de vue que l'on trouve en Grèce; car cette ville domine sur un bassin immense, dont l'aspect cause soudain une vive émotion. C'est dans cette riche et superbe plaine que sont situées plusieurs villes, et entre autres Pharsale, l'une des plus grandes et des plus opulentes de la Thessalie. Nous les parcourûmes toutes, en nous instruisant, autant qu'il était possible, de leurs traditions, de leur gouvernement, du caractère et des mœurs des habitants. Il suffit de jeter les yeux sur la nature du pays pour se convaincre qu'il a dû renfermer autrefois presque autant de peuples ou de tribus qu'il présente de montagnes et de vallées. Séparés alors par de fortes barrières qu'il fallait à tout moment attaquer ou défendre, ils devinrent aussi courageux qu'entreprenants; et, quand leurs mœurs s'adoucirent, la Thessalie fut le séjour des héros et le théâtre des plus grands exploits. C'est là que parurent les Centaures et les Lapithes, que s'embarquèrent les Argonautes, que mourut Hercule, que naquit Achille, que vécut Pirithoüs, que les guerriers venaient des pays les plus lointains se signaler par des faits d'armes.

Les Achéens, les Éoliens, les Doriens, de qui descendent les Lacédémoniens, d'autres puissantes nations de la Grèce, tirent leur origine de la Thessalie. Les peuples qu'on y distingue aujourd'hui sont les Thessaliens proprement dits, les Œtéens, les Phthiotes, les Malieus, les Magnètes, les Perrhèbes, etc. Autrefois ils obéissaient à des rois, ils éprouvèrent ensuite les révolutions ordinaires aux grands et aux petis états; la plupart sont soumis aujourd'hui au gouvernement oligarchique.

Dans certaines occasions, les villes de chaque canton, c'est-à-dire de chaque peuple, envoient leurs députés à la diète, où se discutent leurs intérêts; mais les décrets de ces assemblées n'obligent que ceux qui les ont souscrits. Ainsi non-seulement les cantons sont indépendants les uns des autres, mais cette indépendance s'étend encore sur les villes de chaque canton. Par exemple, le canton des Œtéens étant divisé en quatorze districts, les habitants de l'un peuvent refuser de suivre à la guerre ceux des autres. Cette excessive liberté affaiblit chaque canton en l'empêchant de réunir ses forces, et produit tant de langueur dans les délibérations publiques qu'on se dispense bien souvent de convoquer les diètes.

La confédération des Thessaliens proprement dits est la plus puissante de toutes, soit par la quantité des villes qu'elle possède, soit par l'accession des Magnètes et des Perrhèbes, qu'elle a presque entièrement assujettis.

On voit aussi des villes libres qui semblent ne tenir à aucune des grandes peuplades, et qui, trop faibles pour se maintenir dans un certain degré de considération, ont pris le parti de s'associer avec deux ou trois villes voisines, également isolées, également faibles.

Les Thessaliens peuvent mettre sur pied six mille chevaux et dix mille hommes d'infanterie, sans compter les archers, qui sont excellents, et dont on peut augmenter le nombre à son gré, car ce peuple est accoutumé dès l'enfance à tirer de l'arc. Rien de si renommé que la cavalerie thessalienne : elle n'est pas seulement redoutable par l'opinion, tout le monde convient qu'il est presque impossible d'en soutenir l'effort.

On dit qu'ils ont su les premiers imposer un frein au cheval et le mener au combat; on ajoute que de là s'établit l'opinion qu'il existait autrefois en Thessalie des hommes moitié hommes, moitié chevaux, qui furent nommés Centaures. Cette fable prouve du moins l'ancienneté de l'équitation parmi eux; et leur amour pour cet exercice est consacré par une cérémonie qu'ils observent dans leurs mariages. Après les sacrifices et autres rites en usage, l'époux présente à son épouse un coursier orné de tout l'appareil militaire.

La Thessalie produit du vin, de l'huile, des fruits de différentes espèces. La terre est fertile au point que le blé monterait trop vite si l'on ne prenait la précaution de le tondre ou de le faire brouter par les moutons.

Les moissons, pour l'ordinaire très-abondantes, sont souvent détruites par les vers. On voiture une grande quantité de blé en différents ports, et surtout dans celui de Thèbes en Phthiotie, d'où il passe à l'étranger. Ce commerce, qui produit des sommes considérables, est d'autant plus avantageux pour la nation qu'elle peut facilement l'entretenir, et même l'augmenter, par la quantité surprenante d'esclaves qu'elle possède, et qui sont connus sous le nom de pénestes. Ils descendent la plupart de ces Perrhèbes et de ces Magnètes que les Thessaliens mirent aux fers après les avoir vaincus; événement qui ne prouve que trop les contradictions de l'esprit humain. Les Thessaliens sont peut-être, de tous les Grecs, ceux qui se glorifient le plus de leur liberté, et ils ont été les premiers à réduire les Grecs en esclavage; les Lacédémoniens, aussi jaloux de leur liberté, ont donné le même exemple à la Grèce.

Les pénestes se sont révoltés plus d'une fois : ils sont en si grand nombre qu'ils inspirent toujours des craintes, et que leurs maîtres peuvent en faire un objet de commerce et en vendre aux autres peuples de la Grèce. Mais, ce qui est plus honteux encore, on voit ici des hommes avides voler les esclaves des autres, enlever même des citoyens libres, et les transporter chargés de fers dans les vaisseaux que l'appât du gain attire en Thessalie.

J'ai vu dans la ville d'Arné des esclaves dont la condition est plus douce. Ils descendent de ces Béotiens qui vinrent autrefois s'établir en ce pays, et qui furent ensuite chassés par les Thessaliens. La plupart retournèrent dans les lieux de leur origine; les autres, ne pouvant quitter le séjour qu'ils habitaient, transigèrent avec leurs vainqueurs. Ils consentirent à devenir serfs, à condition que leurs maîtres ne pourraient ni leur ôter la vie ni les transporter dans d'autres climats; ils se chargèrent de la culture des terres sous une redevance annuelle. Plusieurs d'entre eux sont aujourd'hui plus riches que leurs maîtres.

Les Thessaliens reçoivent les étrangers avec beaucoup d'empressement et les traitent avec magnificence. Le luxe brille dans leurs habits et dans leurs maisons; ils aiment à l'excès le faste et la bonne chère; leur table est servie avec autant de recherche que de profusion, et les danseuses qu'ils y admettent ne sauraient leur plaire qu'en se dépouillant de presque tous les voiles de la pudeur.

Ils sont vifs, inquiets, et si difficiles à gouverner que j'ai vu plusieurs de leurs villes déchirées par des factions. On leur reproche, comme à toutes les nations policées, de n'être point esclaves de leur parole, et de manquer facilement à leurs alliés : leur éducation n'ajoutant à la nature que des préjugés et des erreurs, la corruption commence de bonne heure; bientôt l'exemple rend le crime facile, et l'impunité le rend insolent.

Dès les temps les plus anciens ils cultivèrent la poésie; ils prétendent avoir donné le jour à Thamyris, à Orphée, à Linus, à tant d'autres qui vivaient dans le siècle des héros dont ils partageaient la gloire; mais depuis cette époque ils n'ont produit aucun écrivain, aucun artiste célèbre. Il y a environ un siècle et demi que Simonide les trouva insensibles aux charmes de ses vers. Ils ont été, dans ces derniers temps, plus dociles aux leçons du rhéteur Gorgias; ils préfèrent encore l'éloquence pompeuse qui le distinguait, et qui n'a pas rectifié les fausses idées qu'ils ont de la justice et de la vertu. Ils ont tant de goût et d'estime pour l'exercice de la danse qu'ils appliquent les termes de cet art aux usages les plus nobles. En certains endroits, les généraux ou les magistrats se nomment les chefs de la danse [1]. Leur musique tient le milieu entre celle des Doriens et celle des Ioniens; et comme elle peint tour à tour la confiance de la présomption et la mollesse de la volupté, elle s'assortit au caractère et aux mœurs de la nation.

A la chasse, ils sont obligés de respecter les cigognes. Je ne relèverais pas cette circonstance, si l'on ne décernait contre ceux qui tuent ces oiseaux la même peine que contre les homicides. Étonnés d'une loi si étrange, nous en demandâmes la raison. On nous dit que les cigognes avaient purgé la Thessalie des serpents énormes qui l'infestaient auparavant, et que, sans la loi, on serait bientôt forcé d'abandonner ce pays, comme la multiplicité des taupes avait fait abandonner une ville de Thessalie dont j'ai oublié le nom.

De nos jours, il s'était formé dans la ville de Phères une puissance dont l'éclat fut aussi brillant que passager. Lycophron en jeta les premiers fondements, et son successeur Jason l'éleva au point de la rendre redoutable à la Grèce et aux nations éloignées. J'ai tant ouï parler de cet homme extraordinaire, que je crois devoir donner une idée de ce qu'il a fait et de ce qu'il pouvait faire.

Jason avait les qualités les plus propres à fonder un grand empire. Il commença de bonne heure à soudoyer un corps de six mille auxiliaires, qu'il exerçait continuellement et qu'il s'attachait par des récompenses quand ils se distinguaient, par des soins assidus quand ils étaient malades, par des funérailles honorables quand ils mouraient. Il fallait, pour entrer et se maintenir dans ce corps, une valeur éprouvée et l'intrépidité qu'il montrait lui-même dans les travaux et dans les dangers. Des gens qui le connaissaient m'ont dit qu'il était d'une santé à supporter les plus grandes fatigues, et d'une activité à surmonter les plus grands obstacles; né connais-

---

[1] Lucien rapporte une inscription faite pour un Thessalien, et conçue en ces termes : « Le peuple a fait élever cette statue à Ilation, parce qu'il avait bien dansé au combat. »

sant ni le sommeil ni les autres besoins de la vie quand il fallait agir; insensible, ou plutôt inaccessible à l'attrait du plaisir; assez prudent pour ne rien entreprendre sans être assuré du succès; aussi habile que Thémistocle à pénétrer les desseins de l'ennemi, à lui dérober les siens, à remplacer la force par la ruse ou par l'intrigue; enfin rapportant tout à son ambition, et ne donnant jamais rien au hasard.

Il faut ajouter à ces traits qu'il gouvernait ses peuples avec douceur; qu'il connut l'amitié au point que Timothée, général des Athéniens, avec qui il était uni par les liens de l'hospitalité, ayant été accusé devant l'assemblée du peuple, Jason se dépouilla de l'appareil du trône, vint à Athènes, se mêla comme simple particulier avec les amis de l'accusé, et contribua par ses sollicitations à lui sauver la vie.

Après avoir soumis quelques peuples et fait des traités d'alliance avec d'autres, il communiqua ses projets aux principaux chefs des Thessaliens. Il leur peignit la puissance des Lacédémoniens anéantie par la bataille de Leuctres, celle des Thébains hors d'état de subsister long-temps, celle des Athéniens bornée à leur marine, et bientôt éclipsée par des flottes qu'on pourrait construire en Thessalie. Il ajouta que, par des conquêtes et des alliances, il leur serait facile d'obtenir l'empire de la Grèce, et de détruire celui des Perses, dont les expéditions d'Agésilas et du jeune Cyrus avaient récemment dévoilé la faiblesse. Ces discours ayant embrasé les esprits, il fut élu chef et généralissime de la ligue thessalienne, et se vit bientôt après à la tête de vingt mille hommes d'infanterie, de plus de trois mille chevaux, et d'un nombre très-considérable de troupes légères.

Dans ces circonstances, les Thébains implorèrent son secours contre les Lacédémoniens. Quoiqu'il fût en guerre avec les Phocéens, il prend l'élite de ses troupes, part avec la célérité d'un éclair; et, prévenant presque partout le bruit de sa marche, il se joint aux Thébains, dont l'armée était en présence de celle des Lacédémoniens. Pour ne pas fortifier l'une ou l'autre de ces nations par une victoire qui nuirait à ses vues, il les engagea à signer une trêve : il tombe aussitôt sur la Phocide, qu'il ravage; et après d'autres exploits également rapides, il retourne à Phères couvert de gloire, et recherché de plusieurs peuples qui sollicitent son alliance.

Les jeux pythiques étaient sur le point de se célébrer; Jason forma le dessein d'y mener son armée. Les uns crurent qu'il voulait imposer à cette assemblée et se faire donner l'intendance des jeux; mais, comme il employait quelquefois des moyens extraordinaires pour faire subsister ses troupes, ceux de Delphes le soupçonnèrent d'avoir des vues sur le trésor sacré : ils demandèrent au dieu comment ils pourraient détourner un pareil sacrilége; le dieu répondit que ce soin le regardait. A quelques jours de là Jason fut tué à la tête de son armée par sept jeunes conjurés, qui, dit-on, avaient à se plaindre de sa sévérité.

Parmi les Grecs, les uns se réjouirent de sa mort, parce qu'ils avaient craint pour leur liberté; les autres s'en affligèrent, parce qu'ils avaient fondé des espérances sur ses projets. Je ne sais s'il avait conçu de lui-même celui de réunir les Grecs et de porter la guerre en Perse, ou s'il l'avait reçu de l'un de ces sophistes qui depuis quelque temps se faisaient un mérite de le discuter, soit dans leurs écrits, soit dans les assemblées générales de la Grèce. Mais enfin ce projet était susceptible d'exécution, et l'événement l'a justifié. J'ai vu dans la suite Philippe de Macédoine donner des lois à la Grèce; et, depuis mon retour en Scythie, j'ai su que son fils avait détruit l'empire des Perses. L'un et l'autre ont suivi le même système que Jason, qui peut-être n'avait pas moins d'habileté que le premier ni moins d'activité que le second.

Ce fut quelques années après sa mort que nous arrivâmes à Phères, ville assez grande et entourée de jardins. Nous comptions y trouver quelques traces de cette splendeur dont elle brillait du temps de Jason; mais Alexandre y régnait, et offrait à la Grèce un spectacle dont je n'avais pas d'idée, car je n'avais jamais vu de tyran. Le trône sur lequel il était assis fumait encore du sang de ses prédécesseurs. J'ai dit que Jason avait été tué par des conjurés; ses deux frères Polydore et Polyphron lui ayant succédé, Polyphron assassina Polydore, et fut bientôt après assassiné par Alexandre, qui régnait depuis près de onze ans quand nous arrivâmes à Phères.

Ce prince cruel n'avait que des passions avilies par des vices grossiers. Sans foi dans les traités, timide et lâche dans les combats, il n'eut l'ambition des conquêtes que pour assouvir son avarice, et le goût des plaisirs que pour s'abandonner aux plus sales voluptés.

Un tas de fugitifs et de vagabonds noircis de crimes, mais moins scélérats que lui, devenus ses soldats et ses satellites, portaient la désolation dans ses états et chez les peuples voisins. On l'avait vu entrer, à leur tête, dans une ville alliée, y rassembler sous divers prétextes les citoyens dans la place publique, les égorger et livrer leurs maisons au pillage. Ses armes eurent d'abord quelques succes; vaincu ensuite par les Thébains joints à divers peuples de Thessalie, il n'exerçait plus ses fureurs que contre ses propres sujets : les uns étaient enterrés tout en vie; d'autres, revêtus de peaux d'ours ou de sangliers, étaient poursuivis et déchirés par des dogues dressés à cette espèce de chasse. Il se faisait un jeu de leurs tourments, et leurs cris ne servaient qu'à endurcir son âme. Cependant il se surprit un jour prêt à s'émouvoir : c'était à la représentation des *Troyennes* d'Euripide; mais il sortit à l'instant du théâtre, en disant qu'il aurait trop à rougir si, voyant d'un œil tranquille couler le sang de ses sujets, il paraissait s'attendrir sur les malheurs d'Hécube et d'Andromaque.

Les habitants de Phères vivaient dans l'épouvante et dans cet abattement que cause l'excès des maux, et qui est un malheur de plus. Leurs soupirs n'osaient éclater, et les vœux qu'ils formaient en secret pour la liberté se terminaient par un désespoir impuissant. Alexandre, agité des craintes dont il agitait les autres, avait le partage des tyrans, celui de haïr et d'être haï. On démêlait dans ses yeux, à travers l'empreinte de sa cruauté, le trouble, la défiance et la terreur qui tourmentaient son âme; tout lui était suspect. Ses gardes le faisaient trembler. Il prenait des précautions contre Thébé, son épouse, qu'il aimait avec la même fureur qu'il en était jaloux, si l'on peut appeler amour la passion féroce qui l'entraînait auprès d'elle. Il passait la nuit au haut de son palais, dans un appartement où l'on montait par une échelle, et dont les avenues étaient défendues par un dogue qui n'épargnait que le roi, la reine et l'esclave chargé du soin de le nourrir. Il s'y retirait tous les soirs, précédé par ce même esclave qui tenait une épée nue, et qui faisait une visite exacte de l'appartement.

Je vais rapporter un fait singulier, et je ne l'accompagnerai d'aucune réflexion. Eudémus de Chypre, en allant d'Athènes en Macédoine, était tombé malade à Phères. Comme je l'avais vu souvent chez Aristote, dont il était l'ami, je lui rendis pendant sa maladie tous les soins qui dépendaient de moi. Un soir que j'avais appris des médecins qu'ils désespéraient de sa guérison, je m'assis auprès de son lit; il fut touché de mon affliction, me tendit la main, et me dit d'une voix mourante : Je dois confier à votre amitié un secret qu'il serait dangereux de révéler à tout autre qu'à vous. Une de ces dernières nuits, un jeune homme d'une beauté ravissante m'apparut en songe; il m'avertit que je guérirais, et que dans cinq ans je serais de retour dans ma patrie : pour garant de sa prédiction, il ajouta que le tyran n'avait plus que quelques jours à vivre. Je regardai cette confidence d'Eudémus comme un symptôme de délire, et je rentrai chez moi pénétré de douleur.

Le lendemain, à la pointe du jour, nous fûmes éveillés par ces cris mille fois réitérés : Il est mort! le tyran n'est plus! il a péri par les mains de la reine! Nous courûmes aussitôt au palais; nous y vîmes le corps d'Alexandre livré aux insultes d'une populace qui le foulait aux pieds et célébrait avec transport le courage de la reine. Ce fut elle en effet qui se mit à la tête de la conjuration, soit par haine pour la tyrannie, soit pour venger ses injures personnelles. Les uns disaient qu'Alexandre était sur le point de la répudier; d'autres, qu'il avait fait mourir un jeune Thessalien qu'elle aimait; d'autres enfin, que Pélopidas, tombé quelques années auparavant entre les mains d'Alexandre, avait eu pendant sa prison une entrevue avec la reine, et l'avait exhortée à délivrer sa patrie et à se rendre digne de sa naissance, car elle était fille de Jason. Quoi qu'il en soit, Thébé, ayant formé son plan, avertit ses trois frères, Tisiphonus, Pytholaüs et Lycophron, que son époux avait résolu leur perte; et dès cet instant ils résolurent la sienne.

La veille, elle les tint cachés dans le palais : le soir, Alexandre boit avec excès, monte dans son appartement, se jette sur son lit et s'endort. Thébé descend tout de suite, écarte l'esclave et le dogue, revient avec les conjurés, et se saisit de l'épée suspendue au chevet du lit. Dans ce moment leur courage parut se ralentir; mais, Thébé les ayant menacés d'éveiller le roi s'ils hésitaient encore, ils se jetèrent sur lui et le percèrent de plusieurs coups.

J'allai aussitôt apprendre cette nouvelle à Eudémus, qui n'en parut point étonné. Ses forces se rétablirent. Il périt cinq ans après en Sicile; et Aristote, qui depuis adressa un dialogue sur l'âme à la mémoire de son ami, prétendait que le songe s'était vérifié dans toutes ses circonstances, puisque c'est retourner dans sa patrie que de quitter la terre.

Les conjurés, après avoir laissé respirer pendant quelque temps les habitants de Phères, partagèrent entre eux le pouvoir souverain, et commirent tant d'injustices que leurs sujets se virent forcés, quelques années après mon voyage en Thessalie, d'appeler Philippe de Macédoine à leur secours. Il vint et chassa non-seulement les tyrans de Phères, mais encore ceux qui s'étaient établis dans d'autres villes. Ce bienfait a tellement attaché les Thessaliens à ses intérêts, qu'ils l'ont suivi dans la plupart de ses entreprises, et lui en ont facilité l'exécution[1].

---

[1] Voyez dans le chapitre LXI de cet ouvrage la lettre écrite la quatrième année de la cent sixième olympiade.

CHAPITRE XXXV.

Après avoir parcouru les environs de Phères, et surtout son port, qu'on nomme Pagase, et qui en est éloigné de quatre-vingt-dix stades[1], nous visitâmes les parties méridionales de la Magnésie ; nous prîmes ensuite notre route vers le nord, ayant à notre droite la chaîne du mont Pélion. Cette contrée est délicieuse par la douceur du climat, la variété des aspects et la multiplicité des vallées qui forment, surtout dans la partie la plus septentrionale, les branches du mont Pélion et du mont Ossa.

Sur un des sommets du mont Pélion s'élève un temple en l'honneur de Jupiter ; tout auprès est l'antre célèbre où l'on prétend que Chiron avait anciennement établi sa demeure, et qui porte encore le nom de ce centaure. Nous y montâmes à la suite d'une procession de jeunes gens qui tous les ans vont, au nom d'une ville voisine, offrir un sacrifice au souverain des dieux. Quoique nous fussions au milieu de l'été et que la chaleur fût excessive au pied de la montagne, nous fûmes obligés de nous couvrir, à leur exemple, d'une toison épaisse. On éprouve en effet, sur cette hauteur, un froid très-rigoureux, mais dont l'impression est en quelque façon affaiblie par la vue superbe que présentent d'un côté les plaines de la mer, de l'autre celles de la Thessalie.

La montagne est couverte de sapins, de cyprès, de cèdres, de différentes espèces d'arbres et de simples dont la médecine fait un grand usage. On nous montra une racine dont l'odeur, approchant de celle du thym, est, dit-on, meurtrière pour les serpents, et qui, prise dans du vin, guérit de leurs morsures. On y trouve un arbuste dont la racine est un remède pour la goutte, l'écorce pour la colique, les feuilles pour les fluxions aux yeux ; mais le secret de la préparation est entre les mains d'une seule famille, qui prétend se l'être transmis de père en fils depuis le centaure Chiron, à qui elle rapporte son origine. Elle n'en tire aucun avantage, et se croit obligée de traiter gratuitement les malades qui viennent implorer son secours.

Descendus de la montagne à la suite de la procession, nous fûmes priés au repas qui termine la cérémonie. Nous vîmes ensuite une espèce de danse particulière à quelques peuples de la Thessalie, et très-propre à exciter le courage et la vigilance des habitants de la campagne. Un Magnésien se présente avec ses armes ; il les met à terre, et imite les gestes et la démarche d'un homme qui, en temps de guerre, sème et laboure son champ. La crainte est empreinte sur son front : il tourne la tête de chaque côté ; il aperçoit un soldat ennemi qui cherche à le surprendre ; aussitôt il

---

[1] Trois lieues et mille cinq toises.

saisit ses armes, attaque le soldat, en triomphe, l'attache à ses bœufs et le chasse devant lui. Tous ces mouvements s'exécutent en cadence et au son de la flûte.

En continuant notre route nous arrivâmes à Sycurium. Cette ville, située sur une colline au pied du mont Ossa, domine de riches campagnes. La pureté de l'air et l'abondance des eaux la rendent un des plus agréables séjours de la Grèce. De là jusqu'à Larisse le pays est fertile et très-peuplé. Il devient plus riant à mesure qu'on approche de cette ville, qui passe avec raison pour la première et la plus riche de la Thessalie : ses dehors sont embellis par le Pénée, qui roule auprès de ses murs des eaux extrêmement claires.

Nous logeâmes chez Amyntor, et nous trouvâmes chez lui tous les agréments que nous devions attendre de l'ancienne amitié qui le liait avec le père de Philotas.

Nous étions impatients d'aller à Tempé. Ce nom, commun à plusieurs vallées qu'on trouve en ce canton, désigne plus particulièrement celle que forment, en se rapprochant, le mont Olympe et le mont Ossa : c'est le seul grand chemin pour aller de Thessalie en Macédoine. Amyntor voulut nous accompagner. Nous prîmes un bateau, et au lever de l'aurore nous nous embarquâmes sur le Pénée, le 15 du mois métagéitnion[1]. Bientôt s'offrirent à nous plusieurs villes, telles que Phalanna, Gyrton, Élaties, Mopsium, Homolis ; les unes placées sur les bords du fleuve, les autres sur les hauteurs voisines. Après avoir passé l'embouchure du Titarésius, dont les eaux sont moins pures que celles du Pénée, nous arrivâmes à Gonnus, distante de Larisse d'environ cent soixante stades[2] ; nous y laissâmes notre bateau. C'est là que commence la vallée, et que le fleuve se trouve resserré entre le mont Ossa, qui est à sa droite, et le mont Olympe, qui est à sa gauche, et dont la hauteur est d'un peu plus de dix stades[3].

Suivant une ancienne tradition, un tremblement de terre sépara ces montagnes et ouvrit un passage aux eaux qui submergeaient les campagnes. Il est du moins certain que, si l'on fermait ce passage, le Pénée ne pourrait plus avoir d'issue : car ce fleuve, qui reçoit dans sa course plusieurs rivières, coule dans un terrain qui

---

[1] Le 10 août de l'an 357 avant J.-C. — [2] Six lieues et cent vingt toises.

[3] Neuf cent soixante toises. — Plutarque rapporte une ancienne inscription, par laquelle il paraît que Xénagoras avait trouvé la hauteur de l'Olympe de 10 stades 1 plètre moins 4 pieds. Le plètre, suivant Suidas, était la sixième partie du stade ; par conséquent, de 15 toises 4 pieds 6 pouces. Otez les 4 pieds et les 6 pouces, reste 15 toises, qui, ajoutées aux 945 que donnent les 10 stades, font 960 toises pour la hauteur de l'Olympe. M. Bernouilli l'a trouvée de 1017 toises.

s'élève par degrés depuis ses bords jusqu'aux collines et aux montagnes qui entourent cette contrée. Aussi disait-on que, si les Thessaliens ne s'étaient soumis à Xerxès, ce prince aurait pris le parti de s'emparer de Gonnus, et d'y construire une barrière impénétrable au fleuve. Cette ville est très-importante par sa situation : elle est la clef de la Thessalie du côté de la Macédoine, comme les Thermopyles le sont du côté de la Phocide.

La vallée s'étend du sud-ouest au nord-est : sa longueur est de quarante stades[1], sa plus grande largeur d'environ deux stades et demi[2]; mais cette largeur diminue quelquefois au point qu'elle ne paraît être que de cent pieds[3].

Les montagnes sont couvertes de peupliers, de platanes, de frênes d'une beauté surprenante. De leurs pieds jaillissent des sources d'une eau pure comme le cristal ; et des intervalles qui séparent leurs sommets s'échappe un air frais que l'on respire avec une volupté secrète. Le fleuve présente presque partout un canal tranquille, et dans certains endroits il embrasse de petites îles dont il éternise la verdure. Des grottes percées dans les flancs des montagnes, des pièces de gazon placées aux deux côtés du fleuve, semblent être l'asile du repos et du plaisir. Ce qui nous étonnait le plus était une certaine intelligence dans la distribution des ornements qui parent ces retraites. Ailleurs c'est l'art qui s'efforce d'imiter la nature ; ici on dirait que la nature veut imiter l'art. Les lauriers et différentes sortes d'arbrisseaux forment d'eux-mêmes des berceaux et des bosquets, et font un beau contraste avec des bouquets de bois placés au pied de l'Olympe. Les rochers sont tapissés d'une espèce de lierre, et les arbres ornés de plantes qui serpentent autour de leur tronc, s'entrelacent dans leurs branches, et tombent en festons et en guirlandes. Enfin tout présente en ces beaux lieux la décoration la plus riante ; de tous côtés l'œil semble respirer la fraîcheur, et l'âme recevoir un nouvel esprit de vie.

Les Grecs ont des sensations si vives, ils habitent un climat si chaud, qu'on ne doit pas être surpris des émotions qu'ils éprouvent à l'aspect et même au souvenir de cette charmante vallée : au tableau que je viens d'en ébaucher, il faut ajouter que, dans le printemps, elle est tout émaillée de fleurs, et qu'un nombre infini d'oiseaux y font entendre des chants à qui la solitude et la saison semblent prêter une mélodie plus tendre et plus touchante.

[1] Environ une lieue et demie. Je donne toujours à la lieue deux mille cinq cents toises.

[2] Environ deux cent trente-six toises.

[3] Environ quatre-vingt-quatorze de nos pieds.

Cependant nous suivions lentement le cours du Pénée, et mes regards, quoique distraits par une foule d'objets délicieux, revenaient toujours sur ce fleuve. Tantôt je voyais ses flots étinceler à travers le feuillage dont ses bords sont ombragés; tantôt, m'approchant du rivage, je contemplais le cours paisible de ses ondes, qui semblaient se soutenir mutuellement et remplissaient leur carrière sans tumulte et sans effort. Je disais à Amyntor : Telle est l'image d'une âme pure et tranquille : ses vertus naissent les unes des autres; elles agissent toutes de concert et sans bruit. L'ombre étrangère du vice les fait seule éclater par son opposition. Amyntor me répondit : Je vais vous montrer l'image de l'ambition, et les funestes effets qu'elle produit.

Alors il me conduisit dans une des gorges du mont Ossa, où l'on prétend que se donna le combat des Titans contre les dieux. C'est là qu'un torrent impétueux se précipite sur un lit de rochers qu'il ébranle par la violence de ses chutes. Nous parvînmes en un endroit où ses vagues, fortement comprimées, cherchaient à forcer un passage. Elles se heurtaient, se soulevaient et tombaient en mugissant dans un gouffre d'où elles s'élançaient avec une nouvelle fureur pour se briser les unes contre les autres dans les airs.

Mon âme était occupée de ce spectacle, lorsque je levai les yeux autour de moi ; je me trouvai resserré entre deux montagnes noires, arides et sillonnées dans toute leur hauteur par des abîmes profonds. Près de leurs sommets, des nuages erraient pesamment parmi des arbres funèbres, ou restaient suspendus sur leurs branches stériles. Au-dessous, je vis la nature en ruine; les montagnes écroulées étaient couvertes de leurs débris et n'offraient que des roches menaçantes et confusément entassées. Quelle puissance a donc brisé les liens de ces masses énormes? est-ce la fureur des aquilons? est-ce un bouleversement du globe? est-ce un effet de la vengeance terrible des dieux contre les Titans? Je l'ignore; mais enfin, c'est dans cette affreuse vallée que les conquérants devraient venir contempler le tableau des ravages dont ils affligent la terre.

Nous nous hâtâmes de sortir de ces lieux, et bientôt nous fûmes attirés par les sons mélodieux d'une lyre et par des voix plus touchantes encore : c'était la *théorie* ou députation que ceux de Delphes envoient de neuf ans en neuf ans à Tempé. Ils disent qu'Apollon était venu dans leur ville avec une couronne et une branche de laurier cueillie dans cette vallée; et c'est pour en rappeler le souvenir qu'ils font la députation que nous vîmes arriver. Elle était composée de l'élite des jeunes Delphiens. Ils firent un sacrifice pompeux sur un autel élevé près des bords du Pénée; et, après avoir coupé des branches du même laurier dont le dieu s'était couronné, ils partirent en chantant des hymnes.

En sortant de la vallée, le plus beau des spectacles s'offrit à nous. C'est une plaine couverte de maisons et d'arbres, où le fleuve, dont le lit est plus large et le cours plus paisible, semble se multiplier par des sinuosités sans nombre. A quelques stades de distance paraît le golfe Thermaïque ; au delà se présente la presqu'île de Pallène, et dans le lointain le mont Athos termine cette superbe vue.

Nous comptions retourner le soir à Gonnus ; mais un orage violent nous obligea de passer la nuit dans une maison située sur le rivage de la mer : elle appartenait à un Thessalien qui s'empressa de nous accueillir. Il avait passé quelque temps à la cour du roi Cotys, et pendant le souper il nous raconta des anecdotes relatives à ce prince.

Cotys, nous dit-il, est le plus riche, le plus voluptueux et le plus intempérant des rois de Thrace. Outre d'autres branches de revenus, il tire tous les ans plus de deux cents talents [1] des ports qu'il possède dans la Chersonèse ; cependant ses trésors suffisent à peine à ses goûts.

En été, il erre avec sa cour dans les bois où sont pratiquées de belles routes : dès qu'il trouve, sur les bords d'un ruisseau, un aspect riant et des ombrages frais, il s'y établit et s'y livre à tous les excès de la table. Il est maintenant entraîné par un délire qui n'exciterait que la pitié, si la folie jointe au pouvoir ne rendait les passions cruelles. Savez-vous quel est l'objet de son amour ? Minerve. Il ordonna d'abord à une de ses maîtresses de se parer des attributs de cette divinité ; mais comme une pareille illusion ne servit qu'à l'enflammer davantage, il prit le parti d'épouser la déesse. Les noces furent célébrées avec la plus grande magnificence ; j'y fus invité. Il attendait avec impatience son épouse : en l'attendant il s'enivra. Sur la fin du repas, un de ses gardes alla par son ordre à la tente où le lit nuptial était dressé : à son retour, il annonça que Minerve n'était pas encore arrivée. Cotys le perça d'une flèche qui le priva de la vie. Un autre garde éprouva le même sort. Un troisième, instruit par ces exemples, dit qu'il venait de voir la déesse, qu'elle était couchée et qu'elle attendait le roi depuis long-temps. A ces mots, le soupçonnant d'avoir obtenu les faveurs de son épouse, il se jette en fureur sur lui et le déchire de ses propres mains.

Tel fut le récit du Thessalien. Quelque temps après, deux frères,

[1] Plus d'un million quatre-vingt mille livres.

Héraclide et Python, conspirèrent contre Cotys et lui ôtèrent la vie. Les Athéniens, ayant eu successivement lieu de s'en louer et de s'en plaindre, lui avaient décerné au commencement de son règne une couronne d'or avec le titre de citoyen; après sa mort, ils déférèrent les mêmes honneurs à ses assassins.

L'orage se dissipa pendant la nuit. A notre réveil, la mer était calme et le ciel serein; nous revînmes à la vallée, et nous vîmes les apprêts d'une fête que les Thessaliens célèbrent tous les ans en mémoire du tremblement de terre qui, en donnant un passage aux eaux du Pénée, découvrit les belles plaines de Larisse.

Les habitants de Gonnus, d'Homolis et des autres villes voisines, arrivaient successivement dans la vallée. L'encens des sacrifices brûlait de toutes parts. Le fleuve était couvert de bateaux qui descendaient et montaient sans interruption. On dressait des tables dans les bosquets, sur le gazon, sur les bords du fleuve, dans les petites îles, auprès des sources qui sortent des montagnes. Une singularité qui distingue cette fête, c'est que les esclaves y sont confondus avec leurs maîtres, ou plutôt que les premiers y sont servis par les seconds. Ils exercent leur nouvel empire avec une liberté qui va quelquefois jusqu'à la licence, et qui ne sert qu'à rendre la joie plus vive. Aux plaisirs de la table se mêlaient ceux de la danse, de la musique et de plusieurs autres exercices qui se prolongèrent bien avant dans la nuit.

Nous retournâmes le lendemain à Larisse, et quelques jours après nous eûmes occasion de voir le combat des taureaux. J'en avais vu de semblables en différentes villes de la Grèce; mais les habitants de Larisse y montrent plus d'adresse que les autres peuples. La scène était aux environs de cette ville : on fit partir plusieurs taureaux et autant de cavaliers qui les poursuivaient et les aiguillonnaient avec une espèce de dard. Il faut que chaque cavalier s'attache à un taureau, qu'il coure à ses côtés, qu'il le presse et l'évite tour à tour, et qu'après avoir épuisé les forces de l'animal il le saisisse par les cornes et le jette à terre sans descendre lui-même de cheval. Quelquefois il s'élance sur l'animal écumant de fureur; et, malgré les secousses violentes qu'il éprouve, il le terrasse aux yeux d'un nombre infini de spectateurs qui célèbrent son triomphe.

L'administration de cette ville est entre les mains d'un petit nombre de magistrats qui sont élus par le peuple, et qui se croient obligés de le flatter et de sacrifier son bien à ses caprices.

Les naturalistes prétendent que, depuis qu'on a ménagé une issue aux eaux stagnantes qui couvraient en plusieurs endroits les environs de cette ville, l'air est devenu plus pur et beaucoup plus froid. Ils citent deux faits en faveur de leur opinion. Les oliviers se plaisaient infiniment dans ce canton, ils ne peuvent aujourd'hui y résister aux rigueurs des hivers, et les vignes y gèlent très-souvent, ce qui n'arrivait jamais autrefois.

Nous étions déjà en automne : comme cette saison est ordinairement très-belle en Thessalie et qu'elle y dure long-temps, nous fîmes quelques courses dans les villes voisines ; mais le moment de notre départ étant arrivé, nous résolûmes de passer par l'Épire, et nous prîmes le chemin de Gomphi, ville située au pied du mont Pindus.

CHAPITRE XXXVI.

Voyage d'Épire, d'Acarnanie et d'Étolie. Oracle de Dodone. Saut de Leucade.

Le mont Pindus sépare la Thessalie de l'Épire. Nous le traversâmes au-dessus de Gomphi, et nous entrâmes dans le pays des Athamanes. De là nous aurions dû nous rendre à l'oracle de Dodone, qui n'en est pas éloigné ; mais, outre qu'il aurait fallu franchir des montagnes déjà couvertes de neige et que l'hiver est très-rigoureux dans cette ville, nous avions vu tant d'oracles en Béotie, qu'ils nous inspiraient plus de dégoût que de curiosité : nous prîmes donc le parti d'aller droit à Ambracie par un chemin très-court, mais assez rude.

Cette ville, colonie des Corinthiens, est située auprès d'un golfe qui porte aussi le nom d'Ambracie [1]. Le fleuve Aréthon coule à son couchant ; au levant est une colline où l'on a construit une citadelle. Ses murs ont environ vingt-quatre stades de circuit [2]. Au dedans les regards sont attirés par des temples et d'autres beaux monuments ; au dehors, par des plaines fertiles qui s'étendent au loin. Nous y passâmes quelques jours et nous y prîmes des notions générales sur l'Épire.

Le mont Pindus au levant et le golfe d'Ambracie au midi séparent en quelque façon l'Épire du reste de la Grèce. Plusieurs chaînes de montagnes couvrent l'intérieur du pays : vers les côtes de la mer, on trouve des aspects agréables et de riches campagnes. Parmi les fleuves qui l'arrosent, on distingue l'Achéron, qui se jette dans un marais de même nom, et le Cocyte, dont les eaux

---

[1] Ce golfe est le même que celui où se donna depuis la célèbre bataille d'Actium. (Voyez-en le plan et la description dans les *Mémoires de l'Académie des Belles-Lettres*, t. XXXII, p. 513.)

[2] Deux mille deux cent soixante-huit toises.

sont d'un goût désagréable. Dans cette même contrée est un endroit nommé Aorne ou Averne, d'où s'exhalent des vapeurs dont les airs sont infectés. A ces traits on reconnaît aisément le pays où dans les temps les plus anciens on a placé les enfers. Comme l'Épire était alors la dernière des contrées connues du côté de l'occident, elle passa pour la région des ténèbres ; mais à mesure que les bornes du monde se reculèrent du même côté, l'enfer changea de position, et fut placé successivement en Italie et en Ibérie, toujours dans les endroits où la lumière du jour semblait s'éteindre.

L'Épire a plusieurs ports assez bons. On tire de cette province, entre autres choses, des chevaux légers à la course, et des mâtins auxquels on confie la garde des troupeaux, et qui ont un trait de ressemblance avec les Épirotes, c'est qu'un rien suffit pour les mettre en fureur. Certains quadrupèdes y sont d'une grandeur prodigieuse : il faut être debout et légèrement incliné pour traire les vaches, et elles rendent une quantité surprenante de lait.

J'ai ouï parler d'une fontaine qui est dans la contrée des Chaoniens. Pour en tirer le sel dont ses eaux sont imprégnées, on les fait bouillir et évaporer. Le sel qui reste est blanc comme la neige.

Outre quelques colonies grecques établies en divers cantons de l'Épire, on distingue dans ce pays quatorze nations anciennes, barbares pour la plupart, distribuées dans de simples bourgs; quelques-unes, qu'on a vues à diverses époques soumises à différentes formes de gouvernement ; d'autres, comme les Molosses, qui, depuis environ neuf siècles, obéissent à des princes de la même maison. C'est une des plus anciennes et des plus illustres de la Grèce : elle tire son origine de Pyrrhus, fils d'Achille ; et ses descendants ont possédé, de père en fils, un trône qui n'a jamais éprouvé la moindre secousse. Des philosophes attribuent la durée de ce royaume au peu d'étendue des états qu'il renfermait autrefois. Ils prétendent que, moins les souverains ont de puissance, moins ils ont d'ambition et de penchant au despotisme. La stabilité de cet empire est maintenue par un usage constant : quand un prince parvient à la couronne, la nation s'assemble dans une des principales villes ; après les cérémonies que prescrit la religion, le souverain et les sujets s'engagent, par un serment prononcé en face des autels, l'un de régner suivant les lois, les autres de défendre la royauté conformément aux mêmes lois.

Cet usage commença au dernier siècle. Il se fit alors une révolution éclatante dans le gouvernement et dans les mœurs des Molosses. Un de leurs rois, en mourant, ne laissa qu'un fils. La nation, persuadée que rien ne pouvait l'intéresser autant que l'éducation de ce jeune prince, en confia le soin à des hommes sages, qui conçurent le projet de l'élever loin des plaisirs et de la flatterie. Ils le conduisirent à Athènes, et ce fut dans une république qu'il s'instruisit des devoirs mutuels des souverains et des sujets. De retour dans ses états, il donna un grand exemple; il dit au peuple : J'ai trop de pouvoir, je veux le borner. Il établit un sénat, des lois et des magistrats. Bientôt les lettres et les arts fleurirent par ses soins et par ses exemples. Les Molosses, dont il était adoré, adoucirent leurs mœurs, et prirent, sur les nations barbares de l'Épire, la supériorité que donnent les lumières.

Dans une des parties septentrionales de l'Épire est la ville de Dodone. C'est là que se trouvent le temple de Jupiter et l'oracle le plus ancien de la Grèce. Cet oracle subsistait dès le temps où les habitants de ces cantons n'avaient qu'une idée confuse de la divinité; et cependant ils portaient déjà leurs regards inquiets sur l'avenir : tant il est vrai que le désir de le connaître est une des plus anciennes maladies de l'esprit humain, comme elle en est une des plus funestes. J'ajoute qu'il en est une autre qui n'est pas moins ancienne parmi les Grecs, c'est de rapporter à des causes surnaturelles, non-seulement les effets de la nature, mais encore les usages et les établissements dont on ignore l'origine. Quand on daigne suivre les chaînes de leurs traditions, on s'aperçoit qu'elles aboutissent toutes à des prodiges. Il en fallut un sans doute pour instituer l'oracle de Dodone; et voici comme les prêtresses du temple le racontent.

Un jour deux colombes noires s'envolèrent de la ville de Thèbes en Égypte, et s'arrêtèrent, l'une en Libye, l'autre à Dodone. Cette dernière, s'étant posée sur un chêne, prononça ces mots d'une voix très-distincte : « Établissez en ces lieux un oracle en l'honneur de Jupiter. » L'autre colombe prescrivit la même chose aux habitants de la Libye, et toutes deux furent regardées comme les interprètes des dieux. Quelque absurde que soit ce récit, il paraît avoir un fondement réel. Les prêtres égyptiens soutiennent que deux prêtresses portèrent autrefois leurs rits sacrés à Dodone de même qu'en Libye, et, dans la langue des anciens peuples de l'Épire, le même mot désigne une colombe et une vieille femme.

Dodone est située au pied du mont Tomarus, d'où s'échappent quantité de sources intarissables. Elle doit sa gloire et ses richesses aux étrangers qui viennent consulter l'oracle. Le temple de Jupiter et les portiques qui l'entourent sont décorés par des statues sans nombre et par les offrandes de presque tous les peuples de la terre. La forêt sacrée s'élève tout auprès. Parmi les chênes dont elle est formée, il en est un qui porte le nom de divin ou de prophétique. La piété des peuples l'a consacré depuis une longue suite de siècles.

Non loin du temple est une source qui tous les jours est à sec à midi, et dans sa plus grande hauteur à minuit; qui tous les jours croît et décroît insensiblement d'un de ces points à l'autre. On dit qu'elle présente un phénomène plus singulier encore. Quoique ses eaux soient froides et éteignent les flambeaux allumés qu'on y plonge, elles allument les flambeaux éteints qu'on en approche jusqu'à une certaine distance[1]. La forêt de Dodone est entourée de marais; mais le territoire en général est très-fertile, et l'on y voit de nombreux troupeaux errer dans de belles prairies.

Trois prêtresses sont chargées du soin d'annoncer les décisions de l'oracle; mais les Béotiens doivent les recevoir de quelques-uns des ministres attachés au temple. Ce peuple ayant une fois consulté l'oracle sur une entreprise qu'il méditait, la prêtresse répondit : « Commettez une impiété, et vous réussirez. » Les Béotiens, qui la soupçonnaient de favoriser leurs ennemis, la jetèrent aussitôt dans le feu en disant : « Si la prêtresse nous trompe, elle mérite la mort; si elle dit la vérité, nous obéissons à l'oracle en faisant une action impie. » Les deux autres prêtresses crurent devoir justifier leur malheureuse compagne. L'oracle, suivant elles, avait simplement ordonné aux Béotiens d'enlever les trépieds sacrés qu'ils avaient dans leur temple et de les apporter dans celui de Jupiter à Dodone. En même temps il fut décidé que désormais elles ne répondraient plus aux questions des Béotiens.

Les dieux dévoilent de plusieurs manières leurs secrets aux prêtresses de ce temple. Quelquefois elles vont dans la forêt sacrée, et, se plaçant auprès de l'arbre prophétique, elles sont attentives soit au murmure de ses feuilles agitées par le zéphyr, soit au gémissement de ses branches battues par la tempête. D'autres fois, s'arrêtant au bord d'une source qui jaillit du pied de cet arbre, elles écoutent le bruit que forme le bouillonnement de ses ondes fugitives. Elles saisissent habilement les gradations et les nuances des sons qui frappent leurs oreilles; et, les regardant comme les présages des événements futurs, elles les interprètent suivant les règles qu'elles se sont faites, et plus souvent encore suivant l'intérêt de ceux qui les consultent.

Elles observent la même méthode pour expliquer le bruit qui

[1] On racontait à peu près la même chose de la fontaine brûlante située à trois lieues de Grenoble, et regardée pendant long-temps comme une des sept merveilles du Dauphiné. Mais le prodige a disparu dès qu'on a pris la peine d'en examiner la cause.

résulte du choc de plusieurs bassins de cuivre suspendus autour du temple. Ils sont tellement rapprochés qu'il suffit d'en frapper un pour les mettre tous en mouvement. La prêtresse, attentive au son qui se communique, se modifie et s'affaiblit, sait tirer une foule de prédictions de cette harmonie confuse.

Ce n'est pas tout encore. Près du temple sont deux colonnes; sur l'une est un vase d'airain, sur l'autre la figure d'un enfant qui tient un fouet à trois petites chaînes de bronze, flexibles et terminées chacune par un bouton. Comme la ville de Dodone est fort exposée au vent, les chaînes frappent le vase presque sans interruption, et produisent un son qui subsiste long-temps; les prêtresses peuvent en calculer la durée et le faire servir à leurs desseins.

On consulte aussi l'oracle par le moyen des sorts. Ce sont des bulletins ou des dés qu'on tire au hasard de l'urne qui les contient. Un jour que les Lacédémoniens avaient choisi cette voie pour connaître le succès d'une de leurs expéditions, le singe du roi des Molosses sauta sur la table, renversa l'urne, éparpilla les sorts, et la prêtresse effrayée s'écria que « les Lacédémoniens, loin d'aspirer à la victoire, ne devaient plus songer qu'à leur sûreté. » Les députés, de retour à Sparte, y publièrent cette nouvelle, et jamais événement ne produisit tant de terreur parmi ce peuple de guerriers.

Les Athéniens conservent plusieurs réponses de l'oracle de Dodone. Je vais en rapporter une pour en faire connaître l'esprit :

« Voici ce que le prêtre de Jupiter prescrit aux Athéniens. Vous avez laissé passer le temps des sacrifices et de la députation ; envoyez au plus tôt des députés : qu'outre les présents déjà décernés par le peuple, ils viennent offrir à Jupiter neuf bœufs propres au labourage, chaque bœuf accompagné de deux brebis; qu'ils présentent à Dioné une table de bronze, un bœuf et d'autres victimes. »

Cette Dioné était fille d'Uranus ; elle partage avec Jupiter l'encens qu'on brûle au temple de Dodone, et cette association de divinités sert à multiplier les sacrifices et les offrandes.

Tels étaient les récits qu'on nous faisait à Ambracie. Cependant l'hiver approchait, et nous pensions à quitter cette ville. Nous trouvâmes un vaisseau marchand qui partait pour Naupacte, située dans le golfe de Crissa. Nous y fûmes admis comme passagers ; et dès que le beau temps fut décidé, nous sortîmes du port et du golfe d'Ambracie. Nous trouvâmes bientôt la presqu'île de Leucade, séparée du continent par un isthme très-étroit. Nous vîmes des matelots qui, pour ne pas faire le tour de la presqu'île, transportaient à force de bras leur vaisseau par-dessus cette langue de terre. Comme le nôtre était plus gros, nous prîmes le parti de raser les côtes occidentales de Leucade, et nous parvînmes à son extrémité formée par une montagne très-élevée, taillée à pic, sur le sommet de laquelle est un temple d'Apollon que les matelots distinguent et saluent de loin. Ce fut là que s'offrit à nous une scène capable d'inspirer le plus grand effroi.

Pendant qu'un grand nombre de bateaux se rangeaient circulairement au pied du promontoire, quantité de gens s'efforçaient d'en gagner le sommet. Les uns s'arrêtaient auprès du temple, les autres grimpaient sur des pointes de rocher, comme pour être témoins d'un événement extraordinaire. Leurs mouvements n'annonçaient rien de sinistre, et nous étions dans une parfaite sécurité, quand tout à coup nous vîmes sur une roche écartée plusieurs de ces hommes en saisir un d'entre eux et le précipiter dans la mer, au milieu des cris de joie qui s'élevaient tant sur la montagne que dans les bateaux. Cet homme était couvert de plumes; on lui avait de plus attaché des oiseaux qui, en déployant leurs ailes, retardaient sa chute. A peine fut-il dans la mer, que les bateliers, empressés de le secourir, l'en retirèrent et lui prodiguèrent tous les soins qu'on pourrait exiger de l'amitié la plus tendre. J'avais été si frappé dans le premier moment, que je m'écriai : Ah! barbares, est-ce ainsi que vous vous jouez de la vie des hommes? Mais ceux du vaisseau s'étaient fait un amusement de ma surprise et de mon indignation. A la fin un citoyen d'Ambracie me dit : Ce peuple, qui célèbre tous les ans, à pareil jour, la fête d'Apollon, est dans l'usage d'offrir à ce dieu un sacrifice expiatoire, et de détourner sur la tête de la victime tous les fléaux dont il est menacé. On choisit pour cet effet un homme condamné à subir le dernier supplice. Il périt rarement dans les flots; et, après l'en avoir sauvé, on le bannit à perpétuité des terres de Leucade.

Vous serez bien plus étonné, ajouta l'Ambraciote, quand vous connaîtrez l'étrange opinion qui s'est établie parmi les Grecs. C'est que le saut de Leucade est un puissant remède contre les fureurs de l'amour. On a vu plus d'une fois des amants malheureux venir à Leucade, monter sur ce promontoire, offrir des sacrifices dans le temple d'Apollon, s'engager par un vœu formel de s'élancer dans la mer, et s'y précipiter d'eux-mêmes.

On prétend que quelques-uns furent guéris des maux qu'ils souffraient; et l'on cite, entre autres, un citoyen de Buthroton en Épire, qui, toujours prêt à s'enflammer pour des objets nouveaux, se soumit quatre fois à cette épreuve et toujours avec le même succès. Cependant, comme la plupart de ceux qui l'ont tentée ne prenaient aucune précaution pour rendre leur chute moins rapide, presque tous y ont perdu la vie, et des femmes en ont été souvent les déplorables victimes.

On montre à Leucade le tombeau d'Artémise, de cette fameuse reine de Carie qui donna tant de preuves de son courage à la bataille de Salamine. Éprise d'une passion violente pour un jeune homme qui ne répondait pas à son amour, elle le surprit dans le sommeil et lui creva les yeux. Bientôt les regrets et le désespoir l'amenèrent à Leucade, où elle périt dans les flots, malgré les efforts que l'on fit pour la sauver.

Telle fut aussi la fin de la malheureuse Sapho. Abandonnée de Phaon, son amant, elle vint ici chercher un soulagement à ses peines, et n'y trouva que la mort. Ces exemples ont tellement décrédité le saut de Leucade, qu'on ne voit plus guère d'amants s'engager par des vœux indiscrets à les suivre.

En continuant notre route, nous vîmes à droite les îles d'Ithaque et de Céphallénie, à gauche les rivages de l'Acarnanie. On trouve dans cette dernière province quelques villes considérables, quantité de petits bourgs fortifiés, plusieurs peuples d'origine différente, mais associés dans une confédération générale, et presque toujours en guerre contre les Étoliens, leurs voisins, dont les états sont séparés des leurs par le fleuve Achéloüs. Les Acarnaniens sont fidèles à leur parole et extrêmement jaloux de leur liberté.

Après avoir passé l'embouchure de l'Achéloüs, nous rasâmes pendant toute une journée les côtes de l'Étolie. Ce pays, où l'on trouve des campagnes fertiles, est habité par une nation guerrière et divisée en diverses peuplades, dont la plupart ne sont pas grecques d'origine, et dont quelques-unes conservent encore des restes de leur ancienne barbarie, parlant une langue très-difficile à entendre, vivant de chair crue, ayant pour domiciles des bourgs sans défense. Ces différentes peuplades, en réunissant leurs intérêts, ont formé une grande association semblable à celle des Béotiens, des Thessaliens et des Acarnaniens. Elles s'assemblent tous les ans, par députés, dans la ville de Thermus, pour élire les chefs qui doivent les gouverner. Le faste qu'on étale dans cette assemblée, les jeux, les fêtes, le concours des marchands et des spectateurs la rendent aussi brillante qu'auguste.

Les Étoliens ne respectent ni les alliances ni les traités. Dès que la guerre s'allume entre deux nations voisines de leur pays, ils les laissent s'affaiblir, tombent ensuite sur elles, et leur enlèvent les prises qu'elles ont faites. Ils appellent cela *butiner dans le butin.*

Ils sont fort adonnés à la piraterie, ainsi que les Acarnaniens et les Locres Ozoles. Tous les habitants de cette côte n'attachent à cette profession aucune idée d'injustice ou d'infamie. C'est un reste des mœurs de l'ancienne Grèce ; et c'est par une suite de ces mœurs qu'ils ne quittent point leurs armes, même en temps de paix. Leurs cavaliers sont très-redoutables quand ils combattent corps à corps, beaucoup moins quand ils sont en bataille rangée. On observe précisément le contraire parmi les Thessaliens.

A l'est de l'Achéloüs, on trouve des lions ; on en retrouve en remontant vers le nord jusqu'au fleuve Nestus en Thrace. Il semble que dans ce long espace ils n'occupent qu'une lisière à laquelle ces deux fleuves servent de bornes, le premier du côté du couchant, le second du côté du levant. On dit que ces animaux sont inconnus aux autres régions de l'Europe.

Après quatre jours de navigation, nous arrivâmes à Naupacte, ville située au pied d'une montagne dans le pays des Locres Ozoles. Nous vîmes sur le rivage un temple de Neptune, et tout auprès, un autre couvert d'offrandes et consacré à Vénus. Nous y trouvâmes quelques veuves qui venaient demander à la déesse un nouvel époux.

Le lendemain nous prîmes un petit navire qui nous conduisit à Pagæ, port de la Mégaride, et de là nous nous rendîmes à Athènes.

CHAPITRE XXXVII.

Voyage de Mégare, de Corinthe, de Sicyone et de l'Achaïe.

Nous passâmes l'hiver à Athènes, attendant avec impatience le moment de reprendre la suite de nos voyages. Nous avions vu les provinces septentrionales de la Grèce. Il nous restait à parcourir celles du Péloponnèse : nous en prîmes le chemin au retour du printemps[1].

Après avoir traversé la ville d'Éleusis, dont je parlerai dans la suite, nous entrâmes dans la Mégaride, qui sépare les états d'Athènes de ceux de Corinthe. On y trouve un petit nombre de villes et de bourgs. Mégare, qui en est la capitale, tenait autrefois au port de Nisée par deux longues murailles que les habitants se crurent obligés de détruire il y a environ un siècle. Elle fut long-temps soumise à des rois. La démocratie y subsista jusqu'à ce que les orateurs publics, pour plaire à la multitude, l'engagèrent à se

---

[1] Vers le mois de mars de l'an 356 avant J.-C.

partager les dépouilles des riches citoyens. Le gouvernement oligarchique y fut alors établi ; de nos jours, le peuple a repris son autorité.

Les Athéniens se souviennent que cette province faisait autrefois partie de leur domaine; et ils voudraient bien l'y réunir, car elle pourrait, en certaines occurrences, leur servir de barrière ; mais elle a plus d'une fois attiré leurs armes, pour avoir préféré à leur alliance celle de Lacédémone. Pendant la guerre du Péloponnèse, ils la réduisirent à la dernière extrémité, soit en ravageant ses campagnes, soit en lui interdisant tout commerce avec leurs états.

Pendant la paix, les Mégariens portent à Athènes leurs denrées, et surtout une assez grande quantité de sel, qu'ils ramassent sur les rochers qui sont aux environs du port. Quoiqu'ils ne possèdent qu'un petit territoire aussi ingrat que celui de l'Attique, plusieurs se sont enrichis par une sage économie, d'autres par un goût de parcimonie qui leur a donné la réputation de n'employer dans les traités, ainsi que dans le commerce, que les ruses de la mauvaise foi et de l'esprit mercantile.

Ils eurent dans le siècle dernier quelques succès brillants ; leur puissance est aujourd'hui anéantie ; mais leur vanité s'est accrue en raison de leur faiblesse, et ils se souviennent plus de ce qu'ils ont été que de ce qu'ils sont. Le soir même de notre arrivée, soupant avec les principaux citoyens, nous les interrogeâmes sur l'état de leur marine; ils nous répondirent : Au temps de la guerre des Perses, nous avions vingt galères à la bataille de Salamine. — Pourriez-vous mettre sur pied une bonne armée ? — Nous avions trois mille soldats à la bataille de Platée. — Votre population est-elle nombreuse ? — Elle l'était si fort autrefois, que nous fûmes obligés d'envoyer des colonies en Sicile, dans la Propontide, au Bosphore de Thrace et au Pont-Euxin. Ils tâchèrent ensuite de se justifier de quelques perfidies qu'on leur reproche, et nous racontèrent une anecdote qui mérite d'être conservée. Les habitants de la Mégaride avaient pris les armes les uns contre les autres. Il fut convenu que la guerre ne suspendrait pas les travaux de la campagne. Le soldat qui enlevait un laboureur l'amenait dans sa maison, l'admettait à sa table et le renvoyait avant d'avoir reçu la rançon dont ils étaient convenus. Le prisonnier s'empressait de l'apporter dès qu'il avait pu la rassembler. On n'employait pas le ministère des lois contre celui qui manquait à sa parole, mais il était partout détesté pour son ingratitude et son infamie. Ce fait ne s'est donc pas passé de nos jours ? leur dis-je. Non, répondirent-ils, il est du commencement de cet empire. Je me doutais bien, repris-je, qu'il appartenait aux siècles d'ignorance.

Les jours suivants, on nous montra plusieurs statues : les unes en bois, et c'étaient les plus anciennes ; d'autres en or et en ivoire, et ce n'étaient pas les plus belles ; d'autres, enfin, en marbre et en bronze, exécutées par Praxitèle et par Scopas. Nous vîmes aussi la maison du sénat, et d'autres édifices, construits d'une pierre très-blanche, très-facile à tailler, et pleine de coquilles pétrifiées.

Il existe dans cette ville une célèbre école de philosophie[1]. Euclide, son fondateur, fut un des plus zélés disciples de Socrate. Malgré la distance des lieux, malgré la peine de mort décernée par les Athéniens contre tout Mégarien qui oserait franchir leurs limites, on le vit plus d'une fois partir le soir déguisé en femme, passer quelques moments avec son maître, et s'en retourner à la pointe du jour. Ils examinaient ensemble en quoi consiste le vrai bien. Socrate, qui dirigeait ses recherches vers cet unique point, n'employa pour l'atteindre que des moyens simples ; mais Euclide, trop familiarisé avec les écrits de Parménide et de l'école d'Élée, eut recours dans la suite à la voie des abstractions ; voie souvent dangereuse, et plus souvent impénétrable. Ses principes sont assez conformes à ceux de Platon : il disait que le vrai bien doit être un, toujours le même, toujours semblable à lui-même. Il fallait ensuite définir ses différentes propriétés ; et la chose du monde qu'il nous importe le plus de savoir, fut la plus difficile à entendre.

Ce qui servit à l'obscurcir, ce fut la méthode déjà reçue d'opposer à une proposition la proposition contraire, et de se borner à les agiter long-temps ensemble. Un instrument qu'on découvrit alors contribua souvent à augmenter la confusion : je parle des règles du syllogisme, dont les coups aussi terribles qu'imprévus terrassent l'adversaire qui n'est pas assez adroit pour les détourner. Bientôt, les subtilités de la métaphysique s'étayant des ruses de la logique, les mots prirent la place des choses, et les jeunes élèves ne puisèrent dans les écoles que l'esprit d'aigreur et de contradiction.

Euclide l'introduisit dans la sienne, peut-être sans le vouloir, car il était naturellement doux et patient. Son frère, qui croyait avoir à s'en plaindre, lui dit un jour dans sa colère : « Je veux mourir si je ne me venge. Et moi, répondit Euclide, si je ne te force à m'aimer encore. » Mais il céda trop souvent au plaisir de multiplier et de vaincre les difficultés, et ne prévit pas que des principes souvent ébranlés perdent une partie de leurs forces.

[1] Voyez, pour les autres écoles, le chapitre XXIX de cet ouvrage.

Eubulide de Milet, son successeur, conduisait ses disciples par des sentiers encore plus glissants et plus tortueux. Euclide exerçait les esprits, Eubulide les secouait avec violence. Ils avaient l'un et l'autre beaucoup de connaissances et de lumières : je devais en avertir avant que de parler du second.

Nous le trouvâmes entouré de jeunes gens attentifs à toutes ses paroles et jusqu'à ses moindres signes. Il nous entretint de la manière dont il les dressait, et nous comprîmes qu'il préférait la guerre offensive à la défensive. Nous le priâmes de nous donner le spectacle d'une bataille; et, pendant qu'on en faisait les apprêts, il nous dit qu'il avait découvert plusieurs espèces de syllogismes, tous d'un secours merveilleux pour éclaircir les idées. L'un s'appelait le voilé, un autre le chauve, un troisième le menteur, et ainsi des autres.

Je vais en essayer quelques-uns en votre présence, ajouta-t-il; ils seront suivis du combat dont vous désirez être les témoins : ne les jugez pas légèrement; il en est qui arrêtent les meilleurs esprits et les engagent dans des défilés dont ils ont bien de la peine à sortir.

Dans ce moment parut une figure voilée depuis la tête jusqu'aux pieds. Il me demanda si je la connaissais. Je répondis que non. Eh bien! reprit-il, voici comme j'argumente : Vous ne connaissez pas cet homme; or, cet homme est votre ami; donc vous ne connaissez pas votre ami. Il abattit le voile, et je vis en effet un jeune Athénien avec qui j'étais fort lié. Eubulide s'adressant tout de suite à Philotas : Qu'est-ce qu'un homme chauve? lui dit-il. — C'est celui qui n'a point de cheveux. — Et s'il lui en restait un, le serait-il encore? — Sans doute. — S'il lui en restait deux, trois, quatre? Il poussa cette série de nombres assez loin, augmentant toujours d'une unité, jusqu'à ce que Philotas finit par avouer que l'homme en question ne serait plus chauve. Donc, reprit Eubulide, un seul cheveu suffit pour qu'un homme ne soit point chauve; et cependant vous aviez d'abord assuré le contraire. Vous sentez bien, ajouta-t-il, qu'on prouvera de même qu'un seul mouton suffit pour former un troupeau, un seul grain pour donner la mesure exacte d'u.. boisseau. Nous parûmes si étonnés de ces misérables équivoques et si embarrassés de notre maintien, que tous les écoliers éclatèrent de rire.

Cependant l'infatigable Eubulide nous disait : Voici enfin le nœud le plus difficile à délier. Épiménide a dit que tous les Crétois sont menteurs; or il était Crétois lui-même : donc il a menti; donc les Crétois ne sont pas menteurs; donc Épiménide n'a pas menti;

donc les Crétois sont menteurs. Il achève à peine, et s'écrie tout à coup : Aux armes ! aux armes ! attaquez, défendez le mensonge d'Épiménide.

A ces mots, l'œil en feu, le geste menaçant, les deux partis s'avancent, se pressent, se repoussent, font pleuvoir l'un sur l'autre une grêle de syllogismes, de sophismes, de paralogismes. Bientôt les ténèbres s'épaississent, les rangs se confondent, les vainqueurs et les vaincus se percent de leurs propres armes, ou tombent dans les mêmes piéges. Des paroles outrageantes se croisent dans les airs, et sont enfin étouffées par les cris perçants dont la salle retentit.

L'action allait recommencer, lorsque Philotas dit à Eubulide que chaque parti était moins attentif à établir une opinion qu'à détruire celle de l'ennemi, ce qui est une mauvaise manière de raisonner. De mon côté, je lui fis observer que ses disciples paraissaient plus ardents à faire triompher l'erreur que la vérité, ce qui est une dangereuse manière d'agir. Il se disposait à me répondre, lorsqu'on vint nous avertir que nos voitures étaient prêtes. Nous prîmes congé de lui, et nous déplorâmes, en nous retirant, l'indigne abus que les sophistes faisaient de leur esprit et des dispositions de leurs élèves.

Pour nous rendre à l'isthme de Corinthe, notre guide nous conduisit par des hauteurs sur une corniche taillée dans le roc, très-étroite, très-rude, élevée au-dessus de la mer, sur la croupe d'une montagne qui porte sa tête dans les cieux ; c'est le fameux défilé où l'on dit que se tenait ce Sciron qui précipitait les voyageurs dans la mer après les avoir dépouillés, et à qui Thésée fit subir le même genre de mort.

Rien de si effrayant que ce trajet au premier coup d'œil ; nous n'osions arrêter nos regards sur l'abîme ; les mugissements des flots semblaient nous avertir à tout moment que nous étions suspendus entre la mort et la vie. Bientôt familiarisés avec le danger, nous jouîmes avec plaisir d'un spectacle intéressant. Des vents impétueux franchissaient le sommet des rochers que nous avions à droite, grondaient au-dessus de nos têtes, et, divisés en tourbillon, tombaient à plomb sur différents points de la surface de la mer, la bouleversaient et la blanchissaient d'écume en certains endroits, tandis que dans les espaces intermédiaires elle restait unie et tranquille.

Le sentier que nous suivions se prolonge pendant environ quarante-huit stades [1], s'inclinant et se relevant tour à tour jusqu'au-

---

[1] Environ une lieue trois quarts.

CHAPITRE XXXVII.

près de Cromyon, port et château des Corinthiens, éloigné de cent vingt stades de leur capitale [1]. En continuant de longer la mer par un chemin plus commode et plus beau, nous arrivâmes aux lieux où la largeur de l'isthme n'est plus que de quarante stades [2]. C'est là que les peuples du Péloponnèse ont quelquefois pris le parti de se retrancher quand ils craignaient une invasion; c'est là aussi qu'ils célèbrent les jeux isthmiques, auprès d'un temple de Neptune et d'un bois de pins consacré à ce dieu.

Le pays des Corinthiens est resserré entre des bornes fort étroites : quoiqu'il s'étende davantage le long de la mer, un vaisseau pourrait dans une journée en parcourir la côte. Son territoire offre quelques riches campagnes, et plus souvent un sol inégal et peu fertile. On y recueille un vin d'assez mauvaise qualité.

La ville est située au pied d'une haute montagne, sur laquelle on a construit une citadelle. Au midi, elle a pour défense la montagne elle-même, qui en cet endroit est extrêmement escarpée. Des remparts très-forts et très-élevés la protégent des trois autres côtés. Son circuit est de quarante stades [3]; mais, comme les murs s'étendent sur les flancs de la montagne et embrassent la citadelle, on peut dire que l'enceinte totale est de quatre-vingt-cinq stades [4].

La mer de Crissa et la mer Saronique viennent expirer à ses pieds, comme pour reconnaître sa puissance. Sur la première est le port de Léchée, qui tient à la ville par une double muraille longue d'environ douze stades [5]. Sur la seconde est le port de Cenchrée, éloigné de Corinthe de soixante-dix stades [6].

Un grand nombre d'édifices sacrés et profanes, anciens et modernes, embellissent cette ville. Après avoir visité la place, décorée, suivant l'usage, de temples et de statues, nous vîmes le théâtre, où l'assemblée du peuple délibère sur les affaires de l'état, et où l'on donne des combats de musique et d'autres jeux dont les fêtes sont accompagnées.

On nous montra le tombeau des deux fils de Médée. Les Corinthiens les arrachèrent des autels où cette mère infortunée les avait déposés, et les assommèrent à coups de pierres. En punition de ce crime, une maladie épidémique enleva leurs enfants au berceau, jusqu'à ce que, dociles à la voix de l'oracle, ils s'engagèrent à honorer tous les ans la mémoire des victimes de leur fureur. Je croyais, dis-je alors, sur l'autorité d'Euripide, que cette princesse les avait égorgés elle-même. J'ai ouï dire, répondit un des assis-

---

[1] Quatre lieues et demie. — [2] Environ une lieue et demie. — [3] Environ une lieue et demie. — [4] Trois lieues cinq cent trente-deux toises. — [5] Près d'une demi-lieue. — [6] Près de trois lieues.

tants, que le poëte se laissa gagner par une somme de cinq talents[1] qu'il reçut de nos magistrats : quoi qu'il en soit, à quoi bon le dissimuler? un ancien usage prouve clairement que nos pères furent coupables ; car c'est pour rappeler et expier leur crime que nos enfants doivent, jusqu'à un certain âge, avoir la tête rasée et porter une robe noire.

Le chemin qui conduit à la citadelle se replie en tant de manières qu'on fait trente stades avant que d'en atteindre le sommet. Nous arrivâmes auprès d'une source nommée Pirène, où l'on prétend que Bellérophon trouva le cheval Pégase. Les eaux en sont extrêmement froides et limpides : comme elles n'ont pas d'issue apparente, on croit que, par des canaux naturellement creusés dans le roc, elles descendent dans la ville, où elles forment une fontaine dont l'eau est renommée pour sa légèreté, et qui suffirait aux besoins des habitants, quand même ils n'auraient pas cette grande quantité de puits qu'ils se sont ménagés.

La position de la citadelle et ses remparts la rendent si forte qu'on ne pourrait s'en emparer que par trahison ou par famine. Nous vîmes à l'entrée le temple de Vénus, dont la statue est couverte d'armes brillantes : elle est accompagnée de celle de l'Amour et de celle du Soleil, qu'on adorait en ce lieu avant que le culte de Vénus y fût introduit.

De cette région élevée, la déesse semble régner sur la terre et sur les mers. Telle était l'illusion que faisait sur nous le superbe spectacle qui s'offrait à nos yeux. Du côté du nord, la vue s'étendait jusqu'au Parnasse et à l'Hélicon ; à l'est jusqu'à l'île d'Égine, à la citadelle d'Athènes et au promontoire de Sunium ; à l'ouest sur les riches campagnes de Sicyone. Nous promenions avec plaisir nos regards sur les deux golfes dont les eaux viennent se briser contre cet isthme, que Pindare a raison de comparer à un pont construit par la nature au milieu des mers, pour lier ensemble les deux principales parties de la Grèce.

A cet aspect, il semble qu'on ne saurait établir aucune communication de l'un de ces continents à l'autre sans l'aveu de Corinthe ; et l'on est fondé à regarder cette ville comme le boulevard du Péloponnèse et l'une des entraves de la Grèce ; mais la jalousie des autres peuples n'ayant jamais permis aux Corinthiens de leur interdire le passage de l'isthme, ces derniers ont profité des avantages de leur position pour amasser des richesses considérables.

Dès qu'il parut des navigateurs, il parut des pirates, par la même raison qu'il y eut des vautours dès qu'il y eut des colombes.

---

[1] Vingt-sept mille livres.

Le commerce des Grecs, ne se faisant d'abord que par terre, suivit le chemin de l'isthme pour entrer dans le Péloponnèse ou pour en sortir. Les Corinthiens en retiraient un droit, et parvinrent à un certain degré d'opulence. Quand on eut détruit les pirates, les vaisseaux, dirigés par une faible expérience, n'osaient affronter la mer orageuse qui s'étend depuis l'île de Crète jusqu'au cap Malée en Laconie. On disait alors en manière de proverbe : Avant de doubler le cap, oubliez ce que vous avez de plus cher au monde. On préféra donc de se rendre aux mers qui se terminent à l'isthme.

Les marchandises d'Italie, de Sicile et des peuples de l'ouest abordèrent au port de Léchée; celles des îles de la mer Égée, des côtes de l'Asie mineure et des Phéniciens, au port de Cenchrée. Dans la suite on les fit passer par terre d'un port à l'autre, et l'on imagina des moyens pour y transporter des vaisseaux.

Corinthe, devenue l'entrepôt de l'Asie et de l'Europe, continua de percevoir des droits sur les marchandises étrangères, couvrit la mer de ses vaisseaux, et forma une marine pour protéger son commerce. Ses succès excitèrent son industrie; elle donna une nouvelle forme aux navires, et les premières trirèmes qui parurent furent l'ouvrage de ses constructeurs. Ses forces navales la faisant respecter, on se hâta de verser dans son sein les productions des autres pays. Nous vîmes étaler sur le rivage des rames de papier et des voiles de vaisseaux apportées de l'Égypte, l'ivoire de la Lybie, les cuirs de Cyrène, l'encens de la Syrie, les dattes de la Phénicie, les tapis de Carthage, du blé et des fromages de Syracuse, des poires et des pommes de l'Eubée, des esclaves de Phrygie et de Thessalie, sans parler d'une foule d'autres objets qui arrivent journellement dans les ports de la Grèce, et en particulier dans ceux de Corinthe. L'appât du gain attire les marchands étrangers, et surtout ceux de la Phénicie; et les jeux solennels de l'isthme y rassemblent un nombre infini de spectateurs.

Tous ces moyens ayant augmenté les richesses de la nation, les ouvriers destinés à les mettre en œuvre furent protégés, et s'animèrent d'une nouvelle émulation. Ils s'étaient déjà, du moins à ce qu'on prétend, distingués par des inventions utiles. Je ne les détaille point, parce que je ne puis en déterminer précisément l'objet. Les arts commencent par des tentatives obscures et essayées en différents endroits; quand ils sont perfectionnés, on donne le nom d'inventeurs à ceux qui, par d'heureux procédés, en ont facilité la pratique. J'en citerai un exemple : cette roue avec laquelle un potier voit un vase s'arrondir sous sa main, l'historien Éphore, si versé dans la connaissance des usages anciens, me disait un jour que le sage Anacharsis l'avait introduite parmi les Grecs. Pendant mon séjour à Corinthe, je voulus en tirer vanité. On me répondit que la gloire en était due à l'un de leurs concitoyens, nommé Hyberbius; un interprète d'Homère nous prouva, par un passage de ce poète, que cette machine était connue avant Hyperbius; Philotas soutint de son côté que l'honneur de l'invention appartenait à Thalos, antérieur à Homère, et neveu de Dédale d'Athènes. Il en est de même de la plupart des découvertes que les peuples de la Grèce s'attribuent à l'envi. Ce qu'on doit conclure de leurs prétentions, c'est qu'ils cultivèrent de bonne heure les arts dont on les croit les auteurs.

Corinthe est pleine de magasins et de manufactures; on y fabrique, entre autres choses, des couvertures de lit recherchées des autres nations. Elle rassemble à grands frais les tableaux et les statues des bons maîtres; mais elle n'a produit jusqu'ici aucun de ces artistes qui font tant d'honneur à la Grèce, soit qu'elle n'ait pour les chefs-d'œuvre de l'art qu'un goût de luxe; soit que la nature, se réservant le droit de placer les génies, ne laisse aux souverains que le soin de les chercher et de les produire au grand jour. Cependant on estime certains ouvrages en bronze et en terre cuite qu'on fabrique dans cette ville. Elle ne possède point de mines de cuivre. Ses ouvriers, en mêlant celui qu'ils tirent de l'étranger avec une petite quantité d'or et d'argent, en composent un métal brillant et presque inaccessible à la rouille. Ils en font des cuirasses, des casques, de petites figures, des coupes, des vases moins estimés encore pour la matière que pour le travail, la plupart enrichis de feuillages, et d'autres ornements exécutés au ciselet. C'est avec une égale intelligence qu'ils retracent les mêmes ornements sur les ouvrages de terre. La matière la plus commune reçoit de la forme élégante qu'on lui donne, et des embellissements dont on a soin de la parer, un mérite qui la fait préférer aux marbres et aux métaux les plus précieux.

Les femmes de Corinthe se font distinguer par leur beauté; les hommes, par l'amour du gain et des plaisirs. Ils ruinent leur santé dans les excès de la table, et l'amour n'est plus chez eux qu'une licence effrénée. Loin d'en rougir, ils cherchent à la justifier par une institution qui semble leur en faire un devoir. Vénus est leur principale divinité; ils lui ont consacré des courtisanes chargées de leur ménager sa protection : dans les grandes calamités, dans les dangers imminents, elles assistent aux sacrifices et marchent en procession avec les autres citoyens, en chantant des hymnes sacrés. A l'arrivée de Xerxès, on implora leur crédit, et j'ai vu le tableau où elles sont représentées adressant des vœux à la déesse. Des vers de Simonide, tracés au bas du tableau, leur attribuent la gloire d'avoir sauvé les Grecs.

Un si beau triomphe multiplia cette espèce de prêtresses. Aujourd'hui, les particuliers qui veulent assurer le succès de leurs entreprises promettent d'offrir à Vénus un certain nombre de courtisanes qu'ils font venir de divers endroits. On en compte plus de mille dans cette ville. Elles attirent les marchands étrangers ; elles ruinent en peu de jours un équipage entier : et de là le proverbe qu'il n'est pas permis à tout le monde d'aller à Corinthe.

Je dois observer ici que, dans toute la Grèce, les femmes qui exercent un pareil commerce de corruption n'ont jamais eu la moindre prétention à l'estime publique; qu'à Corinthe même, où l'on me montrait avec tant de complaisance le tombeau de l'ancienne Laïs, les femmes honnêtes célèbrent en l'honneur de Vénus une fête particulière à laquelle les courtisanes ne peuvent être admises, et que ses habitants, qui donnèrent de si grandes preuves de valeur dans la guerre des Perses, s'étant laissé amollir par les plaisirs, tombèrent sous le joug des Argiens, furent obligés de mendier tour à tour la protection des Lacédémoniens, des Athéniens et des Thébains, et se sont enfin réduits à n'être plus que la plus riche, la plus efféminée et la plus faible nation de la Grèce.

Il ne me reste plus qu'à donner une légère idée des variations que son gouvernement a éprouvées. Je suis obligé de remonter à des siècles éloignés, mais je ne m'y arrêterai pas long-temps.

Environ cent dix ans après la guerre de Troie, trente ans après le retour des Héraclides, Alétas, qui descendait d'Hercule, obtint le royaume de Corinthe, et sa maison le posséda pendant l'espace de quatre cent dix-sept ans. L'aîné des enfants succédait toujours à son père. La royauté fut ensuite abolie, et le pouvoir souverain remis entre les mains de deux cents citoyens qui ne s'alliaient qu'entre eux, et qui devaient tous être du sang des Héraclides. On en choisissait un tous les ans pour administrer les affaires, sous le nom de *prytane*. Ils établirent sur les marchandises qui passaient par l'isthme un droit qui les enrichit, et se perdirent par l'excès du luxe. Quatre-vingt-dix ans après leur institution, Cypselus, ayant mis le peuple dans ses intérêts, se revêtit de leur autorité [1], et rétablit la royauté, qui subsista dans sa maison pendant soixante-treize ans six mois.

Il marqua les commencements de son règne par des proscriptions et des cruautés. Il poursuivit ceux des habitants dont le crédit

[1] L'an 658 avant J.-C.

lui faisait ombrage, exila les uns, dépouilla les autres de leurs possessions, en fit mourir plusieurs. Pour affaiblir encore le parti des gens riches, il préleva pendant dix ans le dixième de tous les biens, sous prétexte, disait-il, d'un vœu qu'il avait fait avant de parvenir au trône, et dont il crut s'acquitter en plaçant auprès du temple d'Olympie une très-grande statue dorée. Quand il cessa de craindre, il voulut se faire aimer, et se montra sans gardes et sans appareil. Le peuple, touché de cette confiance, lui pardonna facilement des injustices dont il n'avait pas été la victime, et le laissa mourir en paix après un règne de trente ans.

Périandre, son fils, commença comme son père avait fini; il annonça des jours heureux et un calme durable. On admirait sa douceur, ses lumières, sa prudence, les règlements qu'il fit contre ceux qui possédaient trop d'esclaves ou dont la dépense excédait le revenu, contre ceux qui se souillaient par des crimes atroces ou par des mœurs dépravées : il forma un sénat, n'établit aucun nouvel impôt, se contenta des droits prélevés sur les marchandises, construisit beaucoup de vaisseaux ; et, pour donner plus d'activité au commerce, résolut de percer l'isthme et de confondre les deux mers. Il eut des guerres à soutenir, et ses victoires donnèrent une haute idée de sa valeur. Que ne devait-on pas d'ailleurs attendre d'un prince dont la bouche semblait être l'organe de la sagesse! qui disait quelquefois : « L'amour désordonné des richesses est une calomnie contre la nature : les plaisirs ne font que passer, les vertus sont éternelles : la vraie liberté ne consiste que dans une conscience pure. »

Dans une occasion critique, il demanda des conseils à Thrasybule, qui régnait à Milet, et avec qui il avait des liaisons d'amitié. Thrasybule mena le député dans un champ, et se promenant avec lui au milieu d'une moisson abondante, il l'interrogeait sur l'objet de sa mission; chemin faisant il abattait les épis qui s'élevaient au-dessus des autres. Le député ne comprit pas que Thrasybule venait de mettre sous ses yeux un principe adopté dans plusieurs gouvernements, même républicains, où l'on ne permet pas à de simples particuliers d'avoir trop de mérite ou de crédit. Périandre entendit ce langage et continua d'user de modération.

L'éclat de ses succès et les louanges de ses flatteurs développèrent enfin son caractère, dont il avait toujours réprimé la violence. Dans un accès de colère, excité peut-être par sa jalousie, il donna la mort à Mélisse son épouse, qu'il aimait éperdûment Ce fut là le terme de son bonheur et de ses vertus. Aigri par une longue douleur, il ne le fut pas moins quand il apprit que, loin de le plaindre, on l'accusait d'avoir autrefois souillé le lit de son père. Comme il crut que l'estime publique se refroidissait, il osa la braver ; et, sans considérer qu'il est des injures dont un roi ne doit se venger que par la clémence, il appesantit son bras sur tous ses sujets, s'entoura de satellites, sévit contre tous ceux que son père avait épargnés ; dépouilla, sous un léger prétexte, les femmes de Corinthe de leurs bijoux et de ce qu'elles avaient de plus précieux ; accabla le peuple de travaux pour le tenir dans la servitude ; agité lui-même sans interruption de soupçons et de terreurs, punissant le citoyen qui se tenait tranquillement assis sur la place publique, et condamnant comme coupable tout homme qui pouvait le devenir.

Des chagrins domestiques augmentèrent l'horreur de sa situation. Le plus jeune de ses fils, nommé Lycophron, instruit par son aïeul maternel de la malheureuse destinée de sa mère, en conçut une si forte haine contre le meurtrier, qu'il ne pouvait plus soutenir sa vue et ne daignait pas même répondre à ses questions. Les caresses et les prières furent vainement prodiguées. Périandre fut obligé de le chasser de sa maison, de défendre à tous les citoyens non-seulement de le recevoir, mais de lui parler, sous peine d'une amende applicable au temple d'Apollon. Le jeune homme se réfugia sous un des portiques publics, sans ressources, sans se plaindre, et résolu de tout souffrir plutôt que d'exposer ses amis à la fureur du tyran. Quelques jours après, son père l'ayant aperçu par hasard sentit toute sa tendresse se réveiller : il courut à lui, et n'oublia rien pour le fléchir ; mais n'ayant obtenu que ces paroles : Vous avez transgressé votre loi et encouru l'amende, il prit le parti de l'exiler dans l'île de Corcyre, qu'il avait réunie à ses domaines.

Les dieux irrités accordèrent à ce prince une longue vie, qui se consumait lentement dans les chagrins et dans les remords. Ce n'était plus le temps dire, comme il disait auparavant, qu'il vaut mieux faire envie que pitié ; le sentiment de ses maux le forçait de convenir que la démocratie était préférable à la tyrannie. Quelqu'un osa lui représenter qu'il pouvait quitter le trône : Hélas ! répondit-il, il est aussi dangereux pour un tyran d'en descendre que d'en tomber.

Comme le poids des affaires l'accablait de plus en plus et qu'il ne trouvait aucune ressource dans l'aîné de ses fils qui était imbécile, il résolut d'appeler Lycophron, et fit diverses tentatives qui furent toutes rejetées avec indignation. Enfin il proposa d'abdiquer et de se reléguer lui-même à Corcyre, tandis que son fils quitterait cette île et viendrait régner à Corinthe. Ce projet allait s'exécuter, lorsque les Corcyréens, redoutant la présence de Périandre, abrégèrent les jours de Lycophron. Son père n'eut pas même la consolation d'achever la vengeance que méritait un si lâche attentat. Il avait fait embarquer sur un de ses vaisseaux trois cents enfants enlevés aux premières maisons de Corcyre pour les envoyer au roi de Lydie. Le vaisseau ayant abordé à Samos, les habitants furent touchés du sort de ces victimes infortunées, et trouvèrent moyen de les sauver et de les renvoyer à leurs parents. Périandre, dévoré d'une rage impuissante, mourut âgé d'environ quatre-vingts ans, après en avoir régné quarante-quatre [1].

Dès qu'il eut les yeux fermés, on vit disparaître les monuments et jusqu'aux moindres traces de la tyrannie. Il eut pour successeur un prince peu connu, qui ne régna que trois ans. Après ce court intervalle de temps, les Corinthiens, ayant joint leurs troupes à celles de Sparte, établirent un gouvernement qui a toujours subsisté, parce qu'il tient plus de l'oligarchie que de la démocratie, et que les affaires importantes n'y sont point soumises à la décision arbitraire de la multitude. Corinthe, plus qu'aucune ville de la Grèce, a produit des citoyens habiles dans l'art de gouverner. Ce sont eux qui, par leur sagesse et leurs lumières, ont tellement soutenu la constitution, que la jalousie des pauvres contre les riches n'est jamais parvenue à l'ébranler.

La distinction entre ces deux classes de citoyens, Lycurgue la détruisit à Lacédémone : Phidon, qui semble avoir vécu dans le même temps, crut devoir la conserver à Corinthe, dont il fut un des législateurs. Une ville située sur la grande route du commerce, et forcée d'admettre sans cesse des étrangers dans ses murs, ne pouvait être astreinte au même régime qu'une ville reléguée dans un coin du Péloponnèse : mais Phidon, en conservant l'inégalité des fortunes, n'en fut pas moins attentif à déterminer le nombre des familles et des citoyens. Cette loi était conforme à l'esprit de ces siècles éloignés, où les hommes, distribués en petites peuplades, ne connaissaient d'autre besoin que celui de subsister, d'autre ambition que celle de se défendre; il suffisait à chaque nation d'avoir assez de bras pour cultiver les terres, assez de force pour résister à une invasion subite. Ces idées n'ont jamais varié parmi les Grecs. Leurs philosophes et leurs législateurs, persuadés qu'une grande population n'est qu'un moyen d'augmenter les richesses et de perpétuer les guerres, loin de la favoriser, ne se sont occupés que du soin d'en prévenir l'excès. Les premiers ne mettent pas assez de prix à la vie pour croire qu'il soit nécessaire de multiplier l'espèce humaine; les seconds, ne portant leur atten-

[1] L'an 585 avant J.-C.

tion que sur un petit état, ont toujours craint de le surcharger d'habitants qui l'épuiseraient bientôt.

Telle fut la principale cause qui fit autrefois sortir des ports de la Grèce ces nombreux essaims de colons qui allèrent au loin s'établir sur des côtes désertes. C'est à Corinthe que durent leur origine Syracuse, qui fait l'ornement de la Sicile; Corcyre, qui fut pendant quelque temps la souveraine des mers; Ambracie en Épire [1], dont j'ai déjà parlé, et plusieurs autres villes plus ou moins florissantes.

Sicyone n'est qu'à une petite distance de Corinthe. Nous traversâmes plusieurs rivières pour nous y rendre. Ce canton, qui produit en abondance du blé, du vin et de l'huile, est un des plus beaux et des plus riches de la Grèce.

Comme les lois de Sicyone défendent avec sévérité d'enterrer qui que ce soit dans la ville, nous vîmes, à droite et à gauche du chemin, des tombeaux dont la forme ne dépare pas la beauté de ces lieux. Un petit mur d'enceinte, surmonté de colonnes qui soutiennent un toit, circonscrit un terrain dans lequel on creuse la fosse; on y dépose le mort, on le couvre de terre; et, après les cérémonies accoutumées, ceux qui l'ont accompagné l'appellent de son nom, et lui disent le dernier adieu.

Nous trouvâmes les habitants occupés des préparatifs d'une fête qui revient tous les ans et qu'ils célébrèrent la nuit suivante. On tira d'une espèce de cellule où on les tient en réserve plusieurs statues anciennes qu'on promena dans les rues, et qu'on déposa dans le temple de Bacchus. Celle de ce dieu ouvrait la marche; les autres la suivaient de près : un grand nombre de flambeaux éclairaient cette cérémonie, et l'on chantait des hymnes sur des airs qui ne sont pas connus ailleurs.

Les Sicyoniens placent la fondation de leur ville à une époque qui ne peut guère se concilier avec les traditions des autres peuples. Aristrate, chez qui nous étions logés, nous montrait une longue liste de princes qui occupèrent le trône pendant mille ans, et dont le dernier vivait à peu près au temps de la guerre de Troie. Nous le priâmes de ne pas nous élever à cette hauteur de temps, et de ne s'éloigner que de trois ou quatre siècles. Ce fut alors, répondit-il, que parut une suite de souverains connus sous le nom de tyrans, parce qu'ils jouissaient d'une autorité absolue : ils n'eurent d'autre secret, pour la conserver pendant un siècle entier, que de la contenir dans de justes bornes en respectant les lois. Orthagoras fut le premier, et Clisthène le dernier. Les dieux, qui

[1] Voyez le chapitre XXXVI de cet ouvrage.

appliquent quelquefois des remèdes violents à des maux extrêmes, firent naître ces deux princes pour nous ôter une liberté plus funeste que l'esclavage. Orthagoras, par sa modération et sa prudence, réprima la fureur des factions : Clisthène se fit adorer par ses vertus et redouter par son courage.

Lorsque la diète des amphictyons résolut d'armer les nations de la Grèce contre les habitants de Cirrha[1], coupables d'impiété envers le temple de Delphes, elle choisit pour un des chefs de l'armée Clisthène, qui fut assez grand pour déférer souvent aux avis de Solon, présent à cette expédition. La guerre fut bientôt terminée, et Clisthène employa la portion qui lui revenait du butin à construire un superbe portique dans la capitale de ses états.

La réputation de sa sagesse s'accrut dans une circonstance particulière. Il venait de remporter à Olympie le prix de la course des chars à quatre chevaux. Dès que son nom eut été proclamé, un héraut, s'avançant vers la multitude immense des spectateurs, annonça que tous ceux qui pouvaient aspirer à l'hymen d'Agariste, fille de Clisthène, n'avaient qu'à se rendre à Sicyone dans l'espace de soixante jours, et qu'un an après l'expiration de ce terme l'époux de la princesse serait déclaré.

On vit bientôt accourir des diverses parties de la Grèce et de l'Italie des prétendants, qui tous croyaient avoir des titres suffisants pour soutenir l'éclat de cette alliance. De ce nombre était Smindyride, le plus riche et le plus voluptueux des Sybarites. Il arriva sur une galère qui lui appartenait, traînant à sa suite mille de ses esclaves, pêcheurs, oiseleurs et cuisiniers. C'est lui qui, voyant un paysan soulever sa bêche avec effort, sentait ses entrailles se déchirer, et qui ne pouvait dormir si, parmi les feuilles de rose dont son lit était jonché, une seule venait à se plier par hasard. Sa mollesse ne pouvait être égalée que par son faste, et son faste que par son insolence. Le soir de son arrivée, quand il fut question de se mettre à table, il prétendit que personne n'avait le droit de se placer auprès de lui, excepté la princesse quand elle serait devenue son épouse.

Parmi ses rivaux on comptait Laocède, de l'ancienne maison d'Argos; Laphanès d'Arcadie, descendant d'Euphorion, qui, à ce qu'on prétend, avait donné l'hospitalité aux Dioscures Castor et Pollux; Mégaclès, de la maison d'Alcméonides, la plus puissante d'Athènes; Hippoclide, né dans la même ville, distingué par son esprit, ses richesses et sa beauté. Les huit autres méritaient, par différentes qualités, de lutter contre de pareils adversaires.

[1] Vers l'an 596 avant J.-C.

CHAPITRE XXXVII.

La cour de Sicyone n'était plus occupée que de fêtes et de plaisirs ; la lice était sans cesse ouverte aux concurrents ; on s'y disputait le prix de la course et des autres exercices. Clisthène, qui avait déjà pris des informations sur leurs familles, assistait à leurs combats ; il étudiait avec soin leur caractère, tantôt dans des conversations générales, tantôt dans des entretiens particuliers. Un secret penchant l'avait d'abord entraîné vers l'un ou l'autre des deux Athéniens, mais les agréments d'Hippoclide avaient fini par le séduire.

Le jour qui devait manifester son choix commença par un sacrifice de cent bœufs, suivi d'un repas où tous les Sicyoniens furent invités avec les concurrents. On sortit de table ; on continua de boire ; on disputa sur la musique et sur d'autres objets. Hippoclide, qui conservait partout sa supériorité, prolongeait la conversation : tout à coup il ordonne au joueur de flûte de jouer un air, et se met à danser une danse lascive avec une satisfaction dont Clisthène paraissait indigné : un moment après il fait apporter une table, saute dessus, exécute d'abord les danses de Lacédémone, ensuite celles d'Athènes. Clisthène, blessé de tant d'indécence et de légèreté, faisait des efforts pour se contenir ; mais quand il le vit la tête en bas, et s'appuyant sur ses mains, figurer divers gestes avec ses pieds : « Fils de Tisandre, lui cria-t-il, vous venez de danser la rupture de votre mariage.—Ma foi, seigneur, répondit l'Athénien, Hippoclide ne s'en soucie guère. » À ce mot, qui a passé en proverbe, Clisthène, ayant imposé silence, remercia tous les concurrents, les pria de vouloir bien accepter chacun un talent d'argent, et déclara qu'il donnait sa fille à Mégaclès, fils d'Alcméon. C'est de ce mariage que descendait, par sa mère, le célèbre Périclès.

Aristrate ajouta que, depuis Clisthène, la haine réciproque des riches et des pauvres, cette maladie éternelle des républiques de la Grèce, n'avait cessé de déchirer sa patrie ; et qu'en dernier lieu un citoyen nommé Euphron, ayant eu l'adresse de réunir toute l'autorité entre ses mains, la conserva pendant quelque temps, la perdit ensuite, et fut assassiné en présence des magistrats de Thèbes, dont il était allé implorer la protection. Les Thébains n'osèrent punir les meurtriers d'un homme accusé de tyrannie ; mais le peuple de Sicyone, qu'il avait toujours favorisé, lui éleva un tombeau au milieu de la place publique, et l'honore encore comme un excellent citoyen et l'un de ses protecteurs. Je le condamne, dit Aristrate, parce qu'il eut souvent recours à la perfidie, et qu'il ne ménagea pas assez le parti des riches ; mais enfin la république a besoin d'un chef. Ces dernières paroles nous dévoilèrent ses intentions, et nous apprîmes quelques années après qu'il s'était emparé du pouvoir suprême.

Nous visitâmes la ville, le port et la citadelle. Sicyone figurera dans l'histoire des nations par les soins qu'elle a pris de cultiver les arts. Je voudrais pouvoir fixer d'une manière précise jusqu'à quel point elle a contribué à la naissance de la peinture, au développement de la sculpture; mais, je l'ai déjà insinué, les arts marchent pendant des siècles entiers dans des routes obscures, une grande découverte n'est que la combinaison d'une foule de petites découvertes qui l'ont précédée; et, comme il est impossible d'en suivre les traces, il suffit d'observer celles qui sont plus sensibles, et de se borner à quelques résultats.

Le dessin dut son origine au hasard, la sculpture à la religion, la peinture aux progrès des autres arts.

Dès les plus anciens temps, quelqu'un s'avisa de suivre et de circonscrire sur le terrain, ou sur un mur, le contour de l'ombre que projetait un corps éclairé par le soleil ou par toute autre lumière; on apprit en conséquence à indiquer la forme des objets par de simples linéaments.

Dès les plus anciens temps encore, on voulut ranimer la ferveur du peuple en mettant sous ses yeux le symbole ou l'image de son culte. On exposa d'abord à sa vénération une pierre ou un tronc d'arbre; bientôt on prit le parti d'en arrondir l'extrémité supérieure en forme de tête; enfin on y creusa des lignes pour figurer les pieds et les mains. Tel était l'état de la sculpture parmi les Égyptiens lorsqu'ils la transmirent aux Grecs, qui se contentèrent pendant long-temps d'imiter leurs modèles. De là ces espèces de statues qu'on trouve si fréquemment dans le Péloponnèse, et qui n'offrent qu'une gaîne, une colonne, une pyramide surmontée d'une tête, et quelquefois représentant des mains qui ne sont qu'indiquées, et des pieds qui ne sont pas séparés l'un de l'autre. Les statues de Mercure, qu'on appelle Hermès, sont un reste de cet ancien usage.

Les Égyptiens se glorifient d'avoir découvert la sculpture il y a plus de dix mille ans; la peinture, en même temps, ou au moins six mille ans avant qu'elle fût connue des Grecs. Ceux-ci, très-éloignés de s'attribuer l'origine du premier de ces arts, croient avoir des titres légitimes sur celle du second. Pour concilier ces diverses prétentions, il faut distinguer deux sortes de peinture : celle qui se contentait de rehausser un dessin par des couleurs employées entières et sans interruption; et celle qui, après de longs efforts, est parvenue à rendre fidèlement la nature.

Les Égyptiens ont découvert la première. On voit en effet dans la Thébaïde des couleurs très-vives et très-anciennement appliquées sur le pourtour des grottes, qui servaient peut-être de tombeaux, sur les plafonds des temples, sur des hiéroglyphes, et sur des figures d'hommes et d'animaux. Ces couleurs, quelquefois enrichies de feuilles d'or attachées par un mordant, prouvent clairement qu'en Égypte l'art de peindre ne fut, pour ainsi dire, que l'art d'enluminer.

Il paraît qu'à l'époque de la guerre de Troie les Grecs n'étaient guère plus avancés ; mais, vers la première olympiade [1], les artistes de Sicyone et de Corinthe, qui avaient déjà montré dans leurs dessins plus d'intelligence, se signalèrent par des essais dont on a conservé le souvenir, et qui étonnèrent par leur nouveauté. Pendant que Dédale de Sicyone [2] détachait les pieds et les mains des statues, Cléophante de Corinthe coloriait les traits du visage. Il se servit de brique cuite et broyée ; preuve que les Grecs ne connais-

---

[1] Vers l'an 776 avant J.-C.

[2] Les anciens parlent souvent d'un Dédale d'Athènes, auquel ils attribuent les plus importantes découvertes des arts et des métiers, la scie, la hache, le vilebrequin, la colle de poisson, les voiles, les mâts de vaisseau, etc. En Crète on montrait de lui un labyrinthe, en Sicile une citadelle et des thermes, en Sardaigne de grands édifices, partout un grand nombre de statues. Avant Dédale, ajoute-t-on, les statues avaient les yeux fermés, les bras collés le long du corps, les pieds joints ; et ce fut lui qui ouvrit leurs paupières, et détacha leurs pieds et leurs mains. C'est ce Dédale enfin qui fit mouvoir et marcher des figures de bois au moyen du mercure, ou par des ressorts cachés dans leur sein. Il faut observer qu'on le disait contemporain de Minos, et que la plupart des découvertes dont on lui fait honneur sont attribuées par d'autres écrivains à des artistes qui vécurent long-temps après lui.

En rapprochant les notions que fournissent les auteurs et les monuments, il m'a paru que la peinture et la sculpture n'ont commencé à prendre leur essor parmi les Grecs que dans les deux siècles dont l'un a précédé et l'autre suivi la première des olympiades, fixée à l'an 776 avant J.-C. Tel avait été, par rapport à la peinture, le résultat des recherches de M. de la Nauze.

J'ai cru, en conséquence, devoir rapporter les changements opérés dans la forme des anciennes statues à ce Dédale de Sicyone, dont il est souvent fait mention dans Pausanias, et qui a vécu dans l'intervalle de temps écoulé depuis l'an 700 jusqu'à l'an 600 avant J.-C. Voici des témoignages favorables à cette opinion.

Quelques-uns, dit Pausanias, donnaient à Dédale pour disciples Dipœnus et Scyllis, que Pline place avant le règne de Cyrus et vers la cinquantième olympiade, qui commença l'an 680 avant J.-C. ; ce qui ferait remonter l'époque de Dédale vers l'an 610 avant la même ère.

Aristote, cité par Pline, prétendait qu'Euchir, parent de Dédale, avait été le premier auteur de la peinture parmi les Grecs. Si cet Euchir est le même qui s'était appliqué à la plastique, et qui accompagna Démarate de Corinthe en Italie, ce nouveau synchronisme confirmera la date précédente, car Démarate était père de Tarquin-l'Ancien, qui monta sur le trône de Rome vers l'an 614 avant J.-C.

Enfin Athénagore, après avoir parlé de divers artistes de Corinthe et de Sicyone qui vécurent après Hésiode et Homère, ajoute : « Après eux parurent Dédale et Théodore, qui étaient de Milet, auteurs de la statuaire et de la plastique. »

Je ne nie pas l'existence d'un Dédale très-ancien. Je dis seulement que les premiers progrès de la sculpture doivent être attribués à celui de Sicyone.

saient alors aucune des couleurs dont on se sert aujourd'hui pour exprimer la carnation.

Vers le temps de la bataille de Marathon, la peinture et la sculpture sortirent de leur longue enfance, et des progrès rapides les ont amenées au point de grandeur et de beauté où nous les voyons aujourd'hui. Presque de nos jours, Sicyone a produit Eupompe, chef d'une troisième école de peinture ; avant lui, on ne connaissait que celles d'Athènes et d'Ionie. De la sienne sont sortis des artistes célèbres, Pausias, entre autres, et Pamphile, qui la dirigeait pendant notre séjour en cette ville. Ses talents et sa réputation lui attiraient un grand nombre d'élèves, qui lui payaient un talent avant que d'être reçus[1] ; il s'engageait de son côté à leur donner pendant dix ans des leçons fondées sur une excellente théorie, et justifiées par les succès de ses ouvrages. Il les exhortait à cultiver les lettres et les sciences, dans lesquelles il était lui-même très-versé.

Ce fut d'après son conseil que les magistrats de Sicyone ordonnèrent que l'étude du dessin entrerait désormais dans l'éducation des citoyens, et que les beaux-arts ne seraient plus livrés à des mains serviles : les autres villes de la Grèce, frappées de cet exemple, commencent à s'y conformer.

Nous connûmes deux de ses élèves qui se sont fait depuis un grand nom, Mélanthe et Apelle. Il concevait de grandes espérances du premier, de plus grandes espérances du second, qui se félicitait d'avoir un tel maître ; Pamphile se félicita bientôt d'avoir formé un tel disciple.

Nous fîmes quelques courses aux environs de Sicyone. Au bourg de Titane, situé sur une montagne, nous vîmes, dans un bois de cyprès, un temple d'Esculape, dont la statue, couverte d'une tunique de laine blanche et d'un manteau, ne laisse apercevoir que le visage, la main et le bout des pieds. Tout auprès est celle d'Hygie, déesse de la santé, également enveloppée d'une robe, et de tresses de cheveux dont les femmes se dépouillent pour les consacrer à cette divinité.

L'usage de revêtir les statues d'habits quelquefois très-riches est assez commun dans la Grèce, et fait regretter souvent que ces ornements dérobent aux yeux les beautés de l'art.

Nous nous arrêtâmes à la ville de Phlionte, dont les habitants ont acquis de nos jours une illustration que les richesses et les conquêtes ne sauraient donner. Ils s'étaient unis avec Sparte pendant qu'elle était au plus haut point de sa splendeur : lorsque, après

---

[1] Cinq mille quatre cents livres.

la bataille de Leuctres, ses esclaves et la plupart de ses alliés se soulevèrent contre elle, les Phliontiens volèrent à son secours; et, de retour chez eux, ni la puissance des Thébains et des Argiens, ni les horreurs de la guerre et de la famine ne purent jamais les contraindre à renoncer à son alliance. Cet exemple de courage a été donné dans un siècle où l'on se joue des serments, et par une petite ville, l'une des plus pauvres de la Grèce.

Après avoir passé quelques jours à Sicyone, nous entrâmes dans l'Achaïe, qui s'étend jusqu'au promontoire Araxe, situé en face de l'île de Céphallénie. C'est une lisière de terre resserrée au midi par l'Arcadie et l'Élide, au nord par la mer de Crissa. Ses rivages sont presque partout hérissés de rochers qui les rendent inabordables : dans l'intérieur du pays, le sol est maigre et ne produit qu'avec peine; cependant on y trouve de bons vignobles en quelques endroits.

L'Achaïe fut occupée autrefois par ces Ioniens qui sont aujourd'hui sur la côte de l'Asie. Ils en furent chassés par les Achéens, lorsque ces derniers se trouvèrent obligés de céder aux descendants d'Hercule les royaumes d'Argos et de Lacédémone.

Établis dans leurs nouvelles demeures, les Achéens ne se mêlèrent point des affaires de la Grèce, pas même lorsque Xerxès les menaçait d'un long esclavage. La guerre du Péloponnèse les tira d'un repos qui faisait leur bonheur; ils s'unirent tantôt avec les Lacédémoniens, tantôt avec les Athéniens, pour lesquels ils eurent toujours plus de penchant. Ce fut alors qu'Alcibiade, voulant persuader à ceux de Patræ de prolonger les murs de la ville jusqu'au port, afin que les flottes d'Athènes pussent les secourir, un des assistants s'écria au milieu de l'assemblée : « Si vous suivez ce conseil, les Athéniens finiront par vous avaler. Cela peut être, répondit Alcibiade, mais avec cette différence que les Athéniens commenceront par les pieds, et les Lacédémoniens par la tête. » Les Achéens ont depuis contracté d'autres alliances : quelques années après notre voyage, ils envoyèrent deux mille hommes aux Phocéens, et leurs troupes se distinguèrent à la bataille de Chéronée.

Pellène, ville aussi petite que toutes celles de l'Achaïe, est bâtie sur les flancs d'une colline dont la forme est si irrégulière, que les deux quartiers de la ville, placés sur les côtés opposés de la colline, n'ont presque point de communication entre eux. Son port est à la distance de soixante stades [1]. La crainte des pirates obligeait autrefois les habitants d'un canton de se réunir sur les hau-

---

[1] Environ deux lieues et un quart.

teurs plus ou moins éloignées de la mer : toutes les anciennes villes de la Grèce sont ainsi disposées.

En sortant de Pellène, nous vîmes un temple de Bacchus, où l'on célèbre tous les ans, pendant la nuit, la fête des Lampes ; on en allume une très-grande quantité, et l'on distribue en abondance du vin à la multitude. En face est le bois sacré de Diane conservatrice, où il n'est permis d'entrer qu'aux ministres sacrés. Nous vîmes ensuite, dans un temple de Minerve, sa statue en or et en ivoire, d'un si beau travail qu'on la disait être de Phidias.

Nous nous rendîmes à Égire, distante de la mer d'environ douze stades[1]. Pendant que nous en parcourions les monuments, on nous dit qu'autrefois les habitants, ne pouvant opposer des forces suffisantes à ceux de Sicyone, qui étaient venus les attaquer, s'avisèrent de rassembler un grand nombre de chèvres, de lier des torches allumées à leurs cornes, et de les faire avancer pendant la nuit : l'ennemi crut que c'était des troupes alliées d'Égire, et prit le parti de se retirer.

Plus loin nous entrâmes dans une grotte, séjour d'un oracle qui emploie la voie du sort pour manifester l'avenir. Auprès d'une statue d'Hercule s'élève un tas de dés, dont chaque face a une marque particulière ; on en prend quatre au hasard, et on les fait rouler sur une table, où les mêmes marques sont figurées avec leur interprétation. Cet oracle est aussi sûr et aussi fréquenté que les autres.

Plus loin encore, nous visitâmes les ruines d'Hélice, autrefois éloignée de la mer de douze stades[2], détruite de nos jours par un tremblement de terre. Ces terribles catastrophes se font sentir surtout dans les lieux voisins de la mer, et sont assez souvent précédées de signes effrayants : on voit, pendant plusieurs mois, les eaux du ciel inonder la terre ou se refuser à son attente ; le soleil ternir l'éclat de ses rayons ou rougir comme un brasier ardent ; des vents impétueux ravager les campagnes ; des sillons de flamme étinceler dans les airs, et d'autres phénomènes avant-coureurs d'un désastre épouvantable.

Après le malheur d'Hélice, on se rappela divers prodiges qui l'avaient annoncé. L'île de Délos fut ébranlée ; une immense colonne de feu s'éleva jusqu'aux cieux. Quoi qu'il en soit, ce fut très-peu de temps avant la bataille de Leuctres[3], en hiver, pendant la nuit, que, le vent du nord soufflant d'un côté, et celui du midi de l'autre, la ville, après des secousses violentes et rapides qui se mul-

[1] Mille cent trente-quatre toises. — [2] Mille cent trente-quatre toises.
[3] Vers la fin de l'an 373 avant J.-C. ou au commencement de 372.

tiplièrent jusqu'à la naissance du jour, fut renversée de fond en comble, et aussitôt ensevelie sous les flots de la mer, qui venait de franchir ses limites. L'inondation fut si forte qu'elle s'éleva jusqu'à la sommité d'un bois consacré à Neptune. Insensiblement les eaux se retirèrent en partie; mais elles couvrent encore les ruines d'Hélice, et n'en laissent entrevoir que quelques faibles vestiges. Tous les habitants périrent, et ce fut en vain que les jours suivants on entreprit de retirer leurs corps pour leur donner la sépulture.

Les secousses, dit-on, ne se firent pas sentir dans la ville d'Ægium, qui n'était qu'à quarante stades d'Hélice[1]; mais elles se propagèrent de l'autre côté; et dans la ville de Bura, qui n'était guère plus éloignée d'Hélice qu'Ægium, murailles, maisons, temples, statues, hommes, animaux, tout fut détruit ou écrasé. Les citoyens absents bâtirent, à leur retour, la ville qui subsiste aujourd'hui. Celle d'Hélice fut remplacée par un petit bourg, où nous prîmes un bateau pour voir de près quelques débris épars sur le rivage. Nos guides firent un détour, dans la crainte de se briser contre un Neptune de bronze qui est à fleur d'eau, et qui se maintient encore sur sa base.

Après la destruction d'Hélice, Ægium hérita de son territoire, et devint la principale cité de l'Achaïe. C'est dans cette ville que sont convoqués les états de la province; ils s'assemblent au voisinage, dans un bois consacré à Jupiter, auprès du temple de ce dieu et sur le rivage de la mer.

L'Achaïe fut, dès les plus anciens temps, divisée en douze villes, qui renferment chacune sept à huit bourgs dans leur district. Toutes ont le droit d'envoyer des députés à l'assemblée ordinaire, qui se tient au commencement de leur année, vers le milieu du printemps. On y fait les règlements qu'exigent les circonstances; on y nomme les magistrats qui doivent les faire exécuter, et qui peuvent indiquer une assemblée extraordinaire lorsqu'il survient une guerre ou qu'il faut délibérer sur une alliance.

Le gouvernement va, pour ainsi dire, de soi-même. C'est une démocratie qui doit son origine et son maintien à des circonstances particulières : comme le pays est pauvre, sans commerce et presque sans industrie, les citoyens y jouissent en paix de l'égalité et de la liberté que leur procure une sage législation : comme il ne s'est point élevé parmi eux de génies inquiets, ils ne connaissent pas l'ambition des conquêtes; comme ils ont peu de liaison avec les nations corrompues, ils n'emploient jamais le mensonge ni la

---

[1] Une lieue et mille deux cent quatre-vingts toises, ou trois mille sept cent quatre-vingts toises.

fraude, même contre leurs ennemis ; enfin, comme toutes les villes ont les mêmes lois et les mêmes magistratures, elles forment un seul corps, un seul état, et il règne entre elles une harmonie qui se distribue dans les différentes classes des citoyens. L'excellence de leur constitution et la probité de leurs magistrats sont tellement reconnues qu'on vit autrefois les villes grecques de l'Italie, lasses de leurs dissensions, s'adresser à ce peuple pour les terminer, et quelques-unes d'entre elles former une confédération semblable à la sienne.

Dernièrement encore, les Lacédémoniens et les Thébains, s'appropriant de part et d'autre le succès de la bataille de Leuctres, le choisirent pour arbitre d'un différend qui intéressait leur honneur, et dont la décision exigeait la plus grande impartialité.

Nous vîmes plus d'une fois, sur le rivage, des enfants lancer au loin des cailloux avec leurs frondes. Les Achéens s'adonnent volontiers à cet exercice, et s'y sont tellement perfectionnés que le plomb, assujetti d'une manière particulière dans la courroie, part, vole et frappe à l'instant le point contre lequel on le dirige.

En allant à Patræ, nous traversâmes quantité de villes et de bourgs, car l'Achaïe est fort peuplée. A Pharæ, nous vîmes dans la place publique trente pierres carrées, qu'on honore comme autant de divinités dont j'ai oublié les noms. Près de ces pierres est un Mercure terminé en gaîne et affublé d'une longue barbe, en face d'une statue de Vesta, entourée d'un cordon de lampes de bronze. On nous avertit que le Mercure rendait des oracles, et qu'il suffisait de lui dire quelques mots à l'oreille pour avoir sa réponse. Dans ce moment un paysan vint le consulter : il lui fallut offrir de l'encens à la déesse, verser de l'huile dans les lampes et les allumer, déposer sur l'autel une petite pièce de monnaie, s'approcher du Mercure, l'interroger tout bas, sortir de la place en se bouchant les oreilles, et recueillir ensuite les premières paroles qu'il entendrait, et qui devaient éclaircir ses doutes. Le peuple le suivit, et nous rentrâmes chez nous.

Avant que d'arriver à Patræ, nous mîmes pied à terre dans un bois charmant, où plusieurs jeunes gens s'exerçaient à la course. Dans une des allées nous rencontrâmes un enfant de douze à treize ans, vêtu d'une jolie robe, et couronné d'épis de blé. Nous l'interrogeâmes, il nous dit : C'est aujourd'hui la fête de Bacchus Ésymnète [1], c'est son nom ; tous les enfants de la ville se rendent sur les bords du Milichus. Là nous nous mettrons en procession pour aller

---

[1] Le nom d'Ésymnète, dans les plus anciens temps, signifiait roi. (Aristot. *De rep.* l. III, cap. 14, t. II, p. 356.)

CHAPITRE XXXVII.

à ce temple de Diane que vous voyez là-bas; nous déposerons cette couronne aux pieds de la déesse, et, après nous être lavés dans le ruisseau, nous en prendrons une de lierre, et nous irons dans le temple de Bacchus qui est par delà. Je lui dis : Pourquoi cette couronne d'épis? — C'est ainsi qu'on parait nos têtes quand on nous immolait sur l'autel de Diane. — Comment! on vous immolait? — Vous ne savez donc pas l'histoire du beau Ménalippe et de la belle Cométho, prêtresse de la déesse? Je vais vous la raconter.

Il s'aimaient tant qu'ils se cherchaient toujours, et quand ils n'étaient plus ensemble ils se voyaient encore. Ils demandèrent enfin à leurs parents la permission de se marier, et ces méchants la leur refusèrent. Peu de temps après il arriva de grandes disettes, de grandes maladies dans le pays. On consulta l'oracle : il répondit que Diane était fâchée de ce que Ménalippe et Cométho s'étaient mariés dans son temple même, la nuit de sa fête; et que, pour l'apaiser, il fallait lui sacrifier tous les ans un jeune garçon et une jeune fille de la plus grande beauté. Dans la suite, l'oracle nous promit que cette barbare coutume cesserait lorsqu'un inconnu apporterait ici une certaine statue de Bacchus. Il vint, on plaça la statue dans ce temple, et le sacrifice fut remplacé par la procession et les cérémonies dont je vous ai parlé. Adieu, étrangers.

Ce récit, qui nous fut confirmé par des personnes éclairées, nous étonna d'autant moins que pendant long-temps on ne connut pas de meilleure voie pour détourner la colère céleste que de répandre sur les autels le sang des hommes, et surtout celui d'une jeune fille. Les conséquences qui réglaient ce choix étaient justes; mais elles découlaient de ce principe abominable, que les dieux sont plus touchés du prix des offrandes que de l'intention de ceux qui les présentent. Cette fatale erreur une fois admise, on dut successivement leur offrir les plus belles productions de la terre et les plus superbes victimes; et comme le sang des hommes est plus précieux que celui des animaux, on fit couler celui d'une fille qui réunissait la jeunesse, la beauté, la naissance, enfin tous les avantages que les hommes estiment le plus.

Après avoir examiné les monuments de Patræ et d'une autre ville nommée Dymé, nous passâmes le Larissus, et nous entrâmes dans l'Élide.

CHAPITRE XXXVIII.

Voyage de l'Élide. Les jeux olympiques.

L'Élide est un petit pays dont les côtes sont baignées par la mer Ionienne, et qui se divise en trois vallées. Dans la plus septentrionale est la ville d'Élis, située sur le Pénée, fleuve de même nom, mais moins considérable que celui de Thessalie ; la vallée du milieu est célèbre par le temple de Jupiter, placé auprès du fleuve Alphée ; la dernière s'appelle Triphylie.

Les habitants de cette contrée jouirent pendant long-temps d'une tranquillité profonde. Toutes les nations de la Grèce étaient convenues de les regarder comme consacrés à Jupiter, et les respectaient au point que les troupes étrangères déposaient leurs armes en entrant dans ce pays, et ne les reprenaient qu'à leur sortie. Ils jouissent rarement aujourd'hui de cette prérogative ; cependant, malgré les guerres passagères auxquelles ils se sont trouvés exposés dans ces derniers temps, malgré les divisions qui fermentent encore dans certaines villes, l'Élide est, de tous les cantons du Péloponnèse, le plus abondant et le mieux peuplé. Ses campagnes, presque toutes fertiles, sont couvertes d'esclaves laborieux ; l'agriculture y fleurit, parce que le gouvernement a pour les laboureurs les égards que méritent ces citoyens utiles. Ils ont chez eux des tribunaux qui jugent leurs causes en dernier ressort, et ne sont pas obligés d'interrompre leurs travaux pour venir dans les villes mendier un jugement inique ou trop long-temps différé. Plusieurs familles riches coulent paisiblement leurs jours à la campagne, et j'en ai vu aux environs d'Élis où personne, depuis deux ou trois générations, n'avait mis le pied dans la capitale.

Après que le gouvernement monarchique eut été détruit, les villes s'associèrent par une ligue fédérative ; mais celle d'Élis, plus puissante que les autres, les a insensiblement assujetties, et ne leur laisse plus aujourd'hui que les apparences de la liberté. Elles forment ensemble huit tribus, dirigées par un corps de quatre-vingt-dix sénateurs, dont les places sont à vie, et qui, dans le cas de vacance, se donnent par leur crédit les associés qu'ils désirent : il arrive de là que l'autorité ne réside que dans un très-petit nombre de personnes, et que l'oligarchie s'est introduite dans l'oligarchie, ce qui est un des vices destructeurs de ce gouvernement. Aussi a-t-on fait dans ces derniers temps des efforts pour rétablir la démocratie.

CHAPITRE XXXVIII.

La ville d'Élis est assez récente ; elle s'est formée, à l'exemple de plusieurs villes de la Grèce, et surtout du Péloponnèse, par la réunion de plusieurs hameaux ; car, dans les siècles d'ignorance, on habitait des bourgs ouverts et accessibles ; dans des temps plus éclairés on s'enferme dans les villes fortifiées.

En arrivant, nous rencontrâmes une procession qui se rendait au temple de Minerve. Elle faisait partie d'une cérémonie où les jeunes gens de l'Élide s'étaient disputé le prix de la beauté. Les vainqueurs étaient menés en triomphe ; le premier, la tête ceinte de bandelettes, portait les armes que l'on consacrait à la déesse ; le second conduisait la victime ; un troisième était chargé des autres offrandes.

J'ai vu souvent dans la Grèce de pareils combats, tant pour les garçons que pour les femmes et les filles. J'ai vu de même, chez des peuples éloignés, les femmes admises à des concours publics ; avec cette différence pourtant que les Grecs décernent le prix à la plus belle, et les barbares à la plus vertueuse.

La ville est décorée par des temples, par des édifices somptueux, par quantité de statues, dont quelques-unes sont de la main de Phidias. Parmi ces derniers monuments nous en vîmes où l'artiste n'avait pas montré moins d'esprit que d'habileté : tel est le groupe des Grâces dans le temple qui leur est consacré. Elles sont couvertes d'une draperie légère et brillante : la première tient un rameau de myrte en l'honneur de Vénus ; la seconde une rose, pour désigner le printemps ; la troisième un osselet, symbole des jeux de l'enfance ; et pour qu'il ne manque rien aux charmes de cette composition, la figure de l'Amour est sur le même piédestal que les Grâces.

Rien ne donne plus d'éclat à cette province que les jeux olympiques, célébrés de quatre en quatre ans en l'honneur de Jupiter. Chaque ville de la Grèce a des fêtes qui en réunissent les habitants ; quatre grandes solennités réunissent tous les peuples de la Grèce : ce sont les jeux pythiques ou de Delphes, les jeux isthmiques ou de Corinthe, ceux de Némée et ceux d'Olympie. J'ai parlé des premiers dans mon voyage de la Phocide, je vais m'occuper des derniers ; je passerai les autres sous silence, parce qu'ils offrent tous à peu près les mêmes spectacles.

Les jeux olympiques, institués par Hercule, furent, après une longue interruption, rétablis par les conseils du célèbre Lycurgue et par les soins d'Iphitus, souverain d'un canton de l'Élide. Cent huit ans après on inscrivit pour la première fois, sur le registre public des Éléens, le nom de celui qui avait remporté le prix à la course du stade; il s'appelait Corébus. Cet usage continua; et de là cette suite de vainqueurs dont les noms indiquent les différentes olympiades forment autant de points fixes pour la chronologie. On allait célébrer les jeux pour la cent sixième fois lorsque nous arrivâmes à Élis [1].

Tous les habitants de l'Élide se préparaient à cette solennité auguste. On avait déjà promulgué le décret qui suspend toutes les hostilités. Des troupes qui entreraient alors dans cette terre sacrée seraient condamnées à une amende de deux mines [2] par soldat.

Les Éléens ont l'administration des jeux olympiques depuis quatre siècles; ils ont donné à ce spectacle toute la perfection dont il était susceptible, tantôt en introduisant de nouvelles espèces de combats, tantôt en supprimant ceux qui ne remplissaient point l'attente de l'assemblée. C'est à eux qu'il appartient d'écarter les manœuvres et les intrigues, d'établir l'équité dans les jugements, et d'interdire le concours aux nations étrangères à la Grèce, et même aux villes grecques accusées d'avoir violé les règlements faits pour maintenir l'ordre pendant les fêtes. Ils ont une si haute idée de ces règlements qu'ils envoyèrent autrefois des députés chez les Égyptiens pour savoir des sages de cette nation si en les rédigeant on n'avait rien oublié. Un article essentiel, répondirent ces derniers : Dès que les juges sont des Éléens, les Éléens devraient être exclus du concours. Malgré cette réponse ils y sont encore admis aujourd'hui, et plusieurs d'entre eux ont remporté des prix sans que l'intégrité des juges ait été soupçonnée. Il est vrai que, pour la mettre plus à couvert, on a permis aux athlètes d'appeler au sénat d'Olympie du décret qui les prive de la couronne.

A chaque olympiade on tire au sort les juges ou présidents des jeux; ils sont au nombre de huit, parce qu'on en prend un de chaque tribu. Ils s'assemblent à Élis avant la célébration des jeux, et pendant l'espace de dix mois ils s'instruisent en détail des fonctions qu'ils doivent remplir; ils s'en instruisent sous des magistrats qui sont les dépositaires et les interprètes des règlements dont je viens de parler : afin de joindre l'expérience aux préceptes, ils exercent pendant le même intervalle de temps les athlètes qui sont venus se faire inscrire pour disputer le prix de la course et de la plupart des combats à pied. Plusieurs de ces athlètes étaient accompagnés de leurs parents, de leurs amis, et surtout des maîtres qui les avaient élevés; le désir de la gloire brillait dans leurs yeux, et les habitants d'Élis paraissaient livrés à la joie la plus

---

[1] Dans l'été de l'année 356 avant J.-C. — [2] Cent quatre-vingts livres.

vive. J'aurais été surpris de l'importance qu'ils mettaient à la célébration de leurs jeux, si je n'avais connu l'ardeur que les Grecs ont pour les spectacles et l'utilité réelle que les Éléens retirent de cette solennité.

Après avoir vu tout ce qui pouvait nous intéresser, soit dans la ville d'Élis, soit dans celle de Cyllène, qui lui sert de port, et qui n'en est éloignée que de cent vingt stades [1], nous partîmes pour Olympie. Deux chemins y conduisent : l'un par la plaine, long de trois cents stades [2]; l'autre par les montagnes et par le bourg d'Alésium, où se tient tous les mois une foire considérable. Nous choisîmes le premier ; nous traversâmes des pays fertiles, bien cultivés, arrosés par diverses rivières ; et après avoir vu en passant les villes de Dyspontium et de Létrines, nous arrivâmes à Olympie.

Cette ville, également connue sous le nom de Pise, est située sur la rive droite de l'Alphée, au pied d'une colline qu'on appelle mont de Saturne [3]. L'Alphée prend sa source en Arcadie ; il disparaît et reparaît par intervalles ; après avoir reçu les eaux de plusieurs rivières, il va se jeter dans la mer voisine.

L'Altis renferme dans son enceinte les objets les plus intéressants : c'est un bois sacré fort étendu, entouré de murs, et dans lequel se trouvent le temple de Jupiter et celui de Junon, le sénat, le théâtre, et quantité de beaux édifices, au milieu d'une foule innombrable de statues.

Le temple de Jupiter fut construit, dans le siècle dernier, des dépouilles enlevées par les Éléens à quelques peuples qui s'étaient révoltés contre eux ; il est d'ordre dorique, entouré de colonnes, et construit d'une pierre tirée des carrières voisines, mais aussi éclatante et aussi dure, quoique plus légère, que le marbre de Paros. Il a de hauteur soixante-huit pieds, de longueur deux cent trente, de largeur quatre-vingt-quinze [4].

Un architecte habile, nommé Libon, fut chargé de la construction de cet édifice ; deux sculpteurs non moins habiles enrichirent par de savantes compositions les frontons des deux façades. Dans l'un de ces frontons on voit, au milieu d'un grand nombre de figures, Œnomaüs et Pélops prêts à se disputer, en présence de Jupiter, le prix de la course ; dans l'autre, le combat des Centaures et des Lapithes. La porte d'entrée est de bronze, ainsi que la porte du côté opposé. On a gravé sur l'une et sur l'autre une partie des

---

[1] Environ quatre lieues et demie. — [2] Onze lieues et huit cent cinquante toises. — [3] Voyez l'Essai sur la topographie d'Olympie.

[4] Hauteur, environ soixante-quatre de nos pieds ; longueur, deux cent dix-sept ; largeur, quatre-vingt-dix.

travaux d'Hercule. Des pièces de marbre, taillées en forme de tuiles, couvrent le toit. Au sommet de chaque fronton s'élève une Victoire en bronze doré; à chaque angle, un grand vase de même métal et également doré.

Le temple est divisé par des colonnes en trois nefs. On y trouve, de même que dans le vestibule, quantité d'offrandes que la piété et la reconnaissance ont consacrées au Dieu; mais, loin de se fixer sur ces objets, les regards se portent rapidement sur la statue et sur le trône de Jupiter. Ce chef-d'œuvre de Phidias et de la sculpture fait, au premier aspect, une impression que l'examen ne sert qu'à rendre plus profonde.

La figure de Jupiter est en or et en ivoire; et, quoique assise, elle s'élève presque jusqu'au plafond du temple. De la main droite elle tient une Victoire également d'or et d'ivoire; de la gauche, un sceptre travaillé avec goût, enrichi de diverses espèces de métaux, et surmonté d'un aigle. La chaussure est en or, ainsi que le manteau, sur lequel on a gravé des animaux, des fleurs, et surtout des lis.

Le trône porte sur quatre pieds, ainsi que sur des colonnes intermédiaires de même hauteur que les pieds. Les matières les plus riches, les arts les plus nobles concourent à l'embellir. Il est tout brillant d'or, d'ivoire, d'ébène et de pierres précieuses, partout décoré de peintures et de bas-reliefs.

Quatre de ces bas-reliefs sont appliqués sur la face antérieure de chacun des pieds de devant. Le plus haut représente quatre Victoires dans l'attitude de danseuses; le second, des sphinx, qui enlèvent les enfants des Thébains; le troisième, Apollon et Diane perçant de leurs traits les enfants de Niobé; le dernier, enfin, deux autres Victoires.

Phidias profita des moindres espaces pour multiplier les ornements. Sur les quatre traverses qui lient les pieds du trône, je comptai trente-sept figures, les unes représentant des lutteurs, les autres le combat d'Hercule contre les Amazones [1]. Au-dessus de la tête de Jupiter, dans la partie supérieure du trône, on voit, d'un côté, les Grâces, qu'il eut d'Eurynome, et les trois Saisons, qu'il eut de Thémis. On distingue quantité d'autres bas-reliefs, tant sur le marchepied que sur la base ou l'estrade qui soutient

[1] On pourrait présumer que ces trente-sept figures étaient en ronde-bosse, et avaient été placées sur les traverses du trône. On pourrait aussi disposer autrement que je ne l'ai fait les sujets représentés sur chacun des pieds. La description de Pausanias est très-succincte et très-vague. En cherchant à l'éclaircir, on court le risque de s'égarer; en se bornant à la traduire littéralement, celui de ne pas se faire entendre.

cette masse énorme, la plupart exécutés en or, et représentant les divinités de l'Olympe. Aux pieds de Jupiter, on lit cette inscription : JE SUIS L'OUVRAGE DE PHIDIAS, ATHÉNIEN, FILS DE CHARMIDES. Outre son nom, l'artiste, pour éterniser la mémoire et la beauté d'un jeune homme de ses amis appelé Pantarcès, grava son nom sur un des doigts de Jupiter[1].

On ne peut approcher du trône autant qu'on le désirerait : à une certaine distance on est arrêté par une balustrade qui règne tout autour, et qui est ornée de peintures excellentes de la main de Panénus, élève et frère de Phidias. C'est le même qui, conjointement avec Colotès, autre disciple de ce grand homme, fut chargé des principaux détails de cet ouvrage surprenant. On dit qu'après l'avoir achevé Phidias ôta le voile dont il l'avait couvert, consulta le goût du public, et se réforma lui-même d'après les avis de la multitude.

On est frappé de la grandeur de l'entreprise, de la richesse de la matière, de l'excellence du travail, de l'heureux accord de toutes les parties; mais on l'est bien plus encore de l'expression sublime que l'artiste a su donner à la tête de Jupiter. La divinité même y paraît empreinte avec tout l'éclat de la puissance, toute la profondeur de la sagesse, toute la douceur de la bonté. Auparavant, les artistes ne représentaient le maître des dieux qu'avec des traits communs, sans noblesse et sans caractère distinctif; Phidias fut le premier qui atteignit, pour ainsi dire, la majesté divine, et sut ajouter un nouveau motif au respect des peuples en leur rendant sensible ce qu'ils avaient adoré. Dans quelle source avait-il donc puisé ces hautes idées? Des poètes diraient qu'il était monté dans le ciel, ou que le dieu était descendu sur la terre; mais il répondit d'une manière plus simple et plus noble à ceux qui lui faisaient la même question : il cita les vers d'Homère où ce poète dit qu'un regard de Jupiter suffit pour ébranler l'Olympe. Ces vers, en réveillant dans l'âme de Phidias l'image du vrai beau, de ce beau qui n'est aperçu que par l'homme de génie, produisirent le Jupiter d'Olympie; et, quel que soit le sort de la religion qui domine dans la Grèce, le Jupiter d'Olympie servira toujours de modèle aux artistes qui voudront représenter dignement l'Être suprême.

Les Éléens connaissent le prix du monument qu'ils possèdent; ils montrent encore aux étrangers l'atelier de Phidias. Ils ont ré-

---

[1] Telle était cette inscription : PANTARCÈS EST BEAU. Si l'on en eût fait un crime à Phidias, il eût pu se justifier en disant que l'éloge s'adressait à Jupiter, le mot *Pantarcès* pouvant signifier celui qui suffit à tout.

pandu leurs bienfaits sur les descendants de ce grand artiste, et les ont chargés d'entretenir la statue dans tout son éclat. Comme le temple et l'enceinte sacrée sont dans un endroit marécageux, un des moyens qu'on emploie pour défendre l'ivoire contre l'humidité, c'est de verser fréquemment de l'huile au pied du trône, sur une partie du pavé destinée à la recevoir.

Du temple de Jupiter nous passâmes à celui de Junon. Il est également d'ordre dorique, entouré de colonnes, mais beaucoup plus ancien que le premier. La plupart des statues qu'on y voit, soit en or, soit en ivoire, décèlent un art encore grossier, quoiqu'elles n'aient pas trois cents ans d'antiquité. On nous montra le coffre de Cypsélus, où ce prince, qui depuis se rendit maître de Corinthe, fut, dans sa plus tendre enfance, renfermé par sa mère, empressée de le dérober aux poursuites des ennemis de sa maison. Il est de bois de cèdre ; le dessus et les quatre faces sont ornés de bas-reliefs, les uns exécutés dans le cèdre même, les autres en ivoire et en or : ils représentent des batailles, des jeux et d'autres sujets relatifs aux siècles héroïques, et sont accompagnés d'inscriptions en caractères anciens. Nous parcourûmes avec plaisir les détails de cet ouvrage, parce qu'ils montrent l'état informe où se trouvaient les arts en Grèce il y a trois siècles.

On célèbre auprès de ce temple des jeux auxquels président seize femmes choisies parmi les huit tribus des Éléens, et respectables par leur vertu ainsi que par leur naissance. Ce sont elles qui entretiennent deux chœurs de musique pour chanter des hymnes en l'honneur de Junon, qui brodent le voile superbe qu'on déploie le jour de la fête, et qui décernent le prix de la course aux filles de l'Élide. Dès que le signal est donné, ces jeunes émules s'élancent dans la carrière, presque à demi nues et les cheveux flottants sur leurs épaules : celle qui remporte la victoire reçoit une couronne d'olivier et la permission plus flatteuse encore de placer son portrait dans le temple de Junon.

En sortant de là, nous parcourûmes les routes de l'enceinte sacrée. A travers les platanes et les oliviers qui ombragent ces lieux, s'offraient à nous de tous côtés des colonnes, des trophées, des chars de triomphe ; des statues sans nombre, en bronze, en marbre, les unes pour les dieux, les autres pour les vainqueurs : car ce temple de la gloire n'est ouvert que pour ceux qui ont des droits à l'immortalité.

Plusieurs de ces statues sont adossées à des colonnes ou placées sur des piédestaux ; toutes sont accompagnées d'inscriptions contenant les motifs de leur consécration. Nous y distinguâmes plus de quarante figures de Jupiter de différentes mains, offertes par des peuples ou par des particuliers, quelques-unes ayant jusqu'à vingt-sept pieds de hauteur[1]. Celles des athlètes forment une collection immense : elles ont été placées dans ces lieux ou par eux-mêmes, ou par les villes qui leur ont donné le jour, ou par les peuples de qui ils avaient bien mérité.

Ces monuments, multipliés depuis quatre siècles, rendent présents à la postérité ceux qui les ont obtenus. Ils sont exposés tous les quatre ans aux regards d'une foule innombrable de spectateurs de tous pays, qui viennent dans ce séjour s'occuper de la gloire des vainqueurs, entendre le récit de leurs combats, et se montrer avec transport les uns aux autres ceux dont leur patrie s'enorgueillit. Quel bonheur pour l'humanité, si un pareil sanctuaire n'était ouvert qu'aux hommes vertueux! Non, je me trompe ; il serait bientôt violé par l'intrigue et l'hypocrisie, auxquelles les hommages du peuple sont bien plus nécessaires qu'à la vertu.

Pendant que nous admirions ces ouvrages de sculpture et que nous y suivions le développement et les derniers efforts de cet art, nos interprètes nous faisaient de longs récits et nous racontaient des anecdotes relatives à ceux dont ils nous montraient les portraits. Après avoir arrêté nos regards sur deux chars de bronze, dans l'un desquels était Gélon, roi de Syracuse, et dans l'autre Hiéron, son frère et son successeur : Près de Gélon, ajoutaient-ils, vous voyez la statue de Cléomède. Cet athlète ayant eu le malheur de tuer son adversaire au combat de la lutte, les juges, pour le punir, le privèrent de la couronne : il en fut affligé au point de perdre la raison. Quelque temps après il entra dans une maison destinée à l'éducation de la jeunesse, saisit une colonne qui soutenait le toit et la renversa. Près de soixante enfants périrent sous les ruines de l'édifice.

Voici la statue d'un autre athlète, nommé Timanthe. Dans sa vieillesse, il s'exerçait tous les jours à tirer de l'arc. Un voyage qu'il fit l'obligea de suspendre cet exercice. Il voulut le reprendre à son retour ; mais, voyant que sa force était diminuée, il dressa lui-même son bûcher, et se jeta dans les flammes.

Cette jument que vous voyez fut surnommée le Vent, à cause de son extrême légèreté. Un jour qu'elle courait dans la carrière, Philotas, qui la montait, se laissa tomber : elle continua sa course, doubla la borne, et vint s'arrêter devant les juges, qui décernèrent la couronne à son maître, et lui permirent de se faire représenter ici avec l'instrument de sa victoire.

[1] Vingt-cinq de nos pieds et six pouces.

Ce lutteur s'appelait Glaucus : il était jeune et labourait la terre. Son père s'aperçut avec surprise que, pour enfoncer le soc qui s'était détaché de la charrue, il se servait de sa main comme d'un marteau. Il le conduisit dans ces lieux et le proposa pour le combat du ceste. Glaucus, pressé par un adversaire qui employait tour à tour l'adresse et la force, était sur le point de succomber, lorsque son père lui cria : « Frappe, mon fils, comme sur la charrue. » Aussitôt le jeune homme redoubla ses coups et fut proclamé vainqueur.

Voici Théagène qui, dans les différents jeux de la Grèce, remporta, dit-on, douze cents fois le prix, soit à la course, soit à la lutte, soit à d'autres exercices. Après sa mort, la statue qu'on lui avait élevée dans la ville de Thasos, sa patrie, excitait encore la jalousie d'un rival de Théagène : il venait toutes les nuits assouvir ses fureurs contre ce bronze, et l'ébranla tellement à force de coups qu'il le fit tomber et en fut écrasé. La statue fut traduite en jugement et jetée dans la mer. La famine ayant ensuite affligé la ville de Thasos, l'oracle, consulté par les habitants, répondit qu'ils avaient négligé la mémoire de Théagène. On lui décerna les honneurs divins, après avoir retiré des eaux et replacé le monument qui le représentait [1].

Cet autre athlète porta sa statue sur ses épaules, et la posa lui-même dans ces lieux. C'est le célèbre Milon; c'est lui qui, dans la guerre des habitants de Crotone, sa patrie, contre ceux de Sybaris, fut mis à la tête des troupes et remporta une victoire signalée : il parut dans la bataille avec une massue et les autres attributs d'Hercule, dont il rappelait le souvenir. Il triompha souvent dans nos jeux et dans ceux de Delphes; il y faisait souvent des essais de sa force prodigieuse. Quelquefois il se plaçait sur un palet qu'on avait huilé pour le rendre plus glissant, et les plus fortes secousses ne pouvaient l'ébranler; d'autres fois il empoignait une grenade, et, sans l'écraser, la tenait si serrée, que les plus vigoureux athlètes ne pouvaient écarter ses doigts pour la lui arracher; mais sa maîtresse l'obligeait à lâcher prise. On raconte encore de lui qu'il parcourut le Stade portant un bœuf sur ses épaules; que, se trouvant un jour dans une maison avec les disciples de Pythagore, il leur sauva la vie en soutenant la colonne sur laquelle portait le plafond qui était près de tomber; enfin, que dans sa vieillesse il devint la proie des bêtes féroces, parce que ses mains se trouvèrent prises dans un tronc d'arbre que des coins avaient fendu en partie, et qu'il voulait achever de diviser.

---

[1] Le culte de Théagène s'étendit dans la suite; on l'implorait surtout dans les maladies. (Pausan. lib. VI, cap. 11, p. 479.)

Nous vîmes ensuite des colonnes où l'on avait gravé des traités d'alliance entre divers peuples de la Grèce : on les avait déposés dans ces lieux pour les rendre plus sacrés. Mais tous ces traités ont été violés avec les serments qui en garantissaient la durée ; et les colonnes, qui subsistent encore, attestent une vérité effrayante : c'est que les peuples policés ne sont jamais de plus mauvaise foi que lorsqu'ils s'engagent à vivre en paix les uns avec les autres.

Au nord du temple de Junon, au pied du mont de Saturne, est une chaussée qui s'étend jusqu'à la carrière et sur laquelle plusieurs nations grecques et étrangères ont construit des édifices connus sous le nom de trésors. On en voit de semblables à Delphes ; mais ces derniers sont remplis d'offrandes précieuses, tandis que ceux d'Olympie ne contiennent presque que des statues et des monuments de mauvais goût ou de peu de valeur. Nous demandâmes la raison de cette différence. L'un des interprètes nous dit : Nous avons un oracle, mais il n'est pas assez accrédité, et peut-être cessera-t-il bientôt. Deux ou trois prédictions justifiées par l'événement ont attiré à celui de Delphes la confiance de quelques souverains, et leurs libéralités celles de toutes les nations.

Cependant les peuples abordaient en foule à Olympie. Par mer, par terre, de toutes les parties de la Grèce, des pays les plus éloignés, on s'empressait de se rendre à ces fêtes, dont la célébrité surpasse infiniment celle des autres solennités, et qui néanmoins sont privées d'un agrément qui les rendrait plus brillantes. Les femmes n'y sont point admises, sans doute à cause de la nudité des athlètes. La loi qui les en exclut est si sévère qu'on précipite du haut d'un rocher celles qui osent la violer. Cependant les prêtresses d'un temple ont une place marquée, et peuvent assister à certains exercices.

Le premier jour des fêtes tombe au onzième jour du mois hécatombéon, qui commence à la nouvelle lune après le solstice d'été ; elles durent cinq jours : à la fin du dernier, qui est celui de la pleine lune, se fait la proclamation solennelle des vainqueurs. Elles s'ouvrirent le soir[1] par plusieurs sacrifices que l'on offrit sur des autels élevés en l'honneur de différentes divinités, soit dans le temple de Jupiter, soit dans les environs. Tous étaient ornés de festons et de guirlandes ; tous furent successivement arrosés du sang des victimes. On avait commencé par le grand autel de Jupiter, placé entre le temple de Junon et l'enceinte de Pélops. C'est le principal ob-

---

[1] Dans la première année de l'olympiade cent sixième, le premier jour d'hécatombéon tombait au soir du 17 juillet de l'année julienne proleptique, 365 ans avant J.-C. ; et le 11 d'hécatombéon commençait au soir du 27 juillet.

jet de dévotion des peuples ; c'est là que les Éléens offrent tous les jours des sacrifices, et les étrangers dans tous les temps de l'année. Il porte un grand soubassement carré, au-dessus duquel on monte par des marches de pierre. Là se trouve une espèce de terrasse où l'on sacrifie les victimes; au milieu s'élève l'autel, dont la hauteur est de vingt-deux pieds [1] : on parvient à sa partie supérieure par des marches qui sont construites de la cendre des victimes, qu'on a pétrie avec l'eau de l'Alphée.

Les cérémonies se prolongèrent fort avant dans la nuit, et se firent au son des instruments, à la clarté de la lune, qui approchait de son plein, avec un ordre et une magnificence qui inspiraient à la fois de la surprise et du respect. A minuit, dès qu'elles furent achevées, la plupart des assistants, par un empressement qui dure pendant toutes les fêtes, allèrent se placer dans la carrière, pour mieux jouir du spectacle des jeux qui devaient commencer avec l'aurore.

La carrière olympique se divise en deux parties, qui sont le Stade et l'Hippodrome. Le Stade est une chaussée de six cents pieds de long [2], et d'une largeur proportionnée : c'est là que se font les courses à pied et que se donnent la plupart des combats. L'Hippodrome est destiné aux courses des chars et des chevaux. Un de ses côtés s'étend sur une colline; l'autre côté, un peu plus long, est formé par une chaussée; sa largeur est de six cents pieds, et sa longueur du double [3]; il est séparé du Stade par un édifice qu'on appelle Barrière. C'est un portique devant lequel est une cour spacieuse, faite en forme de proue de navire, dont les murs vont en se rapprochant l'un de l'autre, et laissent à leur extrémité une ouverture assez grande pour que plusieurs chars y passent à la fois. Dans l'intérieur de cette cour on a construit, sur différentes lignes parallèles, des remises pour les chars et pour les chevaux; on les tire au sort, parce que les unes sont plus avantageusement situées que les autres. Le Stade et l'Hippodrome sont ornés de statues, d'autels, et d'autres monuments sur lesquels on avait affiché la liste et l'ordre des combats qui devaient se donner pendant les fêtes.

L'ordre des combats a varié plus d'une fois [4]; la règle générale

[1] Vingt de nos pieds neuf pouces quatre lignes.
[2] Quatre-vingt-quatorze toises trois pieds.
[3] Cent quatre-vingt-neuf toises.
[4] Cet ordre a varié, parce qu'on a souvent augmenté ou diminué le nombre des combats, et que des raisons de convenance ont souvent entraîné des changements. Celui que je leur assigne ici n'est point conforme aux témoignages de Xénophon et de Pausanias. Mais ces auteurs, qui ne sont pas tout à fait d'accord entre eux,

qu'on suit à présent est de consacrer les matinées aux exercices qu'on appelle légers, tels que les différentes courses; et les après-midi à ceux qu'on nomme graves ou violents, tels que la lutte, le pugilat, etc.

À la petite pointe du jour, nous nous rendîmes au Stade. Il était déjà rempli d'athlètes qui préludaient aux combats, et entouré de quantité de spectateurs : d'autres, en plus grand nombre, se plaçaient confusément sur la colline qui se présente en amphithéâtre au-dessus de la carrière. Des chars volaient dans la plaine; le bruit des trompettes, le hennissement des chevaux, se mêlaient aux cris de la multitude ; et lorsque nos yeux pouvaient se distraire de ce spectacle, et qu'aux mouvements tumultueux de la joie publique nous comparions le repos et le silence de la nature, alors quelle impression ne faisaient pas sur nos âmes la sérénité du ciel, la fraîcheur délicieuse de l'air, l'Alphée qui forme en cet endroit un superbe canal, et ces campagnes fertiles qui s'embellissent des premiers rayons du soleil!

Un moment après nous vîmes les athlètes interrompre leurs exercices, et prendre le chemin de l'enceinte sacrée. Nous les y suivîmes, et nous trouvâmes dans la chambre du sénat les huit présidents des jeux, avec des habits magnifiques et toutes les marques de leur dignité. Ce fut là qu'au pied d'une statue de Jupiter, et sur les membres sanglants des victimes, les athlètes prirent les dieux à témoin qu'ils s'étaient exercés pendant dix mois aux combats qu'ils allaient livrer. Ils promirent aussi de ne point user de supercherie et de se conduire avec honneur; leurs parents et leurs instituteurs firent le même serment.

Après cette cérémonie, nous revînmes au Stade. Les athlètes entrèrent dans la Barrière qui le précède, s'y dépouillèrent entièrement de leurs habits, mirent à leurs pieds des brodequins, et se firent frotter d'huile par tout le corps. Des ministres subalternes se montraient de tous côtés, soit dans la carrière, soit à travers les rangs multipliés des spectateurs, pour y maintenir l'ordre.

Quand les présidents eurent pris leurs places, un héraut s'écria : « Que les coureurs du Stade se présentent. » Il en parut aussitôt un grand nombre qui se placèrent sur une ligne suivant le rang que le sort leur avait assigné. Le héraut récita leurs noms et ceux

---

ne parlent que de trois ou quatre combats, et nous n'avons aucunes lumières sur la disposition des autres. Dans cette incertitude, j'ai cru devoir ne m'attacher qu'à la clarté. J'ai parlé d'abord des différentes courses, soit des hommes, soit des chevaux et des chars, et ensuite des combats qui se livraient dans un espace circonscrit, tels que la lutte, le pugilat, etc. Cet arrangement est à peu près le même que celui que propose Platon dans son livre des Lois.

de leur patrie. Si ces noms avaient été illustrés par des victoires précédentes, ils étaient accueillis avec des applaudissements redoublés. Après que le héraut eut ajouté : « Quelqu'un peut-il reprocher à ces athlètes d'avoir été dans les fers, ou d'avoir mené une vie irrégulière? » il se fit un silence profond, et je me sentis entraîné par cet intérêt qui remuait tous les cœurs, et qu'on n'éprouve pas dans les spectacles des autres nations. Au lieu de voir, au commencement de la lice, des hommes du peuple prêts à se disputer quelques feuilles d'olivier, je n'y vis plus que des hommes libres, qui, par le consentement unanime de toute la Grèce, chargés de la gloire ou de la honte de leur patrie, s'exposaient à l'alternative du mépris ou de l'honneur, en présence de plusieurs milliers de témoins qui rapporteraient chez eux le nom des vainqueurs et des vaincus. L'espérance et la crainte se peignaient dans les regards inquiets des spectateurs; elles devenaient plus vives à mesure qu'on approchait de l'instant qui devait les dissiper. Cet instant arriva. La trompette donna le signal; les coureurs partirent, et dans un clin d'œil parvinrent à la borne où se tenaient les présidents des jeux. Le héraut proclama le nom de Porus de Cyrène, et mille bouches le répétèrent.

L'honneur qu'il obtenait est le premier et le plus brillant de ceux qu'on décerne aux jeux olympiques, parce que la course du stade simple est la plus ancienne de celles qui ont été admises dans ces fêtes. Elle s'est, dans la suite des temps, diversifiée de plusieurs manières. Nous la vîmes successivement exécuter par des enfants qui avaient à peine atteint leur douzième année, et par des hommes qui couraient avec un casque, un bouclier et des espèces de bottines.

Les jours suivants, d'autres champions furent appelés pour parcourir le double stade, c'est-à-dire qu'après avoir atteint le but et doublé la borne, ils devaient retourner au point du départ. Ces derniers furent remplacés par des athlètes qui fournirent douze fois la longueur du Stade. Quelques-uns concoururent dans plusieurs de ces exercices et remportèrent plus d'un prix. Parmi les incidents qui réveillèrent à diverses reprises l'attention de l'assemblée, nous vîmes des coureurs s'éclipser et se dérober aux insultes des spectateurs; d'autres, sur le point de parvenir au terme de leurs désirs, tomber tout à coup sur un terrain glissant. On nous en fit remarquer dont les pas s'imprimaient à peine sur la poussière. Deux Crotoniates tinrent long-temps les esprits en suspens: ils devançaient leurs adversaires de bien loin; mais, l'un d'eux ayant fait tomber l'autre en le poussant, un cri général s'éleva contre lui, et il fut privé de l'honneur de la victoire : car il est expressément défendu d'user de pareilles voies pour se la procurer; on permet seulement aux assistants d'animer par leurs cris les coureurs auxquels ils s'intéressent.

Les vainqueurs ne devaient être couronnés que dans le dernier jour des fêtes; mais, à la fin de leur course, ils reçurent ou plutôt enlevèrent une palme qui leur était destinée. Ce moment fut pour eux le commencement d'une suite de triomphes. Tout le monde s'empressait de les voir, de les féliciter; leurs parents, leurs amis, leurs compatriotes, versant des larmes de tendresse et de joie, les soulevaient sur leurs épaules pour les montrer aux assistants, et les livraient aux applaudissements de toute l'assemblée, qui répandait sur eux des fleurs à pleines mains.

Le lendemain, nous allâmes de bonne heure à l'Hippodrome, où devaient se faire la course des chevaux et celle des chars. Les gens riches peuvent seuls livrer ces combats, qui exigent en effet la plus grande dépense. On voit, dans toute la Grèce, des particuliers se faire une occupation et un mérite de multiplier l'espèce des chevaux propres à la course, de les dresser et de les présenter au concours dans les jeux publics. Comme ceux qui aspirent aux prix ne sont pas obligés de les disputer eux-mêmes, souvent les souverains et les républiques se mettent au nombre des concurrents, et confient leur gloire à des écuyers habiles. On trouve sur la liste des vainqueurs Théron, roi d'Agrigente; Gélon et Hiéron, rois de Syracuse; Archélaüs, roi de Macédoine; Pausanias, roi de Lacédémone; Clisthène, roi de Sicyone, et quantité d'autres, ainsi que plusieurs villes de la Grèce. Il est aisé de juger que de pareils rivaux doivent exciter la plus vive émulation. Ils étalent une magnificence que les particuliers cherchent à égaler, et qu'ils surpassent quelquefois. On se rappelle encore que, dans les jeux où Alcibiade fut couronné, sept chars se présentèrent dans la carrière au nom de ce célèbre Athénien, et que trois de ces chars obtinrent le premier, le second et le quatrième prix.

Pendant que nous attendions le signal, on nous dit de regarder attentivement un dauphin de bronze placé au commencement de la lice, et un aigle de même métal posé sur un autel au milieu de la Barrière. Bientôt nous vîmes le dauphin s'abaisser et se cacher dans la terre, l'aigle s'élever, les ailes déployées, et se montrer aux spectateurs; un grand nombre de cavaliers s'élancer dans l'Hippodrome, passer devant nous avec la rapidité d'un éclair, tourner autour de la borne qui est à l'extrémité, les uns ralentir leur course, les autres la précipiter, jusqu'à ce que l'un d'entre eux, redoublant ses efforts, eût laissé derrière lui ses concurrents affligés.

Le vainqueur avait disputé le prix au nom de Philippe, roi de Macédoine, qui aspirait à toutes les espèces de gloire, et qui en fut tout à coup si rassasié qu'il demandait à la Fortune de tempérer ses bienfaits par une disgrâce. En effet, dans l'espace de quelques jours, il remporta cette victoire aux jeux olympiques; Parménion, un de ses généraux, battit les Illyriens; Olympias, son épouse, accoucha d'un fils : c'est le célèbre Alexandre.

Après que des athlètes à peine sortis de l'enfance eurent fourni la même carrière, elle fut remplie par quantité de chars qui se succédèrent les uns aux autres. Ils étaient attelés de deux chevaux dans une course, de deux poulains dans une autre, enfin de quatre chevaux dans la dernière, qui est la plus brillante et la plus glorieuse de toutes.

Pour en voir les préparatifs, nous entrâmes dans la barrière ; nous y trouvâmes plusieurs chars magnifiques, retenus par des câbles qui s'étendaient le long de chaque file, et qui devaient tomber l'un après l'autre. Ceux qui les conduisaient n'étaient vêtus que d'une étoffe légère. Leurs coursiers, dont ils pouvaient à peine modérer l'ardeur, attiraient tous les regards par leur beauté, quelques-uns par les victoires qu'ils avaient déjà remportées. Dès que le signal fut donné, ils s'avancèrent jusqu'à la seconde ligne; et, s'étant ainsi réunis avec les autres lignes, ils se présentèrent tous de front au commencement de la carrière. Dans l'instant on les vit, couverts de poussière, se croiser, se heurter, entraîner les chars avec une rapidité que l'œil avait peine à suivre. Leur impétuosité redoublait lorsqu'ils se trouvaient en présence de la statue d'un génie qui, dit-on, les pénètre d'une terreur secrète; elle redoublait lorsqu'ils entendaient le son bruyant des trompettes placées auprès d'une borne fameuse par les naufrages qu'elle occasionne. Posée dans la largeur de la carrière, elle ne laisse pour le passage des chars qu'un défilé assez étroit, où l'habileté des guides vient très-souvent échouer. Le péril est d'autant plus redoutable qu'il faut doubler la borne jusqu'à douze fois, car on est obligé de parcourir douze fois la longueur de l'Hippodrome, soit en allant, soit en revenant.

A chaque évolution, il survenait quelque accident qui excitait des sentiments de pitié ou des rires insultants de la part de l'assemblée. Des chars avaient été emportés hors de la lice, d'autres s'étaient brisés en se choquant avec violence : la carrière était parsemée de débris qui rendaient la course plus périlleuse encore. Il ne restait plus que cinq concurrents, un Thessalien, un Libyen, un Syracusain, un Corinthien et un Thébain. Les trois premiers étaient sur le point de doubler la borne pour la dernière fois. Le Thessalien se brise contre cet écueil : il tombe embarrassé dans les rênes ; et, tandis que ses chevaux se renversent sur ceux du Libyen, qui le serrait de près, que ceux du Syracusain se précipitent dans une ravine qui borde en cet endroit la carrière, que tout retentit de cris perçants et multipliés, le Corinthien et le Thébain arrivent, saisissent le moment favorable, dépassent la borne, pressent de l'aiguillon leurs coursiers fougueux, et se présentent aux juges, qui décernent le premier prix au Corinthien, et le second au Thébain.

Pendant que durèrent les fêtes, et dans certains intervalles de la journée, nous quittions le spectacle et nous parcourions les environs d'Olympie. Tantôt nous nous amusions à voir arriver des théories ou députations chargées d'offrir à Jupiter les hommages de presque tous les peuples de la Grèce ; tantôt nous étions frappés de l'intelligence et de l'activité des commerçants étrangers qui venaient dans ces lieux étaler leurs marchandises. D'autres fois nous étions témoins des marques de distinction que certaines villes s'accordaient les unes aux autres. C'étaient des décrets par lesquels elles se décernaient mutuellement des statues et des couronnes, et qu'elles faisaient lire dans les jeux olympiques afin de rendre la reconnaissance aussi publique que le bienfait.

Nous promenant un jour le long de l'Alphée, dont les bords ombragés d'arbres de toute espèce étaient couverts de tentes de différentes couleurs, nous vîmes un jeune homme d'une jolie figure jeter dans le fleuve des fragments d'une palme qu'il tenait dans sa main, et accompagner cette offrande de vœux secrets : il venait de remporter le prix à la course, et il avait à peine atteint son troisième lustre. Nous l'interrogeâmes. Cet Alphée, nous dit-il, dont les eaux abondantes et pures fertilisent cette contrée, était un chasseur d'Arcadie ; il soupirait pour Aréthuse qui le fuyait et qui, pour se dérober à ses poursuites, se sauva en Sicile : elle fût métamorphosée en fontaine ; il fut changé en fleuve ; mais, comme son amour n'était point éteint, les dieux, pour couronner sa constance, lui ménagèrent une route dans le sein des mers, et lui permirent enfin de se réunir avec Aréthuse. Le jeune homme soupira en finissant ces mots.

Nous revenions souvent dans l'enceinte sacrée. Ici, des athlètes qui n'étaient pas encore entrés en lice cherchaient dans les entrailles des victimes la destinée qui les attendait ; là, des trompettes posés sur un grand autel se disputaient le prix, unique objet de leur ambition. Plus loin, une foule d'étrangers, rangés autour d'un portique, écoutaient un écho qui répétait jusqu'à sept fois les paroles qu'on lui adressait. Partout s'offraient à nous des exemples frappants de faste et de vanité; car ces jeux attirent tous ceux qui ont acquis de la célébrité, ou qui veulent en acquérir par leurs talents, leur savoir ou leurs richesses. Ils viennent s'exposer aux regards de la multitude, toujours empressée auprès de ceux qui ont ou qui affectent de la supériorité.

Après la bataille de Salamine, Thémistocle parut au milieu du Stade, qui retentit aussitôt d'applaudissements en son honneur. Loin de s'occuper des jeux, les regards furent arrêtés sur lui pendant toute la journée : on montrait aux étrangers, avec des cris de joie et d'admiration, cet homme qui avait sauvé la Grèce; et Thémistocle fut forcé d'avouer que ce jour avait été le plus beau de sa vie.

Nous apprîmes qu'à la dernière olympi de Platon obtint un triomphe à peu près semblable. S'étant montré à ces jeux, toute l'assemblée fixa les yeux sur lui, et témoigna, par les expressions les plus flatteuses, la joie qu'inspirait sa présence.

Nous fûmes témoins d'une scène plus touchante encore. Un vieillard cherchait à se placer : après avoir parcouru plusieurs gradins, toujours repoussé par des plaisanteries offensantes, il parvint à celui des Lacédémoniens. Tous les jeunes gens et la plupart des hommes se levèrent avec respect et lui offrirent leurs places. Des battements de mains sans nombre éclatèrent à l'instant, et le vieillard attendri ne put s'empêcher de dire : « Les Grecs connaissent les règles de la bienséance; les Lacédémoniens les pratiquent. »

Je vis dans l'enceinte un peintre, élève de Zeuxis, qui, à l'exemple de son maître, se promenait revêtu d'une superbe robe de pourpre, sur laquelle son nom était tracé en lettres d'or. On lui disait de tous côtés : Tu imites la vanité de Zeuxis, mais tu n'es pas Zeuxis.

J'y vis un Cyrénéen et un Corinthien, dont l'un faisait l'énumération de ses richesses et l'autre de ses aïeux. Le Cyrénéen s'indignait du faste de son voisin; celui-ci riait de l'orgueil du Cyrénéen.

J'y vis un Ionien qui, avec des talents médiocres, avait réussi dans une petite négociation dont sa patrie l'avait chargé. Il avait pour lui la considération que les sots ont pour les parvenus. Un de ses amis le quitta pour me dire à l'oreille : Il n'aurait jamais cru qu'il fût si aisé d'être un grand homme.

CHAPITRE XXXVIII.

Non loin de là, un sophiste tenait un vase à parfums et une étrille, comme s'il allait aux bains. Après s'être moqué des prétentions des autres, il monta sur un des côtés du temple de Jupiter, se plaça au milieu de la colonnade, et de cet endroit élevé il criait au peuple : Vous voyez cet anneau, c'est moi qui l'ai gravé ; ce vase et cette étrille, c'est moi qui les ai faits : ma chaussure, mon manteau, ma tunique et la ceinture qui l'assujettit, tout cela est mon ouvrage ; je suis prêt à vous lire des poëmes héroïques, des tragédies, des dithyrambes, toutes sortes d'ouvrages en prose, en vers, que j'ai composés sur toutes sortes de sujets ; je suis prêt à discourir sur la musique, sur la grammaire; prêt à répondre sur toutes sortes de questions.

Pendant que ce sophiste étalait avec complaisance sa vanité, des peintres exposaient à tous les yeux des tableaux qu'ils venaient d'achever; des rhapsodes chantaient des fragments d'Homère et d'Hésiode : l'un d'entre eux nous fit entendre un poëme entier d'Empédocle. Des poëtes, des orateurs, des philosophes, des historiens, placés aux péristyles des temples et dans les endroits éminents, récitaient leurs ouvrages : les uns traitaient des sujets de morale ; d'autres faisaient l'éloge des jeux olympiques, ou de leur patrie, ou des princes dont ils mendiaient la protection.

Environ trente ans auparavant, Denys, tyran de Syracuse, avait voulu s'attirer l'admiration de l'assemblée. On y vit arriver de sa part, et sous la direction de son frère Théaridès, une députation solennelle chargée de présenter des offrandes à Jupiter, plusieurs chars attelés de quatre chevaux pour disputer le prix de la course, quantité de tentes somptueuses qu'on dressa dans la campagne, et une foule d'excellents déclamateurs qui devaient réciter publiquement les poésies de ce prince. Leur talent et la beauté de leurs voix fixèrent d'abord l'attention des Grecs, déjà prévenus par la magnificence de tant d'apprêts ; mais bientôt, fatigués de cette lecture insipide, ils lancèrent contre Denys les traits les plus sanglants, et leur mépris alla si loin que plusieurs d'entre eux renversèrent ses tentes et les pillèrent. Pour comble de disgrâce, les chars sortirent de la lice, ou se brisèrent les uns contre les autres ; et le vaisseau qui ramenait ce cortége fut jeté par la tempête sur les côtes d'Italie. Tandis qu'à Syracuse le peuple disait que les vers de Denys avaient porté malheur aux déclamateurs, aux chevaux et au navire, on soutenait à la cour que l'envie s'attache toujours au talent. Quatre ans après, Denys envoya de nouveaux ouvrages et des acteurs plus habiles, mais qui tombèrent encore plus honteusement que les premiers. A cette nouvelle il se livra aux excès de la frénésie; et, n'ayant pour soulager sa douleur que la ressource des tyrans, il exila et fit couper des têtes.

Nous suivions avec assiduité les lectures qui se faisaient à Olympie. Les présidents des jeux y assistaient quelquefois, et le peuple s'y portait avec empressement. Un jour qu'il paraissait écouter avec une attention plus marquée, on entendit retentir de tous côtés le nom de Polydamas. Aussitôt la plupart des assistants coururent après Polydamas. C'était un athlète de Thessalie, d'une grandeur et d'une force prodigieuses. On racontait de lui qu'étant sans armes sur le mont Olympe, il avait abattu un lion énorme sous ses coups; qu'ayant saisi un taureau furieux, l'animal ne put s'échapper qu'en laissant la corne de son pied entre les mains de l'athlète; que les chevaux les plus vigoureux ne pouvaient faire avancer un char qu'il retenait par derrière d'une seule main. Il avait remporté plusieurs victoires dans les jeux publics; mais, comme il était venu trop tard à Olympie, il ne put être admis au concours. Nous apprîmes dans la suite la fin tragique de cet homme extraordinaire : il était entré, avec quelques-uns de ses amis, dans une caverne pour se garantir de la chaleur; la voûte de la caverne s'entr'ouvrit : ses amis s'enfuirent; Polydamas voulut soutenir la montagne et en fut écrasé[1].

Plus il est difficile de se distinguer parmi les nations policées, plus la vanité y devient inquiète et capable des plus grands excès. Dans un autre voyage que je fis à Olympie, j'y vis un médecin de Syracuse, Ménécrate, traînant à sa suite plusieurs de ceux qu'il avait guéris, et qui s'étaient obligés, avant le traitement, de le suivre partout. L'un paraissait avec les attributs d'Hercule, un autre avec ceux d'Apollon, d'autres avec ceux de Mercure ou d'Esculape. Pour lui, revêtu d'une robe de pourpre, ayant une couronne d'or sur la tête et un sceptre à la main, il se donnait en spectacle sous le nom de Jupiter, et courait le monde, escorté de ces nouvelles dignités. Il écrivit un jour au roi de Macédoine la lettre suivante :

« Ménécrate-Jupiter à Philippe, salut. Tu règnes dans la Macédoine, et moi dans la médecine; tu donnes la mort à ceux qui se portent bien, je rends la vie aux malades; ta garde est formée de

---

[1] Pausanias et Suidas font vivre cet athlète du temps de Darius Nothus, roi de Perse, environ soixante ans avant les jeux olympiques où je suppose qu'il se présenta pour combattre. Mais d'un autre côté les habitants de Pallène soutenaient que Polydamas avait été vaincu aux jeux olympiques par un de leurs concitoyens, nommé Promachus, qui vivait du temps d'Alexandre. Il est très-peu important d'éclaircir ce point de chronologie; mais j'ai dû annoncer la difficulté, afin qu'on ne me l'opposât pas.

CHAPITRE XXXVIII.

Macédoniens, les dieux composent la mienne. » Philippe lui répondit en deux mots qu'il lui souhaitait un retour de raison [1]. Quelque temps après, ayant appris qu'il était en Macédoine, il le fit venir, et le pria à souper. Ménécrate et ses compagnons furent placés sur des lits superbes et exhaussés ; devant eux était un autel chargé des prémices des moissons, et pendant qu'on présentait un excellent repas aux autres convives, on n'offrit que des parfums et des libations à ces nouveaux dieux, qui, ne pouvant supporter cet affront, sortirent brusquement de la salle et ne reparurent plus depuis.

Un autre trait ne sert pas moins à peindre les mœurs des Grecs et la légèreté de leur caractère. Il se donna un combat dans l'enceinte sacrée pendant qu'on célébrait les jeux, il y a huit ans. Ceux de Pise en avaient usurpé l'intendance sur les Éléens, qui voulaient reprendre leurs droits. Les uns et les autres, soutenus de leurs alliés, pénétrèrent dans l'enceinte : l'action fut vive et meurtrière. On vit les spectateurs sans nombre que les fêtes avaient attirés, et qui étaient presque tous couronnés de fleurs, se ranger tranquillement autour du champ de bataille, témoigner dans cette occasion la même espèce d'intérêt que pour les combats des athlètes, et applaudir tour à tour, avec les mêmes transports, aux succès de l'une et de l'autre armée [2].

Il me reste à parler des exercices qui demandent plus de force que les précédents, tels que la lutte, le pugilat, le pancrace et le pentathle. Je ne suivrai point l'ordre dans lequel ces combats furent donnés, et je commencerai par la lutte.

On se propose dans cet exercice de jeter son adversaire par terre et de le forcer à se déclarer vaincu. Les athlètes qui devaient concourir se tenaient dans un portique voisin; ils furent appelés à midi. Ils étaient au nombre de sept : on jeta autant de bulletins dans une boîte placée devant les présidents des jeux. Deux de ces bulletins étaient marqués de la lettre A, deux autres de la lettre B, deux autres d'un C, et le septième d'un D. On les agita dans la

---

[1] Plutarque (*Apophth. lacon.* t. II, p. 213) attribue cette réponse à Agésilas, à qui, suivant lui, la lettre était adressée.

[2] Une pareille scène, mais beaucoup plus horrible, fut renouvelée à Rome au commencement de l'empire. Les soldats de Vespasien et ceux de Vitellius se livrèrent un sanglant combat dans le Champ-de-Mars. Le peuple, rangé autour des deux armées, applaudissait alternativement aux succès de l'une et de l'autre (Tacit. *Hist.* lib. III, cap. 83). Cependant on voit dans ces deux exemples parallèles une différence frappante. A Olympie, les spectateurs ne montrèrent qu'un intérêt de curiosité ; au Champ-de-Mars, ils se livrèrent aux excès de la joie et de la barbarie. Sans recourir à la différence des caractères et des mœurs, on peut dire que, dans ces deux occasions, la bataille était étrangère aux premiers, et qu'elle était pour les seconds une suite de leurs guerres civiles.

boîte; chaque athlète prit le sien, et l'un des présidents appareilla ceux qui avaient tiré la même lettre. Ainsi il y eut trois couples de lutteurs, et le septième fut réservé pour combattre contre le vainqueur des autres. Ils se dépouillèrent de tout vêtement, et, après s'être frottés d'huile, ils se roulèrent dans le sable, afin que leurs adversaires eussent moins de prise en voulant les saisir.

Aussitôt un Thébain et un Argien s'avancent dans le Stade: ils s'approchent, se mesurent des yeux et s'empoignent par les bras. Tantôt, appuyant leur front l'un contre l'autre, ils se poussent avec une action égale, paraissent immobiles et s'épuisent en efforts superflus; tantôt ils s'ébranlent par des secousses violentes, s'entrelacent comme des serpents, s'allongent, se raccourcissent, se plient en avant, en arrière, sur les côtés: une sueur abondante coule de leurs membres affaiblis; ils respirent un moment, se prennent par le milieu du corps, et, après avoir employé de nouveau la ruse et la force, le Thébain enlève son adversaire; mais il plie sous le poids: ils tombent, se roulent dans la poussière, et reprennent tour à tour le dessus. A la fin le Thébain, par l'entrelacement de ses jambes et de ses bras, suspend tous les mouvements de son adversaire qu'il tient sous lui, le serre à la gorge et le force à lever la main pour marque de sa défaite. Ce n'est pas assez néanmoins pour obtenir la couronne; il faut que le vainqueur terrasse au moins deux fois son rival, et communément ils en viennent trois fois aux mains. L'Argien eut l'avantage dans la seconde action, et le Thébain reprit le sien dans la troisième.

Après que les deux autres couples de lutteurs eurent achevé leurs combats, les vaincus se retirèrent accablés de honte et de douleur. Il restait trois vainqueurs, un Agrigentin, un Éphésien et le Thébain dont j'ai parlé. Il restait aussi un Rhodien que le sort avait réservé. Il avait l'avantage d'entrer tout frais dans la lice; mais il ne pouvait remporter le prix sans livrer plus d'un combat. Il triompha de l'Agrigentin, fut terrassé par l'Éphésien, qui succomba sous le Thébain: ce dernier obtint la palme. Ainsi une première victoire doit en amener d'autres; et, dans un concours de sept athlètes, il peut arriver que le vainqueur soit obligé de lutter contre quatre antagonistes, et d'engager avec chacun d'eux jusqu'à trois actions différentes.

Il n'est pas permis dans la lutte de porter des coups à son adversaire; dans le pugilat, il n'est permis que de le frapper. Huit athlètes se présentèrent pour ce dernier exercice et furent, ainsi que les lutteurs, appareillés par le sort. Ils avaient la tête couverte d'une calotte d'airain, et leurs poings étaient assujettis par des espèces de gantelets formés de lanières de cuir qui se croisaient en tous sens.

Les attaques furent aussi variées que les accidents qui les suivirent. Quelquefois on voyait deux athlètes faire divers mouvements pour n'avoir pas le soleil devant les yeux, passer des heures entières à s'observer, à épier chacun l'instant où son adversaire laisserait une partie de son corps sans défense, à tenir leurs bras élevés et tendus de manière à mettre leur tête à couvert, à les agiter rapidement pour empêcher l'ennemi d'approcher. Quelquefois ils s'attaquaient avec fureur, et faisaient pleuvoir l'un sur l'autre une grêle de coups. Nous en vîmes qui, se précipitant les bras levés sur leur ennemi prompt à les éviter, tombaient pesamment sur la terre et se brisaient tout le corps; d'autres qui, épuisés et couverts de blessures mortelles, se soulevaient tout à coup et prenaient de nouvelles forces dans leur désespoir; d'autres enfin qu'on retirait du champ de bataille n'ayant sur le visage aucun trait qu'on pût reconnaître, et ne donnant d'autres signes de vie que le sang qu'ils vomissaient à gros bouillons.

Je frémissais à la vue de ce spectacle; et mon âme s'ouvrait tout entière à la pitié quand je voyais de jeunes enfants faire l'apprentissage de tant de cruautés : car on les appelait aux combats de la lutte et du ceste avant que d'appeler les hommes faits. Cependant les Grecs se repaissaient avec plaisir de ces horreurs; ils animaient par leurs cris ces malheureux acharnés les uns contre les autres; et les Grecs sont doux et humains! Certes, les dieux nous ont accordé un pouvoir bien funeste et bien humiliant, celui de nous accoutumer à tout, et d'en venir au point de nous faire un jeu de la barbarie ainsi que du vice.

Les exercices cruels auxquels on élève ces enfants les épuisent de si bonne heure que, dans les listes des vainqueurs aux jeux olympiques, on en trouve à peine deux ou trois qui aient remporté le prix dans leur enfance et dans un âge plus avancé.

Dans les autres exercices il est aisé de juger du succès; dans le pugilat, il faut que l'un des combattants avoue sa défaite. Tant qu'il lui reste un degré de force, il ne désespère pas de la victoire, parce qu'elle peut dépendre de ses efforts et de sa fermeté. On nous raconta qu'un athlète, ayant eu les dents brisées par un coup terrible, prit le parti de les avaler; et que son rival, voyant son attaque sans effet, se crut perdu sans ressource et se déclara vaincu.

Cet espoir fait qu'un athlète cache ses douleurs sous un air menaçant et une contenance fière; qu'il risque souvent de périr; qu'il périt en effet quelquefois, malgré l'attention du vainqueur et la sévérité des lois qui défendent à ce dernier de tuer son adversaire, sous peine d'être privé de la couronne. La plupart, en échappant à ce danger, restent estropiés toute leur vie, ou conservent des cicatrices qui les défigurent. De là vient peut-être que cet exercice est le moins estimé de tous, et qu'il est presque entièrement abandonné aux gens du peuple.

Au reste, ces hommes durs et féroces supportent plus facilement les coups et les blessures que la chaleur qui les accable ; car ces combats se donnent dans le canton de la Grèce, dans la saison de l'année, dans l'heure du jour où les feux du soleil sont si ardents, que les spectateurs ont de la peine à les soutenir.

Ce fut dans le moment qu'ils semblaient redoubler de violence que se donna le combat du pancrace, exercice composé de la lutte et du pugilat, à cette différence près que les athlètes, ne devant pas se saisir au corps, n'ont point les mains armées de gantelets, et portent des coups moins dangereux. L'action fut bientôt terminée : il était venu la veille un Sicyonien nommé Sostrato, célèbre par la quantité de couronnes qu'il avait recueillies et par les qualités qui les lui avaient procurées. La plupart de ses rivaux furent écartés par sa présence, les autres par ses premiers essais ; car, dans ces préliminaires où les athlètes préludent en se prenant par les mains, il serrait et tordait avec tant de violence les doigts de ses adversaires qu'il décidait sur-le-champ la victoire en sa faveur.

Les athlètes dont j'ai fait mention ne s'étaient exercés que dans ce genre ; ceux dont je vais parler s'exercent dans toutes les espèces de combats. En effet, le pentathle comprend non-seulement la course à pied, la lutte, le pugilat et le pancrace, mais encore le saut, le jet du disque et celui du javelot.

Dans ce dernier exercice, il suffit de lancer le javelot et de frapper au but proposé. Les disques ou palets sont des masses de métal ou de pierre de forme lenticulaire, c'est-à-dire rondes, et plus épaisses dans le milieu que vers les bords, très-lourdes, d'une surface très-polie, et par là même très-difficiles à saisir. On en conserve trois à Olympie qu'on présente à chaque renouvellement des jeux, et dont l'un est percé d'un trou pour y passer une courroie. L'athlète, placé sur une petite élévation pratiquée dans le Stade, tient le palet avec sa main, ou par le moyen d'une courroie l'agite circulairement, et le lance de toutes ses forces ; le palet vole dans les airs, tombe et roule dans la lice. On marque l'endroit où il s'arrête, et c'est à le dépasser que tendent les efforts successifs des autres athlètes.

Il faut obtenir le même avantage dans le saut, exercice dont tous les mouvements s'exécutent au son de la flûte. Les athlètes tiennent dans leurs mains des contre-poids qui, dit-on, leur facilitent les moyens de franchir un plus grand espace. Quelques-uns s'élancent au delà de cinquante pieds [1].

Les athlètes qui disputent le prix du pentathle doivent, pour l'obtenir, triompher au moins dans les trois premiers combats auxquels ils s'engagent. Quoiqu'ils ne puissent pas se mesurer en particulier avec les athlètes de chaque profession, ils sont néanmoins très-estimés, parce qu'en s'appliquant à donner au corps la force, la souplesse et la légèreté dont il est susceptible, ils remplissent tous les objets qu'on s'est proposés dans l'institution des jeux et de la gymnastique.

Le dernier jour des fêtes fut destiné à couronner les vainqueurs. Cette cérémonie glorieuse pour eux se fit dans le bois sacré, et fut précédée par des sacrifices pompeux. Quand ils furent achevés, les vainqueurs, à la suite des présidents des jeux, se rendirent au théâtre, parés de riches habits, et tenant une palme à la main. Ils marchaient dans l'ivresse de la joie, au son des flûtes, entourés d'un peuple immense dont les applaudissements faisaient retentir les airs. On voyait ensuite paraître d'autres athlètes montés sur des chevaux et sur des chars. Leurs coursiers superbes se montraient avec toute la fierté de la victoire; ils étaient ornés de fleurs, et semblaient participer au triomphe.

Parvenus au théâtre, les présidents des jeux firent commencer l'hymne composé autrefois par le poète Archiloque, et destiné à relever la gloire des vainqueurs et l'éclat de cette cérémonie. Après que les spectateurs eurent joint à chaque reprise leurs voix à celle des musiciens, le héraut se leva et annonça que Porus de Cyrène avait remporté le prix du Stade. Cet athlète se présenta devant le chef des présidents, qui lui mit sur la tête une couronne d'olivier sauvage, cueillie, comme toutes celles qu'on distribue à Olympie, sur un arbre qui est derrière le temple de Jupiter, et qui est devenu par sa destination l'objet de la vénération publique. Aussitôt toutes ces expressions de joie et d'admiration dont on l'avait honoré dans le moment de sa victoire se renouvelèrent avec tant de force et de profusion, que Porus me parut au comble de la gloire. C'est en effet à cette hauteur que tous les assistants le voyaient placé; et je n'étais plus surpris des épreuves laborieuses auxquelles se soumettent les athlètes, ni des efforts extraordinaires que ce concert de louanges a produits plus d'une fois.

[1] Quarante-sept de nos pieds, plus deux pouces huit lignes.

On nous disait, à cette occasion, que le sage Chilon expira de joie en embrassant son fils qui venait de remporter la victoire, et que l'assemblée des jeux olympiques se fit un devoir d'assister à ses funérailles. Dans le siècle dernier, ajoutait-on, nos pères furent témoins d'une scène encore plus intéressante.

Diagoras de Rhodes, qui avait rehaussé l'éclat de sa naissance par une victoire remportée dans nos jeux, amena dans ces lieux deux de ses enfants, qui concoururent et méritèrent la couronne. A peine l'eurent-ils reçue, qu'ils la posèrent sur la tête de leur père, et, le prenant sur leurs épaules, le menèrent en triomphe au milieu des spectateurs, qui le félicitaient en jetant des fleurs sur lui, et dont quelques-uns lui disaient : Mourez, Diagoras, car vous n'avez plus rien à désirer. Le vieillard, ne pouvant suffire à son bonheur, expira aux yeux de l'assemblée attendrie de ce spectacle, baigné des pleurs de ses enfants, qui le pressaient entre leurs bras.

Ces éloges donnés aux vainqueurs sont quelquefois troublés ou plutôt honorés par les fureurs de l'envie. Aux acclamations publiques j'entendis quelquefois se mêler des sifflements de la part de plusieurs particuliers nés dans les villes ennemies de celles qui avaient donné le jour aux vainqueurs.

A ces traits de jalousie, je vis succéder des traits non moins frappants d'adulation ou de générosité. Quelques-uns de ceux qui avaient remporté le prix à la course des chevaux et des chars faisaient proclamer à leur place des personnes dont ils voulaient se ménager la faveur ou conserver l'amitié. Les athlètes qui triomphent dans les autres combats, ne pouvant se substituer personne, ont aussi des ressources pour satisfaire leur avarice ; ils se disent, au moment de la proclamation, originaires d'une ville de laquelle ils ont reçu des présents, et risquent ainsi d'être exilés de leur patrie, dont ils ont sacrifié la gloire. Le roi Denys, qui trouvait plus facile d'illustrer sa capitale que de la rendre heureuse, envoya plus d'une fois des agents à Olympie pour engager les vainqueurs des jeux à se déclarer Syracusains ; mais comme l'honneur ne s'acquiert pas à prix d'argent, ce fut une égale honte pour lui d'avoir corrompu les uns et de n'avoir pu corrompre les autres.

La voie de séduction est souvent employée pour écarter un concurrent redoutable, pour l'engager à céder la victoire en ménageant ses forces, pour tenter l'intégrité des juges ; mais les athlètes convaincus de ces manœuvres sont fouettés avec des verges, ou condamnés à de fortes amendes. Les inscriptions dont elles sont accompagnées éternisent la nature du délit et le nom des coupables.

Le jour même du couronnement, les vainqueurs offrirent des sacrifices en actions de grâces; ils furent inscrits dans les registres publics des Éléens, et magnifiquement traités dans une salle du Prytanée. Les jours suivants, ils donnèrent eux-mêmes des repas dont la musique et la danse augmentèrent les agréments. La poésie fut ensuite chargée d'immortaliser leurs noms, et la sculpture de les représenter sur le marbre ou sur l'airain, quelques-uns dans la même attitude où ils avaient remporté la victoire.

Suivant l'ancien usage, ces hommes, déjà comblés d'honneur sur le champ de bataille, rentrent dans leur patrie avec tout l'appareil du triomphe, précédés et suivis d'un cortége nombreux, vêtus d'une robe teinte en pourpre, quelquefois sur un char à deux ou quatre chevaux, et par une brèche pratiquée dans le mur de la ville. On cite encore l'exemple d'un citoyen d'Agrigente en Sicile, nommé Exénète, qui parut dans cette ville sur un char magnifique, et accompagné d'une quantité d'autres chars, parmi lesquels on en distinguait trois cents attelés de chevaux blancs.

En certains endroits, le trésor public leur fournit une subsistance honnête; en d'autres, ils sont exempts de toute charge: à Lacédémone, ils ont l'honneur, dans un jour de bataille, de combattre auprès du roi: presque partout ils ont la préséance à la représentation des jeux; et le titre de vainqueur olympique, ajouté à leur nom, leur concilie une estime et des égards qui font le bonheur de leur vie.

Quelques-uns font rejaillir les distinctions qu'ils reçoivent sur les chevaux qui les leur ont procurées; ils leur ménagent une vieillesse heureuse; ils leur accordent une sépulture honorable, et quelquefois même ils élèvent des pyramides sur leurs tombeaux.

CHAPITRE XXXIX.

SUITE DU VOYAGE DE L'ÉLIDE.

Xénophon à Scillonte.

Xénophon avait une habitation à Scillonte, petite ville située à vingt stades d'Olympie[1]. Quelques années auparavant, les troubles du Péloponnèse l'avaient obligé de s'en éloigner, et d'aller s'établir à Corinthe, où je le trouvai lorsque j'arrivai en Grèce[2].

---

[1] Environ trois quarts de lieue.
[2] Voyez le chapitre IX de cet ouvrage.

Dès qu'ils furent apaisés, il revint à Scillonte[1], et le lendemain nous nous rendîmes chez lui avec Diodore son fils, qui ne nous avait pas quittés pendant tout le temps qu'elles durèrent.

Le domaine de Xénophon était considérable. Il en devait une partie à la générosité des Lacédémoniens; il avait acheté l'autre pour la consacrer à Diane, et s'acquitter ainsi d'un vœu qu'il fit en revenant de Perse. Il réservait le dixième du produit pour l'entretien d'un temple qu'il avait construit en l'honneur de la déesse, et pour un pompeux sacrifice qu'il renouvelait tous les ans.

Auprès du temple s'élève un verger qui donne diverses espèces de fruits. Le Sélinus, petite rivière abondante en poissons, promène avec lenteur ses eaux limpides au pied d'une riche colline, à travers des prairies où paissent tranquillement les animaux destinés aux sacrifices. Au dedans, au dehors de la terre sacrée, des bois, distribués dans la plaine ou sur la montagne, servent de retraite aux chevreuils, aux cerfs et aux sangliers.

C'est dans cet heureux séjour que Xénophon avait composé la plupart de ses ouvrages, et que depuis une longue suite d'années il coulait des jours consacrés à la philosophie, à la bienfaisance, à l'agriculture, à la chasse, à tous les exercices qui entretiennent la liberté de l'esprit et la santé du corps. Ses premiers soins furent de nous procurer les amusements assortis à notre âge et ceux que la campagne offre à un âge plus avancé. Il nous montrait ses chevaux, ses plantations, les détails de son ménage; et nous vîmes presque partout réduits en pratique les préceptes qu'il avait semés dans ses différents ouvrages. D'autres fois il nous exhortait à aller à la chasse, qu'il ne cessait de recommander aux jeunes gens comme l'exercice le plus propre à les accoutumer aux travaux de la guerre.

Diodore nous menait souvent à celle des cailles, des perdrix et de plusieurs sortes d'oiseaux. Nous en tirions de leurs cages pour les attacher au milieu de nos filets. Les oiseaux de même espèce, attirés par leurs cris, tombaient dans le piége, et perdaient la vie ou la liberté.

Ces jeux en amenaient d'autres plus vifs et plus variés. Diodore avait plusieurs meutes de chiens, l'une pour le lièvre, une autre

---

[1] Peu de temps avant la bataille de Mantinée, donnée en 362 avant J.-C., les Éléens détruisirent Scillonte, et Xénophon prit le parti de se retirer à Corinthe. C'est là que je le place dans le neuvième chapitre de cet ouvrage. Un auteur ancien prétend qu'il y finit ses jours. Cependant, au rapport de Pausanias, on conservait son tombeau dans le canton de Scillonte; et Plutarque assure que c'est dans cette retraite que Xénophon composa son histoire, qui descend jusqu'à l'année 357 avant J.-C. On peut donc supposer qu'après avoir fait quelque séjour à Corinthe il revint à Scillonte, et qu'il y passa les dernières années de sa vie.

pour le cerf, une troisième, tirée de la Laconie ou de la Locride, pour le sanglier. Il les connaissait tous par leurs noms[1], leurs défauts et leurs bonnes qualités. Il savait mieux que personne la tactique de cette espèce de guerre, et en parlait aussi bien que son père en avait écrit. Voici comment se faisait la chasse du lièvre.

On avait tendu des filets de différentes grandeurs dans les sentiers et dans les issues secrètes par où l'animal pouvait s'échapper. Nous sortîmes habillés à la légère, un bâton à la main. Le piqueur détacha un des chiens; et dès qu'il le vit sur la voie, il découpla les autres, et bientôt le lièvre fut lancé. Dans ce moment tout sert à redoubler l'intérêt, les cris de la meute, ceux des chasseurs qui l'animent, les courses et les ruses du lièvre, qu'on voit dans un clin d'œil parcourir la plaine et les collines, franchir les fossés, s'enfoncer dans les taillis, paraître et disparaître plusieurs fois, et finir par s'engager dans l'un des pièges qui l'attendent au passage. Un garde placé tout auprès s'empare de la proie et la présente aux chasseurs, qu'il appelle de la voix et du geste. Dans la joie du triomphe, on commence une nouvelle battue. Nous en faisions plusieurs dans la journée. Quelquefois le lièvre nous échappait en passant le Sélinus à la nage.

A l'occasion du sacrifice que Xénophon offrait tous les ans à Diane, ses voisins, hommes et femmes, se rendaient à Scillonte. Il traitait lui-même ses amis. Le trésor du temple était chargé de l'entretien des autres spectateurs. On leur fournissait du vin, du pain, de la farine, des fruits, et une partie des victimes immolées; on leur distribuait aussi les sangliers, les cerfs et les chevreuils qu'avait fait tomber sous ses coups la jeunesse des environs, qui, pour se trouver aux différentes chasses, s'était rendue à Scillonte quelques jours avant la fête.

Pour la chasse du sanglier, nous avions des épieux, des javelots et de gros filets. Les pieds de l'animal récemment gravés sur le terrain, l'impression de ses dents restée sur l'écorce des arbres et d'autres indices nous menèrent auprès d'un taillis fort épais.

On détacha un chien de Laconie; il suivit la trace, et, parvenu au fort où se tenait l'animal, il nous avertit par un cri de sa découverte. On le retira aussitôt; on dressa les filets dans les refuites; nous prîmes nos postes. Le sanglier arriva de mon côté. Loin de s'engager dans le filet, il s'arrêta et soutint pendant quel-

---

[1] On avait soin de donner aux chiens des noms très-courts et composés de deux syllabes, tels que Thymos, Lochos, Phylax, Phonex, Brémon, Psyché, Hébé, etc. (Xénoph. *De venat.* p. 987.)

ques moments l'attaque de la meute entière, dont les aboiements faisaient retentir la forêt, et celle des chasseurs qui s'approchaient pour lui lancer des traits et des pierres. Bientôt après il fondit sur Moschion, qui l'attendit de pied ferme dans le dessein de l'enferrer; mais l'épieu glissa sur l'épaule et tomba des mains du chasseur, qui sur-le-champ prit le parti de se coucher la face contre terre.

Je crus sa perte assurée. Déjà le sanglier, ne trouvant point de prise pour le soulever, le foulait aux pieds, lorsqu'il vit Diodore qui accourait au secours de son compagnon: il s'élança aussitôt sur ce nouvel ennemi, qui, plus adroit ou plus heureux, lui plongea son épieu à la jointure de l'épaule. Nous eûmes alors un exemple effrayant de la férocité de cet animal. Quoique atteint d'un coup mortel, il continua de s'avancer avec fureur contre Diodore, et s'enfonça lui-même le fer jusqu'à la garde. Plusieurs de nos chiens furent tués ou blessés dans cette action, moins pourtant que dans une seconde où le sanglier se fit battre pendant toute une journée. D'autres sangliers, poursuivis par les chiens, tombèrent dans des piéges qu'on avait couverts de branches.

Les jours suivants des cerfs périrent de la même manière. Nous en lançâmes plusieurs autres, et notre meute les fatigua tellement qu'ils s'arrêtaient à la portée de nos traits, ou se jetaient tantôt dans des étangs, et tantôt dans la mer.

Pendant tout le temps que durèrent les chasses, la conversation n'avait pas d'autre objet. On racontait les moyens imaginés par différents peuples pour prendre les lions, les panthères, les ours et les diverses espèces d'animaux féroces. En certains endroits on mêle du poison aux eaux stagnantes et aux aliments dont ils apaisent leur faim ou leur soif; en d'autres, des cavaliers forment une enceinte pendant la nuit autour de l'animal, et l'attaquent au point du jour, souvent au risque de leur vie. Ailleurs on creuse un fossé large et profond; on y laisse en réserve une colonne de terre, sur laquelle on attache une chèvre; tout autour est construite une palissade impénétrable et sans issue: l'animal sauvage, attiré par les cris de la chèvre, saute par-dessus la barrière, tombe dans la fosse et ne peut plus en sortir.

On disait encore qu'il s'est établi entre les éperviers et les habitants d'un canton de la Thrace une espèce de société; que les premiers poursuivent les petits oiseaux et les forcent de se rabattre sur la terre; que les seconds les tuent à coups de bâton, les prennent aux filets, et partagent leur proie avec leurs associés. Je doute du fait; mais, après tout, ce ne serait pas la première fois que des ennemis irréconciliables se seraient réunis pour ne laisser aucune ressource à la faiblesse.

Comme rien n'est si intéressant que d'étudier un grand homme dans sa retraite, nous passions une partie de la journée à nous entretenir avec Xénophon, à l'écouter, à l'interroger, à le suivre dans les détails de sa vie privée. Nous retrouvions dans ses conversations la douceur et l'élégance qui règnent dans ses écrits. Il avait tout à la fois le courage des grandes choses et celui des petites, beaucoup plus rare et plus nécessaire que le premier : il devait à l'un une fermeté inébranlable, à l'autre une patience invincible.

Quelques années auparavant sa fermeté fut mise à la plus rude épreuve pour un cœur sensible. Gryllus, l'aîné de ses fils, qui servait dans la cavalerie athénienne, ayant été tué à la bataille de Mantinée, cette nouvelle fut annoncée à Xénophon au moment qu'entouré de ses amis et de ses domestiques il offrait un sacrifice. Au milieu des cérémonies, un murmure confus et plaintif se fit entendre ; le courrier s'approche. Les Thébains ont vaincu, lui dit-il, et Gryllus... Des larmes abondantes l'empêchent d'achever. Comment est-il mort ? répond ce malheureux père en ôtant la couronne qui lui ceignait le front. Après les plus beaux exploits, avec les regrets de toute l'armée, reprit le courrier. A ces mots Xénophon remit la couronne sur sa tête, et acheva le sacrifice. Je voulus un jour lui parler de cette perte ; il se contenta de me répondre : Hélas ! je savais qu'il était mortel. Et il détourna la conversation.

Une autre fois nous lui demandâmes comment il avait connu Socrate. J'étais bien jeune, dit-il, je le rencontrai dans une rue d'Athènes fort étroite : il me barra le chemin avec son bâton, et me demanda où l'on trouvait les choses nécessaires à la vie. Au marché, lui répondis-je. Mais, répliqua-t-il, où trouve-t-on à devenir honnête homme ? Comme j'hésitais, il me dit : Suivez-moi, et vous l'apprendrez. Je le suivis, et ne le quittai que pour me rendre à l'armée de Cyrus. A mon retour, j'appris que les Athéniens avaient fait mourir le plus juste des hommes. Je n'eus d'autre consolation que de transmettre par mes écrits les preuves de son innocence aux nations de la Grèce, et peut-être même à la postérité. Je n'en ai pas de plus grande maintenant que de rappeler sa mémoire et de m'entretenir de ses vertus.

Comme nous partagions un intérêt si vif et si tendre, il nous instruisit en détail du système de vie que Socrate avait embrassé, et nous exposa sa doctrine telle qu'elle était en effet, bornée uniquement à la morale, sans mélanges de dogmes étrangers, sans toutes ces discussions de physique et de métaphysique que Platon a prêtées à son maître.

Comment pourrais-je blâmer Platon, pour qui je conserve une vénération profonde? Cependant, il faut l'avouer, c'est moins dans ses dialogues que dans ceux de Xénophon qu'on doit étudier les opinions de Socrate. Je tâcherai de les développer dans la suite de cet ouvrage, enrichi presque partout des lumières que je dois aux conversations de Scillonte.

L'esprit orné de connaissances utiles, et depuis long-temps exercé à la réflexion, Xénophon écrivit pour rendre les hommes meilleurs en les éclairant; et tel était son amour pour la vérité, qu'il ne travailla pour la politique qu'après avoir approfondi la nature des gouvernements; sur l'histoire, que pour raconter des faits qui, pour la plupart, s'étaient passés sous ses yeux; sur l'art militaire, qu'après avoir servi et commandé avec la plus grande distinction; sur la morale, qu'après avoir pratiqué les leçons qu'il en donnait aux autres.

J'ai connu peu de philosophes aussi vertueux, peu d'hommes aussi aimables. Avec quelle complaisance et quelle grâce il répondait à nos questions! Nous promenant un jour sur les bords du Sélinus, Diodore, Philotas et moi, nous eûmes une dispute assez vive sur la tyrannie des passions. Ils prétendaient que l'amour même ne pouvait nous asservir malgré nous. Je soutenais le contraire. Xénophon survint; nous le prîmes pour juge; il nous raconta l'histoire suivante:

Après la bataille que le grand Cyrus gagna contre les Assyriens, on partagea le butin, et on réserva pour ce prince une tente superbe et une captive qui surpassait toutes les autres en beauté: c'était Panthée, reine de la Susiane. Abradate, son époux, était allé dans la Bactriane chercher des secours pour l'armée des Assyriens.

Cyrus refusa de la voir, et en confia la garde à un jeune seigneur mède, nommé Araspe, qui avait été élevé avec lui. Araspe décrivit la situation humiliante où elle se trouvait quand elle s'offrit à ses yeux. « Elle était, dit-il, dans sa tente, assise par terre, entourée de ses femmes, vêtue comme une esclave, la tête baissée et couverte d'un voile. Nous lui ordonnâmes de se lever: toutes ses femmes se levèrent à la fois. Un de nous cherchant à la consoler: Nous savons, lui dit-il, que votre époux a mérité votre amour par ses qualités brillantes; mais Cyrus, à qui vous êtes destinée, est le prince le plus accompli d'Orient. A ces mots elle déchira son voile, et ses sanglots, mêlés avec les cris de ses suivantes, nous peignirent toute l'horreur de son état. Nous eûmes alors plus de temps pour la considérer, et nous pouvons vous assurer que jamais l'Asie n'a produit une pareille beauté; mais vous en jugerez bientôt vous-même.

— Non, dit Cyrus; votre récit est un nouveau motif pour moi d'éviter sa présence; si je la voyais une fois, je voudrais la voir encore, et je risquerais d'oublier auprès d'elle le soin de ma gloire et de mes conquêtes. — Et pensez-vous, reprit le jeune Mède, que la beauté exerce son empire avec tant de force qu'elle puisse nous écarter de notre devoir malgré nous-mêmes? Pourquoi donc ne soumet-elle pas également tous les cœurs? D'où vient que nous n'oserions porter des regards incestueux sur celles de qui nous tenons le jour, ou qui l'ont reçu de nous? C'est que la loi nous le défend; elle est donc plus forte que l'amour? Mais s elle nous ordonnait d'être insensibles à la faim et à la soif, au froid et à la chaleur, ses ordres seraient suivis de la révolte de tous nos sens. C'est que la nature est plus forte que la loi. Ainsi rien ne pourrait résister à l'amour s'il était invincible par lui-même; ainsi on n'aime que quand on veut aimer.

— Si l'on était le maître de s'imposer ce joug, dit Cyrus, on ne le serait pas moins de le secouer. Cependant j'ai vu des amants verser des larmes de douleur sur la perte de leur liberté, et s'agiter dans des chaînes qu'ils ne pouvaient ni rompre ni porter.

— C'étaient, répondit le jeune homme, de ces cœurs lâches qui font un crime à l'amour de leurs propres faiblesses. Les âmes généreuses soumettent leurs passions à leur devoir.

— Araspe! Araspe! dit Cyrus en le quittant, ne voyez pas si souvent la princesse. »

Panthée joignait aux avantages de la figure des qualités que le malheur rendait encore plus touchantes. Araspe crut devoir lui accorder des soins, qu'il multipliait sans s'en apercevoir; et, comme elle y répondait par des attentions qu'elle ne pouvait lui refuser, il confondit ces expressions de reconnaissance avec le désir de plaire, et conçut insensiblement pour elle un amour si effréné qu'il ne put plus le contenir dans le silence. Panthée en rejeta l'aveu sans hésiter; mais elle n'en avertit Cyrus que lorsque Araspe l'eut menacée d'en venir aux dernières extrémités.

Cyrus fit dire aussitôt à son favori qu'il devait employer auprès de la princesse les voies de la persuasion et non celles de la violence. Cet avis fut un coup de foudre pour Araspe. Il rougit de sa conduite; et la crainte d'avoir déplu à son maître le remplit tellement de honte et de douleur que Cyrus, touché de son état, le fit venir en sa présence. « Pourquoi, lui dit-il, craignez-vous de m'aborder? Je sais très-bien que l'amour se joue de la sagesse des hommes et de la puissance des dieux. Moi-même, ce n'est qu'en l'évitant que je me soustrais à ses coups. Je ne vous impute point une faute dont je suis le premier auteur; c'est moi qui, en vous confiant la princesse, vous ai exposé à des dangers au-dessus de vos forces. — Eh quoi! s'écria le jeune Mède, tandis que mes ennemis triomphent, que mes amis consternés me conseillent de me dérober à votre colère, que tout le monde se réunit pour m'accabler, c'est mon roi qui daigne me consoler! O Cyrus! vous êtes toujours semblable à vous-même, toujours indulgent pour des faiblesses que vous ne partagez pas, et que vous excusez parce que vous connaissez les hommes.

— Profitons, reprit Cyrus, de la disposition des esprits. Je veux être instruit des forces et des projets de mes ennemis : passez dans leur camp; votre fuite simulée aura l'air d'une disgrâce et vous attirera leur confiance. — J'y vole, répondit Araspe, trop heureux d'expier ma faute par un si faible service. — Mais pourrez-vous, dit Cyrus, vous séparer de la belle Panthée? — Je l'avouerai, répliqua le jeune Mède, mon cœur est déchiré, et je ne sens que trop aujourd'hui que nous avons en nous-mêmes deux âmes, dont l'une nous porte sans cesse vers le mal et l'autre vers le bien. Je m'étais livré jusqu'à présent à la première; mais, fortifié de votre secours, la seconde va triompher de sa rivale. » Araspe reçut ensuite des ordres secrets et partit pour l'armée des Assyriens.

Ayant achevé ces mots, Xénophon garda le silence. Nous en parûmes surpris. La question n'est-elle pas résolue? nous dit-il. Oui, répondit Philotas; mais l'histoire n'est pas finie, et elle nous intéresse plus que la question. Xénophon sourit, et continua de cette manière :

Panthée, instruite de la retraite d'Araspe, fit dire à Cyrus qu'elle pouvait lui ménager un ami plus fidèle et peut-être plus utile que ce jeune favori. C'était Abradate, qu'elle voulait détacher du service du roi d'Assyrie, dont il avait lieu d'être mécontent. Cyrus ayant donné son agrément à cette négocation, Abradate, à la tête de deux mille cavaliers, s'approcha de l'armée des Perses, et Cyrus le fit aussitôt conduire à l'appartement de Panthée. Dans ce désordre d'idées et de sentiments que produit un bonheur attendu depuis long-temps et presque sans espoir, elle lui fit le récit de sa captivité, de ses souffrances, des projets d'Araspe, de la générosité de Cyrus; et son époux, impatient d'exprimer sa reconnaissance,

CHAPITRE XXXIX.

courut auprès de ce prince, et, lui serrant la main : « Ah, Cyrus! lui dit-il, pour tout ce que je vous dois, je ne puis vous offrir que mon amitié, mes services et mes soldats. Mais soyez bien assuré que, quels que soient vos projets, Abradate en sera toujours le plus ferme soutien. » Cyrus reçut ses offres avec transport, et ils concertèrent ensemble les dispositions de la bataille.

Les troupes des Assyriens, des Lydiens et d'une grande partie de l'Asie étaient en présence de l'armée de Cyrus. Abradate devait attaquer la redoutable phalange des Égyptiens : c'était le sort qui l'avait placé dans ce poste dangereux, qu'il avait demandé lui-même, et que les autres généraux avaient d'abord refusé de lui céder.

Il allait monter sur son char, lorsque Panthée vint lui présenter des armes qu'elle avait fait préparer en secret, et sur lesquelles on remarquait les dépouilles des ornements dont elle se parait quelquefois. « Vous m'avez donc sacrifié jusqu'à votre parure! lui dit le prince attendri. — Hélas! répondit-elle, je n'en veux pas d'autre, si ce n'est que vous paraissiez aujourd'hui à tout le monde tel que vous me paraissez sans cesse à moi-même. » En disant ces mots, elle le couvrait de ses armes brillantes, et ses yeux versaient des pleurs qu'elle s'empressait de cacher.

Quand elle le vit saisir les rênes, elle fit écarter les assistants et lui tint ce discours : « Si jamais une femme a mille fois plus aimé son époux qu'elle-même, c'est la vôtre, sans doute, et sa conduite doit vous le prouver mieux que ses paroles. Eh bien! malgré la violence de ce sentiment, j'aimerais mieux, et j'en jure par les liens qui nous unissent, j'aimerais mieux expirer avec vous dans le sein de l'honneur que de vivre avec un époux dont j'aurais à partager la honte. Souvenez-vous des obligations que nous avons à Cyrus ; souvenez-vous que j'étais dans les fers et qu'il m'en a tirée ; que j'étais exposée à l'insulte, et qu'il a pris ma défense ; souvenez-vous, enfin, que je l'ai privé de son ami, et qu'il a cru, sur mes promesses, en trouver un plus vaillant et sans doute plus fidèle dans mon cher Abradate. »

Le prince, ravi d'entendre ces paroles, étendit la main sur la tête de son épouse, et, levant les yeux au ciel : « Grands dieux! s'écria-t-il, faites que je me montre aujourd'hui digne ami de Cyrus, et surtout digne époux de Panthée. » Aussitôt il s'élança dans le char, sur lequel cette princesse éperdue n'eut que le temps d'appliquer sa bouche tremblante. Dans l'égarement de ses esprits, elle le suivit à pas précipités dans la plaine ; mais Abradate, s'en étant aperçu, la conjura de se retirer et de s'armer de courage. Ses eunuques et ses femmes s'approchèrent alors et la dérobèrent aux regards de la multitude, qui, toujours fixés sur elle, n'avaient pu contempler ni la beauté d'Abradate, ni la magnificence de ses vêtements.

La bataille se donna près du Pactole. L'armée de Crœsus fut entièrement défaite. Le vaste empire des Lydiens s'écroula dans un instant, et celui des Perses s'éleva sur ses ruines.

Le jour qui suivit la victoire, Cyrus, étonné de n'avoir point revu Abradate, en demanda des nouvelles avec inquiétude; et l'un de ses officiers lui apprit que ce prince, abandonné presque au commencement de l'action par une partie de ses troupes, n'en avait pas moins attaqué avec la plus grande valeur la phalange égyptienne; qu'il avait été tué après avoir vu périr tous ses amis autour de lui; que Panthée avait fait transporter son corps sur les bords du Pactole, et qu'elle était occupée à lui élever un tombeau.

Cyrus, pénétré de douleur, ordonne aussitôt de porter en ce lieu les préparatifs des funérailles qu'il destine au héros. Il les devance lui-même; il arrive; il voit la malheureuse Panthée assise par terre, auprès du corps sanglant de son époux. Ses yeux se remplissent de larmes : il veut serrer cette main qui vient de combattre pour lui; mais elle reste entre les siennes, le fer tranchant l'avait abattue au plus fort de la mêlée. L'émotion de Cyrus redouble, et Panthée fait entendre des cris déchirants. Elle reprend la main, et, après l'avoir couverte de larmes abondantes et de baisers enflammés, elle tâche de la rejoindre au reste du bras, et prononce enfin ces mots, qui expirent sur ses lèvres : « Eh bien, Cyrus, vous voyez le malheur qui me poursuit; et pourquoi voulez-vous en être le témoin? C'est pour moi, c'est pour vous qu'il a perdu le jour. Insensée que j'étais, je voulais qu'il méritât votre estime, et, trop fidèle à mes conseils, il a moins songé à ses intérêts qu'aux vôtres. Il est mort dans le sein de la gloire, je le sais; mais enfin il est mort, et je vis encore ! »

Cyrus après avoir pleuré quelque temps en silence, lui répondit : « La victoire a couronné sa vie, et sa fin ne pouvait être plus glorieuse. Acceptez ces ornements qui doivent l'accompagner au tombeau, et ces victimes qu'on doit immoler en son honneur. J'aurai soin de consacrer à sa mémoire un monument qui l'éternisera. Quant à vous, je ne vous abandonnerai point; je respecte trop vos vertus et vos malheurs. Indiquez-moi seulement les lieux où vous voulez être conduite. »

Panthée l'ayant assuré qu'il en serait bientôt instruit, et ce prince s'étant retiré, elle fit éloigner ses eunuques et approcher une femme qui avait élevé son enfance : « Ayez soin, lui dit-elle, dès que mes yeux seront fermés, de couvrir d'un même voile le corps de mon époux et le mien. » L'esclave voulut la fléchir par des prières ; mais, comme elles ne faisaient qu'irriter une douleur trop légitime, elle s'assit en fondant en larmes auprès de sa maîtresse. Alors Panthée saisit un poignard, s'en perça le sein, et eut encore la force, en expirant, de poser sa tête sur le cœur de son époux.

Ses femmes et toute sa suite poussèrent aussitôt des cris de douleur et de désespoir. Trois de ses eunuques s'immolèrent eux-mêmes aux mânes de leur souveraine ; et Cyrus, qui était accouru à la première annonce de ce malheur, pleura de nouveau le sort de ces deux époux, et leur fit élever un tombeau où leurs cendres furent confondues.

CHAPITRE XL.
Voyage de Messénie.

Nous partîmes de Sellonte ; et, après avoir traversé la Triphylie, nous arrivâmes sur les bords de la Néda, qui sépare l'Élide de la Messénie.

Dans le dessein où nous étions de parcourir les côtes de cette dernière province, nous allâmes nous embarquer au port de Cyparissia, et le lendemain nous abordâmes à Pylos, situé sur le mont Ægalée. Les vaisseaux trouvent une retraite paisible dans sa rade, presque entièrement fermée par l'île Sphactérie. Les environs n'offrent de tous côtés que des bois, des roches escarpées, un terrain stérile, une solitude profonde. Les Lacédémoniens, maîtres de la Messénie pendant la guerre du Péloponnèse, les avaient absolument négligés ; mais les Athéniens, s'en étant rendus maîtres, se hâtèrent de les fortifier, et repoussèrent par mer et par terre les troupes de Lacédémone et celles de leurs alliés. Depuis cette époque, Pylos, ainsi que tous les lieux où les hommes se sont égorgés, excite la curiosité des voyageurs.

On nous fit voir une statue de la Victoire, qu'y laissèrent les Athéniens ; et de là, remontant aux siècles lointains, on nous disait que le sage Nestor avait gouverné cette contrée. Nous eûmes beau représenter que, suivant Homère, il régnait dans la Triphylie ; pour toute réponse, on nous montra la maison de ce prince, son portrait, et la grotte où il renfermait ses bœufs. Nous voulûmes insister ; mais nous nous convainquîmes bientôt que les peuples et les particuliers, fiers de leur origine, n'aiment pas toujours qu'on discute leurs titres.

En continuant de raser la côte jusqu'au fond du golfe de Messénie, nous vîmes à Mothone [1] un puits dont l'eau, naturellement imprégnée de particules de poix, a l'odeur et la couleur du baume de Cyzique; à Colonides, des habitants qui, sans avoir ni les mœurs ni la langue des Athéniens, prétendent descendre de ce peuple, parce qu'auprès d'Athènes est un bourg nommé Colonne; plus loin un temple d'Apollon, aussi célèbre qu'ancien, où les malades viennent chercher et croient trouver leur guérison; plus loin encore la ville de Coronée [2], récemment construite par ordre d'Épaminondas; enfin l'embouchure du Pamisus, où nous entrâmes à pleines voiles; car les vaisseaux peuvent le remonter jusqu'à dix stades [3].

Ce fleuve est le plus grand de ceux du Péloponnèse, quoique depuis sa source jusqu'à la mer on ne compte que cent stades environ [4]. Sa carrière est bornée, mais il la fournit avec distinction; il donne l'idée d'une vie courte et remplie de beaux jours. Ses eaux pures ne semblent couler que pour le bonheur de tout ce qui l'environne. Les meilleurs poissons de la mer s'y plaisent dans toutes les saisons; et, au retour du printemps, ils se hâtent de remonter ce fleuve pour y déposer leur frai.

Pendant que nous abordions, nous vîmes des vaisseaux qui nous parurent de construction étrangère, et qui venaient à rames et à voiles. Ils approchent; des passagers de tout âge et de tout sexe se précipitent sur le rivage, se prosternent, et s'écrient : Heureux, mille et mille fois heureux le jour qui vous rend à nos désirs! Nous vous arrosons de nos pleurs, terre chérie que nos pères ont possédée, terre sacrée qui renfermez les cendres de nos pères! Je m'approchai d'un vieillard qui se nommait Xénoclès, et qui paraissait être le chef de cette multitude; je lui demandai qui ils étaient, d'où ils venaient. Vous voyez, répondit-il, les descendants de ces Messéniens que la barbarie de Lacédémone força autrefois de quitter leur patrie, et qui, sous la conduite de Comon, un de mes aïeux, se réfugièrent aux extrémités de la Libye, dans un pays qui n'a point de commerce avec les nations de la Grèce. Nous avons long-temps ignoré qu'Épaminondas avait, il y a environ quinze ans, rendu la liberté à la Messénie, et rappelé ses anciens habitants. Quand nous en fûmes instruits, des obstacles invincibles nous arrêtèrent. La mort d'Épaminondas suspendit encore notre retour. Nous venons enfin jouir de ses bienfaits.

Nous nous joignîmes à ces étrangers; et, après avoir traversé des

---

[1] Aujourd'hui Modon. — [2] Aujourd'hui Coron. — [3] Plus d'un quart de lieue. — [4] Environ trois lieues un quart.

plaines fertiles, nous arrivâmes à Messène, située comme Corinthe au pied d'une montagne, et devenue comme cette ville un des boulevards du Péloponnèse.

Les murs de Messène, construits de pierres de taille, couronnés de créneaux et flanqués de tours [1], sont plus forts et plus élevés que ceux de Byzance, de Rhodes et des autres villes de la Grèce. Ils embrassent dans leur circuit le mont Ithome. Au dedans nous vîmes une grande place ornée de temples, de statues, et d'une fontaine abondante. De toutes parts s'élevaient de beaux édifices; et l'on pouvait juger, d'après ces premiers essais, de la magnificence que Messène étalerait dans la suite.

Les nouveaux habitants furent reçus avec autant de distinction que d'empressement; et le lendemain ils allèrent offrir leurs hommages au temple de Jupiter, placé sur le sommet de la montagne au milieu d'une citadelle qui réunit les ressources de l'art aux avantages de la position.

Le mont est un des plus élevés, et le temple un des plus anciens du Péloponnèse; c'est là, dit-on, que des nymphes prirent soin de l'enfance de Jupiter. La statue de ce dieu, ouvrage d'Agéladas, est déposée dans la maison d'un prêtre qui n'exerce le sacerdoce que pendant une année, et qui ne l'obtient que par la voie de l'élection. Celui qui l'occupait alors s'appelait Célénus, il avait passé la plus grande partie de sa vie en Sicile.

Ce jour-là même, on célébrait en l'honneur de Jupiter une fête annuelle qui attire les peuples des provinces voisines. Les flancs de la montagne étaient couverts d'hommes et de femmes qui s'empressaient d'atteindre son sommet. Nous fûmes témoins des cérémonies saintes; nous assistâmes à des combats de musique institués depuis une longue suite de siècles. La joie des Messéniens de Libye offrait un spectacle touchant, et dont l'intérêt fut augmenté par une circonstance imprévue: Célénus, le prêtre de Jupiter, reconnut un frère dans le chef de ces familles infortunées, et il ne pouvait s'arracher de ses bras. Ils se rappelèrent les funestes circonstances qui les séparèrent autrefois l'un de l'autre. Nous passâmes quelques jours avec ces deux respectables vieillards, avec plusieurs de leurs parents et de leurs amis.

De la maison de Célénus l'œil pouvait embrasser la Messénie entière, et en suivre les limites dans un espace d'environ huit cents stades [2]. La vue s'étendait au nord sur l'Arcadie et sur l'Élide; à

---

[1] Trente-huit de ces tours subsistaient encore il y a cinquante ans; M. l'abbé Fourmont les avait vues. (*Mémoires de l'Académie des belles-lettres*, t. VII; *Hist.* p. 355.)

[2] Trente lieues un quart.

l'ouest et au sud, sur la mer et sur les îles voisines ; à l'est, sur une chaîne de montagnes qui, sous le nom de Taygète, séparent cette province de celle de Laconie. Elle se reposait ensuite sur le tableau renfermé dans cette enceinte. On nous montrait, à diverses distances, de riches campagnes entrecoupées de collines et de rivières, couvertes de troupeaux et de poulains qui font la richesse des habitants. Je dis alors : Au petit nombre de cultivateurs que nous avons aperçus en venant ici, il me paraît que la population de cette province n'est pas en proportion avec sa fertilité. Ne vous en prenez, répondit Xénoclès, qu'aux barbares dont ces montagnes nous dérobent l'aspect odieux. Pendant quatre siècles entiers, les Lacédémoniens ont ravagé la Messénie, et laissé pour tout partage à ses habitants la guerre ou l'exil, la mort ou l'esclavage.

Nous n'avions qu'une légère idée de ces funestes révolutions ; Xénoclès s'en aperçut ; il en gémit, et, adressant la parole à son fils : Prenez votre lyre, dit-il, et chantez ces trois élégies conservées dans ma famille, les deux premières composées par Comon, et la troisième par Euclète, mon père, pour soulager leur douleur et perpétuer le souvenir des maux que votre patrie avait essuyés [1]. Le jeune homme obéit et commença de cette manière.

PREMIÈRE ÉLÉGIE.
Sur la première guerre de Messénie [2].

Bannis de la Grèce, étrangers aux autres peuples, nous ne tenions aux hommes que par la stérile pitié qu'ils daignent quelquefois accorder à nos malheurs. Qui l'eût dit, qu'après avoir si long-temps erré sur les flots, nous parviendrions au port des Évespérides, dans une contrée que la nature et la paix enrichissent de leurs dons précieux? Ici la terre, comblant les vœux du laboureur, rend le centuple des grains qu'on lui confie ; des rivières paisibles

---

[1] Pausanias a parlé fort au long de ces guerres, d'après Myron de Priène, qui avait écrit en prose, et Rhianus de Crète, qui avait écrit en vers. A l'exemple de ce dernier, j'ai cru pouvoir employer un genre de style qui tint de la poésie ; mais, au lieu que Rhianus avait fait une espèce de poème, dont Aristomène était le héros, j'ai préféré la forme de l'élégie, forme qui n'exigeait pas une action comme celle de l'épopée, et que des auteurs très-anciens ont souvent choisie pour retracer les malheurs des nations. C'est ainsi que Tyrtée, dans ses élégies, avait décrit en partie les guerres des Lacédémoniens et des Messéniens ; Callinus, celles qui, de son temps, affligèrent l'Ionie ; et Mimnerme, la bataille que les Smyrnéens livrèrent à Gygès, roi de Lydie.

D'après ces considérations, j'ai supposé que des Messéniens, réfugiés en Libye, se rappelant les désastres de leur patrie, avaient composé trois élégies sur les trois guerres qui l'avaient dévastée. J'ai rapporté les faits principaux avec le plus d'exactitude qu'il m'a été possible ; j'ai osé y mêler quelques fictions, pour lesquelles je demande de l'indulgence.

[2] Cette guerre commença l'an 743 avant J.-C., et finit l'an 723 avant la même ère.

serpentent dans la plaine, près d'un vallon ombragé de lauriers, de myrtes, de grenadiers et d'arbres de toute espèce. Au delà sont des sables brûlants, des peuples barbares, des animaux féroces; mais nous n'avons rien à redouter, il n'y a point de Lacédémoniens parmi eux.

Les habitants de ces belles retraites, attendris sur nos maux, nous ont généreusement offert un asile. Cependant la douleur consume nos jours, et nos faibles plaisirs rendent nos regrets plus amers. Hélas! combien de fois, errant dans ces vergers délicieux, j'ai senti mes larmes couler au souvenir de la Messénie! O bords fortunés du Pamisus, temples augustes, bois sacrés, campagnes si souvent abreuvées du sang de nos aïeux! non, je ne saurai vous oublier. Et vous, féroces Spartiates, je vous jure, au nom de cinquante mille Messéniens que vous avez dispersés sur la terre, une haine aussi implacable que votre cruauté; je vous la jure au nom de leurs descendants, au nom des cœurs sensibles de tous les temps et de tous les lieux.

Restes malheureux de tant de héros plus malheureux encore, puissent mes chants, modelés sur ceux de Tyrtée et d'Archiloque, gronder sans cesse à vos oreilles comme la trompette qui donne le signal au guerrier, comme le tonnerre qui trouble le sommeil du lâche! Puissent-ils, offrant nuit et jour à vos yeux les ombres menaçantes de vos pères, laisser dans vos âmes une blessure qui saigne nuit et jour.

Les Messéniens jouissaient depuis plusieurs siècles d'une tranquillité profonde sur une terre qui suffisait à leurs besoins, sous les douces influences d'un ciel toujours serein. Ils étaient libres; ils avaient des lois sages, des mœurs simples, des rois qui les aimaient, et des fêtes riantes qui les délassaient de leurs travaux.

Tout à coup l'alliance qui les avait unis avec les Lacédémoniens reçoit des atteintes mortelles; on s'accuse, on s'aigrit de part et d'autre; aux plaintes succèdent les menaces. L'Ambition, jusqu'alors enchaînée par les lois de Lycurgue, saisit ce moment pour briser ses fers, appelle à grands cris l'Injustice et la Violence, se glisse avec ce cortège infernal dans le cœur des Spartiates, et leur fait jurer sur les autels de ne pas déposer les armes jusqu'à ce qu'ils aient asservi la Messénie. Fière de ce premier triomphe, elle les mène à l'un des sommets du mont Taygète, et de là, leur montrant les riches campagnes exposées sous leurs yeux, elle les introduit dans une place forte qui appartenait à leurs anciens alliés, et qui servait de barrière aux deux empires.

A cette nouvelle, nos aïeux, incapables de supporter un outrage, accourent en foule au palais de nos rois. Euphaès occupait alors le trône : il écoute les avis des principaux de la nation ; sa bouche est l'organe de la sagesse. Il excite l'ardeur des Messéniens, il la suspend jusqu'à ce qu'elle puisse éclater avec succès. Des années entières suffisent à peine pour accoutumer à la discipline un peuple trop familiarisé sans doute avec les douceurs d'une longue paix. Il apprit dans l'intervalle à voir sans murmurer ses moissons enlevées par les Lacédémoniens, à faire lui-même des incursions dans la Laconie.

Deux fois le moment de la vengeance parut s'approcher ; deux fois les forces des deux états luttèrent entre elles. Mais la victoire n'osa terminer cette grande querelle, et son indécision accéléra la ruine des Messéniens. Leur armée s'affaiblissait de jour en jour par la perte d'un grand nombre de guerriers, par les garnisons qu'il fallait entretenir dans les différentes places, par la désertion des esclaves, par une épidémie qui commençait à ravager une contrée autrefois si florissante.

Dans cette extrémité on résolut de se retrancher sur le mont Ithome, et de consulter l'oracle de Delphes. Les prêtres, et non les dieux, dictèrent cette réponse barbare : Le salut de la Messénie dépend du sacrifice d'une jeune fille tirée au sort, et choisie dans la maison régnante.

D'anciens préjugés ferment les yeux sur l'atrocité de l'obéissance. On apporte l'urne fatale ; le sort condamne la fille de Lysiscus, qui la dérobe soudain à tous les regards, et s'enfuit avec elle à Lacédémone. Le guerrier Aristodème s'avance à l'instant ; et, malgré le tendre intérêt qui gémit au fond de son cœur, il présente la sienne aux autels. Elle était fiancée à l'un des favoris du roi, qui accourt à sa défense. Il soutient qu'on ne peut sans son aveu disposer de son épouse. Il va plus loin, il flétrit l'innocence pour la sauver, et déclare que l'hymen est consommé. L'horreur de l'imposture, la crainte du déshonneur, l'amour paternel, le salut de la patrie, la sainteté de sa parole, une foule de mouvements contraires agitent avec tant de violence l'âme d'Aristodème, qu'elle a besoin de se soulager par un coup de désespoir. Il saisit un poignard ; sa fille tombe morte à ses pieds ; tous les spectateurs frémissent. Le prêtre, insatiable de cruautés, s'écrie : « Ce n'est pas la piété, c'est la fureur qui a guidé le bras du meurtrier ; les dieux demandent une autre victime. — Il en faut une, répond le peuple en fureur ; » et il se jette sur le malheureux amant, qui aurait péri si le roi n'eût calmé les esprits en leur persuadant que les conditions de l'oracle étaient remplies.

Sparte s'endurcissait de plus en plus dans ses projets de conquête ; elle les annonçait par des hostilités fréquentes, par des combats sanglants.

Dans l'une de ces batailles, le roi Euphaès fut tué, et remplacé par Aristodème ; dans une autre, où plusieurs peuples du Péloponnèse s'étaient joints aux Messéniens, nos ennemis furent battus, et trois cents d'entre eux, pris les armes à la main, arrosèrent nos autels de leur sang.

Le siège d'Ithome continuait avec la même vigilance. Aristodème en prolongeait la durée par sa vigilance, son courage, la confiance de ses troupes et le cruel souvenir de sa fille. Dans la suite, des oracles imposteurs, des prodiges effrayants, ébranlèrent sa constance. Il désespéra du salut de la Messénie, et, s'étant percé de son épée, il rendit le dernier soupir sur le tombeau de sa fille.

Les assiégés se défendirent encore pendant plusieurs mois ; mais après avoir perdu leurs généraux et leurs plus braves soldats, se voyant sans provisions et sans ressources, ils abandonnèrent la place. Les uns se retirèrent chez les nations voisines, les autres dans leurs anciennes demeures, où les vainqueurs les forcèrent de jurer l'exécution des articles suivants : « Vous n'entreprendrez rien contre notre autorité ; vous cultiverez vos terres, mais vous nous apporterez tous les ans la moitié de leur produit. A la mort des rois et des principaux magistrats de Sparte, vous paraîtrez, hommes et femmes, en habits de deuil. » Telles furent les conditions humiliantes qu'après une guerre de vingt ans Lacédémone prescrivit à nos ancêtres.

SECONDE ÉLÉGIE.
Sur la seconde guerre de Messénie [1].

Je rentre dans la carrière : je vais chanter la gloire d'un héros qui combattit long-temps sur les ruines de sa patrie. Ah ! s'il était permis aux mortels de changer l'ordre des destinées, ses mains triomphantes auraient sans doute réparé les outrages d'une guerre et d'une paix également odieuses.

Quelle paix, juste ciel ! Elle ne cessa, pendant l'espace de trente-neuf ans, d'appesantir un joug de fer sur la tête des vaincus, et de fatiguer leur constance par toutes les formes de la servitude. Assujettis à des travaux pénibles, courbés sous le poids des tributs qu'ils transportaient à Lacédémone, forcés de pleurer aux funérailles de

---

[1] Cette guerre commença l'an 684 avant J.-C., et finit l'an 668 avant la même ère.

leurs tyrans, et ne pouvant même exhaler une haine impuissante, ils ne laissaient à leurs enfants que des malheurs à souffrir et des insultes à venger. Les maux parvinrent au point que les vieillards n'avaient plus rien à craindre de la mort, et les jeunes gens plus rien à espérer de la vie.

Leurs regards, toujours attachés à la terre, se levèrent enfin vers Aristomène, qui descendait de nos anciens rois, et qui, dès son aurore, avait montré sur son front, dans ses paroles et dans ses actions les traits et le caractère d'une grande âme. Ce prince, entouré d'une jeunesse impatiente, dont tour à tour il enflammait ou tempérait le courage, interrogea les peuples voisins; et, ayant appris que ceux d'Argos et d'Arcadie étaient disposés à lui fournir des secours, il souleva sa nation, et dès ce moment elle fit entendre les cris de l'oppression et de la liberté.

Le premier combat se donna dans un bourg de la Messénie. Le succès en fut douteux. Aristomène y fit tellement briller sa valeur, que, d'une commune voix on le nomma roi sur le champ de bataille; mais il refusa un honneur auquel il avait des droits par sa naissance, et encore plus par ses vertus.

Placé à la tête des troupes, il voulut effrayer les Spartiates par un coup d'éclat, et déposer dans le sein de leur capitale le gage de la haine qu'il leur avait vouée depuis son enfance. Il se rend à Lacédémone; il pénètre furtivement dans le temple de Minerve, et suspend au mur un bouclier sur lequel étaient écrits ces mots : C'est des dépouilles des Lacédémoniens qu'Aristomène a consacré ce monument à la déesse.

Sparte, conformément à la réponse de l'oracle de Delphes, demandait alors aux Athéniens un chef pour la diriger dans cette guerre. Athènes, qui craignait de concourir à l'agrandissement de sa rivale, lui proposa Tyrtée, poète obscur, qui rachetait les désagréments de sa figure et les disgrâces de la fortune par un talent sublime que les Athéniens regardaient comme une espèce de frénésie.

Tyrtée, appelé au secours d'une nation guerrière, qui le mit bientôt au nombre de ses citoyens, sentit ses esprits s'élever, et s'abandonna tout entier à sa haute destinée. Ses chants enflammés inspiraient le mépris des dangers et de la mort; il les fit entendre, et les Lacédémoniens volèrent au combat.

Ce n'est pas avec des couleurs communes qu'on doit exprimer la rage sanguinaire qui anima les deux nations; il faut en créer de nouvelles. Tel que les feux du tonnerre lorsqu'ils tombent dans les gouffres de l'Etna et les embrasent, le volcan s'ébranle et mugit;

il soulève ses flots bouillonnants ; il les vomit de ses flancs qu'il entr'ouvre ; il les lance contre les cieux qu'il ose braver : indignée de son audace, la foudre, chargée de nouveaux feux qu'elle a puisés dans la nue, redescend plus vite que l'éclair, frappe à coups redoublés le sommet de la montagne ; et, après avoir fait voler en éclats ses roches fumantes, elle impose silence à l'abîme, et le laisse couvert de cendres et de ruines éternelles : tel Aristomène, à la tête des jeunes Messéniens, fond avec impétuosité sur l'élite des Spartiates, commandés par le roi Anaxandre. Ses guerriers, à son exemple, s'élancent comme des lions ardents ; mais leurs efforts se brisent contre cette masse immobile et hérissée de fer, où les passions les plus violentes se sont enflammées, et d'où les traits de la mort s'échappent sans interruption. Couverts de sang et de blessures, ils désespéraient de vaincre, lorsque Aristomène, se multipliant dans lui-même et dans ses soldats, fait plier le brave Anaxandre et sa redoutable cohorte ; parcourt rapidement les bataillons ennemis ; écarte les uns par sa valeur, les autres par sa présence ; les disperse, les poursuit, et les laisse, dans leur camp, ensevelis dans une consternation profonde.

Les femmes de Messénie célébrèrent cette victoire par des chants que nous répétons encore. Leurs époux levèrent une tête altière, et, sur leur front menaçant, le dieu de la guerre imprima la vengeance et l'audace.

Ce serait à toi maintenant, déesse de mémoire, de nous dire comment de si beaux jours se couvrirent tout à coup d'un voile épais et sombre ; mais tes tableaux n'offrent presque toujours que des traits informes et des couleurs éteintes : les années ne ramènent dans le présent que les débris des faits mémorables ; semblables aux flots, qui ne vomissent sur le rivage que les restes d'un vaisseau autrefois souverain des mers. Écoutez, jeunes Messéniens, un témoin plus fidèle et plus respectable : je le vis, j'entendis sa voix au milieu de cette nuit orageuse qui dispersa la flotte que je conduisais en Libye.

Jeté sur les côtes inconnues de l'île de Rhodes, je m'écriai : O terre ! tu nous serviras du moins de tombeau, et nos os ne seront point foulés par les Lacédémoniens. A ce nom fatal, je vis des tourbillons de flamme et de fumée s'échapper d'un monument funèbre placé à mes côtés, et, du fond de la tombe, s'élever une ombre qui proféra ces paroles : Quel est donc ce mortel qui vient troubler le repos d'Aristomène, et rallumer dans ses cendres la haine qu'il conserve encore contre une nation barbare ? C'est un Messénien, répondis-je avec transport ; c'est Comon, c'est l'héritier d'une famille autrefois unie avec la vôtre. O Aristomène ! ô le plus grand des mortels ! il m'est donc permis de vous voir et de vous entendre ! O dieux ! je vous bénis pour la première fois de ma vie, d'avoir conduit à Rhodes Comon et son infortune. Mon fils, répondit le héros, tu les béniras toute ta vie. Ils m'avaient annoncé ton arrivée, et ils me permettent de te révéler les secrets de leur haute sagesse. Le temps approche où, telle que l'astre du jour lorsque du sein d'une nuée épaisse il sort étincelant de lumière, la Messénie reparaîtra sur la scène du monde avec un nouvel éclat : le ciel, par des avis secrets, guidera le héros qui doit opérer ce prodige, mais le destin nous dérobe le moment de l'exécution. Adieu, tu peux partir. Tes compagnons t'attendent en Libye ; porte-leur ces grandes nouvelles.

Arrêtez, ombre généreuse, repris-je aussitôt, daignez ajouter à de si douces espérances des consolations plus douces encore. Nos pères furent malheureux ; il est si facile de les croire coupables ! le temps a dévoré les titres de leur innocence, et de tous côtés les nations laissent échapper des soupçons qui nous humilient. Aristomène trahi, errant seul de ville en ville, mourant seul dans l'île de Rhodes, est un spectacle offensant pour l'honneur des Messéniens.

Va, pars, vole, mon fils, répondit le héros en élevant la voix ; dis à toute la terre que la valeur de vos pères fut plus ardente que les feux de la canicule, leurs vertus plus pures que la clarté des cieux ; et si les hommes sont encore sensibles à la pitié, arrache-leur des larmes par le récit de nos infortunes. Écoute-moi.

Sparte ne pouvait supporter la honte de sa défaite ; elle a dit à ses guerriers : Vengez-moi ; à ses esclaves : Protégez-moi ; à un esclave plus vil que les siens, et dont la tête était ornée du diadème : Trahis tes alliés. C'était Aristocrate, qui régnait sur la puissante nation des Arcadiens ; il avait joint ses troupes aux nôtres.

Les deux armées s'approchèrent comme deux orages qui vont se disputer l'empire des airs. A l'aspect de leurs vainqueurs les ennemis cherchent vainement au fond de leur cœur un reste de courage ; et dans leurs regards inquiets se peint l'intérêt sordide de la vie. Tyrtée se présente alors aux soldats avec la confiance et l'autorité d'un homme qui tient dans ses mains le salut de la patrie. Des peintures vives et animées brillent successivement à leurs yeux. L'image d'un héros qui vient de repousser l'ennemi, ce mélange confus de cris de joie et d'attendrissement qui honorent son triomphe, ce respect qu'inspire à jamais sa présence, ce repos honorable dont il jouit dans sa vieillesse, l'image plus touchante d'un jeune guerrier expirant dans le champ de la gloire, les cérémonies augustes qui accompagnent ses funérailles, les regrets et les gémissements d'un peuple entier à l'aspect de son cercueil, les vieillards, les femmes, les enfants, qui pleurent et se roulent autour de son tombeau, les honneurs immortels attachés à sa mémoire, tant d'objets et de sentiments divers, retracés avec une éloquence impétueuse et dans un mouvement rapide, embrasent les soldats d'une ardeur jusqu'alors inconnue. Ils attachent à leurs bras leurs noms et ceux de leurs familles ; trop heureux s'ils obtiennent une sépulture distinguée, si la postérité peut dire un jour en les nommant : Les voilà, ceux qui sont morts pour la patrie.

Tandis qu'un poëte excitait cette révolution dans l'armée lacédémonienne, un roi consommait sa perfidie dans la nôtre. Des rumeurs sinistres, semées par son ordre, avaient préparé à l'avilissement ses troupes effrayées ; le signal de la bataille devient le signal de leur fuite. Aristocrate les conduit lui-même dans la route de l'infamie ; et cette route, il la trace à travers nos bataillons, au moment fatal où ils avaient à soutenir tout l'effort de la phalange ennemie. Dans un clin d'œil, l'élite de nos guerriers fut égorgée et la Messénie asservie. Non, elle ne le fut pas ; la liberté s'était réservé un asile sur le mont Ira. Là s'étaient rendus et les soldats échappés au carnage et les citoyens jaloux d'échapper à la servitude. Les vainqueurs formèrent une enceinte au pied de la montagne. Ils nous voyaient avec effroi au-dessus de leurs têtes, comme les pâles matelots lorsqu'ils aperçoivent à l'horizon ces sombres nuées qui portent les tempêtes dans leur sein.

Alors commença ce siége moins célèbre, aussi digne d'être célébré que celui d'Ilion ; alors se reproduisirent ou se réalisèrent tous les exploits des anciens héros ; les rigueurs des saisons onze fois renouvelées ne purent jamais lasser la féroce obstination des assiégeants ni la fermeté inébranlable des assiégés.

Trois cents Messéniens d'une valeur distinguée m'accompagnaient dans mes courses ; nous franchissions aisément la barrière placée au pied de la montagne, et nous portions la terreur jusqu'aux environs de Sparte. Un jour, chargés de butin, nous fûmes entourés de l'armée ennemie. Nous fondîmes sur elle sans espoir de la vaincre. Bientôt atteint d'un coup mortel, je perdis l'usage de mes sens ; et plût aux dieux qu'il ne m'eût jamais été rendu ! Quel réveil, juste ciel ! s'il eût tout à coup offert à mes yeux le noir Tartare, il m'eût inspiré moins d'horreur.

Je me trouvai sur un tas de morts et de mourants, dans un séjour ténébreux, où l'on n'entendait que des cris déchirants, des sanglots étouffés ; c'étaient mes compagnons, mes amis. Ils avaient été jetés avant moi dans une fosse profonde. Je les appelais ; nous pleurions ensemble ; ma présence semblait adoucir leurs peines. Celui que j'aimais le mieux, ô souvenir cruel ! ô trop funeste image ! ô mon fils ! tu ne saurais m'écouter sans frémir : c'était un de tes proches parents. Je reconnus à quelques mots échappés de sa bouche que ma chute avait hâté le moment de sa mort. Je le pressais entre mes bras, je le couvrais de larmes brûlantes ; et, n'ayant pu arrêter le dernier souffle de vie errant sur ses lèvres, mon âme, durcie par l'excès de la douleur, cessa de se soulager par des plaintes et des pleurs. Mes amis expiraient successivement autour de moi. Aux divers accents de leurs voix affaiblies je présageais le nombre des instants qu'il leur restait à vivre ; je voyais froidement arriver celui qui terminait leurs maux. J'entendis enfin le dernier soupir du dernier d'entre eux ; et le silence du tombeau régna dans l'abîme.

Le soleil avait trois fois recommencé sa carrière depuis que je n'étais plus compté parmi les vivants. Immobile, étendu sur un lit de douleur, enveloppé de mon manteau, j'attendais avec impatience cette mort qui mettait ses faveurs à un si haut prix, lorsqu'un bruit léger vint frapper mon oreille : c'était un animal sauvage[1], qui s'était introduit dans le souterrain par une issue secrète. Je le saisis : il voulut s'échapper ; je me traînai après lui. J'ignore quel dessein m'animait alors ; car la vie me paraissait le plus cruel des supplices. Un dieu sans doute dirigeait mes mouvements et me donnait des forces. Je rampai long-temps dans des détours obliques : j'entrevis la lumière, je rendis la liberté à mon guide, et, continuant à m'ouvrir un passage, je sortis de la région des ténèbres. Je trouvai les Messéniens occupés à pleurer ma perte. A mon aspect la montagne tressaillit de cris de joie ; au récit de mes souffrances, de cris d'indignation.

La vengeance les suivit de près : elle fut cruelle comme celle des dieux. La Messénie, la Laconie étaient, le jour, la nuit, infestées par des ennemis affamés les uns des autres. Les Spartiates se répandaient dans la plaine comme la flamme qui dévore les moissons ; non, comme un torrent qui détruit et les moissons et la flamme. Un avis secret nous apprit que les Corinthiens venaient au secours de Lacédémone : nous nous glissâmes dans leur camp à la faveur des ténèbres, et ils passèrent des bras du sommeil dans ceux de la mort. Vains exploits ! trompeuses espérances ! Du trésor immense des années et des siècles le temps fait sortir au moment précis ces grandes révolutions conçues dans le sein de l'éternité, et quelque-

---

[1] Un renard.

fois annoncées par des oracles. Celui de Delphes avait attaché notre perte à des présages qui se vérifièrent, et le devin Théoclus m'avertit que nous touchions au dénoûment de tant de scènes sanglantes.

Un berger, autrefois esclave d'Empéramus, général des Lacédémoniens, conduisait tous les jours son troupeau sur les bords de la Néda, qui coule au pied du mont Ira. Il aimait une Messénienne dont la maison était située sur le penchant de la montagne, et qui le recevait chez elle toutes les fois que son mari était en faction dans notre camp. Une nuit, pendant un orage affreux, le Messénien paraît tout à coup, et raconte à sa femme, étonnée de son retour, que la tempête et l'obscurité mettent la place à l'abri d'un coup de main, que les postes sont abandonnés, et qu'une blessure me retient au lit. Le berger, qui s'était dérobé aux regards du Messénien, entend ce récit, et le rapporte sur-le-champ au général lacédémonien.

Épuisé de douleur et de fatigue, j'avais abandonné mes sens aux douceurs du sommeil, lorsque le génie de la Messénie m'apparut en long habit de deuil et la tête couverte d'un voile : Tu dors, Aristomène, me dit-il, tu dors, et déjà les échelles menaçantes se hérissent autour de la place ; déjà les jeunes Spartiates s'élèvent dans les airs à l'appui de ces frêles machines : le génie de Lacédémone l'emporte sur moi ; je l'ai vu du haut des murs appeler ses farouches guerriers, leur tendre la main et leur assigner des postes.

Je m'éveillai en sursaut, l'âme oppressée, l'esprit égaré et dans le même saisissement que si la foudre était tombée à mes côtés. Je me jette sur mes armes ; mon fils arrive : Où sont les Lacédémoniens? — Dans la place, au pied des remparts ; étonnés de leur audace, ils n'osent avancer. C'est assez, repris-je, suivez-moi. Nous trouvons sur nos pas Théoclus, l'interprète des dieux, le vaillant Manticlus son fils, d'autres chefs qui se joignent à nous.

Courez, leur dis-je, répandre l'alarme ; annoncez aux Messéniens qu'à la pointe du jour ils verront leurs généraux au milieu des ennemis.

Ce moment fatal arrive : les rues, les maisons, les temples, inondés de sang, retentissent de cris épouvantables. Les Messéniens, ne pouvant plus entendre ma voix, n'écoutent que leur fureur. Les femmes les animent au combat, s'arment elles-mêmes de mille instruments de mort, se précipitent sur l'ennemi, et tombent en expirant sur les corps de leurs époux et de leurs enfants.

Pendant trois jours ces scènes cruelles se renouvelèrent, à chaque pas, à chaque moment, à la lueur sombre des éclairs, au bruit sourd et continu de la foudre. Les Lacédémoniens, supérieurs en nombre, prenant tour à tour de nouvelles forces dans des intervalles de repos; les Messéniens combattant sans interruption, luttant à la fois contre la faim, la soif, le sommeil et le fer de l'ennemi.

Sur la fin du troisième jour, le devin Théoclus m'adressant la parole : « Eh ! de quoi, me dit-il, vous serviront tant de courage et de travaux ? C'en est fait de la Messénie, les dieux ont résolu sa perte. Sauvez-vous, Aristomène; sauvez nos malheureux amis : c'est à moi de m'ensevelir sous les ruines de ma patrie. » Il dit; et, se jetant dans la mêlée, il meurt libre et couvert de gloire.

Il m'eût été facile de l'imiter; mais, soumis à la volonté des dieux, je crus que ma vie pouvait être nécessaire à tant d'innocentes victimes que le fer allait égorger. Je rassemblai les femmes et les enfants, je les entourai de soldats. Les ennemis, persuadés que nous méditions une retraite, ouvrirent leurs rangs, et nous laissèrent paisiblement arriver sur les terres des Arcadiens[1]. Je ne parlerai ni du dessein que je formai de marcher à Lacédémone, et de la surprendre pendant que ses soldats s'enrichissaient de nos dépouilles sur le mont Ira; ni de la perfidie du roi Aristocrate, qui révéla notre secret aux Lacédémoniens. Le traître ! il fut convaincu devant l'assemblée de sa nation : ses sujets devinrent ses bourreaux; il expira sous une grêle de traits; son corps fut porté dans une terre étrangère, et l'on dressa une colonne qui attesta son infamie et son supplice.

Par ce coup imprévu la fortune s'expliquait assez hautement. Il ne s'agissait plus de la fléchir, mais de me mesurer seul avec elle, en n'exposant que ma tête à ses coups. Je donnai des larmes aux Messéniens qui n'avaient pas pu me joindre; je me refusai à celles des Messéniens qui m'avaient suivi. Ils voulaient m'accompagner aux climats les plus éloignés; les Arcadiens voulaient partager leurs terres avec eux; je rejetai toutes ces offres : mes fidèles compagnons, confondus avec une nation nombreuse, auraient perdu leur nom et le souvenir de leurs maux. Je leur donnai mon fils, un autre moi-même; ils allèrent sous sa conduite en Sicile, où ils seront en dépôt jusqu'au jour des vengeances[2].

---

[1] La prise d'Ira est de la première année de la vingt-huitième olympiade, l'an 668 avant J.-C. (Pausan. lib. IV, cap. 23, p. 336. Corsin. Fast. attic. t. III, p. 46. Fréret, Déf. de la chron. p. 174.)

[2] Pausanias dit qu'après la prise d'Ira, c'est-à-dire vers l'an 668 avant J.-C., les Messéniens, sous la conduite de Gorgus, fils d'Aristomène, allèrent en Italie, joignirent leurs armes à celles d'Anaxilas, tyran de Rhégium, chassèrent les habitants de la ville de Zanclé en Sicile, et donnèrent à cette ville le nom de Messène (aujourd'hui Messine).

Après cette cruelle séparation, n'ayant plus rien à craindre, et cherchant partout des ennemis aux Lacédémoniens, je parcourus les nations voisines. J'avais enfin résolu de me rendre en Asie, et d'intéresser à nos malheurs les puissantes nations des Lydiens et des Mèdes. La mort, qui me surprit à Rhodes, arrêta des projets qui, en attirant ces peuples dans le Péloponnèse, auraient peut-être changé la face de cette partie de la Grèce.

A ces mots, le héros se tut, et descendit dans la nuit du tombeau. Je partis lendemain pour la Libye.

TROISIÈME ÉLÉGIE.
Sur la troisième guerre de Messénie [1].

Que le souvenir de ma patrie est pénible et douloureux ! Il a l'amertume de l'absinthe et le fil tranchant de l'épée ; il me rend insensible au plaisir et au danger. J'ai prévenu ce matin le lever du soleil ; mes pas incertains m'ont égaré dans la campagne ; la fraîcheur de l'aurore ne charmait plus mes sens. Deux lions énormes se sont élancés d'une forêt voisine ; leur vue ne m'inspirait aucun effroi. Je ne les insultai point ; ils se sont écartés. Cruels Spartiates ! que vous avaient fait nos pères ? Après la prise d'Ira, vous leur distribuâtes des supplices ; et, dans l'ivresse du succès, vous voulûtes qu'ils fussent tous malheureux de votre joie.

Ce récit est formellement contraire à celui d'Hérodote et à celui de Thucydide. Suivant le premier, Darius, fils d'Hystaspe, ayant soumis l'Ionie, qui s'était révoltée contre lui, ceux de Samos et quelques habitants de Milet se rendirent en Sicile ; et, d'après les conseils d'Anaxilas, tyran de Rhégium, ils s'emparèrent de la ville de Zanclé. Cet événement est de l'an 495 environ avant J.-C., et postérieur d'environ 173 ans à l'époque assignée par Pausanias au règne d'Anaxilas, et au changement du nom de Zanclé en celui de Messène.

Thucydide raconte qu'un corps de Samiens et d'autres Ioniens, chassés de leur pays par les Mèdes, allèrent s'emparer de Zanclé en Sicile. Il ajoute que, peu de temps après, Anaxilas, tyran de Rhégium, se rendit maître de cette ville et lui donna le nom de Messène, parce qu'il était lui-même originaire de la Messénie.

Le P. Corsini, qui avait d'abord soupçonné qu'on pourrait supposer deux Anaxilas, est convenu, après un nouvel examen, que Pausanias avait confondu les temps. Il est visible en effet, par plusieurs circonstances, qu'Anaxilas régnait au temps de la bataille de Marathon, qui est de l'an 490 avant J.-C. Je n'ajoute que deux observations à celles du P. Corsini :

1° Avant cette bataille, il y eut en Messénie une révolte dont Pausanias n'a pas parlé et qui empêcha en partie les Lacédémoniens de se trouver au combat. Elle ne réussit pas mieux que les précédentes ; et ce fut alors sans doute que les Messéniens, après leur défaite, se réfugièrent auprès d'Anaxilas de Rhégium, et l'engagèrent à se rendre maître de la ville de Zanclé, qui porta depuis le nom de Messène.

2° S'il était vrai, comme dit Pausanias, que cette ville eût changé de nom d'abord après la seconde guerre de Messénie, il s'ensuivrait que les anciennes médailles où on lit *Zanclé* seraient antérieures à l'an 660 avant J.-C. ; ce que leur fabrique ne permet pas de supposer.

[1] Cette guerre commença l'an 464 avant J.-C., et finit l'an 454 avant la même ère.

Aristomène nous a promis un avenir plus favorable; mais qui pourra jamais étouffer dans nos cœurs le sentiment des maux dont nous avons entendu le récit, dont nous avons été les victimes? Vous fûtes heureux, Aristomène, de n'en avoir pas été témoin. Vous ne vîtes pas les habitants de la Messénie traînés à la mort comme des scélérats, vendus comme de vils troupeaux. Vous n'avez pas vu leurs descendants ne transmettre, pendant deux siècles, à leurs fils que l'opprobre de la naissance. Reposez tranquillement dans le tombeau, ombre du plus grand des humains, et souffrez que je consigne à la postérité les derniers forfaits des Lacédémoniens.

Leurs magistrats, ennemis du ciel ainsi que de la terre, font mourir des suppliants qu'ils arrachent du temple de Neptune. Ce dieu, irrité, frappe de son trident les côtes de Laconie. La terre ébranlée, des abîmes entr'ouverts, un des sommets du mont Taygète roulant dans les vallées, Sparte renversée de fond en comble et cinq maisons seules épargnées, plus de vingt mille hommes écrasés sous ses ruines : voilà le signal de notre délivrance, s'écrie à la fois une multitude d'esclaves. Insensés! ils courent à Lacédémone sans ordre et sans chef; à l'aspect d'un corps de Spartiates qu'a rassemblé le roi Archidamus, ils s'arrêtent comme les vents déchaînés par Éole lorsque le dieu des mers leur apparaît : à la vue des Athéniens et des différentes nations qui viennent au secours des Lacédémoniens, la plupart se dissipent comme les vapeurs grossières d'un marais aux premiers rayons du soleil. Mais ce n'est pas en vain que les Messéniens ont pris les armes, un long esclavage n'a point altéré le sang généreux qui coule dans leurs veines; et, tels que l'aigle captif qui, après avoir rompu ses liens, prend son essor vers les cieux, ils se retirent sur le mont Ithome, et repoussent avec vigueur les attaques réitérées des Lacédémoniens, bientôt réduits à rappeler les troupes de leurs alliés.

Là paraissent ces Athéniens si exercés dans la conduite des siéges. C'est Cimon qui les commande; Cimon, que la victoire a souvent couronné d'un laurier immortel : l'éclat de sa gloire et la valeur de ses troupes inspirent de la crainte aux assiégés, de la terreur aux Lacédémoniens. On ose soupçonner ce grand homme de tramer une perfidie; on l'invite, sous les plus frivoles prétextes, à ramener son armée dans l'Attique. Il part; la Discorde, qui planait sur l'enceinte du camp, s'arrête, prévoit les calamités prêtes à fondre sur la Grèce; et, secouant sa tête hérissée de serpents, elle pousse des hurlements de joie, d'où s'échappent ces terribles paroles :

CHAPITRE XL.

Sparte, Sparte, qui ne sais payer les services qu'avec des outrages! contemple ces guerriers qui reprennent le chemin de leur patrie, la honte sur le front et la douleur dans l'âme. Ce sont les mêmes qui, mêlés dernièrement avec les tiens, défiront les Perses à Platée. Ils accouraient à ta défense et tu les as couverts d'infamie; tu ne les verras plus que parmi tes ennemis. Athènes, blessée dans son orgueil, armera contre toi les nations [1]. Tu les soulèveras contre elle. Ta puissance et la sienne se heurteront sans cesse comme ces vents impétueux qui se brisent dans la nue. Les guerres enfanteront des guerres. Les trêves ne seront que des suspensions de fureur. Je marcherai avec les Euménides à la tête des armées : de nos torches ardentes, nous ferons pleuvoir sur vous la peste, la famine, la violence, la perfidie, tous les fléaux du courroux céleste et des passions humaines. Je me vengerai de tes antiques vertus et je me jouerai de tes défaites ainsi que de tes victoires. J'élèverai, j'abaisserai ta rivale. Je te verrai à ses genoux frapper la terre de ton front humilié. Tu lui demanderas la paix, et la paix te sera refusée. Tu détruiras ses murs, tu la fouleras aux pieds, et vous tomberez toutes deux à la fois, comme deux tigres qui, après s'être déchiré les entrailles, expirent à côté l'un de l'autre. Alors, je t'enfoncerai si avant dans la poussière que le voyageur, ne pouvant distinguer tes traits, sera forcé de se baisser pour te reconnaître.

Maintenant voici le signe frappant qui te garantira l'effet de mes paroles. Tu prendras Ithome dans la dixième année du siége; tu voudras exterminer les Messéniens; mais les dieux, qui les réservent pour accélérer ta ruine, arrêteront ce projet sanguinaire. Tu leur laisseras la vie à condition qu'ils en jouiront dans un autre climat et qu'ils seront mis aux fers s'ils osent reparaître dans leur patrie. Quand cette prédiction sera accomplie, souviens-toi des autres, et tremble!

Ainsi parla le génie malfaisant qui étend son pouvoir depuis les cieux jusqu'aux enfers. Bientôt après nous sortîmes d'Ithome. J'étais encore dans ma plus tendre enfance. L'image de cette fuite précipitée est empreinte dans mon esprit en traits ineffaçables; je les vois toujours, ces scènes d'horreur et d'attendrissement qui s'offraient à mes regards : une nation entière chassée de ses foyers, errant au hasard chez des peuples épouvantés de ses malheurs qu'ils n'osent soulager; des guerriers couverts de blessures, portant sur leurs épaules les auteurs de leurs jours; des femmes assises par terre, expirant de faiblesse avec les enfants qu'elles ser-

[1] Guerre du Péloponnèse.

rent entre leurs bras ; ici, des larmes, des gémissements, les plus fortes expressions du désespoir ; là, une douleur muette, un silence effrayant. Si l'on donnait ces tableaux à peindre au plus cruel des Spartiates, un reste de pitié ferait tomber le pinceau de ses mains.

Après des courses longues et pénibles, nous nous traînâmes jusqu'à Naupacte, ville située sur la mer de Crissa. Elle appartenait aux Athéniens : ils nous la cédèrent. Nous signalâmes plus d'une fois notre valeur contre les ennemis de ce peuple généreux. Moi-même, pendant la guerre du Péloponnèse, je parus avec un détachement sur les côtes de Messénie. Je ravageai ce pays, et coûtai des larmes de rage à nos barbares persécuteurs ; mais les dieux mêlent toujours un poison secret à leurs faveurs, et souvent l'espérance n'est qu'un piége qu'ils tendent aux malheureux. Nous commencions à jouir d'un sort tranquille, lorsque la flotte de Lacédémone triompha de celle d'Athènes et vint nous insulter à Naupacte. Nous montâmes à l'instant sur nos vaisseaux ; on n'invoqua des deux côtés d'autre divinité que la haine. Jamais la victoire ne s'abreuva de plus de sang impur, de plus de sang innocent. Mais que peut la valeur la plus intrépide contre l'excessive supériorité du nombre ? Nous fûmes vaincus et chassés de la Grèce comme nous l'avions été du Péloponnèse ; la plupart se sauvèrent en Italie et en Sicile. Trois mille hommes me confièrent leur destinée ; je les menai, à travers les tempêtes et les écueils, sur ces rivages, que nos chants funèbres ne cesseront de faire retentir.

C'est ainsi que finit la troisième élégie. Le jeune homme quitta sa lyre, et son père Xénoclès ajouta que, peu de temps après l'arrivée des Messéniens en Libye, une sédition s'étant élevée à Cyrène, capitale de ce canton, ils se joignirent aux exilés, et périrent pour la plupart dans une bataille. Il demanda ensuite comment s'était opérée la révolution qui l'amenait en Messénie.

Célénus répondit : Les Thébains, sous la conduite d'Épaminondas, avaient battu les Lacédémoniens à Leuctres en Béotie[1]. Pour affaiblir à jamais leur puissance et les mettre hors d'état de tenter des expéditions lointaines, ce grand homme conçut le projet de placer auprès d'eux un ennemi qui aurait de grandes injures à venger. Il envoya de tous côtés inviter les Messéniens à revoir la patrie de leurs pères. Nous volâmes à sa voix : je le trouvai à la tête d'une armée formidable, entouré d'architectes qui traçaient le plan d'une ville au pied de cette montagne. Un moment après, le général des Argiens s'étant approché lui présenta une urne d'airain que, sur la foi d'un songe, il avait tirée de la terre sous un

[1] L'an 371 avant J.-C.

lierre et un myrte qui entrelaçaient leurs faibles rameaux. Épaminondas, l'ayant ouverte, y trouva des feuilles de plomb roulées en forme de volume, où l'on avait anciennement tracé les rits du culte de Cérès et de Proserpine. Il reconnut le monument auquel était attaché le destin de la Messénie, et qu'Aristomène avait enseveli dans le lieu le moins fréquenté du mont Ithome. Cette découverte et la réponse favorable des augures imprimèrent un caractère religieux à son entreprise, d'ailleurs puissamment secondée par les nations voisines, de tout temps jalouses de Lacédémone.

Le jour de la consécration de la ville, les troupes s'étant réunies, les Arcadiens présentèrent les victimes ; ceux de Thèbes, d'Argos et de la Messénie offrirent séparément leurs hommages à leurs divinités tutélaires ; tous ensemble appelèrent les héros de la contrée et les supplièrent de venir prendre possession de leur nouvelle demeure. Parmi ces noms précieux à la nation, celui d'Aristomène excita des applaudissements universels. Les sacrifices et les prières remplirent les moments de la première journée ; dans les suivantes, on jeta, au son de la flûte, les fondements des murs, des temples et des maisons. La ville fut achevée en peu de temps et reçut le nom de Messène.

D'autres peuples, ajouta Célénus, ont erré long-temps éloignés de leur patrie ; aucun n'a souffert un si long exil, et cependant nous avons conservé sans altération la langue et les coutumes de nos ancêtres. Je dirai même que nos revers nous ont rendus plus sensibles. Les Lacédémoniens avaient livré quelques-unes de nos villes à des étrangers qui, à notre retour, implorèrent notre pitié ; peut-être avaient-ils des titres pour l'obtenir ; mais, quand ils n'en auraient pas eu, comment la refuser aux malheureux ?

Hélas ! reprit Xénoclès, c'est ce caractère si doux et si humain qui nous perdit autrefois. Voisins des Lacédémoniens et des Arcadiens, nos aïeux ne succombèrent sous la haine des premiers que pour avoir négligé l'amitié des seconds. Ils ignoraient sans doute que l'ambition du repos exige autant d'activité que celle des conquêtes.

Je fis aux Messéniens plusieurs questions sur l'état des sciences et des arts : ils n'ont jamais eu le temps de s'y livrer ; sur leur gouvernement actuel : il n'avait pas encore pris une forme constante ; sur celui qui subsistait pendant leurs guerres avec les Lacédémoniens : c'était un mélange de royauté et d'oligarchie, mais les affaires se traitaient dans l'assemblée générale de la nation ; sur l'origine de la dernière maison régnante : on la rapporte à Cresphonte, qui vint au Péloponnèse avec les autres Héraclides, quatre-vingts ans après la guerre de Troie. La Messénie lui échut en partage. Il épousa Mérope, fille du roi d'Arcadie, et fut assassiné avec presque tous ses enfants par les principaux de sa cour, pour avoir trop aimé le peuple. L'histoire s'est fait un devoir de consacrer sa mémoire et de condamner à l'exécration celle de ses assassins.

Nous sortîmes de Messène, et, après avoir traversé le Pamisus, nous visitâmes la côte orientale de la province. Ici, comme dans le reste de la Grèce, le voyageur est obligé d'essuyer à chaque pas les généalogies des dieux, confondues avec celles des hommes. Point de ville, de fleuve, de fontaine, de bois, de montagne, qui ne porte le nom d'une nymphe, d'un héros, d'un personnage plus célèbre aujourd'hui qu'il ne le fut de son temps.

Parmi les familles nombreuses qui possédaient autrefois de petits états en Messénie, celle d'Esculape obtient dans l'opinion publique un rang distingué. Dans la ville d'Abia, on nous montrait son temple; à Gérénia, le tombeau de Machaon, son fils; à Phéræ, le temple de Nicomaque et de Gorgasus, ses petits-fils, à tous moments honorés par des sacrifices, par des offrandes, par l'affluence des malades de toute espèce.

Pendant qu'on nous racontait quantité de guérisons miraculeuses, un de ces infortunés, près de rendre le dernier soupir, disait : « J'avais à peine reçu le jour, que mes parents allèrent s'établir aux sources du Pamisus, où l'on prétend que les eaux de ce fleuve sont très-salutaires pour les maladies des enfants; j'ai passé ma vie auprès des divinités bienfaisantes qui distribuent la santé aux mortels, tantôt dans le temple d'Apollon près de la ville de Coronée, tantôt dans les lieux où je me trouve aujourd'hui, me soumettant aux cérémonies prescrites, et n'épargnant ni victimes ni présents : on m'a toujours assuré que j'étais guéri, et je me meurs. » Il expira le lendemain.

CHAPITRE XLI.

Voyage de Laconie.

Nous nous embarquâmes à Phéræ sur un vaisseau qui faisait voile pour le port de Scandée, dans la petite île de Cythère, située à l'extrémité de la Laconie. C'est à ce port qu'abordent fréquemment les vaisseaux marchands qui viennent d'Égypte et d'Afrique : de là on monte à la ville, où les Lacédémoniens entretiennent une garnison; ils envoient de plus, tous les ans, dans l'île, un magistrat pour la gouverner.

CHAPITRE XLI.

Nous étions jeunes, et déjà familiarisés avec quelques passagers de notre âge. Le nom de Cythère réveillait dans nos esprits des idées riantes : c'est là que, de temps immémorial, subsiste avec éclat le plus ancien et le plus respecté des temples consacrés à Vénus ; c'est là qu'elle se montra pour la première fois aux mortels, et que les Amours prirent avec elle possession de cette terre, embellie encore aujourd'hui des fleurs qui se hâtaient d'éclore en sa présence. Dès lors on y connut le charme des doux entretiens et du tendre sourire. Ah ! sans doute que dans cette région fortunée les cœurs ne cherchent qu'à s'unir, et que les habitants passent leurs jours dans l'abondance et dans les plaisirs.

Le capitaine, qui nous écoutait avec la plus grande surprise, nous dit froidement : Ils mangent des figues et des fromages cuits; ils ont aussi du vin et du miel, mais ils n'obtiennent rien de la terre qu'à la sueur de leur front ; car c'est un sol aride et hérissé de rochers : d'ailleurs, ils aiment si fort l'argent qu'ils ne connaissent guère le tendre sourire. J'ai vu leur vieux temple, bâti autrefois par les Phéniciens en l'honneur de Vénus Uranie ; sa statue ne saurait inspirer des désirs : elle est couverte d'armes depuis la tête jusqu'aux pieds. On m'a dit, comme à vous, qu'en sortant de la mer la déesse descendit dans cette île ; mais on m'a dit depuis qu'elle s'enfuit aussitôt en Chypre.

De ces dernières paroles, nous conclûmes que des Phéniciens, ayant traversé les mers, abordèrent au port de Scandée, qu'ils y apportèrent le culte de Vénus, que ce culte s'étendit aux pays voisins, et que de là naquirent ces fables absurdes : la naissance de Vénus, sa sortie du sein des flots, son arrivée à Cythère.

Au lieu de suivre notre capitaine dans cette île, nous le priâmes de nous laisser à Ténare, ville de Laconie, dont le port est assez grand pour contenir beaucoup de vaisseaux. Elle est située auprès d'un cap de même nom, surmonté d'un temple, comme le sont les principaux promontoires de la Grèce. Ces objets de vénération attirent les vœux et les offrandes des matelots. Celui de Ténare, dédié à Neptune, est entouré d'un bois sacré qui sert d'asile aux coupables : la statue du dieu est à l'entrée ; au fond s'ouvre une caverne immense et très-renommée parmi les Grecs.

On présume qu'elle fut d'abord le repaire d'un serpent énorme qu'Hercule fit tomber sous ses coups, et que l'on avait confondu avec le chien de Pluton parce que ses blessures étaient mortelles. Cette idée se joignit à celle où l'on était déjà que l'antre conduisait aux royaumes sombres par des souterrains dont il nous fut impossible, en le visitant, d'apercevoir les avenues.

Vous voyez, disait le prêtre, une des bouches de l'enfer. Il en existe de semblables en différents endroits, comme dans les villes d'Hermione en Argolide, d'Héraclée au Pont, d'Aorne en Épire, de Cumes auprès de Naples ; mais, malgré les prétentions de ces peuples, nous soutenons que c'est par cet antre sombre qu'Hercule ramena le Cerbère, et Orphée son épouse.

Ces traditions doivent moins vous intéresser qu'un usage dont je vais parler. A cette caverne est attaché un privilége dont jouissent plusieurs autres villes : nos devins y viennent évoquer les ombres tranquilles des morts, ou repousser au fond des enfers celles qui troublent le repos des vivants. Des cérémonies saintes opèrent ces effets merveilleux. On emploie d'abord les sacrifices, les libations, les prières, les formules mystérieuses ; il faut ensuite passer la nuit dans le temple, et l'ombre, à ce qu'on dit, ne manque jamais d'apparaître en songe.

On s'empresse surtout de fléchir les âmes que le fer ou le poison a séparées de leur corps. C'est ainsi que Callondas vint autrefois, par ordre de la Pythie, apaiser les mânes irrités du poète Archiloque, à qui il avait arraché la vie. Je vous citerai un fait plus récent. Pausanias, qui commandait l'armée des Grecs à Platée, avait, par une fatale méprise, plongé le poignard dans le sein de Cléonice, dont il était amoureux. Ce souvenir le déchirait sans cesse. Il la voyait dans ses songes, lui adressant toutes les nuits ces terribles paroles : *Le supplice t'attend.* Il se rendit à Héraclée du Pont. Les devins le conduisirent à l'antre où ils appellent les ombres : celle de Cléonice s'offrit à ses regards et lui prédit qu'il trouverait à Lacédémone la fin de ses tourments. Il y alla aussitôt ; et, ayant été jugé coupable, il se réfugia dans une petite maison, où tous les moyens de subsister lui furent refusés. Le bruit ayant ensuite couru qu'on entendait son ombre gémir dans les lieux saints, on appela les devins de Thessalie, qui l'apaisèrent par les cérémonies usitées en pareilles occasions. Je raconte ces prodiges, ajouta le prêtre ; je ne les garantis pas. Peut-être que, ne pouvant inspirer trop d'horreur contre l'homicide, on a sagement fait de regarder le trouble que le crime traîne à sa suite comme le mugissement des ombres qui poursuivent les coupables.

Je ne sais pas, dit alors Philotas, jusqu'à quel point on doit éclairer le peuple ; mais il faut du moins le prémunir contre l'excès de l'erreur. Les Thessaliens firent, dans le siècle dernier, une triste expérience de cette vérité. Leur armée était en présence de celle des Phocéens, qui, pendant une nuit assez claire, détachèrent contre le camp ennemi six cents hommes enduits de plâtre. Quelque grossière que fût la ruse, les Thessaliens, accoutumés dès l'enfance aux récits des apparitions de fantômes, prirent ces soldats pour des génies célestes accourus au secours des Phocéens : ils ne firent qu'une faible résistance, et se laissèrent égorger comme des victimes.

Une semblable illusion, répondit le prêtre, produisit autrefois le même effet dans notre armée. Elle était en Messénie, et crut voir Castor et Pollux embellir de leur présence la fête qu'elle célébrait en leur honneur. Deux Messéniens, brillants de jeunesse et de beauté, parurent à la tête du camp, montés sur deux superbes chevaux, la lance en arrêt, avec une tunique blanche, un manteau de pourpre, un bonnet pointu et surmonté d'une étoile; tels enfin qu'on représente les deux héros objets de notre culte. Ils entrent, et, tombant sur les soldats prosternés à leurs pieds, ils en font un carnage horrible, et se retirent tranquillement. Les dieux, irrités de cette perfidie, firent bientôt éclater leur colère sur les Messéniens.

Que parlez-vous de perfidie, lui dis-je, vous, hommes injustes et noircis de tous les forfaits de l'ambition ? On m'avait donné une haute idée de vos lois ; mais vos guerres en Messénie ont imprimé une tache ineffaçable sur votre nation. — Vous en a-t-on fait un récit fidèle ? répondit-il. Ce serait la première fois que les vaincus auraient rendu justice aux vainqueurs. Écoutez-moi un instant.

Quand les descendants d'Hercule revinrent au Péloponnèse, Cresphonte obtint par surprise le trône de Messénie. Il fut assassiné quelque temps après, et ses enfants, réfugiés à Lacédémone, nous cédèrent les droits qu'ils avaient à l'héritage de leur père. Quoique cette cession fût légitimée par la réponse de l'oracle de Delphes, nous négligeâmes pendant long-temps de la faire valoir.

Sous le règne de Téléclus, nous envoyâmes, suivant l'usage, un chœur de jeunes filles, sous la conduite de ce prince, présenter des offrandes au temple de Diane Limnatide, situé sur les confins de la Messénie et de la Laconie. Elles furent deshonorées par de jeunes Messéniens, et se donnèrent la mort pour ne pas survivre à leur honte ; le roi lui-même périt en prenant leur défense. Les Messéniens, pour justifier un si lâche forfait, eurent recours à des suppositions absurdes, et Lacédémone dévora cet affront plutôt que de rompre la paix. De nouvelles insultes ayant épuisé sa patience, elle rappela ses anciens droits et commença les hostilités. Ce fut moins une guerre d'ambition que de vengeance. Jugez-en vous-même par le serment qui engagea les jeunes Spartiates à ne pas revenir chez eux avant que d'avoir soumis la Messénie, et par le zèle avec lequel les vieillards poussèrent cette entreprise.

Après la première guerre, les lois de la Grèce nous autorisaient à mettre les vaincus au nombre de nos esclaves : on se contenta de leur imposer un tribut. Les révoltes fréquentes qu'ils excitaient dans la province nous forcèrent, après la seconde guerre, à leur donner des fers; après la troisième, à les éloigner de notre voisinage. Notre conduite parut si conforme au droit public des nations, que, dans les traités antérieurs à la bataille de Leuctres, jamais les Grecs ni les Perses ne nous proposèrent de rendre la liberté à la Messénie. Au reste, je ne suis qu'un ministre de paix; si ma patrie est forcée de prendre les armes, je la plains; si elle fait des injustices, je la condamne. Quand la guerre commence, je frémis des cruautés que vont exercer mes semblables, et je demande pourquoi ils sont cruels. Mais c'est le secret des dieux · il faut les adorer et se taire.

Nous quittâmes Ténare après avoir parcouru, aux environs, des carrières d'où l'on tire une pierre noire aussi précieuse que le marbre. Nous nous rendîmes à Gythium, ville entourée de murs et très-forte, port excellent, où se tiennent les flottes de Lacédémone, où se trouve réuni tout ce qui est nécessaire à leur entretien. Il est éloigné de la ville de trente stades.

L'histoire des Lacédémoniens a répandu un si grand éclat sur le petit canton qu'ils habitent, que nous visitions les moindres bourgs et les plus petites villes, soit aux environs du golfe de Laconie, soit dans l'intérieur des terres. On nous montrait partout des temples, des statues, des colonnes, et d'autres monuments, la plupart d'un travail grossier, quelques-uns d'une antiquité respectable. Dans le gymnase d'Asopus, des ossements humains d'une grandeur prodigieuse fixèrent notre attention.

Revenus sur les bords de l'Eurotas, nous le remontâmes d'abord à travers une vallée qu'il arrose, ensuite au milieu de la plaine qui s'étend jusqu'à Lacédémone : il coulait à notre droite; à gauche s'élevait le mont Taygète, au pied duquel la nature a creusé dans le roc quantité de grandes cavernes.

A Brysées, nous trouvâmes un temple de Bacchus, dont l'entrée est interdite aux hommes, où les femmes seules ont le droit de sacrifier et de pratiquer des cérémonies qu'il ne leur est pas permis de révéler. Nous avions vu auparavant une ville de Laconie où les femmes sont exclues des sacrifices que l'on offre au dieu Mars. De Brysées on nous montrait, sur le sommet de la montagne voisine, un lieu nommé le Talet, où, entre autres animaux, on immole des

CHAPITRE XLI.

chevaux au Soleil. Plus loin, les habitants d'un petit bourg se glorifient d'avoir inventé les meules à moudre les grains.

Bientôt s'offrit à nos yeux la ville d'Amyclæ, située sur la rive droite de l'Eurotas, éloignée de Lacédémone d'environ vingt stades. Nous vîmes en arrivant, sur une colonne, la statue d'un athlète qui expira un moment après avoir reçu aux jeux olympiques la couronne destinée aux vainqueurs; tout autour sont placés plusieurs trépieds consacrés par les Lacédémoniens à différentes divinités pour leurs victoires sur les Athéniens et sur les Messéniens.

Nous étions impatients de nous rendre au temple d'Apollon, un des plus fameux de la Grèce. La statue du dieu, haute d'environ trente coudées[1], est d'un travail grossier, et se ressent du goût des Égyptiens : on la prendrait pour une colonne de bronze à laquelle on aurait attaché une tête couverte d'un casque, deux mains armées d'un arc et d'une lance, deux pieds dont il ne paraît que l'extrémité. Ce monument remonte à une haute antiquité; il fut dans la suite placé, par un artiste nommé Bathyclès, sur une base en forme d'autel, au milieu d'un trône qui est soutenu par les Heures et les Grâces. Le même artiste a décoré les faces de la base et toutes les parties du trône de bas-reliefs qui représentent tant de sujets différents et un si grand nombre de figures, qu'on ne pourrait les décrire sans causer un mortel ennui.

Le temple est desservi par des prêtresses, dont la principale prend le titre de *mère*. Après sa mort on inscrit sur le marbre son nom et les années de son sacerdoce. On nous montra les tables qui contiennent la suite de ces époques précieuses à la chronologie, et nous y lûmes le nom de Laodamée, fille d'Amyclas, qui régnait dans ce pays il y a plus de mille ans. D'autres inscriptions, déposées en ces lieux pour les rendre plus vénérables, renferment des traités entre les nations; plusieurs décrets des Lacédémoniens, relatifs soit à des cérémonies religieuses, soit à des expéditions militaires; des vœux adressés au dieu de la part des souverains ou des particuliers.

Non loin du temple d'Apollon il en existe un second qui, dans œuvre, n'a qu'environ dix-sept pieds de long sur dix et demi de large. Cinq pierres brutes et de couleur noire, épaisses de cinq pieds, forment les quatre murs et la couverture, au-dessus de laquelle deux autres pierres sont posées en retraite. L'édifice porte sur trois marches, chacune d'une seule pierre. Sur la porte sont gravés en caractères très-anciens ces mots : EUROTAS, ROI DES ICTEUCRATES, A ONGA. Ce prince vivait environ trois siècles avant

---

[1] Environ quarante-deux et demi de nos pieds.

la guerre de Troie. Le nom d'Icteucrates désigne les anciens habitants de la Laconie, et celui d'Onga une divinité de Phénicie ou Égypte, la même, à ce qu'on pense, que la Minerve des Grecs.

Cet édifice, que nous nous sommes rappelé plus d'une fois dans notre voyage d'Égypte, est antérieur de plusieurs siècles aux plus anciens de la Grèce. Après avoir admiré sa simplicité, sa solidité, nous tombâmes dans une espèce de recueillement dont nous cherchions ensuite à pénétrer la cause. Ce n'est ici qu'un intérêt de surprise, disait Philotas : nous envisageons la somme des siècles écoulés depuis la fondation de ce temple avec le même étonnement que, parvenus au pied d'une montagne, nous avons souvent mesuré des yeux sa hauteur imposante : l'étendue de la durée produit le même effet que celle de l'espace. Cependant, répondis-je, l'une laisse dans nos âmes une impression de tristesse que nous n'avons jamais éprouvée à l'aspect de l'autre : c'est qu'en effet nous sommes plus attachés à la durée qu'à la grandeur. Or, toutes ces ruines antiques sont les trophées du temps destructeur, et ramènent malgré nous notre attention sur l'instabilité des choses humaines. Ici, par exemple, l'inscription nous a présenté le nom d'un peuple dont vous et moi n'avions aucune notion : il a disparu, et ce petit temple est le seul témoin de son existence, l'unique débris de son naufrage.

Des prairies riantes, des arbres superbes, embellissent les environs d'Amyclæ; les fruits y sont excellents. C'est un séjour agréable, assez peuplé, et toujours plein d'étrangers attirés par la beauté des fêtes ou par des motifs de religion. Nous le quittâmes pour nous rendre à Lacédémone.

Nous logeâmes chez Damonax, à qui Xénophon nous avait recommandés. Philotas trouva chez lui des lettres qui le forcèrent de partir le lendemain pour Athènes. Je ne parlerai de Lacédémone qu'après avoir donné une idée générale de la province.

Elle est bornée à l'est et au sud par la mer, à l'ouest et au nord par de hautes montagnes ou par des collines qui en descendent, et qui forment entre elles des vallées agréables. On nomme Taygète les montagnes de l'ouest. De quelques-uns de leurs sommets élevés au-dessus des nues l'œil peut s'étendre sur tout le Péloponnèse. Leurs flancs, presque entièrement couverts de bois, servent d'asile à quantité de chèvres, d'ours, de sangliers et de cerfs. La nature, qui s'est fait un plaisir d'y multiplier ces espèces, semble y avoir ménagé, pour les détruire, des races de chiens recherchés de tous les peuples, préférables surtout pour la chasse du sanglier : ils sont agiles, vifs, impétueux, doués d'un sentiment exquis. Les lices possèdent ces avantages au plus haut degré ; elles en ont un autre : leur vie, pour l'ordinaire, se prolonge jusqu'à la douzième année à peu près ; celle des mâles passe rarement la dixième. Pour en tirer une race plus ardente et plus courageuse, on les accouple avec des chiens molosses. On prétend que, d'elles-mêmes, elles s'unissent quelquefois avec les renards, et que de ce commerce provient une espèce de chiens faibles, difformes, au poil ras, au nez pointu, inférieurs en qualité aux autres.

Parmi les chiens de Laconie, les noirs tachetés de blanc se distinguent par leur beauté, les fauves par leur intelligence, les castorides et les ménélaïdes par les noms de Castor et de Ménélas, qui propagèrent leur espèce : car la chasse fit l'amusement des anciens héros après qu'elle eut cessé d'être pour eux une nécessité. Il fallut d'abord se défendre contre des animaux redoutables : bientôt on les cantonna dans les régions sauvages. Quand on les eut mis hors d'état de nuire, plutôt que de languir dans l'oisiveté, on se fit de nouveaux ennemis pour avoir le plaisir de les combattre ; on versa le sang de l'innocente colombe, et il fut reconnu que la chasse était l'image de la guerre.

Du côté de la terre la Laconie est d'un difficile accès ; l'on n'y pénètre que par des collines escarpées et des défilés faciles à garder. A Lacédémone la plaine s'élargit, et, en avançant vers le midi, on trouve des cantons fertiles, quoiqu'en certains endroits, par l'inégalité du terrain, la culture exige de grands travaux. Dans la plaine sont éparses des collines assez élevées, faites de mains d'hommes, plus fréquentes en ce pays que dans les provinces voisines, et construites avant la naissance des arts pour servir de tombeaux aux principaux chefs de la nation[1]. Suivant les apparences, de pareilles masses de terre, destinées au même objet, furent ensuite remplacées en Égypte par les pyramides, et c'est ainsi que partout, et de tout temps, l'orgueil de l'homme s'est de lui-même associé au néant.

Quant aux productions de la Laconie, nous observerons qu'on y trouve quantité de plantes dont la médecine fait usage ; qu'on y recueille un blé léger et peu nourrissant ; qu'on y doit fréquemment arroser les figuiers, sans craindre de nuire à la bonté du fruit ; que les figues y mûrissent plus tôt qu'ailleurs ; enfin, que sur les côtes de la Laconie, ainsi que sur celles de Cythère, il se fait une pêche abondante de ces coquillages d'où l'on tire une

---

[1] On trouve de pareils tertres dans plusieurs des pays habités par les anciens Germains.

teinture de pourpre fort estimée, et approchant de la couleur de rose.

La Laconie est sujette aux tremblements de terre. On prétend qu'elle contenait autrefois cent villes ; mais c'était dans un temps où le plus petit bourg se parait de ce titre : tout ce que nous pouvons dire, c'est qu'elle est fort peuplée. L'Eurotas la parcourt dans toute son étendue, et reçoit les ruisseaux ou plutôt les torrents qui descendent des montagnes voisines. Pendant une grande partie de l'année, on ne saurait le passer à gué : il coule toujours dans un lit étroit, et, dans son élévation même, son mérite est d'avoir plus de profondeur que de superficie.

En certain temps il est couvert de cygnes d'une blancheur éblouissante, presque partout de roseaux très-recherchés, parce qu'ils sont droits, élevés, et variés dans leurs couleurs. Outre les autres usages auxquels on applique cet arbrisseau, les Lacédémoniens en font des nattes, et s'en couronnent dans quelques-unes de leurs fêtes. Je me souviens à cette occasion qu'un Athénien, déclamant un jour contre la vanité des hommes, me disait : Il n'a fallu que de faibles roseaux pour les soumettre, les éclairer et les adoucir. Je le priai de s'expliquer ; il ajouta : C'est avec cette frêle matière qu'on a fait des flèches, des plumes à écrire et des instruments de musique[1].

A la droite de l'Eurotas, à une petite distance du rivage, est la ville de Lacédémone, autrement nommée Sparte. Elle n'est point entourée de murs, et n'a pour défense que la valeur de ses habitants et quelques éminences que l'on garnit de troupes en cas d'attaque. La plus haute de ces éminences tient lieu de citadelle ; elle se termine par un grand plateau sur lequel s'élèvent plusieurs édifices sacrés.

Autour de cette colline sont rangés cinq bourgades, séparées les unes des autres par des intervalles plus ou moins grands, et occupées chacune par une des cinq tribus des Spartiates[2]. Telle

---

[1] Les flûtes étaient communément de roseau.

[2] Dans presque toutes les grandes villes de la Grèce, les citoyens étaient divisés en tribus. On comptait dix de ces tribus à Athènes. Cragius suppose que Lacédémone en avait six : 1° celle des Héraclides ; 2° celle des Egides ; 3° celle des Limnates ; 4° celle des Cynosuréens ; 5° celle des Messoates ; 6° celles des Pitanates. L'existence de la première n'est prouvée par aucun témoignage formel ; Cragius ne l'établit que sur de très-faibles conjectures, et il le reconnaît lui-même J'ai cru devoir la rejeter.

Les cinq autres tribus sont mentionnées expressément dans les auteurs ou dans les monuments anciens : celle des Egides, dans Hérodote ; celles des Cynosuréens et des Pitanates dans Hésychius ; celle des Messoates, dans Etienne de Byzance ; enfin celle des Limnates, sur une inscription que M. l'abbé Fourmont découvrit dans les ruines de Sparte. Pausanias cite quatre de ces tribus, lorsqu'à l'occasion est la ville de Lacédémone, dont les quartiers ne sont pas joints comme ceux d'Athènes. Autrefois les villes du Péloponnèse n'étaient de même composées que de hameaux, qu'on a depuis rapprochés en les renfermant dans une enceinte commune [1].

d'un sacrifice que l'on offrait à Diane dès les plus anciens temps, il dit qu'il s'éleva une dispute entre les Limnates, les Cynosuréens, les Messoates et les Pitanates.

Ici on pourrait faire cette question : De ce qu'il n'est fait mention que de ces cinq tribus, s'ensuit-il qu'on doive se borner à ce nombre? Je réponds que nous avons de très-fortes présomptions pour ne pas l'augmenter. On a vu plus haut que les Athéniens avaient plusieurs corps composés chacun de dix magistrats, tirés des dix tribus. Nous trouvons de même à Sparte plusieurs magistratures exercées chacune par cinq officiers publics : celle des éphores, celle des bidiéens, celle des agathoerges. Nous avons lieu de croire que chaque tribu fournissait un de ces officiers.

[1] J'ose, d'après les faibles lumières que nous ont transmises les anciens auteurs, présenter quelques vues générales sur la topographie de Lacédémone.

Suivant Thucydide, cette ville ne faisait pas un tout continu comme celle d'Athènes; mais elle était divisée en bourgades, comme l'étaient les anciennes villes de la Grèce.

Pour bien entendre ce passage, il faut se rappeler que les premiers Grecs s'établirent d'abord dans des bourgs sans murailles, et que dans la suite les habitants de plusieurs de ces bourgs se réunirent dans une enceinte commune. Nous en avons quantité d'exemples. Tégée fut formée de neuf hameaux, Mantinée de quatre ou de cinq, Patræ de sept, Dymé de huit, etc.

Les habitants de ces bourgs, s'étant ainsi rapprochés, ne se mêlèrent point les uns avec les autres. Ils étaient établis dans des quartiers différents, et formaient diverses tribus. En conséquence, le même nom désignait la tribu et le quartier où elle était placée. En voici la preuve pour Lacédémone en particulier :

Cynosure, dit Hésychius, est une tribu de Laconie. C'est un lieu de Laconie, dit le scoliaste de Callimaque. Suivant Suidas, Messoa est un lieu. Suivant Étienne de Byzance, c'est un lieu et une tribu de Laconie. Suivant Strabon, dont le texte a été heureusement rétabli par Saumaise, Messoa fait partie de Lacédémone. Enfin l'on donna tantôt le nom de tribu, tantôt celui de bourgade à Pitane.

On conçoit maintenant pourquoi les uns ont dit que le poëte Alcman était de Messoa, et les autres de Lacédémone; c'est qu'en effet Messoa était un des quartiers de cette ville. On conçoit encore pourquoi un Spartiate, nommé Thrasybule, ayant été tué dans un combat, Plutarque ne dit pas qu'il fut transporté sur son bouclier à Lacédémone, mais à Pitane; c'est qu'il était de ce bourg, et qu'il devait y être inhumé.

On a vu, dans la note précédente, que les Spartiates étaient divisés en cinq tribus; leur capitale était donc composée de cinq hameaux. Il ne reste plus qu'à justifier l'emplacement que je leur donne dans mon plan.

1° HAMEAU ET TRIBU DES LIMNATES. Leur nom venait du mot grec λιμνη, qui signifie un étang, un marais. Suivant Strabon, le faubourg de Sparte s'appelait *les marais*, parce que cet endroit était autrefois marécageux; or le faubourg de Sparte devait être au nord de la ville, puisque c'était de ce côté qu'on y arrivait ordinairement.

2° HAMEAU ET TRIBU DES CYNOSURÉENS. Le mot *cynosure* signifie *queue de chien*. On le donnait à des promontoires, à des montagnes qui avaient cette forme. Une branche du mont Taygète, figurée de même, se prolongeait jusqu'à Sparte; et nous avons montré qu'il existait en Laconie un lieu qui s'appelait Cynosure. On est donc autorisé à penser que le hameau qui portait le même nom était au-dessous de cette branche du Taygète.

3° HAMEAU ET TRIBU DES PITANATES. Pausanias, en sortant de la place publique, prend sa route vers le couchant, passe devant le théâtre, et trouve ensuite la salle où s'assemblaient les Crotanes, qui faisaient partie des Pitanates. Il fallait donc placer ce hameau en face du théâtre, dont la position est connue, puisqu'il

La grande place, à laquelle aboutissent plusieurs rues, est ornée de temples et de statues : on y distingue de plus les maisons où s'assemblent séparément le sénat, les éphores, d'autres corps de magistrats, et un portique que les Lacédémoniens élevèrent après la bataille de Platée, aux dépens des vaincus dont ils avaient partagé les dépouilles : le toit est soutenu, non par des colonnes, mais par de grandes statues qui représentent des Perses revêtus de robes traînantes. Le reste de la ville offre aussi quantité de monuments en l'honneur des dieux et des anciens héros.

Sur la plus haute des collines, on voit un temple de Minerve qui jouit du droit d'asile, ainsi que le bois qui l'entoure, et une petite maison qui lui appartient, dans laquelle on laissa mourir de faim le roi Pausanias. Ce fut un crime aux yeux de la déesse ; et, pour l'apaiser, l'oracle ordonna aux Lacédémoniens d'ériger à ce prince deux statues qu'on remarque encore auprès de l'autel. Le temple est construit en airain, comme l'était autrefois celui de Delphes. Dans son intérieur sont gravés en bas-relief les travaux d'Hercule, les exploits des Tyndarides, et divers groupes de figures. A droite de cet édifice on trouve une statue de Jupiter, la plus ancienne peut-être de toutes celles qui existent en bronze : elle est d'un temps qui concourt avec le rétablissement des jeux olympiques, et ce n'est qu'un assemblage de pièces de rapport qu'on a jointes avec des clous.

Les tombeaux des deux familles qui règnent à Lacédémone sont dans deux quartiers différents. Partout on trouve des monuments héroïques : c'est le nom qu'on donne à des édifices et des bouquets de bois dédiés aux anciens héros. Là, se renouvelle, avec des rites saints, la mémoire d'Hercule, de Tyndare, de Castor, de Pollux, de Ménélas, de quantité d'autres plus ou moins connus dans l'histoire, plus ou moins dignes de l'être. La reconnaissance des peuples, plus souvent les réponses des oracles, leur

---

en reste encore des vestiges. Ceci est confirmé par deux passages d'Hésychius et d'Hérodote, qui montrent que le théâtre était dans le bourg des Pitanates.

4° HAMEAU ET TRIBU DES MESSOATES. Du bourg des Pitanates, Pausanias se rend au Plataniste, qui était au voisinage du bourg de Thérapné. Auprès du Plataniste, il voit le tombeau du poète Alcman, qui, étant de Messoa, devait y être enterré.

5° HAMEAU ET TRIBU DES ÉGIDES. Pausanias nous conduit ensuite au bourg des Limnates, que nous avons placé dans la partie nord de la ville. Il trouve dans son chemin le tombeau d'Égée, qui avait donné son nom à la tribu des Égides.

Je n'ai point renfermé tous ces hameaux dans une enceinte, parce qu'au temps dont je parle Sparte n'avait point de murailles.

Les temples et les autres édifices publics ont été placés à peu près dans les lieux que leur assigne Pausanias. On ne doit pas à cet égard s'attendre à une précision rigoureuse ; l'essentiel était de donner une idée générale de cette ville célèbre.

valurent autrefois ces distinctions ; les plus nobles motifs se réunirent pour consacrer un temple à Lycurgue.

De pareils honneurs furent plus rarement décernés dans la suite. J'ai vu des colonnes et des statues élevées pour des Spartiates couronnés aux jeux olympiques, jamais pour les vainqueurs des ennemis de la patrie. Il faut des statues à des lutteurs, l'estime publique à des soldats. De tous ceux qui, dans le siècle dernier, se signalèrent contre les Perses ou contre les Athéniens, quatre ou cinq reçurent en particulier dans la ville des honneurs funèbres ; il est même probable qu'on ne les accorde qu'avec peine. En effet, ce ne fut que quarante ans après la mort de Léonidas que ses ossements, ayant été transportés à Lacédémone, furent déposés dans un tombeau placé auprès du théâtre. Ce fut alors aussi qu'on inscrivit pour la première fois sur une colonne les noms des trois cents Spartiates qui avaient péri avec ce grand homme.

La plupart des monuments que je viens d'indiquer inspirent d'autant plus de vénération, qu'ils n'étalent point de faste, et sont presque tous d'un travail grossier. Ailleurs je surprenais souvent mon admiration uniquement arrêtée sur l'artiste ; à Lacédémone elle se portait tout entière sur le héros : une pierre brute suffisait pour le rappeler à mon souvenir, mais ce souvenir était accompagné de l'image brillante de ses vertus ou de ses victoires.

Les maisons sont petites et sans ornements. On a construit des salles et des portiques où les Lacédémoniens viennent traiter de leurs affaires, ou converser ensemble. A la partie méridionale de la ville est l'Hippodrome pour les courses à pied et à cheval. De là on entre dans le Plataniste, lieu d'exercices pour la jeunesse, ombragé par de beaux platanes, situé sur les bords de l'Eurotas et d'une petite rivière, qui l'enferment par un canal de communication. Deux ponts y conduisent ; à l'entrée de l'un est la statue d'Hercule, ou de la Force, qui dompte tout ; à l'entrée de l'autre, l'image de Lycurgue, ou de la Loi, qui règle tout.

D'après cette légère esquisse, on doit juger de l'extrême surprise qu'éprouverait un amateur des arts, qui, attiré à Lacédémone par la haute réputation de ses habitants, n'y trouverait, au lieu d'une ville magnifique, que quelques pauvres hameaux ; au lieu de belles maisons, que des chaumières obscures ; au lieu de guerriers impétueux et turbulents, que des hommes tranquilles, et couverts, pour l'ordinaire, d'une cape grossière. Mais combien augmenterait sa surprise lorsque Sparte, mieux connue, offrirait à son admiration un des plus grands hommes du monde, un des plus beaux ouvrages de l'homme, Lycurgue et son institution !

CHAPITRE XLII.

Des habitants de la Laconie.

Les descendants d'Hercule, soutenus d'un corps de Doriens, s'étant emparés de la Laconie, vécurent sans distinction avec les anciens habitants de la contrée. Peu de temps après ils leur imposèrent un tribut, et les dépouillèrent d'une partie de leurs droits. Les villes qui consentirent à cet arrangement conservèrent leur liberté : celle d'Hélos résista ; et bientôt, forcée de céder, elle vit ses habitants presque réduits à la condition des esclaves.

Ceux de Sparte se divisèrent à leur tour, et les plus puissants reléguèrent les plus faibles à la campagne ou dans les villes voisines. On distingue encore aujourd'hui les Lacédémoniens de la capitale d'avec ceux de la province, les uns et les autres d'avec cette prodigieuse quantité d'esclaves dispersés dans le pays.

Les premiers, que nous nommons souvent Spartiates, forment ce corps de guerriers d'où dépend la destinée de la Laconie. Leur nombre, à ce qu'on dit, montait anciennement à dix mille ; du temps de l'expédition de Xerxès il était de huit mille : les dernières guerres l'ont tellement réduit qu'on trouve maintenant très-peu d'anciennes familles à Sparte. J'ai vu quelquefois jusqu'à quatre mille hommes dans la place publique, et j'y distinguais à peine quarante Spartiates, en comptant même les deux rois, les éphores et les sénateurs.

La plupart des familles nouvelles ont pour auteurs des Hilotes qui méritèrent d'abord leur liberté, ensuite le titre de citoyen. On ne les appelle point Spartiates ; mais, suivant la différence des priviléges qu'ils ont obtenus, on leur donne divers noms, qui tous désignent leur premier état.

Trois grands hommes, Callicratidas, Gylippe et Lysander, nés dans cette classe, furent élevés avec les enfants des Spartiates, comme le sont tous ceux des Hilotes dont on a brisé les fers ; mais ce ne fut que par des exploits signalés qu'ils obtinrent tous les droits des citoyens.

Ce titre s'accordait rarement autrefois à ceux qui n'étaient pas nés d'un père et d'une mère spartiates. Il est indispensable pour exercer des magistratures et commander les armées ; mais il perd une partie de ses priviléges s'il est terni par une action malhonnête. Le gouvernement veille en général à la conservation de ceux qui en sont revêtus, avec un soin particulier aux jours des Spartiates de naissance. On l'a vu, pour en retirer quelques-uns d'une île où la flotte d'Athènes les tenait assiégés, demander à cette ville une paix humiliante et lui sacrifier sa marine. On le voit encore tous les jours n'en exposer qu'un petit nombre aux coups de l'ennemi. En ces derniers temps les rois Agésilas et Agésipolis n'en menaient quelquefois que trente dans leurs expéditions.

Malgré la perte de leurs anciens priviléges, les villes de la Laconie sont censées former une confédération dont l'objet est de réunir leurs forces en temps de guerre, de maintenir leurs droits en temps de paix. Quand il s'agit de l'intérêt de toute la nation, elles envoient leurs députés à l'assemblée générale, qui se tient toujours à Sparte. Là se règlent et les contributions qu'elles doivent payer et le nombre des troupes qu'elles doivent fournir.

Leurs habitants ne reçoivent pas la même éducation que ceux de la capitale : avec des mœurs plus agrestes ils ont une valeur moins brillante. De là vient que la ville de Sparte a pris sur les autres le même ascendant que la ville d'Élis sur celles de l'Élide, la ville de Thèbes sur celles de la Béotie. Cette supériorité excite leur jalousie et leur haine : dans une des expéditions d'Épaminondas plusieurs d'entre elles joignirent leurs soldats à ceux des Thébains.

On trouve plus d'esclaves domestiques à Lacédémone que dans aucune autre ville de la Grèce. Ils servent leurs maîtres à table, les habillent et les déshabillent, exécutent leurs ordres et entretiennent la propreté dans la maison ; à l'armée, on en emploie un grand nombre au bagage. Comme les Lacédémoniennes ne doivent point travailler, elles font filer la laine par des femmes attachées à leur service.

Les Hilotes ont reçu leur nom de la ville d'Hélos : on ne doit pas les confondre, comme ont fait quelques auteurs, avec les esclaves proprement dits ; ils tiennent plutôt le milieu entre les esclaves et les hommes libres.

Une casaque, un bonnet de peau, un traitement rigoureux, des décrets de mort quelquefois prononcés contre eux sur de légers soupçons, leur rappellent à tout moment leur état : mais leur sort est adouci par des avantages réels. Semblables aux serfs de Thessalie, ils afferment les terres des Spartiates ; et dans la vue de les attacher par l'appât du gain, on n'exige de leur part qu'une redevance fixée depuis long temps, et nullement proportionnée au produit : il serait honteux aux propriétaires d'en demander une plus considérable.

Quelques-uns exercent les arts mécaniques avec tant de succès qu'on recherche partout les clefs, les lits, les tables et les chaises qui se font à Lacédémone. Ils servent dans la marine en qualité de matelots ; dans les armées, un soldat oplite ou pesamment armé est accompagné d'un ou de plusieurs Hilotes. A la bataille de Platée, chaque Spartiate en avait sept auprès de lui.

Dans les dangers pressants on réveille leur zèle par l'espérance de la liberté ; des détachements nombreux l'ont quelquefois obtenue pour prix de leurs belles actions. C'est de l'état seul qu'ils reçoivent ce bienfait, parce qu'ils appartiennent encore plus à l'état qu'aux citoyens dont ils cultivent les terres ; et c'est ce qui fait que ces derniers ne peuvent ni les affranchir ni les vendre en des pays étrangers. Leur affranchissement est annoncé par une cérémonie publique : on les conduit d'un temple à l'autre, couronnés de fleurs, exposés à tous les regards ; il leur est ensuite permis d'habiter où ils veulent. De nouveaux services les font monter au rang des citoyens.

Dès les commencements les serfs impatients du joug avaient souvent essayé de le briser ; mais lorsque les Messéniens, vaincus par les Spartiates, furent réduits à cet état humiliant, les révoltes devinrent plus fréquentes : à l'exception d'un petit nombre qui restaient fidèles, les autres, placés comme en embuscade au milieu de l'état, profitaient de ses malheurs pour s'emparer d'un poste important ou se ranger du côté de l'ennemi. Le gouvernement cherchait à les retenir dans le devoir par des récompenses, plus souvent par des rigueurs outrées : on dit même que, dans une occasion, il en fit disparaître deux mille qui avaient montré trop de courage, et qu'on n'a jamais su de quelle manière ils avaient péri. On cite d'autres traits de barbarie non moins exécrables [1], et qui ont donné

---

[1] Les Lacédémoniens, consternés de la perte de Pylos, que les Athéniens venaient de leur enlever, résolurent d'envoyer de nouvelles troupes à Brasidas, leur général, qui était alors en Thrace. Ils avaient deux motifs : le premier, de continuer à faire une diversion qui attirât dans ces pays éloignés les armes d'Athènes ; le second, d'enrôler et de faire partir pour la Thrace un corps de ces Hilotes, dont la jeunesse et la valeur leur inspiraient sans cesse des craintes bien fondées. On promit en conséquence de donner la liberté à ceux d'entre eux qui s'étaient le plus distingués dans les guerres précédentes. Il s'en présenta un grand nombre ; on en choisit deux mille, et on leur tint parole. Couronnés de fleurs, ils furent solennellement conduits aux temples ; c'était la principale cérémonie de l'affranchissement. Peu de temps après, dit Thucydide, on les fit disparaître, et personne n'a jamais su comment chacun d'eux avait péri. Plutarque, qui a copié Thucydide, remarque aussi qu'on ignora dans le temps et qu'on a toujours ignoré depuis le genre de mort qu'éprouvèrent ces deux mille hommes.

Enfin Diodore de Sicile prétend que leurs maîtres reçurent ordre de les faire mourir dans l'intérieur de leurs maisons. Comment pouvait-il être instruit d'une circonstance que n'avait pu connaître un historien tel que Thucydide, qui vivait dans le temps où cette scène barbare s'était passée !

Quoi qu'il en soit, il se présente ici deux faits qu'il faut soigneusement distinlieu à ce proverbe : « A Sparte, la liberté est sans bornes ainsi que l'esclavage. »

Je n'en ai pas été témoin ; j'ai seulement vu les Spartiates et les Hilotes, pleins d'une défiance mutuelle, s'observer avec crainte ; et les premiers employer, pour se faire obéir, des rigueurs que les circonstances semblaient rendre nécessaires, car les Hilotes sont très-difficiles à gouverner ; leur nombre, leur valeur, et surtout leurs richesses, les remplissent de présomption et d'audace ; et de là vient que des auteurs éclairés se sont partagés sur cette espèce de servitude que les uns condamnent et que les autres approuvent.

quer, parce qu'ils dérivent de deux causes différentes : l'un, l'affranchissement de deux mille Hilotes ; l'autre, la mort de ces Hilotes. La liberté leur fut certainement accordée par ordre du sénat et du peuple ; mais il est certain aussi qu'ils ne furent pas mis à mort par un décret émané de la puissance suprême. Aucune nation ne se serait prêtée à une si noire trahison ; et, dans ce cas particulier, on voit clairement que l'assemblée des Spartiates ne brisa les fers de ces Hilotes que pour les armer et les envoyer en Thrace. Les éphores, vers le même temps, firent partir pour l'armée de Brasidas mille autres Hilotes. Comme ces détachements sortaient de Sparte quelquefois pendant la nuit, le peuple dut croire que les deux mille qu'il avait délivrés de la servitude s'étaient rendus à leur destination ; et, lorsqu'il reconnut son erreur, il fut aisé de lui persuader que les magistrats, convaincus qu'ils avaient conspiré contre l'état, les avaient fait mourir en secret, ou s'étaient contentés de les bannir des terres de la république. Nous ne pouvons éclaircir aujourd'hui un fait qui, du temps de Thucydide, était resté dans l'obscurité. Il me suffit de montrer que ce n'est pas à la nation qu'on doit imputer le crime, mais plutôt à la fausse politique des éphores qui étaient en place, et qui, avec plus de pouvoir et moins de vertus que leurs prédécesseurs, prétendaient sans doute que tout est permis quand il s'agit du salut de l'état ; car il faut observer que les principes de justice et de morale commençaient alors à s'altérer.

On cite d'autres cruautés exercées à Lacédémone contre les Hilotes. Un auteur, nommé Myron, raconte que, pour leur rappeler sans cesse leur esclavage, on leur donnait tous les ans un certain nombre de coups de fouet. Il y avait peut-être cent mille Hilotes, soit en Laconie, soit en Messénie : qu'on réfléchisse un moment sur l'absurdité du projet et sur la difficulté de l'exécution, et qu'on juge. Le même auteur ajoute qu'on punissait les maîtres qui ne mutilaient pas ceux de leurs Hilots qui naissent avec une forte constitution. Ils étaient donc estropiés, tous ces Hilotes qu'on enrôlait, et qui servaient avec tant de distinction dans les armées.

Il n'arrive que trop souvent qu'on juge des mœurs d'un peuple par des exemples particuliers qui ont frappé un voyageur, ou qu'on a cités à un historien. Quand Plutarque avance que, pour donner aux enfants des Spartiates de l'horreur pour l'ivresse, on exposait à leurs yeux un Hilote à qui le vin avait fait perdre la raison, j'ai lieu de penser qu'il a pris un cas particulier pour la règle générale, ou du moins qu'il a confondu en cette occasion les Hilotes avec les esclaves domestiques, dont l'état était fort inférieur à celui des premiers. Mais j'ajoute une foi entière à Plutarque quand il assure qu'il était défendu aux Hilotes de chanter les poésies d'Alcman et de Terpandre ; en effet, ces poésies inspirant l'amour de la gloire et de la liberté, il était d'une sage politique de les interdire à des hommes dont on avait tant de raison de redouter le courage.

TABLE.

	Pages
Préface	1
Avertissement de l'auteur	1
Ordre chronologique du voyage d'Anacharsis	2
Introduction au voyage de la Grèce, contenant un abrégé de l'histoire grecque depuis les temps les plus anciens jusqu'à la prise d'Athènes, en 404 avant J.-C.	3
État sauvage de la Grèce	Ib.
Arrivée des colonies orientales	Ib.
Inachus et Phoronée	4

PREMIÈRE PARTIE.

Cécrops. — Argonautes. — Hercule. — Thésée. — Première guerre de Thèbes. — Seconde guerre de Thèbes ou guerre des Épigones. — Guerre de Troie. — Retour des Héraclides. — Réflexions sur les siècles héroïques. — Établissement des Ioniens dans l'Asie mineure. — Homère. ... *Ib.*

SECONDE PARTIE.

SECTION PREMIÈRE.

Siècle de Solon. — Dracon. — Épiménide. — Législation de Solon. — Pisistrate. — Réflexions sur la législation de Solon. 41

SECTION SECONDE.

Siècle de Thémistocle et d'Aristide. — Bataille de Marathon. — Combat des Thermopyles. — Combat de Salamine. — Bataille de Platée. — Réflexions sur le siècle de Thémistocle et d'Aristide. 67

SECTION TROISIÈME.

Siècle de Périclès. — Guerre du Péloponnèse. — Alcibiade. — Guerre des Athéniens en Sicile. — Prise d'Athènes. — Réflexions sur le siècle de Périclès. 124

Chapitre I. Départ de Scythie. La Chersonèse Taurique. Le Pont-Euxin. État de la Grèce depuis la prise d'Athènes, l'an 404 avant J.-C., jusqu'au moment du voyage. Le Bosphore de Thrace. Arrivée à Byzance. 163
II. Description de Byzance. Colonies grecques. Le détroit de l'Hellespont. Voyage de Byzance à Lesbos. .., . 179
III. Description de Lesbos. Pittacus, Arion, Terpandre, Alcée, Sapho. 184
IV. Départ de Mitylène. Description de l'Eubée. Chalcis. Arrivée à Thèbes. 192
V. Séjour à Thèbes. Épaminondas. Philippe de Macédoine. 197

CHAPITRE
VI. Départ de Thèbes. Arrivée à Athènes. Habitants de l'Attique. ... 202
VII. Séance à l'Académie. ... 209
VIII. Lycée. Gymnase. Isocrate. Palestres. Funérailles des Athéniens. ... 218
IX. Voyage à Corinthe. Xénophon. Timoléon. ... 229
X. Levées, revues, exercices des troupes chez les Athéniens. ... 232
XI. Séance au théâtre. ... 245
XII. Description d'Athènes. ... 247
XIII. Bataille de Mantinée. Mort d'Épaminondas. ... 266
XIV. Du gouvernement actuel d'Athènes. ... 270
XV. Des magistrats d'Athènes. ... 283
XVI. Des tribunaux de justice à Athènes. ... 286
XVII. De l'Aréopage. ... 289
XVIII. Des accusations et des procédures parmi les Athéniens. ... 293
XIX. Des délits et des peines. ... 296
XX. Mœurs et vie civile des Athéniens. ... 299
XXI. De la religion, des ministres sacrés, des principaux crimes contre la religion. ... 309
XXII. Voyage de la Phocide. Les jeux pythiques. Le temple et l'oracle de Delphes. ... 323
XXIII. Événements remarquables arrivés dans la Grèce (depuis l'an 361 jusqu'à l'an 357 avant J.-C.). Mort d'Agésilas, roi de Lacédémone. Avénement de Philippe au trône de Macédoine. Guerre sociale. ... 343
XXIV. Des fêtes des Athéniens. Les Panathénées. Les Dionysiaques. ... 347
XXV. Des maisons et des repas des Athéniens. ... 354
XXVI. De l'éducation des Athéniens. ... 371
XXVII. Entretien sur la musique des Grecs. ... 397
XXVIII. Suite des mœurs des Athéniens. ... 421
XXIX. Bibliothèque d'un Athénien. Classe de philosophie. ... 428
XXX. Suite du chapitre précédent. Discours du grand-prêtre de Cérès sur les causes premières. ... 436
XXXI. Suite de la bibliothèque. L'astronomie et la géographie. ... 448
XXXII. Aristippe. ... 462
XXXIII. Démêlés entre Denys-le-Jeune, roi de Syracuse, et Dion, son beau-frère. Voyage de Platon en Sicile. ... 468
XXXIV. Voyage de Béotie. L'antre de Trophonius. Hésiode. Pindare. ... 480
XXXV. Voyage de Thessalie. Amphictyons. Magiciennes. Rois de Phères. Vallée de Tempé. ... 501
XXXVI. Voyage d'Épire, d'Acarnanie et d'Étolie. Oracle de Dodone. Saut de Leucade. ... 521
XXXVII. Voyage de Mégare, de Corinthe, de Sicyone et de l'Achaïe. ... 528
XXXVIII. Voyage de l'Élide. Les jeux olympiques. ... 552
XXXIX. Suite du voyage de l'Élide. Xénophon à Scillonte. ... 577
XL. Voyage de Messénie. ... 587
XLI. Voyage de Laconie. ... 606
XLII. Des habitants de la Laconie. ... 618

www.ingramcontent.com/pod-product-compliance
Lightning Source LLC
Chambersburg PA
CBHW071240240426
43668CB00033B/951